인공지능법 2

인하대학교 법학연구소 AI·데이터법 센터

세창출판사

본서는 2020년 대한민국 교육부와 한국연구재단의 지원을 받아 수행된 연구임.
(NRF-2020S1A5C2A02093223)

머리말

2024년 7월에 최초로 「EU 인공지능법(EU AI Act)」이 공표되고, 국내에서도 2020년 이래 여러 차례의 시행착오를 거쳐 마침내 「인공지능 기본법안」이 국회 본회의를 통과하여 그 시행을 목전에 두고 있습니다. 그동안 인간과 인공지능이 공존하고 조화로운 미래사회를 구현하는 방향성을 찾기 위한 규범 모색이 국내외에서 지속적으로 이루어져 왔습니다. AI 기술이 안전하게 개발되고 우리 사회에서 유익하게 활용될 수 있도록 뒷받침하기 위한 노력은 윤리적 규범 위주로 운영되어 오다가 최근 법적 규범이 마련되기 시작하는 시점입니다.

이러한 흐름 속에서 저희 인하대학교 AI·데이터법 센터는 2023년 『인공지능법 총론』에 이어 각론에 해당하는 『인공지능법 2』를 발간하게 된 것을 무척 기쁘게 생각합니다. 이번 책은 『인공지능법 총론』에서 논했던 인공지능과 관련된 법적 쟁점과 원리를 토대로 보다 세부적이고 구체적으로 인공지능에 대한 규범적 논의를 이어 나가도록 노력하였습니다. 아울러 AI가 관련 산업에 미치는 영향을 고려해 산업부문별(의료, 금융, 자동차, 국방산업 등) 접근도 시도하였습니다. 총론보다 연구 분야를 세분화하고 실용적인 측면을 강조하여 학문적 깊이를 도모하면서도 일상과도 밀접한 분야를 다루었습니다.

『인공지능법 2』는 입문자부터 전문가까지 다양한 독자들이 쉽게 접근할 수 있도록 넓고 깊게 구성하였습니다. 가장 각광을 받고 있는 생성형 AI 관련 쟁점과 인공지능기반 서비스와 관련 산업에 대한 규율, 인공지능 권리침해 및 규제, 인공지능 확산에 따라 발생하는 문제 해결을 위한 규범 마련 등 넓은 주제를 다루고 있습니다. 이 책을 통해 독자분들이 인공지능 관련 기술적·제도적 이해를 높이고, 인공지능을 활용한 능력 향상 및 개인의 권리를 보호하고 사회적 이익 증진하기 위해 널리 활용하기를 바랍니다.

이번 『인공지능법 2』는 인공지능에 대한 다양한 법적, 사회적 문제들을 분석하여 이를 관통하는 공통분모를 찾아 그 체계를 잡았습니다. 이를 통해 '생성형 인공지능에 대한 규율', '인공지능 기반 서비스와 관련 산업에 대한 규율'. '인공지능 권리침해 및 규제', '인공지능 확산과 제도' 등 인공지능 관련 문제를 총 네 편으로 정리하였습니다.

제1편은 인공지능 분야에서 가장 논의가 활발한 생성형 AI에 대한 기술적·제도적 규율을 다루고 있습니다. 총 5장으로 구성된 이 책의 제1편은 생성형 인공지능만의 고유한 특징과 차별성을 살펴 바람직한 제도외 윤리적 규범 방향을 제시하고, 생성형 인공지능 등이 발생하는 법적 긴장을 살펴보았습니다. 생성형 AI의 개발과 이용의 방향성을 제시하고 있는 다양한 「생성형 AI 가이드라인」을 총체적으로 비교·검토하였습니다. 생성형 AI 서비스 이용자가 급증하고 있는 현상을 고려하여 서비스제공업체의 약관분석과 계약법적 의미를 탐구하였습니다. 생성형 AI의 저작권 문제도 종합적으로 검토함과 동시에 프롬프팅에 기반한 콘텐츠 제작이 갖는 의미를 저작권법적으로 재평가하기 위한 새로운 시도도 하였습니다. 이를 통해 독자들은 생성형 인공지능에 대한 이해를 높이고 생성형 AI가 야기하는 법적 쟁점과 그 해법에 대해 쉽게 다가갈 수 있을 것입니다.

제2편은 인공지능과 관련한 대표적인 산업 분야를 선정하여 인공지능 기술도입과 서비스 활용으로 발생할 수 있는 기대와 우려를 다루고 있습니다. 본 편에서는 의료, 금융, 모빌리티, 방위, 리걸테크(법률서비스) 등 현재 인공지능 기술을 활발하게 도입·시행하고 있는 분야의 사례를 살펴봄으로써 인공지능이 실제 산업에 미치는 긍정

적·부정적 영향을 탐구하였습니다. 이를 통해 독자들과 관련 산업 종사자들은 인공지능이 구체적으로 우리 경제와 산업에 어떤 영향을 미치는지 살펴볼 수 있으며, 해당 산업 부문별로 독특하게 발생하는 법적 쟁점이 무엇이며 그 해결을 위해 어떤 노력이 경주되고 있는지와 앞으로의 전망에 대해 생각해 볼 수 있을 것입니다.

제3편은 인공지능의 위험성과 그 오남용이 초래할 수 있는 여러 가지 부작용과 병폐를 해결하기 위해 필요한 규제의 방향성을 모색하고 개인들의 권리가 제한될 수 있는 상황들에 대해 살피고 있습니다. 제11장에서 제15장까지 이어지는 제3편에서는 인공지능이 단순 산업의 영역을 넘어 사회적 차별, 고용 질서, 형법 질서, 공정경쟁과 소비자 보호 등에 미치는 영향을 구체적으로 살펴보았고 특히 고위험 AI에 대한 위험성 판단과 오남용 규제에 관한 해외의 대응을 연구하였습니다. 이를 통해 인공지능이 우리 사회에 미치는 순기능은 확대하고, 부작용은 최소화하는 기준과 제도적 방법들을 독자들에게 전달할 것입니다.

제4편에서는 인공지능의 확산으로 인해 변화하고 있는 제도와 규범을 다루고 있습니다. 제16장에서 제20장까지 이어지는 제4편에서는 인공지능이 조세 행정, 사회적 돌봄, 디지털 통상, 보안 영역으로 확산됨에 따라 그 부작용을 최소화하고 효과적인 시스템을 마련하기 위한 규범 형성에 대해 살피고 있습니다. 인공지능의 안정성과 투명성 확보는 물론 사회적 포용(inclusion)과 연대(solidarity)의 실현이라는 관점을 수용한 규범 형성 노력이 기술되어 있습니다. 더욱이 국내에서도 AI산업의 체계적 육성과 위험 관리를 규율하는 인공지능기본법안이 통과되어 그 법 제정의 취지와 법안의 규율 내용도 상세히 다루었습니다. 독자들은 기술발전에 따른 사회적 변화가 법제에 미치는 영향과 인류 사회와 법이 서로 영향을 주고받으며 발전해 온 모습을 이 장을 통해 느낄 수 있을 것입니다.

이번 『인공지능법 2』는 생성형 인공지능, 인공지능 산업, 인공지능의 오남용 규제, 인공지능의 규범형성 과정 등 인공지능이 가져온 다양한 변화와 규범형성에 대해 탐구하였습니다. 『인공지능법 2』는 인하대학교 법학연구소가 한국연구재단 인문사회연구소 지원산업의 일환으로 펴내고 있는 시리즈 출판물의 제5편입니다. 많은 분들의 도움과 참여에 힘입어 그동안 『데이터법』, 『인공지능과 로봇의 윤리』, 『인공지능법 총론』, 『데이터법의 신지평』 등 매년 꾸준한 연구 결과를 발간할 수 있었습니다. 앞으로도 저희 인하대학교 AI·데이터법 센터는 지속적인 연구를 통해 AI와 데이터 경제시대에 직면한 중요한 문제점을 발굴하고, 우리 사회의 건전한 발전을 모색하기 위해 노력하겠습니다.

이 책의 집필에는 총 20분의 전문가들이 함께해 주셨습니다. 우선 바쁜 일정에도 흔쾌히 집필에 참여해 주신 법무법인 린의 구태언 대표 변호사님, 김·장 법률사무소의 조성훈 변호사님께 깊은 감사를 드립니다. 또한 인하대학교 법학전문대학원의 동료인 김린 교수님, 김영순 교수님, 김현진 교수님, 박인환 교수님, 백경희 교수님, 성희활 교수님, 이준범 교수님, 최준혁 교수님의 적극적인 참여에 감사드립니다. 마지막으로 연구재단 프로젝트를 함께 수행하고 있는 인하대학교 법학전문대학원 손영화 원장님, 정찬모 소장님, 정영진 교수님, 철학과 고인석 학장님, 통계학과 유동현 교수님, 데이터사이언스학과 김재오 교수님, 인하대학교 AI·데이터법 센터 이상우, 정윤경, 심석찬 연구원과 행정지원으로 수고하신 박선민 선생님께도 감사드립니다.

그리고 이 책이 나오기까지 많은 수고를 해 주신 세창출판사 임길남 상무님, 양혜진 과장님과 흔쾌히 출판을 허락해 주신 이방원 대표님께도 고마운 마음을 전합니다.

2025년 2월
저자를 대표하여
인하대학교 로스쿨 연구실에서
김원오 씀

| 차례 |

제1편 생성형 AI에 대한 규율

제4장   생성형 인공지능과 저작권 · 정윤경   96

제5장   프롬프팅(Prompting)의 법적 성격과 창작의 재평가 · 김원오   133

제2편 AI 기반 주요 산업에 대한 규율

제6장　인공지능과 의료산업 · 정영진　　　　　　　　　　　　163

제3편 AI 위험과 오남용에 대한 규제

제13장　인공지능에 의한 범죄와 처벌 · 최준혁　　　　348

제14장　고위험 인공지능에 대한 판단과 오남용 문제 · 구태언　　375

제15장 인공지능과 공정경쟁 및 소비자 보호 · 백경희 405

제4편 AI의 확산과 규범 변화

제18장　인공지능과 돌봄 • 의사결정지원 · 박인환　　489

제19장　인공지능과 기술적 무역장벽 규범 · 정찬모　　530

제20장 인공지능과 신(新)안보규범 · 이상우 558

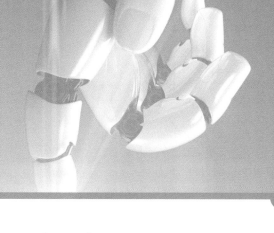

제1편

생성형 AI에 대한 규율

제1장

ChatGPT 등 생성형 인공지능의 특징과 차별적 규율

유동현

(인하대학교 통계학과 교수)

I. ChatGPT 등 생성형 인공지능의 등장 및 삶의 변화

2022년 11월 30일 OpenAI의 ChatGPT 서비스 발표 이후, 일반 대중들이 인공지능 기술을 직접 이용하면서 우리 사회 여러 분야에 걸쳐 많은 변화가 일어나고 있다. 기존에는 일반 대중이 전문가 집단에서 개발한 특정 목적을 수행하는 인공지능 기술을 간접적으로 활용했으나, 지금은 일반 대중이 생성형 인공지능(Generative Artificial Intelligence: GenAI) 기술을 제공하는 여러 플랫폼들을 이용함으로써 직접 생성형 인공지능의 결과물을 얻고 다양한 목적으로 활용할 수 있도록 패러다임이 변화하였다. 현재 일반 대중들에게 친숙해진 OpenAI의 ChatGPT나 Bard에서 확장된 Google의 Gemini는 생성형 인공지능의 기술 중 자연어 처리(natural language processing)에 기반한 대화형 챗봇(chatbot)이라는 인공지능 기술이다.

사실 생성형 인공지능은 ChatGPT의 발표 이전인 2017년, 딥페이크(deepfake)가 공개되면서 일반 대중들이 언급하기 시작하였다. 딥페이크는 딥러닝(deep learning)을 기반으로 가짜 이미지, 음성, 동영상 등을 합성하여 당시 유명 연예인 및 정치인들의 모습을 이용해 가짜 뉴스를 작성하는 데 이용되면서, 생성형 인공지능이 지닌 부정적인 영향력에 주목하는 계기가 되었다.

생성형 인공지능 기술은 2013년 변분 오토인코더(Variational AutoEncoder: VAE)[1]와 2014년 생성적 적대 신경망(Generative Adversarial Network: GAN)[2]의 기술이 개발되면서 활발히 연구되기 시작됐으며, 이미지, 음성, 동영상, 텍스트 등 여러 형태의 데이터를 생성하는 데 활용되고 있다. 이후 2017년 어텐션(attention)이라 불리는 신경망 구조에 기반한 트랜스포머(transformer)[3] 신경망 구조가 발표되면서, 기계 번역(machine translation)을 포함하는 자연어 처리(natural language processing: NLP) 분야와 이미지/영상의 인식 및 처리를 다루는 컴퓨터 비전(computer vision: CV) 분야의 성능이 크게 향상되었다. 이러한 기술들의 개발에 힘입어 자연어 처리에 특화된 거대 언어 모델(large language model: LLM)들이 개발되기 시작하였다. 특히 트랜스포머에 기반한 OpenAI의 GPT-3 모형[4]과 Google의 LaMDA 모형,[5] Meta의 Llama 모형[6] 등이 개발되었으며, 이미지 분야에서도 DALL-E[7] 등의 기술이 개발되어 일반 대중이 이용할 수 있는 여러 기반 기술들의 개발되었다. 자연어 처리(NLP) 및 컴퓨터 비전(CV)과 관련한 생성형 인공지능에 주요한 기술들의 개발 시기는 〈그림-1〉에 나타내었다.

---

1) Kingma, D. P. and Welling, M., "Auto-encoding variational Bayes", arXiv:1312.6114, *arXiv preprint*, 1, 14, (2013).

2) Goodfellow, I., Pouget-Abadie, J., Mirza, M., Xu, B., Warde-Farley, D., Ozair, S. et al., "Generative adversarial nets", *Advances in Neural Information Processing Systems*, 2672, 2680, (2014).

3) Vaswani, A., Shazeer, N., Parmar, N., Uszkoreit, J., Jones, L., Gomez, A. N., Kaiser, L., and Polosukhin I., "Attention is all you need", Advances in Neural Information Processing Systems, 6000, 6010, (2017),

4) Brown T. B. et al., "Language models are few-shot learners", *Proceedings of the 34th International Conference on Neural Information Processing Systems (NIPS '20)*, 1877, 1901, (2020).

5) Thoppilan, R. et al., "LaMDA: Language Models for Dialog Applications", arXiv:2201.08239, *arXiv preprint*, 1, 47, (2022).

6) Touvron, H. et al., "LLaMA: Open and Efficient Foundation Language Models", arXiv:2302.13971, *arXiv preprint*, 1, 27, (2023).

7) Ramesh, A., Pavlov, M., Goh, G., Gray, S., Voss, C., Radford, A., Chen, M., and Sutskever, I., "Zero-Shot Text-to-Image Generation", arXiv:2102.12092, *arXiv preprint*, 1, 20, (2021).

〈그림-1〉 주요 생성형 인공지능 기술들의 개발 시기 요약[8]

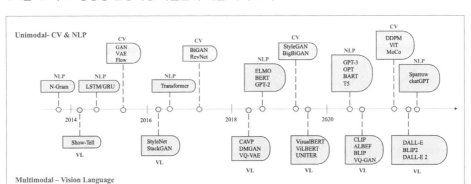

이러한 기반 기술들의 개발로 일반 대중이 이용할 수 있는 여러 서비스들이 출시되었다. 2022년 OpenAI의 ChatGPT[9] 공개 이후, Google의 Gemini[10] 및 Meta의 Meta AI[11]와 같은 대화형 챗봇 인공지능 서비스와 OpenAI의 DALL-E,[12] OpenArt 서비스[13]와 같은 이미지 생성 기술, Murf AI[14]와 같은 음성 생성형 인공지능 기술들이 현재 이용 가능하다. 현재 이러한 생성형 인공지능 기술은 각각의 데이터 형태에 따라 개발되어 서비스가 되고 있었으나 GPT 4.0 기술에서 제공하는 것처럼 텍스트에서 이미지로, 이미지에서 텍스트로, 동영상에서 자막을 생성하는 등 여러 형태의 데이터가 통합되어 서비스되는 멀티 모달(multi modality)의 형태로 발전하고 있다. 이처럼 직접적으로 이용할 수 있는 생성형 인공지능 서비스 외에도 방송 및 미디어 분야에서 생성된 AI 모델, AI 생성 음원, AI 아나운서, AI 프로필 생성 등의 서비스들이 개발되어

8) Cao, Y., Li, S., Liu, Y., Yan, Z., Dai, Y., Yu, P. S., and Sun, L., "A Comprehensive Survey of AI-Generated Content (AIGC): A History of Generative AI from GAN to ChatGPT", arXiv:2303.04226, *arXiv preprint*, 1, 44, (2023).

9) OpenAI의 ChatGPT, https://chatgpt.com, (2024. 9. 10. 확인).

10) Google의 Gemini, https://gemini.google.com, (2024. 9. 10. 확인).

11) Meta의 Meta AI, https://www.meta.ai, (2024. 9. 10. 확인).

12) DALL-E는 DALL-E 3 공개 이후 ChatGPT 서비스에 결합되어 ChatGPT를 통해 이용 가능.

13) OpenArt, https://openart.ai, (2024. 9. 10. 확인).

14) Murf AI, https://murf.ai, (2024. 9. 10. 확인).

일반 대중이 생성형 인공지능 기술에 간접적으로도 노출되고 있다.

이렇게 일반 대중에게 노출되고 있는 생성형 인공지능 기술들로 인하여 우리 사회 여러 분야에 걸쳐 많은 변화가 이루어지고 있다. ChatGPT와 같은 대화형 챗봇은 여러 언어로 학습되어 서비스를 제공하며, 기계 번역, 원고 교정 등에 활용할 수 있고, 유료로 서비스되는 GPT 4.0 모형을 기반으로 텍스트 기반 이미지 생성, 프로그래밍 코드 생성 등에도 활용되고 있어 여러 업무의 편의성을 증가시키는 긍정적 효과를 지닌다. 하지만 이와 반대로 생성형 인공지능 기술로 생성된 콘텐츠에 대한 저작권 이슈, 생성형 인공지능 기술의 학습을 위한 데이터에 대한 소유권, 학습 데이터에 포함된 개인정보 보호 문제 등 아직 해결해야 할 문제도 존재한다.

앞서 언급한 것처럼 생성형 인공지능 기술은 일반 대중이 인공지능 기술에 간접적으로 노출되는 서비스 수용자 역할에서 직접적으로 인공지능 기술을 이용하는 데이터 생산자 역할로 바뀌도록 변화를 일으키고 있다. 이처럼 생성형 인공지능이 불러오는 우리 사회 여러 분야의 변화와 이에 대한 영향을 예측하고 부정적인 영향을 제어하기 위한 규율을 수립하기 위해서는 생성형 인공지능에 대한 이해가 바탕이 되어야 한다. 따라서 2절에서는 생성형 인공지능의 특징 및 유형에 대하여 살펴보고 생성형 인공지능이 기존 기술과 어떠한 측면에서 차별성을 지니는지를 3절에서 살펴보고자 한다. 4절에서는 생성형 인공지능 기술의 특징과 기존 기술과의 차별성으로 발생할 수 있는 여러 이슈들에 대하여 정리하였다.

II. 생성형 인공지능의 특징 및 유형

1. 생성형 인공지능의 특징

생성형 인공지능 기술은 컴퓨터 비전 분야에서 다수의 훈련 이미지 학습을 통해 훈련 이미지의 분포를 학습(VAE)하거나 훈련 이미지와 구분이 되지 않는 합성 이미지를 생성(GAN)하는 목적으로 시작되었다. 즉, 초기 생성형 인공지능 기술은 관측된 입력 데이터와 동일한 형태(또는 동일한 분포)의 새로운 출력 데이터를 생성하는 것을 목적으로 하는 특징을 지닌다. 예를 들어, 〈그림-2〉의 변분 오토인코더(VAE) 모형은 훈련 이미지를 통하여 정규 난수의 분포로부터 입력 데이터와 동일한 형태를 갖도록 인코더(encoder)와 디코더(decoder)를 학습시키며, 학습된 디코더를 통하여 정규 난수로부터 새로운 이미지를 생성할 수 있도록 하였다. 〈그림-3〉의 생성적 적대 신경망(GAN)은 랜덤 확률 난수를 생성자(generator)를 통해 변환하여 훈련 데이터의 실제 이미지와 구분이 되지 않는 합성 이미지를 생성하도록 생성자를 학습시켜 랜덤 확률 난수로부터 새로운 이미지들을 생성할 수 있다.

〈그림-2〉 변분 오토인코더의 구조 예시[15]

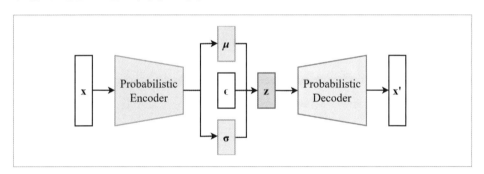

〈그림-3〉 생성적 적대 신경망의 구조 예시[16]

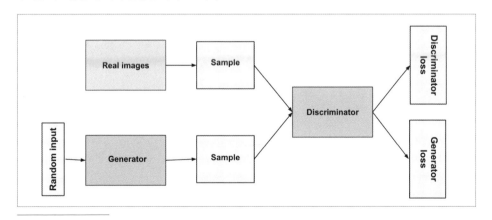

---

15) "Variational autoencoder", Wikipedia,
   https://en.wikipedia.org/wiki/Variational_autoencoder, (2024. 9. 10. 확인).

입력 데이터와 동일한 분포를 따르는 새로운 데이터의 생성을 위해, 생성형 인공지능 기술들은 기술에 따른 구조적 차이는 존재하나 본질적으로는 입력 데이터의 분포를 학습하도록 훈련된다. 하지만 통계학에서 차원의 저주(curse of dimensionality)로 알려진 바와 같이 입력 데이터의 차원이 커질수록 분포의 학습을 위한 데이터의 수는 기하급수적으로 늘어난다. 생성형 인공지능 기술도 궁극적으로는 입력 데이터의 분포를 학습하는 목적을 지니므로 우수한 성능의 생성형 인공지능 학습을 위해서는 많은 양의 학습용 데이터가 요구된다. 다행히도 생성형 인공지능의 주요 응용 분야인 컴퓨터 비전, 자연어 처리, 음성 분야는 인터넷의 발달과 소셜 네트워크 서비스 확대 등으로 학습에 필요한 데이터를 비교적 쉽게 확보할 수 있어 기술 발달에 긍정적 영향을 주었다. 하지만 최근 웹페이지 내의 텍스트 및 이미지 수집으로 인한 저작권 및 초상권 침해 등의 문제도 나타나고 있다.

초기 생성형 인공지능은 주어진 입력 데이터와 동일한 분포를 따르는 새로운 데이터를 생성하는 것을 목적으로 하였으나, 생성형 인공지능 기술의 발달에 따라 주어진 입력 데이터의 구조를 다양화하여 입력 데이터들 사이의 연관성을 학습하고 주어진 입력에 대하여 연관된 출력을 생성하는 형태로 발전하였다. 예를 들어, CycleGAN 모형[17]에서 제시한 〈그림-4〉의 예시와 같이 얼룩말과 말의 이미지들을 생성형 인공지능 모형에 학습시켜 말의 이미지에 대응하는 얼룩말 이미지를 생성하거나 반대로 얼룩말 이미지에 대응하는 말의 이미지를 생성할 수 있다.

최근 2024년 9월 12일에 OpenAI에서는 새로운 대규모 언어 모델인 'o1' 모델을 발표하였고 'o1-preview'와 'o1-mini'의 테스트 버전을 일부 이용자에게 공개하였다. 새로운 모델은 기존 모델보다 추론 능력이 향상된 모델로 수학 및 엔지니어들이 다루는

---

16) "Overview of GAN Structure", Google for Developers,
   https://developers.google.com/machine-learning/gan/gan_structure, (2024. 9. 10. 확인).

17) Zhu, J.-Y., Park, T., Isola, P., and Efros, A. A., "Unpaired Image-to-Image Translation Using Cycle-Consistent Adversarial Networks", *2017 IEEE International Conference on Computer Vision (ICCV)*, 2242, 2251, (2017).

〈그림-4〉 CycleGAN 모형을 이용한 이미지 생성 예시

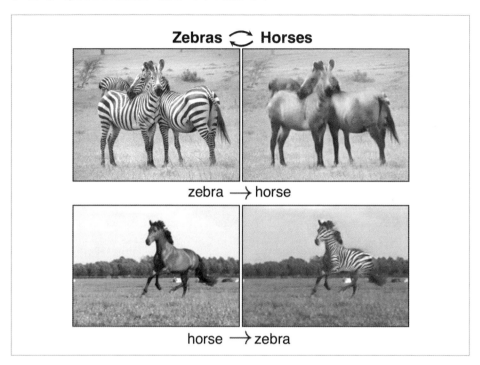

복잡한 추론 문제를 해결하는 데 활용될 수 있다.[18]

지금까지 살펴본 생성형 인공지능 기술의 특징을 요약하면 아래와 같다.

- 초기 생성형 인공지능 기술은 입력 데이터의 분포를 학습하여 입력 데이터와 동일한 형태의 출력 데이터의 생성을 목표로 하였다.
- 생성형 인공지능 기술은 입력 데이터의 분포를 학습하기 위하여 많은 양의 훈련 데이터를 필요로 한다.
- 생성형 인공지능 기술의 발달에 따라, 입력 데이터와 동일한 형태의 출력 데이터 생성 외에도 입력 데이터와 연관된 다른 형태의 출력 데이터를 생성할 수 있는 추론 능력이 향상된 생성형 인공지능 기술들이 개발되고 있다.

---

18) "오픈AI 새 모델 o1에 대해 알아야 할 9가지", 포춘 코리아 디지털 뉴스,
https://www.fortunekorea.co.kr/news/articleView.html?idxno=42466, (2024. 9. 17. 확인).

2. 생성형 인공지능의 유형

생성형 인공지능 기술들은 입력 데이터의 형태에 따라 데이터의 특징을 잘 학습할 수 있도록 다양한 신경망 구조를 지닌다. 따라서 생성형 인공지능에 대한 이해를 돕기 위하여 생성형 인공지능 기술들을 입력 또는 출력 데이터의 형태에 따라 유형을 구분하여 〈표-1〉에 제시하였다.

〈표-1〉 생성형 인공지능의 유형 및 특징

생성형 인공지능 유형	입력 데이터	출력 데이터	특 징
이미지 생성형 인공지능	이미지	이미지	- 입력 데이터와 출력 데이터 모두 이미지 형태의 데이터로 구성된 생성형 인공지능 기술 - 입력 이미지와 유사한 형태의 이미지 및 입력 이미지와 연관된 이미지 생성 및 손실 이미지 복원 등의 기술들을 포함
자연어 생성형 인공지능	텍스트	텍스트	- 입력 데이터와 출력 데이터 모두 텍스트 형태의 데이터로 구성된 생성형 인공시능 기술 - 입력 텍스트에 대한 답변이나 기계 번역 등의 기술들을 포함
음성 생성형 인공지능	음성, 텍스트	음성	- 음성 또는 음성 및 텍스트를 입력 데이터로 고려하여 음성 데이터를 출력하는 생성형 인공지능 기술 - 입력 음성을 다른 형태의 출력 음성으로 변환하는 기술 및 입력 텍스트에 대한 음성 데이터 생성 등의 기술들을 포함
멀티모달 생성형 인공지능	이미지, 동영상, 텍스트, 음성	이미지, 동영상, 테스트, 음성	- 하나의 데이터 형태가 아닌 여러 데이터 형태를 입력 데이터로 서로의 연관성을 학습하여 다른 형태의 출력 데이터를 생성하는 생성형 인공지능 기술 -입력 텍스트를 기반으로 이미지를 생성, 입력 이미지에서 텍스트를 생성, 입력 텍스트로부터 동영상을 생성 등의 기술을 포함
일반적인 조사/관측 데이터 생성형 인공지능	수치, 범주형	수치, 범주형	- 일반적인 수치 및 범주형 데이터를 입력받아 학습된 분포를 기반으로 새로운 합성 데이터를 생성하는 기술 - 데이터에 대한 개인정보 보호 문제의 해결을 위해 합성 데이터를 생성하는 데 주로 활용

이미지 생성형 인공지능 기술은 초기 생성형 인공지능 기술 개발이 주로 이루어진 유형으로 변분 오토인코더와 생성적 적대 신경망 모두 이미지 생성형 인공지능 기술에 해당된다. 입력 데이터로 이미지를 받아 새롭게 생성된 이미지를 출력하는 기술들을 이미지 생성형 인공지능 기술 유형으로 분류하였으며, 입력 이미지들과 유사한 이미지를 생성하는 기술,[19] 손상된 이미지를 입력 받아 복원된 새 이미지를 출력하는 기술[20] 등을 포함한다. 이미지 생성형 인공지능 기술들은 이미지의 특징 학습을 위하여 이미지 픽셀의 주변의 정보를 통합하여 추출하는 역할을 하는 합성곱 신경망 (convolutional neural network: CNN) 블록 구조(〈그림-5〉 참조)를 포함하는 특징을 지닌다.

〈그림-5〉 기본적인 CNN 블록 구조의 예시[21]

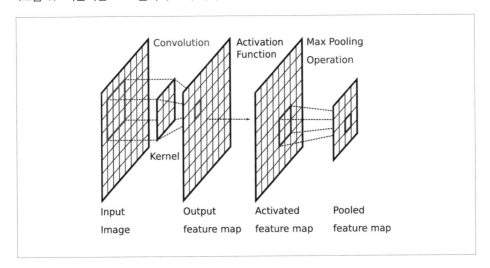

19) Trevisan de Souza, V. L., Marques, B. A. D., Batagelo, H. C., and Gois, J. P., "A review on generative adversarial networks for image generation", 114 *Computers & Graphics*, 13, 25, (2023).

20) Zhang, X., Zhai, D., Li, T., Zhou, Y., and Lin, Y., "Image inpainting based on deep learning: a review", 90 *Information Fusion*, 74, 94, (2023).

21) Georgiou, T., Liu, Y., Chen, W., and Lew, M., "A survery of traditional and deep learning-based feature descriptors for high dimensional data in computer vision", 9 *International Journal of Multimedia Information Retrieval*, 135, 170, (2020).

자연어 생성형 인공지능 기술은 기계 번역 분야에서의 자연어 처리 기술들을 기반으로 개발이 이루어졌으며, 입력 데이터로 텍스트를 받아 학습된 모델을 통하여 새로운 텍스트를 생성하는 기술들을 자연어 생성형 인공지능 기술 유형으로 분류하였다. ChatGPT와 같은 대화형 챗봇 기술, 기계 번역 등의 기술을 포함한다. 자연어의 특성인 단어의 배열 순서 및 규칙 등의 학습을 위하여, 초기에는 〈그림-6〉에 제시한 순환신경망(recurrent neural network) 구조인 LSTM(long short-term memory)과 GRU(gated recurrent unit)가 활용되었으나 최근 자연어 처리에 우수한 성능을 보이는 트랜스포머가 발표된 이후 트랜스포머 구조(〈그림-7〉 참조)가 주로 활용되고 있다.

〈그림-6〉 LSTM과 GRU 구조의 예시[22]

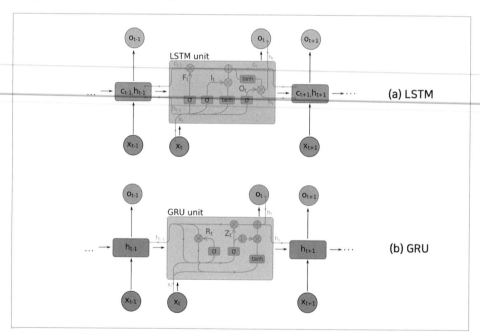

음성 생성형 인공지능 기술은 음성 인식을 위한 음성 데이터 처리/변환 기술을

---

22) "Recurrent neural network", Wikipedia,
   https://en.wikipedia.org/wiki/Recurrent_neural_network, (2024. 9. 17. 확인).

기반으로 개발되었으며, 컴퓨터 비전 및 자연어 처리에서 우수한 성능을 보인 모형들이 활용되고 있다. 특히 음성 생성형 인공지능 기술은 특성상 입력된 음성 데이터에 대한 인식이 먼저 선행되며, 일반적으로 입력 음성 데이터가 텍스트인 자연어로 변환된 뒤, 자연어 생성형 인공지능 기술이 활용된다. 하지만 음성 변환/번역 생성 기술의 경우, 자연어 인식/변환 단계 없이 입력 음성 데이터를 직접적으로 학습하여 출력 음성을 생성하는 경우[23]도 있다. 따라서 입력 데이터로 음성 또는 음성 및 텍스트 데이터를 전달받아 새로운 음성을 생성하는 기술들을 음성 생성형 인공지능 기술 유형으로 분류하였으며, 여기에 음성 변환/번역 생성 기술, 입력 텍스트에 대한 음성 생성 기술 등이 포함된다.

〈그림-7〉 트랜스포머 구조의 예시[24]

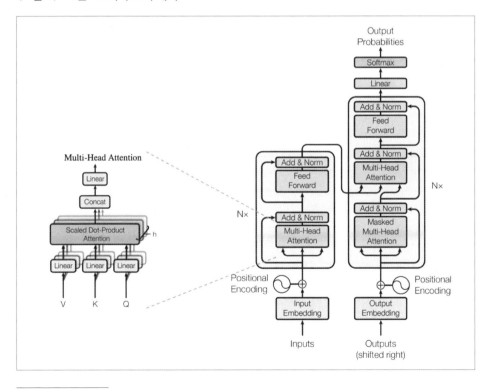

---

23) Jia, Y., Ramanovich, M. T., Remez, T., and Pomerantz, R., "Translatotron 2: high-quality direct speech-to-speech translation with voice preservation", arXiv:2107.08661, *arXiv preprint*, 1, 15, (2021).

멀티모달 생성형 인공지능 기술은 이미지, 텍스트, 음성 등 여러 형태의 데이터를
입력받아 데이터들 사이의 연관성을 학습하여 다양한 형태의 출력 데이터를 생성할
수 있는 기술로 각 데이터의 형태에 따라 데이터 인식을 위하여 개발된 여러 모델들
의 구조가 결합된 구조를 갖는다(〈그림-8〉 참조). 멀티모달 생성형 인공지능 기술에는
동영상 입력 데이터에 대한 자막 생성, 텍스트 입력 데이터에 대응하는 이미지 생성,
텍스트 데이터에 대응하는 동영상 생성 등의 기술이 포함된다.

〈그림-8〉 멀티모달 생성형 인공지능 모델의 구조 예시[25]

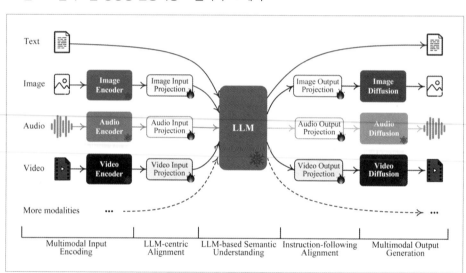

일반적인 조사/관측 데이터 생성형 인공지능 기술은 수치형, 범주형으로 조사/관
측된 데이터의 생성을 목표로 하는 기술들을 나타낸다. 일반적인 조사/관측 데이터에
대한 합성 데이터 생성 기술은 최근 개인정보 보호에 대한 문제가 데이터 거래 활성
화에 주요한 이슈로 등장하면서 많은 관심을 받고 있다. 해당 기술을 통하여 실제 데

---

24) Vaswani, A., Shazeer, N., Parmar, N., Uszkoreit, J., Jones, L., Gomez, A. N., Kaiser, L., and
Polosukhin I. "Attention is all you need", Advances in Neural Information Processing Systems, 6000,
6010, (2017).

25) NExT-GPT, https://github.com/NExT-GPT/NExT-GPT, (2024. 9. 18. 확인).

이터를 공개하지 않고 실제 데이터로 학습된 인공지능 모델이 생성한 합성 데이터를 공개하여 실제 데이터를 공개하면서 발생 가능한 개인정보 노출의 위험을 피할 수 있다. 이미지, 텍스트, 음성 데이터와는 다른 구조를 갖는 전통적인 테이블 형태의 데이터에 대한 합성 데이터를 생성하는 기술들을 일반적인 조사/관측 데이터 생성형 인공지능 기술로 분류하였으며, 주로 민감한 정보가 포함된 인구 총조사에 대한 마이크로 데이터(micro data) 및 전자 의료 기록(electronic health record)에 대한 합성 데이터 생성 기술이 연구되고 있다. 합성 데이터 생성을 위해 VAE 및 GAN 기반의 다양한 합성 데이터 생성 방법들이 개발되고 있다.[26]

III. 생성형 인공지능의 차별성

본 절에서는 앞서 살펴본 생성형 인공지능 기술들이 기존 인공지능 기술들과 어떠한 점에서 차별성을 지니는지 기술 측면, 산출물 측면, 이용자 측면에서 살펴보고자 한다.

1. 기술적 측면의 차별성

생성형 인공지능이 아닌 일반적인 인공지능 기술들은 특정한 목표 변수에 대한 예측을 주 목적으로 하여 인공지능 모형을 학습한다. 인공지능 모형에 대한 기본 학습 예제로 많이 활용되는, 손으로 필기한 0~9 사이의 숫자에 대한 인식 문제를 예로 들어 보자. 학습을 위한 훈련 데이터는 손으로 필기된 숫자에 대한 이미지와 이에 대응하는 목표 값인 실제 숫자로 구성되며, 이를 기반으로 모형이 학습된다. 이후 학습된 모형에 손으로 쓴 숫자 이미지가 입력되면, 학습된 모형은 0~9 사이의 숫자 각각에

대하여 해당 숫자일 가능성을 나타내는 Softmax 함수의 값을 출력한다(〈그림-9〉 참조). 하지만 생성형 인공지능 모형은 입력된 숫자 이미지의 특징을 인식하고 랜덤하게 생성된 난수(fake image/noise)를 입력된 숫자 이미지와 유사하게 변환하도록 학습되어 새로운 숫자 이미지를 출력한다(〈그림-10〉 참조).

〈그림-9〉 손글씨 숫자 인식에 대한 분류 모형 구조의 예시[27]

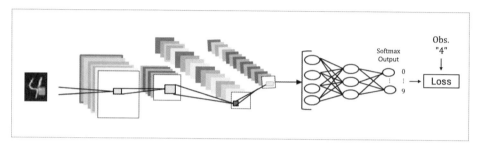

〈그림-10〉 손글씨 숫자 이미지에 대한 생성형 모형 구조의 예시[28]

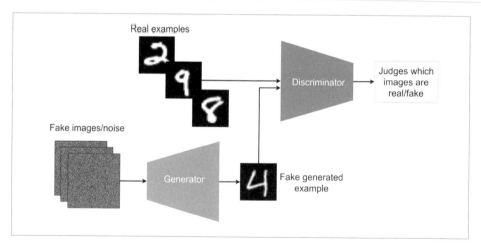

손글씨 이미지 데이터에서 살펴본 바와 같이 생성형 인공지능 모형들은 다른 인

---

27) Reyad, M., Sarhan, A. M., and Arafa, M., "A modified Adam algorithm for deep neural network optimization", 35 *Neural Computing and Applications*, 17095, 17112, (2023).

28) "Generative adversarial networks explained", IBM, https://developer.ibm.com/articles/generative-adversarial-networks-explained (2024. 9. 18. 확인).

공지능 모형들과 다르게 특정한 목표 변수에 대한 예측이 아닌 입력 데이터와 유사한 합성 데이터 생성을 목적으로 학습이 이루어진다.

또한 생성형 인공지능 모형들은 기반 모형의 구조에 따른 차이는 존재하지만 대체적으로 신경망의 구조 내에 랜덤하게 생성되는 난수가 포함되며, 이를 기반으로 학습된 모형이 데이터를 생성할 수 있도록 한다. 예를 들어, 〈그림-11〉 (a)의 변분 오토인코더(VAE)는 모형의 구조에 표준정규분포 $N(0, 1)$에서 생성되는 Z 항목이 포함되어 모형 학습 시 랜덤하게 생성된 난수가 반영되며, 〈그림-11〉 (b)의 생성적 적대 신경망(GAN)은 생성자(generator)에 랜덤하게 생성된 난수 벡터가 입력되는 구조로 반영된다. VAE와 GAN 모형 외에도 최근에 개발되어 활발하게 연구되는 이미지 생성 모형인 잡음제거 확률적 확산 모형(denoising probabilistic diffusion model) 기반 생성 모형[29]은 원 이미지에 랜덤하게 생성된 난수로 이루어진 잡음 이미지(noise image)를 순차적으로 더하여 최종적인 잡음 이미지를 얻고, 이후 역변환 과정을 통하여 새로운 이미지를 생성한다(〈그림-12〉 참조).

〈그림-11〉 VAE[30] 및 GAN[31] 모형의 이미지 생성 예시

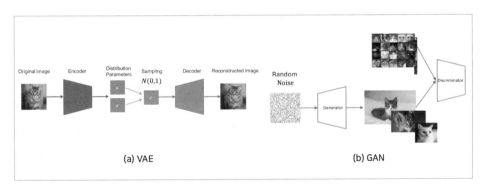

(a) VAE   (b) GAN

29) Ho, J., Jain, A., and Abbeel, P., "Denoising diffusion probabilistic models", arXiv:2006.11239, *arXiv preprint*, 1, 25, (2020).

30) DZ DATA, "Variational Autoencoder", https://dzdata.medium.com, (2024. 9. 18. 확인).

31) Rough Path and Machine Learning Research Group, Synthetic time series generation, https://www.ucl. ac.uk/rough-path-and-machine-learning-group/research/synthetic-time-series-generation, (2024. 9. 18. 확인).

〈그림-12〉 잡음제거 확률적 확산 모형 기반의 이미지 생성 예시[32]

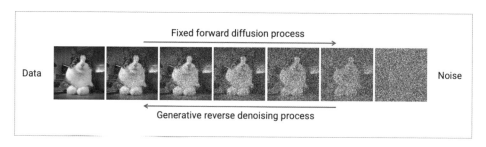

생성형 인공지능 모형들은 다른 인공지능 모형들과 동일하게 많은 양의 훈련 데이터를 필요로 한다. 하지만 생성형 인공지능 모형들, 특히 생성적 적대 신경망과 같이 생성자(generator)와 판별자(discriminator) 구조를 갖는 모형들은 생성자와 판별자를 적대적으로 훈련하게 되어 하나의 목표를 훈련하는 인공지능 모형들보다 모형의 학습이 어려우며, 보다 많은 양의 훈련 데이터를 필요로 한다. 이러한 어려움으로 인하여 생성된 합성 데이터들이 특정 데이터 표현에만 집중되어 반복적으로 나타나는 모드 붕괴(mode collapse) 문제(〈그림-13〉 참조)가 발생할 수 있으며, 이를 해결하기 위해 여러 방법들이 개발되고 있다.

〈그림-13〉 손글씨 이미지 생성 모형의 모드 붕괴 발생 여부에 따른 생성 이미지 예시[33]

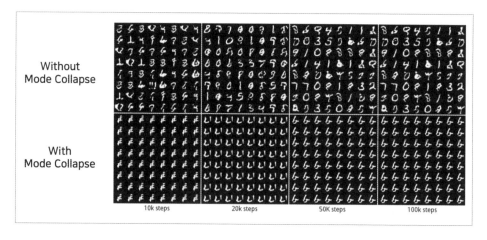

---

32) CVPR 2022 Tutorial, https://cvpr2022-tutorial-diffusion-models.github.io, (2024. 9. 18. 확인).

2. 산출물 측면의 차별성

생성형 인공지능은 목표 변수에 대한 예측을 주 목적으로 하는 다른 인공지능 기술과 다르게 입력 데이터와 유사한 데이터를 생성한다. 따라서 예측된 목표 변수의 결과에 따라 의사결정 또는 의사결정의 참고 자료로 활용되는 인공지능 기술들의 산출물과는 달리 생성형 인공지능에 의해 생성된 합성 데이터는 그 자체로 다른 인공지능 모형의 학습(학습 데이터 증강)에 활용되거나 직접적으로 활용된다. 예를 들어, 의료 영상 이미지와 같이 이미지 데이터가 부족한 경우, 학습 데이터의 증강을 위하여 〈그림-14〉와 같이 GAN 기반의 생성형 인공지능 모형을 적용하고, 원 데이터와 증강된

〈그림-14〉 의료 영상 데이터에 대한 GAN 기반 생성 모형의 예시[34]

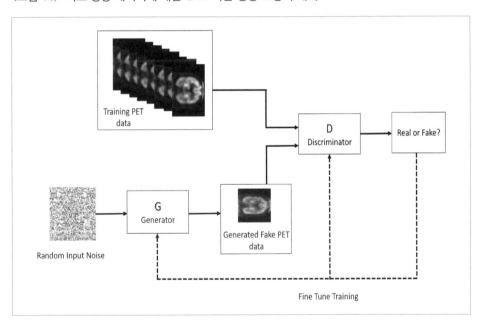

33) Cohen, G. and Giryes, R., "Generative adversarial networks", arXiv:2203.00667, *arXiv preprint*, 1, 28, (2022).

34) Islam, J., Zhang, Y., "GAN-based synthetic brain PET image generation", 7 *Brain Informatics,* Article number 3, (2020).

데이터를 활용하여 〈그림-15〉와 같은 질병에 대한 예측을 수행하는 분류 모형을 학습하여 모형의 예측 성능을 향상시킬 수 있다.[35]

〈그림-15〉 의료 영상 데이터에 대한 분류 모형의 예시[36]

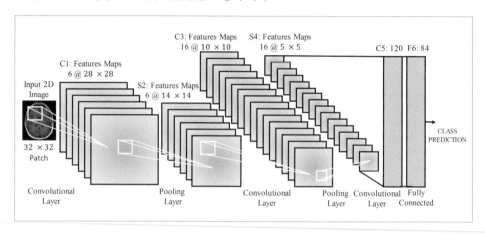

또한 생성형 인공지능의 산출물은 입력 데이터의 형태로 생성되기 때문에 입력 데이터로 주로 활용되는 이미지, 영상, 음성, 텍스트 등의 실제 생활에서 자주 접하는 형태의 데이터가 생성형 인공지능 주 산출물이 된다. 이로 인하여, 실제 존재하지 않는 이미지, 뉴스 기사, 동영상 등의 생성을 통해 가짜 뉴스를 배포하거나 음란물을 합성하여 배포하는 등, 여러 부작용이 발생할 수 있으며, 실제 여러 사례들이 언론에 발표되고 있다.[37][38]

---

35) Motamed, S., Rogalla, P., and Khalvati, F., "Data augmentation using generative adversarial networks (GAN) for GAN based detectioin of Pneumonia and COVID-19 in chest X-ray images", 27 *Informatics in Medicine Unlocked*, Article number 100779, (2021).

36) Anwar, S. M., Majid, M., Qayyum, A., Awais, M., Alnowami, M., and Khan, M. K., "Medical image analysis using convolutional neural networks: a review", 42 *Journal of Medical Systems*, Article number 226, (2018).

37) "가짜 정보로 만든 AI, 진짜로 보이게 데이터까지 조작", 조선일보, https://www.chosun.com/economy/tech_it/2023/11/29/JNNXG5EGOJBIVCOEHNRU7WO7KU/, (2024. 9.18. 확인).

38) "한국 학교를 집어삼킨 '딥페이크 음란물' 사태를 들여다보다", BBC News 코리아, https://www.bbc.

앞서 생성형 인공지능의 특징에서 살펴본 것처럼 생성형 인공지능은 많은 양의 훈련 데이터가 요구되며, 훈련 데이터를 기반으로 학습된 모형이 랜덤하게 생성된 난수를 변환하여 새로운 데이터를 생성한다. 하지만 생성형 인공지능이 입력 데이터의 분포를 학습하여 입력 데이터와 유사한 분포를 따르는 새로운 데이터를 생성할 것이라 기대하더라도 학습된 모형의 특성상 입력 데이터와 매우 유사한 데이터도 생성될 수 있다. 실제로 최근 OpenAI의 ChatGPT의 GPT-4o 버전에서 제공되는 음성 서비스에서 스카이(sky)의 음성이 배우 스칼렛 요한슨의 목소리와 유사하다는 논란이 제기되었으며, 실제 다른 배우의 음성을 활용하였다고 발표하였으나 결국 ChatGPT의 GPT-4o 버전의 스카이의 음성 서비스는 중단되었다.[39]

이 외에도 생성형 인공지능의 산출물은 모형의 학습 결과로서 출력되는 것으로 훈련 데이터의 부족이나 편향 등의 문제로 인한 산출물의 품질 저하가 발생할 수 있으며(〈그림-16〉 참조), 대화형 챗봇 기술에서는 사용자의 질의에 대하여 실제 존재하

〈그림-16〉 LSUN-bedroom 데이터로 학습된 생성형 인공지능의 저품질 산출물 예시[40]

com/korean/articles/cdx6pxr7w6xo, (2024. 9. 18. 확인).

39) "GPT-4o 목소리는 스칼렛 요한슨? 논란에 … 'GPT-4o 음성 일시 중단'", KBS 뉴스, https://news. kbs.co.kr/news/pc/view/view.do?ncd=7967758, (2024. 9. 18. 확인).

40) Gu, S., Bao, J., Chen, D., Wen, F., "GIQA: generated image quality assessment", arXiv:2003.08932, *arXiv preprint*, 1, 26, (2020).

지 않거나 비슷하지만 부정확한 정보를 답변으로 생성하는 문제가 발생할 수 있다. 예를 들어, 〈그림-17〉에 제시한 것과 같이 이미지 생성 모델에 대한 리뷰 논문의 추천 요구에 대한 ChatGPT의 답변에서 제목, 발표연도, 저자가 부정확하게 제시된 것을 확인할 수 있다.

〈그림-17〉 ChatGPT에서 질의에 대한 부정확한 답변 사례[41]

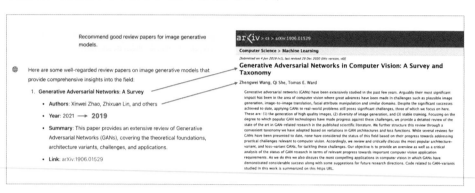

3. 사용자 측면의 차별성

생성형 인공지능의 산출물에 대한 차별성에서 살펴본 것처럼 생성형 인공지능은 일상생활에서 자주 접하는 이미지, 영상, 음성, 텍스트 형태의 데이터를 생성할 수 있다. 이러한 특성에 따라서 일반 사용자들의 이용 수요가 매우 높아 여러 서비스들이 경쟁적으로 개발되어 서비스되고 있다. 즉, 목표 변수에 대한 예측을 주 목적으로 하는 인공지능 기술은 기술 자체에 대한 직접적인 서비스보다는 개발된 제품에 포함된 기능으로서 활용이 되었다면, 생성형 인공지능 서비스는 사용자들에게 직접적으로 서비스하며, 피드백을 받을 수 있다는 점에서 타 인공지능 서비스와 차별성을 지닌다. 예를 들어, 스마트폰의 사진 앱에서의 안면 인식을 통한 사람 분류, 사진 내에서의 물체 인식 등의 기능에 컴퓨터 비전 기반의 인공지능 모형들이 적용되어 서비스되

---

41) ChatGPT GPT-4o 버전, https://chatgpt.com, (2024. 9. 18. 확인).

고 있으나 사용자들은 주어진 기능을 활용할 뿐 사진의 분류에 대한 오류 보고, 물체 인식 오류 보고 등의 피드백을 각 서비스 내에서 직접적으로 반영할 수 없다. 하지만 생성형 인공지능 서비스, 특히 대화형 챗봇 서비스의 경우, 사용자가 직접적으로 질의할 수 있으며, 질의의 답변에 대한 피드백을 통하여 보다 정교한 응답을 요구할 수 있다. 이러한 특성으로 최근에는 대화형 챗봇의 질의 절차를 설계하는 프롬프트 엔지니어링(prompt engineering)이라는 용어도 나타나게 되었다.[42]

또한 생성형 인공지능 서비스는 최근 멀티모달 생성형 인공지능 서비스로 확대되는 추세로 사용자들은 대화형 챗봇 서비스에서 질의에 대한 답변 생성, 텍스트를 통한 이미지의 생성, 기계 번역 등 여러 기능들을 하나의 서비스에서 활용할 수 있게 되어 업무의 효율을 크게 증가시킬 수 있게 되었다. 하지만 이러한 긍정적인 요소에 반대로 일반 사용자들의 접근성이 매우 높아지고 여러 질의가 가능해지면서 무분별한 질의 입력으로 인한 개인적인 정보의 전달, 회사 내부의 정보의 전달 등 생성형 인공지능 서비스로 여러 민감한 정보의 유출 문제가 발생할 수 있다.

마지막으로 생성형 인공지능은 타 인공지능 기술과는 다르게 사용자가 산출물들을 직접 생산, 저장, 배포할 수 있어 사용자의 의도 및 목적에 따라 사회에 긍정적인 또는 부정적인 영향을 줄 수 있다. 예를 들어, 사용자가 기계 번역, 글 교정, 여행 일정 추천 등의 업무적, 개인적 활동에 생성형 인공지능을 활용할 경우, 업무 효율의 증가 및 여가 시간 확보 등의 긍정적 효과를 얻을 수 있다. 하지만 사용자가 수익 창출을 위해 기존 영상을 학습하여 기존 영상들과 유사한 영상을 생성하여 배포하거나 거짓 정보 확산을 위해 가짜 이미지 및 영상을 생성하는 것은 사회에 부정적인 영향을 줄 수 있다. 이처럼 생성형 인공지능은 타 인공지능 기술과 다르게 사용자에게 보다 높은 윤리 의식이 요구된다.

---

42) Prompt engineering, Wikipedia, https://en.wikipedia.org/wiki/Prompt_engineering, (2024. 9. 18. 확인).

IV. 맺는 말

지금까지 생성형 인공지능의 특징 및 유형과 생성형 인공지능이 다른 인공지능 기술들과 어떤 차이를 지녔는지 살펴보았다. 앞서 살펴본 바와 같이 생성형 인공지능은 일상생활에서 마주하는 여러 형태의 데이터를 산출할 수 있어 우리의 일상에 영향을 줄 수 있다. 먼저 긍정적인 관점에서 살펴보면, 대화형 챗봇 서비스들이 경쟁적으로 발달하면서 다양한 멀티모달 기반의 서비스를 제공하기에 일반 사용자들은 보다 빠르고 간편하게 관련 주제에 대한 글의 작성 또는 요약, 필요한 이미지의 생성 등을 수행할 수 있게 되어 업무의 효율성을 크게 증가시킬 수 있다. 또한 기업의 입장에서도 대화형 챗봇 서비스와 음성 생성 기술의 결합을 통하여 고객 서비스 응대 시간 감소와 비용 절감 등의 효과를 누릴 수 있다. 이 외에도 원고의 번역 및 교정을 위한 시간 및 비용의 감소, 작성 시간의 감소 등 사용자의 편의를 위한 기능들이 제공되며, 여러 언어 및 프로그래밍 언어의 학습에도 활용될 수 있다.

하지만 이러한 긍정적 측면에도 불구하고 생성형 인공지능 서비스의 발전 및 확대에 따른 부정적 측면도 존재한다. 사용자의 측면에서 살펴본 바와 같이 개별 사용자들이 생성형 인공지능의 산출물을 생성, 저장, 배포하게 되면서 사용자의 의도에 따라 여러 문제가 야기될 수 있다. 앞서 언급한 합성 이미지 및 영상의 생성을 통한 가짜 뉴스 배포 문제 및 생성형 인공지능으로 작성한 논문으로 인한 연구 윤리에 대한 문제 등이 발생할 수 있다. 이러한 문제를 해결하기 위해 기본적으로는 생성형 인공지능을 활용하는 사용자 개개인의 윤리 및 규범이 중요해진다. 생성형 인공지능의 학습을 위하여 요구되는 대용량 훈련 데이터를 확보하는 과정에서 수반되는 저작권 침해 문제, 개별 사용자들이 생성형 인공지능 서비스에 입력한 정보 및 산출물에 대한 데이터 소유권 문제 등 경각심과 규제를 요하는 문제들이 다양한 형태로 나타날 수 있다.

생성형 인공지능 서비스로 야기되는 여러 문제들을 체계적으로 관리, 예방하며, 생성형 인공지능 서비스를 긍정적으로 활용하기 위해서는 생성형 인공지능의 특성에 맞는 차별적 규율이 필요하며, 일반 사용자의 생성형 인공지능 활용에 대한 윤리 의식 강화 및 법적 규제가 필요하다. 이 책에서는 생성형 인공지능으로 발생할 수 있는 저작권 문제, AI로 인한 권리 침해 등 여러 이슈들을 종합적으로 다루면서, 이에 따른 규제, 국제 규범, 생성형 인공지능의 활용을 위한 가이드라인, AI 기반 서비스 산업 및 규율, AI 확산과 이에 따른 제도 변화 등을 논할 것이다.

제2장

생성형 인공지능 관련 가이드라인

고인석

(인하대학교 철학과 교수)

I. 가이드라인이 요구되는 배경: 생성형 인공지능의 영향력

이 장은 생성형 인공지능에 관한 규범의 한 형태로 제시되고 있는 가이드라인[1]의 현황을 다룬다. 최근까지 국내외에서 제시된 몇몇 주요 가이드라인의 내용을 분석하고, 가이드라인들이 공통적으로 제시하는 규범 혹은 권유의 내용을 살펴보기로 한다.

OpenAI가 2022년 11월 30일에 공개한 ChatGPT는 인공지능을 특별한 지식과 훈련을 배경으로 소수의 전문가들이 만들고 다루는 기술로부터 단번에 "모든 사람의 기술"로 만들었다. 이제는 누구나, 스마트폰, PC, 태블릿 등 어떤 통로로든 인터넷에 접속하기만 하면 막대한 규모의 언어모델을 기반으로 훈련되고 또 나날이 더 정제되고 보완되는 인공지능 기술을 마법의 램프 속 요정처럼 불러내 마음껏 부릴 수 있다. 현재 이 일은 문서 작업을 비롯한 몇몇 영역에 주로 집중되고 물건을 옮기거나 음식을 만들거나 강아지를 산책시키는 임무 같은 데 활용할 수 없지만, 이런 새로운 인공지능의 한계가 현재의 한계에 머물러 있지 않으리라는 것은 분명하다. 이런 무시무시

---

[1] 대부분 "가이드라인"(guidelines)이라는 개념이 적용되지만, "안내"나 "지침"(guidance), "가이드북" 등의 표현도 쓰인다.

할 만큼 멋진 기술환경 변화를 이뤄내고 있는 것은 다름 아닌 생성형 인공지능 기술
이다.

생성형 인공지능은 최근 갑자기 나타난 기술이 아니다. 우리가 여러 해 전부터 경
험해 온 입력항을 자동으로 채워 주거나 이어질 문구를 제안하는 자동 완성 기능도
생성형 인공지능에 해당한다.[2] 그러나 대규모 언어모형(Large Language Model: LLM)을
기반으로 하는 최근의 생성형 인공지능은 문구의 자연스러운 완성을 제안하는 자동
완성 기술의 연장선 위에 있으면서도 근본적으로 다른 차원으로 보이는, 감탄할 만한
기능을 실현한다. 또 그럼으로써 그것은 동시에 그것을 어떻게 다루고 규율하여야 하
는가 하는 사회적 고심을 유발한다. 그처럼 다른 차원의 속성이란, 간략히 말하자면,
인공지능 프로그램이 입력자가 시작한 어구가 어떻게 이어질지를 제안하는 보조적
기능에 머물지 않고 인간 전문가 같은 유능한 지적 존재가 해내는 것과 유사한 작업
을 **완결적으로** 수행한다는 점이다.

현재의 대규모 언어모형 기반 생성형 인공지능들은 1950년 튜링(Alan Turing)이
"기계가 생각할 수 있을까?"라는 물음으로 시작한 논문에서 제시한 기준을 뛰어넘기
시작했다. 이것은, 이런 인공지능 프로그램이 인간이 제공하는 자극(입력)에 반응하
는 방식으로 작동하고 이 입력이 문자열이나 음성 신호의 형식으로 제공되어야 한다
는 일련의 조건에 구속된다는 제한이 있기는 해도, 적어도 그런 제한 조건 내에서는
인공지능이 인간의 지적 작업을 대신할 수 있음을 뜻한다. 그런 까닭에 생성형 인공
지능의 등장은 인공지능이 인간의 일자리를 잠식하지 않을까 하는 이전의 막연한 우
려에 실감 나는 현실성을 불어넣었다. 일자리의 전망에 관해서는 엇갈리는 평가과 다
양한 세부 시각이 존재하지만, 적어도 우리가 직장에 출근하여 책상 앞에서 처리하는
일의 상당 부분을 ChatGPT 같은 프로그램들이 웬만한 사람 못지않은 질적 수준으로
처리할 수 있다는 사실은 누구도 부인하기 어려울 것이다.

이 기술에 관하여 그것이 과도하게 부풀려진 기대의 대상이 되고 있음을 경계하

---

2) 구글은 2004년부터 이런 자동 완성 기능을 테스트하기 시작했고 2010년에 Autocomplete라는 이름
   을 붙여 보편적으로 적용하였다.

는 목소리도 있다. 생성형 인공지능의 산출물이 세간의 기대만큼 훌륭하지 않으며, 그것을 적극 활용하는 일이 때로 아주 위험한 처사일 수 있다는 견해다. 그리고 이런 견해 중 상당 부분은 경청해야 할 합리성을 지닌 것들이다.[3] 그러나 이에 관한 토론은 이 장의 주된 관심사가 아니므로 이런 관계를 언급해 두는 것으로 그친다.

이 장의 관심사는 생성형 인공지능이라고 불리는 램프 속 요정을 누구나 활용할 수 있게 된 오늘의 현실에서 발생하는 규범의 문제다. 특히 이 장에서는 최근 가이드라인이라는 형태로 국내외에서 제시된 규범의 사례들을 고찰할 것이다. ChatGPT의 등장이 단 2년 전의 일이니만큼, 이에 관하여 잘 정제되고 명문화된 규범 체계가 수립되어 있기를 기대할 시점은 아니다. 그러나 출시 후 닷새 만에 사용자 수가 100만 명을 넘고, 2024년 여름 기준으로 주간 활성 이용자 수(WAU)가 2억 명 수준을 넘긴 ChatGPT의 활용에 관하여 그간 이미 활발한 사회적 토론이 전개된 것은 당연한 일이었다. 이 장에서 살펴볼 생성형 인공지능 관련 가이드라인들은 그러한 토론의 중간 산물이라고 볼 수 있다.[4] 최근 유럽과 미국에서 인공지능 기술을 규율하는 법률이 이미 제정, 공포되었거나 제안된 상황이고, 이러한 법적 장치는 필시 생성형 인공지능이라는 발전에 부응하는 방향으로 보완될 것이다. 자연히 이러한 보완 과정에서 이 장에서 검토할 가이드라인들이 길잡이 노릇을 하리라는 점에서 가이드라인에 관한 고찰의 필요성을 확인할 수 있다.

---

3) 그런 비판적 견해에는 크게 두 갈래가 존재한다. 하나는 생성형 인공지능이 산출하는 결과물의 질에 관한 우려로, '인공지능 환각'(AI hallucination)이라고 불리는 문제와 편향(bias)의 문제가 이런 비판의 대표석인 주제나. 나믄 하나는 인공지능의 존재 특성에 관한 철학저 비판으로, 최근 발표뒤 글 (https://aeon.co/essays/can-computers-think-no-they-cant-actually-do-anything)에서 인지철학의 주요 논자인 노에(Alva Noë)가 "컴퓨터는 사실상 아무것도 하지 못한다(They can't actually do anything.)"고 주장한 것이 이러한 비판을 간명하게 표현한다.

4) 이 장은 생성형 인공지능에 관한 가이드라인을 다루며, 현재 제시된 가이드라인은 대부분 LLM 기반의 언어생성 인공지능을 규율과 행동 권유의 대상으로 한다. 따라서 이 장에서 '생성형 인공지능'은, 별도의 언급이 없는 한, 출력이 문자열이나 음성의 방식으로 이루어지는 언어생성 인공지능을 가리키는 범위에 국한될 것이다.

II. 생성형 인공지능 가이드라인이 다룰 문제들

누구나 유능한 요정이 나오는 램프를 가지게 되면서 전에 없던 고민이 생기기 시작했다. 한 예로, 대학의 교수들은 학생들에게 특정한 주제에 관한 보고서를 부과하여 학생의 학습과 연구활동을 유도하고 그 결과를 가지고 학생의 성취를 평가하는 일에 대해 고심하게 되었다. ChatGPT가 고스란히 보고서를 통째로 써 주지는 않는다 해도 보고서에 넣을 꽤 훌륭한 문단들을 눈 깜빡할 새에 만들어내기 때문이다. 교수는 학생들이 그렇게 하는 경우를 어떻게 다뤄야 할까?

회의에서 활용할 자료를 만드는 일을 맡은 직원이 ChatGPT나 Midjourney 같은 프로그램을 활용하여 그 일을 한다면 상사는 그런 일을 통제할 이유가 없다. 작성된 자료가 훌륭하기만 하다면 직원은 칭찬과 격려를 받을 것이다. 만들어진 결과물의 질만이 문제가 되는 상황이기 때문이다. 그러나 교육의 상황에서는 이와 다른 관점이 적용된다. 교수가 학생에게 특정 주제의 보고서를 작성하도록 하는 목적이 그 주제에 관한 훌륭한 문서를 생산하는 데 있지 않기 때문이다. 교수는 학생이 지적 역량을 증진하고 전문 지식을 함양하는 데 그러한 활용이 어떤 긍정적 혹은 부정적 효과를 낳는지 따져야 한다. 교수가 그런 보고서를 강의의 과제로 부과하여 작성하도록 한다면 그런 일의 목적은 학생이 그 작성 과정을 통해 주어진 문제를 다루는 능력과 더불어 자신의 생각을 정제된 문서로 표현할 수 있는 역량을 강화하도록 하는 데 있기 때문이다.

과제로 부과된 문제를 풀거나 소논문을 작성하는 과정에서 학생들이 생성형 인공지능을 적극 활용함으로써 과제 해결에 결정적인 도움을 받는다고 가정해 보자. 그렇게 해서 문제가 풀리고 상당한 수준의 소논문이 작성된다면 그런 성공적인 해결의 과정이 학생의 지적 역량 강화로 귀결되리라고 기대할 수 있을까? 이 물음에 답하는 일은 교육의 실행에 관한 이론과 실험 양면의 결합을 요구하는 만만찮은 도전이겠지만, 적어도 방금 언급한 방식의 과제 해결이 그 자체로 고스란히 학생의 지식이나 문제 해결 능력의 증진을 의미한다고 볼 수 없다는 것은 분명하다. 편의상 단순하게 비유하자면, 그것은 계산기를 들고서 사칙연산 시험을 보는 상황과 비슷하다.

오늘날 사칙연산이 필요한 시험을 치르는 상황에 계산기 활용이 허용되는 경우는 적지 않다. 이것은 계산기 같은 도구를 인지 주체의 일부로 간주하는 것이 정당화되는 상황이 있음을 깨우쳐 준다.[5] 그러나 이러한 확장이 항상, 혹은 일반적으로 정당한 것은 아니다. 계산기나 학생 자신의 노트를 활용하는 것이 허용되는 시험이 있는가 하면, 그런 활용이 허용되지 않는 시험도 허다하다. 그리고 그런 허용과 불허는 임의성이 아니라 각 상황의 고유한 취지에 따라 결정된다. 이런 마당에 학생의 생성형 인공지능 활용을 어떻게 규율하고 인도하는 것이 좋을까? 뒤의 V. 2.에서 최근 국내외의 대학들이 이런 문제와 관련하여 제시한 가이드라인을 살펴보기로 한다.

과제 문제를 풀거나 보고서를 작성하는 학생들만 생성형 인공지능의 혜택을 누리는 것은 아니다. 교수들도 연구와 교육의 다양한 지점에서 생성형 인공지능이라는 마법 램프를 문질러 친절한 요정을 불러내고 활용한다. 그런데 방금 논한 것처럼 사용자의 지적 역량에 미치는 효과가 관건이라면, 이미 지적 역량이 극대점 부근에 있는 교수나 기성 전문가들은 학생들의 경우와 달리 그것을 거침없이 사용해도 되는가? 그렇지 않은 것으로 보인다. 뒤에서 살펴보겠지만, 다수의 학회나 학술지가 논문 작성 과정에서 생성형 인공지능을 활용하는 일에 관하여 제한 조건을 설정하거나 생성형 인공지능을 활용한 방식을 소상히 공개하도록 요구하기 시작했다.

III. 외국 가이드라인의 주요 사례

1. EU Generative AI Guidelines

먼저 살펴볼 가이드라인은 유럽연합이 2024년 3월에 발표한 "EU Generative AI Guidelines"이다. 이 가이드라인은 '1. 도입'에서 왜 이런 가이드라인을 개발하여 공개

---

5) 우리의 인지 과정이 작동하는 범위가 두개골 안쪽에 국한되지 않는다는 연장된 마음 논제(Extended Mind Thesis)는 이런 평가를 뒷받침하는 이론이다.

하는지부터 말한다. 생성형 인공지능의 편익을 충분히 활용할 수 있도록 하려는 취지에서 개별 기관이 관련 지침을 만들고 적용하기 시작했는데 그런 다수의 지침과 권고가 오히려 무엇을 어떻게 따라야 할지 불명료한 환경이 형성되었다. 이것이 통일된 행동 지침으로서의 유럽연합 생성형 인공지능 가이드라인을 만들어 공유하게 된 배경이다.

> "생성형 AI의 편익을 충분히 활용할 수 있게 하려는 취지에서 대학, 연구기관, 연구비 지원기관, 출판사 등 다양한 기관들이 이러한 도구를 적절하게 사용하는 방법에 대한 지침을 발표했다. 그런데 이런 가이드라인과 권고사항이 양산되면서, 특정한 상황에서 어떤 가이드라인을 따라야 할지 결정하기 어려운 복잡한 환경이 조성되었다. 이러한 이유로, 유럽 국가들과 연구 및 혁신 이해관계자로 구성된 유럽 연구 영역 포럼(European Research Area Forum)은 공공 및 민간 연구 생태계에서 연구비를 지원하는 기관, 연구기관, 그리고 연구자를 대상으로 하는 「연구에서의 생성형 AI 사용에 관한 가이드라인」을 개발하기로 결정했다."

이와 더불어 이 부분에 드러난 EU 가이드라인의 특징은, 그것이 가이드라인의 적용 범위를 1) 대학, 2) 연구비 지원기관, 3) 출판사로 구분하고 그 각각에 대하여 적절한 효능을 지닌 행동 원칙을 제시하려 한다는 점이다. 이것은 이 가이드라인의 시야에 관한 명료한 정보를 제공하는 진술이다. 이 가이드라인은 **학술 영역의 생성형 인공지능 활용**을 규율하고자 한다.

EU 가이드라인은 그것이 두 가지 문건을 기반으로 도출되었다고 밝힌다. 첫째는 「유럽 연구 진실성 강령」(European Code of Conduct for Research Integrity)[6]이고, 다른 하나는

---

6) 이것은 1994년에 설립된 유럽 학술단체 총연합(All European Academies. 약칭 allea. https://allea.org)이 만든 것으로, 2017년에 처음 작성되었다. EU 가이드라인은 2023년 발표된 수정본을 바탕으로 작성되었다.

EU 의회가 의뢰한 별도의 AI 전문가 그룹(High-Level Expert Group on AI, 약칭 HLEG)이 제안하여 공표된「신뢰할 수 있는 인공지능에 관한 윤리 가이드라인」(Ethics Guidelines for Trustworthy Artificial Intelligence)[7]이다. 특히 EU 가이드라인은 전자가 연구 진실성의 근본 원칙으로 제시한 ① 연구의 질을 확보하는 일과 관련한 신뢰할 만함(Reliability), ② 연구의 수행과 보고의 전 과정에 걸친 정직성(Honesty), ③ 동료와 연구 대상과 사회 전체, 그리고 자연환경을 향한 존중(Respect), 그리고 ④ 발상으로부터 출판에 이르는 전 과정의 설명책임(Accountability)의 네 원칙을 고스란히 핵심 원칙으로 수용한다.

　　EU 가이드라인의 고유한 특징은 그것의 제2장, '연구에 생성형 인공지능을 책임 있게 활용하는 일에 관한 가이드라인'에서 드러난다. 전술한 것처럼 이 부분은 연구자, 연구기관, 그리고 연구비를 지원하는 기관의 세 범주를 대상으로 하는 권유로 구성되어 있다.

(1) 연구자들을 위한 권유

　　연구자는 연구에 생성형 인공지능을 활용함에 있어 다음과 같은 원칙에 따라 책임감 있는 방식으로 행동해야 한다.

- 첫째, 과학 연구의 결과에 대한 궁극적인 책임은 오롯이 연구자에게 있다.
- 둘째, 생성형 인공지능의 활용은 투명해야 한다.
- 셋째, 민감한 정보나 보호되어야 할 정보를 인공지능 도구에 입력하는 경우, 프라이버시와 비밀 유지, 그리고 지적재산권에 관한 사항에 특별한 주의를 기울여야 한다.

---

7) 2018년 12월 공개된 초안과 그것에 관한 500여 건의 의견을 종합하여 2019년에 발표되었다. ① 인간의 주도와 감시(human agency and oversight), ② 기술적 견고성과 안전(technical robustness and safety), ③ 프라이버시와 데이터 거버넌스(privacy and data governance), ④ 투명성(transparency), ⑤ 다양성, 차별 금지, 공정성(diversity, non-discrimination and fairness), ⑥ 사회적-환경적 웰빙(societal and environmental well-being), ⑦ 설명책임(accountability) 등 7개 항목을 핵심 요구사항(key requirements)으로 삼고 있다.

- 넷째, 생성형 인공지능을 활용할 때는, 일반적인 연구 활동에서와 마찬가지로, 해당 국가와 EU의, 그리고 국제적인 관련 법규를 존중해야 한다.
- 다섯째, 훈련에 참여하는 방식을 포함하여 생성형 인공지능을 적절하게 활용하는 방법을 지속적으로 배움으로써 그런 도구의 편익을 최대화하도록 노력해야 한다.
- 여섯째, 논문 심사나 연구계획서 평가처럼 동료 연구자들과 연구단체에 영향을 주는 민감한 활동을 할 때는 생성형 인공지능을 적극 활용하는 일을 피해야 한다.

이 가운데 첫째 원칙은 생성형 인공지능을 활용하여 작성된 연구 결과에 오류, 정밀성 부족, 편향(bias) 등 어떤 종류의 결함이 생기든 그에 대한 책임이 전적으로 연구자에게 있음을 확인한다. 이는 간접적으로, 연구에 활용된 인공지능이 연구 결과물의 저자나 공저자가 될 수 없다는 원칙의 표명이기도 하다. 생성형 인공지능의 활용이 연구의 진행 과정에 어떤 질적 영향을 미치는지와 상관없이, 그 전 과정의 수행 주체인 동시에 그 과정과 결과에 대한 책임과 권한을 가진 주체는 연구자이고, 연구자뿐이다.[8]

(2) 연구기관을 위한 권유

생성형 인공지능이 책임감 있는 방식으로 활용되도록 하기 위하여 연구기관들은 다음과 같이 해야 한다.

- 첫째, 연구 활동에서 생성형 인공지능의 책임 있는 사용을 진작하고 인도하고 지원한다.

---

[8] 최근 '인공지능 연구자' 즉 연구자의 역할을 수행하는 인공지능의 지위에 관한 토론이 진행되고 있는 점을 고려하면 이 규범의 의미를 달리 해석할 가능성도 생긴다. 그러나 EU 가이드라인의 취지에 비추어 볼 때, 이 맥락에서 '연구자'는 배타적으로 인간인 연구자를 가리키는 개념으로 읽어야 한다.

- 둘째, 해당 기관 내의 생성형 인공지능 시스템 개발 및 사용을 적극적으로 모니터링한다.
- 셋째, 좋은 연구 실행과 연구 윤리를 위하여 이러한 생성형 인공지능 가이드라인을 참고하거나 일반 연구 가이드라인에 통합한다.
- 넷째, 가능하고 필요한 경우에는 언제나, 로컬에서 호스팅하거나 클라우드 기반의 생성형 인공지능 도구를 적용하여 인공지능 도구들을 직접 관리한다. 그렇게 함으로써 직원들이 데이터 보호와 기밀성을 보장하는 방식으로 도구에 데이터를 입력할 수 있다.

(3) 연구비 지원 기관을 위한 권유

생성형 인공지능이 책임감 있는 방식으로 활용되도록 하기 위하여 연구비 지원 기관들은 다음과 같이 해야 한다.

- 첫째, 연구에서 생성형 인공지능이 책임 있게 활용되도록 격려하고 지원한다.
- 둘째, 기관 내의 과정에서 생성형 인공지능이 어떻게 활용되는지 평가한다. 그럼으로써 그러한 활용이 투명성과 책임에 부합하는 방식으로 이루어지도록 유도한다.
- 셋째, 연구비 신청자들에게 생성형 인공지능 활용에 관한 투명성을 요구하고, 이에 관하여 신고할 수 있는 방법을 제공한다.
- 넷째, 빠르게 변화하는 생성형 인공지능의 지형을 모니터링하고 또 그런 발전에 적극 참여한다.

2. UNESCO, Guidance for Generative AI

유네스코(UNESCO), 즉 유엔교육과학문화기구는 2023년 9월에 「교육과 연구에서 생성형 인공지능에 관한 지침」(Guidance for generative AI in education and research)을 발표하였다. 이 지침은 ChatGPT가 2022년 말 일반에 공개되고 난 후 공표된 글로벌 차원의 이른 반응으로 꼽힌다.

그것은 생성형 인공지능의 사용에 관하여 "인간 중심의 접근"(a human-centered approach to the use of generative AI)을 모토로 내세우며, 특히 교육, 문화, 연구 부문에서 생성형 인공지능의 윤리적이고, 안전하며, 공정하고, 의미 있는 사용(ethical, safe, equitable and meaningful use)을 위한 규범을 제안한다.

유네스코가 제시한 이 문건의 한 가지 특징은 생성형 인공지능이 교육과 문화의 영역에 어떤 영향을 미치고 있거나 미치리라고 예견되는지, 특히 그런 영향에서 어떤 위험이 거론되고 있는지에 관한 논의에서 출발한다는 것이다. 이 문건의 제2장 '생성형 인공지능을 둘러싼 쟁점들과 교육 관련 함의'는 이러한 관점에서 생성형 인공지능의 위험으로 다음 여덟 항목을 꼽는다.

① 디지털 빈곤의 심화
② 법과 제도가 생성형 인공지능의 발달을 따라잡지 못함
③ 콘텐츠가 적절한 동의 없이 사용되는 일
④ 출력 생성에 설명불가능한 모형이 사용됨
⑤ 인공지능이 생성한 콘텐츠로 인한 인터넷 오염
⑥ 실제 세계에 대한 이해를 결여한 인공지능
⑦ 의견 다양성이 축소되고, 주변화된 목소리들이 점점 더 주변화됨
⑧ 더 심각한 가짜들(deepfakes)의 생성

이어지는 제3장이 생성형 인공지능의 사용에 관한 행동 강령에 해당하는 내용을 담고 있는데, 거기서 특히 교육 부문에서 생성형 인공지능의 규제를 어떻게 실행할 것인지에 관한 절차(steps)가 논의되고 있는 점이 흥미롭다. 그 절차의 개략은 다음과 같다.

- 1단계: 데이터 보호 일반에 관한 국제적인 규범 또는 지역적 규범을 승인하거나, 국가 차원의 해당 규범을 제정한다.

- 2단계: 인공지능에 관한 범정부 차원 전략을 채택/수정하고 재원을 조달한다.
- 3단계: 인공지능 윤리에 관한 구체화된 규범을 확정하고 실행한다.
- 4단계: 인공지능 생성 콘텐츠를 규제하기 위하여 기존의 저작권법을 수정하거나 시행한다.
- 5단계: 생성형 인공지능에 관한 규제의 틀에서 세부를 다듬는다.
- 6단계: 교육과 연구 부문에서 생성형 인공지능을 적절히 활용할 수 있는 역량을 공급한다.
- 7단계: 교육과 연구 부문에서 생성형 인공지능의 장기적 영향을 검토한다.

규범의 내용에 해당하는 서술은 실천의 진행 단계에 관한 논의에 이어 3장 3절에서 등장한다. 이 부분에서 유네스코 지침은 앞에서 살핀 EU 가이드라인과 마찬가지로 규범이 포섭하는 대상의 범주를 나누어 서술되지만, 유네스코 지침의 경우 그것을 **정부 기관, 생성형 인공지능의 공급자, 생성형 인공지능을 활용하는 기관**(institutional users), 그리고 **개인 사용자**의 네 범주로 나눈다.

먼저 살펴본 EU 가이드라인이 생성형 인공지능의 구체적인 사용을 규율하는 일에 눈높이를 맞추고 있는 반면, 유네스코의 지침은 방금 언급한 네 범주 가운데 앞의 두 범주에 상대적으로 큰 비중을 두고 가이드라인을 제시함으로써 생성형 인공지능을 사회 차원에서 규율하는 일에 초점을 맞추고 있는 것으로 보인다. 물론 둘 사이에는 인간의 책임을 강조하고 인공지능 프로그램의 투명성과 설명가능성을 요구하는 점 등 상당한 공통 요소 역시 존재한다.

유네스코의 생성형 인공지능 관련 지침은 연구자나 연구기관이 생성형 인공지능을 활용할 때 어떤 점을 고려하고 유익해야 하는지가 아니라 사회가 어떤 점을 유념하면서 이 기술을 다루어야 하는지에 초점을 맞추고 있다. 이러한 시선 차이는 유네스코 지침의 4장에서도 드러난다. "교육과 연구에서의 생성형 인공지능 활용을 위한 정책 프레임워크를 향하여"(Towards a policy framework for the use of generative AI in education and research)라는 제목의 4장은 그 제목처럼 정책에 관한 권유와 원칙을 제시하고 있다.

포괄성과 형평성과 문화 다양성을 진작하고 인간 주체성을 보호하는 일, 교육 영

역에 활용되는 생성형 인공지능의 효능과 타당성을 지속적으로 검토하는 일, 학습자
들이 생성형 인공지능에 관한 역량을 습득하도록 하는 일, 마찬가지로 교사들이 관련
역량을 습득하도록 유도하는 일, 생성형 인공지능의 활용에 의하여 사상과 의견의 다
양성이 축소되지 않도록 하는 일, 생성형 인공지능의 활용으로 인해 '남북 문제'가 심
화되지 않도록 하는 일, 인공지능 활용의 장기적 영향을 평가하는 일. 4장이 언급하는
이러한 문제들은 개별 시민의 과제라기보다 국가의, 그리고 글로벌 공동체의 과제다.

IV. 국내 가이드라인 주요 사례

1. NIA, 「생성형 AI 윤리 가이드북」(2023)

이 문건은 2023년 12월, 즉 오픈 AI의 ChatGPT 공개 후 약 1년이 지난 시점에 발
간되었다. 한국지능정보사회진흥원(NIA)은 정보기술의 사회적, 법적, 윤리적 측면에
관한 연구와 더불어 정책 제안을 주도하는 대표적인 기관이라는 점에서 이 문건의 중
요성을 짐작할 수 있다. 이 문건은 NIA의 제안에 따라 정필운(교수, 법학), 김진욱, 백
경태(이상 변호사), 전창배(기업가, NIA 디지털포용포럼 위원), 주윤경(NIA 디지털윤리 총괄)
등이 작성하였다.

"… 가이드북"이라는 제목의 이 문건은 전체가 문답형으로 구성되어 있다는 형
식상의 특성을 띠고 있다. 카툰 스타일의 삽화를 곁들인 점에서도 드러나거니와, "AI
가 다 했으니 사람은 책임 없다?"(30면)나 "(공모전이나 경진대회에) 생성형 AI를 활용해
서 만든 작품을 제출해도 될까요?"(33면) 같은 질문들과 그에 대한 대답의 형식으로 구
성된 점은 이 문건이 일반 시민의 눈높이를 겨냥하여 작성되었다는 사실을 드러낸다.
제1부 마지막 부분에는 이 문건이 생성형 인공지능 이용자가 생성형 인공지능의 활
용 과정에서 발생할 수 있는 잠재적 역기능을 스스로 대비함으로써 최소화하도록 유
도하려 한다는 취지가 명시되어 있다. 이 가이드북은 생성형 인공지능의 사회적 관리
라는 관점에서 대상이 될 만한 영역들 가운데 '생성형 인공지능을 활용하는 일반 시

민'에 초점을 맞추고 있다. 다시 말해 이 가이드북이 '인도하려는' 대상은 일반 시민과 생성형 인공지능 이용자의 교집합에 속하는 주체들이다. 뒤집어 말하자면, 이 가이드북은 생성형 인공지능의 개발자나 공급자를 위한 것이 아니고, 또 생성형 인공지능 이용자 가운데서도 기업이나 학교나 공공기관이 경청해야 할 내용은 미미하거나 간접적이다.[9]

이 가이드북은 아래와 같은 여섯 개의 장으로 구성되어 있다. 도입부에 이어 저작권, 책임, 허위조작정보, 개인정보, 그리고 AI 오남용이라는 다섯 주제 영역에 걸쳐서, 학생을 포함한 일반 시민이 궁금해할 만한 물음들을 다루면서 생성형 인공지능 사용자가 인지하고 유념해야 할 기본적인 사항들을 서술한다. 그리고 끝으로 이 문건은 "생성형 AI를 현명하게 활용하기 위한" 10개 문항의 체크리스트를 제시한다.[10]

가이드북의 구성은 다음과 같다.

[Part 1] 생성형 AI란?

생성형 인공지능 기술의 특성과 외형적 파급효과에 관한 소개에 이어, 생성형 인공지능 활용에서 발생할 수 있는 역기능을 기술함으로써 이 가이드북이 다루는 '생성

---

9) 이것은 이 문건의 약점이 아니라 특성일 뿐이다. 너른 범위의 대상을 향한 포괄적 가이드라인일지라도 대상의 구역에 따라 원칙과 행동 방식을 세분하여 구체화하는 것이 바람직할 것이다.

10) ①생성형 AI의 결과물을 활용할 때 생성형 AI를 활용해서 얻은 결과물이라고 출처를 표기했나요?, ② 생성형 AI를 활용할 때 타인의 권리가 침해될 수 있는 텍스트, 오디오, 이미지 등을 사용하지 않았나요?, ③ 생성형 AI에 질문이나 정보를 입력할 때 특정인의 명예를 훼손하거나, 차별하는 내용이 포함되어 있지는 않나요?, ④ 생성형 AI가 제시한 정보에 개인, 기관 등 특정 대상을 비난하거나, 가치관이나 주장을 일방적으로 혐오하는 내용이 포함되어 있지 않나요?, ⑤ 생성형 AI로 정보를 얻거나 콘텐츠를 생성하기 위해 개인정보, 기업기밀 등 민감한 정보를 제공하지는 않았나요?, ⑥ 생성형 AI로 가짜뉴스, 스팸 등을 만들기 위해 사실이 아닌 부정확한 정보나 조작된 내용을 일부러 입력하지는 않았나요?, ⑦ 생성형 AI가 결과로 제시한 정보에 한쪽으로 치우친 편향적인 내용이 없는지 확인하였나요?, ⑧ 생성형 AI가 제공한 정보가 모두 정답은 아니라는 생각을 하며 잘못된 정보가 있는지 사실 확인을 위해 교차검증을 했나요?, ⑨ 생성형 AI가 주는 편리함에만 의존하지 않고 먼저 충분히 생각하고 고민한 후에 생성형 AI는 보조적 수단으로 활용하였나요?, ⑩ 생성형 AI가 제시한 결과를 그대로 사용하지 않고, 재해석하거나 자신의 생각과 아이디어를 덧붙여 생산적으로 활용하였나요?

제2장 생성형 인공지능 관련 가이드라인 **39**

형 AI 윤리'가 필요한 배경을 확인한다.

[Part 2] 저작권

AI 생성물의 저작권은 누구에게 있는가? 생성형 AI를 활용하여 제작된 콘텐츠에 관하여 그렇게 활용한 사람이 저작권을 가질 수 있는가? 특정한 표기가 없는 타인의 생성형 AI 생성물을 자신의 비상업용 게시물에 업로드할 경우 출처를 표기해야 할까? 가이드북은 일반적인 관심의 대상이 될 만한 이러한 물음들에 대하여 현재 일반적으로 공유되고 있는 안전한 범위의 안내와 조언을 제시한다. 그것은 생성형 AI에 의한 산출물 자체는 저작권의 대상이 아니라는 것, 반면에 생성형 AI에 글, 그림, 얼굴 사진 등을 자료로 입력하는 경우 기존의 법률로 보호되고 있는 그것의 원저자나 해당 인물의 권리를 침해하지 않도록 유의해야 한다는 것 등이 주요 내용이다.

[Part 3] 책임성

여기서 가이드북은 크게 두 가지 문제를 언급한다. 하나는 생성형 AI의 산출물에 포함된 편향의 문제다. 편향은 생성형 인공지능 이전에도 이미 중요한 주제로 부각되었지만, 생성형 AI 기술로 인해 작업 결과에 인공지능이 기여한 비중이 외견상 한층 더 증대됨으로써 "생성형 AI가 한 일이고 내 책임은 없다."(30면) 식의 어법이 활용될 개연성이 커졌다는 점이 문제다. 이 가이드북은, 국내외의 다른 유사한 문건들과 마찬가지로, 생성형 인공지능의 개발과 공급, 활용에 연루된 모든 주체가 편향의 문제에 주목하고 그것을 극복하거나 최소화하려는 노력을 기울여야 할 것을 강조한다. 두 번째는 생성형 AI가 산출한 콘텐츠에 관한 권리의 문제다. 이 문제에 관해서는 여전히 불명료한 법적-윤리적 세부 사항들이 있지만, 가이드북은 이런 문제들을 토론하는 대신 생성형 AI 이용자에게 권유되는 기본적인 태도를 언급한다. 그런 기본적인 태도란, 두 가지 예를 들자면, 생성형 AI를 활용하여 문서, 디자인, 영상 등을 작성한 경우 자신이 어떤 인공지능 프로그램을 활용하여 어떤 요소를 생성하였는지 공개해야 한다는 것, 그리고 프롬프트로 생성형 AI의 작동을 유도하는 행위와 생성된 산출물을 활용하는 행위는 모두 인공지능 이용자가 책임을 지는 영역임을 뚜렷이 인식해야 한다는 것이다.

[Part 4] 허위조작정보

허위조작정보의 역사는 대략 인간 사회의 역사와 비슷한 범위에 걸쳐져 있다고 생각되지만, 생성형 인공지능의 발달은 식별하기 힘들고 진위 판단을 어지럽히는 교묘한 허위조작정보의 생산을 한층 용이하게 만듦으로써 이 문제의 부피를 한층 늘렸다. 더구나 대부분의 정보가 전자화된 형태로 통용되는 오늘의 환경에서 이는 정보기반사회의 합리성을 위협하는 중대한 위험 요소가 될 수 있다. 이러한 환경에서 이 가이드북은 "위험을 인식하고, 조심하라!"라는 원론적이면서도 필수불가결한 조언을 한다. 가이드북은 "생성형 AI가 산출한 정보의 진위 여부를 확인할 수 있는 방법이 있나요?"라는 물음을 제시하고 이에 그런 방법은 없다고 답함으로써, 이 문제가 해결하기 어려운 문제임을 강조하고 나아가 온라인 콘텐츠 일반에 대한 비판적 수용의 태도를 권한다.

[Part 5] 개인정보·인격권[11]

인공지능 기술의 활용이 날로 확대되면서 개인정보를 포함한 데이터를 어떻게 처리해야 하는가 하는 문제가 여러 영역에서 다각적으로 논의되고 개인정보 보호에 관한 법과 제도가 마련되었다. 물론 개인정보 보호와 데이터 활용의 사회적 편익이라는 두 가치를 조화시키려는 최적화의 노력은 계속 진행 중이다. 그런데 최근 생성형 인공지능 기술의 대두는 이에 덧붙여 새로운 문제의 소지를 추가하였고, 이에 대응하는 방안이 거론되고 있다.

ChatGPT 같은 대화형 생성 인공지능을 예로 들어 말하면, 그것이 공개 전 개발 과정에서 막대한 양의 언어 자료를 학습하는 거대언어모형(LLM) 방식으로 준비되었

---

11) 이 가이드북의 Part 05. 개인정보·인격권에서 '인격권'이라는 표현은 "[사용자는] 생성형 AI가 개인정보를 침해하거나 인격권을 훼손하지 않도록 노력할 필요"(52면)가 있다는 문장에 한 번 등장하며, 그 밖에 개인정보와 인격권의 문제가 어떻게 상이하면서도 상호연관되어 있는지에 대한 설명은 문건에 없다.

을 뿐만 아니라 날마다 수많은 이용자와 나누는 대화의 기록 역시 계속되는 학습의 데이터로 활용한다는 점이 그런 새로운 위험의 원천으로 작용한다. Part 5의 주제인 개인정보 문제는 이용자가 별생각 없이 입력한 데이터가 다양한 종류의 개인정보를 포함하고 있을 수 있다는 데서 비롯된다. 의도하지 않은 정보 공유의 위험은 좁은 의미의 개인정보에 국한되지 않는다. 어떤 연구자가 작성한 초벌 연구계획서, 논리적 검토나 외국어 변환을 위해서 입력한 기업의 현황 관련 자료나 신규 프로젝트의 내용 등이 모두 생성형 인공지능의 데이터로 흡수되고 있다는 점을 인식할 필요가 있다.

[Part 6] 오남용

이 가이드북의 마지막 주제는 오남용이고, 두 가지 관점에서 논의된다. 첫째는 이미 훌륭한 성능을 가졌을 뿐만 아니라 나날이 더 세련된 수준의 반응으로 이용자에게 봉사하는 생성형 AI에 이용자가 모종의 정서적 유대감을 느끼고, 나아가 그것에 의존하게 되는 현상이 발생할 수 있다는 문제다. 둘째는 생성형 인공지능이 제공하는 대답이나 정보가 부정확한 것일 수 있다는 사실이다. 앞에서 거론된 허위조작정보의 경우가 아니라도 '인공지능 환각'(AI hallucination)이라고 불리는 오류 생성의 경우를 완전히 배제할 수 없을 뿐만 아니라 명백한 오류가 아니더라도 특정한 방향으로 이용자의 판단이나 의사결정을 유도할 수 있는 편향된 출력이 생성될 개연성은 작지 않다.

생성형 인공지능이 아니더라도 우리는 동료에게 들은 이야기가, 혹은 심지어 기성 언론의 보도 내용이 진실과 다르거나 모종의 편향으로 왜곡된 것일 수 있음을 알고 있다. 다수가 사용하는 생성형 인공지능 프로그램이 사실과 다른 진술이나 이미지 등을 산출할 수 있다는 점도 사회가 주목하면서 추적, 관리해야 할 문제지만, 더 중요한 문제는 우리가 특정한 동료의 말을 맹신하거나 특정 언론의 보도를 무비판적으로 수용하는 것과 유사한 방식으로 생성형 인공지능에 무조건적으로 의존하게 되는 현상이 생길 수 있다는 것이다.

2. 국가사이버안보센터(국가정보원/국가보안기술연구소(NSR)), 「챗GPT 등 생성형 AI 활용 보안 가이드라인」(2023)

이 가이드라인은 대한민국 국가정보원 산하 기관인 국가사이버안보센터(ncsc. go.kr)가 작성, 2023년 6월 발표되었다.[12] 즉 앞에서 살핀 NIA의 가이드북보다 반년 정도 앞선 시점에 발간된 문건이다. 제목이 말하는 것처럼 이 가이드라인은 생성형 인공지능을 활용하는 과정에서 발생할 수 있는 보안(security) 문제에 초점을 맞추고 있다. 또 의도된 가이드라인의 활용 주체가 문건에 명시되어 있지는 않지만, 내용으로 미루어 일반 시민보다는 생성형 인공지능을 활용하는 기관 사용자를 먼저 염두에 두고 작성된 것으로 보인다.

생성형 인공지능 기술의 공학적 특성과 작동 방식을 서술하고, 해외 주요 국가들의 관련 동향을 소개하는 1장에 이어, 2장은 '생성형 인공지능 기술의 대표적인 보안 위협'이라는 제목 아래 생성형 인공지능 기술의 활용 과정에서 발생할 수 있는 주요 문제들을 기술한다. ① 잘못된 정보, ② 악용, ③ AI 서비스를 빙자한 해킹 등의 위험, ④ 데이터 유출, ⑤ 플러그인으로 인해 생기는 취약점, ⑥ 확장프로그램으로 인한 보안 문제, ⑦ API(application programming interface)와 결부된 잠재적 위험 등에 관하여 각 항목의 '주요 원인'과 '가능한 보안 위협'을 서술한다.

3장은 안전한 생성형 인공지능 기술 사용 가이드라인이다. 이 부분은 ① 서비스 사용시의 일반적인 주의사항, ② 생성형 인공지능과 대화할 때 주의사항, ③ 플러그인 사용시 주의사항, ④ 확장프로그램 사용시 주의사항, 그리고 ⑤ AI 모델 생성기반의 공격에 대처하는 방안으로 구성되어 있다. 2장과 3장이 각각 위협과 대응 가이드라인이라는 주제를 고려할 때 서로 조응하도록 구성되어 있을 것으로 기대되는 데 반해 이 가이드라인의 두 장에서 그러한 관계를 확인하기 어렵다는 점은 아쉽다.

마지막 장인 '4장 생성형 인공지능 기반 정보화사업 구축 방안 및 보안 대책'은 각

---

12) 문건 표지에는 국가정보원과 나란히 한국전자통신연구원(ETRI) 부설 기관인 국가보안기술연구소가 발간 주체로 표시되어 있다.

급 기관이 공공 서비스를 구축하고 제공하는 단계에서 유의하거나 참고해야 할 사항들을 다룬다. 구체적인 서비스의 부문으로 의료, 금융, 교육, 그리고 복지와 대민 서비스가 고려되고 있다. 여기서 이 문건은 해당 서비스를 맡은 공공기관이 인공지능 전문 업체가 개발한 생성형 인공지능을 활용하여 API 기반의 서비스를 제공할 때 발생할 수 있는 데이터 보안 문제와 시스템 보안 문제에 어떤 것들이 있는지, 그리고 그런 문제들을 어떻게 예방하거나 어떻게 대응해야 할지를 서술한다.

그러나 이와 같은 대응 방안은 앞서 언급된 의료, 금융, 교육, 행정 서비스 등의 부문별 특성이 거의 반영되지 않은 채 포괄적으로 서술되고 있다. 이것은 이 문건 작성의 핵심 취지가 국가 시스템의 보안에 있다고 생각할 때 자연스러운 현상으로 비쳐진다. 다만 이 장의 마지막 절이 다루는 주제는 '[기관의] 자체 데이터 세트 및 AI 모델 구축 단계별 보안 위협 대응 방안'인데, 데이터 수집/전처리로부터 서비스 단계에 이르는 모든 단계에서 대응 방안 개발자의 행동 방식에 관한 서술로 구성되어 있는 점은 적절성 혹은 충분성에 관한 의구심을 불러일으킨다. 향후 이와 유사한 취지의 문건이 작성된다면, 보완될 만한 사항이겠다.

V. 학술 활동과 관련한 가이드라인

1. 학술출판 영역의 가이드라인

생성형 인공지능의 파급효과가 큰 영역으로 전문학술지의 연구논문 출판을 꼽을 수 있다. 데이터를 처리하여 최적의 함수를 찾는 일뿐만 아니라 특정 언어로 논문 내용이나 요약문을 작성하고, 논문 내용을 간명하게 반영하는 그래픽을 작성하는 등 점점 더 다양한 방식으로 생성형 인공지능이 활용되고 있기 때문이다. 이러한 트렌드에 반응하여, 네이처(Nature), 사이언스(Science), 셀(Cell) 등 세계적인 주요 학술지들은 생성형 인공지능 활용에 관한 원칙을 수립하고 잠재적 저자들인 연구자들에게 공지하였다. 세부 사항에는 차이가 있지만,[13] 다음과 같은 원칙들은 공통이다.

① 생성형 인공지능 프로그램은 (공동)저자의 지위를 가질 수 없다.

② 논문 작성에 어떤 방식으로든 생성형 인공지능이 활용된 경우, 그 사실과 방법이 투명하게 공개되어야 한다.

③ 논문 내용의 진실성뿐만 아니라 모든 종류의 연구윤리 위반에 대하여 저자들이 전적인 책임을 진다.

이러한 공통분모는 연구·출판윤리를 진작하는 활동을 하는 비영리단체 COPE(Committee on Publication Ethics)가 제시한 다음과 같은 원칙에서 기인하는 것으로 볼 수 있다.[14]

"인공지능 도구는 제출된 논문에 대해 책임을 질 수 없기 때문에 저작자의 자격요건을 충족할 수 없다. 그것은 법적 존재가 아니므로, 이해상충 유무를 진술할 수 없고 저작권 및 라이선스 계약을 처리할 수 없다.

인공지능 도구를 원고 작성, 논문에 포함된 이미지나 그래픽 생성, 데이터 수집과 분석 등에 사용한 저자는 논문의 '자료와 방법'(또는 이외 유사한 부분)에서 인공지능 도구가 어떻게 활용되었는지 투명하게 공개해야 한다. 저자들은 인공지능 도구로 제작된 부분을 포함하여 원고의 모든 내용에 대하여 전적인 책임을 지며, 모든 종류의 출판윤리 위반에 대하여 법적 책임을 진다."[15]

2024년 11월 현재, 한국에는 이상에서 살핀 것처럼 연구와 학술출판의 영역을 포괄하는 가이드라인이 존재하지 않는 것으로 보인다.[16] 정부 기관들과 민간이 협력하

---

13) *Science*는 생성형 인공지능을 활용하여 만든 이미지를 논문에 포함하는 일을 원칙적으로 금한다는 편집 방침을 적용하고 있다. 단, 생성형 인공지능 기술과 더불어 그것에 관한 사회의 법적-윤리적 기준이 변하고 있으며 이에 따라 학술지의 편집방침도 변할 수 있음을 밝혀 두었다. (https://www.science.org/content/page/science-journals-editorial-policies)

14) COPE는 1997년 영국에서 의학 분야의 학술지 편집인들이 중심이 되어 출범한 이후 모든 학문 분야의 학술지, 출판사, 연구기관들이 회원으로 참여하는 세계적인 단체로 발전했다.

15) COPE position statement, "Authorship and AI tools"(2023. 2. 13.). URL=https://publicationethics.org/cope-position-statements/ai-author

16) 다음 절 5. 2)에서 고찰할 대학들이 발표한 관련 가이드라인이 부분적으로 유사한 역할을 담당하고 있다. 또한 한국저작권위원회가 2023년 12월 발간한 『생성형 AI 저작권 안내서』는 109면 분량의 전

는 가운데 인공지능에 관한 윤리 원칙을 담은 문건들이 부분적으로 중복되는 내용에도 불구하고 여러 건 작성되었던 일과 비교할 때 이것은 다소 의아한 현상이다. 대표적인 학술연구 관리 기관인 한국연구재단(www.nrf.re.kr)은 2024년 3월에 "생성형 인공지능 도구의 책임 있는 사용을 위한 권고사항"을 제시하였다. 이 권고사항은 다음과 같이 각각 평가위원과 연구지원과제 신청자 및 수행자를 대상으로 하는 두 개의 조항으로 구성되어 있다.

1. 한국연구재단이 지원하는 연구개발과제의 평가에 참여하는 평가위원은 각종 평가자료를 생성형 AI 도구에 입력(업로드)하지 말아야 한다.
2. 한국연구재단 지원과제의 신청자 및 수행자는 연구개발계획서 및 단계/최종 보고서 작성 과정에서 생성형 AI 도구를 사용한 경우, 해당 계획서 및 보고서에 AI 도구 사용 내역을 기술할 것을 권장한다.

현행의 문건은 한국연구재단의 핵심 업무인 연구개발과제 평가 과정에 관하여 명료한 행동 방식을 안내한다는 장점을 지니지만, 모든 연구자를 대상으로 생성형 인공지능 도구의 책임 있는 사용을 유도하는 가이드라인으로서는 내용이 너무 협소하다. 또한 생성형 인공지능 사용의 투명성을 요구하는 두 번째 조항은 "권장"이라는 표현을 사용함으로써 규범의 강도가 모호하다는 느낌을 준다. 과제 신청서나 연구성과 보고서를 작성하는 연구자는 이러한 권고 앞에서 그것을 성실히 준수할 때 어떤 손익이 발생할 것인지에 관하여 고민하게 될 개연성이 작지 않다고 본다.

한국연구재단의 5개 전략목표 중 하나가 '국가 연구개발 패러다임 선도'라는 사실을 고려할 때, 조만간 연구개발 과정에 다각적으로 연루될 생성형 인공지능의 활용을 규율하고 연구자들의 행동 양식을 선도할 확충된 가이드라인이 작성, 발표되기를 기

자문서로, 생성형 인공지능을 활용해 만든 문서의 저작권에 관한 다양한 법적-윤리적 주제들을 다루고 있다. 특히 '4장 AI 이용자에 대한 안내사항'은 생성형 인공지능 이용자가 해당 프로그램의 학습 과정에 활용된 원저작물의 저작권을 침해할 수 있다는 문제를 포함하여 연구·교육·출판 관련 가이드라인에 준하는 내용을 담고 있다.

대한다. 이것은 또한 재단의 16개 전략과제 중 '건전한 학술 생태계 구축'뿐만 아니라 앞에서 검토한 세계적 추세를 고려할 때 '글로벌 R&D 협력기반 강화'에도 필수적인 선결 과제라고 사료된다.

2. 대학들이 제시하는 가이드라인

학생들이 특정 주제에 관한 연구보고서를 작성하거나 재택 시험의 답안을 작성할 때, 전문 연구자들이 연구 성과를 정리하여 발표할 때와는 질적으로 다른 수준이라도 유사한 종류의 고민이 생긴다. 생성형 인공지능에게 물어서 그것이 제시한 답을 그대로 옮겨 적어도 될까? 그대로 옮겨 적지 않고 그 내용을 검토한 후 표현을 일부 수정하는 식으로 새로 편집하여 보고서나 답안에 포함하는 것은 어떨까? 이러한 고민은 학생에게만 생기는 것이 아니라 교수에게도 생긴다. 학생들의 생성형 인공지능 활용을 장려해야 할까, 아니면 제한해야 할까? 또 생성형 인공지능을 활용해서 과제를 작성한 경우를 어떻게 대우해야 좋을까? 이러한 문제 상황 앞에서 국내외의 여러 대학이 교수와 학생을 대상으로 ChatGPT를 위시한 생성형 인공지능 활용에 관한 가이드라인을 작성, 제시하였다. (뒤에 수록된 가이드라인 사례 목록의 2. 대학 참조.)

최근까지 대학들이 제시한 가이드라인의 공통된 내용은 다음과 같다.

① 교수는 학생들에게 자신의 수업에서 생성형 인공지능의 활용이 어떤 범위에서 허용되는지 안내해야 한다. 예를 들어 보고서 작성이나 재택 시험 답안 작성에 생성형 인공지능을 활용해도 좋은지 아닌지에 관한 구체적인 안내가 제공되어야 한다.

② 학생은 교수의 안내에 따라 해당 교과목의 생성형 인공지능 활용 범위를 결정한다.

③ 교수와 학생을 막론하고, 생성형 인공지능을 활용하여 문서 등을 작성한 경우, 다른 특별한 이유가 없는 한 그 사실과 더불어 생성형 인공지능의 활용 방식을 공개해야 한다.

④ 생성형 인공지능이 산출한 내용이 오류를 포함할 수 있다는 사실을 분명히 인

식하고, 그 결과물을 비판적 관점에서 검토해야 한다.

VI. 가이드라인 내용의 공통분모

1. 위험을 경고함: "생성형 인공지능은 진실을 보여 주는 거울이 아니다"

지금껏 발표된 여러 가이드라인이 공통으로 강조하는 첫 번째 요소는 생성형 인공지능을 사용하는 이들을 향해 생성형 인공지능이 진실을 보여 주는 거울이 아니라고 경고한다는 점이다. 단, 이것이 "생성형 인공지능은 거짓을 말한다."와 다르다는 점은 분명히 인식되어야 한다. 만일 생성형 인공지능의 속성이 거짓을 산출하는 것이라면, 그것을 활용하고 참고할 이유는 사라질 것이다. 가이드라인들은 생성형 인공지능이 내놓는 출력을 참고하고 활용하되, 그것을 단적으로 신뢰해서는 안 된다고 말한다. 단적으로 신뢰한다는 것은 비판적 검토의 시선을 적용하지 않고 무조건 수용한다는 것이다.

간략히 표현하면 "조심해!"라는 경고를 담은 이 원칙은 우리를 특정한 행동으로 이끌지는 않는다는 점에서 행위를 인도하는 원칙으로 불충분해 보인다. 그러나 그것은 중요한 기본 원칙인 동시에 현행 생성형 인공지능의 핵심 속성과 결부되어 있는, 또 그런 까닭에 생성형 인공지능에 관한 여타 규범의 기반 역할을 하는 원칙이다.[17]

널리 알려진 ChatGPT의 사례를 들어 이야기해 보자. 생성형 인공지능의 환각을 보여 주는 사례로 "세종대왕이 맥북프로 던진 사건을 설명해 줘."라는 프롬프트에 ChatGPT가 퓨전 드라마에나 나올 법한 상황 서술로 답한 일이 세간의 관심을 끌었던 것은 2023년 2월의 일이었다. 이 소식과 더불어 비슷한 부류의 실험들이 잇달아 보고

---

[17] 예를 들어, 사용자가 생성형 인공지능이 산출한 텍스트에 담긴 정보 내용을 스스로 검토해야 한다는 행동 원칙, 또 생성형 인공지능의 생성물을 여과 없이 전재(全載)한 결과로 발생한 손실에 대한 책임이 그 생성물을 무비판적으로 활용한 사용자에게 있다는 판단 등이 이로부터 도출될 수 있다.

되었다.[18] 그러나 이런 일이 알려지고 몇 달 후 이미 ChatGPT는 비슷한 질문에 세종대왕 시대에는 맥북이 없었고 저런 이야기는 흥미롭게 구성된 상상에 불과하다고 점잖게 답하기 시작했다.[19]

그런데 중요한 것은 이런 허튼소리가 ChatGPT가 멍청하거나 거짓말쟁이여서 생기는 현상이 아니라는 점이다. 이는 ChatGPT가 실현하는 기술의 초점이 최대한 실제 세계의 현실과 일치하는 진술을 산출하는 데 있는 것이 아니라 사용자의 입력에 최대한 매끄러운 언어로 반응하는 데 있기 때문에 나타나는 현상이다. 필자는 이런 특성을 확인하기 위하여 ChatGPT에 다음과 같이 물어보았다. "내가 '러시아 해군이 개입해서 일어났던 타이타닉호의 비극적 사건을 설명해 줘.'라고 입력할 때와 '타이타닉호의 비극에 러시아 해군이 관여했었나?'라고 입력할 때 ChatGPT의 반응은 어떻게 달라지지?" 이에 대한 ChatGPT의 대답은 다음과 같았다.

"ChatGPT같은 생성형 AI와 상호작용할 때 질문을 어떻게 표현하느냐에 따라 상당한 차이가 생깁니다. 질문을 구성하는 방식이 AI가 답변을 생성할 수 있는 맥락을 제공하기 때문입니다. 말씀하신 두 가지 질문을 분석해 보겠습니다:

'러시아 해군이 개입해서 일어났던 타이타닉호의 비극적 사건을 설명해 줘'. 이 요청은 타이타닉호의 비극에 러시아 해군이 연루된 사실을 언급하여 구체적인 맥락을 제공했습니다. AI는 역사적으로 정확하지 않더라도 이러한 문맥을 기반으로 답변을 생성하려고 시도합니다. 사용자가 제공한 문맥에 따라 응답이 허구이거나 잘못된 설명일 수 있습니다. 반면에 '타이타닉호의 비극에 러시아 해군이 관여했나?'라는 질문은 러시아 해군이 타이타닉 참사에 관여

---

18) https://www.chosun.com/national/weekend/2023/03/04/HR457QM36JFTXDUVAMMNG23MHQ/ 참조.

19) 이런 변화가 ChatGPT의 일반적인 성능 개선 결과인지 아니면 세종의 맥북 이야기 덕분에 이루어진 별도 조정의 결과인지는 불분명하다. 그러나 이와 유사한 유형의 질문에 대한 ChatGPT의 반응이 더 현실을 존중하는 방식으로 조정된 것은 분명해 보인다.

했는지 사실에 대한 답변을 요청하고 있습니다. 이 경우, AI는 러시아 해군이 관여하지 않았다는 정확한 답변을 제공할 가능성이 큽니다."[20]

세종대왕의 맥북 이야기 경우에서 확인할 수 있었듯이, ChatGPT가 항상 사용자가 제공한 맥락을 수용하여 답하는 것은 아니다. 그러나 위의 응답에 나타난 것처럼 ChatGPT는 프롬프트에 제시된 맥락에 긍정적으로 부응하려는 성향을 가지고 있다. 여기서 분명히 인식해야 할 것은, 이것이 설계(design)의 문제라는 사실이다. ChatGPT가 얼마나 현실의 진상에 부합하는 텍스트를 산출하는지 혹은 유려하지만 현실과 무관한 내용의 텍스트를 사실인 듯이 출력하는지는 그것을 훈련하는 방식 그리고 훈련에 사용되는 데이터셋의 속성에 따라 달라지는 사항이다. 그것은 그 생성형 인공지능의 설계자, 또는 그런 설계자에 해당하는 집합적 주체의 의도에 달린 결정 사항이다.

한편, 사용자는 자신이 사용하는 도구의 속성을 정확히 알아야 한다. 이것은 외부로부터 강제되거나 권유되는 규범이 아니라 행위가 그 목표를 달성하기 위하여 전제되는 정합성의 요청이다. 사용자가 도구의 속성을 틀리게 혹은 부정확하게 알고 있는 경우, 사용자 자신이 그 도구를 써서 실현하려는 의도에서 멀어지기 때문이다.

최근 오픈 AI의 ChatGPT와 구글의 Gemini 등이 LLM 기반의 텍스트 생성과 실시간 검색을 결합하면서 인공지능의 환각은 줄었고, 또 계속 감소하는 추세다. 이것은 앞서 언급한 바 이 인공지능 기술의 설계에 변화가 생겼음을 뜻한다. 그러나 ChatGPT 같은 생성 인공지능은 훈련 과정의 특성상 실재 세계의 현실과 창작된 이야기가 기술하는 가상의 현실을 구별하는 데 근본적인 한계가 있다. 그것은 오로지 데이터를 통해 학습할 뿐이기 때문이다. 데이터에 현실과 비현실이 혼재하는 한, ChatGPT가 헛소리를 할 가능성은 배제할 수 없다.

현재의 ChatGPT와 달리, 세계의 현실에 부합하는 진술을 생산한다는 과제에 부응하기 위하여, 소설처럼 가상의 세계를 묘사한 자료를 언어모형의 학습 데이터에서 전부 제외하면 어떻게 될까? 정제된 언어를 구사하는 문학 작품들에서 얻을 수 있는

---

20) 필자가 ChatGPT로 생성한 문안을 문법적으로 다듬은 것이다.

언이 생성의 세련도에 적잖은 손실이 생기겠지만, 생성형 인공지능이 헛소리를 그럴 듯하게 늘어놓을 확률은 감소할 것이다. 그러나 이 경우에도 세계의 현실을 헛짚는 거짓된 진술이 생성될 확률은 완전히 제거되지 않는다. 싱거울 만큼 분명한 그 이유 는, 가상이 아닌 현실의 세계를 기술하는 문장들 가운데도 거짓 진술들이 있기 때문 이다. 자연과학 분야에서 최고 권위의 학술지들에 실린 논문의 내용이라도 이후의 연 구 성과에 의하여 반박되거나 수정되는 일은 얼마든지 있다. 더 정확히 말하면, 과학 적 진술에서든 역사 서술에서든 어떤 진술이 참이고 거짓인지 불분명한 경우들이 많 다. 이러한 원론이 참-거짓을 판별하는 일의 의미를 약화한다고 본다면 그릇된 판단 이다. 반박이 거꾸로 다시 반박되기도 하는 과정에 참여하면서 과학자들이 이처럼 결코 종결되지 않을 것 같은 반박의 과정을 기꺼이 포용하는 이유는, 역설적으로, 오 로지 이와 같은 과정을 통해서 참 혹은 진실에 접근할 수 있다는 방법론적 믿음 때문 이다.[21]

방금 서술한 원론적 상황은 생성형 인공지능의 활용이라는 이 장의 토픽과 상관 없이, 우리가 생성형 인공지능을 얼마나 널리 사용하고 얼마나 신뢰하는지와 무관하 게 보편적으로 존립한다. 그리고 앞서 서술한 설계의 제약이 여기에 덧겹쳐져 있다. 오늘날 생성형 인공지능은 일상적인 정보 검색으로부터 전문분야의 연구논문 작성에 이르는 광범위한 영역에서 활용된다. 현행의 가이드라인들이 공통적으로 말하는 첫 번째 원칙은 생성형 인공지능 사용자가 자신이 사용하는 프로그램의 특성과 한계, 특 히 그것의 오류 가능성을 인식해야 한다는 것이다.

2. 투명성을 요구함: 생성형 인공지능 활용의 명시 요청

현행 가이드라인의 두 번째 공통 성분은 투명성에 관한 요구다. 생성형 인공지능 을 활용하여 만든 글, 그림, 곡, 동영상은 다양한 맥락에서 다양한 방식으로 활용될 수

---

21) 이것은 과학 고유의 비판적 합리성(critical rationality)에 관한 포퍼(Karl R. Popper)의 논의에 의하여 분 명해진 믿음이다.

있지만, 이 경우 그러한 활용의 내역이 결과물에 표시되거나 다른 적절한 방식으로 활용 사실이 공개되어야 한다는 것이다.

그러나 어떤 글이나 그림 등에 적용되어 그것이 생성형 인공지능을 활용하여 작성된 결과물인지 아닌지를 확실하게 판정할 수 있는 기술은 없다. 특히 생성형 인공지능의 처리를 전후로 사람의 작업이 덧붙여진 경우, 생성형 인공지능의 개입 여부를 판별할 수 있는 경우는 사실상 드물다. 그렇다면 이런 가이드라인에도 불구하고 사용자가 생성형 인공지능 사용 사실을 공개하지 않을 뿐만 아니라 그러한 사실이 결국 판명되지 않는 경우도 충분히 생길 수 있다. 그렇다면 투명성 요구는 유명무실한 명목상 원칙일 뿐인가?

방금 언급한 사태의 가능성은 충분히 있다. 그러나 그런 가능성은 이 원칙의 가치를 무화하지 않는다. 그처럼 불투명한 활용의 음지가 발생할 가능성에도 불구하고 생성형 인공지능의 활용을 명시하도록 요구하는 원칙의 가치는 뚜렷하다. 이 원칙에 따르지 않는 (성공적인) 비공개를 통해 분명한 이익이 발생하는 것은, 결과물 자체에 대한 질적 평가 이외에 생성형 인공지능을 활용한 결과물보다 순수한 인간 작업의 결과물을 우대하는 평가 원칙이 추가로 적용되는 경우일 것이다. 그러나 그런 원칙이 적용되는 상황들은 있을지라도 그것이 보편화되리라고 생각되지는 않는다. 우리는 이미 2018년 세 사람의 공학자가 협력하여 제작한 '에드몽 드 벨라미의 초상'이 43만 달러에 팔리고, 2024년 11월 휴머노이드 로봇 에이다(Ai-Da)가 그린 그림 'A.I. God'이 108만 달러에 팔린 세상에 살고 있다. 이런 그림의 가치를 결정하는 것은 그것의 질적 속성과 시장의 환경이지, 그것을 사람이 붓을 들고 그렸는지 아닌지 여부가 아니다.

앞으로 생성형 인공지능을 활용하는 일은, 점점 더, 우리가 글을 쓸 때 어떤 펜을 사용하는지 혹은 어떤 문서작성 프로그램을 사용해 작성하고 프린트하는지처럼 단지 미미한 차이를 함축하는 평범하고 사소한 일이 될 것이다. 이런 상황에 왜 군이 생성형 인공지능을 사용한 사실을 공개해야 하는가 하는 물음이 다시 제기될 수 있다. 우리가 논문이나 입사지원서를 제출할 때 그것을 어떤 문서작성 소프트웨어로 작성했는지 밝힐 필요가 없기 때문이다.

그러나 이 지점에서 투명성 요구는 부당하거나 과도한 이익을 금하는 부정적 의미의 원칙으로서가 아니라 특정한 결과물을 감상하거나 그것을 정보 원천으로 활용하는 주체들의 적절한 판단을 지원하는 방법론적 원칙으로 작동한다. 생성형 인공지능이 결과물의 속성에 미치는 영향은 글을 쓸 때 사용한 펜이나 문서작성 소프트웨어의 차이에 의한 영향보다 한층 더 심대하다. 따라서 그런 결과물을 활용하고자 하는 주체가 활용 대상인 문서, 그림, 동영상 등을 최선의 적정한 방식으로 활용하기 위해서는 그것의 산출에 어떤 생성형 인공지능이 어떤 방식으로 개입되었는지 인지할 필요가 있다. 또한 생성형 인공지능에 관한 투명한 정보 공개는 인공지능 활용이 보편화된 상황에서 정보 교류 주체들 간의 상호 신뢰를 증진하는 역할을 함으로써 정보 공동체의 내적 결속(solidarity)을 강화할 것이다.

3. 사용자에게 설명 책임이 있다

현행 가이드라인들에서 확인되는 세 번째 공통 요소는 "생성형 인공지능을 활용하여 산출된 결과물에 대한 책임은 사용자에게 있다."라는 것이다. 특히 일차적으로 이 책임은 그런 결과물이 왜 이러저러한 속성을 지니게 되었는지에 대한 설명책임(accountability)이다. 다시 말해 사용자는 만일 자신이 선택한 프롬프트를 입력한 결과로 생성형 인공지능에서 산출된 결과물이 잘못된 사실 판단이나 왜곡된 가치 판단을 포함하고 있음으로 인하여 어떤 손해나 피해가 발생하는 경우, 그런 손실에 대하여 설명해야 할 책임을 지닌다.

이것은 사용자가 생성형 인공지능의 산출물을 스스로 비판적 관점에서 검토해야 한다는 명령을 함축한다. 그리고 이것은 일반적으로 생성형 인공지능의 세부 특성을 이해하지 못하는 사용자를 가정하더라도 과도한 요구가 아니라 합리적인 요구다. 사용자는 산출물의 생산 과정에서 생성형 인공지능의 적용 범위와 방식을 결정하는 주체일 뿐만 아니라 그런 산출물의 유효성을 판단하고 나아가 그것을 어떻게 활용할 것인지를 결정하는 권한을 지닌 주체이기 때문이다. 그는, 예컨대 자신이 생성형 인공지능을 활용하여 만든 문서나 디자인이 어떤 이유에서든 부적합하다고 판단될 경우 산출된 결과물을 원래 의도했던 현실에 적용하지 않거나 혹은 오용의 위험을 고려하여 폐기할 권한―그리고 의무―을 지닌 주체이다.

※ 생성형 인공지능 관련 가이드라인 사례

1. 국내외 공공기관 (국제기구, 지차체 포함)

국가사이버안보센터, 챗GPT등 생성형 AI 활용 보안 가이드라인
https://www.ncsc.go.kr:4018/main/cop/bbs/selectBoardArticle.do?bbsId=
InstructionGuide_main&nttId=54340&pageIndex=1

서울디지털재단, 서울시 생성형 AI 윤리 가이드라인
https://iaae.ai/research/?idx=16870867&bmode=view

인터넷신문윤리위원회, AI 활용 언론윤리 가이드라인
https://inec.or.kr/board/detail/832

충청남도, 4차 산업 시대의 생성형 AI 활용 가이드
http://lib.chungnam.go.kr/20230720_174605/index.php

한국연구재단, 생성형 인공지능(AI) 도구의 책임 있는 사용을 위한 권고사항
https://cre.nrf.re.kr/bbs/BoardDetail.do?bbsId=BBSMSTR_000000000098&ntt
Id=8787

한국저작권위원회, 생성형 AI 저작권 안내서
https://www.copyright.or.kr/information-materials/publication/research-report/
view.do?brdctsno=52591

한국지능정보사회진흥원(NIA), 생성형 AI 윤리 가이드북

https://www.nia.or.kr/site/nia_kor/ex/bbs/View.do?cbIdx=39485&bcIdx=26195&pa
rentSeq=26195

Boston, City of Boston Interim Guidelines for Using Generative AI

https://www.boston.gov/sites/default/files/file/2023/05/Guidelines-for-Using-
Generative-AI-2023.pdf

Canada Government, Guide on the use of generative AI

https://www.canada.ca/en/government/system/digital-government/digital-
government-innovations/responsible-use-ai/guide-use-generative-ai.html

City of Long Beach, Generative AI Interim Guidance

https://longbeach.gov/globalassets/smart-city/media-library/documents/generative-
ai-guidance-v1-0

City of San Jose, Generative AI Guidelines

https://mrsc.org/getmedia/d4dca306-4719-4c6f-8838-f488754f4b25/m58SJgaipol.
pdf

EU, First EDPS Orientations for EUIs using Generative AI

https://www.edps.europa.eu/data-protection/our-role-supervisor/first-edps-
orientations-euis-using-generative-ai_en

IEEE, Guidelines for Generative AI Usage

https://www.ieee-ras.org/publications/guidelines-for-generative-ai-usage

NSW, Generative AI: basic guidance

https://www.digital.nsw.gov.au/policy/artificial-intelligence/generative-ai-basic-guidance

NYCOTI , Preliminary Use Guidance: Generative Artificial Intelligence

https://www.nyc.gov/assets/oti/downloads/pdf/about/preliminary-use-guidance-general-artificial-intelligence.pdf

Queensland Government, Use of generative AI in Queensland Government

https://www.forgov.qld.gov.au/information-and-communication-technology/qgea-policies-standards-and-guidelines/use-of-generative-ai-in-queensland-government

San Francisco, San Francisco Generative AI Guidelines

https://www.sf.gov/reports/december-2023/san-francisco-generative-ai-guidelines

State Bar of California, Generative-AI-Practical-Guidance

https://www.calbar.ca.gov/Portals/0/documents/ethics/Generative-AI-Practical-Guidance.pdf

UK Government, Guidance to civil servants on use of generative AI

https://www.gov.uk/government/publications/guidance-to-civil-servants-on-use-of-generative-ai/guidance-to-civil-servants-on-use-of-generative-ai

UNESCO, Unesco Guidance for Generative AI

https://unesdoc.unesco.org/ark:/48223/pf0000386693

2. 대 학

강원대학교, 생성형 AI를 활용한 교수·학습 가이드라인 안내
https://biz.kangwon.ac.kr/biz/community/notice.do?mode=view&articleNo=415127
&title=생성형+AI를+활용한+교수·학습+가이드라인+안내

경복대학교, KBU ChatGPT 및 생성형 AI 가이드라인
https://kbu.ac.kr/kor/CMS/Contents/Contents.do?mCode=MN297

고려대학교, ChatGPT 등 AI의 기본 활용 가이드라인
https://int.korea.edu/kuis/community/notice_dis.do?mode=download&articleNo=32
0343&attachNo=223450&totalNoticeYn=&totalBoardNo

국민대학교, 국민 인공지능 윤리강령
https://www.kookmin.ac.kr/comm/menu/user/89bdc36e40697dd8ad9e6cb0d423bc
9c/content/index.do

교통대학교, 『KNUT 생성형 인공지능의 윤리적 활용 가이드라인』(교수자용, 학습
자용)
https://www.ut.ac.kr/cop/bbs/BBSMSTR_000000000059/selectBoardArticle.
do?nttId=1061704

부산대학교, 부산대학교 교수·학습 AI 활용 가이드라인 안내
https://archaeology.pusan.ac.kr/bbs/archaeology/16619/1173307/artclView.do

세종대학교, 세종대학교 생성형 AI 교수학습 기본 활용 가이드라인
https://board.sejong.ac.kr/boardview.do?pkid=160936&currentPage=1&searchField=

ALL&siteGubun=19&menuGubun=1&bbsConfigFK=335&searchLowItem=ALL&searchValue=

아신대학교, ACTS 교수·학습 생성형 AI 활용 가이드라인
https://www.acts.ac.kr/modules/board/bd_view.asp?no=2627&ListBlock=10&gotopage=9&Pagecount=119&sk=&sv=&id=board_notice&ca_no=&mncode=&left=1&sleft=

이화여자대학교, AI 활용 윤리지침, 학습자를 위한 AI 활용 윤리지침
https://cmsfox.ewha.ac.kr/thebest/bestai/ethicsguide.do

인제대학교, 생성형 인공지능 활용 가이드라인 안내
https://cms.inje.ac.kr/hit/community/notice.do?mode=view&articleNo=36224&title=생성형+인공지능%28Generative+AI%29+활용+가이드라인+안내

인천대학교, INU 생성형 인공지능(챗GPT) 학습자를 위한 매뉴얼
https://www.inu.ac.kr/inu/1516/subview.do?enc=Zm5jdDF8QEB8JTJGYmJzJTJGaW51JTJGMjQ2JTJGMzg1NTYxJTJGYXJ0Y2xWaWV3LmRvJTNG (하단의 첨부파일)

중앙대학교, 생성형 AI 활용 가이드라인
https://www.cau.ac.kr/cms/FR_CON/index.do?MENU_ID=2730

Aarhus University, Now you're allowed to use GAI in your exams
https://studerende.au.dk/en/view/artikel/nu-maa-du-bruge-gai-til-eksamen

Birmingham University, Student guidance on using Generative Artificial Intelligence tools ethically for study https://intranet.birmingham.ac.uk/as/libraryservices/asc/student-guidance-gai.aspx

Central European University, Student guidelines on the use of Generative Artificial Intelligence (GAI) in writing an MA thesis, MS capstone project or term papers
https://economics.ceu.edu/sites/economics.ceu.edu/files/attachment/basicpage/548/aiguidelinesformathesiswriting.pdf

Chicago University, Generative Artificial Intelligence (AI) Guidance
https://its.uchicago.edu/generative-ai-guidance/

Columbia University, Generative AI Policy
https://provost.columbia.edu/content/office-senior-vice-provost/ai-policy

Harvard University, Initial guidelines for the use of Generative AI tools at Harvard
https://huit.harvard.edu/ai/guidelines

Harvard T.H. Chan School of Public Health, Guidance for Using Generative AI in Coursework
https://www.hsph.harvard.edu/office-of-educational-programs/education-policies/guidance-for-using-generative-ai-in-coursework/

Lingnan University, GAI Guidelines & Best Practices
https://www.ln.edu.hk/tlc/generative-artificial-intelligence/gai-guidelines-best-practices

Ohio University, Generative AI Guidance
https://www.ohio.edu/research/generative-ai-guidance

Liverpool University, How can I use Generative Artificial Intelligence (GAI) in my work?

https://libanswers.liverpool.ac.uk/faq/271575

Michigan University, Using Generative AI for Scientific Research

https://midas.umich.edu/generative-ai-user-guide/

Missouri S&T, Generative AI (GAI) Guidelines

https://cafe.mst.edu/teaching/gaiguidelines/#

Nanyang Technological University, NTU Position on the Use of Generative Artificial Intelligence in Research

https://www.ntu.edu.sg/research/resources/use-of-gai-in-research

Notre Dame University, Generative AI Policy for Students (August 2023)

https://honorcode.nd.edu/generative-ai-policy-for-students-august-2023/

South Florida University, USF Guidance for Ethical Generative AI Usage

https://genai.usf.edu/at-usf/university-guidance

Trent University, Generative Artificial Intelligence - Trent University Guidelines, 2024

https://www.trentu.ca/vpacademic/sites/trentu.ca.vpacademic/files/documents/Generative%20AI%20Trent%20University%20Guidelines.pdf

Tufts University, Guidelines for Use of Generative AI Tools

https://it.tufts.edu/guidelines-use-generative-ai-tools

University of British Columbia, UBC Guidance
https://genai.ubc.ca/guidance/

University of North Carolina at Chapel Hill, GENERATIVE AI USAGE GUIDANCE
https://provost.unc.edu/generative-ai-usage-guidance-for-the-research-community/

University of the Highlands and Islands, Generative Artificial Intelligence (GAI) policy
https://www.uhi.ac.uk/en/t4-media/one-web/university/about-uhi/governance/policies-and-regulations/policies/generative-ai/student-gai-guidance.pdf

Utrecht University, Generative AI guidelines
https://students.uu.nl/en/gsls/practical-information/generative-ai-guidelines

Wilfrid Laurier University, Generative AI Guidelines
https://students.wlu.ca/academics/academic-integrity/generative-ai-guidelines.html

Yale University, Guidelines for the Use of Generative AI Tools
https://provost.yale.edu/news/guidelines-use-generative-ai-tools

3. 기업 등

무하유, 무하유 생성형 AI 활용 가이드라인
https://blog.naver.com/muhayuin/223134096650

세일즈포스, 생성형 AI: 책임 있는 개발을 위한 5가지 지침
https://www.salesforce.com/kr/hub/crm/generative-ai-guidelines/

Adobe, Adobe Generative AI User Guidelines

https://www.adobe.com/legal/licenses-terms/adobe-gen-ai-user-guidelines.html

Google, Usage guidelines

https://cloud.google.com/vertex-ai/generative-ai/docs/image/usage-guidelines

Waranch&Brown, Generative AI Responsible Use Guidelines

https://waranch-brown.com/

제3장

AI와 이용 약관

김현진

(인하대학교 법학전문대학원 교수)

I. 인공지능 시대의 AI 약관의 중요성

1. 약관에 특유한 규제

생성형 인공지능(Generative Artificial Intelligence)은 디지털 시대에 일상생활의 필수적인 부분이 되었다. 스트리밍 플랫폼에서의 맞춤형 추천부터 자동화된 고객 서비스 챗봇에 이르기까지, AI 시스템은 우리의 기술과의 상호작용을 점점 넓게 그리고 촘촘하게 형성하고 있다. 그런데 웹사이트나 앱을 통해 체결되는 인공지능 서비스 계약은 AI 서비스 이용 약관(Terms & Conditions of Service: T&Cs)에 의해 체결된다. 이와 같은 AI 서비스 이용 약관은 사업자와 사용자 간의 법적 합의로, 특정 서비스 사용에 대한 규칙과 지침을 명시하며, 사업자와 사용자의 권리와 책임을 명확히 하는 데 중요한 역할을 한다.

"약관"이란 "그 명칭이나 형태 또는 범위에 상관없이 계약의 한쪽 당사자가 여러 명의 상대방과 계약을 체결하기 위하여 일정한 형식으로 미리 마련한 계약의 내용"이다(약관의 규제에 관한 법률 제2조 제1호, 이하 '약관법'이라고 함). 즉 거래계에서 계약의 당사자 일방 즉 사업자는 계약의 내용 내지 조건을 미리 마련하여 불특정 다수의 상대방에게 제시하고 상대방은 그 계약 조항을 그대로 승낙함으로써 계약이 성립하는 것이다. 약관은 거래의 신속과 효율, 위험의 분산 등을 도모할 수 있다는 점에서 사업자에게 유용하고 매력적이지만 '사업자가 일방적으로 마련한 것'이어서, 거래에 따른 위험이나 비용을 고객에게 전가할 여지가 있다.[1] 즉 계약 내용의 사전적, 일방적 형성이라는 점 및 개별교섭의 현실적 한계로, 약관에 의한 계약체결은 사업자에게 유리하고 고객에게 불리하기 쉬우므로, 경제적 약자를 보호하고 계약당사자의 실질적 평등을 이루기 위하여 약관의 특유한 법적 규제가 이루어진다. 약관의 통제는 불공정한 조항을 배제하는 불공정성 통제에 앞서 편입 및 해석 통제가 행해진다.

약관이 계약내용이 되어 상대방을 구속하는 근거가 무엇인지에 관하여 규범설과 계약설이 대립한다. 그런데 약관법은, 약관의 명시·설명을 요하고(약관법 제3조), 불공정약관이 무효인 점(동법 제6조 내지 제14조)에 비추어 계약설을 따르고 있고 판례도 같다.[2] 그러므로 약관이 계약의 내용이 되어 상대방을 구속하는 근거는 상대방의 의사 즉 동의이므로, 약관이 명시되고 설명됨으로써 편입됨에 그치는 것이 아니라 계약의 내용으로 되기 위해서는 그에 대한 "고객의 동의"가 있어야 한다.

2. 인공지능 계약에서 약관의 역할

인공지능 계약은 다양한 맥락에서 활용되고 발전될 수 있는데, 인공지능의 이용과 관련한 계약과 인공지능에 의하여 체결되는 개별적이고 구체적인 계약을 구분하여 논의할 필요가 있다. 전자는 인공지능 서비스 또는 제품의 제공 및 이용과 관련한 계약을 체결하는 경우 약관을 활용한 계약인 반면, 후자는 인공지능 서비스 또는 제품을 기반으로 매매, 보험, 저작권 양도 등 별도의 개별적 계약을 체결하면서 약관이 활용되는 것이다.

---

1) 지원림, 민법강의, 홍문사, 제20판. 2023, 1016면.
2) 대판 1998.9.8. 97가53663: "약관이 계약당사자 사이에 구속력을 갖는 것은 그 자체가 법규범이거나 또는 법규범적 성격을 가지기 때문이 아니라 당사자가 그 약관의 규정을 계약내용에 포함시키기로 합의하였기 때문"이다.

그런데 인공지능의 발달에 따라 인공지능이 계약에 활용되는 과정에서 약관의 의미나 역할이 변화할 가능성을 배제할 수 없다.[3] 왜냐하면 기술이 발전할수록 인공지능의 활용범위가 넓어지고 인공지능의 자율성은 증대될 것인데, 인공지능의 자율성이 증대될수록 구체적인 약관을 "사전에 미리 마련"하는 것이 어려워지고, 인공지능 자체가 의사를 형성하고 계약을 체결하면서 계약 내용을 확정하는 역할을 하게 될 것으로 예상되기 때문이다. 그리하여 인공지능 계약에 있어서 약관은 구체적 내용을 사전에 담는 것보다는 계약의 내용이 향후 어떻게 형성될 것인가에 관한 인공지능의 작동에 관한 사항을 사전에 고지하여 동의하게 함으로써 최소한의 예측 내지 기대가능성을 형성하는 작업이 중요하게 된다. 그리하여 인공지능 계약에서 약관은 인공지능에 의한 계약체결 절차나 청약 철회, 분쟁의 구제절차 등에 관한 사항을 중심으로 정하고, 실제 계약의 핵심적인 급부에 관하여는 후술하는 바와 같이 인공지능 알고리즘에 의하여 정해질 수 있다.

3. 알고리즘으로서의 약관

알고리즘이란 '어떠한 문제를 해결하기 위해 정의된 명령어들의 유한 집합'으로, 인공지능의 핵심요소인 알고리즘은 인공지능 계약을 체결하는 데 활용되는 유용한 기술적 수단이다. 그런데 인공지능이 발달할수록 이러한 알고리즘은 단순히 계약을 체결하는 데 이용되는 수단에서 나아가 계약의 내용을 형성하는 역할을 하기에 이르렀다.[4] 그리하여 인공지능이 자율성을 보유하는 단계로 발전하게 되면 알고리즘에 의하여 계약당사자에 맞추어 계약 체결 여부나 상대방 선택, 계약 내용, 계약 방식 등이 결정되고, 구체적인 계약의 내용이 확정되는 약관이 만들어질 수 있다(약관의 개별화). 나아가 인공지능의 발달로 시간의 경과나 상황의 변화에 적절히 대응하여 계약의 내용이 변경되거나 업데이트될 수 있다(약관의 현행화).

---

3)   최경진, "인공지능과 약관", 비교사법 제28권 제3호, 2021, 182면.
4)   이충훈, "인공지능을 이용한 계약의 효력", 문화미디어엔터테인먼트법, 제14권 제1호, 2020.

이 장에서는 먼저, 인공지능에 의하여 체결되는 개별적이고 구체적인 계약에 있어서 인공지능 약관의 특징을 살펴본다. 첫째, 약관이 형성되고 변경되는 동적 약관의 측면으로, 특히 디지털 플랫폼과 자동화 시스템이 발전하면서 이러한 연관성은 더욱 중요해지고 있는데, 많은 플랫폼이 '알고리즘 규칙'을 이용해 이용 약관을 자동으로 집행하기 때문이다. 둘째, 사용자의 동의의 방식과 대상, 의미가 변화하였는바 이를 검토한다. 다음으로, 인공지능의 이용과 관련한 계약의 인공지능 서비스 이용 약관의 내용적 측면을 살피는데 인공지능 이용 약관은 개인정보 보호, 데이터 사용, 책임, 지식재산권, 투명성과 공정성 등을 주요한 구성 요소로 한다. 이러한 논의 후 대표적인 생성형 인공지능 서비스인 OpenAI[5]의 실제 이용 약관을 분석한다. ChatGPT, DALL-E 및 기타 관련 기술을 포함한 AI 서비스 사용에 적용되는 포괄적인 가이드라인인 대상 이용약관[6]은 데이터 개인정보 보호, 사용자 책임, 법적 책임, 사용 정책 등 몇 가지 주요 영역을 중심으로 사용자와 OpenAI의 권리와 책임을 다루고 있는바, 문제점은 없는지 비판적 시각에서 검토한다.

II. 인공지능 약관의 통제

1. 약관의 명시·설명 의무 및 편입 통제

사업자는 계약 체결시 고객(사용자)에게 약관의 내용을 계약의 종류에 따라 일반적으로 예상되는 방법으로 분명하게 밝히고, 고객이 요구하면 약관의 사본을 고객에게 교부하여 고객이 약관의 내용을 할 수 있게 하여야 하며, 약관에 정해져 있는 중요한 내용을 고객이 이해할 수 있도록 설명하여야 한다(약관법 제3조). 이러한 약관의 명

---

5) OpenAI가 개발한 언어모델로 2022년 11월 출시한 '생성형 사전훈련 트랜스포머(Generative Pre-trained Transformer)'인 인공지능이다. OpenAI는 AI 연구 및 배포 회사로서, 당사의 사명은 인공 일반 지능이 모든 인류에게 이롭게 되도록 하는 것이다…라고 서비스 약관은 밝히고 있다.

6) https://openai.com/policies/terms-of-use/(2024. 11. 3. 최종방문).

시 설명의무는, 고객으로 하여금 약관을 내용으로 하는 계약의 성립에서 각 당사자를 구속할 내용을 미리 알고 계약을 체결하도록 함으로써 예측하지 못한 불이익으로부터 고객을 보호함에 그 취지가 있다.[7] 신속을 요하는 거래에서는 명시의무가 면제되지만, 이 경우 사업자는 약관을 영업소에 비치하고 고객의 요구가 있으면 사본을 교부하여야 한다. 다만 계약의 성질상 설명이 현저히 곤란한 경우에는 설명의무가 면제된다(동법 제3조 제3항 단서). 명시 설명의 대상은 약관의 중요한 사항, 즉 고객의 이해관계에 중대한 영향을 미치는 계약의 중요한 내용[8]에 한한다. 이와 같이 명시 설명을 요하는 사항이 사업자에 의하여 명시 설명되지 않은 경우, 사업자는 그 사항을 계약의 내용으로 주장하지 못한다. 그러나 고객은 그 사항을 계약의 내용으로 주장할 수 있으므로, 고객은 약관의 효력을 승인할 수도 있고 거부할 수도 있다.[9]

이렇게 편입된 약관의 내용과 효력은 해석에 의한다. 그런데 약관의 해석은 법률행위 해석의 일종이지만 다수의 고객을 상대로 하는 약관의 특성이 반영되어, 개별약정을 제외하고, 신의칙에 따라 다수의 고객에게 동일하게 객관적으로 해석되어야 한다(동법 제5조 제1항). 약관내용이 명확하지 않거나 의심스러운 경우 그 조항은 고객에게 유리하게, 약관작성자에게 불리하게 제한 해석되어야 하고, 특히 고객에게 불리한 조항은 축소해석되어야 한다(동법 제5조 제2항). 즉 "당해 약관의 목적과 취지를 고려하여 공정하고 합리적으로, 그리고 평균적 고객의 이해가능성을 기준으로 객관적이

---

7) 대판 2016. 6. 23. 2015다5194; 대판 1999.9.7. 98다19240.

8) 대결 2008. 12. 16. 2007마1328에 따르면, 설명의 대상이 되는 '중요한 내용'이라 함은, 사회통념에 비추어 고객이 계약체결의 여부나 대가를 결정하는 데 직접적인 영향을 미칠 수 있는 사항을 말하고, 약관 조항 중에서 무엇이 중요한 내용에 해당하는지에 관하여 일률적으로 말할 수 없으며, 구체적인 사건에서 개별적인 사정을 고려하여 판단해야 한다.

9) 명시 의무 위반의 경우 승인 또는 거부는 약관 전부에 대하여 일률적으로 해야 하는 반면, 설명의무 위반의 경우 당해 조항의 효력만이 문제된다[민법 주해(XII), 손지열 부분, 319-321면]. 한편, 상법 제638조의3은 보험약관을 명시 설명하지 않은 점을 계약의 취소사유로 한다. 그러나 이 규정이 약관규제법 제3조 제3항의 적용을 배제하는 특별규정은 아니므로, 보험계약자가 보험계약을 취소하지 않았더라도, 보험자의 설명의무 위반의 법률효과가 소멸되어 보험계약자가 보험자의 설명의무 위반의 법률효과를 주장할 수 없다거나 보험자의 설명의무 위반의 하자가 치유되는 것은 아니다(대판 1999. 3. 9. 98다43342).

고 획일적으로 해석한 결과 그 약관조항이 일의적으로 해석된다면 그 약관조항을 고객에게 유리하게 제한해석할 여지가 없다."[10] 이는 약관이 사업자에 의해 일방적으로 마련되어 고객이 개입할 여지가 없었음을 고려한 것으로, 사업자로 하여금 약관조항을 명확하게 작성하도록 한다.[11]

2. 인공지능 계약에서의 편입통제와 해석통제의 도전

그런데 인공지능 계약에서는 알고리즘 약관에 의한 계약 내용의 형성이라는 점에서, 일반적인 약관의 명시 설명의무와 관련하여 변형이 필요하다. 인공지능 계약의 약관은 데이터 분석, 알고리즘을 활용해 개인화된 조건을 제공하며, 계약의 구체적 내용이 다양한 맥락에 맞게 조정되는 동적 약관이라는 점에서 사전에 약관의 내용이 명시되고 설명되지 않을 수 있기 때문이다.

또한 나아가 약관은 명시·설명되고 고객이 이에 동의함으로서 계약의 내용이 되는데, 인공지능 계약에서 사용자로부터 명확한 동의를 얻는 대상은 윤리적인 AI 사용의 기초에 지나지 않는다. ToS 합의는 사용자가 AI 서비스를 사용할 때 무엇에 동의하는지 충분히 이해하도록 보장해야 한다. 여기에는 데이터 사용 방법과 AI 결정의 잠재적 영향을 이해하는 것이 포함된다.

한편, 약관의 해석과 관련하여서도 '객관적 통일적 해석의 원칙'과 '작성자 불이익 원칙'이 그대로 준수될 수 있는지 문제의 여지가 있다. 가령 동적 약관에 의해 특정 사용자 그룹에게 유리한 조건을 제공함을 '개별약정 우선의 원칙'에 따라 개별 약정으로 볼 수 있지 않을까 생각할 여지가 있다.

---

10) 대판 2010. 9. 9. 2009다105383.
11) 지원림, 앞의 책, 1022면.

3. 동적 약관

(1) 개념

동적 약관(Dynamic Terms and Conditions)이란 실시간으로 변화하는 알고리즘에 따라 계약의 내용이 형성되는 약관으로, 사용자의 행동, 상황, 외부 조건 등에 따라 자동으로 조정된다. 기존의 정적인 약관과 달리, 동적 약관은 사용자와의 상호작용 과정에서 유연하게 변하는 특징을 갖는다.

이와 같이 사용자의 필요와 규제 변화에 맞춰 실시간으로 적응하는 새로운 형태의 동적 약관은, 변화 가능성이 큰 만큼 투명성, 동의, 책임이 문제된다. 동적 약관이 사용자에게 유익한 동시에 신뢰할 수 있는 시스템으로 자리 잡기 위해서는, 사용자가 충분한 정보를 바탕으로 동의할 수 있는 환경이 조성되어야 한다. 성공적인 동적 약관의 구현을 위해서는 혁신과 법적·윤리적 고려의 균형이 중요하며, 사용자와의 신뢰를 구축하려면 명확한 고지, 공정한 알고리즘, 그리고 변경 내역 기록이 필수적이다.

(2) 동적 약관의 작동방식과 실례

동적 약관은 미리 설정된 규칙이나 적응형 알고리즘을 통해 다음과 같은 요소를 고려해 변경된다. 1) 위치, 검색 기록, 구매 이력 또는 계정 상태와 같은 사용자의 데이터, 2) 시간대, 계절성, 프로모션 진행 여부와 같은 상황 요인, 3) 특정 지역의 법적 규제 변경에 따라 약관이 자동으로 업데이트 된다. 다른 한편, 사용자의 서비스 사용 빈도나 이용 강도와 같은 사용자의 플랫폼 사용 패턴에 따라 조정되기도 한다. 이미 많은 항공사와 호텔은 수요와 이용자 프로필에 따라 가격을 실시간으로 조정하고, 이러한 가격 변화는 구매 시점의 항공권구매과 숙박계약의 약관에 반영된다. 이커머스, 보험, 디지털 플랫폼, 여행 산업 등에서 개인화되고 유연한 약관이 점점 더 보편화되고 있다.

동적 약관의 실례를 보면, 플랫폼은 날씨와 같은 외부 요인이나 수요 패턴에 따라 자동으로 취소 정책을 조정할 수 있다. 구독 기반 서비스는 이용자의 참여도나 결제

이력에 따라 맞춤형 해지 조건이나 갱신 옵션을 제공하는 등 개인 맞춤형 구독 계약을 맺는다. 이커머스 플랫폼은 자주 구매하는 고객에게 더 유연한 환불 정책을 제공하고, 알고리즘이 사용자 행동을 모니터링해 실시간으로 규칙을 집행하여 사기 행위를 감지하면 바로 계정을 차단한다. 스트리밍 서비스는 고객의 사용 빈도에 따라 맞춤형 결제 조건이나 할인을 제공하고, 결제 조건이 충족되지 않을 경우 사람의 개입없이 자동으로 접근을 차단한다. 보험 회사는 사물인터넷(IoT) 장치와 외부 데이터를 활용해 보험가입자의 위험을 실시간으로 평가하여 그에 따라 보험료와 조건 등 보험약관을 조정한다. 나아가 모바일 앱은 사용자의 위치에 따라 특정 기능을 활성화하거나 비활성화하여, 특정 국가에서는 결제 수단이나 기능 사용이 제한될 수 있다.

(3) 동적 약관의 장단점

이와 같이 동적 약관은 사용자의 필요와 선호에 맞게 맞춤형 경험과 조건을 제공함으로써, 향상된 유연성을 갖는다. 또한 실시간으로 규제를 준수하여 최신 법규에 맞춰 자동으로 약관을 조정할 수 있다는 이점이 있다. 나아가 고객의 경험을 반영하여 특별 할인이나 환불 정책과 같은 개인 맞춤형 조건을 제공하여 고객 만족도와 충성도를 높일 수 있다. 그러나 동적 약관은 이러한 장점과 동시에 투명성, 공정성, 동의 문제와 같은 법적 과제도 제기한다. 먼저, 사용자는 자신이 동의한 약관이 변경될수 있다는 사실을 인식하지 못할 수 있다. 동적 약관은 변경 시 적절한 고지가 필수적인데, 사용자가 변경 사항을 인지하지 못한 경우, 새로운 약관의 효력이 부정될 수 있기 때문이다. 한편, 공정성과 편향 문제는 특히 중요한데, 알고리즘이 특정 사용자 그룹에게 유리한 조건을 제공함은 다른 사용자 그룹 측에서 보면 불리할 수 있어 공정하지 못하고 편향된 결과를 초래할 수 있기 때문이다. 다른 한편, 데이터 프라이버시침해 가능성이 존재하며, 사용자 행동 분석이 동의 없이 이루어질 경우 문제가 될 수 있다. 나아가 AI 알고리즘이 부당하거나 비합리적인 약관을 생성한 경우, 책임 소재를 규명하기가 복잡해질 가능성이 있다. 마지막으로 약관의 변경이 빈번할 경우 버전관리가 제대로 되지 않아 분쟁이 발생할 수 있다.

(4) 동적 약관의 도전과 미래

공정하고 투명한 동적 약관을 위하여는 명확한 고지 제공, 버전 관리 및 아카이빙, 중대한 변경 시 재동의 요구 및 알고리즘의 편향 감시가 필요하다. 즉 첫째, 약관이 변경될 가능성을 사용자에게 사전에 알리고 사용자로 하여금 새로운 조건을 검토할 기회를 갖도록 해야 한다. 둘째, 이전의 약관 기록을 잘 정리하여 보관하여 사용자로 하여금 자신이 언제 어떤 약관에 동의했는지 확인할 수 있도록 해야 한다. 셋째, 약관에 중요한 변경 사항이 있을 경우, 사용자의 재동의를 받는 것이 바람직한데 보통 클릭랩(Click-wrap) 방식에 따르고 이에 대하여는 후술한다. 마지막으로, 사업자는 정기적으로 알고리즘을 감시하여 모든 사용자에게 공정한 조건이 제공되도록 해야 한다.

4. 사용자 동의

(1) 명확한 동의의 중요성

약관이 당사자를 구속하는 근거는 당사자의 동의이다. 즉 약관에 구속되겠다는 당사자의 의사이므로, 사용자로부터 명확한 동의를 얻는 것은 윤리적인 AI 사용의 기초이다. ToS 합의는 사용자가 AI 서비스를 사용할 때 무엇에 동의하는지 충분히 이해하도록 보장해야 한다. 여기에는 데이터 사용 방법과 AI 결정의 잠재적 영향을 이해하는 것이 포함된다. 그런데 사용자의 동의 방식과 관련하여, 클릭랩(Click-wrap) 계약과 브라우즈랩(Browse-wrap) 계약이라는 두 가지 주요 형태가 있다. 두 계약 유형을 비교하고 법적 특징을 살펴보겠다.

(2) 클릭랩(Click-wrap) 계약

클릭랩 계약은 사용자가 "동의" 버튼이나 체크박스를 클릭해 명시적으로 약관에 동의해야 하는 계약이다. 작동 방식을 보면, 사용자가 약관을 검토하고 "나는 동의합니다(I Agree), 승낙(Accept) 등의 버튼을 클릭해야 진행이 가능하다. 주로 소프트웨어 설치, 계정 생성, 온라인 결제 과정에서 사용된다. 가령, 스트리밍 서비스 가입 시 약관에 동의하지 않으면 등록이 완료되지 않는데, 소프트웨어 설치 시 라이선스 동의서에 "I Agree" 버튼을 클릭해야 설치가 완료된다. 명시적인 동의가 이루어지므로 법적 구속력이 강한데, 약관이 명확하게 제공되고 사용자가 이를 검토할 기회가 있었다면, 법원은 이러한 계약을 대부분 유효하다고 판단한다.

(3) 브라우즈랩(Browse-wrap) 계약

브라우즈랩 계약은 사용자가 별도의 동의 버튼을 클릭하지 않아도 웹사이트나 서비스를 이용함으로써 암묵적으로 동의한 것으로 간주되는 계약이다. 작동 방식을 보면, 약관은 주로 웹페이지 하단의 하이퍼링크를 통해 제공되고, 사용자는 사이트를 이용하거나 특정 기능을 사용함으로써 약관에 동의한 것으로 간주된다. 주로 이코머스 사이트나 소셜 미디어 플랫폼에서 사용된다. 가령, 전자상거래 웹사이트에서 하단에 "이 사이트를 이용함으로써 약관에 동의합니다"라는 문구와 함께 약관 링크를 제공하는 경우 또는 모바일 앱이 약관에 대한 명시적 동의 없이 기능을 사용할 수 있도록 허용하는 경우를 생각할 수 있다. 법적 효력이 상대적으로 약한데, 법원은 약관이 명확하게 표시되었는지, 사용자가 약관을 확인할 충분한 기회를 가졌는지를 중점적으로 검토한다. 약관이 눈에 띄지 않거나 알기 어려운 위치에 있다면 법적 효력이 인정되지 않을 가능성이 높다.

많은 기업은 두 가지 방식을 혼합해 사용한다. 예를 들어, 초기 가입 시에는 클릭랩 계약을 사용하고 이후 플랫폼 이용 중에는 브라우즈랩 약관을 적용하는 방식이다

(4) 사용자의 인식

그런데 사용자가 동의를 하려면, 명확한 정보가 제공되어야 한다. 즉 약관에 의한 계약의 체결시 약관의 내용이 명시되고 설명되어야 한다. 명시되지 않고 설명되지 않은 의무는 계약의 내용으로 삼을 수 없기 때문이다. 그러므로 약관의 내용에 대한 사용자 인식과 이해가 문제되는바, 클릭랩 계약에서도 사용자가 약관을 자세히 읽지 않고 동의하는 경우가 많고, 브라우즈랩 계약에서는 약관 링크가 눈에 띄지 않아 사용자가 전혀 인식하지 못할 가능성이 크다. 고지와 접근성 문제로, 법원은 약관이 얼마

나 명확하게 표시되었는지, 사용자에게 충분한 고지가 이루어졌는지를 중요하게 판단한다. 하단에 숨겨진 링크나 눈에 띄지 않는 약관은 법적 효력을 인정받기 어려울 것이다.

5. 약관의 내용통제

계약에 편입되고 해석통제를 거친 약관조항은 마지막으로 법원에 의해 사후적으로 통제될 수 있다. 먼저 신의성실에 반하여 공정성을 잃은 약관조항은 무효이다(약관법 제6조 제1항). 그런데 신의성실에 위반하여 무효라고 하기 위해서는, 약관작성자가 거래상 지위를 남용하여 계약상대방의 정당한 이익과 합리적 기대에 반하여 형평에 어긋나는 약관조항을 사용함으로써 건전한 거래질서를 훼손하는 등 고객에게 부당한 불이익을 주었다는 점이 인정되어야 한다.[12]

그런데 ① 고객에게 부당하게 불리한 조항, ② 고객이 계약의 거래형태 등 제반 사정에 비추어 예상하기 어려운 조항, ③ 계약의 목적을 달성할 수 없을 정도로 계약에 따르는 본질적인 권리를 제한하는 조항은 공정성을 잃은 것으로 추정한다(동법 제6조 제2항). 이러한 일반통제 외에, 무효가 되는 경우를 열거하는 개별통제로서 면책조항(동법 제7조), 손해배상액의 예정(동법 제8조), 계약의 해제·해지(동법 제9조), 채무의 이행(동법 제10조), 고객의 권익보호(동법 제11조), 의사표시의 의제(동법 제12조)에 대한 통제가 있다. 마지막으로 고객에게 부당하게 불리한 제소금지 조항, 재판관할의 합의 조항이나 상당한 이유없이 고객에게 증명책임을 부담시키는 약관조항은 무효이다(동법 제14조).

---

12) 대판 2014. 6. 12. 2013다214864; 대판 2022. 5. 12. 2020다278873.

III. 인공지능 계약의 주요 내용

1. 데이터와 개인정보

생성형 인공지능의 서비스가 효과적으로 작동하기 위해서는 방대한 양의 데이터를 처리하여야 한다. 그런데 현대사회에서 경제적 가치를 갖는 데이터의 개념에 대하여는 학자마다 차이가 있고 법령상의 정의도 제각각이다. 가령, 「데이터 산업진흥 및 이용촉진에 관한 기본법」에 따르면, "데이터"란 다양한 부가가치 창출을 위하여 관찰, 실험, 조사, 수집 등으로 취득하거나 정보시스템 및 「소프트웨어 진흥법」 제2조 제1호에 따른 소프트웨어[13] 등을 통하여 생성된 것으로서 광(光) 또는 전자적 방식으로 처리될 수 있는 자료 또는 정보"를 말한다. 이와 같이 새로운 자원으로 경제적 가치가 높은 데이터는 다음과 같은 특성을 갖는다. 첫째, 데이터는 일반적인 유체물과는 달리 한 사람의 소비가 다른 사람의 소비를 제한하지 않고(비경합성), 무임승차자를 쉽게 배제할 수 없다(비배제성). 그리하여 데이터는 그 자체로 사적인 재화가 아니라 공공재의 특성을 갖는다. 즉 정보를 생산한 사람들뿐만이 아니라 다른 사람들도 사용할 수 있다. 둘째, 데이터는 혁신의 원천으로 가치를 지니므로, 데이터에 대한 배타적 재산권을 설정하게 되면 정적 효율성은 감소되지만 정보의 비전유성을 극복하여 생산을 촉진시킴으로써 동적 효율성이 증대되는 결과를 낳는다.[14]

현대사회에서 데이터는 경제적 가치를 가짐과 동시에 개인정보이기도 하다. 개별데이터가 개인정보에 해당하는 경우 「개인정보 보호법」에 의한 보호를 받는다. 여기서 "개인정보"란 "살아 있는 개인에 관한 정보"와 "식별가능성"을 주된 표지로 삼으며, 자체적인 식별가능성이 없는 경우 "결합의 용이성"을 식별가능성의 추가적인 요

---

13) "소프트웨어"란 컴퓨터, 통신, 자동화 등의 장비와 그 주변장치에 대하여 명령·제어·입력·처리·저장·출력·상호작용이 가능하게 하는 지시·명령(음성이나 영상정보 등을 포함한다)의 집합과 이를 작성하기 위하여 사용된 기술서(記述書)나 그 밖의 관련 자료를 말한다(소프트웨어 진흥법 제2조 제1호).

14) 최경진 편, 인공지능법, 박영사, 2024, 216.

건으로 한다.[15] 이러한 정의 규정에 의하면, 성명이나 주민등록번호처럼 직접 해당 정보만으로 개인을 식별할 수 있는 경우뿐만 아니라 해당 정보만으로는 특정 개인을 식별할 수 없더라도 다른 정보와 쉽게 결합해서 특정 개인을 식별할 수 있을 때에는 개인정보에 해당한다.

그런데 사용자의 데이터 가운데 어떠한 정보들은 가명처리라는 비실명과정을 거치는데, 이와 같이 비실명과정을 거친 비정형 데이터라고 하더라도 어떻게 저장되는지는 매우 중요한 문제이다.[16] 이와 같은 데이터를 어떻게 처리하는지는 AI 관련 ToS에서 가장 중요한 내용 가운데 하나이다. 따라서 서비스 이용 약관은 사용자의 어떠한 데이터가 어떻게 수집되고, 어떻게 저장되며 어떻게 처리되고 또 어떠한 범위에서 어떠한 제3자에게 제공되어 공유되는지를 명확히 규정해야 한다.[17] 인공지능이

---

15) 「개인정보 보호법」제2조 제1호에 따르면, 살아 있는 개인에 관한 정보로서 3가지 유형을 규정한다. 첫째 유형은 성명, 주민등록번호 및 영상 등을 통하여 개인을 알아볼 수 있는 정보, 둘째 유형은 해당 정보만으로는 특정 개인을 알아볼 수 없더라도 다른 정보와 쉽게 결합하여 알아볼 수 있는 정보를 의미하는데,. 이 경우 쉽게 결합할 수 있는지 여부는 다른 정보의 입수 가능성 등 개인을 알아보는 데 소요되는 시간, 비용, 기술 등을 합리적으로 고려하여야 한다. 셋째, 위 두 유형의 정보를 가명처리함으로써 원래의 상태로 복원하기 위한 추가 정보의 사용·결합 없이는 특정 개인을 알아볼 수 없는 정보, 즉 "가명정보"를 의미한다. 여기서 "가명처리"란 개인정보의 일부를 삭제하거나 일부 또는 전부를 대체하는 등의 방법으로 추가 정보가 없이는 특정 개인을 알아볼 수 없도록 처리하는 것을 말한다.

16) 정형 데이터란 스프레드시트 문서처럼 행과 열로 구분해 구조화된 형식의 자료로 개인식별 위험이 있는 정보인지 여부가 명확히 식별되는 반면, 비정형 데이터란 일정한 규격이나 정해진 형태가 없는, 구조화되지 않은 데이터로, 데이터 내의 어느 부분이 개인식별 가능성이 있는지 명확히 구분되지 않는다는 점이 특징이다. 사진, 이미지, 비디오, 통화 음성, 대화기록, 논문 보고서, 블로그 등 대부분의 데이터가 이에 해당한다. 글로벌 시장조사기구 IDC는 전 세계 데이터 중 비정형 데이터의 비중이 최대 90%에 이를 것으로 추산했다. 이는 비정형 데이터를 비실명화하지 않으면 AI모델 학습에 필요한 양질의 데이터를 공급하는 데 한계가 있음을 의미한다.

17) https://gdpr-info.eu/개인정보 유출 사건 소송은 기업에 유리한 판례가 대부분이다. 문제를 일으킨 기업들은 사과와 함께 피해 보상을 약속했지만 그간 국내 소송에서의 최대 보상액은 개인당 10만 원에 불과했다. 그나마 소송에 참여하지 않은 피해자들은 보상조차 받지 못했다. 외국의 상황도 크게 다르지 않다. 미국 유통기업 타깃의 경우 2014년 해킹으로 1억 건이 넘는 개인정보가 유출됐다. 타깃 측은 피해 고객들에게 "신용 확인 절차를 무상으로 지원했고 유출된 카드를 교체해 주는 서비스를 제공했다"며 앞으로 정보가 남용될 소지를 논하는 것은 '사실상의 피해 여부'에 해당되지 않는다고 주장했다. 2006년 판결 난 민간 데이터 기업 액시엄의 16억 건 고객 정보 유출 사건 역시 '사

발전하면서 사용자에 대한 데이터를 광범위하게 수집하여 분석함으로써 특정 개인을 추적하고 감시하는 것이 용이해져, 데이터 처리의 투명성은 사용자 신뢰 구축과 GDPR[18](일반 데이터 보호 규정)과 같은 규제 준수에 필수적이기 때문이다.

2. 책임과 책임소재

AI 시스템이 더 많은 자율 결정을 내리면서 오류나 피해 발생 시 책임 소재를 결정하는 것이 복잡해진다.[19] 그리하여 ToS 합의는 AI 시스템이 실수나 피해를 일으켰을 때 누가 책임을 지는지 명시해야 한다. 명확한 책임 지침은 법적 위험을 완화하고 사용자에게 안전감을 제공할 수 있다. 기존의 불법행위 법리에 따르면, 고의·과실에 의한 위법행위로 인하여 피해자에게 손해를 가한 자는 민법 제750조에 따라 불법행위로 인한 손해배상책임을 부담한다. 그리고 만약 수인이 공동의 불법행위로 타인에게 손해를 가하거나, 수인의 행위 중 어느 사람의 행위가 손해를 가한 것인지 알 수 없는 때에는 민법 제760조에 따라 공동불법행위자들은 연대하여 손해를 배상할 책임을 부담한다. 공동불법행위가 성립하려면, 불법행위의 가해자가 수인이고 그들 행위 사이에 객관적 행위관련성이 인정되어야 한다.

실상의 피해 여부' 검열을 통과하지 못했다. 고객들은 사회보장번호, 전화번호 등의 개인정보가 유출돼 스팸메일과 스팸전화에 시달렸지만 주 연방법원은 이를 피해라고 보기 어렵고 명의 도용의 가능성 역시 피해라고 규정지을 수 없다고 판결한 것이다.(https://www.acrc.go.kr/briefs/201808/sub3. html).

18) 개인정보에 접근하는 시각은 국가 내지 문화권에 따라 차이를 보이는데, 인공지능의 개발 및 활용과 관련하여 미국에 비해 유럽은 더 엄격하다. GDPR(General Data Protection Regulation, 일반정보보호 규정)이란, 2018년 5월 25일부터 발효된 유럽연합의 개인정보보호법이다. 우리나라도 2020년 '데이터 3법'의 통과로 EU GDPR이 규정하는 양립가능성과 유사한 규정을 도입하여 개인정보의 합리적 법적 처리 범위가 확대되었지만, 개별적 구체적 상황에서 실제 어느 정도까지 해당 조항을 활용할 수 있는가에 대하여는 여전히 명확하지 않다. 법 개정으로 완전 자동화된 결정에 대한 거부권이나 설명요구권 등의 정보주체의 권리가 인정된다.

19) 인하대학교 법학연구소 AI·데이터법 센터, 「인공지능법 총론」, 세창출판사, 2023, 188면 이하(장보은 집필 부분) 참조.

그런데 인공지능이 매개된 불법행위에서 피해자는 누구를 상대로 불법행위책임을 물을 수 있는지가 문제된다. 가령, 甲 회사가 인공지능 서비스에 필요한 데이터를 제공하였고, 乙 회사가 인공지능 알고리즘을 만들었으며, 丙 회사가 인공지능 알고리즘을 탑재한 서비스를 제공하고 있다면 그 과정에서 사용자가 입은 피해에 대하여 甲乙丙 가운데 누구에게 손해배상을 청구할 수 있는가?

먼저, 만약 인공지능 프로그램 자체에는 아무런 결함이 없으나 인공지능 프로그램을 제품에 탑재하여 서비스하는 과정에서 결함이 발생하여 AI 시스템이 오류를 일으켰다면 丙이 책임을 져야 하는데, 이 경우 그 책임의 내용은 민법상 불법행위책임일 수도 있고 제조물책임법상 책임일 수도 있다. 제조물책임법에 따르면, 제조업자는 제조물의 결함으로 생명 신체 또는 재산에 손해를 입은 사람에게 그 손해를 배상하여야 한다(제조물책임법 제3조 제1항). 즉 제조물에 결함이 있고 그 결함으로 인하여 손해가 발생하였다는 사실을 주장하여 증명하면 되므로, 고의·과실 및 위법성, 인과관계와 손해를 주장 증명해야 하는 민법상 불법행위책임에 비해 피해자의 증명 부담이 준다. 여기서 결함이란 "해당 제조물에 제조상·설계상 또는 표시상의 결함이 있거나 그 밖에 통상적으로 기대할 수 있는 안정성이 결여되어 있는 것"이다(동법 제2조 제2호).

다음으로, 만약 인공지능 서비스 프로그램을 만든 乙의 과실로 프로그램에 오류가 존재하여 그로 인하여 사고가 발생한 것이라면, 乙은 불법행위책임을 부담할 것이다. 그런데 문제는 인공지능 프로그램에 오류가 있는 것을 언제나 乙의 과실로 볼 수 있을까 하는 것이다. 왜냐하면, 현재도 발달이 진행중인 인공지능기술의 발전 양상을 고려할 때, 프로그램 개발자에게 어떠한 오류도 발생하지 않는 완전무결한 인공지능 프로그램을 개발할 주의의무를 요구한다는 것은 불가능할 뿐만 아니라 비현실적이기 때문이다. 만약 인공지능 프로그램에 사소한 오류가 발생하였고 그 오류로 인하여 손해를 입은 사람에게 인공지능 개발자로 하여금 손해를 배상하도록 한다면, 프로그램 개발자는 인공지능 기술의 개발을 꺼려 인공지능 기술의 발전이 저해될 우려가 있다. 그렇다고 인공지능 프로그램 개발자의 주의의무 수준을 지나치게 낮춘다면, 인공지능 프로그램에서 발생한 오류를 개발자의 과실로 보기 어렵고 그렇다면 프로그램 개발자는 손해에 대하여 책임을 지지 않을 것이고 피해자는 손해배상을 받지 못하게 되는 결과가 초래될 것이다. 불법행위제도의 목적이 피해자가 입은 손해의 회복이라는 점에서, 인공지능 프로그램 개발자의 주의의무는 인공지능 기술의 발전을 저해하지 않으면서도 인공지능 프로그램 오류로 발생한 피해자가 적절한 손해배상을 받을 수 있는 합리적인 수준에서 결정되어야 할 것이다.[20]

마지막으로, 甲의 과실로 甲이 乙에게 부정확한 데이터를 제공하였고 그로 인하여 乙이 개발한 인공지능 프로그램에 오류가 존재하게 되었고, 그 오류로 인하여 손해를 입은 것이라면, 甲에게 불법행위책임을 물을 수 있을까? 부정확한 데이터를 제공한 甲의 과실과 손해 사이에 인과관계 여부가 관건일 것이다. 결과발생의 개연성, 위법행위의 태양 및 피침해이익의 성질을 고려하여 상당인과관계 유무를 판단하여야 하는데, 중간에 乙, 丙의 행위가 개입되어 있으므로, 甲이 제공한 부정확한 데이터를 丙이 쉽게 알아낼 수 있거나 데이터의 부정확함에도 불구하고 乙이 프로그램의 오류를 쉽게 제거할 수 있을 경우에는 상당인과관계 인정이 어려워 甲에게 불법행위책임을 묻기 어려울 것이다.

그런데 만약 甲 乙 丙의 행위와는 전혀 무관하게 사고가 발생하는 경우, 가령 인공지능이 스스로 데이터를 수집하여 학습하고, 乙이 만든 알고리즘을 스스로 수정한 결과 누구도 예측하지 못한 방식으로 본래의 용도와는 다르게 사고가 발생되었다고 가정해 보자. 그렇다면 당초 데이터를 제공한 甲이나, 수정전 프로그램을 개발한 乙, 인공지능 프로그램을 탑재한 서비스를 제공한 丙에게 그 책임을 물을 수 없다. 그렇다면 이러한 상황에서 피해자는 인공지능 자체에 대하여 불법행위책임을 물을 수 있을까?

먼저, 인공지능에게 불법행위책임을 물으려면 인공지능이 법인격을 가져야 하는데,[21] 법인격이란 법이 권리와 의무의 주체가 될 수 있다고 인정하는 자격이다. 민법은 자연인(민법 제3조)과 법인(민법 제34조)에게 법인격을 부여하고 있는바, 자연인과 법인만이 권리와 의무의 주체가 되고 불법행위책임의 주체가 될 수 있다. 만약 법

---

20) 최경진 편, 인공지능법, 176면.

21) 인공지능과 독립된 법인격 인정 논의에 대하여는, 우선, 인하대학교 법학연구소 AI · 데이터법 센터, 「인공지능법 총론」, 세창출판사, 2023, 196면 이하(정영진 집필 부분) 참조.

인격이 없는 사물이나 동물로 인하여 손해를 입은 사람은 사물의 소유자 또는 점유자 (민법 제758조), 동물의 점유자 또는 보관자(민법 제759조)에 대하여만 손해배상책임을 물을 수 있다. 인공지능에게 법인격을 인정할 것인지에 대한 논의가 활발하지만 회의적인 시각이 지배적이다.

　다음으로 불법행위책임이 성립하기 위해서는 고의·과실에 의한 위법행위로 인하여 피해자에게 손해가 발생하여야 할 뿐만 아니라 행위자에게 책임능력이 있어야 한다. 그런데 인공지능이 개입된 사고를 "인공지능의 행위"로 평가할 수 있을까? '행위'란 '사람의 의식이 개입된 작위 또는 부작위'를 의미하므로, 사람이 아닌 인공지능의 판단 및 이에 기초한 동작을 '행위'라고 보기 어렵다. 또한 인공지능에게 '불법행위책임을 변식할 수 있는 정신능력'을 의미하는 책임능력이 있다고 볼 수 없다. 결국 현단계에서 인공지능에게 불법행위 책임을 인정하는 것은 현행법상 불가능하다.

3. 지식재산권 문제

　AI 기술은 독점 알고리즘부터 사용자 생성 콘텐츠에 이르기까지 상당한 지식재산권 문제를 수반한다. 인공지능과 관련하여 가장 뜨거운 논란이 된 이슈 중의 하나이다. 또한 인공지능을 개발하는 단계에서 가장 중요한 것이 데이터의 양과 질인데, 데이터가 입력되어 산출된 출력물이 있을 경우 '누가 알고리즘과 데이터에 대하여 소유권을 갖는지' 나아가 '사용자가 생성한 콘텐츠에 대하여 누가 소유권을 갖는가'가 문제되는 것이다.

　AI 창작물과 관련하여, 기존의 저작물이 데이터로서 학습되어 인공지능 서비스를 통해 이와 유사한 저작물이 생성된 경우, 첫째 저작권법상 저작물로 인정될 수 있을까. 둘째 AI창작물이 저작권법상 저작물로서 인정된다면 저작자는 AI인지 아니면 사용자인지, 셋째 AI의 창작자적격성 여부와 별개로 그 결과물에 대하여 지식재산권이 누구에게 귀속되어야 할까.[22] 한편, 저작물을 학습한 인공지능이 소설, 만화, 이

---

22) 인공지능 창작물의 지식재산보호에 관하여는 우선, 인하대학교 법학연구소 AI·데이터법 센터, 「인

미지, 영상 등을 생성하는 경우 관련 종사자들의 일자리를 위협할 수도 있다. 가령, 2023년 5월 1일 헐리우드의 시나리오 작가들은 대규모 파업에 들어갔다.[23] OTT 기업이 효율성을 위해 AI가 만든 대본 초안을 작가들에게 수정하라고 지시하는 등 AI와 작가의 분업이 이뤄지자, 무려 1만 1500명의 작가들이 소속된 미국작가조합은 작가들의 창작물이 무분별하게 AI 학습 훈련에 쓰여선 안 된다고 주장하며 AI가 최종 결과물을 쓸 수 없도록 보장해 달라고 요구해 왔다. 148일 만에 협상이 이루어졌는데, 이번 합의안으로 AI 활용이 전면 금지되지는 않았으나, 일종의 '사용 규칙'이 생겨, 기존 작가가 이미 작성한 시나리오를 AI가 편집할 수 없고, 작가가 AI의 결과물을 각색하더라도 '오리지널' 시나리오로 간주될 수 있도록 했다.

이와 같이 인공지능 기술의 개발과 활용으로 저작권 생태계가 위협받고 있다. 나아가 인공지능 서비스에 기하여 만들어진 결과물에 대하여 저작권, 상표권, 실용신안권, 특허권 등 지식재산권을 부여할 수 있는지, 인정한다면 누구에게 귀속시킬 것인가라는 중요한 법적 이슈가 남는다.[24] 그리하여 ToS 합의는 서비스 제공자와 사용자의 소유권을 명확히 하여 지적재산권이 적절히 보호되도록 해야 한다.

4. 알고리즘 투명성과 공정성

인공지능 알고리즘은 서비스제공자와 이용자를 단순히 매개하는 데 그치는 것이 아니라, 이용자의 일상생활을 포괄적으로 제약 또는 조종할 수도 있다. 정도의 차이는 있지만 기술 그 자체가 궁극적으로 인간의 개입이 없는 기계적인 자율적 판단 수행을 목표로 하므로, 이용자는 본인에게 제공되는 서비스에 대한 비판적 평가보다는 무비판적 의존 양상을 보일 수 있다. 이는 인공지능 알고리즘과 그 산출물(output)에 대한 신뢰와 의존현상으로, 이용자의 생각과 행위가 인공지능의 기계적 판단에 종속

공지능법 총론」, 세창출판사, 2023, 280면 이하(김원오 집필 부분) 참조.

23) https://www.mediatoday.co.kr/news/articleView.html?idxno=312870.

24) 최경진 편, 인공지능법, 박영사, 56면 이하.

되는 현상을 야기할 수 있다.[25] 가령, 인공지능 내부메커니즘 즉 인공지능의 의사결정 과정을 모르지만 의료인공지능, 무인자동차, 인공지능변호사 등의 최종결정을 참조한다. 그런데 인공지능이 제시한 결과에 다른 어떤 의도가 숨어 있을 가능성을 배제할 수 없고 이로 인한 사고가 생길 경우 블랙박스 안에서의 정보처리 절차에 대한 설명이 필요하다. 이러한 필요성이 바로 알고리즘의 투명성에 대한 요구이다.[26] 그러므로 인공지능 시스템의 의사결정의 투명성 확보는 단순히 소비자의 알 권리 확보나 민주적 절차 그 이상의 의미가 있다. 투명성이 확보되지 않는다면 인공지능 기술 자체에 대한 불신이 생길 수밖에 없는데, 인공지능의 의사결정이 신속하고 정확해질수록 인공지능 내부 메커니즘은 더 알기 어렵다. 반대로 인공지능 내부의 투명성을 확보할수록 인공지능의 발전이 더뎌질 가능성이 있다. 그리하여 이러한 딜레마를 해결하기 위한 방법으로 '설명가능 인공지능(XAI: Explainable Artificial Intelligence)'이 등장하고 있으나 현 단계에서는 ToS 합의에서 불투명성 내지 인공지능 내부 메커니즘을 알지 못함으로 인한 위험성을 명시할 필요가 있다.

한편, 인공지능 서비스를 이용할 경우 기계학습시 사용되는 데이터를 선택, 수집, 분류, 사용하거나 알고리즘을 만들 때 특정 인종이나 성, 계층 등에 대한 선호나 편향이 개입되는 현상인 알고리즘의 편향이 나타날 수 있고,[27] 또 기존의 편향을 지속하

---

[25] 인하대학교 법학연구소 AI·데이터법 센터, 「인공지능법 총론」, 세창출판사, 2023, 386면 이하(심우민 집필 부분).

[26] 알고리즘 투명성을 확보하기 위하여 이용자가 알고리즘 설계자나 회사에 인공지능의 학습절차나 알고리즘에 대한 공개를 요청한다고 하더라도 알고리즘은 기업의 독자적 기술로 그 자체가 기밀정보이자 지적재산이다. 나아가 개인정보 공개라는 비윤리적, 비합법적 사안이 된다. 또 인공지능의 아웃풋으로부터 역추론을 하여 의사결정 절차를 복기하는 것은 쉽지 않을 뿐만 아니라 불가능할 수도 있다. 그리하여 애초에 인공지능 내부에서 설명이 가능하게 하는 알고리즘을 개발중이다. 즉 딥러닝 알고리즘 설계시 인공지능 학습과정절차에 대해 설명하는 새로운 기계학습 모형을 만드는 것이다(최경진 편, 인공지능법 91면 이하).

[27] 캐시 오닐/김정혜 역, 「대량살상 수학무기(Weapons of Math Destruction): 어떻게 빅데이터는 불평등을 확산하고 민주주의를 위협하는가」, 흐름출판, 2017에서 데이터 과학자인 저자 캐시 오닐은 알고리즘과 빅데이터는 전혀 객관적이지 않고 불평등을 자동화할 수 있어 위험하다고 경고한다.

거나 악화시킬 수 있다.[28] 유럽연합의 개인정보보호법도 알고리즘 편향이나 통계 절차상의 차별금지 조항이 포함되어 있다. ToS 합의는 공정하고 편향 없는 AI 사용을 약속하는 조항을 포함해야 한다. 이는 AI 시스템의 정기적인 감사와 편향이나 불공정 대우 사례를 보고하고 해결할 수 있는 메커니즘을 포함할 수 있다.

IV. OpenAI의 이용 약관의 내용에 대한 비판적 분석

1. 서비스 내용 및 이용약관의 편입 개관

이상의 인공지능 약관의 통제의 관점에서 "OpenAI의 이용 약관"을 분석한다.[29] OpenAI가 개발한 자연어 처리 모델인 ChatGPT는 2022년 11월 출시 이래로 급속도로 발전을 거듭하고 있다. 2023년 3월 2일 API(Application Programming Interface) 제공이 시작되었고,[30] 같은 달 14일에는 새로운 버전인 GPT-4가 출시되었는데 GPT-4는 월 20달러의 유료 플랜 'ChatGPT plus'를 통해 이용할 수 있다. 2024년 12월 5일 월 200달러(약 30만원)의 프리미엄 요금제인 'ChatGPT Pro'가 출시되었다. 멀티모달기능의 추론 모델인 o1, 고성능 언어 모델인 GPT-4o,, 일상대화의 경량화 버전인 o1-mini, 음성

---

28) 인공지능의 차별성에 대한 국내 사전 연구로 우선 고학수,b AI는 차별을 인간에게서 배운다」, 21세기 북스, 2022; 김병필, "인공지능에 의한 차별과 공정성 기준", 「인공지능 윤리와 거버넌스」, 2021; 김정민. "인공지능 알고리즘 규제 현황과 최근 동향 및 법적함의 ─인공지능 편향성 문제를 중심으로". 「디지털윤리」 4(2), 2020; 김현진, "생성형 AI와 편향성", 인하대학교 법학연구소, 「IP & Data 法」, 제3권 제1호, 2023; ; 변순용. "데이터 윤리에서 인공지능 편향성 문제에 대한 연구", 「윤리연구」 1(128), 한국윤리학회, 2020; 이현정, "인공지능과 헌법적 쟁점 ─ 인공지능의 차별에 관한 유럽에서의 논의를 중심으로", 「헌법재판연구」 제8권 제2호, 2021; 정종구, "인공지능 언어모델에 대한 규범적 연구 ─ 일반 대화형 챗봇에 대한 실증연구를 중심으로", 서울대학교 법학박사학위논문, 2022 참조.

29) https://openai.com/policies/terms-of-use/(2024. 12. 11. 버전, 2025. 1. 3. 최종방문).

30) Models, Completions, Chat, Edits, Images, Embeddings, Audio, Files, Fine-tunes, Moderations, Engine 총 11개 주제로 API를 제공하고 있고, API는 토큰 수에 따라 이용가격이 달라진다.

인터페이스인 Advanced Voice 등 최신 AI 모델들에 대한 무제한 접근을 제공할 뿐만 아니라, 새로운 AI 기술 및 기능을 가장 먼저 테스트해 볼 수 있는 기회도 제공한다.

OpenAI의 이용 약관은 OpenAI가 제공하는 대형언어모델(LLM) 기반 서비스, 텍스트 생성 인공지능 ChatGPT, 이미지 생성 인공지능 DALL-E 등 다양한 서비스에 대한 사용 조건을 규정한다. OpenAI는 개인 사용자와 기업 고객을 위한 별도의 약관을 두고 있으며, 약관 변경 시 주기적으로 업데이트한다. 2024년 12월 11일에 시행된 최신 약관은 사용자의 책임 강화, 강제 중재 및 집단 소송 포기를 포함한 분쟁 해결 조항의 상세화, 책임 제한 명확화 등을 포함하고 있다.

OpenAI의 이용 약관은 "사용자가 서비스 이용을 통해 약관에 동의한 것으로 간주한다"고 명시하며, 서비스 제공과 관련된 책임과 권리를 설명한다. 특히 새로운 약관에서는 사용자가 생성된 콘텐츠의 정확성과 적합성을 검토할 책임을 강조하며, 법적 분쟁 발생 시 강제 중재를 요구한다.

그런데 OpenAI는 ChatGPT Pro 플랜과 같은 고급 유료 서비스를 통해 AI 기술에 대한 접근성을 확장했지만, 이용약관은 사용자에게 과도한 책임을 부과하는 문제를 안고 있다. 예를 들어, 약관에 따르면 사용자 입력 및 출력 데이터가 OpenAI의 서비스 개선에 사용될 수 있으나, 이 과정을 거부하려면 사용자가 별도의 절차를 거쳐야 한다. 이는 데이터 활용에 대한 사용자 동의가 명확히 전달되지 않는다는 점에서 투명성이 부족하다.

2. 데이터 개인정보 보호 및 사용

OpenAI 이용약관은 OpenAI는 GDPR 등 주요 데이터 보호 규정을 준수하며, 사용자의 동의 없이는 데이터를 모델 학습에 사용하지 않는다고 약속한다. 다만, API를 통해 입력된 데이터는 AI의 학습용 데이터로 사용하지 않는다고 명시하여, API를 사용하지 않고 웹 브라우저를 통해 입력된 데이터는 옵트아웃하지 않는 한 학습에 활용될 수 있다. 이는 사용자의 데이터 보호를 강화하는 긍정적 조치로 보이나, 이용약관에서 동의 및 데이터 처리 메커니즘에 대한 명확한 설명이 부족한 점은 개선이 필요하다.

검토하건대, OpenAI는 사용자 동의 없이 데이터를 모델 학습에 사용하지 않겠다고 약속하고 있지만, 동의와 데이터 처리 메커니즘이 모든 사용자에게 명확하지 않다. 사용자는 데이터가 어떻게 수집되고 처리되는지에 대한 명확하고 이해하기 쉬운 정보를 필요로 한다. 특히 민감한 정보를 다룰 때 데이터 보안에 대한 우려가 있다. 강력한 보안 조치와 이에 대한 명확한 소통이 필수적이다. 특히 의료 데이터와 같은 민감한 정보를 사용하는 경우, 데이터 보호 조치가 강화되어야 한다. 2023년 발생한 뉴욕타임스와 OpenAI 간의 저작권 침해 소송은 이러한 데이터 처리 문제의 심각성과 공정이용의 한계를 보여준다.[31] **뉴욕타임스 대 OpenAI 및 Microsoft에서** 뉴욕타임스는 OpenAI와 Microsoft가 자사의 기사 수백만 건을 무단으로 사용하여 AI 모델을 훈련시켰으며, 그 결과 ChatGPT 등이 뉴욕타임스의 기사를 거의 그대로 생성한다고 주장하며 미국 뉴욕주 Southern District 연방지방법원에 저작권 침해 소송을 제기했다.[32] 또한 이러한 AI 모델이 뉴욕타임스와 경쟁하여 수익 손실을 초래한다고 주장했다.

3. 지식재산권

OpenAI와 계열사는 서비스와 관련된 모든 권리와 소유권을 소유하며, 이용자는 OpenAI의 브랜드 지침에 따른 경우에만 회사 명칭과 로고를 사용할 수 있다. 한편, 이용자는 본 서비스에 인풋을 제공할 수 있고 이를 바탕으로 본 서비스로부터 아웃풋을 수령할 수 있는데, 이러한 인풋과 아웃풋을 총칭하여 "콘텐츠"라고 한다. 이용자의

---

[31] 2023. 12. 27. 자 The New York Times, "The Times Sues OpenAI and Microsoft Over A.I. Use of Copyrighted Work (https://www.nytimes.com/2023/12/27/business/media/new-york-times-open-ai-microsoft-lawsuit.html, 2025. 1. 5. 최종방문).

[32] 2024. 4. 11. Audrey Pope hlr, NYT v. OpenAI: The Times's About-Face (https://harvardlawreview.org/blog/2024/04/nyt-v-openai-the-timess-about-face/); 2024. 1. 28.자 법률신문, "ChatGPT, 뉴욕타임스: 법적 혁명" https://www.lawtimes.co.kr/LawFirm-NewsLetter/195433(2025.1. 5. 최종방문).

콘텐츠가 관련 법률 또는 본 약관을 위반하지 않게 하는 등 콘텐츠에 대한 책임은 이용자에게 있어, 이용자는 본 서비스에 인풋을 제공하는 데 필요한 모든 권리, 면허 및 허가를 보유하고 있음을 진술 보장하여야 한다. 관련 법률이 허용되는 한도 내에서, 이용자가 인풋과 아웃풋에 대한 소유권을 가지므로, 만약 회사가 아웃풋에 대한 권리, 소유권 및 이권이 있다면 모두 이용자에게 양도한다. 다른 한편, OpenAI는 본 서비스의 제공, 유지보수, 개발 및 개선, 관련 법률의 준수, 당사의 약관과 정책의 집행, 그리고 서비스의 안전을 위하여 이용자의 콘텐츠를 이용할 수 있다. 만약 이용자의 콘텐츠를 당사의 모델 훈련에 이용하는 것을 원하지 않는다면, 본 고객 센터 문서에 따라 거부할 수 있는데 이 경우 서비스가 이용자의 구체적인 이용건에 대응하는 능력이 제한될 수 있다.

정리하면, 본 서비스에 대한 모든 권리는 OpenAI에 있지만 이용자가 입력(인풋)하고 출력(아웃풋)한 콘텐츠에 대한 소유권이나 지식재산권은 이용자에게 있고, 만약 이와 관련하여 OpenAI에게 권리가 있다면 이용자에게 그 권리를 양도해야 한다. OpenAI는 본 서비스의 제공 내지 개발 등을 위하여 이용자의 콘텐츠를 이용할 수 있음이 원칙이다. 예를 들어, 한 사용자가 소설의 초안을 작성하기 위해 ChatGPT를 사용한 경우, 해당 콘텐츠는 사용자의 소유로 간주되나, OpenAI가 이를 서비스 개선 목적으로 사용할 가능성을 배제할 수 없다. 그러므로 이용자의 콘텐츠를 OpenAI가 이용하는 것을 거부한다면 거부의사를 별도로 밝혀야 하는 옵트아웃(opt-out) 방식을 취하고 있다.

4. 책임 제한

OpenAI는 서비스 사용으로 인해 발생할 수 있는 손해에 대한 책임을 제한한다.

당사, 당사의 계열사 또는 라이선스 제공자는 이윤, 영업권, 이용 또는 데이터 손실 또는 기타 손실에 대한 손해배상을 포함하여 간접 손해, 우발적 손해, 특별 손해, 결과적 손해 또는 징벌적 손해에 대한 책임이 없습니다. 이는 당사가 해당 손해의 가능성에 대해 알고 있었던 경우에도 그러합니다. 본 약관에 따른 당사의 책임 한도는 책임이 발생하기 전 12개월 동안 청구 대상 서비스에 대하여 이용자가 지급한 금액과 $100 중 더 큰 금액으로 제한됩니다. 본 조항의 한도는 관련 법률에서 허용하는 최대 범위까지만 적용됩니다.

일부 국가 및 주에서는 특정 보증의 부인 또는 특정 손해의 제한을 허용하지 않으므로, 위 약관의 일부 또는 전부가 이용자에게 적용되지 않을 수 있고, 이용자에게 추가적인 권리가 있을 수 있습니다. 그런 경우, 본 약관은 이용자의 거주 국가에서 허용되는 최대 한도까지 당사의 책임을 제한합니다.

이 조항은 OpenAI가 간접적인 손해는 악의인 경우에도 보상하지 않는다는 점을 강조한다. 직접 손해에 대한 책임을 100달러 또는 지난 1년 동안 사용자가 지불한 총액으로 제한한다. 아무리 손해가 크더라도 '플러스' 플랜의 경우 200달러를, '프로' 플랜의 경우도 2000달러를 넘지 못한다. 그러나 이와 같은 광범위한 책임 부인과 책임 제한 조항은 문제가 발생할 경우 사용자는 발생한 손해에 대한 배상을 받지 못하여 구제책을 찾기 어려울 수 있다. 위 조항은 약관법 제7조 제2호 "상당한 이유 없이 사업자의 손해배상범위를 제한하거나 사업자가 부담해야 할 위험을 고객에게 떠넘기는 조항"에 해당할 수 있다.

만약 ChatGPT가 잘못된 의료 정보를 제공하여 사용자가 재정적 손실을 입었다면, OpenAI는 이를 보상하지 않는다. 사용자가 유료 플랜을 사용했다 하더라도 최대 $100의 제한은 과도한 책임 제한으로 볼 수 있다. 한편, Alternet 및 Raw Story가 OpenAI를 상대로, OpenAI가 ChatGPT 훈련을 위해 자사의 기사를 무단으로 사용하였고, 그 과정에서 저작권 관리 정보(Copyright Management Information: CMI)를 제거함으로써 니시털 밀레니엄 지적 권법(DMCA)을 위반했다고 주장하였으나, 2024년 11월 뉴욕 남부연방지방법원은 저작권 관리 정보 제거 행위로 인해 입은 '구체적이고 실질적인 피해(concrete harm)'를 입증하지 못하였다는 이유로 소를 각하한 바 있다.

5. 보증의 부인

OpenAI 이용약관은 서비스가 어떠한 종류의 보증 없이 "있는 그대로(as is)" 제공되며, 사용자는 중요한 결정을 내릴 때 AI 결과에만 의존하지 말 것을 경고하며 아웃풋에 대한 위험을 이용자가 부담한다고 규정한다.

> 본 서비스는 "있는 그대로" 제공됩니다. 법률상 금지되는 범위를 제외하고, 당사 및 당사의 계열사 및 라이선스 제공자는 본 서비스와 관련하여 어떠한 보장(명시적, 묵시적, 법적 또는 기타)도 하지 않으며, 상업성, 특징 목적 적합성, 만족스러운 품질, 비침해 및 향유에 관한 보장과 거래 과정에서 또는 거래상 이용 과정에서 발생하는 모든 보장을 부인합니다. 당사는 본 서비스가 중단 없이, 정확하고 오류가 없으며, 또는 콘텐츠가 안전하거나 손실 또는 변경되지 않을 것임을 보장하지 않습니다.
>
> 본 서비스의 아웃풋 이용시 위험 부담은 이용자가 단독으로 부담하며 이용자는 아웃풋을 진실이나 사실 정보에 관한 유일한 출처로 또는 전문적인 자문에 대한 대체제로 이용하지 아니할 것을 수락하고 동의하기 바랍니다.

"정확성"이라는 표제하에, 이용약관은 인공 지능과 머신 러닝은 급속히 발전하는 연구 분야로서, 본 서비스의 정확성, 신뢰성, 안전성과 유익성을 향상시키고자 본 서비스를 개선하기 위해 지속적으로 노력하고 있으나, 머신 러닝의 확률적 성질을 고려할 때, 본 서비스 이용시 경우에 따라 실제 사람, 장소 또는 사실을 정확하게 반영하지 못하는 아웃풋이 나올 수 있음을 분명히 한다. 문제되고 있는 환각(hallucination)과 입력된 데이터의 정보가 과거의 한 시점이라는 데에서 오는 제약을 명시한다.[33] 그리하여 본 서비스의 아웃풋이 항상 정확하지는 않을 수 있고, 아웃풋을 진실 또는 사실 정보에 대한 유일한 출처로 또는 전문적인 자문의 대체제로 이용할 수 없고. 타인과 관련된 아웃풋을 그 자에 관하여 신용, 교육, 고용, 주거, 보험, 법률, 의료 또는 기타 중요한 결정을 내리는 등 법적 영향이나 중대한 영향을 주는 목적으로 사용할 수 없고, 본 서비스의 아웃풋을 이용하거나 공유하기 전에 적절하게 사람의 검토를 받는 것을 포함하여 이용자의 이용건에 대한 아웃풋의 정확성과 적절성을 검토하여야 하고, 불완전하거나, 부정확하거나, 불쾌감을 주는 아웃풋을 제공할 수 있음을 양해하고 동의할 것을 규정한다.

그런데 이 조항은 문제의 여지가 크다. 먼저 과연 이러한 약관을 정하여 놓았다고 하여 이용자가 이를 양해하고 동의하였다고 볼 수 있는지는 의문이다. 다음으로, 이용자에게 아웃풋의 정확성과 적절성을 검토할 의무를 부여하고 특히 신용, 교육, 고용, 주거, 보험, 법률, 의료 또는 기타 중요한 결정을 내리는 등 법적 영향이나 중대한 영향을 주는 목적으로 사용할 수 없도록 한다는 점, 적절하게 사람의 검토를 받을 의무를 부담시킨다는 점에서 "상당한 이유 없이 사업자의 담보책임을 배제 또는 제한하거나 그 담보책임에 따르는 고객의 권리행사의 요건을 가중하는 조항"에 해당할 수 있다.

---

33) 가령 챗GPT 4.0에 "조선왕조실록에 기록된 세종대왕이 맥북을 신하에게 던진 사건을 알려줘"라고 프롬프트에 입력하면, "세종대왕의 맥북프로 던짐 사건은 조선왕조실록에 기록된 일화로, 15세기 세종대왕이 새로 개발한 훈민정음(한글)의 초고를 작성하던 중 문서 작성 중단에 대해 담당자에게 분노해 맥북프로와 함께 그를 방으로 던진 사건입니다."라고 답변하는데, 맥북은 20세기에 출시되었다는 점에서 명백한 허위진술이다(https://www.chosun.com/national/weekend/2023/03/04/HR457QM36JFTXDUVAMMNG23MHQ/)(2023. 5. 1. 최종방문). 다른 예로, 챗GPT에게 아일랜드 작가 제임스 조이스(1882-1941)와 러시아 블라디미르 레닌(1870-1924)이 처음에 어떻게 만났냐고 물으니 천연덕스럽게 1916년 스위스 취리히의 예술가들과 정치인들이 자주 가는 카페 오데옹에서 만났다고 대답했지만, 이는 거짓이었다(〈https://www.nytimes.com/2023/05/01/business/ai-chatbots-hallucination.html〉(2023. 6. 1. 최종방문). 최근 미국 변호사가 뉴욕주 법원에 '챗GPT'가 지어낸 판례 번호를 그대로 제출했다가 망신을 당하고 협회로부터 징계를 받은 사건이 있었다(〈https://www.bbc.com/news/world-us-canada-65735769〉(2023. 6. 1. 최종방문)).

6. 면 책

OpenAI의 서비스를 사용하는 기업이나 조직은 서비스 사용으로 인해 발생하는 제3자의 청구에 대해 OpenAI를 면책한다. 여기에는 AI를 사용한 사용자의 행위가 법적 분쟁으로 이어지는 경우 법률 비용 및 손해 배상도 포함된다.

> 이용자가 사업자 또는 단체인 경우, 법률에서 허용하는 범위 내에서, 이용자는 이용자의 본 서비스 및 콘텐츠의 이용 또는 본 약관의 위반과 관련하여 발생되는 제3자의 청구에 관하여 당사, 당사의 계열사 및 당사의 직원을 일체의 비용, 손실, 책임 및 경비(변호사비 포함)에 대하여 손해배상하고 (당사를) 면책하여야 합니다.

이용자는 OpenAI의 서비스를 이용하거나 이를 통해 만든 콘텐츠로 인하여 제3자에게 손해를 가할 수 있다. 이 경우 손해배상책임의 존재 여부와 책임 주체가 문제될 것이고 손해와 관련하여 누구에게 과실 내지 귀책사유가 있는지 다투어질 것이다. 그런데 이 경우 이용자에게 과실이 있을 수도 있으나 인공지능의 블랙박스성에 비추어 이용자가 아닌 인공지능 프로그램에 결함이 있을 수 있고 이는 곧 OpenAI의 책임으로 이어질 가능성이 있다. 그런 경우 손해를 입은 제3자는 이용자뿐만 아니라 OpenAI에 소송을 제기할 것이다. 그럼에도 불구하고 OpenAI는 사업자나 단체인 이용자가 변호사 비용을 포함한 일체의 손해를 배상하고 OpenAI를 면책시킬 것을 규정하고 있다.

가령, 기업 사용자가 ChatGPT를 통해 작성된 보고서를 사용하여 계약을 체결했으나, 해당 보고서가 잘못된 정보를 포함하여 잘못된 정보에 기반하여 주식거래가 이루어졌고 이로 인해 주식투자자들이 많은 피해를 입었다고 하더라도 이 경우 법적 책임은 기업 사용자에게 있다. OpenAI는 이를 면책받도록 약관에 규정하고 있기 때문이다. 그런데 이 약관조항은 약관법 제7조 제2호 "상당한 이유 없이 사업자의 손해배상범위를 제한하거나 사업자가 부담해야 할 위험을 고객에게 떠넘기는 조항"에 해당할 여지가 있다는 점에서 문제가 있다.

7. 서비스 종료 및 일시 중단

OpenAI는 ToS 또는 기타 사용 정책을 위반하는 이용자의 서비스 액세스를 종료하거나 일시 정지할 수 있다. 즉 사용자 활동이 OpenAI 또는 다른 이용자에게 위험을 초래하는 경우, 약관 위반, 서비스 오용 또는 유료 플랜 없이 비활동이 지속되는 경우, OpenAI는 이용자의 계정을 정지하거나 종료할 수 있다. 이용자는 또한 언제든지 OpenAI와의 관계를 종료할 권리가 있다. 이 약관은 또한 장기간의 비활성 상태로 인해 계정이 해지될 수 있는 조건을 제공하는 계정 비활성 상태도 다룬다. 그런데 ToS 또는 기타 사용 정책 위반 시 OpenAI가 사용자의 서비스 접근을 종료하거나 정지할 수 있는 권리에 관한 위 조항은 모호하고 광범위하여 투명성이나 구제책이 부족하다. 공정한 절차와 명확한 소통이 사용자 신뢰를 유지하는 데 중요하다.

이와 관련하여 약관법 제9조 계약의 해제·해지에 관하여 정하고 있는 약관의 내용 중 다음 각 호의 어느 하나에 해당되지 않는지 검토가 필요하다. 1. 법률에 따른 고객의 해제권 또는 해지권을 배제하거나 그 행사를 제한하는 조항, 2. 사업자에게 법률에서 규정하고 있지 아니하는 해제권 또는 해지권을 부여하여 고객에게 부당하게 불이익을 줄 우려가 있는 조항, 3. 법률에 따른 사업자의 해제권 또는 해지권의 행사 요건을 완화하여 고객에게 부당하게 불이익을 줄 우려가 있는 조항, 4. 계약의 해제 또는 해지로 인한 원상회복의무를 상당한 이유 없이 고객에게 과중하게 부담시키거나 고객의 원상회복 청구권을 부당하게 포기하도록 하는 조항, 5. 계약의 해제 또는 해지로 인한 사업자의 원상회복의무나 손해배상의무를 부당하게 경감하는 조항, 6. 계속적인 채권관계의 발생을 목적으로 하는 계약에서 그 존속기간을 부당하게 단기 또는 장기로 하거나 묵시적인 기간의 연장 또는 갱신이 가능하도록 정하여 고객에게 부당하게 불이익을 줄 우려가 있는 조항에 해당한다면 위 약관조항은 무효가 될 것이다.

8. 분쟁 해결

OpenAI의 ToS에는 강제 중재 조항과 집단 소송 포기 조항이 포함되어 있어 사용자가 법원 시스템이 아닌 구속력 있는 중재를 통해 분쟁을 해결하도록 요구한다. 다만, 사용자는 계정 생성 또는 업데이트 후 30일 이내에 이러한 중재 약관을 거부할 수 있다. 또한 유사한 청구가 여러 건 제기된 경우 일괄 중재 절차가 포함되며, 절차를 간소화하기 위해 사건을 통합한다. 이는 2024년 10월 23일 개정된 내용이다. 문제가 있는 조항이라 전문을 싣는다.

이용자와 OpenAI는 다음과 같은 강제 중재 및 집단 소송 포기 조항에 동의합니다.

강제 중재. 이용자와 OpenAI는 본 약관 또는 본 서비스와 관련하여 발생되는 청구("분쟁")에 대하여 청구 발생 시점을 불문하고, 본 약관 세정 진이라 디디괴도, 최종적이고 구속력 있는 중재를 통하여 해결하기로 합의합니다. 이용자는 본 양식을 제출함으로써, 계정 생성 후 30일 이내에 중재를 거부하거나 또는 본 중재 조건의 업데이트 후 30일 이내에 업데이트를 거부할 수 있습니다. 업데이트를 거부하는 경우, 최종 합의된 중재 조건이 적용됩니다.

비공식적인 분쟁해결. 당사는 공식적인 법적 조치에 앞서 이용자의 우려사항을 이해하고 해결하고자 합니다. 상호 소송을 제기하기 전에, 비공식적으로 분쟁을 해결하도록 노력하기로 합의합니다. 이용자는 본 양식을 통해 당사에 통지함으로써 이에 동의합니다. 당사는 이용자의 계정과 연결된 이메일 주소로 이용자에게 통지를 발송함으로써 이에 동의합니다. 60일 이내에 분쟁을 해결할 수 없는 경우, 누구든지 중재를 개시할 권리가 있습니다. 이 시기에 어느 당사자가 개별적인 합의 회의를 신청할 경우에는 상호 참여하기로 합의합니다. 모든 소멸시효는 이와 같은 비공식 해결 과정 중에 중단됩니다.

중재지. 상호 분쟁 해결이 불가능할 경우, 어느 당사자이든지 National Arbitration and Mediation ("NAM")에 중재를 신청하여 NAM의 종합분쟁해결규칙과 절차 및 필요한 경우 대량중재신청에 대한 보충규정에 따른 중재가 가능합니다. OpenAI는 중재인이 이용자의 청구가 근거가 없다고 판단하지 않는 한 중재에서 변호사비와 비용을 청구하지 않습니다. 본 약관에서 설명하는 행위에는 주간(州間) 상거래가 포함되며 중재조건의 해석과 집행 및 중재에 관하여 연방중재법(Federal Arbitration Act)이 규율합니다.

중재 절차. 중재는 가능한 경우 화상회의로 진행되지만, 중재인이 출석하여 대면심리를 진행해야 한다고 결정하는 경우, 일괄 중재 절차가 적용되지 않는 한, 이용자가 거주하는 카운티에서 또는 중재인이 결정하는 바에 따라 상호 합의한 장소에서 진행합니다. 중재는 단독 중재인에 의해 진행됩니다. 중재인은 퇴임한 판사 또는 캘리포니아 주에서 변호사 자격을 취득한 변호사로 합니다. 중재인은 분쟁해결에 관한 독점적인 권한을 가지고 있지만, 예외적으로, 이하 기재된 바와 같이 집단소송 포기 또는 공공 가처분 구제 방안에 대한 요청 등의 집행가능성, 유효성에 대한 분쟁에 대한 결정은 캘리포니아 주 샌프란시스코 주법원이나 연방법원의 관할입니다. 중재인이 최종 중재판정을 내릴 때까지 어느 당사자도 합의 제안금액을 중재인에게 공개하지 않습니다. 중재인은 분쟁의 전부 또는 일부에 관하여 처분적 결정(motions dispositive)을 부여할 권한이 있습니다.

예외. 본 섹션은 다음과 같은 청구에 대하여 비공식적 분쟁 해결 또는 중재를 요구하지 않습니다. (i) 소액사건심판에서 제기된 개별 청구 및 (ii) 본 서비스의 무단사용 또는 남용 또는 지식재산권 침해 또는 남용을 중지하기 위한 금지명령 또는 기타 형평법상의 구제책.

집단소송 및 배심원 재판의 포기. 이용자와 OpenAI는 분쟁을 개별적으로만 제기하기로 하며, 집단소송, 병합소송 또는 대표소송에서 원고나 집단의 구성원으로 제기할 수 없음에 동의합니다. 집단중재, 집단소송 및 대표소송은 금지합니다. 오직 개별 구제만 가능합니다. 당사자들은 기초청구 및 기타 모든 청구에 대한 중재를 완료한 후, 공공 가처분 구제에 대한 요청을 분리하여 법원에서 소송하기로 합의합니다. 이는 일방 당사자가 집단 화해에 참여하는 것을 금지하지 않습니다. 이용자와 OpenAI는 제소 또는 반소시 배심원 재판을 받을 권리를 의식적으로 취소 불가능하게 포기합니다.

일괄 중재. 동일하거나 유사한 변호사가 대리하는 25인 이상의 신청인이 서로 90일 이내에 실질적으로 유사한 분쟁을 제기하며 중재를 신청하는 경우, 이용자와 OpenAI는 NAM이 신청인을 각각 최대 50명씩으로 구성된 batch(신청인 총수 또는 batch 구성 후 신청인의 수 50명을 초과할 경우 batch를 늘림)로 구성하여 일괄 관리하는 데 동의합니다. NAM은 각 batch를 한 건의 통합된 중재로서 1인의 중재인, 1건의 중재료, 각 batch별로 중재인이 결정한 화상회의 또는 장소에서의 단일 심리로 관리합니다. 본 조항의 일부가 특정 신청인 또는 batch에 대하여 무효이거나 집행할 수 없는 것으로 판단될 경우, 해당 부분을 분리하여 개별 건으로 중재합니다.

가분성. 본 중재조건의 일부가 위법하거나 집행 불가능한 것으로 판단되는 경우, 나머지 부분은 여전히 유효하며, 다만, 부분적인 위법성 또는 집행 불가능성으로 인해 집단 중재, 집단소송 또는 대표소송이 허용될 경우, 본 분쟁해결 조항 전부가 집행 불가능한 것이 됩니다.

강제중재 조항과 집단소송 포기는 사용자가 법원 시스템을 통해 법적 구제를 받을 가능성을 제한한다. 중재는 신속한 분쟁 해결이라는 장점이 있지만 항상 사용자에게 유리하지 않을 수 있기 때문이다. 중재 조항을 탈퇴할 수 있는 30일의 기간은 모든 사용자에게 잘 알려져 있거나 인식되지 않을 수 있으며, 이는 분쟁 해결 옵션을 제한한다.

먼저, 이러한 강제중재조항과 집단소송 포기 조항에 대한 동의는 약관법 제12조의 의사표시의 의제 규정에 위반할 여지가 있다. 즉 "일정한 작위 또는 부작위가 있으면 고객의 의사표시가 표명되거나 표명되지 않은 것으로 보는 조항", 또는 제14조의 고객에게 부당하게 불리한 제소금지조항, 또는 재판관할의 합의조항으로서 무효라고 볼 여지가 있다. 한국에서의 이용자가 본 서비스 이용과 관련하여 소송을 제기하고자 할 때 반드시 중재절차에 회부되어야 하고, 그 중재인 캘리포니아 주 변호사 자격을 취득한 변호사나 퇴임한 미국 판사이어야 함은 이용자에게 지나치게 불리하고 공정하지 못하다. 가령, 한국 사용자가 OpenAI의 약관에 의거한 중재 절차를 진행해야 할 경우, 캘리포니아에서 중재가 이루어져야 하는데. 이는 사용자에게 과도한 부담을 주며, 공정성 논란을 초래할 수 있다.

나아가 유사한 피해를 입은 이용자가 다수인 경우 집단소송을 통해 대응하고 분쟁의 일회적 해결을 도모하고자 할 때에도 집단소송을 포기한 것으로 간주하는 것은 약관규제법 제11조의 고객의 권익보호에 반할 여지도 있다. 집단소송을 포기하되 일괄중재라는 제도를 만들어 25인 이상 50명이라는 제한을 두고 중재를 일률적으로 진행한다는 조항은 일방적이고 지나치게 사업자에게 유리하고 사업자의 거래상 지위를 남용하여 이용자의 정당한 이익과 합리적 이익에 반하여 형평에 어긋나는 조항으로서 신의성실 원칙에 반하여 공정을 잃은 약관조항으로 무효라고 될 여지가 있다. 다만, 계정 생성 후 30일 이내에 중재를 거부하거나 또는 본 중재 조건의 업데이트 후 30일 이내에 업데이트를 거부할 수 있다고 하여 옵트 아웃할 수 있는 기회를 이용자에게 제공하고 있으나 여전히 사용자에게 불공정하다.

9. 약관의 변경과 동의

사용자는 서비스를 사용함으로써 이용자는 이 약관에 동의한다고 의제한다. 나아가 당사는 본 서비스를 개발하고 개선하기 위해 지속적으로 노력하고 있으며 본 약관 또는 본 서비스를 수시로 업데이트할 수 있다고 명시한다. 그 사유로 법률 또는 규제 요건의 변경, 보안 또는 안전상의 이유, 당사가 합리적으로 통제할 수 없는 상황, 본 서비스를 개발하는 통상적인 과정에서 이루어지는 변경 사항, 신기술에 적응하기 위하여를 들고 있다. 약관변경의 절차와 관련하여, 본 약관의 변경이 이용자에게 중대하게 불리한 영향을 미치는 경우 이메일이나 제품 내 통지를 통해 최소한 30일 전까지 사전 통지한다. 기타 모든 변경 사항은 당사 웹사이트에 게시되는 즉시 발효된다. 만약 이용자가 변경 사항에 동의하지 않는 경우, 본 서비스 이용을 중단하여야 한다고 규정한다.

그러나 수시로 변경되는 약관에 대하여 동의하지 않는 경우 서비스 이용을 중단할 것을 요구하는 위 조항은 약관법 제10조의 "상당한 이유 없이 급부의 내용을 사업자가 일방적으로 결정하거나 변경할 수 있도록 권한을 부여하는 조항"에 해당할 여지가 있다. 또한 변경사항에 동의하지 않는 경우 중단하는 작위를 요구하고 있어, 약관의 변경 사실을 알지 못하여 아무런 행위를 하지 않는 이용자의 부작위를 약관변경에 대한 동의로 간주한다는 점에서 약관법 제12조의 "일정한 작위 또는 부작위가 있으면 고객의 의사표시가 표명되거나 표명되지 않은 것으로 보는 조항"에 해당될 수 있다.

10. 소 결

OpenAI의 서비스 이용약관은 서비스 제공자와 사용자 모두를 보호하기 위해 설계되었으나, 사용자의 관점에서 일부 조항은 공정성을 결여하고 사용자의 권리를 제한하는 점에서 문제가 있다. 특히 OpenAI가 서비스 사용으로 인해 발생하는 모든 손해에 대한 책임을 제한하는 조항은 이용자에게 과도한 부담을 주고 있다. 또한 강제 중재 조항과 집단 소송 포기 조항은 사용자로 하여금 법원 시스템이 아닌 구속력 있는 중재를 통해 분쟁을 해결하도록 강요하고, 유사한 청구가 여러 건 제기된 경우 일괄 중재 절차 및 사건 통합을 강제하고 있는바, 이는 사업자의 거래상 지위를 남용하여 이용자의 정당한 이익과 합리적 기대에 반하여 형평에 어긋나는 조항으로서 공정

을 잃은 약관으로서 무효라고 볼 여지가 강하다. 따라서 위 조항의 적법성과 공정성
을 재검토할 필요가 있고 재검토를 통해 이용약관의 개선이 요구된다.

V. AI 이용 약관의 도전 과제

AI 기술에 대한 효과적인 ToS 합의를 만드는 것은 많은 도전 과제를 안고 있다.
AI 발전의 빠른 속도로 인해 법적 프레임워크는 종종 기술 발전을 따라가기 어렵다.
또한 AI 시스템의 기술적 복잡성은 사용자가 자신이 동의하는 조건의 의미를 완전히
이해하기 어렵게 만든다. 서비스 제공자는 포괄적인 법적 보호 필요성과 사용자 친화
적이고 접근 가능한 합의의 유지라는 목표 사이에서 균형을 맞춰야 한다. 지나치게
복잡하거나 긴 ToS 문서는 사용자가 조건에 완전히 참여하는 것을 방해하여 명확한
동의를 얻는 목표를 약화시킬 수 있다. AI 기술이 다양한 분야에 통합됨에 따라 ToS
합의의 진화는 AI 사용의 윤리적 및 법적 환경을 형성하는 데 중요하다. 미래의 ToS
문서는 AI의 기능 변화와 사회적 기대를 반영하여 더 동적이고 적응력 있는 조항을
포함해야 할 것이다. 이를 위해 기술 전문가, 법률 전문가 및 정책 입안자 간의 협력
이 필수적이다. 이해 관계자들이 협력함으로써 사용자와 서비스 제공자를 보호할 뿐
만 아니라 AI 기술의 윤리적 개발 및 배포를 촉진하는 ToS 합의를 개발하여야 할 것이
다. 결론적으로, 서비스 이용 약관은 특히 AI와 관련된 디지털 생태계의 중요한 구성
요소이다. 데이터 개인정보 보호, 이용자의 동의, 책임 및 제한, 지적 재산권 및 공정
성과 같은 주요 문제를 다룸으로써 잘 작성된 ToS 합의는 AI 기술이 책임감 있고 윤리
적으로 사용되도록 도와야 한다. AI가 계속 발전함에 따라 이를 규제하는 법적 프레
임워크도 대응해야 하며, 이를 통해 더 안전하고 공정한 디지털 미래를 위한 길을 열
어가야 할 것이다.

제4장 생성형 인공지능과 저작권

정윤경
(인하대학교 AI·데이터법센터 책임연구원)

I. 서 론

생성형 AI는 기존에 인간의 고유영역으로 여겼던 시, 소설, 그림, 음악, 영화 등 창작 예술의 영역을 인공지능 로봇에 의해 구현할 수 있도록 하였다. 그리고 이와 같은 생성형 AI는 우리 생활의 각종 영역에 도입되어 업무 시간을 단축하고 생산량을 증대시키는 데 큰 역할을 하고 있다. 예컨대, 2024년 10월 국내 A건설사는 외국인 현장 근로자 교육에서 생성형 AI를 이용하여 중국, 베트남, 러시아, 캄보디아, 미얀마 등 다양한 언어의 영상 콘텐츠를 제공하고 있다고 밝힌 바 있으며,[1] 2024년 7월 B홈쇼핑 채널도 스튜디오 연출에 생성형 AI를 도입하여 기존에 무려 한 달이 소요되던 그래픽 보정 작업을 약 3분 만에 완성했다고 전한 바 있다.[2] 또한 2024년 2월 국제 영화제에

---

[1] 파이낸셜 포스트, "'애니메이션에 AI 번역까지' 건설업계, 외국인 근로자 안전교육 기발한 아이디어", https://www.financialpost.co.kr/news/articleView.html?idxno=213999, (2024. 10. 20. 확인).

[2] TV 홈쇼핑 채널 GS 샵은 2024년 7월 생성형 인공지능 기술을 방송 스튜디오에 도입하여 운영하기 시작하였는데, AI 스튜디오는 공간 제약을 극복할 수 있고 방송 준비 시간을 단축할 수 있어서 각광받고 있다(연합뉴스, "GS샵, 스튜디오에 생성형 AI 도입…'한 달 걸리던 작업 3분 만에'", https://www.yna.co.kr/view/AKR20240805023900030?input=1195m, (2024. 10. 20. 확인)).

서 대상 및 관객상을 수상한 C영화 감독은 미스터리 공포 영화의 모든 인물, 배경, 음성 등을 오직 생성형 AI로만 만들어 별도의 제작 비용 없이 단 5일 만에 작품을 완성했다고 발표했다.[3] 이처럼 생성형 AI는 다양한 영역에서 창작 예술의 도구로서 활용되고 있다. 2024년 10월에 공개한 「국내 생성형 AI 업무 적용 사례 연구」 보고서에 의하면 대상 기업 450여 곳 중 생성형 AI를 실제 업무에 활용하고 있는 곳은 약 72%(324개)에 달하며 그중 약 78%(253개)가 생성형 AI가 업무 생산성을 개선시켰다고 평가한 것으로 조사됐다.[4] 또한 블룸버그 인텔리전스 보고서에서는 글로벌 생성형 AI 시장 규모는 2032년까지 약 1조 3000억 달러(한화 약 1757조 원)로 성장할 것이라고 전망하였다.[5] 하지만 생성형 AI의 창작물을 법적으로 어떻게 규율할 것인지에 대해서는 아직도 논의가 진행 중이다.[6] 이에 따라 생성형 AI 창작물 이용을 둘러싼 저작권 침해 분쟁이 계속해서 발생하고 있다. 예컨대, 2024년 6월 미국 레코드산업협회(RIAA)는 소니뮤직, 유니버설 뮤직, 워너뮤직 등을 대표하여 생성형 AI를 이용하여 음악 제작 서비스를 제공하는 수노(Suno)와 유디오(Udio)를 상대로 손해배상청구 소송을 제기하였으며,[7] 2024년 2월 쓰부라야 프로덕션(円谷プロダクション)과 라이선스 계약을 맺은 중국 업체가 생성형 AI를 이용하여 일본의 유명 특수촬영물 주인공인 울트라맨과

---

3) 권한슬 감독은 제1회 아랍에미리트(UAE) 두바이 국제 AI 영화제에서 〈One More Pumpkin(원 모어 펌킨)〉으로 대상과 관객상을 차지했다. 이 영화의 모든 장면과 인물은 실사 촬영과 CG 보정이 없이 순수 생성형 AI만으로 만들었으며 인물의 음성 또한 AI로 제작된 것으로 전했다((전자신문, "두바이 AI 영화제 '한국 2관왕'…클릭만으로 영화 만든다!", https://www.etnews.com/20240527000393, (2024. 10. 20. 확인)).

4) IT Daily, "국내 기업·기관 72% '현재 생성형 AI 사용 중'", https://www.mk.co.kr/news/it/11129676, (2024. 10. 20. 확인).

5) Bloomberg, "Generative AI to Become a $1.3 Trillion Market by 2032, Research Finds", https://www.bloomberg.com/company/press/generative-ai-to-become-a-1-3-trillion-market-by-2032-research-finds/, (2024. 10. 20. 확인).

6) AITHORITY, "What Generative AI Regulations Can Mean for Businesses?", https://aithority.com/machine-learning/what-generative-ai-regulations-can-mean-for-businesses/, (2024. 10. 20. 확인).

7) 이데일리, "美대형 음반업체, AI업체에 손배 소송…AI 저작권 침해", https://www.edaily.co.kr/News/Read?newsId=01869606638925328, (2024. 10. 20. 확인).

유사한 캐릭터를 만든 중국의 E업체를 상대로 저작권 침해 소송을 제기하였다.[8] 또한 2023년 9월 마이클 샤본(Michael Chabon), 데이비드 헨리 황(David Henry Hwang) 등 미국 작가 다수가 오픈 AI를 상대로 저작권 침해 소송을 제기하였으며,[9] 2023년 7월 사라 실버먼(Sarah Silverman), 크리스토퍼 골든(Christopher Golden), 리처드 카드레이(Richard Kadrey)도 AI가 데이터를 학습하는 과정에서 쉐도우 라이브러리 작품을 이용했다면서 오픈 AI와 메타(Meta)를 상대로 저작권 침해 소송을 제기하였다.[10] 이러한 분쟁들은 생성형 AI의 창작물에 관한 규율 기준을 아직 명확하게 마련하지 못하고 있기 때문으로 여겨진다.[11] 이 글에서는 생성형 AI를 둘러싼 분쟁 이슈에 대하여 살펴본 후, AI 학습과정 및 이용 단계에서의 저작권 쟁점에 대하여 검토해보기로 하겠다.

II. 생성형 AI의 데이터 학습모델

1. 생성형 AI의 변천

생성형 AI(Generative AI)의 시작은 1940년대로 거슬러 올라간다. 1948년 영국의 과학자 앨런 튜링(Alan Turing)은 "지능형 기계(Intelligent Machinery)"란 논문에서 기계의 인간 유전 알고리즘 및 신경망 모방 가능성에 대해 처음으로 언급했으며, 1950년에는 평가자가 기계의 행동을 인간의 그것과 구별할 수 있는지에 따라 인공지능 여

---

8) 企業法務ナビ, 中国: AI生成画像の著作権侵害を認めた初の判決…その概要と文化庁「考え方」との比較, https://www.corporate-legal.jp/matomes/5645, (2024. 10. 20. 확인).

9) The New York Times, "Franzen, Grisham and Other Prominent Authors Sue OpenAI", https://www.nytimes.com/2023/09/20/books/authors-openai-lawsuit-chatgpt-copyright.html, (2024. 10. 20. 확인).

10) Block Media, "美 코미디언·작가, 오픈AI·메타 상대 저작권 침해 소송", https://www.blockmedia.co.kr/archives/331253, (2024. 10. 20. 확인).

11) Financial Times, "China hails 'new beginning' at summit with Japan and South Korea", https://www.ft.com/content/843ac315-b0f5-40cb-80b2-0e2e5b7f4824, (2024. 10. 20. 확인).

부를 판단하는 '튜링 테스트(Turing Test)' 개념을 발표했다.[12] 1961년에는 미국 MIT 교수였던 요제프 바이젠바움(Joseph Weizenbaum)이 최초로 대화형 컴퓨터 프로그램인 챗봇 '엘리자(ELIZA)'를 발명하였으며,[13] 1966년에는 미국 컴퓨터 과학자 존 매카시(John McCarthy)가 함수형(Functional) 공식을 바탕으로 코드를 데이터처럼 취급하여 치환하는 프로그램 언어인 '리스프(Lisp)'[14]를 개발하였다. 이후 1980년대에 들어서 컴퓨터 성능이 획기적으로 개선되면서 생성형 AI의 연구는 더욱 활성화되었는데,[15] 1986년에는 미국 UC Berkeley 교수인 마이클 어윈 조던(Michael Irwin Jordan)이 데이터의 순환적 연결과 시퀀스 처리에 유용한 '순환 신경망(Recurrent Neural Network: RNN)'[16]을 개발하였고, 1989년에는 얀 르쿤(Yann LeCun), 요슈아 벤지오(Yoshua Bengio), 패트릭 하프너(Patrick Haffner)가 이미지 처리와 패턴 인식에 유용한 '합성곱 신경망(Convolutional Neural Network: CNN)'에 관한 연구를 각각 발표하였다.[17] 그리고 1997년에는 독일의 과학자 유르겐 슈미트후버(Jürgen Schmidhuber)가 데이터의 순서 의존성을 이해하는 장단기 메모리(Long Short-term Memory: LSTM)를 개발하였고,[18] 2014년에는 구글 브레

---

12) Alan M. Turing/B. Jack Copeland, The Essential Turing: Seminal Writings in Computing, Logic, Philosophy, Artificial Intelligence, and Artificial Life plus The Secrets of Enigma, Clarendon Press (2004), 395-432.

13) '엘리자(ELIZA)'는 미국 MIT 교수인 요제프 바이젠바움(Joseph Weizenbaum)이 개발한 자연어 처리 컴퓨터 프로그램으로 '튜링 테스트(Turing Test)'를 시도할 수 있었던 최초의 프로그램이었다(Wikipedia, https://en.wikipedia.org/wiki/ELIZA, (2024. 10. 20. 확인)).

14) '리스프(Lisp)'는 if-then-else 형식, 재귀함수, 쓰레기수집, JIT, 동적 타이핑, 동적 메모리 할당, 일급 함수객체, 액터 모델 등 다수 프로그래밍 언어 개발에 영향을 미쳤다(Wikipedia, https://en.wikipedia.org/wiki/Lisp_(programming_language), (2024. 10. 20. 확인)).

15) Techtarge, "The history of artificial intelligence: Complete AI timeline", https://www.techtarget.com/searchenterpriseai/tip/The-history-of-artificial-intelligence-Complete-AI-timeline, (2024. 10. 20. 확인).

16) Stanford University, "Recurrent Neural Networks cheatsheet", https://stanford.edu/~shervine/teaching/cs-230/cheatsheet-recurrent-neural-networks, (2024. 10. 20. 확인).

17) Mohit Sewak, Md. Rezaul Karim, Pradeep Pujari, Practical Convolutional Neural Networks, Packt Publishing, (2018), 59.

18) Sepp Hochreiter/Jürgen Schmidhuber, "Long Short-Term Memory", Neural Computation, Vol. 9, Issue 8, MIT Press (1997), 1735-1780.

인의 이안 굿펠로우(Ian Goodfellow)가 생성자(Generator)와 판별자(Discriminator)의 지속적 상호작용을 통해 실제에 가까운 결과물을 도출하는 '생성형 적대 신경망(Generative Adversarial Networks: GAN)'을 발표했다.[19] 그 후 2017년 구글 브레인의 아쉬쉬 바스와니(Ashish Vaswani)는 순차 데이터의 관계를 추적하여 문장 속 단어의 의미와 맥락을 이해하는 '트랜스포머(Transformer)'를 개발하였고,[20] 2018년 오픈 AI는 자연어의 복잡성을 이해하여 의미있는 응답을 생성하는 '대규모 언어 모델(Large Language Model: LLM)'을 발표했다.[21] 그 외에도 2023년 메타(Meta)는 기존에 비해 연산 과정을 단축시킨 최첨단 파운데이션 언어 모델인 '라마(LLaMA)'를, 구글 딥마인드는 최첨단 성능과 차세대 기능을 바탕으로 텍스트, 오디오, 이미지, 비디오 등 다양한 입출력이 가능한 '제미니(Gemini)'를 각각 발표했다. 이처럼 생성형 AI의 기술은 지속적으로 혁신과 발전을 이루었으며, 이는 종래 기계가 단순히 인간 사고 과정을 모방하거나 시뮬레이션하는 형태에서 벗어나, 오늘날 인간과 거의 동등하거나 그것을 뛰어넘는 창조력을 갖는 수준에 이르도록 하였다.

2. 생성형 AI의 분류와 데이터 학습

생성형 AI는 글로벌 기업 또는 신생 IT 기업 등에 의해 개발되어 텍스트, 오디오, 이미지, 영상 등 여러 분야에서 활용되고 있다. 먼저, 언어를 기반으로 대화를 나누거나 정보를 제공하는 텍스트 서비스의 대표적 예로는 문샷 에이아이의 '키미(Kimi)',[22]

---

19) Ian Goodfellow et, "Generative Adversarial Networks", Advances in neural information processing systems vol. 27, Conference on Neural Information Processing Systems (2014), 139-144.

20) Google Research, "Transformer: A Novel Neural Network Architecture for Language Understanding", https://research.google/blog/transformer-a-novel-neural-network-architecture-for-language-understanding/, (2024. 10. 20. 확인).

21) OpenAI, "How ChatGPT and our language models are developed", https://help.openai.com/en/articles/7842364-how-chatgpt-and-our-language-models-are-developed, (2024. 10. 20. 확인).

22) Global Times, "China's Moonshot AI fuels domestic large model app frenzy, aiming to overtake ChatGPT", https://www.globaltimes.cn/page/202403/1309421.shtml, (2024. 10. 20. 확인).

오픈 에이아이의 '챗 지피티-4o(Chat GPT-4o)',[23] 구글의 '바드(Bard)', 바이두의 '어니봇(Ernie Bot)', 네이버의 '클로바 엑스(Clova X)' 등이 있다. 텍스트 분야의 생성형 AI는 필요한 정보를 축약적으로 검색할 수 있을 뿐만 아니라 시, 소설, 논문, 비즈니스 기획 등 창작 아이디어도 얻을 수 있어서 사람들에게 폭넓게 이용되고 있다.[24] 다음으로, 텍스트 또는 일부 음성에 기반하여 새로운 음성을 창작해 내는 서비스의 대표적인 예로 오픈 에이아이의 '어드밴스드 보이스(Advanced Voice)',[25] 아마존의 '아마존 알렉사(Amazon Alexa)',[26] 구글의 '제미나이 라이브(Gemini Live)', 메타의 '보이스박스(VoiceBox)' 등을 들 수 있다. 오디오 분야의 생성형 AI는 텍스트를 음성으로 변환할 수 있을 뿐만 아니라 사용자의 선호에 따라 언어, 발음, 음색 등을 선택할 수 있어서 더빙, 녹음, 고객응대, 예약관리, 어시스턴트 업무 등 다양하게 활용되고 있다.[27] 그리고 텍스트 또는 사진 등을 기반으로 새로운 이미지를 창작해 내는 서비스의 대표적인 예로는 스테빌리티 에이아이의 '스테이블 디퓨전 3(Stable Diffusion 3)',[28] 오픈 에이아이의 '달리 3(DALL-E 3)',[29] 미드저니의 '미드저니 6(Midjourney 6)', 어도비의 '파이어플라이(Firefly)' 등을 들 수 있다. 이미지 분야의 생성형 AI는 전문가가 아닌 일반인이라 하더라도 키워드 입력만으로 훌륭한 그림을 완성할 수 있으며 화풍, 스타일 등도 선택할 수 있어 상업적 · 비상업적으로 모두 많이 이용되고 있다.[30] 그 외에도 텍스트를 입력하면 영

---

23) Venturebeat, "OpenAI launches experimental GPT-4o Long Output model with 16X token capacity", https://venturebeat.com/ai/openai-launches-experimental-gpt-4o-long-output-model-with-16x-token-capacity/, (2024. 10. 20. 확인).

24) 동아일보, "'5시간 걸리던 데이터 업무 1분 만에'…챗GPT 활용하는 직장인들", https://www.donga.com/news/Society/article/all/20230222/118012815/1, (2024. 10. 20. 확인).

25) ITworld, "오픈AI, 챗GPT 어드밴스드 보이스 기능 출시 '감정 분석해 더 자연스러운 대화 가능'", https://www.itworld.co.kr/news/351208#csidx9b6925c418fe8bc8ef2658602fe8ba7, (2024. 10. 20. 확인).

26) Wikipedia, "Amazon Alexa", https://en.wikipedia.org/wiki/Amazon_Alexa, (2024. 10. 20. 확인).

27) 한국경제, "AI 활용해 배우 목소리 그대로… 입모양까지 맞춰 더빙하죠 ", https://www.hankyung.com/article/202307197658i, (2024. 10. 20. 확인).

28) Stability.AI, "Stable Diffusion 3", https://stability.ai/news/stable-diffusion-3, (2024. 10. 20. 확인).

29) OpenAI, "DALL · E 3 is now available in ChatGPT Plus and Enterprise", https://openai.com/index/dall-e-3-is-now-available-in-chatgpt-plus-and-enterprise/, (2024. 10. 20. 확인).

30) APN, "패션업계, 생성형 AI 활용 증가", http://m.apparelnews.co.kr/news/news_view/?idx=207584,

상을 제작해 주는 서비스의 대표적인 예로 메타의 '무비 젠(Movie Gen)',[31] 바이트댄스의 '지멍 AI(Jimeng AI)',[32] 오픈 에이아이의 '소라(Sora)', 구글의 '이매진 비디오 2(Imagen Video 2)', 런어웨이의 '젠 2(Gen 2)' 등을 들 수 있다. 영상 분야의 생성형 AI는 몇몇 스타일 선정으로 가상의 캐릭터를 만들어 낼 수 있고[33] 제시된 영상에서 일부 요소만을 제거·수정하거나 실사, 애니메이션 등으로 변환하는 것도 가능해서 이용이 점차 늘고 있는 추세이다.[34] 이처럼 생성형 AI는 텍스트, 음성, 이미지, 영상 등 다양한 분야에서 폭넓게 활용되고 있다. 이와 같은 예술 영역에서의 생성형 AI 모델 활용의 증가에 대해서는 인간 창작 동기를 감소시킨다는 우려와 함께[35] 오히려 예술가의 상상력과 아이디어를 무한하게 펼칠 수 있게 한다는 점에서 긍정적 영향을 준다는 평가가 공존한다.[36]

(2024. 10. 20. 확인).

31) Theverge, "Meta announces Movie Gen, an AI-powered video generator", https://www.theverge.com/2024/10/4/24261990/meta-movie-gen-ai-video-generator-openai-sora, (2024. 10. 20. 확인).

32) 字节跳动推出AI智能创作平台"即梦AI", https://www.futuredecade.com/21174.html, (2024. 10. 20. 확인).

33) AI 타임스, "캐릭터 생성하는 인공지능 '캐릭터GPT' 등장", https://www.aitimes.com/news/articleView.html?idxno=148998, (2024. 10. 20. 확인).

34) 문화일보, "보험 분석·영상 제작… 일상 파고드는 AI", 〈https://www.munhwa.com/news/view.html?no=2023111501071607275002, (2024. 10. 20. 확인).

35) Parker Hodges-Beggs, "Generative AI is negatively affecting the way we engage with art", https://thedailycougar.com/2024/07/25/generative-ai-is-negatively-affecting-the-way-we-engage-with-art/ (2024. 10. 20. 확인).

36) 미국 보스턴대학교는 2024년 9월 '미드저니'나 '스테이블 디퓨전', '달리' 등과 같은 이미지 생성 AI가 예술에 미치는 영향에 대하여 연구한 논문을 발표하였는데, 생성형 AI 모델의 등장으로 기존 예술들의 작품 수가 6개월 동안 50% 이상 증가한 것으로 드러났다(AI Times, "생성 AI 사용으로 예술가 작품 수·선호 증가…'생성 공감각' 때문", https://www.aitimes.com/news/articleView.html?idxno=158324, (2024. 10. 20. 확인)).

〈표-1〉 분야별 생성형 AI의 예[37]

분야	생성형 AI	개발업체	국가	출시연도
텍스트 (Text)	키미 (Kimi)	문샷 에이아이 (Moonshot AI)	중국	2024
	챗 지피티-4o (Chat GPT-4o)	오픈 에이아이 (OpenAI)	미국	2024
	바드(Bard)	구글(Google)	미국	2023
	어니봇(Ernie Bot)	바이두(Baidu)	중국	2023
	클로바 엑스(Clova X)	네이버(Naver)	한국	2023
음성 (Audio)	어드밴스드 보이스 (Advanced Voice)	오픈 에이아이 (OpenAI)	미국	2024
	아마존 알렉사 (Amazon Alexa)	아마존 (Amazon)	미국	2024
	제미나이 라이브 (Gemini Live)	구글 (Google)	미국	2024
	뮤직 엘엠(Music LM)	구글(Google)	미국	2023
	보이스박스 (Voicebox)	메타 (Meta)	미국	2023
이미지 (Image)	스테이블 디퓨전 3 (Stable Diffusion 3)	스태빌리티 AI (Stability AI)	미국	2024
	이마젠 3(Imagen 3)	구글(Google)	미국	2023
	달리 3 (DALL-E 3)	오픈 에이아이 (OpenAI)	미국	2023
	미드저니 6 (Midjourney 6)	미드저니 (Midjourney)	미국	2023
	파이어플라이 (Firefly)	어도비 (Adobe)	미국	2023
영상 (Video)	무비 젠(Movie Gen)	메타(Meta)	미국	2024
	지멩 AI (Jimeng AI)	바이트댄스 (ByteDance)	중국	2024
	소라 (Sora)	오픈 에이아이 (OpenAI)	미국	2024
	이매진 비디오 2 (Imagen Video 2)	구글 (Google)	미국	2024
	젠 2(Gen 2)	런어웨이(Runaway)	미국	2023

---

37) 정윤경, "생성형 AI 확산과 저작권 규율 방안", IP&Data 法, 제3권 제2호, 인하대학교 법학연구소 (2023), 151-152 참고.

III. 생성형 AI의 저작권 분쟁 이슈

1. 'Sarah Anderson et v. Stability AI et' 사건 (2024년 8월)[38]

사라 앤더슨(Sarah Anderson), 칼라 오티즈(Karla Ortiz), 켈리 맥커넌(Kelly McKernan) 예술가 3인(이하 '원고'라 한다)은 이미지 생성형 AI 기업인 스태빌리티 AI(Stability AI), 미드저니(Midjourney), 디비언트 아트(Deviant Art)(이하 '피고'라 한다)을 상대로 2023년 1월 저작권 침해 소송을 제기하였다. 원고는 피고가 생성형 AI 서비스를 위해 원본 저자의 허락 없이 웹사이트에서 이미지 스크래핑(Scraping)하면서 정당한 보상을 하지 않은 채 예술가들의 이름 내지 스타일을 사용하여 원본과 유사한 작품을 만들어 내도록 한 것은 저작권 침해 및 퍼블리시티권(Right of Publicity)을 침해하였다고 주장하였다.[39]

이에 대하여 캘리포니아 북부 지방 법원은 2023년 10월 저작권 등록이 되어 있는 일부 작품을 제외하고는 기각하는 판결을 내렸다.[40] 법원은 생성형 AI가 수많은 데이터를 학습하여 새로운 이미지를 만들어 내는 과정에서 특정 그림이 어떤 데이터를 참고했는지 일일이 검증하기 어렵다면서, 이 사건 원고가 주장한 수백 개의 작품 중 저작권 등록이 되어 있는 사라 앤더슨(Sarah Anderson) 작품 16개[41]에 대해서만 저작권 침해를 인정하였다.[42] 나아가 법원은 피고가 예술가들의 이름을 사용하여 드림 스튜디

---

38) Andersen v. Stability AI Ltd. (23-cv-00201-WHO).

39) The Daily Star, "AI art generators receive copyright lawsuit", https://www.thedailystar.net/tech-startup/news/ai-art-generators-receive-copyright-lawsuit-3222706, (2024. 10. 20. 확인).

40) Andersen v. Stability AI Ltd. (3:23-cv-00201).

41) 17 U.S. Code §411 (Registration and civil infringement actions)
(a) Except for an action brought for a violation of the rights of the author under section 106A(a), and subject to the provisions of subsection (b),[1] no civil action for infringement of the copyright in any United States work shall be instituted until preregistration or registration of the copyright claim has been made in accordance with this title.

42) Blake Brittain, "Judge pares down artists' AI copyright lawsuit against Midjourney, Stability AI", https://www.reuters.com/legal/litigation/judge-pares-down-artists-ai-copyright-lawsuit-against-midjourney-stability-ai-2023-10-30/, (2024. 10. 20. 확인).

오(Dream Studio), 드림 업(Dream Up), 미드저니(Midjourney) 등 생성형 AI를 광고, 판매 또는 구매하도록 권유했다고 볼 만한 명확한 사실이 입증되지 않은 이상 예술가들에 대한 퍼블리시티권 침해도 인정하기 어렵다고 판시했다.

이에 원고들은 자신의 주장을 분명히 하기 위해 더 많은 사실적 주장을 추가하여 소송장을 변경하여 제출하였고, 2024년 8월 법원은 피고의 저작권 침해가 의심된다면서 소송의 본격 단계를 진행하겠다고 밝혔다.[43] 법원은 피고의 생성형 AI '스테이블 디퓨전(Stable Diffusion)'이 상당 부분 저작권 있는 작품을 기반으로 만들어졌으며(built to a significant extent on copyrighted works), 저작권 침해를 촉진하려는 의도(intent to facilitate infringement)로 만들어졌을 수 있다는 점을 인정했다. 나아가 법원은 이 사건은 저작권 법에 따른 다양한 '직접적 및 유도적 침해 이론과 선례'에 의해 소송의 다음 단계에서 검토되어야 한다고 언급했다.

〈그림-1〉 Karla Ortiz의 작품과 Stable Diffusion의 이미지 비교[44]

Karla Ortiz	Stable Diffusion

43) Winston Cho, "Artists Score Major Win in Copyright Case Against AI Art Generators", https://www.hollywoodreporter.com/business/business-news/artists-score-major-win-copyright-case-against-ai-art-generators-1235973601/, (2024. 10. 20. 확인).

44) Artnet News, "A Class Action Lawsuit Brought by Artists Against A.I. Companies Adds New Plaintiffs", https://news.artnet.com/art-world/lawyers-for-artists-suing-ai-companies-file-amended-complaint-after-judge-dismisses-some-claims-2403523, (2024. 10. 20. 확인).

2. 'RIAA v. Suno, Udio' 사건 (2024년 6월)[45]

미국 레코드산업협회(RIAA)(이하 '원고'라고 한다)는 2024년 6월 유니버설 뮤직(Universal Music), 소니뮤직(Sony Music), 워너뮤직(Warner Music) 등을 대표하여 생성형 AI 기업 수노(Suno)(이하 '피고 1'이라고 한다)와 유디오(Udio)(이하 '피고 2'라고 한다)를 상대로 메사추세츠 지방법원에 손해배상청구 소송을 제기하였다. 원고는 이 사건 피고들이 생성형 AI의 학습을 위해 저작자로부터 아무런 허락을 받지 않고 음원을 사용한 것은 명백한 저작권 침해라고 주장하였다. 피고 1, 2는 인공지능 스타트업으로서 사용자가 가사, 스토리, 음악, 장르 등에 관한 간단한 명령어 또는 지시어를 입력하면 이에 따라 새로운 노래를 생성하는 AI 프로그램을 제공하고 있다. 원고는 피고 1, 2의 생성형 AI 서비스가 머라이어 캐리(Mariah Carey)의 'All I Want for Christmas Is You', 제임스 브라운(James Brown)의 'I Got You' 등의 노래를 그대로 재현하고 있으며, 마이클 잭슨(Michael Jackson), 브루스 스프링스틴(Bruce Springsteen), 아바(ABBA) 등 뮤지션의 음성과 구분할 수 없을 정도로 흡사한 보컬을 재현하고 있다고 주장하였다.[46] 이에 대하여 피고 2는 자사의 AI 서비스는 저작권 있는 작품을 재현하거나 아티스트의 목소리를 재생산하지 않도록 최첨단 필터를 구현하고 있으며 지속적으로 개선하기 위해 노력하고 있으므로 저작권 침해를 구성하지 않는다고 반박하였다.[47] 하지만 원고는 피고 1은 662

---

45) UMG RECORDINGS, INC., CAPITOL RECORDS, LLC, SONY MUSIC ENTERTAINMENT, ATLANTIC RECORDING CORPORATION, ATLANTIC RECORDS GROUP LLC, RHINO ENTERTAINMENT LLC, THE ALL BLACKS U.S.A., INC., WARNER MUSIC INTERNATIONAL SERVICES LIMITED, and WARNER RECORDS INC. v. SUNO, INC. and JOHN DOES 1-10, (Case 1:24-cv-11611).

46) Time, "Major Record Labels Sue AI Music Generators", https://time.com/6991466/record-labels-sue-ai-music-generator-startups/, (2024. 10. 20. 확인).

47) "Our system is explicitly designed to create music reflecting new musical ideas. We are completely uninterested in reproducing content in our training set, and in fact, have implemented and continue to refine state-of-the-art filters to ensure our model does not reproduce copyrighted works or artists' voices." (Udio, https://x.com/udiomusic/status/1805694761891778783?s=46&t=R5LBnDmluUM1q9hD0liYVg, (2024. 10. 20. 확인)).

곡, 피고 2는 1,670곡의 저작권을 침해한 것으로 파악된다면서 작품당 15만 달러(약 2억 820만 원) 손해배상을 요구하였다. 이와 관련하여 블룸버그(Bloomberg)는 "생성형 AI가 일반화됨에 따라 기술이 창의적 산업과 충돌하고 있다"면서 AI 개발업체들은 인 터넷에서 수집한 데이터를 바탕으로 AI 모델을 학습시키는 행위가 미국 저작권법의 공정한 사용의 원칙에 의해 보호된다고 주장하지만 이는 저작권자의 분노와 소송을 초래하고 있다고 보도했다.[48] 이 사건에서 원고의 주장처럼 피고 AI 프로그램이 다수 작품의 저작권을 침해했다고 인정될 경우 총 손해배상 규모는 수조 달러에 이를 것으 로 전망된다.[49]

〈그림-2〉 이 사건 피고(Suno, dio)의 저작권 침해 여부가 문제된 음악 뮤지션[50]

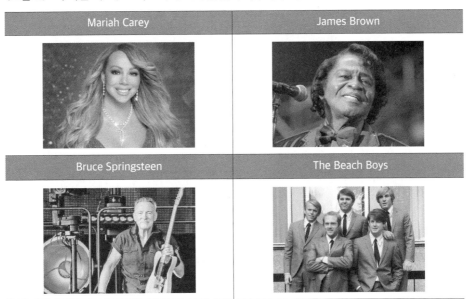

Mariah Carey | James Brown
Bruce Springsteen | The Beach Boys

48) Ashley Carman/Rachel Metz, "Record Labels Sue Two Startups for Training AI on Their Songs", https://news.bloomberglaw.com/litigation/record-labels-sue-two-startups-for-training-ai-on-their-songs, (2024. 10. 20. 확인).

49) Stuart Dredge, "Suno and Udio slam label lawsuits… but the RIAA hits back", https://musically.com/2024/08/02/suno-and-udio/, (2024. 10. 20. 확인).

50) Eddie Fu, "Major Record Labels Sue AI Start-Ups for Copyright Infringement", https://www.yahoo.com/news/major-record-labels-sue-ai-184011416.html, (2024. 10. 20. 확인).

3. 중국의 '울트라맨(奧特曼)' 사건 (2024년 2월)[51]

상해신창화문화발전유한회사(Shanghai Xinchuanghua Cultural Development Co., Ltd., 이하 '원고'라고 한다)는 유명 캐릭터 '울트라맨'[52]의 저작권자인 일본 쓰부라야 프로덕션(株式会社円谷プロダクション)으로부터 중국 내 독점 라이선스를 허여받았다. 그리고 광주년광인터넷과학기술유한회사(이하 '피고'라고 한다)는 생성형 AI 기술을 활용하여 이미지를 만들어 내는 웹사이트를 운영하고 있었다. 2023년 12월 원고는 피고가 웹사이트를 통해 자사가 독점 라이선스를 보유한 '울트라맨'과 매우 유사한 이미지를 생성하여 유상 판매 서비스하는 것을 발견하고는,[53] 2024년 1월 피고를 상대로 광저우 인터넷 법원(广州互联网法院, 이하 '법원'이라 한다)에 원고의 복제권, 각색권 및 네트워크 전송권을 침해하였다면서 소를 제기하였다.

2024년 2월 법원은 다음과 같은 이유로 피고의 원고에 대한 저작권 침해를 인정하였다. 먼저, 법원은 이 사건 '울트라맨' 캐릭터는 독창성을 지닌 저작물로서 보호되며, 원고는 저작권자인 일본 쓰부라야 프로덕션으로부터 '울트라맨'에 대한 독점 라이선스를 부여받았으므로 계약 범위 내에서 관련 권리를 행사할 수 있음을 인정하였다. 또한 피고가 생성형 AI 기술을 이용하여 생성한 이미지는 '울트라맨'이라는 미술 저작물의 독창적 표현의 일부 또는 전부를 무단으로 복제한 것으로서 원고의 복제권을 침해한 것이라고 보았다. 또한 법원은 피고가 AI 서비스를 통해 '울트라맨'을 다른 이미지와 융합하여 서비스한 것은 '울트라맨'의 독창적 형상을 일부 남겨 둔 채 무단으로 각색한 것이므로 원고 각색권에 대한 침해에 해당한다고 판단했다. 다만, 피고의 네트워크 전송권 침해 여부에 대해서는 법원이 이미 피고가 원고의 복제권 및 각색권을

---

51) 广州互联网法院第(2024)粤0192民初113号判决书.

52) '울트라맨'은 1966년 일본 텔레비전 시리즈로 시작하여 나중에 국제적으로 유명해진 일본의 공상과학 미디어 캐릭터로서, 2013년 기네스북에 "울트라맨 시리즈는 가장 많은 스핀오프 시리즈를 가진 TV 프로그램이다"라고 기록되기도 하였다(映画, "ウルトラマン、ギネス世界記録に認定!「最も派生シリーズが作られたTV番組」として", https://eiga.com/news/20130912/9/, (2024. 10. 20. 확인)).

53) 피고 웹사이트 모듈 대화 상자에 "울트라맨 생성(生成奧特曼)", "울트라맨 융합(奧特曼融合)" 등의 프롬프트를 입력할 경우 원고가 독점 라이선스를 보유한 '울트라맨'과 매우 흡사한 이미지가 출력되었다.

침해한 것으로 인정했기 때문에 저작권 침해 성립 여부의 결론에 영향이 없다는 이유로 판단하지 않았다. 나아가 법원은 이 사건 피고가 본건 소송 이후 즉시 침해행위를 중단했고, 저작권 침해로 인한 영향 범위가 제한적인 점 등을 고려하여 손해배상금으로 1만 위안(한화 약 185만 원)을 지급할 것을 판결하였다. 이 사건은 세계 최초로 생성형 AI 서비스에 의한 저작권 침해를 인정하였다는 점에서 큰 의미를 가지며, 향후 생성형 AI 기술 및 관련 서비스에 상당한 영향을 줄 것으로 예상된다.[54]

〈그림-3〉 이 사건 저작권 침해 여부가 문제된 '울트라맨' 이미지[55]

원본 이미지	원본 이미지의 복제권을 침해했다고 판단된 이미지

원본 이미지의 각색권을 침해했다고 판단된 이미지

54) 搜狐, "全球AIGC平台侵权第一案宣判!"奥特曼"战胜AI", https://www.sohu.com/a/761803509_121124358, (2024. 10. 20. 확인).

55) 中国知识产权律师网, "全球AIGC平台侵权首案民事一审判决书（2024）粤0192民初113号", https://www.ciplawyer.cn/html/bqcpwx/20240228/152937.html, (2024. 10. 20. 확인).

4. 'Sarah Silverman et v. OpenAI et' 사건 (2024년 2월)[56]

사라 실버먼(Sarah Silverman), 크리스토퍼 골든(Christopher Golden), 리처드 카드레이 (Richard Kadrey) 등 유명 작가들(이하 '원고'라고 한다)은 2023년 7월 오픈 AI 및 메타(Meta) (이하 '피고'라고 한다)를 상대로 저작권 침해 소송을 제기하였다. 오픈 AI는 2022년 11월에 '챗 지피티(Chat GPT)'를, 메타 플랫폼은 2023년 2월에 '라마(LLaMa)'를 각각 출시하였는데, 이들은 대규모 언어 모델(LLM)을 바탕으로 새로운 텍스트를 만들어 내는 생성형 AI 서비스이다. 이 사건 원고는 '더 베드웨터(The Bedwetter)', '아라랏(Ararat)', '샌드맨 슬림(Sandman Slim)' 등의 저작권이 침해되었다면서 그 증거로 피고의 AI 서비스에 각 작품명을 입력한 후 요약해 보라고 요청하자 해당 작품을 매우 정확하게 축약했으며 일부 표현은 원본과 동일한 것으로 드러났다는 점을 제시하였다. 나아가 원고들은 이러한 자료들이 특히 비블리오틱(Bibliotik), 라이브러리 제네시스(Library Genesis), 지-라이브러리(Z-Library) 등과 같은 쉐도우 라이브러리(Shadow Library)[57] 사이트에서 수집한 것으로 추측되어 더욱 문제가 있으며,[58] 저작권관리정보(CMI)[59]를 의도적으로 제거한 것 역시 생성된 콘텐츠가 저작권 침해 파생물이라는 사실을 은폐하고자 한 것이라고 주장하였다. 이에 대하여 피고는 자사의 AI 서비스가 학습을 위해 데이터를 수집·이용하는 것은 예술적, 과학적 발전을 촉진하려는 저작권법의 궁극적 목적과도 일치하며 생산성 향상 등의 잠재적 가치를 가지므로 '공정이용(Fair Use)'의 하나로 취급해야 한다고 반박했다.[60]

---

56) Silverman v. OpenAI, Inc. (3:23-cv-03416).

57) '쉐도우 라이브러리(Shadow Library)'란 일반적으로 숨겨져 있거나 쉽게 액세스할 수 없는 콘텐츠를 제공하는 온라인 데이터베이스를 의미한다.

58) The Newyork Times, "Sarah Silverman Sues OpenAI and Meta Over Copyright Infringement", https://www.nytimes.com/2023/07/10/arts/sarah-silverman-lawsuit-openai-meta.html, (2024. 10. 20. 확인).

59) Copyright alliance('Copyright Management Information(CMI)', https://copyrightalliance.org/education/copyright-law-explained/the-digital-millennium-copyright-act-dmca-copyright-management-information/, (2024. 10. 20. 확인).

60) AI 타임스, "오픈AI AI 학습에 데이터 무단으로 사용했다는 소송은 부당", https://www.aitimes.com/

2024년 2월 미국 연방법원은 원고의 청구 중 일부를 기각하는 판결을 내렸다.[61] 이 사건에서 문제된 쟁점은 '직접 저작권 침해(Direct Copyright Infringement)', '간접 침해 (Vicarious Infringement)', 'CMI를 제거한 행위의 DMCA법 위반 여부(Violation of DMCA due to removal of CMI from the text output)', '불공정 경쟁(Unfair Competition)', '과실(Negligence)', '부당이익(Unjust Enrichment)' 총 6가지였다. 이와 관련하여 법원은 '간접 침해'가 성립하기 위해서는 피고에게 침해 행위를 감독할 권리와 능력이 있을 것, 피고가 침해 행위에 관한 직접적인 재정적 이해관계를 가질 것 등이 충족되어야 하는데 그러하지 못했다고 판단했으며, '과실'이 성립하기 위해서는 의무, 위반, 인과관계, 손해 등이 입증되어야 하는데 이 중 의무에 대한 법적 근거가 명확하지 않다고 보았다. 또한 '부당이득'이 성립하기 위해서는 피고가 사기, 실수, 강압 또는 요청을 통해 원고로부터 부당하게 이익을 얻었다는 것이 증명되어야 하는데 그러하지 못하며, 'DMCA 제1202(b)조 위반'이 되기 위해서는 위반자가 자신의 행위가 연방 저작권법에 따른 권리를 침해한다는 것을 알 만한 합리적 근거가 증명되어야 하는데 원고는 이에 관한 피고의 과거 '행동 패턴', '행동 방식' 등을 입증하지 못했다고 판단했다. 반면, 피고가 상업적 이익을 위해 원고의 작품을 이용하여 AI 모델을 훈련시켰다는 사실은 원고의 청구 중 '직접적 저작권 침해' 및 '불공정한 경쟁'에 해당할 수 있다고 보았다.

〈그림-4〉 이 사건 피고(Open AI)의 무단 이용이 문제된 작품들[62]

 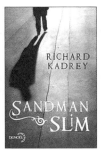 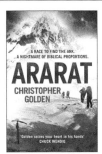

news/articleView.html?idxno=153257, (2024. 10. 20. 확인).

61) Tremblay et al. v. OpenAI, Inc. et al. (23-cv-3223).

5. 'Getty Images v. Stability AI' 사건 (2023년 11월)[63]

세계적으로 가장 큰 디지털 콘텐츠 제작사이자 유통업체인 Getty Images(이하 '원고'라고 한다)는 생성형 AI 모델 스테이블 디퓨전(Stable Diffusion) 개발업체인 스태빌리티 AI(Stability AI, 이하 '피고'라고 한다)를 상대로 2023년 1월 런던 고등법원에 저작권 침해 소송을 제기하였다.[64] 원고는 1995년에 설립된 이후 약 30년 동안 수많은 프리미엄 시각적 콘텐츠를 수집하고 있으며 약 200개 이상의 지역에서 창의적, 미디어 고객에게 서비스를 제공한다. 반면, 피고는 2020년에 설립된 후 인공지능 기술을 활용하여 텍스트 프롬프트, 사용자 인터페이스 등을 제공하고 이에 따라 새롭게 생성된 디지털 이미지를 유료로 서비스하고 있다. 원고는 자사 웹사이트 이용약관 및 콘텐츠에 명시적으로 무단 이용을 금지하고 있음에도 불구하고 피고가 이미지 사용에 관한 라이선스 협상을 시도하지 않고 1,200만 장 이상을 허락 없이 복제하였다고 주장하였다. 원고는 그 증거로 피고가 생성된 이미지 중 원고 회사의 워터마크가 일부 포함된 이미지들을 제시하였다. 이와 더불어 원고는 피고의 무단 이용으로 인한 피해가 확대되는 것을 방지하기 위해 피고의 생성형 AI 이용을 영국 내에서 금지해 달라고 요청하였다. 이에 대하여 피고는 원고의 판매 금지 청구를 재판 전에 기각해 달라고 런던 고등법원에 신청했다. 피고는 자사의 생성형 AI는 "노이즈" 형성 방식과 "최적화된 매개변수 값" 등을 통해 훈련 데이터 세트 중 특정 이미지가 기억되거나 다른 방식으

---

62) David Averre, "Sarah Silverman, Richard Kadrey and Christopher Golden sue Meta and OpenAI for $2billion for copyright claiming the tech firms 'ingested' texts from their books without credit or compensation", https://www.dailymail.co.uk/news/article-12287283/Sarah-Silverman-two-authors-sue-Meta-OpenAI-copyright-infringement.html, (2024. 10. 20. 확인).

63) Getty Images (US) Inc. and others v. Stability AI Ltd., case no. IL-2023-000007, High Court of Justice of England and Wales.

64) Theverge, "Getty Images is suing the creators of AI art tool Stable Diffusion for scraping its content", https://www.theverge.com/2023/1/17/23558516/ai-art-copyright-stable-diffusion-getty-images-lawsuit, (2024. 10. 20. 확인).

로 재생산되지 않도록 조치하고 있으며 이는 공정이용에 해당한다고 주장했다.[65] 하지만 런던 고등법원은 2023년 11월 피고의 이러한 요청을 받아들이지 않았다. 법원은 이 사건 쟁점이 되는 사안은 현재 논란이 많고 불분명하므로 재판에서 실질적으로 고려하는 것이 타당하다고 보았다.[66] 이에 따라 이 사건에 대한 법원의 심리가 계속될 예정이며, 재판은 2025년 여름에 열릴 예정이라고 밝혔다.[67]

〈그림-5〉 이 사건 원고(Getty Image)가 무단 도용의 증거로 제출한 사진[68]

게티 이미지 원본	스테이블 디퓨전 생성 이미지

65) ReedSmith, "Getty v. Stability AI case goes to trial in the UK-what we learned", https://www.reedsmith.com/en/perspectives/2024/02/getty-v-stability-ai-case-goes-to-trial-in-the-uk-what-we-learned, (2024. 10. 20. 확인).

66) Gill Dennis, "Getty Images v Stability AI: copyright claims can proceed to trial", https://www.pinsentmasons.com/out-law/news/getty-images v-stability-ai, (2024. 10. 20. 확인).

67) Osborne Clarke, "How will the new UK government resolve the conflict over AI development and IP rights?", https://www.osborneclarke.com/insights/how-will-new-uk-government-resolve-conflict-over-ai-development-and-ip-rights, (2024. 10. 20. 확인).

68) Peta Pixel, "Getty Images is Suing Stable Diffusion for a Staggering $1.8 Trillion", https://petapixel.com/2023/02/07/getty-images-are-suing-stable-diffusion-for-a-staggering-1-8-trillion/, (2024. 10. 20. 확인).

스테이블 디퓨전이 게티 이미지를 사용했다는 또 다른 증거들

IV. 생성형 AI를 둘러싼 저작권 논의사항

1. 학습 과정에서의 기존 저작물 이용 문제

(1) 논의사항

앞의 사례에서 생성형 AI 업체들은 자사의 AI 모델이 학습을 위해 기존 저작물을 사용하더라도 그것은 공정이용(Fair Use)[69]으로서 저작권법의 궁극적 목적인 문화예술

---

69) 17 U.S. Code §107(Limitations on exclusive rights: Fair use)

Notwithstanding the provisions of sections 106 and 106A, the fair use of a copyrighted work, including such use by reproduction in copies or phonorecords or by any other means specified by that section, for purposes such as criticism, comment, news reporting, teaching (including multiple copies for classroom use), scholarship, or research, is not an infringement of copyright. In determining whether the use made of a work in any particular case is a fair use the factors to be considered shall include—

(1) the purpose and character of the use, including whether such use is of a commercial nature or is for nonprofit educational purposes;

(2) the nature of the copyrighted work;

(3) the amount and substantiality of the portion used in relation to the copyrighted work as a whole; and

(4) the effect of the use upon the potential market for or value of the copyrighted work.

의 발전에 기여할 수 있으므로 저작권 침해가 아니라고 주장한다. 먼저, 2024년 6월 'RIAA v. Suno, Udio' 사건[70]에서 수노와 오디오는 각각 자사의 생성형 AI 모델이 기존 저작물을 학습한 것은 교육 및 연구 등을 위한 목적으로 저작권 있는 작품을 재현하거나 아티스트의 목소리를 재생산하지 않도록 최첨단 필터를 구현하고 있으므로 공정이용에 해당한다고 반박한다.[71] 그리고 2023년 11월 'Getty Images v. Stability AI' 사건[72]에서도 스태빌리티 AI는 자사의 생성형 AI 모델은 '노이즈' 형성 방식과 '최적화된 매개변수 값' 등을 통해 훈련 데이터 세트 중 특정 이미지가 기억되거나 다른 방식으로 재생산되지 않도록 조치하고 있으므로 마찬가지로 공정이용에 해당한다고 주장한다. 그러나 실제로는 생성형 AI 모델에 의해 제작된 작품 중 기존 저작물과 일부 동일하거나 매우 유사한 모습이 종종 발견되어 우려의 목소리가 커지고 있다.[73] 실제 구글·딥마인드 및 버클리·프린스턴·ETH 취리히 대학이 공동 연구한 결과 스테이블 디퓨전(Stable Diffusion)과 같이 확산 기반 AI 모델[74]의 경우 저작권 있는 이미지를 복제할 수 있는 가능성이 많게는 2.3%에 달한다는 사실을 발표했다.[75] 뿐만 아니라

The fact that a work is unpublished shall not itself bar a finding of fair use if such finding is made upon consideration of all the above factors.

70) UMG Recordings, Inc. v. Suno, Inc., (1:24-cv-11611), District Court, D. Massachusetts.

71) Defi.io, "Suno defends AI training with copyrighted music amid RIAA lawsuit", https://defi.io/feed/cointelegraph/suno-defends-ai-training-with-copyrighted-music-amid-riaa-lawsuit, (2024. 10. 20. 확인).

72) Getty Images (US) Inc. and others v. Stability AI Ltd., (case no. IL-2023-000007), High Court of Justice of England and Wales.

73) Joseph Dien, "Editorial: Generative artificial intelligence as a plagiarism problem", Biological Psychology, vol. 181, Elsevier Science B.V., Amsterdam. (2023), 254.

74) AI 확산 모델이란 대상의 이미지, 음성, 텍스트 등과 같은 콘텐츠를 단계적으로 열화(劣化)시킨 후 열화 과정을 거슬러 올라가도록 단계적으로 재구성해 나가는 과정을 학습시킨 생성 모델을 의미한다. 대표적인 예로 오픈 AI의 'DALLE2'와 스태빌리티 AI의 'Stable Diffusion' 등이 있다(Wikipedia, https://en.wikipedia.org/wiki/Diffusion_model, (2024. 10. 20. 확인)).

75) 2023년 2월 구글(Google), 딥마인드(DeepMind), 버클리(UC Berkeley), 취리히 대학(ETH Zürich) 등은 생성형 AI 이미지 중 모델 데이터베이스의 원본 이미지와 일치하는 이미지가 얼마나 도출되는지에 대하여 연구 결과를 발표했다. 스테이블 디퓨전(Stable Diffusion)의 데이터세트인 '레이온(LAION)'에서 35만 개 이미지를 추출하여 각 이미지의 캡션을 사용하여 이미지를 생성한 결과 직접 일치하는

생성형 AI 관련 분쟁에서 제출된 증거 자료를 살펴보아도 새롭게 생성된 콘텐츠가 기존 작품과 일부 동일하거나 매우 유사하다는 점을 발견할 수 있다.[76] 하지만 각국 법원은 생성형 AI 분쟁에서 저작권 침해 여부의 판단기준을 다소 불분명하게 제시하고 있는 것으로 파악된다. 예컨대, 2024년 8월 'Sarah Anderson et v. Stability AI et' 사건[77]에서 법원은 생성형 AI 서비스의 상당 부분이 저작권 있는 작품을 기반으로 만들어졌으며(built to a significant extent on copyrighted works) 여기에는 저작권 침해를 촉진하려는 의도(intent to facilitate infringement)가 존재한다고 하여 저작권 침해의 가능성을 인정하였다. 반면, 2024년 2월 'Sarah Silverman et v. OpenAI et' 사건[78]에서 법원은 원고가 피고에게 생성형 AI 침해 행위를 감독할 권리와 능력이 있는지 여부(whether or not there is the right and ability to supervise) 그리고 피고의 침해 행위로 인한 재정적 피해 규모(scale of financial damage caused by generative AI)에 관한 입증을 하지 못했다는 이유로 저작권 침해를 인정하지 않고 기각하였다. 마찬가지로 2024년 7월 'J. DOE et v. GITHUB, INC' 사건[79]에서도 법원은 원고가 피고의 생성형 AI가 학습을 위한 코드 복제로 인해 입

이미지가 94개, 근접 일치하는 이미지가 109개 나왔다. 또한 구글의 '이마젠(Imagen)'에 사용된 이미지에 대해 동일한 실험을 한 결과 약 2.3%에 달하는 복제율을 나타났다(Nicholas Carlini et., "Extracting Training Data from Diffusion Models", SEC 23: 32nd USENIX Conference on Security Symposium, USENIX Association2560 Ninth St. Suite 215 Berkeley, CA United States, (2023), 5253-5270).

76) 예컨대, 2024년 8월 'Sarah Anderson et v. Stability AI et' 사건, 2024년 2월 중국의 '울트라맨(奧特曼) 사건'에서 원고가 제출한 이미지, 2023년 12월 'The New York Times v. OpenAI' 사건 등에서 원고가 제출한 이미지를 비교해 보면 생성형 AI에 의해 작성된 작품이 기존 저작물과 동일 또는 매우 흡사하다는 것을 파악할 수 있다.

77) Andersen v. Stability AI Ltd. (3:23-cv-00201) District Court, N.D. California.

78) Silverman v. OpenAI, Inc., (3:23-cv-03416) District Court, N.D. California.

79) 이 사건에서 Copilot과 Codex 소프트웨어 개발자들은 깃허브(GitHub), 마이크로소프트(Mocrosoft), 오픈 AI 등 생성형 AI 업체를 상대로 저작권 침해 소송을 제기하였다. Copilot과 Codex은 프로그래밍 코드의 일부를 입력하면 자동 문자 생성 기능처럼 나머지 코드를 생성해 주거나 코드의 개념을 설명하면 특정 코드를 생성해 준다. 프로그래머들은 개발 과정에서 공개 저장소에 축적된 수억 줄의 오픈소스 코드를 가져다 AI 학습용으로 사용하면서도 출처를 밝히지 않아 소프트웨어 불법복제 행위를 저질렀다고 주장하였다. 그러나 법원은 이 사건 원고들이 개발된 코드를 생성형 AI가 동일하게 재생산하였다는 점을 입증하지 못했다면서 디지털 밀레니엄 저작권법(DMCA)에 비롯한 집단 소송을 기각하였다(DOE 1 et al v. GitHub, Inc. et al, No. 4:2022cv06823, (N.D. Cal. 2023)).

은 손해에 관해 구체적 입증을 하지 못했다는 이유로 기각 판결을 내린 바 있다. 이와 같은 태도는 생성형 AI의 저작권 침해 여부와 관련하여 개발자와 이용자에게 모두 혼란을 야기할 수 있는 문제점을 갖는다. 따라서 생성형 AI가 학습을 위해 데이터에 합법적으로 접근할 수 있는 범위와 그 한계에 대해 명시하는 법 제도의 도입이 필요하다.

(2) 검토 및 제언

생성형 AI의 개발을 위해서는 고품질의 데이터 학습이 필수적이다. 따라서 AI 모델의 데이터 학습을 무조건 반대하는 것보다는 저작권을 보호하는 범위에서 데이터를 최대한 활용할 수 있는 방안을 모색하는 것이 합리적이다. 이와 관련해서는 텍스트·데이터 마이닝(Text and Data Mining: TDM)[80] 면책 조항을 저작권법에 도입하는 방안을 고려해 볼 수 있다. 인공지능 기술 선진국[81] 중에는 이미 몇 년 전부터 텍스트·데이터 마이닝 조항을 도입한 사례를 찾아볼 수 있다. 예컨대 영국에서는 2014년 저작권법(Copyright, Designs and Patents Act 1988) 제29조A를 신설하여 저작물에 대한 합법적 접근권을 가지는 자가 비상업적 연구를 목적으로 하는 경우 가능한 범위에서 출처 표시를 하여 해당 저작물에 기록된 것을 컴퓨터로 분석하기 위해 복제하는 행위는 저작권 침해가 아니라고 명시하였다.[82] 그리고 독일에서도 2017년 저작권

---

80) '텍스트·데이터 마이닝(Text and Data Mining: TDM)'이란 대규모 데이터 세트로부터 통계적인 의미가 있는 개념이나 특성을 추출하고 이들 간의 패턴이나 추세 등 고품질의 정보를 끌어내는 과정을 의미한다(University of Waterloo, "Text and Data Mining(TDM): Overview", https://www.springernature.com/gp/researchers/text-and-data-mining, (2024. 10. 20. 확인)).

81) 미국 스탠퍼드 대학교가 발표한 '인공지능 인덱스 2024(AI Index 2024)'에 의하면, 글로벌 인공지능 지수는 1위 미국, 2위 중국, 3위 싱가포르, 4위 영국, 5위 프랑스, 6위 한국, 7위 독일, 8위 캐나다, 9위 이스라엘, 10위 인도 순으로 조사되었다(Standford University Human-Centered AI, "The AI Index report measuring trends in AI", https://aiindex.stanford.edu/report/, (2024. 10. 20. 확인)).

82) Copyright, Designs and Patents Act 1988

§29A(Copies for text and data analysis for non-commercial research)

(1) The making of a copy of a work by a person who has lawful access to the work does not infringe copyright in the work provided that—

법(Urheberrechtsgesetz) 제60조d를 신설하면서 상업적이 아닌 학술 연구를 목적으로 하는 경우 원본 자료를 자동적으로 분석하기 위하여 (i) 정형화, 구조화, 범주화를 통하여 분석할 코퍼스(Korpus)를 만들기 위한 원본 자료를 자동적, 체계적으로 복제하거나 (ii) 공동의 학술적 연구를 위하여 특정 범위로 제한된 사람 또는 학술적 연구의 품질을 검증하기 위한 제3자인 개인이 원본 자료에 공개적으로 접근하는 것은 허용된다고 규정하였다.[83] 그 외에도 유럽연합(EU)에서는 2019년 DSM 지침 제3조 및 제4조에서 과학 연구 목적을 위한 텍스트·데이터 마이닝 조항 및 예외 또는 제한 규정을 도입하였는데, 이에 따르면 회원국은 연구 기관 및 문화 유산 기관이 과학적 연구 목적으로 합법적으로 접근할 수 있는 작품이나 기타 주제에 대한 텍스트·데이터 마이닝을 수행하기 위한 복제 및 추출에 관한 저작권 제한 규정을 두어야 한다고 명시하고 있다.[84] 이와 같은 추세에 발맞추어 우리나라에서도 생성형 AI 학습을 위한 텍스트·데이터 마이닝 면책에 관한 조항을 마련하고자 논의 중인 상황이다. 2020년 7월 문화

(a) the copy is made in order that a person who has lawful access to the work may carry out a computational analysis of anything recorded in the work for the sole purpose of research for a non-commercial purpose, and

(b) the copy is accompanied by a sufficient acknowledgement (unless this would be impossible for reasons of practicality or otherwise).

83) Gesetz über Urheberrecht und verwandte Schutzrechte

§60d(Text und Data Mining für Zwecke der wissenschaftlichen Forschung)

(1) Vervielfältigungen für Text und Data Mining (§ 44b Absatz 1 und 2 Satz 1) sind für Zwecke der wissenschaftlichen Forschung nach Maßgabe der nachfolgenden Bestimmungen zulässig.

(2) Zu Vervielfältigungen berechtigt sind Forschungsorganisationen. Forschungsorganisationen sind Hochschulen, Forschungsinstitute oder sonstige Einrichtungen, die wissenschaftliche Forschung betreiben, sofern sie

1. nicht kommerzielle Zwecke verfolgen,

2. sämtliche Gewinne in die wissenschaftliche Forschung reinvestieren oder

3. im Rahmen eines staatlich anerkannten Auftrags im öffentlichen Interesse tätig sind.

Nicht nach Satz 1 berechtigt sind Forschungsorganisationen, die mit einem privaten Unternehmen zusammenarbeiten, das einen bestimmenden Einfluss auf die Forschungsorganisation und einen bevorzugten Zugang zu den Ergebnissen der wissenschaftlichen Forschung hat.

84) EU Directive on Copyright in the Digital Single Market Article 3.

부가 저작권법 전부 개정안에서 텍스트·데이터 마이닝 면책 조항에 관한 내용을 발표한 바 있으며,[85] 2021년 1월 도종환 의원이 대표 발의한 전부개정법률안,[86] 2022년 10월 이용호 의원이 대표 발의한 일부개정법률안,[87] 2023년 6월 황보승희 의원이 대표 발의한 일부개정법률안[88] 등에서 '정보분석을 위한 복제·전송 등' 조항 신설을 각각 제안한 바 있다. 하지만 상업적 목적의 이용까지 데이터 복제를 허용하는 사항에 대하여 사회적 합의가 이루어지지 않은 상태이며[89] 정보분석을 위한 적법한 접근에 대한 의미가 분명하지 않고 데이터·마이닝 수행 후 해당 복제물을 삭제해야 하는지가 불명하다는 점 등을 이유로[90] 국회에 계류 중이다가 제21대 임기 만료로 폐기된 상태이다.[91] 생성형 AI 알고리즘의 기술 수준을 높이기 위해서는 고품질의 데이터를 다량으로 학습하는 것이 필수적인데, 이에 관한 법 제도의 마련을 계속하여 지연하는 것은 바람직하지 못하다. 생성형 AI가 학습을 목적으로 합법적으로 접근할 수 있는 데이터의 범위를 명확하게 규정하되 저작권자를 위한 적절한 보상 시스템을 마련하는 것이 합리적이다. 이를 위해서는 인공지능 주요 선진국에서 텍스트·데이터 마이닝 면책 조항을 도입한 사례를 적극 참고할 필요가 있다.

---

85) 연합뉴스, "AI 학습·빅데이터 분석 위한 저작권 침해 면책 조항 생긴다", https://www.yna.co.kr/view/AKR20200701032200005, (2024. 10. 20. 확인).

86) 도종환 의원 등 13인 발의, "저작권법 전부개정법률안", 2107440호, (2021. 1. 15.)

87) 이용호 의원 등 14인 발의, "저작권법 일부개정법률안", 2117990호, (2022. 10. 31.)

88) 황보승희 의원 등 10인 발의, "저작권법 일부개정법률안", 2122537호, (2023. 6. 8.)

89) 문화체육관광위원회, 저작권법 전부개정법률안 검토보고서(도종환 의원 대표발의, 의안번호 제2107440호), 2021, 31.

90) 문화체육관광위원회, 저작권법 일부개정법률안 검토보고서(이용호 의원 대표발의, 의안번호 제2117990호), 2022. 8.

91) CODIT, "의안", https://thecodit.com/kr-ko/bill/sh/20230608-000000002122537, (2024. 10. 20. 확인).

〈표-2〉 '텍스트·데이터 마이닝' 관련 저작권법 개정법률안

저작권법 전부개정법률안 (도종환 의원 대표발의)	
2021년	제43조(정보분석을 위한 복제·전송) ① 컴퓨터를 이용한 자동화 분석 기술을 통해 다수의 저작물을 포함한 대량의 정보를 분석(규칙, 구조, 경향, 상관관계 등의 정보를 추출하는 것)하여 추가적인 정보 또는 가치를 생성하기 위한 것으로 저작물에 표현된 사상이나 감정을 향유하지 아니하는 경우에는 필요한 한도 안에서 저작물을 복제·전송할 수 있다. 다만, 해당 저작물에 적법하게 접근할 수 있는 경우에 한정한다. ② 제1항에 따라 만들어진 복제물은 정보분석을 위하여 필요한 한도에서 보관할 수 있다.
저작권법 일부개정법률안 (이용호 의원 대표발의)	
2022년	제35조의5(정보분석을 위한 복제·전송 등) ① 컴퓨터를 이용한 자동화 분석 기술을 통하여 추가적인 정보 또는 가치를 생성하기 위한 목적으로 다수의 저작물을 포함한 대량의 정보를 분석(규칙, 구조, 경향 및 상관관계 등의 정보를 추출하는 경우를 말한다. 이하 이 조에서 "정보분석"이라 한다)하는 것으로 다음 각 호의 요건을 모두 충족하는 경우에는 필요한 범위 안에서 저작물을 복제·전송할 수 있다. 1. 저작물에 표현된 사상이나 감정을 향유하지 아니할 것 2. 정보분석의 대상이 되는 해당 저작물에 적법하게 접근할 것 ② 제1항에 따라 저작물을 복제하는 자는 정보분석을 위하여 필요한 한도 안에서 복제물을 보관할 수 있다. 이 경우 저작권 및 그 밖에 이 법에 따라 보호되는 권리의 침해를 방지하기 위하여 복제방지조치 등 대통령령으로 정하는 필요한 조치를 하여야 한다. ③ 정보분석의 결과물에 대하여 다음 각 호의 어느 하나에 해당하는 목적으로 적법하게 접근하는 경우에는 「부정경쟁방지 및 영업비밀보호에 관한 법률」, 「데이터 산업진흥 및 이용촉진에 관한 기본법」, 「산업 디지털 전환 촉진법」 및 그 밖의 데이터 보호에 관한 다른 법률의 규정에도 불구하고 해당 결과물을 이용할 수 있다. 다만, 정보분석을 위하여 정당한 권리자로부터 저작물의 복제·전송에 대한 이용의 허락을 받은 경우에는 그러하지 아니하다. 1. 교육·조사·연구 등 비상업적 목적 2. 저작물의 창작 목적
저작권법 일부개정법률안 (황보승희 의원 대표발의)	
2023년	제35조의5(정보분석을 위한 복제·전송 등) ① 컴퓨터를 이용한 자동화 분석기술을 통하여 다수의 저작물을 포함한 대량의 정보를 해석(패턴, 트렌드 및 상관관계 등의 정보를 추출·비교·분류·분석하는 경우를 말한다. 이하 이 조에서 "정보분석"이라 한다)함으로써 추가적인 정보 또는 가치를 생성하기 위하여 다음 각 호의 요건을 모두 갖춘 경우에는 필요한 범위 안에서 저작물을 복제·전송하거나 2차적저작물을 작성할 수 있다. 1. 해당 저작물에 대하여 적법하게 접근할 것 2. 해당 저작물에 표현된 사상이나 감정을 향유하는 것을 목적으로 하지 아니할 것 ② 제1항에 따라 만들어진 복제물은 정보분석을 위하여 필요한 범위 안에서 보관할 수 있다.

2. 생성형 AI 창작물의 이용 문제

(1) 논의사항

생성형 AI 모델이 만들어 낸 각본, 소설, 음악, 영상, 이미지 등을 실제 활용하는 사례가 증가하고 있으며[92] 예술가들도 생성형 AI 모델을 이용하여 예술 표현을 다각화하고 자신만의 창작 영역을 확대하고 있다.[93] 하지만 생성형 AI 모델이 만들어 낸 콘텐츠를 저작권법상 어떻게 규율할 것인지에 대해서는 아직 불분명한 상태이다. 이와 관련하여 우선, 생성형 AI 창작물의 저작자 내지 저작권자를 누구로 볼 것인지가 문제된다. 우리나라 저작권법 제2조 제1호에서는 인간의 사상 또는 감정을 표현한 창작물을 '저작물' 그리고 동조 제2호에서는 저작물을 창작한 자를 '저작자'라고 명시하고 있다. 그리고 저작권법 제10조 제2항에서는 저작권은 "저작물을 창작한 때부터 발생하며 어떠한 절차나 형식의 이행을 필요로 하지 않는다"고 하여 무방식주의(無方式主義)를 선언하고 있다. 이에 따르면 어떤 작품을 창작한 자가 '저작자'가 되며 원칙적으로 저작자는 작품을 만든 때부터 '저작권자'가 된다. 그런데 생성형 AI 모델에 의해 제작된 콘텐츠의 경우 이를 알고리즘 개발을 기획하고 분석한 회사, 데이터를 학습시키고 훈련한 개발자, 그리고 프롬프트에 구체적 명령어를 입력한 사용자 등 여러 사람이 개입하므로 이들 중 과연 누구를 콘텐츠의 창작자로 볼 것인지에 대해 의견이 엇갈릴 수 있다.[94] 한편, 미국 저작권청(USCO)[95]과 우리나라 문화부[96]는 현행 저작권법

---

92) 서울신문, "'예술' 영역 넘보는 인공지능…시 쓰고 그림 그리는 초거대 AI", https://www.seoul.co.kr/news/economy/IT/2022/08/01/20220801500191, (2024. 10. 20. 확인).

93) 머니투데이, "롯데월드 야간공연 음악에 비밀이…'AI·인간 협업 창작품'", https://news.mt.co.kr/mtview.php?no=2024091010285798264, (2024. 10. 20. 확인).

94) William Morriss, "Who owns AI created content? The surprising answer and what to do about it", https://www.reuters.com/legal/legalindustry/who-owns-ai-created-content-surprising-answer-what-do-about-it-2023-12-14/, (2024. 10. 20. 확인).

95) 2023년 2월 미국 저작권청(USCO)은 '새벽의 지리아(Zarya of the Dawn)' 작품의 저작권 등록 여부와 관련하여 현행 저작권법은 인간이 만든 작품만을 보호하므로 예술가이자 프로그래머인 크리스티나 카스타노바(Kristina Kashtanova)가 생성형 AI를 활용하여 제작한 그래픽 노블은 저작권 등록이 거부된다고 발표하였다(Franklin Graves, "U.S. Copyright Office Clarifies Limits of Copyright for AI-Generated

상 인간이 만드는 작품만 보호 대상이 되며 생성형 AI를 통해 제작된 콘텐츠의 경우 저작권 등록이 가능하지 않다는 점을 각각 밝힌 바 있다.[97] 그렇다면 현행법의 한계를 넘어서 생성형 AI 창작물을 보호하기 위해서는 저작권법에 새로운 법 조항을 신설하는 방안을 고려해야 하며 이에 대한 구체적 검토가 요구된다고 할 것이다. 다음으로, 생성형 AI 창작물의 저작권 보호기간을 어느 정도로 설정할 것인지가 문제된다. 현행 저작권법에서는 일반 저작물의 경우 저작자의 생존기간 및 사후 70년까지 저작재산권이 보호된다고 명시하고 있다.[98] 그리고 업무상저작물[99]과 영상저작물[100]의 경우 공표한 때로부터 70년간 보호된다고 규정하고 있다. 그런데 생성형 AI 창작물의 경우 인간에 비하여 훨씬 빠른 속도로 손쉽게 제작될 수 있기 때문에 기존의 저작권 보호기간과 차등을 둘 필요가 있다. 예컨대, 저작권법에서는 데이터베이스 제작자의 경우 소재 자체의 창작성을 인정할 수는 없더라도 데이터의 수집, 갱신 또는 검증을 위하여 상당한 자본과 노력이 투입되었다는 점을 인정하여 제작이 완료된 때부터 5년

Works", https://ipwatchdog.com/2023/02/23/u-s-copyright-office-clarifies-limits-copyright-ai-generated-works/id=157023/, (2024. 10. 20. 확인)).

96) 2023년 12월 우리나라 문화체육관광부는 'AI 저작권 안내서'를 통해 현행법상 저작권 등록의 범위는 '인간의 사상이나 감정이 표현된 창작물'에 한정되며 인간의 창의적 개입이 없는 AI 산출물에 대한 저작권 등록은 불가하다고 밝혔다(문화체육관광부/한국저작권위원회, 생성형 AI 저작권 안내서, 한국저작권위원회 (2023), 41.).

97) 매일경제, "AI가 만든 그림·소설 저작권 불인정…저작권 등록규정에 명시", https://www.mk.co.kr/news/it/10901441, (2024. 10. 20. 확인).

98) 저작권법 제39조(보호기간의 원칙)
   ① 저작재산권은 이 관에 특별한 규정이 있는 경우를 제외하고는 저작자가 생존하는 동안과 사망한 후 70년간 존속한다.
   ② 공동저작물의 저작재산권은 맨 마지막으로 사망한 저작자가 사망한 후 70년간 존속한다.

99) 저작권법 제41조(업무상저작물의 보호기간)
   업무상저작물의 저작재산권은 공표한 때부터 70년간 존속한다. 다만, 창작한 때부터 50년 이내에 공표되지 아니한 경우에는 창작한 때부터 70년간 존속한다.

100) 저작권법 제42조(영상저작물의 보호기간)
   영상저작물의 저작재산권은 제39조 및 제40조에도 불구하고 공표한 때부터 70년간 존속한다. 다만, 창작한 때부터 50년 이내에 공표되지 아니한 경우에는 창작한 때부터 70년간 존속한다.

간 권리가 보호된다고 명시하고 있다.[101] 이러한 점을 참고하여 생성형 AI 창작물의
보호기간을 어느 정도로 명시할 것인지에 대하여 고민해 볼 필요가 있다. 마지막으로
생성형 AI에 의해 제작된 콘텐츠에 대하여 저작권 분쟁이 발생했을 경우 어떻게 제재
할 것인지가 문제된다. 예컨대, 생성형 AI에 의해 제작된 콘텐츠가 기존 저작물과 실
질적 유사성(Substantial Similarity)을 갖는 경우이다. 설사 텍스트·데이터 마이닝(TDM)
면책 조항에 근거하여 생성형 AI가 다른 저작물을 학습하는 것이 가능하다고 하더
라도 이것이 다른 저작물의 복제 또는 표절까지 허용됨을 의미하지는 않는다.[102] 따
라서 이러한 경우 기존 저작물에 관한 복제권 침해가 성립할 수 있으며, 구체적으로
생성형 AI 회사, 개발자, 이용자 중 누가 저작권 침해 책임을 질 것인지 문제될 수 있
다.[103] 나아가 생성형 AI에 의한 저작권 분쟁 발생 시 민사적 제재 외에 형사적 제재도
적용 가능하다고 해석할 것인지에 대하여 검토가 요구된다.[104] 현행 저작권법에서는
고의 또는 과실로 저작물에 관한 권리를 침해한 자에게 손해배상 청구, 침해 행위의
정지, 명예회복 청구[105] 등 민사적 조치 외에 징역 또는 벌금에 처하는 형사적 조치[106]

---

101) 저작권법 제95조(보호기간)
① 데이터베이스제작자의 권리는 데이터베이스의 제작을 완료한 때부터 발생하며, 그 다음 해부
터 기산하여 5년간 존속한다.
② 데이터베이스의 갱신 등을 위하여 인적 또는 물적으로 상당한 투자가 이루어진 경우에 해당
부분에 대한 데이터베이스제작자의 권리는 그 갱신 등을 한 때부터 발생하며, 그 다음 해부터
기산하여 5년간 존속한다.
102) Dalibor Kovář/Nikita Fesyukov/Michal Kandráč, "Overly strict? Copyright obligations for training
AI models under the AI Act will be difficult to meet", https://en.havelpartners.blog/overly-strict-
copyright-obligations-for-training-ai-models-under-the-ai-act-will-be-difficult-to-meet, (2024.
10. 20. 확인).
103) Chase DiBenedetto, "Microsoft offers legal protection for users with AI copyright infringements",
https://mashable.com/article/microsoft-ai-copilot-legal-protections?test_uuid=01iI2GpryXngy77uIp
A3Y4B&test_variant=b, (2024. 10. 20. 확인).
104) 박경규, "AI를 통한 창작활동과 형사법적 문제―사기죄 등을 중심으로", 법학논고 제86집, 경북대
학교 법학연구원 (2024), 356-359.
105) 저작권법 제127조(명예회복 등의 청구) 저작자 또는 실연자는 고의 또는 과실로 저작인격권 또는 실
연자의 인격권을 침해한 자에 대하여 손해배상을 갈음하거나 손해배상과 함께 명예회복을 위하
여 필요한 조치를 청구할 수 있다.

를 취할 수 있도록 규정하고 있다. 그런데 생성형 AI 창작물의 경우 그 저작자를 누구로 볼 것인지에 따라 대응 방안이 달라질 수 있다.[107] 이와 관련하여 생성형 AI 창작물에 관한 저작권 분쟁 발생 시 법적 책임의 귀속 주체 및 제재 방안에 대하여 고찰해 볼 필요가 있다.

(2) 제언 및 검토

생성형 AI 창작물의 원활한 이용을 위해서는 저작권 분야의 제도적 정비가 무엇보다 요구된다. 이와 관련해서 우선, 생성형 AI 창작물의 저작자를 누구로 볼 것인지에 대하여 명시할 필요가 있다. 최근 들어 AI에 의해 만들어진 콘텐츠를 인간의 그것과 구분되도록 별도 표기를 해야 한다는 의견이 증가하고 있다.[108] 지난 제21대 국회에서 주호영 의원이 대표로 발의한 적이 있었던 「저작권법 일부개정법률안」[109]에서는 이에 관한 내용을 담고 있는데, 여기서는 '인공지능 저작물'을 '외부 환경을 스스로 인식하고 상황을 판단하여 자율적으로 동작하는 기계장치 또는 소프트웨어에 의하여 제작된 창작물'(안 제2조 제1의2호) 그리고 '인공지능 저작물의 저작자'를 '인공지능 서비스를 이용하여 저작물을 창작한 자 또는 인공지능 저작물의 제작에 창작적 기여를 한 인공지능 제작자, 서비스 제공자 등을 말한다'(안 제2조 제2의2호)고 각각 정의한 바

---

106) 저작권법 제136조(벌칙) ① 다음 각 호의 어느 하나에 해당하는 자는 5년 이하의 징역 또는 5천만원 이하의 벌금에 처하거나 이를 병과(倂科)할 수 있다.

  1. 저작재산권, 그 밖에 이 법에 따라 보호되는 재산적 권리(제93조에 따른 권리는 제외한다)를 복제, 공연, 공중송신, 전시, 배포, 대여, 2차적저작물 작성의 방법으로 침해한 자

107) ChosunBiz, "[AI 시대의 저작권] AI가 베낀 미키마우스 때문에 징역형까지?…저작권 침해 요건은", https://biz.chosun.com/topics/law_firm/2023/07/05/6JCXU5I6D5FRJBYVLRAYYZ3KFY/, (2024. 10. 20. 확인).

108) 2024년 1월 국회의원 회관에서 개최된 '메이드 바이(Made by) AI 표기 의무화를 위한 국회 공청회'에서는 생성형 AI 표기 의무화 제도 도입을 촉구하는 목소리가 이어졌다. AI가 만든 창작물과 학습에 활용한 데이터의 출처를 밝혀야 한다는 의견에 대해서는 대부분 동의했으나, 표기 주체, 방법, 정도 등에 대해서는 여전히 논의가 필요하고 신중히 접근해야 한다는 지적이 많았다(KPI 뉴스, "AI 저작물 표기 의무화"…원론은 '동의' 각론은 '논쟁 중'", https://www.kpinews.kr/newsView/1065609079905419, (2024. 10. 20. 확인)).

109) 주호영 의원 발의, "저작권법 일부개정법률안", 2106785호, (2020. 12. 21).

있다. 다만, 검토보고서에서는 인간 저작자의 참여 여부와 관계없이 인공지능에 의하여 제작된 모든 창작물을 '인공지능 저작물'로 정의하는 것은 적절하지 않으며 현재 상황에서는 창작적 기여도를 평가[110]하는 것이 어렵다는 점을 지적하여[111] 국회에 계류 중이다가 위 발의안은 임기 만료로 폐기되었다. 하지만 앞으로 생성형 AI 창작물의 활용이 더욱 증가할 것이라는 점을 고려했을 때 법적 공백을 지속하는 것은 바람직하지 않다고 여겨진다. 따라서 현재 상황에서 저작권법에 적용 가능한 범위를 최대한 검토하여[112] 이에 대응하는 내용을 우선적으로 도입하는 것이 합리적이라고 생각한다.[113] 나아가 생성형 AI 창작물도 등록 시스템을 통해 최초 저작 및 양도 등의 사실을 제3자가 확인할 수 있도록 공시하는 것이 적합하다고 본다.

다음으로, 생성형 AI 창작물의 보호기간에 관한 법 제정이 필요하다. 생성형 AI 창작물의 경우 알고리즘 기술을 바탕으로 빅데이터를 수집·분석하여 새로운 콘텐츠를 제작한다는 측면에서 인간의 저작물에 비하여 단기(短期)로 규율하는 것이 형평성의 원칙에 부합한다. 이와 관련하여 다른 지식재산권의 보호기간을 살펴보면, 특허권 20년,[114] 디자인권 20년,[115] 상표권 10년,[116] 실용신안권은 10년[117]으로 각각 규율하고

---

110) Kateryna Militsyna, "Human Creative Contribution to AI—Based Output—One Just Can't) Get Enough", GRUR International, Vol. 72, Issue 10, Oxford University Press (2023), 939-949.
111) 문화체육관광위원회, "저작권법 일부개정법률안(주호영 의원 대표발의, 의안번호 제2106785호) 검토보고서", (2021. 2. 24.), 4-6.
112) Davina Garrod et, "Final Approval of Ground-breaking EU AI Act", https://www.akingump.com/en/insights/alerts/final-approval-of-ground-breaking-eu-ai-act, (2024. 10. 20. 확인).
113) 예컨대, '인공지능 저작물' 개념과 관련해서는 '외부 환경을 스스로 인식하고 상황을 판단하여 자율적으로 동작하는 기계장치 또는 소프트웨어를 전부 또는 일부 활용하여 제작된 창작물'이라고 하여 인간 보조도구가 되는 AI와 스스로 인식하고 창작하는 AI의 개념을 모두 포함할 수 있도록 보완하며, '인공지능 저작자' 개념과 관련해서는 '○○○ AI + 인간 저자 ○○○'와 같이 생성형 AI와 인간 저자를 공동으로 표기하도록 하되, 별도의 저작권 등록 관리 시스템을 두어 어떤 프로그램에 어떤 프롬프트를 입력하여 순차적으로 만들었는지를 부가적으로 기재하는 방안 등을 고려할 수 있다.
114) 특허법 제88조(특허권의 존속기간)
   ① 특허권의 존속기간은 제87조 제1항에 따라 특허권을 설정등록한 날부터 특허출원일 후 20년이 되는 날까지로 한다.
115) 디자인보호법 제91조(디자인권의 존속기간) ① 디자인권은 제90조 제1항에 따라 설정등록한 날부터

있음을 알 수 있다. 그리고 저작권법에서도 데이터베이스 제작자의 경우 데이터베이스 제작을 완료한 때부터 5년 동안 권리를 보호하고 있다. 이는 대상의 특성에 따라 배타적 권리행사 기간을 차등적으로 부여함으로써 개발 또는 창작을 위해 노력, 자본 등을 투입한 자에게 일정한 보상을 허용하되 정해진 기간 후에는 공공재(公共財)로서의 성격을 갖게 하여 문화예술 및 산업 발전에 이바지하게 하려 함이다. 이와 관련하여 주호영 의원이 대표 발의한 「저작권법 일부개정법률안」[118]에서는 "인공지능 저작물의 저작재산권은 공표한 때부터 5년간 존속한다"고 명시한 바 있다(안 제39조 제3항). 다만, 검토보고서에서는 생성형 AI 창작물과 인간 저작물의 구분이 어려운 상황에서 전자의 보호기간을 5년으로 명시한다고 했을 때, 사람들이 군이 등록할 것인지 등에 대해 의문을 제기하고 있다.[119] 하지만 생성형 AI 창작물에 대하여 보호기간을 아예 두지 않거나 인간이 창작한 작품과 동일한 잣대를 적용하는 것은 적절하지 않을 것으로 생각된다.[120] 이에 AI 창작물의 보호기간을 종래 데이터베이스제작자의 권리와 동일하게 '제작이 완료된 때로부터 5년'으로 명시하되, 인공지능 기술의 발전 속도 및 문화예술 시장에 미치는 영향을 고려하여 생성형 AI 창작물의 보호기간을 단기 또는 장기로 점진적으로 조정해 나가는 방안을 고려해 볼 수 있을 것이다.

마지막으로, 생성형 AI 창작물에 관한 저작권 침해 분쟁 발생 시 구체 조치에 대하여 검토가 요구된다. 현행법에 의할 때 저작권자는 저작권 침해 시 민·형사 조치

발생하여 디자인등록출원일 후 20년이 되는 날까지 존속한다. 다만, 제35조에 따라 관련디자인으로 등록된 디자인권의 존속기간 만료일은 그 기본디자인의 디자인권 존속기간 만료일로 한다.

116) 상표법 제83조(상표권의 존속기간)
　　① 상표권의 존속기간은 제82조 제1항에 따라 설정등록이 있는 날부터 10년으로 한다.

117) 실용신안법 제22조(실용신안권의 존속기간)
　　① 실용신안권의 존속기간은 제21조 제1항에 따라 실용신안권을 설정등록한 날부터 실용신안등록출원일 후 10년이 되는 날까지로 한다.

118) 주호영 의원 발의, "저작권법 일부개정법률안", 2106785, (2020. 12. 21.).

119) 문화체육관광위원회, "저작권법 일부개정법률안(주호영 의원 대표발의, 의안번호 제2106785호) 검토보고서", (2021. 2. 24.), 6.

120) 연합뉴스, "AI가 '생산'하는 창작물, 엄격한 저작권 보호 불필요", https://www.yna.co.kr/view/AKR20170705126100033, (2024. 10. 20. 확인).

를 모두 할 수 있다. 권리 침해자에게 권리 침해의 정지 또는 침해의 예방을 청구할 수 있으며,[121] 권리 행사로 일반적으로 받을 수 있는 금액에 상응하는 액을 손해배상 금으로 요구할 수 있다.[122] 또한 타인의 저작물을 허락 없이 복제·공연·공중송신·전시·배포·대여·2차적저작물 작성한 자는 5년 이하의 징역 또는 5천만원 이하의 벌 금에 처해지거나 병과될 수 있다. 그런데 이는 모두 저작자가 자연인(自然人)임을 전제 로 한 것이므로 적용하는 데 한계가 있다. 따라서 생성형 AI 창작물에 관한 저작권 침 해 문제를 규율하기 위해서는 '인공지능 창작물 저작자' 신설 개념을 바탕으로 민·형 사상 제재를 어느 범위까지 적용할 것인지 분명하게 규정할 필요가 있다. 다만, 앞에 서 살펴본 발의안에 의할 때 '인공지능 창작물 저작자'는 '인공지능 서비스를 이용하 여 저작물을 창작한 자 또는 인공지능 저작물의 제작에 창작적 기여를 한 인공지능 제작자·서비스 제공자 등' 중 '창작적 기여도'에 따라 정해지므로(안 제2조 제2의2호, 제 10조 제3항) 생성형 AI 창작물의 주된 저작자가 누구인지는 구체적 사례마다 달라질 수 있다. 그러므로 생성형 AI 창작물의 저작권 침해 책임은 AI 개발자, 서비스 제공 자, 사용자 등이 연대하여 책임을 지는 것을 원칙으로 하되 당사자 간 계약에 의해 책

---

121) 저작권법 제123조(침해의 정지 등 청구)

① 저작권 그 밖에 이 법에 따라 보호되는 권리(제25조·제31조·제75조·제76조·제76조의2·제82조·제83조 및 제83조의2의 규정에 따른 보상을 받을 권리는 제외한다. 이하 이 조에서 같다)를 가진 자는 그 권리를 침해하는 자에 대하여 침해의 정지를 청구할 수 있으며, 그 권리를 침해할 우려가 있는 자에 대하여 침해의 예방 또는 손해배상의 담보를 청구할 수 있다.

② 저작권 그 밖에 이 법에 따라 보호되는 권리를 가진 자는 제1항의 규정에 따른 청구를 하는 경 우에 침해행위에 의하여 만들어진 물건의 폐기나 그 밖의 필요한 조치를 청구할 수 있다.

122) 저작권법 제125조(손해배상의 청구)

① 저작재산권 그 밖에 이 법에 따라 보호되는 권리(저작인격권 및 실연자의 인격권은 제외한다)를 가 진 자(이하 "저작재산권자 등"이라 한다)가 고의 또는 과실로 권리를 침해한 자에 대하여 그 침해 행위에 의하여 자기가 받은 손해의 배상을 청구하는 경우에 그 권리를 침해한 자가 그 침해행 위에 의하여 이익을 받은 때에는 그 이익의 액을 저작재산권자등이 받은 손해의 액으로 추정 한다.

② 저작재산권자 등이 고의 또는 과실로 그 권리를 침해한 자에게 그 침해행위로 자기가 받은 손 해의 배상을 청구하는 경우에 그 권리의 행사로 일반적으로 받을 수 있는 금액에 상응하는 액 을 저작재산권자 등이 받은 손해의 액으로 하여 그 손해배상을 청구할 수 있다.

임 귀속 여부를 정할 수 있다고 명시하는 것이 적절하다고 본다. 이와 관련해서는 제
조물책임법상 '제조물 책임' 또는 민법상 '공동연대책임' 등을 참고해 볼 수 있다. 먼
저, 제조물책임법에서는 "제조업자는 제조물의 결함으로 생명·신체 또는 재산에 손
해를 입은 자에게 배상하여야 한다"고 하면서도 "고의성의 정도, 해당 제조물의 결함
으로 인하여 발생한 손해의 정도, 해당 제조물의 공급으로 인하여 제조업자가 취득
한 경제적 이익, 해당 제조물의 공급이 지속된 기간 및 공급 규모, 제조업자의 재산 상
태 등"을 고려하여 법원은 배상액을 정해야 한다고 명시하고 있다.[123] 이와 같은 규정
은 생성형 AI 서비스를 만든 제조업체의 손해배상 범위를 정할 때 참작할 수 있을 것
이다.[124] 그리고 민법에서는 "수인이 공동으로 불법행위를 하여 타인에게 손해를 가
한 때에는 연대하여 손해를 배상할 책임이 있다"[125]고 명시하고 있다. AI 개발자는 데
이터를 학습한 후 알고리즘이 기존 저작물과 동일 또는 매우 흡사한 콘텐츠를 제대로
여과하지 못하였다는 점에서[126] 그리고 사용자는 저작권 침해가 된 AI 창작물을 복

---

123) 제조물책임법 제3조(제조물 책임)
   ① 제조업자는 제조물의 결함으로 생명·신체 또는 재산에 손해(그 제조물에 대하여만 발생한 손해는
   제외한다)를 입은 자에게 그 손해를 배상하여야 한다.
   ② 제1항에도 불구하고 제조업자가 제조물의 결함을 알면서도 그 결함에 대하여 필요한 조치를
   취하지 아니한 결과로 생명 또는 신체에 중대한 손해를 입은 자가 있는 경우에는 그 자에게 발
   생한 손해의 3배를 넘지 아니하는 범위에서 배상책임을 진다. 이 경우 법원은 배상액을 정할
   때 다음 각 호의 사항을 고려하여야 한다.
   1. 고의성의 정도
   2. 해당 제조물의 결함으로 인하여 발생한 손해의 정도
   3. 해당 제조물의 공급으로 인하여 제조업자가 취득한 경제적 이익
   4. 해당 제조물의 결함으로 인하여 제조업자가 형사처벌 또는 행정처분을 받은 경우 그 형사처
   벌 또는 행정처분의 정도
   5. 해당 제조물의 공급이 지속된 기간 및 공급 규모
   6. 제조업자의 재산상태
   7. 제조업자가 피해구제를 위하여 노력한 정도
124) 대법원 2004. 3. 12. 선고 2003다16771 판결.
125) 민법 제760조 참고.
126) 하급심 판례 중에 컴퓨터 프로그램을 무단으로 복제·생산 및 판매한 업체인 피고들의 공동불법
   행위가 인정되어 손해배상이 인정된 사례가 존재한다. 법원은 피고 B가 이 사건 프로그램을 복제
   하여 프로그램을 생산하고 피고 B와 피고 D가 프로그램을 판매하여 원고 저작권을 침해하였으

제·전송 등의 방법으로 이용함으로써 실질적 피해를 확산시켰다는 점[127]에서 저작권 침해에 대해 공동으로 책임을 지는 것이 타당하다고 여겨진다. 나아가 형사처벌과 관련하여 생성형 AI에 전자적 인격(Electronic Person)[128]이 부여되지 않은 이상 생성형 AI에 제재를 가하는 것은 어려울 것이나 창작적 기여도에 따라 AI 창작물의 저작자로 판명된 자에게 징역 또는 벌금형을 부과하는 것은 가능할 것으로 생각된다. 특히 기존 저작물에 관한 침해 행위를 반복적으로 지속하거나 그로 인한 피해 규모가 상당한 경우에는 민사적 제재 외에 형사적 제재도 고려할 필요가 있다고 생각된다.[129] 앞에서 살펴본 발의안에서는 "다음 각호에 해당하는 경우 3년 이하의 징역 또는 3천만원 이하의 벌금에 처하거나 이를 병과할 수 있다"면서 각호 중 하나에 "인공지능 생성물이라고 등록을 표기하지 아니한 자"를 명시함으로써 생성형 AI 저작자에게도 형사처벌을 부과할 수 있도록 하였다(안 제136조 제2항). 이와 같은 법 규정을 통하여 불합리한 피해를 최대한 줄이고 생성형 AI 창작물을 원활하게 이용할 수 있는 법적 환경을 조성해야 할 것이다.

므로, 피고 B, D는 공동으로 원고에게 손해를 배상할 의무가 있다고 판시하였다(서울중앙지방법원 2020. 9. 16. 선고 2015가합557423 판결).

127) 위티리크스한국, "AI 사용자의 책임이 커질 것⋯거세지는 생성형 AI의 저작권 위반 논란", http://www.wikileaks-kr.org/news/articleView.html?idxno=151049, (2024. 10. 20. 확인).

128) EU 의회에서는 전자인격 대상의 로봇(smart robot 또는 smart automonous robot)의 특성으로 ① 감각기관(sensor)에 의하거나, 또는 외부와의 데이터 교환(inter connectivity) 및 해당 데이터의 분석을 통하여 자율성을 취득할 수 있는 능력, ② 경험 및 상호작용을 통하여 스스로 학습할 수 있는 능력, ③ 로봇의 신체적 지원이 가능한 형태, ④ 환경에 맞추어 행동과 동작을 적응해 갈 수 있는 능력을 갖출 것 등을 언급한다(신현탁, "인공지능(AI)의 법인격−전자인격 개념에 관한 소고", 인권과 정의 vol. 478, 대한변호사협회, 2018, 52-57).

129) "민사책임은 타인의 법익을 침해한 데 대하여 행위자의 개인적 책임을 묻는 것으로서 피해자에게 발생한 손해의 전보를 그 내용으로 하는 것이고, 손해배상제도는 손해의 공평·타당한 부담을 그 지도원리로 하는 것이므로, 형사상 범죄를 구성하지 아니하는 침해행위라고 하더라도 그것이 민사상 불법행위를 구성하는지 여부는 형사책임과 별개의 관점에서 검토하여야 한다." (대법원 2008. 2. 1. 선고 2006다6713 판결)

〈표 3〉'인공지능 창작물' 관련 저작권법 개정법률안

현행	개정안[130]
제2조(정의) 이 법에서 사용하는 용어의 뜻은 다음과 같다.	제2조(정의)
<신 설>	1의2. "인공지능 저작물"은 외부환경을 스스로 인식하고 상황을 판단하여 자율적으로 동작하는 기계장치 또는 소프트웨어(이하 "인공지능"이라 한다)에 의하여 제작된 창작물을 말한다.
<신 설>	2의2. "인공지능 저작물의 저작자"는 인공지능 서비스를 이용하여 저작물을 창작한 자 또는 인공지능 저작물의 제작에 창작적 기여를 한 인공지능 제작자·서비스 제공자 등을 말한다.
제10조(저작권) ①·② (생략)	제10조(저작권) ①·② (현행과 같음)
<신 설>	③ 제2항에도 불구하고 인공지능 저작물의 저작자는 창작 기여도 등을 감안하여 대통령령으로 정하는 바에 따라 정한다.
제39조(보호기간의 원칙) ①·② (생략)	제39조(보호기간의 원칙) ①·② (현행과 같음)
<신 설>	③ 제1항에도 불구하고 인공지능 저작물의 저작재산권은 공표된 때부터 5년간 존속한다.
제136조(벌칙) ① (생 략)	제136조(벌칙) ① (현행과 같음)
② 다음 각 호의 어느 하나에 해당하는 자는 3년 이하의 징역 또는 3천만원 이하의 벌금에 처하거나 이를 병과할 수 있다.	② --.
2. 제53조 및 제54조(제90조 및 제98조에 따라 준용되는 경우를 포함한다)에 따른 등록을 거짓으로 한 자	2. --- 등록이나 표기를 거짓으로 한 자

---

130) 주호영 의원 발의, "저작권법 일부개정법률안", 2106785호, (2020. 12. 21).

V. 결 론

이상으로 생성형 AI 창작물을 둘러싼 분쟁 사례 및 저작권 쟁점에 대하여 살펴보았다. '챗지피티(Chat-GPT)', '미드저니(Midjourney)', '스테이블 디퓨전(Stable Diffusion)', '구글 제미나이(Google Gemini)' 등 생성형 AI의 등장은 문화예술 분야의 작품 창작에 획기적 변화를 가져왔다. 그리고 생성형 AI 창작물 이용이 급속히 늘어남에 따라 이에 관한 저작권 분쟁도 또한 증가하고 있는 상황이다. 앞에서 살펴본 'Sarah Anderson et v. Stability AI et' 사건, 'RIAA v. Suno, Udio' 사건, 중국의 '울트라맨(奧特曼)' 사건, 'Sarah Silverman et v. OpenAI et' 사건, 'Getty Images v. Stability AI' 사건, 'Concord Music Group, Inc. v. Anthropic PBC' 사건 등도 모두 그러한 예이다. 그러나 생성형 AI 창작물에 관한 저작권 분야의 법 규율은 아직 미비한 상황이라서 저작권 침해 논쟁은 더욱 거세지고 있다. 이와 관련하여 이 글에서는 생성형 AI 저작권 관련 쟁점을 크게 두 가지 측면으로 나눠서 살펴보았다. 먼저, 생성형 AI 창작물의 제작 과정에서 기존 데이터를 학습하는 문제와 관련하여서는 영국, 독일, EU 등과 같이 텍스트·데이터 마이닝(Text and Data Mining) 면책 조항을 도입하여 합법적 이용 범위를 분명히 하되, 일정한 경우 저작권자에게 정당한 보상을 지급하는 방안을 함께 규율하여야 한다고 보았다. 그 이유로 AI 기술의 개발을 위해서는 고품질의 데이터 학습이 필수적이므로 기존 저작물 이용을 무조건 반대하는 것은 바람직하지 못하지만, 저작권자의 권리를 균형적으로 보호하기 위해서는 이용에 대응하는 보상이 제도적으로 뒷받침되어야 한다는 점을 지적하였다. 그리고 생성형 AI 창작물의 이용 문제와 관련하여서는 AI 창작물의 저작자, 보호기간, 민·형사상 제재 등에 관한 법 조항을 신설하여 도입할 필요가 있다고 보았다. 특히 AI 창작물 저작자의 경우 인공지능 제작자, 서비스 제공자, 사용자 중 창작적 기여도에 따라 정하는 것이 합리적이며, 보호기간은 AI 창작 방식과 속도 등을 감안했을 때 인간 저작물과 차등을 두어 5년 정도가 적절하다고 제시하였다. 그리고 분쟁 해결의 실효성을 확보하기 위해서 별도의 등록 시스템을 두어 관리해야 하며, 침해의 정지, 손해배상 청구 등과 같은 민사적 제재 외에 징역 또는 벌금형 등과 같은 형사적 제재도 가능하도록 규정해야 한다고 언급하였다. 이와 같은 논의를 바탕으로 저작권법에 생성형 AI 관련 법 조항을 신속히 도입함으로써 새로운 기술 및 환경 변화에 유연하게 대처하고 저작권을 보호함으로써 문화예술 및 관련 산업 발전에 이바지해야 할 것이다.

제5장

프롬프팅(Prompting)의 법적 성격과 창작의 재평가

김원오

(인하대학교 법학전문대학원 교수, AI·데이터법 센터장)

I. 프롬프트의 창작 활용과 IP 쟁점

1. 생성형 AI와 프롬프트

생성형 인공지능(Generative AI)은 텍스트, 오디오, 이미지 등 기존 콘텐츠를 활용해 유사한 콘텐츠를 새롭게 만들어 내는 인공지능(AI)이다. ChatGPT 등 생성형 AI는 GPT의 이니셜이 상징하듯 프롬프트 명령어(input)에 따라 콘텐츠(output)를 자동 생성(Generative)하는 모델로서 사전학습(Pre-trained)을 통해 훈련받는다. 트랜스포머(Transformer)라는 구조에 기반한 것인데 트랜스포머란 창발성의 발휘로 콘텐츠 문맥 간 연관성 파악이 가능한 혁신적 심층신경망이라는 점에서 인간의 뇌구조와 흡사한 것이다. 생성형 AI는 거대 언어모델(LLM)에서 출발하였지만 그림, 음악, 동영상 등도 만들어 내는 멀티모달(multi-Modal)[1]로 변신하고 있으며 범용인공지능(AGI)[2]을 지향

---

1) Model과 비슷한 단어로서 모달(Modal)이 있다. 이는 시각, 청각, 미각 등 각각의 감각을 뜻하는 Modality의 줄임말로써 멀티모달이란 여러 개의 감각이 상호작용하는 것을 의미한다. 이미지 생성 AI는 대량의 이미지와 함께 이를 설명한 텍스트도 함께 학습한다. 이렇게 텍스트와 이미지를 동시에 학습하는 딥러닝 모델이 멀티모달 모델이다. 이미지, 텍스트뿐만 아니라 소리의 파형과 텍스트

하고 있다. 이에 따라 지적 사고를 지닌 인간의 전유물(專有物)이라고 여겨졌던 미술, 음악, 글쓰기, 디자인, 발명과 같은 '창작'(creation) 영역에 이미 인공지능이 깊숙이 관여하고 있다. 비교적 패턴화하기 쉬운 분야에서는 인간의 간단한 프롬프트(Prompt)의 지시만으로 AI가 인간의 창작물과 구별하기 어려운 창작물을 생성하는 것이 가능하게 되었다. 한편 과학기술 분야의 창작인 발명의 영역도 마찬가지이다. AI를 발명의 설계(아이디어 착상)와 분석, 선행기술 서치에 활용하고 특허 공백지대, 후보물질 발견, 청구범위작성과 회피설계에 이용할 수 있게 되었다. 종국적으로 단백질 등 주요 물질 DB, 특허 데이터(공보와 논문) 등을 딥러닝하여 발명을 해내는 지능을 갖추게 되는 과정에 이르고 있다. 언론보도를 장식했던 DABUS[3]나 미국의 AI 발명 플랫폼 All Prior Art,[4] 구글 딥마인드의 알파폴더 등도 대표적인 발명하는 인공지능이다. 디자인 영역[5]에서도 AI가 디자인 창작에 활용되고 있다.

최근에는 프롬프트에 텍스트만 입력해도 이에 기반한 이미지 합성과 동영상 제작까지 가능하며 신중하게 엔지니어링된 프롬프트의 잠재적 가치가 주목을 받고 있다. 생성형 AI(Generative AI)는 이용자의 요구를 이해하고 결과 값을 능동적으로 생성

를 함께 학습하는 음성인식 모델도 멀티모달 모델이라 할 수 있다.

2) '오픈AI'사가 인공지능(AI)의 능력수준을 5단계로 구분하고, 현재 기술은 2단계(인간 수준 문제해결) 직전 수준으로 평가했다고 전했다. 오픈AI에 따르면 1단계(챗봇·Chatbots)는 인간과 대화를 통해 상호작용할 수 있는 수준이고, 2단계(추론가·Reasoners)는 인간 수준의 문제해결 능력을 보유하게 된다. 3단계(대리인·Agents) 수준에서는 사용자를 대신해 며칠간 작업을 수행할 수 있어야 하고, 4단계(혁신자·Innovators)는 새로운 혁신을 제시할 수 있는 능력을 가진 것을 의미한다. 가장 높은 최종 5단계(조직·Organizations)는 조직처럼 업무를 수행할 수 있는 수준을 나타낸다. 출처: 이코노미21(http://www.economy21.co.kr).

3) 인공지능 로봇 DABUS가 발명한 특허출원; Daria Kim, 'AI-Generated Inventions': Time to Get the Record Straight?, GRUR International, Volume 69, Issue 5, May 2020, pp. 443-456; 신테카바이오는 AI플랫폼을 통해 신약 후보물질을 발굴하고 있다(https://www.sedaily.com/News VIew/ 1VS3ZP6Q0T).

4) 전정화, "인공지능(AI) 창작에 대한 특허법적 이슈" 보고서, IP Focus 제2020-10호, 한국지식재산연구원, 2020. 6면.

5) 단순 알고리즘을 활용하는 '그래스호퍼(grasshopper)', 데이터 분석기능이 탑재된 '드림캐처(dream catcher)' 등 인공지능 활용 디자인소프트웨어가 존재한다. 생성형 AI도 제품 이미지를 쉽게 만들어 낼 수 있다.

하는 인공지능 기술이며, 프롬프트(prompt)를 통한 입력과 결과 생성의 추론 과정을 거쳐 결과물(Output)을 생성한다. 생성 모델은 기술적 특성상 프롬프트를 얼마나 명확하고 간결하며 적절하게 입력하느냐에 그 결과가 크게 달라진다. 프롬프트에 입력은 단순한 텍스트부터 복잡한 문장은 물론 이미지, 영상에 이르기까지 다양한데 고품질의 생성 결과물을 얻고자 한다면 효과적으로 AI 프롬프트를 설계하고 구성해야만 한다. 그렇다면 이 프롬프트 입력행위야말로 생성형 AI를 이용한 창작의 핵심적인 과정이며 결과물의 품질을 좌우하는 중요 요소 중의 하나임이 분명하다. 프롬프트를 효과적으로 입력하는 기술을 프롬프트 엔지니어링(Prompt Engineering)[6]이라고도 부르며 최근에는 프롬프트 엔지니어 자격증까지 소개되고 그 구매마켓이 형성되고 있다. 프롬프트 엔지니어링이란 연구영역과 프롬프트엔지니어라는 전문직업이 등장하였다는 것은 프롬프트의 중요성을 잘 설명해 준다. 프롬프트를 보호하고, 지적재산으로서의 지위를 높여 프롬프트 엔지니어와 이용자의 지적재산권을 확인하고, LLM 프롬프트를 위한 공개 시장의 번영을 지원하기 위한 프로토콜 검토가 이루어지고 있다.[7] 나아가 텍스트-이미지 생성 및 AI 생성 예술의 사용 사례를 넘어 향후 응용 분야에서 인간-AI 상호 작용(HAI)의 관점에서 프롬프트 엔지니어링의 광범위한 의미에 대한 논의도 진행되고 있다.[8] 더불어 생성형 AI에 대한 지식재산 쟁점 논의도 프롬프트와 프롬프트 이용자 중심으로 옮겨 가는 조짐도 보이고 있다.

---

6) '프롬프트 엔지니어링'이란 생성형 인공지능(생성형 AI) 솔루션을 안내하여 원하는 결과를 생성하는 프로세스를 말한다. 생성형 AI는 인간을 모방하려고 시도하지만 고품질의 관련성 높은 결과물을 생성하려면 자세한 지침이 필요하다. 프롬프트 엔지니어링에서는 AI가 사용자와 더 의미 있게 상호 작용하도록 안내하는 가장 적절한 형식, 구문, 단어 및 기호를 선택한다. 프롬프트 엔지니어는 창의력을 발휘하고 시행착오를 거쳐 입력 텍스트 모음을 생성하므로 애플리케이션의 생성형 AI가 예상대로 작동한다.

7) Protect Your Prompts: Protocols for IP Protection in LLM Applications June 2023 DOI:10.48550/ arXiv.2306.06297 License CC BY 4.0.

8) Oppenlaender, J. (2023). A taxonomy of prompt modifiers for text-to-image generation. Behaviour & Information Technology, 1-14. https://doi.org/10.1080/ 0144929X.2023.2286532

2. 프롬프트를 둘러싼 IP 주요쟁점

(1) 기존의 주요 논의와 프롬프트 이슈의 등장

AI가 창작의 주체 내지 주요 도구로 등장하면서 지식재산 보호체제에 위협이 될 수 있는 많은 법적 문제를 야기하여 왔다. 특히 대규모 언어 모델에 기반한 생성형 AI는 그 모델을 훈련하는 과정에서 수많은 데이터와 타인의 저작물 사용이 불가피한데, 이러한 모델의 사전훈련과정이 타인의 저작권을 침해하는지 문제가 핵심 쟁점으로 떠올랐다.[9] 소위 저작물 학습자로서 AI가 야기하는 법적 이슈이다.[10] 동시에 생성형

주요국의 AI산출물 관련 저작권 정책 비교[11]

	EU의 'AI Act'	USCO '정책성명서'	일본특허청 'AI와 저작권에 관한 고찰(초안)'	한국저작권위원회 '생성형 AI 저작권 안내서'
AI 산출물의 저작물성	-	인간의 창의성이 인정되는 부분에 한해 저작권 등록 가능	창작적 기여가 있다면 AI 생성물에노 서 작물성 인정	인간의 창의성이 인식뇌는 부분에 한해 저작권 등록 가능
AI 산출물 표시의무	AI로 조작된 콘텐츠에는 그 사실을 명시할 의무 규정	AI 산출물의 저작권 등록 시 AI 사용 사실을 공개하고, 인간 저작자로서 작품에 대한 기여도에 대해 설명을 제공할 의무가 있음을 명시	-	AI 산출몰의 저작권 등록 시 AI 사용 사실을 공개하고, 인간 저작자로서 작품에 대한 기여도에 대해 설명을 제공할 의무가 있음을 명시
AI 저작자 인정여부	-	AI는 저작자로 인정되지 않음	AI는 저작자로 인정되지 않음	AI는 저작자로 인정되지 않음

---

9) Sag, Matthew, Copyright Safety for Generative AI (December 3, 2023). Forthcoming in the Houston Law Review, Houston Law Review, Vol. 61, No. 2, 2023, Available at SSRN: https://ssrn.com/abstract=4438593 or http://dx.doi.org/10.2139/ssrn.4438593

10) 이지연, 김원오, "저작물 학습자로서 생성형 AI의 저작권 침해책임", IP & Data 法, vol.4, no.1, 2024, 인하대학교 법학연구소, 75-120면 참조.

11) 프롬프트 엔지니어링과 저작권법상 창작, SW·저작권 동향 리포트, 2024-13호, 2024.7.10. 2면.

AI가 만들어 내는 결과물이 저작물, 발명 등 기존 인간의 창작과 구별하기 어렵게 되자 창작물 생산자로서 AI 가 야기시키는 문제도 이에 못지않게 중요한 쟁점으로 거론되었다. 이러한 쟁점에 대한 EU의 AI Act, 미국 저작권청의 정책설명서 및 일본과 한국저작권위원회의 입장은 일치하지 않고 있다.

최근 들어 텍스트 프롬프트를 기반으로 하는 이미지 콘텐츠를 생성할 수 있는 대규모 언어 모델(LLM)의 출현으로 결과물의 생성을 기획 지시하는 프롬프트의 중요성이 부각됨과 동시에 콘텐츠 크리에이터들을 위협하는 문제들도 동시에 발생하였다. 동시에 화가가 힘들게 그린 웹툰표지는 프롬프트를 통해 손쉽게 만들어진 AI 생성 화보대비 가격 경쟁력이 없다. 이 때문에 웹툰 표지 화보사건[12]에서 화가들이 보이콧 한 것과 같이 프롬프트를 이용한 손쉬운 창작활용의 증가는 위협적 요소가 되기에 충분하다. 생성형 AI가 멀티모달로 진화함에 따라 동영상, 영화제작이 손쉽게 이루어지고 가수의 목소리를 흉내낸 AI커버곡 음반제작이 손쉽게 되었다. 이로써 가수와, 영화인의 일자리를 위협하는 딥페이크(Deep Fake) 문제와 AI커버곡 문제가 심각한 이슈로 부각되고 있다. 헐리우드 영화배우들이 피켓시위를 벌이고 있는 것은[13] 일자리 박탈에 대한 우려와 연예인의 목소리와 초상을 부당하게 이용하는 딥페이크 챗봇과 동영상 등이 난무하며 상업적으로도 이용되고 있어 이들의 음성권과 퍼블리시티(Publicity)가 심각하게 위협받고 있기 때문이다.

프롬프트의 입력에 의한 창작 관행은 독창성과 저자-작품 관계에 대한 우리의 전통적인 이해와 일치하지 않을 뿐만 아니라 여러 가지 새로운 시각에서 바라보아야 할 쟁점을 던져 주고 있다.[14] 후술하는 바와 같이 미국과 중국의 법원과 기관은 프롬프트 기반 이미지의 저작권과 관련하여서도 서로 다른 답변을 내놓았다. 그만큼 현 단계에서 텍스트-이미지 저작권 문제부터 국제적 합의나 안정된 기준이 없는 과도기라

---

12) 원동욱 기자, "저작권 회피 꼼수" AI 활용 웹툰 작가에 반발 '별점 테러, 중앙선데이 2023.8.5.자.

13) 박효목, 김기윤 기자, "AI가 내것 뺏어가, 할리우드 배우-작가, 63년 만에 동반파업", 동아일보, 2023. 7. 15자.

14) Tianxiang He, AI Originality Revisited: Can We Prompt Copyright over AI—Generated Pictures? GRUR International, Volume 73, Issue 4, April 2024, pp. 299-307, https://doi.org/10.1093/grurint/ikae024

할 수 있다.

(2) 프롬프트를 둘러싼 지식재산의 제 문제

먼저 프롬프트 자체의 가치와 거래실태의 분석을 통해 프롬프트 자체의 권리보호 문제가 거론될 수 있다. 아직 프롬프트 거래시장이 제대로 형성되고 있지 않아 이 부분에 대한 독립된 고찰은 생략한다.

둘째, 프롬프트 입력행위(Prompting)의 법적 성격과 그 창작행위에 대한 새로운 법적 평가가 필요하다. 이를 위해 i) 생성형 AI의 창작도구성 문제를 전제적 문제로 검토하고 ii) 프롬프트 입력행위(Prompting)의 법적성격과 관련해 이것이 아이디어/표현에 해당여부, 새로운 창작기법으로 볼 수 있는지 여부 및 위탁저작물 작성의 위탁적 성격, 결과적으로 창작의 매뉴얼적 성격을 갖는 것에 대해 살펴본다. iii) 프롬프트 자체의 저작물성과 관련해서는 생성물과 독립한 독자 저작물성을 우선 검토해 보고 반복 수정명령이 수반됨에 따른 편집저작물성을 검토해 본다. 마지막으로 iv) 생성물의 창작에 있어 프롬프트와 학습완료모델의 상관관계가 어떻게 작용하는지를 살펴보면서 후속 논의의 단초를 제공해 본다.

셋째, Prompt 입력자의 창작 주체성 문제가 다시금 불거지고 있다. 지금까지 대부분의 주요 국가는 AI가 생성한 콘텐츠나 발명에 대해 저작자나 발명가로서 권리적격을 인정하고 있지 않다. 그러나 프롬프트를 통해 인간의 창작적 기여가 인정되고 LLM모델의 창작도구성이 인정된다면 Prompt 입력자인 사용자가 저작자 및 발명자의 지위를 가질 수 있다. 해외나[15] 국내에서도[16] 이러한 주장과 의견이 제시되고 있다. 이와 관련해 i) AI 생성물의 저작자성(Authorship)과 발명자성(Inventorship)에 대한 기존논의를 간략히 살펴보고, ii) AI 창작에 있어 프롬프트 입력의 역할을 재평가해 보기 위해 창작기획과 지시에 대한 재평가도 시도해 본다. iii) 프롬프트 사용자의 창작

---

15) Mackenzie Caldwell, What Is an "Author"?—Copyright Authorship of AI Art Through a Philosophical Lens, 61 Hous. L. Rev. 411 (2023).

16) 김윤명, "생성형 AI의 프롬프트 창작에 대한 저작권법적 고찰", 저스티스 통권 제200호, 한국법학원, 2024.2, 261면 이하.

주체성 판단의 핵심기준인 '창작적 제어' 가부에 대해서도 알아본다. iv) 창작주체성 인정의 또 다른 중요 요건인 "창작적 기여도 측면에서 프롬프팅을 평가해 본다. 마지막으로 프롬프트 입력을 통해 사용자의 생각이나 감정의 개성적 표현의 반영이 가능한지도 검토되어야 할 쟁점이다.

이 밖에도 ① 프롬프트 이용자에게 창작주체로서의 권리적격이 받아들여져 생성물에 대한 권리가 인정되고 프롬프트 엔지니어링을 통해 질 좋은 콘텐츠의 생산이 가능해지면 프롬프트 이용자의 IP 침해책임도 그만큼 커질 수 있다.[17] 또한 ② 프롬프트로 생성된 결과물 이용에 따른 IP 침해문제도 입력행위에 대한 책임문제와 별개로 거론될 수 있다.[18] 지면 관계상 마지막 2개의 쟁점주제에 대해서는 별도의 지면을 통해 발표하기로 한다.

II. 프롬프팅의 법적 성격과 창작행위의 평가

1. 프롬프트와 AI모델의 창작 도구성

(1) 논의 실익과 쟁점

생성형 AI(Generative AI)는 이용자의 요구를 이해하고 결과값을 능동적으로 생성

---

17) 이와 관련해 대두되는 법적 쟁점으로 우선 i) 타인의 저작물을 프롬프트에 입력하거나 업로드하는 행위 자체는 사적 복제나 일시적 복제로 면책가능한지 검토가 필요하다. ii) 프롬프트에 의한 기존 작품 스타일의 모방을 방치해도 되는지에 대한 검토도 필요하다. 특정 패턴, ~풍 등의 프롬프트 명령어가 문제될 수 있다. iii) 딥페이크에 의한 연예인 목소리/이미지의 불법이용으로 인한 음성권, 퍼블리시티권 침해문제도 심각하다. iv) 이 밖에도 타인의 유용한 아이디어를 입력하여 변형되고 구체화된 결과물을 도출하거나 반대로 자신의 영업비밀을 함부로 입력함으로써 발생하는 아이디어 도용이나 기술유출 가능성도 쟁점이다.

18) 이는 프롬프트 내용과 결과물의 상관관계에 주목해 보아야 한다. 한편 생성 결과물의 저작물성이나 특허적격과 별개로 그 생성 결과물 이용권이 정해질 수 있는데, 그 이용권 귀속과 활용에 대해서는 플랫폼 서비스제공사의 약관에서 주로 다루고 있다. 프롬프트로 생성된 물품 이미지에 기초한 디자인 제품의 실시(제조, 판매)는 디자인권 침해 문제도 야기할 수 있다.

하는 인공지능 기술이며, 프롬프트(prompt)를 통한 입력과 결과 생성의 추론 과정을 거쳐 결과물(Output)을 생성한다. 이용자가 대화창에 질문을 입력하면 이를 해석하고 분석한 후 결과값을 도출해 내는 방식이다. 생성형 모델과 모달은 기술적 특성상 프롬프트 입력행위가 결과물의 품질을 좌우하는 중요 요소 중의 하나임이 분명하다. 실재 프롬프트와 생성형 AI시스템은 실제 광범위하게 창작의 도구로 활용되고 있다. 생성형 AI모델은 현재 스스로 아이디어를 생각해 내거나 표현할 수 없다. 프롬프트를 입력하는 사용자가 이 작업을 수행해야 한다. 프롬프트 없이 AI모델은 자신의 의지로 작품을 만들 수 있는 자율성이 부족하다. 이런 측면에서 AI모델은 인간의 창작 도구에 불과하다 할 수 있다. 예술 창작영역에서 생성형 AI의 효율성을 인간이 따라갈 수 없으므로 극단적인 2가지 움직임이 나타나고 있다. 하나는 AI사용과 그 생성품을 보이콧하여[19] 인간의 작품만 사용을 결의하는 움직임이고, 반대로 생성형 AI를 다양한 예술작품을 창작하는 일종의 창작의 도구로 적극 이용하려는 움직임이다.[20] 만약 사진의 경우와 마찬가지로 AI 모델을 이용해 사진사의 창작적 개성활동(프롬프트 입력과 편집과 소성)이 수반된다면 그 생성물의 저작자는 프롬프트를 입력한 이용자이고 생성물의 저작물성이 인정되는 경우 그 저작권도 이용자가 갖게 된다고 볼 수 있다. 이 문제는 결국 후술하는 바와같이 생성형 AI에 있어 창작 주체가 누구인가를 정하는 의미가 있고, 프롬프트의 법적 성질을 논하는 문제와도 연계된다. 나아가 AI생성물의 저작물성이나 발명적격을 인정하는 문제 및 그 침해판단의 문제와도 직결되는 전제적 문제라고 할 수 있다.

도구이론에 따라 이용자의 법적 지위를 확립하는 문제는 프롬프트 입력행위의 법적 지위, 창작주체성(저작자성, 발명자성), 창작성의 의미, 창작에의 기여도 등에 관한 논리적 구성을 어떻게 할 것인지 정리가 필요하다. 중국을 제외한 대부분 국가의 판례와 생성형 AI 가이드라인에서는 인간의 창작으로 보기 어려워 그 생성물의 저작물

---

19) 김경윤 기자, "거센 반발 직면한 AI웹툰 … 네이버웹툰 도전만화서 보이콧 운동도", 연합뉴스, 2023-6-4.
20) Text to text 즉 문장생성형 모델을 이용하여 시나 소설을 쓰고, text to image(이미지 생성형 AI모델)을 이용하여 전문적인 미술 교육을 받지 않은 사람도 제법 완성도 있는 그림을 생성해 낼 수 있다.

성을 아직도 인정하지 않고 있다. 예외적으로 편집저작물성을 인정하기도 한다. 주요 서비스 플랫폼의 약관상으로도 생성물의 저작권을 명시하지 않으나 그 결과물을 이용할 권리와 책임 귀속은 이용자에게 넘기고 있는 추세이다.

(2) 주요국 선례에서의 창작 도구성 판단기준

1) 일 본

일본의 새로운 정보재 검토위원회 보고서에서는, AI생성물의 정의를 "일정한 입력에 기반하여 학습된 모델이 출력한 것"이라 하고,[21] 또한 AI생성물은 "AI를 도구로써 이용한 창작물"과 "AI에 의해 자율적으로 생성되는 창작물(AI창작물)"의 쌍방을 포함한 광범위한 개념으로 되어 있다.[22] 동 보고서에서는 'AI를 도구로써 이용한 창작물'과 'AI창작물'의 구별기준에 대해 언급하고 있다.[23] 즉 i) AI를 도구로써 이용한 창작물이란 AI생성물을 만들어 내는 과정에서 학습된 모델의 이용자에게 창작 의도가 있고, 동시에 구체적인 출력인 AI생성물을 얻기 위한 창작적 기여가 있으면, 이용자가 사상·감정을 창작적으로 표현하기 위한 도구로써 AI를 사용하여 해당 AI생성물을 만들어 낸 것으로 생각할 수 있으므로, 해당 AI생성물에게는 저작물성이 인정되고 그 저작자는 이용자가 된다. 반면에 이용자의 기여가 창작적 기여가 인정되지 않을 정도로 간단한 지시에 머무는 경우, 해당 AI생성물은 AI가 자율적으로 생성한 'AI창작물'이라고 정리되고, 현행 저작권법상은 저작물로 인정되지 않게 된다.

2) 미 국

2023년 발표된 미국의회조사국 보고서[24]도 인간이 생성형 AI를 사용하여 작품을

---

21) 知的財産戦略本部 検証・評価・企画委員会, 新たな情報財検討委員会, 新たな情報財検討委員会報告書―データ・人工知能(AI)の利活用促進による産業競争力強化の基盤となる知財システムの構築に向けて, 平成29년(2017년) 3月, 26頁.

22) 知的財産戦略本部 検証・評価・企画委員会, 新たな情報財検討委員会, 앞의 보고서, 26頁.

23) 知的財産戦略本部 検証・評価・企画委員会, 新たな情報財検討委員会, 앞의 보고서, 36頁.

24) Gary Price, "Congressional Research Service Brief: Generative Artificial Intelligence and Copyright Law", Library Journal, March 1, 2023,

만느는 경우, 창작 과정에서 인간의 관여 정도에 따라 그 결과물이 저작권 보호를 받을 가능성[25]도 있음을 시사하고 있다. 다만 미국 저작권청(USCO)은 'Zarya of Dawn' 사건 저작권 등록취소 결정(2023년 2월)[26]에서 신청인이 Midjourney AI를 사용하여 만든 작품 중에서, 입력된 텍스트 프롬프트에 따라 AI가 생성한 이미지 부분은 저작권 보호를 받기 어렵다고 판단했으며,[27] 최근에 제시된 저작권 등록 가이드에서도 이를 명확히 했다.[28] 미국 저작권청은 AI 프로그램이 카메라와 같이 단순한 도구로 간주될 만큼 AI 사용자가 AI 프로그램의 창작과정에서 '충분한 창의적 통제'(Sufficient Creative Control)를 했는지를 저작자성 인정의 핵심적 기준으로 삼고 이에 대해 의문을 제기한 것으로 보인다. 즉 USCO는 정황상 신청인이 원하는 이미지에 도달할 때까지 AI 프로그램을 제어하고 인도한 것이 아니라 AI 프로그램인 Midjourney가 예측할 수 없는 방식을 통해 스스로 이미지를 창출한 것이므로 저작자성을 인정할 수 없는 것으로 보았다. Thaler v. Perlmutter 사건[29]에서도 인간만이 저작자가 될 수 있음을 분명히 하였고 비록 새로운 도구(tools)나, 매체(media)에 의해 작품을 제작하더라도, 그 안에는 인간의 창의력(human creativity)이 반드시 존재해야 하는 것으로 판시하였다.[30] 이 건은 같

---

25) Blake Brittain, U.S. "Copyright Office says some AI-assisted works may be copyrighted", Reuters, March 16, 2023.

26) Copyright.gov/docs/zarya-of-the-dawn.pdf.

27) 그녀가 입력한 텍스트에 따라 Midjourney가 생성한 이미지를 삽화로 사용해 그래픽 노블(Graphic Novel), "Zarya of the Dawn"을 창작하고 해당 그래픽 노블에 대해 저작권 등록을 하였다. 그러나 10월에 저작권청은 Kashtanova가 AI 프로그램을 사용한 사실을 공개하지 않았다는 점을 지적하면서 저작권 등록 취소 절차를 밟기 시작했다. 이에 대해 Kashtanova는 "각 이미지에 대해 여러 차례의 구성, 선택, 배열, 삭제 및 편집" 과정을 수반하는 "창의적이고 반복적인 과정"을 통해 자신이 사안의 이미지를 창작했다고 주장했다. 특히 그녀는 자신의 창작 과정이 Thaler 박사가 저작권으로 등록하려고 시도했던 AI에 의해 "자율적으로 생성된" 이미지의 창작 과정과는 차이가 있다는 점을 강조했다. 그럼에도 불구하고 저작권청은 2023년 2월 21일 해당 이미지는 인간 작가가 창작한 것이 아니므로 저작권이 없다고 결정했다.

28) Copyright Registration Guidance: Works Containing Material Generated by Artificial Intelligence, U.S. Copyright Office, March 13, 2023.

29) Case 1:22-cv-01564-BAH (D.D.C., Aug. 18, 2023).

30) 이 판결에 대한 자세한 해설은 강현호·한의태·정재석, "AI 생성물의 저작물성과 창작성 판단에 대한 고찰―생성형 인공지능의 도구성을 중심으로", 계간저작권 제146권, 2024.6, 15-19면 참조.

은 당사자가 일종의 시험소송으로 진행하였던 DABUS의 특허출원의 발명자성 불인정 건과 마찬가지로 모두 AI의 창작물로 표시되고 주장된 사안이므로 Prompt를 매개로 이용자인 인간의 창작적 관여 가능성이 열려 있다 할 수 있으나 앞서 살펴본 바와 같이 미국은 '창작적 제어'요건과 '인간의 창의적 기여도'를 조건으로 그 저작물성과 저작자성을 모두 인정하지 않고 있다고 할 수 있다.

3) 중국의 'Li v. Liu' 사건 판결(2023년 11월)

중국은 지금까지 AI저작권 관련하여 아래 표와 같이 4개의 판결을 내렸다.[31]

4개의 사건은 모두 일맥상통하고 있는데, 원고가 중국 SNS에 공개한 생성형 AI를 이용한 이미지를 피고가 삽화로 무단 사용한 2013년의 'Li v. Liu' 사건 판결에서[32] 이용자가 생성형 인공지능을 도구로 사용한 것에 대한 판단기준 제시와 그 저작물성을 인정하면서 미국과 대조적인 판결을 내렸다. 즉 중국 베이징 인터넷 법원은 원고의 이미지 구상 및 이미지 선택 과정이 '기계적 지적 성과' 인지 인간의 '지적 성과'인지를

사건번호	사건요약
广州互联网法院(2024)粤0192民初 113号 (울트라맨 사건)	생성형 인공지능에 의해 생성된 일본 캐릭터 울트라맨과 유사한 이미지를 창작한 생성형 인공지능 서비스 제공기업에 저작권 침해를 긍정한 사건
北京互联网法院(2023)京0491民初11279号 (생성형 이미지 사건)	생성형 인공지능을 이용해 창작한 이미지를 타인이 무단으로 이용한 경우, 생성형 인공지능을 도구로 사용하고, 산출된 이미지에 인간의 창작성이 포함되었다면 인간을 창작자로 인정하고, 무단 사용을 저작권 침해로 인정한 사건
广东省深圳市南山区人民法院(2019)粤0305民初14010号 (드림라이터 사건)	인공지능 소프트웨어인 Dreamwriter를 이용해 작성한 콘텐츠라고 하더라도, 인간의 참여로 산출물이 완성된 경우 업무상 저작물로 인정할 수 있다고 판결한 사건
北京知识产权法院(2019)京73民终2030号; 北京互联网法院(2018)京0491民初239号 (페이린 사건)	인공지능 소프트웨어만을 이용해 작성한 콘텐츠는 저작물이 될 수 없고, 인공지능은 저작권의 주체가 될 수 없다고 판결한 사건

---

31) 황선영, "중국의 생성형 인공지능 창작물에 대한 법원 판결 분석과 저작권 쟁점 검토—北京互联网法院(2023)京0491民初11279号(Li v. Liu) 판결을 중심으로", 산업재산권 vol., no.77, 한국지식재산학회, 2024. 239면의 각주 4에서 인용.

32) 이 판결에 대한 자세한 소개는 위의 논문 240-246면 참조.

판단하였다. 법원은 이 사건 인공지능 생성 이미지는 원고가 독립적으로 완성하였다고 인정할 수 있으며 원고의 개성이 표현되었다고 할 수 있어 독창성 요소를 갖추고 있다고 판단되므로 저작물성을 구비한 '인간의 지적 성과'로 인정한 것이다. 즉 프롬프트를 입력하고 관련 매개변수(Parameter)를 설정하여 이미지를 생성하고, 계속하여 프롬프트 단어를 추가하고, 매개변수를 변경하고 지속적으로 조정 및 수정을 거쳐, 최종적으로 원하는 이미지를 생성함으로써 창작성이 인정되고 원고의 사상과 감정이 지적 노동으로 작품에 포함된 것으로 해석한 것이다.

2. 프롬프팅(prompting)의 법적 성격에 관한 논의

(1) 아이디어/표현

아이디어·표현 이분법은 국내에서는 판례로, 미국에서는 판례의 축적을 거쳐 연방저작권법에 명문화된[33] 저작권 보호의 기본원칙이다. 아이디어는 저작권 보호에서 배제된다. 창작의 기획과 지시, 명령에 상당하는 프롬프트 입력행위가 단순히 특징 결과물을 생성하기 위한 지시나 개념적인 내용만 담고 있는 경우, 아이디어에 가깝다고 할 수 있다. 예를 들어, "고흐 스타일의 해바라기 그림"과 같은 프롬프트는 아이디어에 가깝다. 이 경우 생성물에 대한 기여도면에서도 AI모델 사용자는 아이디어를 표현한 것이 아니라 저작권이 없는 추상적인 "아이디어"만을 제공하여 창작적 기여도를 인정받기 어렵다.[34]

반면, 구체적인 단어 선택, 문장 구조, 스타일 등 창작적인 표현 요소가 포함된 프롬프트의 경우, 표현에 가까운 것으로 볼 수도 있다. 예를 들어, "강렬한 붓 터치와 노

---

33) 17 USC 102: Subject matter of copyright: In general(b) In no case does copyright protection for an original work of authorship extend to any idea, procedure, process, system, method of operation, concept, principle, or discovery, regardless of the form in which it is described, explained, illustrated, or embodied in such work.

34) Michael Kasdan & Brian Pattengale, "A Look At Future AI Questions For The US Copyright Office", November 10, 2022.

란색, 주황색을 사용하여 생동감 넘치는 해바라기 그림을 그려 줘"와 같은 프롬프트는 표현에 가깝다고 할 수도 있다.[35)]

실제 텍스트 프롬프트의 경우 상당히 긴 내용을 입력할 수 있고, 파일의 형태로 텍스트, 이미지, 영상 등을 첨부할 수도 있다. 구글 등의 음악 생성 AI에서는 휘파람이나 humming 등으로 멜로디를 입력할 수도 있다. 프롬프트 입력행위가 창작적 표현으로 인정될 경우 프롬프트 그 자체는 저작권법에 따라 보호받을 수 있다. 다만, 그 생성물의 저작물성과 관련하여, 생성형 AI 기술의 특성상 프롬프트가 결과물에 미치는 영향을 정확히 파악하기 어렵고, 다른 요소들과의 결합으로 새로운 창작물이 생성될 수 있다는 점에서 후술하는 '창작적 제어'가 이루어져야 생성물에 저작물성을 인정할 수 있다거나 반대로 프롬프트 조작을 지적 성과로 인정하려는 움직임 등의 문제는 이와 별개의 논의에 해당한다.

(2) 새로운 창작기법

프롬프팅도 생성형 AI시대에 등장한 하나의 창작기법으로 자리매김할 수 있는 여지도 있다. 기술발전과 문예사조의 변천에 따라 다양한 창작기법이 등장해 왔다. 콜라주(collage), 패러디(parody), 파스티슈,[36)] 오마주(프랑스어: hommage)[37)] 등이 새로운 문예사조를 배경으로 탄생한 창작기법이라면 과학기술의 발전에 따라 사진촬영, CAD 편집, 디자인 전용 포토샵 등이 중요한 창작기법의 하나로 자리 잡았다. 이미 미국 연방 대법원은 1884년 Burrow-Giles Lithographic Co. v. Sarony 사건[38)] 이후로 사진작가가 카메라를 이용했다고 하더라도 구성, 배열, 조도와 같은 창의적인 요소에 대해 작가가 직접 결정을 내린 경우라면 해당 사진은 저작권으로 보호받을 수 있다는

---

35) 2024 저작권 쟁점 대토론회 자료집, 한국저작권위원회, 2024.8, 150면 이철남 교수 의견 부분.

36) 파스티슈(프랑스어: pastiche)는 혼성 작품 또는 합성 작품을 의미한다. 문체나 분위기 등 선구자에 영향을 받아 작품이 닮는 것으로, 넓은 의미에서 패러디도 포함한다(위키백과사전).

37) 예술과 문학에서는 존경하는 작가와 작품에 영향을 받아 그와 비슷한 작품을 창작하거나 원작 그대로 표현하는 것을 말한다(위키백과사전).

38) Burrow-Giles Lithographic Company v. Sarony, 111 U.S. 53 (1884).

입장을 견지해 오고 있다.[39] 사진의 저작물성 인정 역사와 유사하게, 프롬프트 입력 행위도 생성형 AI 기술 발전에 따라 이를 창작도구로 활용할 수 있게 됨에따라 새롭게 등장한 창작도구의 성격을 일응 지닌다고 할 수 있다. 생성형 AI 모델은 인간 작가가 사용할 수 있는 카메라 장비와 유사한 도구로 볼 수 있으며 프롬프트 입력을 통한 창작과정은 사진작가의 사진촬영 과정과 유사하다는 주장도 있다.[40]

요컨대 창작성이나 저작물성 판단도 창작환경의 변화에 따라 새로운 기준이 요구된다고 할 수 있으며 최근 일정한 조건하에 프롬프트 입력행위에 창작성이 인정되면 AI 생성물도 저작물성을 인정하는 것이 타당하다는 견해가 대두하고 있고, 중국 법원은 이미 이러한 견해를 채택한 판결[41]을 내린 바 있다.[42] 이렇게 새로운 창작기법으로 보게 되면 프롬프트 입력을 단순한 아이디어의 제공이 아니라 최종 생성물에 대한 표현영역에의 기여로 판단할 수 있는 여지가 발생하며 그에 관한 최종적인 판단은 구체적인 사실관계 등을 고려한 법원의 판결에 의하여야 할 것이다. 다만 분명한 것은 어문저작물을 생성하기 위한 텍스트 프롬프트는 그 구체화의 정도(표현의 정도)에 따라 창작성이 인정될 수도 있을 개연성이 있으나, 멀티모달에서 미술 혹은 영상저작물을 생성하기 위한 텍스트 프롬프트는 미술적 표현이라고 보기 어려워 저작물성을 인정받기 더 어려울 것으로 보는 견해도 있다.[43] 그러나 그 생성물에의 창작적 기여에 관한 판단은 후술하는 바와 같이 프롬프트와 생성물의 상관관계를 어떻게 정립하

---

39) 사진촬영의 창작도구성에 관한 논의는 강현호외 앞의논문 19-21면; 김윤명, 생성형 AI의 프롬프트 창작에 대한 저작권법적 고찰. 저스티스, 통권 제200호, 한국법학원, 2024. 265-267면 참조.

40) 생성형 AI 모델 이용자는 프롬프트 입력후 생성물이 의도와 다르거나 또는 미흡하다고 판단할 경우 프롬프트의 내용을 변경해 다시 생성하게 된다. 최종적인 결과물은 이용자의 선택과 판단에 따르게 된다. 이러한 프롬프트 과정은 사진 촬영의 과정과 유사하다. 촬영한 결과물이 의도와 다를 경우 촬영자는 셔터스피드나 ISO 등을 조절해 다시 촬영하는 과정을 거치게 되는데, 이는 프롬프트를 통해 결과를 확인하는 과정과 크게 다르지 않기 때문이다(김윤명, 위의 논문 265면).

41) 2023京0491民初11279号判決 등.

42) 이 판례에 대한 상세한 분석은 황선영, "중국의 생성형 인공지능 창작물에 대한 법원 판결 분석과 저작권 쟁점 검토—北京互联网法院(2023)京0491民初11279号(Li v. Liu) 판결을 중심으로", 산업재산권 vol., no.77, 한국지식재산학회, 2024, 237-270면 참조.

43) 2024 저작권 쟁점 대토론회 자료집, 한국저작권위원회, 2024.8, 144면, 이규홍 판사 기술부문.

느냐에 따라 새롭게 이루어질 것으로 보인다.

(3) 위탁저작물의 위탁

프롬프트 입력 행위는 위탁자가 수탁자(창작자)에게 저작물 작성을 위탁하는 행위에 준하는 것으로 평가할 수 있는 여지도 있다. 이 견해에 의하면 위탁저작물의 경우 위탁자를 저작물의 창작자 내지 공동창작자로 보지 않고, 수탁자만을 창작자로 보듯, AI모델 이용자가 프롬프트를 입력하여 생성형 AI가 어떠한 결과물을 생성하였다 하더라도, 일반적으로 인간을 창작자로 볼 수는 없게 된다.[44] 이러한 입장에 서면 프롬프트 입력자는 저작자 지위를 가지지 못하며, 타인(인공지능 모델)에게 저작물 작성을 의뢰한 자의 지위밖에 가지지 못하게 된다. 즉, 자신이 원하는 저작물의 특성을 설명하면서 저작물 작성을 의뢰하는 commissioned work의 의뢰인의 지위에 불과하다고 할 수 있다. 다만 이 경우에도 전술하였듯이 이러한 설명방식이 새로운 창작기법으로 인정될 가능성도 열려 있다. 미국 저작권법에는 위탁저작물의 저작권 귀속에 관한 특례규정이 있어 일정한 경우 위탁자가 저작자는 아니지만 위탁자에게 저작권이 귀속될 수 있도록 하고 있다.

(4) 창작의 매뉴얼

최근에는 특정 분야(예를 들어 법률, 의학, 등)의 특정한 문제에 대해 생성형 인공지능을 최고로 효율적으로 활용하기 위해서는 이러한 형식의 프롬프트를 이런 순서로 입력하라는 프롬프트 엔지니어링이 발전하고 있다. 엔지니어링에 의해 정리된 프롬프트는 일종의 창작을 위한 매뉴얼이나 가이드라인 같은 것으로 볼 수 있다.

---

44) 앞의 2024 저작권 쟁점 대토론회 자료집 149면, 이주연 교수 의견 부분.

3. 프롬프트 자체의 저작물성

(1) 결과물과 독립한 독자저작물성

프롬프트의 자체의 보호나 그 저작물성 판단 문제는 최종 생성물의 저작물성이나 저작권 귀속문제와 별개로 논의되어야 할 문제이다. 프롬프트 그 자체의 보호 여부는 일반 저작물과 달리 취급한 이유가 없다. 일반 저작물과 마찬가지로 창조적 개성에 따른 창작물이라는 점이 중시되어야 하므로 그 창작물에 담긴 독창성(originality)이 있는지 여부를 검토할 필요가 있다. 프롬프트가 저작물로 인정받으려면 저작권법 제2조 제1호에 따른 저작물의 요건을 충족하여야 한다는 일반론에 따르면 된다. 아주 간단한 용어 또는 단순한 문장 형식을 취한 질문(명령어) 등은 저작물로 보호받기 어렵겠지만, 복잡한 형식의 질문 내용과 다수의 반복수정을 거치는 경우에는 개별적으로 판단하여 결론을 얻을 수 있을 것이다. 프롬프트와 그 생성물은 별개의 저작물이므로 프롬프트의 저작물성이 인정되더라도 생성물의 저작물성이 자동적으로 인정되는 것은 아니다. 다만 이를 새로운 창작기법으로 보게 되면 양자는 서로 연동될 수도 있을 것이다.

(2) 편집저작물성(반복 수정명령)

최근 아이디어 등 공중의 영역에 속하는 요소들의 집합을 '편집저작물'로 보려는 판례의 경향이 방송포맷이나 게임 등에서 나타나고 있다. 인공지능에 의한 산출물에 대하여 저작물성을 인정하지 않는 가운데 인공지능이 생성한 소재들을 자연인이 선택 또는 배열한 것에 창작성이 인정되면 '편집저작물'로 보호할 수 있다는 견해도 내두하고 있다. 이를 명시하고 있는 대표적인 예로 미국 저작권청(US Copyright Office: USCO)이 발행한 「미국 인공지능 등록 안내서(Copyright Registration Guidance: Works Containing Material Generated by Artificial Intelligence)」이며 이에 의거하여 이용자의 프롬프트를 편집저작물로 인정한 대표적인 사례가 '새벽의 자리야(Zarya of Dawn)' 등록사건[45]

---

45) https://creativecommons.org/2023/02/27/zarya-of-the-dawn-us-copyright-office-affirms-limits-

이다.

궁극적으로 저작권으로 보호받지 못하는 '공중의 영역'에 속하는 소재(요소)들을 적절히 선택하여 배열하여 창작성을 인정받기만 하면 편집저작물로서 보호받을 수 있게 되므로, 결국 저작물로서 보호받지 못하는 '공중의 영역'에 속하는 소재들이나 인공지능에 의한 산출물 모두를 '편집저작물'이라는 블랙홀을 통해 저작권 보호를 받을 수 있게 되는 것을 우려하는 목소리도 있다.[46]

4. 프롬프트와 AI 모델 창작행위 간의 상관관계

(1) 프롬프트에 특정인의 저작물이나 화풍 등 스타일을 입력하고 이를 창작적으로 개변하기 위한 다양한 사상과 감정이 담긴 수정 프롬프팅을 통하여 원하는 생성물을 만들어 가는 과정은 2차적 저작물의 창작 법리와 유사한 논리 전개가 될 수 있다. 이로써 AI 생성물에 대해서도 프롬프트 사용자가 저작권을 행사할 수 있는지의 문제로 확장한다면 여러 쟁점이 발생한다. 즉, AI 모델은 프롬프트에 담긴 다양한 내용을 분석하여 인간의 창작 의도를 파악하고, 이를 기초로 AI 결과물을 생성하게 된다. 이 과정에서 ① 프롬프트와 AI 결과물의 관계를 원저작물과 2차적 저작물로 볼 수 있는지, ② 프롬프트 입력을 AI 결과물에 대한 창작적 기여로 인정할 수 있는지, ③ 이를 아이디어 영역이 아닌 표현 영역에서의 창작적 기여로 평가할 수 있는지의 문제가 제기된다. 이러한 제반 문제의 해법은 모두 프롬프트와 AI 모델 창작행위 간의 상관관계에 대한 해석에서 비롯된다고 할 수 있다.

(2) 양자의 상관관계를 부정하는 논거

기술적 관점에서 텍스트 프롬프트와 AI 출력 간의 상관관계는 여러 요인에 따라 달라질 수 있다. 일반적으로 AI 시스템이 동일한 텍스트 프롬프트를 수신할 때 항상

---

on-copyright-of-ai-outputs/ 참조.

46) 2024 저작권 쟁점 대토론회 자료집, 173면 한지영 교수 의견 부분.

동일한 출력을 생성히지 않을 수 있다. 이러한 가변성은 무작위성 또는 확률적 요소를 포함할 수 있는 AI 알고리즘의 고유한 특성에서 비롯될 수 있으며, 이로 인해 유사한 프롬프트에 의하더라도 서로 다른 결과가 발생할 수 있다. 또한 AI의 학습 데이터, 학습 알고리즘 및 모델 아키텍처는 텍스트 프롬프트에 대한 응답에 영향을 줄 수 있다.[47] 특정 프롬프트에 대응하는 AI 생성물이 특정되지 않고, 입력할 때마다 실질적 유사성 범위를 벗어나는 다양한 AI 결과물이 생성된다면 이를 2차적 저작물로 해석하는 것은 옳지 않다고 할 수 있다.[48] 이는 특정 아이디어가 다양한 표현으로 구현되는 것과 유사하다. 즉, 생성형 AI 모델이 프롬프트에 담겨진 의도를 반영하여 AI 결과물을 생성한다는 점에서 일정한 기여를 인정할 수도 있겠지만, 프롬프트에 담겨진 아이디어가 AI 결과물의 생성에 활용된 것이기 때문에 다양한 AI 결과물이 생성되는 것이고 아이디어 제공자에게 결과물에 대한 저작권이 인정될 수 없듯이 프롬프트의 이용자에게 AI 결과물에까지 저작권이 미치도록 하여서는 안 된다는 입장이다. 같은 맥락에서 미국 저작권청(USCO)은 '창작적 통제가능성'과 '예측가능성'의 부재를 그 저작물성 불인정의 이유로 들고 있다.

(3) 상관관계 인정의 조건

USCO 등의 기준에 따르면 프롬프트가 아이디어 단계를 넘어 ① 구체적 표현을 담고 있는 경우와 ② '예측가능성' 내지 ③ '창작적 통제가능성'이 있으면 AI모델의 도구성과 이용자의 창작 주체성이 인정되어 AI 생성물을 이용자의 저작물(또는 2차적 저작물)로 볼 수 있게 된다.

먼저 프롬프트의 내용이 창작을 위한 아이디어 제공의 수준을 넘어서는지 여부는 앞서 프롬프트의 법적 성질에서 살펴본 바와 같이 아이디어/표현 이분법의 일반론에 기초해 판단하면 된다. 둘째, 요구되는 예측가능성은 하나의 프롬프트가 일관성

---

47) Francesca Mazzi, Authorship in artificial intelligence-generated works: Exploring originality in text prompts and artificial intelligence outputs through philosophical foundations of copyright and collage protection, First published: 26 May 2024, https://doi.org/10.1111/jwip.12310

48) 앞의 2024 저작권 쟁점 대토론회 자료집, 138면, 신재호 교수 의견 부분.

있는 결과물을 생성해 내는지 여부를 통해 판단될 수 있다. 따라서 생성물에 대한 예측가능성이 존재한다고 보기 위해서는 하나의 프롬프트로부터 만들어진 작품 간 동일하다고 평가할 수 있을 정도의 유사성이 유지되면 된다고 할 수 있다.[49] 셋째, '창작적 통제가능성'은 프롬프트의 수정, 변형을 통해 원하는 작품이 탄생하는 과정을 정리할 수 있으면 된다고 할 수 있다. 후자의 두 가지 요건은 이론이 아니라 실증을 통해 확인하는 것이 더 싱빙성이 있다. 최근 들어 생성형AI의 도구적 이용이 확산되면서 이러한 부분을 프롬프팅 실증을 통해 입증[50]하고자 하는 시도가 다수 이루어 지고 있다.

III. Prompt 입력자의 창작주체성

1. 저작자성(Authorship)과 발명자 적격(Inventorship)

(1) 의미

특허법과 저작권법은 창작자주의를 대원칙으로 천명하고 있다. 그리하여 원칙적으로 특허를 받을 수 있는 권리는 발명을 하여 발명자 적격(inventorship)이 있는 자에게 원시적으로 주어지고 저작권도 저작자성(authorship) 판단에 기초하여 그 창작의 실질적 주체인 저작자에게 권리가 부여되는 것이라 할 수 있다. 그러나 발명자성(inventorship)이나 저작자성(authorship) 판단의 문제와 권리 귀속(ownership)의 주체를 정하는 것은 별개이며 관점의 차이도 있다. 창작자와 재산권자가 항상 일치하지 않으며 특허를 받을 수 있는 권리나 저작재산권은 양도에 의해 얼마든지 다른 주체에 귀속될 수 있다.

---

49) 강현호·한의태·정재석, "AI 생성물의 저작물성과 창작성 판단에 대한 고찰-생성형 인공지능의 도구성을 중심으로", 계간저작권 제146권, 2024.6. 27면.

50) 김윤명, 앞의 논문(주16), "생성형 AI의 프롬프트 창작에 대한 저작권법적 고찰". 267-273면.

(2) AI 발명에 대한 특허법상 취급과 Inventorship

현행 IP법은 인간 창작자주의를 채택하여 인간만이 저작물과 발명의 창작 주체가 될 수 있도록 제한하고 있다. 현행 발명자주의(Inventorship) 원칙하에서는 인공지능에 의한 발명이 완성되더라도 AI를 발명자로 기재하여 특허출원할 수 없고 출원의 적법승계 논리도(AI 법인격을 따로 인정하지 않는 한) 인정될 수 없는 실정이다. 미국특허청, EPO와 영국특허청 및 한국 특허청[51]은 인공지능 로봇 DABUS가 발명한 특허출원 건[52]에 대해 발명자가 사람이어야 한다는 요건을 충족하지 못하였음을 이유로 거절 결정하였다. 다만, 인공지능 발명자를 인정하기 위한 전제 요건으로 인공지능 시스템의 설명 가능성(Explainable AI Requirement), 자율성(Autonomy Requirement) 및 기여도(Contribution Requirement) 3가지를 제시하는 견해가 있다.[53] 제시한 전제 요건의 충족 여부에 따라 AI 시스템을 단순 도구, 발명 보조자, 공동 발명자 또는 단독 발명자로 구별할 수 있다는 것이다.[54]

(3) AI생성 콘텐츠에 대한 태도 및 저작자성 부정 경향

미국은 저작자 정의 규정은 없지만 저작자성(Authorship)에 관한 원칙 및 저작권 등록 실무제요(Compendium)상으로 볼때 인간에 의해 창작된 저작물만 등록가능하다는 입장이다. 미국은 원숭이 셀카사건 판결에서도 이 점을 분명히 하였으며 "파라다이스로 가는 최근 입구(A Recent Entrance to Paradise)"의 직무저작 등록을 거절하

---

51) 한국 특허청은 자연인이 아닌 인공지능(AI)을 발명자로 한 특허출원이 허용되지 않는다는 이유로 인공지능(AI)이 발명했다고 주장하는 특허출원에 대해 2022년 9월 28일 무효처분을 내렸다.

52) 미국의 인공지능 개발자 Stephen Thaler(스티븐 테일러)가 DABUS(Device for the Autonomous Bootstrapping of Unified Sentience)라는 이름의 인공지능을 발명자로 표시한 국제특허출원이다. 이 AI는 다중 신경망을 연결하여 새로운 아이디어를 만들어 내어 그 아이디어의 효과를 계산해 내는 시스템이다. Thaler 박사는 DABUS로부터 얻은 두 개의 결과를 출원하였는데, 이는 프랙탈 기하학(fractal geometry)을 활용한 음료수 용기 제작방법과 수색구조 상황에서 눈에 잘 띌 수 있도록 작동하는 비상 신호등에 관한 것이었다.

53) 황인복·신혜은, "인공지능 발명에 대한 고찰—AI 발명자 인정의 전제 요건을 중심으로", 産業財産權 No.72, 한국지식재산학회 2022, 111면 이하.

54) 위의 논문, 124-129면.

여 법원의 판결[55]로 이어지기도 하였다. '새벽의 자리야' 사건에서 미국 저작권청은 Midjourney AI를 사용하여 삽화를 만들어 완성한 만화에 대한 저작권 등록을 취소한 바 있다. 그러나 인간 창작의 도구로 활용한 부분(프롬프트 편집)에 대한 편집저작물성은 인정하기도 하였다.[56]

유럽연합(EU)의 경우도, 저작자 적격에 대한 명문규정은 없지만 자연인인 인간만이 그 주체가 될 수 있다고 해석하고 있다. 이것은 유럽 사법법원이 내린 Infopaq 판결[57]에도 암시되어 있다. 법원은 저작물의 독창성은 저작물이 저작자의 창의성을 반영해야 한다고 밝혔다. 즉, 작품은 그것을 만든 자연인의 사상을 반영해야 한다. 일본과 우리나라는 명문 규정에서 인간만 저작자로 한정하고 있는바, 우리 저작권법(제2조 1호)도 저작물을 인간의 사상 또는 감정의 창작적 표현물로 정의하거나 해석하여 저작권의 향유 주체는 오로지 인간만 가능한 것으로 보고 있다. 결국 생성형 AI모델에 의해 생성된 작곡, 그림 등의 콘텐츠는 프롬프트 입력자의 창작 주체성 문제는 별개로 하고 그 생성 주체가 인간이 아니므로 적어도 현행법상 저작물로 보호할 수 없다는 것이 중론이다.[58]

2. 프롬프트를 통한 창작기획과 창작과정에 대한 재평가

(1) 전통적 기준에서 본 견해

앞서 살펴본 바와 같이 프롬프트를 작품기획 단계의 단순한 아이디어로 치부하

---

55) Thaler v. Perlmutter, Case 1:22-cv-01564-BAH (D.D.C., Aug. 18, 2023. 이 판결에 대한 자세한 소개는 강현호외 2인, 앞의 논문, 15-19면 참조.

56) 저작권 등록의 의미에 대한 해설은 전재림, "최근 AI 창작물의 미국 저작권청 등록 사례에 대한 검토", COPYRIGHT ISSUE REPORT 2022-29, 한국저작권위원회 참조.

57) Infopaq International A/S Danske Dagblades Forening, JUDGMENT OF 16. 7. 2009-CASE C-5/08.

58) Annemarie Bridy, "Coding Creativity: Copyright and the Artificially", Stan. Tech.L. Rev., Vol. 5(2012), pp. 7-8; Ralph D. Clifford, "Intellectual Property in the Eraof the Creative Computer Program: Will the True Creator Please Stand up?", Tul.L. Rev., Vol. 71(1997), pp. 1687-1693; 오승종, 『저작권법』, 제2판, 박영사, 2012, 62-63면; 김윤명, "인공지능(로봇)의 쟁점에 대한 시론적 고찰", 『정보법학』, 제20권 제1호(2016), 160면.

고 최종 생성물의 구상과 구체화 모든 단계에서 인간의 창의적, 실질적 기여가 있어야 저작자의 지위를 인정받을 수 있다고 보면 창의적 프롬프트로 멋진 작품을 완성한 경우에도 AI 모델 이용자는 생성물에 대해 저작자의 지위를 가질 수 없다. 미국 저작권청도 Kashtanova의 주장에 대해 AI 모델이 카메라와 같이 단순한 도구로 간주될 만큼 AI 사용자가 AI 모델의 창작 과정에서 '충분한 창의적 통제(Sufficient Creative Control)'를 했는지에 대해 의문을 제기하였다. 정황상 Kashtanova가 원하는 이미지에 도달할 때까지 Kashtanova가 AI 모델을 제어하고 인도한 것이 아니라 AI 프로그램인 Midjourney가 예측할 수 없는 방식을 통해 스스로 이미지를 생성한 것이라고 추론하면서 이 경우 AI 사용자인 Kashtanova는 자신이 권리를 가지는 예술가가 아니라 단지 예술가를 고용한 의뢰인에 불과하다고 비유한 바 있다. 이러한 견해에 따르면 AI는 인간창작자주의로 인해 권리적격이 없고 AI모델 이용자는 해당 예술품이나 발명품의 저작자나 발명가로 인정받지 못하므로 생성형 AI의 산출물은 외관상 인간이 창작한 것과 구별할 수도 없음에도 그 창작 과정상의 문제만으로 퍼블릭 도메인(Public Domain)의 영역에 속하게 되는 것이다.

(2) 프롬프트 창작에 대한 새로운 시각

AI 모델은 인간이 저작물을 창작하는 데 사용하는 다른 도구들과 진배없으므로 적어도 창의적인 프롬프트를 통해 만들어진 AI 생성물은 그 도구의 사용자인 프롬프트 사용자의 저작물로서 보호받아야 한다. 이를 위해서는 몇 가지 발상의 전환이 수반 되어야 한다.

첫째, 앞서 프롬프팅의 법적 성질에서 살펴본 바와 같이 프롬프팅을 기술발전에 따른 새로운 창작기법의 하나로 보는 시각이 필요하다.

둘째, 프롬프트 입력이 최종 생성물에 미치는 영향을 통상의 창작과정에 준하여 파악하려는 노력이 필요하다. AI는 블랙박스이므로 창의적 통제의 확인조차 불가능하지만 창작자로서 작품을 만드는 통상의 과정과 프롬프트를 이용한 창작과정이 큰 차이가 없다는 것이다. 직관적 생각 가운데 창작을 위한 아이디어를 떠올렸다고 할지라도 의식의 흐름을 유추해 보면 어떠한 외부적 요인이나 내부적 동기에 의해 생기는 감정이나 느낌을 그동안의 경험과 기억, 그리고 학습한 정보를 바탕으로 다양한 제작 기법을 고려하여 도출해 내는 과정이 창작과정이다. 그러한 생각의 흐름 가운데 있는 단어를 나열하고 그중에서 중요한 핵심 단어들을 선별하는 과정의 결과물이 바로 프롬프트인 것이다.[59)]

셋째, 생성형 AI 모델은 인간 작가가 사용할 수 있는 카메라 장비와 유사한 도구로 볼 수 있으며 AI 프롬프트를 이용한 창작과정은 사진작가의 창작과정과 유사하다는 점을 용인하여야 한다.

넷째, 개념미술에서 구상(아이디어)에 대한 새로운 평가에 준하여 프롬프트의 위상을 파악해 볼 필요가 있다. 보수적인 법학자의 견해[60)]는 이른바 '개념미술' 또는 '팝아트'의 영역이라 하더라도 저작자를 정하는 보편적 기준에 따라 미술적 구상을 담당하는 아티스트와 실제로 그것을 구현하는 아티스트가 공동의 기여를 통해 미술저작물을 작성할 경우라도, 미술적 구상을 담당하는 아티스트는 저작자로 볼 수 없다는 전통적 견해를 고수하고 있다. 조영남 화투그림 대작 사건에서 우리나라 대법원[61)]은 이 부분에 대한 판단의 기회가 있었지만 사법자제의 원칙을 내세워 저작권 귀속주체에 대한 판단을 생략하는 회피적 판단을 한 바 있다. 결국 그에 대한 명시적 판례는 나오지 않았지만, 미술적 구상을 담당한 아티스트가 그 구상 내용을 매우 구체적으로 제시한 경우에는 단순히 아이디어를 제공한 것에 그치지 않고 창작적 표현에 대한 실질적 기여를 한 것으로 보아 '공동저작자'의 지위를 가지는 것으로 보는 것이 타당하다는 견해가 있다.[62)] 비슷한 맥락에서 생성형 인공지능은 단순히 기술의 발전에 의한 창작 도구에 불과하고, AI 생성물은 그러한 도구에 의해 인간 창작자의 사상 또는 감

59) 권동현, "이미지 생성 AI의 프롬프트 요소와 적용 사례 연구: 미드저니, 스테이블 디퓨전, 파이어플라이, 달·이를 중심으로", 디지털콘텐츠학회논문지 25(2), 한국디지털콘텐츠학회, 2024.02. 344면.
60) 계승균(2020). "저작권법 연구자가 본 대작 사기 사건—대법원 2020. 6. 25. 선고 2018도 13696 판결을 소재로". 일감법학 48호, 건국대 법학연구소 2021. 2, 197~217면; 최현숙, "개념미술과 저작권 귀속에 관한 법적 고찰—조영남 미술대작 사전(2020.6.25.선고 2018도13696판결)을 중심으로", 가천법학 제13권 제4호, 가천대학교 법학연구소, 2020, 73-100면.
61) 대법원 2020. 6. 25. 선고 2018도13696 판결 참조.
62) 앞의 2024 저작권 쟁점 대토론회 자료집, 156-158면, 이해완 교수 작성부문.

정이 표현된 것으로 보면서 예술작품을 창작하는 데 있어 프롬프트의 중요성을 강조하는 예술 사조를 'Promptism Movement'[63]라고 한다.

3. 창작적 기여도 측면

(1) 쟁 점

생성형 AI 서비스 이용자가 저작권법상 저작자나 특허법상 발명자의 지위를 얻기 위해서는 그 창작행위에 실질적으로 기여하여야 한다. 프롬프트 입력행위에 따라서는 산출물의 생성에 실질적으로 기여하였다고 인정되는 경우, 그 산출물은 저작물이 될 수 있고 발명도 될 수 있다. 이때 이용자의 프롬프트 입력행위는 창작행위로 평가될 가능성이 높다. 그러나 AI가 입력행위의 세부 표현에 크게 구애받지 않고 autonomous하게 산출물을 생성한 것으로 판명될 경우, 그러한 산출물은 저작물이나 발명이 될 수 없고, 프롬프트 입력행위도 창작과 아무런 관련이 없는 행위가 될 것이다. 그러므로 프롬프팅의 생성물에의 창작 기여도는 매우 중요한 문제이다.

(2) 생성물이 콘텐츠인 경우 인정기준

생성물이 콘텐츠인 경우 프롬프팅한 사용자의 저작물로 인정되려면 생성물의 창작에 창작적 표현으로서의 기여가 있어야 한다. 그 가능성에 대해서는 앞서 살펴본 중국 베이징인터넷법원 판결에서 이미 저작자로서의 창작적 기여를 인정한 선례가 있다. 본 사건에서 법원은 "분쟁 그림은 사용자가 스테이블 디퓨전을 이용하여 자신이 직접 매개변수를 선택하고 지시어를 입력하여 그린 그림이므로 이는 AI 기술을 이용하여 생성한 이미지로 인정할 수 있다고 보았다. 이러한 AI 생성 이미지는 검색 엔진을 통해 기존의 그림을 가져오거나 AI 소프트웨어 프로그래머가 미리 설정한 기존의 요소들을 단지 조합하여 만들어지는 것이 아니라 인간이 입력한 텍스트 제시어에

---

63) Hayward, Jeff., "The Growing Art Movement of 'Promptism'", Medium, ⟨https://medium.com/counterarts/the-growing-art-movement-of-promptism-9ec956d82a61⟩,(2024. 8. 30. 검색).

따라 생성된 것이다. 따라서 AI 소프트웨어가 하는 역할은 인간을 대신하여 선을 그리고 색을 입히는 것이기 때문에 이러한 조건하에서 만들어진 AI 생성 이미지는 인간의 지적 결과물로 볼 수 있다"고 보았다.

(3) 발명의 기여도 판단기준

기여도에 대한 판단기준과 관련해 대법원[64]은 단순히 발명에 대한 기본적인 과제와 아이디어만을 제공하는 것에 그치지 않고, i) 발명의 기술적 과제를 해결하기 위한 구체적인 착상을 새롭게 제시·부가·보완하거나, ii) 실험 등을 통해 새로운 착상을 구체화하거나, iii) 발명의 목적 및 효과를 달성하기 위한 구체적인 수단과 방법의 제공 또는 구체적인 조언 지도를 통해 발명을 가능하게 한 경우 등과 같이 기술적 사상의 창작행위에 실질적으로 기여하기에 이르러야 한다고 설시하고 있다. 이러한 판례의 기준에 의할 때 AI에 의한 자율적 발명이 확실시되고 인간의 개입이 극히 미미한 경우에 인간은 발명자가 될수 없다. 결국 현행 발명자성 판단기준과 판례에 의하면 AI도 발명자로 인정되지 못할 뿐 아니라 그 배후의 사람도 기여도가 인정되지 않아 발명자로 인정될 수 없는 경우가 발생한다. 자연인이 인공지능을 사용하며 발명에 이르는 과정을 기획·관리한 경우, 발명의 착상에 대한 발명자의 기여가 비록 그 요건을 충족시키는 정도는 아니라 하더라도 발명자성의 범위를 보다 확대하여 발명자 적격을 부여하는 것이 일응 합리적인 대안이 될 수 있다.[65]

일부 선행연구에서는 이러한 문제점을 해결하기 위한 방안으로 AI에 의하여 자율적으로 생성된 AI창작물에 대해서도 특허대상에 포함시키기 위한 특허법의 개정 방안을 제시하기도 하였다.[66] 예컨대 특허법 제2조 제1호의 발명의 정의 규정은 미국 특허법 제101조와 같이 인간의 발명에 한정하는 것으로 특정하고, 인간의 인위적 행

---

64) 대법원 2012. 12. 27. 선고 2011다67705, 67712 판결.

65) 이상호, "인공지능에 의한 발명의 발명자성에 대한 소고", 産業財産權, No.71호, 한국지식재산학회, 2022, 33면.

66) 권지현, "AI창작물의 특허보호 방안", 가천법학 제14권 제3호, 가천대학교 법학연구소(2021.09). 113-148면.

위가 아니라 AI가 창작할 수 있도록 실질적인 '인간의 개입'이 있는 경우, 그 '인간의 개입'을 전제로 AI가 생성한 AI창작물의 정의 규정을 도입하자는 것이다. 그리고 특허를 받을 수 있는 자에는 '인간의 개입'을 전제로 하는 AI창작물의 발명자를 인간으로 한다는 규정을 특허법 제33조에 명시하는 법개정을 제안하고 있다. 그러나 AI 발명자적격의 가능성을 더 확장하지는 못할망정 더욱 제한하는 방식도 시대적 조류에 이긋날 뿐 아니라 굳이 발명자성을 판단하는 기본원칙에 정면으로 배치되는 예외사항을 입법화하는 것도 바람직하지 못한 것으로 보인다.

IV. 결 론

최근 들어 텍스트 프롬프트를 기반으로 하는 이미지 콘텐츠를 생성할 수 있는 대규모 언어 모델(LLM) 생성형 AI 출현으로 결과물의 생성을 기획 지시하는 프롬프트의 중요성이 부각됨과 동시에 콘텐츠 크리에이터들을 위협하는 문제들도 동시에 발생하였다. 이에 따라 IP법상 논의도 프롬프트와 프롬프트 사용자의 법적지위와 그 부작용 방지 쪽으로 서서히 옮겨 가고 있다. 프롬프트의 법적 지위에 관한 논의는 아주 초기 단계라서 화두만 던진 격이라 할 수 있다. 무엇보다 다양한 모델의 생성형 AI는 콘텐츠 창작의 훌륭한 도구가 된다는 점에서 기술발전에 따른 창작도구성을 인정할 것인지도 아직 찬반 대립이 막상막하이다. 웹툰 표지 화보사건에서 화가들이 보이콧한 것과 같이 화가가 힘들게 그린 웹툰표지는 AI가 손쉽게 생성한 화보대비 가격 경쟁력이 없다. 따라서 생산성과 가격을 중요시하는 자본주의 시장에서 대세는 정해져 있다고 할 수 있다. 이에 따른 이론적 뒷받침을 위해 필요한 새로운 시각과 관점도 정리해 보았다. 특히 이러한 프롬프팅을 통한 생성물 산출과정에서 ① 프롬프트와 AI 결과물의 관계를 원저작물과 2차적 저작물로 볼 수 있는지, ② 프롬프트 입력을 AI 결과물에 대한 창작적 기여로 인정할 수 있는지, ③ 이를 아이디어 영역이 아닌 표현 영역에서의 창작적 기여로 평가할 수 있는지의 문제가 관건이다. 이러한 제반 문제에 대해 미국과 중국은 다른 시각을 보여 주고 있다. 창작적 제어와 예측가능성이란 전통적 해법의 기준은 물론 인간의 지적노력의 산물로 인정할 수 있는지 여부도 모두 프롬프트와 AI 모델 창작행위 간의 상관관계에 대한 해석에서 비롯된다고 할 수 있다. 향후 이 쟁점에 대한 기술적 해법과 법률해석적 해법이 동시에 성숙되어 갈 것으로 기대된다.

제2편

AI 기반 주요 산업에 대한 규율

제6장

인공지능과 의료산업

정영진

(인하대학교 법학전문대학원 교수, AI·데이터 법학과 주임교수)

I. 서 설

2024년 10월 9일, 스웨덴 왕립과학원(Royal Swedish Academy of Sciences) 노벨위원회는 구글 딥마인드(Google Deepmind)의 하사비스(Demis Hassabis)와 점퍼(John Jumper)를 노벨 화학상 공동 수상자로 선정하였다. 노벨위원회는 이들이 2020년 인공지능(AI) 프로그램인 '알파폴드2'(AlphaFold2)를 개발하여 단백질 3차원 구조 예측에 혁신적인 기여를 했다고 평가하였다. 특히 이들은 효소 설계 및 신약 개발을 포함한 생명과학 전반에 기여하기 위해, 2021년 7월 알파폴드2 코드를 '아파치 2.0(Apache 2.0) 라이선스'[1]로 깃허브(GitHub)에 공개하였다. 또한 유럽 분자생물학 연구소(European Molecular Biology Laboratory: EMBL)는 유럽 생물정보학 연구소(European Bioinformatics Institute: EBI)와 협력해 알파폴드 단백질 구조 데이터베이스(AlphaFold Protein Structure Database)를 구

---

[1] 2004년 '아파치 소프트웨어 재단'(Apache Software Foundation: ASF)이 협력적 오픈 소스(open-source) 소프트웨어 개발을 위하여 제정한 것이다. 누구든 자유롭게 아파치 소프트웨어를 다운받아 상업적 목적으로 이용할 수 있는데, 이에 근거하여 새로운 소프트웨어를 개발한 경우 아파치 라이선스로 개발된 소프트웨어라는 것을 명기하도록 하고 있다. https://www.apache.org/licenses/LICENSE-2.0 참조.

축하여, 2억 개 이상의 단백질 구조를 연구자들에게 무료로 제공하고 있다.

인공지능 기술의 발달로 인간은 보강(Augmentation)과 증강(Enhancement)을 통해 생명 연장(Life Extension)이 가능해지면, 트랜스휴먼(Transhuman)이라는 상태에 이를 가능성이 있다. (i) 보강(Augmentation)은 외골격 장치나 뇌-기계 인터페이스 같은 외부 기술을 활용해 인간의 능력을 보조하거나 확장하는 것을 의미하고, (ii) 증강(Enhancement)은 유전자 편집, 약물, 신경 자극 기술 등을 통해 인간 내부의 능력을 직접 개선하거나 강화하는 것을 뜻한다. 사이보그(cyborg)[2]는 외부 기술(보강)과 내부 생물학적 변화(증강)를 결합하여 인간의 기존 능력을 보완하거나 새로운 수준으로 향상시키는 존재를 의미한다. 나아가 인공지능 기술을 통해 의식을 디지털화함으로써 탈육체화(Disembodiment)가 가능해지고, 이를 통해 인간이 포스트휴먼(Posthuman)[3]이라는 인류를 초월한 새로운 존재로 변모할 것이라는 견해[4]도 있다.

인공지능과 의료산업에 대하여는 여러 가지 측면에서 살펴볼 수 있다. 우선 인공지능이 작동하려면 데이터가 있어야 한다. 보건의료 데이터와 개인정보 보호에 대해서는 『데이터법』(세창출판사 2022년) 제20장을 참고하기 바란다. 이러한 데이터가 수집되어 활용되고 있다는 전제하에, 인공지능을 활용하여 첨단바이오의약품[5]을 개발할

---

2) 사이보그는 사이버네틱스(cybernetics)와 유기체(organism)의 합성어로서, 1960년 클라인스(Manfred Clynes)와 클라인(Nathan Kline)의 저서인 "사이보그와 우주"(Cyborgs and Space)에서 처음 사용했다. 아무리 단순한 기술이라도 인공적인 산물이 인체와 결합되었다면 이미 사이보그라는 견해도 있다. 이에 따르면, 인체에 심박조절기를 삽입하거나, 당뇨병 치료를 위해 인슐린 주입기를 부착한 사람도 이미 사이보그이다. 나아가 보청기, 콘텍트 렌즈를 사용하는 경우에도 사이보그라고 한다.

3) 보스트롬(Nick Bostrom)은 하나 이상의 '포스트휴먼 능력'을 가진 존재를 포스트휴먼이라고 정의하며, '포스트휴먼 능력'이란 수명(healthspan), 인지(cognition), 감정(emotion) 영역에서 인간이 새로운 기술적 수단 없이 도달 가능한 최대 한계를 조과하는 능력을 의미하는데, 탈육체화는 수명 영역에서 인간의 한계를 초월한 것으로 볼 수 있다. Bostrom, Nick. "Why I Want to be a Posthuman When I Grow Up." *Medical Enhancement and Posthumanity*, edited by Bert Gordijn and Ruth Chadwick, Springer, 2008, pp. 107-108.

4) 모라벡 (Hans Moravec), 커즈와일 (Ray Kurzweil), 보스트롬, 민스키 (Marvin Minsky)가 대표적이다.

5) 「첨단재생의료 및 첨단바이오의약품 안전 및 지침에 관한 법률」(이하 "첨단재생바이오법"이라 함)에 따르면, 첨단바이오의약품이란 약사법에 따른 의약품으로 세포치료제, 유전자치료제, 조직공학제제, 첨단바이오융복합제제, 그 밖에 세포나 조직 또는 유전물질 등을 함유하는 의약품으로서 총리

수 있다. 이러한 연구에는 「개인정보 보호법」 외에 「생명윤리 및 안전에 관한 법률」 등을 준수하여야 한다. 또한 인공지능을 활용하여 (i) 의료기기의 성능을 개선할 수 있고 나아가 (ii) 소프트웨어 형식의 치료약을 제작할 수 있는데, 후자를 디지털의료기기[6]라 한다. 전자의 경우 의료기기를 전제로 인공지능 기술을 활용하여 그 성능을 개선하는 것으로 「의료기기산업 육성 및 혁신의료기기 지원법」(이하 "의료기기산업법"이라 함)의 혁신의료기기[7]에 해당할 수 있다. 의료기기의 공통적인 문제로서 의료보험의 혜택을 받을 수 있는지가 문제된다.

여기에서는 우선 건강과 보건의 개념을 살펴보고, 이를 바탕으로 전통적인 정보통신기술 기반의 e헬스(eHealth) 개념과 인공지능의 발전에 따라 새롭게 등장한 디지털헬스(digital health)의 개념을 살펴보겠다. 이러한 배경하에 2024년에 제정된 「디지털의료제품법」을 중심으로 디지털 의료기기에 대해 살펴보겠다. 또한 병원 시스템이 디지털화되면서 원격진료가 가능해지고, 나아가 메타버스 내에서 디지털 병원의 출현이 예상되는데, 원격진료에 대한 현행법상의 쟁점을 검토하겠다.

II. e헬스에서 디지털헬스로 발전

1. 건강과 보건의 개념

1948. 4. 7. 발표한 세계보건기구(World Health Organization, 이하 "WHO"라 함) 헌법(Constitution) 서문에서 "건강(health)은 단순히 질병(disease)이나 허약함(infirmity)이 없는 상태가 아니라 신체적 · 정신적 · 사회적으로 완전한 안녕 상태(complete well-being)를 의미한다."고 정의하고 있다.[8] 이러한 '완전한 안녕 상태'는 현재의 상태를 나타내기보

령으로 정하는 의약품을 말한다(제2조 제7호).

6) 디지털의료기기를 통상 디지털 치료제(digital Therapeutics)라 한다.

7) "혁신의료기기"에 대하여는 III. 2.의 "인공지능 기반 디지털치료기기"에서 상술한다.

8) Health is a state of complete physical, mental and social well-being and not merely the ab-

다는 도달해야 할 최종적 목표에 더 가깝다. 한편, 1986년 WHO는 「건강증진을 위한 오타와 헌장」에서 건강을 새롭게 정의하였다. 즉, "건강은 삶의 목표가 아니라 일상생활을 영위하기 위한 자원이며, 신체적 능력뿐만 아니라 사회적·개인적 자원을 강조하는 적극적 개념이다."고 정의하면서,[9] 이와 함께 자신의 건강에 대한 통제력을 높이고 건강을 증진하는 과정인 건강증진의 중요성을 강조했다.[10] 이에 따라 건강은 도달해야 할 목표인 동시에 일상적으로 관리하고 활용해야 할 자원이라는 이중적인 의미를 가지게 되었다. 개인의 건강 수준을 평가하는 지표로는 '건강상태(health status)'라는 용어가 사용된다. 국민건강보험법 제52조에 따른 건강검진은 개인의 건강상태를 검사하는 것을 의미한다.

영어 'Health'는 문맥에 따라 한국어로 '건강'[11] 또는 '보건'[12]으로 번역된다. 일반적으로 Health는 ① 사적 영역에서 '건강'으로 번역되고, ② 공적 영역에서는 건강을 보호한다는 의미에서 '보건'으로 번역된다. 여기서 사적 영역이란 개인적이고 주체적인 차원을 의미하고, 공적 영역이란 국가적·제도적 차원을 의미한다. 이때 보건은 공중보건(public health)을 의미한다. 이에 따라 조약이나 법률에서 국가 또는 의료인 등에게 건강을 보호할 책무를 부여하는 경우에는 Health를 보건으로 번역하는 것이 일반적이다. 대표적인 예를 들면, 우선 WHO의 경우 'Health'를 '보건'으로 번역하

---

sence of disease or infirmity.

9) WHO, "Ottawa Charter for Health Promotion", 1986, p. 1. 원문은 다음과 같다. Health is a resource for everyday life, not the objective of living. Health is a positive concept emphasizing social and personal resources, as well as physical capacities.

10) 1995년 국민건강증진법을 제정하였다.

11) 6·25전쟁 이후 국민 건강 회복과 체력 증진을 위해 정부의 주도로 "보건체조"가 도입되었고, 1970년대 산업화 시대에는 국민 체력 강화를 목표로 보건체조를 발전시킨 "국민체조"가 보급되었으며, 1999년에는 기존의 집단적이고 군대식 체조에서 벗어나 일상생활에 적합한 동작과 우리 고유의 가락을 접목한 "건강체조"가 도입되었다.

12) 보건(保健)은 단어의 의미상 건강을 보호하는 것을 뜻한다. 건강이 최종적 목표를 의미한다면, '건강을 보호한다'는 표현보다는 '건강을 추구한다'고 하는 것이 더 적절하다. 따라서 보건에서 말하는 건강은 최종적 목표로서의 건강이 아니라 현재의 건강 상태를 의미한다.

고 있다. 또한 WHO 헌법 서문에 "Governments have a responsibility for the health of their peoples which can be fulfilled only by the provision of adequate health and social measures."라는 문장은, "국가는 자국민의 건강(health)에 관하여 책임을 지며, 이는 오직 적합한(adequate)[13] 보건(health) 조치와 사회적 조치를 제공함으로써만 충족될 수 있다."고 해석된다. 후자의 health를 보건으로 번역하는 이유는 그것이 건강 그 자체를 가리키는 것이 아니라 건강에 대한 국가의 조치와 관련되어 있기 때문이다. 나아가 한국 헌법에는 "모든 국민은 보건에 관하여 국가의 보호를 받는다"고 규정하고 있는데(제36조 제3항), 헌법재판소는 이에 근거하여 국민은 '보건에 관한 권리'를 갖는다고 해석한다(헌재 1995. 4. 20. 선고 91헌바11 결정). 보건은 (i) 국민의 입장에서는 건강을 보호하고 증진하기 위한 활동을 의미하지만, (ii) 국가에 대한 권리로서는 국민이 자신의 건강을 유지하기 위해 필요한 국가의 지원과 배려를 요구할 수 있는 권리를 의미한다. 이에 따라 국가는 (i) 국민의 건강을 소극적으로 침해하지 않을 의무를 지는 것을 넘어, (ii) 적극적으로 국민의 보건을 위한 정책을 수립하고 시행해야 할 의무를 부담한다.[14]

---

13) 최소한(minimal) 보건이 아니다. 참고로 사회권에 대하여 과소보호금지의 원칙이 적용된다. 즉, 국가는 사회권을 보장할 때 최소한의 보호 수준을 유지하여야 한다.

14) 1966. 2. 16. 유엔 총회에서 채택된 「경제적, 사회적 및 문화적 권리에 관한 국제규약」(이하 "A규약"이라 함) 제12조는 "당사국은 모든 사람이 도달가능한 최고 수준(highest attainable standard)의 신체적·정신적 건강을 향유할 권리를 가지는 것을 인정하고, 동 권리의 완전한 실현(full realization)을 위해 필요한 조치(necessary steps)를 취할 의무가 있다."고 규정하고 있다. 그런데 A규약 위원회가 2000. 8. 11. 채택한 제12조에 대한 주석에 따르면 "건강에 대한 권리(right to health)는 건강한 상태에 있을 권리(right to be healthy)로 이해되어서는 안 되고, 또한 제12조 제1항에 언급된 "도달 가능한 최고 수준의 건강"은 개인의 생물학적 및 사회경제적 전제조건(biological and socio-economic preconditions)과 국가의 가용 자원(available resources)을 모두 고려하는 개념이다. 즉각적인 의무의 이행이 아니라 국가별 자원을 고려한 단계적 이행 의무를 부과하고 있다. 즉, 국가가 필요한 조치를 통해 국민의 건강을 증진하고 보호하는 환경을 제공해야 할 의무를 부담하지만, 국가가 국민의 건강 상태를 완벽히 보장할 책임까지 지는 것은 아니다.

2. 보건의료와 디지털케어의 구분

Health Care는 사적 영역에서는 건강관리를 의미하지만, 공적 영역에서는 보건의료를 의미한다. 즉, Care는 사적 영역에서 관리를 의미하지만 공적 영역에서는 의료(medical care)를 의미한다. 의료행위의 개념에 대하여는 후술하기로 한다.

우리나라 보건의료기본법은 보건의료에 대한 정의 규정을 두고 있다. 즉, "보건의료"란 국민의 건강을 보호·증진하기 위하여 국가·지방자치단체·보건의료기관 또는 보건의료인 등이 행하는 모든 활동을 말한다(제3조 제1호). 1978년 WHO와 "국제연합 아동기금"(United Nations Children's Fund: UNICEF)이 공동 주최한 제1회 "기본보건의료(Primary Health Care) 국제 회의"에서 채택한 "알마아타 선언"(Declaration of Alma-Ata)은 기본보건의료를 정의하고 있다. 이에 따르면 "기본보건의료란 실용적이고 과학적으로 타당하고 사회적으로 수용 가능한 방법과 기술에 기반하여, 공동체 내의 모든 개인과 가정이 보편적으로 접근할 수 있도록 제공되는 필수보건의료(essential health care)를 의미한다(제6조).[15]

사적 영역에서 사용되는 'Health care'는 '헬스케어'로 음역되며, 건강 관리의 모든 단계(예방, 진단, 치료, 재활, 건강 증진)에 적용될 수 있는 개념으로, 웰빙(well-being), 건강 기술(health technology), 디지털 헬스(digital health) 등을 포함한다.

3. e헬스와 디지털헬스의 개념

WHO에 따르면 디지털헬스는 기존의 e헬스의 개념을 확장하여 발전한 개념이다. 우선, e헬스에 대해 살펴보겠다. e헬스는 전자헬스(electronic health)의 약어로서, 보

---

15) Primary health care is essential health care based on practical, scientifically sound and socially acceptable methods and technology made universally accessible to individuals and families in the community.

건 및 보건 관련 분야를 지원하기 위해 정보통신기술(ICT)을 사용하는 것을 의미한다. E헬스는 2005. 5. 25. WHO 제58차 총회에서 "eHealth 관련 결의안"(WHA58.28)에서 정의되었다. 이에 따르면 e헬스는 보건의료서비스(health-care services), 보건 감시(health surveillance), 보건 문헌(health literature), 보건 교육·지식·연구(health education, knowledge and research) 등 보건 및 보건 관련 분야를 지원하기 위해 정보통신기술을 효율적이고 안전하게 활용하는 것을 의미한다.[16] WTO는 2005년 연말에 "글로벌 eHealth 관측소"(Global Observatory for eHealth, 이하 "GOe"라 함)를 출범시켰다. GOe는 각국에서의 e헬스 발전과 보건에 미치는 영향을 주도적으로 연구하고 있다.[17] 또한 WHO는 E-Health 지침을 제공하기 위하여, 2012년 국제전기통신연합(International Telecommunication Union: ITU)과 공동으로 「국가 e헬스 전략 도구키트」(National eHealth strategy toolkit)를 발행한 바 있다.[18]

    e헬스는 기본적으로 보건 및 보건 관련 분야의 데이터를 디지털화하여 관리하는 것을 의미하며, 병원정보시스템(Hospital Information System, 이하 "HIS"라 함)과 원격보건시스템(Telehealth System, 이하 "THS"라 함)을 축으로 발전하고 있다. HIS는 건강보험 청구 업무와 관련된 전자의무기록(Electronic Medical Record: EMR), 처방 전달 시스템(Order Communication System: OCS) 외에 임상 데이터와 연구 데이터의 전산화를 추진하고 있다. THS는 원격의료(Telemedicine), 원격진료(Teleconsultation), 원격 환자 모니터링(Remote Patient Monitoring: RPM), 원격 재활(Telerehabilitation), 응급 원격의료(Emergency Telemedicine) 등을 포함한다. 한편, 의학영상 전송 시스템(PACS: Picture Archiving and Communication System)은 병원 내부 시스템으로 활용되지만, 원격의료에서도 중요한 기술로 사용될 수 있다. 또한 모바일헬스(이하 "mHealth"라 함)는 e헬스의 하위 개념으로,

---

16) World Health Assembly, 58. (2005). eHealth. https://iris.who.int/handle/10665/20378, p. 121.

17) World Health Organization, "Building foundations for eHealth: progress of Member States", report of the WHO Global Observatory for eHealth. Geneva, 2006, P. 1.

18) World Health Organization. National eHealth strategy toolkit. International Telecommunication Union, 2012 참조.

"건강을 위해 모바일 무선 기술을 사용하는 것"을 의미한다.

그런데 WHO는 2019년 '디지털헬스'라는 용어를 공식화했는데, 이는 기존의 e헬스와 그 하위 개념인 m헬스를 포함할 뿐만 아니라 빅데이터, 유전체학(genomics), 인공지능(AI)과 같은 첨단 컴퓨팅 과학의 활용을 포괄하는 넓은 개념으로 정의된다.[19] 디지털헬스는 인공지능, 사물인터넷(IoT: Internet of Things), 웨어러블 기기 등 최신 디지털 기술을 의료에 적용한 것으로, 보건의료의 패러다임을 변화시킬 것이다. e헬스는 소비자 중심의 m헬스를 포함하지만, 기본적으로 의료기관을 포함한 공적 영역의 디지털화에 초점을 둔다. 반면 디지털헬스는 'Digital Health Technology'가 주도하며 그 영향력이 공적 영역과 사적 영역 모두에 미치고 있다. 이에 따라 'Digital Health Technology'는 '디지털 보건 기술'이나 '디지털 건강 기술'보다는 '디지털 헬스 기술'로 번역되는 경우가 많다.

4. 원격의료의 개념

원격의료(telemedicine)는 e헬스의 하위개념이고, 비대면진료는 원격진료의 일종이다.[20] 원격의료에 대한 단 하나의 명확한 정의는 없다, 한 연구에 따르면 6개월 만에

---

19) World Health Organization, "WHO guideline: recommendations on digital interventions for health system strengthening", 2019, p. 9. 관련 부분을 인용하면 다음과 같다. "디지털헬스라는 용어는 e헬스에서 기원했으며, 전자헬스는 '건강 및 건강 관련 분야를 지원하기 위해 정보통신기술(ICT)을 사용하는 것'으로 정의된다. m헬스는 전자헬스의 하위 개념으로, '건강을 위해 모바일 무선 기술을 사용하는 것'을 의미한다. 최근에는 디지털헬스라는 용어가 도입되었는데, 이는 e헬스(m헬스 포함)를 포괄할 뿐만 아니라 빅데이터, 유전체학, 인공지능과 같은 첨단 컴퓨팅 과학의 활용 등 새로운 영역까지 아우르는 넓은 범주의 용어로 정의된다" [The term digital health is rooted in eHealth, which is defined as "the use of information and communications technology in support of health and health-related fields". Mobile health(mHealth) is a subset of eHealth and is defined as "the use of mobile wireless technologies for health". More recently, the term digital health was introduced as "a broad umbrella term encompassing eHealth (which includes mHealth), as well as emerging areas, such as the use of advanced computing sciences in 'big data', genomics, and artificial intelligence."]

104개의 전문가 심사를 거친 정의를 찾았다고 한다.[21] WHO에 따르면, 원격의료란 거리로 인해 분리된 상태에서 보건의료 서비스를 제공하는 것을 말한다. 즉, 보건의료전문가들이 개인과 공동체의 건강 증진을 위해, 격지 간에 정확한 정보교환을 위해 정보통신기술을 활용하여,[22] (i) 질병과 부상의 진단, 치료 및 예방, (ii) 연구와 평가, (iii) 보건의료종사자에 대한 지속적인 교육을 시행하는 것이다.[23]

　보건의료에 대한 접근성(Access), 형평성(Equity), 질(Quality), 그리고 비용 효율성(Cost-effectiveness)은 보건의료 분야에서 해결해야 할 핵심 과제이다.[24] 이러한 문제를

---

20) e헬스가 발명되기 전에도 원격의료는 존재했다. 고대에는 환자를 대신해 치유사를 찾아가 이동할 수 없는 환자의 증상을 설명하고 추천된 치료법을 가져오는 방식이 있었는데, 이것 역시 원격의료에 해당한다. 그러나 e헬스는 정보통신기술을 활용한다는 점에서 고대의 방식과 차이가 있다.

21) Sanjay Sood et al., "What Is Telemedicine? A Collection of 104 Peer-Reviewed perspectives and Theoretical Underpinnings", Telemedicine and e-Health (2007), pp. 580-586.

22) 1960년 10월 4일, 보스턴 로건(Logan) 국제공항 인근 윈스롭(Winthrop) 만에서 항공기 엔진에 찌르레기 떼가 날아들어 대형 추락 사고가 발생했다. 조종사와 많은 승객이 즉시 사망했으나, 생존자 상당수는 심각한 부상을 입고도 매사추세츠 종합병원에서 불과 3마일 떨어진 공항에 긴급 구조대와 의료진이 혼잡한 고속도로 시스템 때문에 제때 도착하지 못해 적절한 의료 지원을 받지 못하고 사망했다. 이 사건을 계기로 보스턴 당국은 3년 후 로건 공항의 23번 게이트에 실험적인 의료 스테이션(medical station)을 설립해 향후 공항 비상사태에 대비하게 되었다. 심폐내과 의사 케네스 버드(Kenneth Bird)는 이 위성병원(Satellite hospital)의 초대 책임자가 되었다. 이 위성병원과 본원(main hospital)은 24시간 전화로 연결되어 언제든 전문적인 의료 지원을 받을 수 있었다. 그러나 버드는 전화 설명만으로는 한계가 있음을 알게 되었다. 환자의 목소리를 듣는 것뿐만 아니라 환자를 직접 보는 것도 필요했다. 이에 1968년 4월, 버드는 오디오-비주얼 "원격진단(tele-diagnostic)" 클리닉을 설립하였고, 1970년, '원격의료'(telemedicine)라는 용어를 처음 사용했다. National Institutes of Health, "NIH Record", Vol. LXVIII, No.12 (2015. 6. 3.), p. 8.

23) WHO, "Telemedicine: Opportunities and developments in Member States", Report on the second survey on eHealth, 2009, p. 9. 관련 원문은 다음과 같다. The delivery of health care services, where distance is a critical factor, by all health care professionals using information and communication technologies for the exchange of valid information for (i) diagnosis, treatment and prevention of disease and injuries, (ii) research and evaluation, and for (iii) the continuing education of health care providers, all in the interests of advancing the health of individuals and their communities.

24) WHO, "Telemedicine: Opportunities and developments in Member States", Report on the second survey on eHealth, 2009, p. 8.

해결하는 데 정보통신기술(ICT)이 중요한 역할을 하고 있으며, 그 대표적인 예가 원격의료(telemedicine)이다. 정보통신기술을 기반으로 한 원격의료의 가능성과 영향력을 보여 준 사례로 1995년 중국 대학생 주링링(朱令令) 사건이 있다. 당시 주링링은 원인을 알 수 없는 심각한 병을 앓고 있었고, 그녀의 가족과 친구들은 **인터넷**을 통해 국제적인 도움을 요청했다. 이 과정에서 다양한 의견과 진단이 제시되었으며, 처음에는 길랭-바레 증후군(Guillain-Barré Syndrome)이 의심되었지만, 결국 탈륨 중독(Thallium Poisoning)이 원인으로 밝혀졌다. 이 사례는 **인터넷과 원격의료**가 의료 정보 공유와 진단 과정에서 얼마나 큰 역할을 할 수 있는지를 보여 주며, 정보통신기술이 의료의 **접근성과 협력**을 획기적으로 확장할 수 있음을 증명한 중요한 사건으로 기록된다.[25]

5. 의료행위와 진료행위의 개념

의료인이 하는 의료·조산·간호 등 의료기술의 시행을 의료행위라고 정의하고 있지만(의료법 제12조 제1항), "의료기술의 시행", 즉 의료시술(施術)[26]이 무엇인지 명확하지 않다. 의료법에는 무면허 의료행위를 처벌하는 규정을 두고 있는데(제87조의2 제2항 제2호, 제27조 제1항), 판례에 따르면 '의료행위'라 함은 의학적 전문지식을 기초로 하는 경험과 기능으로 진찰, 검안(檢案),[27] 처방, 투약 또는 외과적 시술을 시행하여 하는 질병의 예방 또는 치료행위 및 그 밖에 의료인이 행하지 아니하면 보건위생상 위해가 생길 우려가 있는 행위를 말한다(대법원 2022. 12. 29. 선고 2017도10007 판결).[28]

---

25) World Health Organization, "Building foundations for eHealth", 2006, p. 2.
26) 협의의 시술은 수술과 대비하여, 조직을 절개하지 않는 비침습적(non-invasive) 또는 조직을 최소한으로 절개하는 최소침습적(minimally invasive) 의료행위를 의미한다. 서구일, "미용피부외과 수술의 대세: 비침습적 시술", 「피부과 전문의를 위한 Update in Dermatology」(Vol No.4, 2004), 46면.
27) 사망자의 상태를 직접 확인하고, 사망 원인·사망 시각·사망 경위 등을 확인하는 의료행위인데, 의료인 중 의사만 할 수 있다(의료법 제17조 제1항).
28) 의료인도 면허된 것 이외의 의료행위를 할 수 없다(제27조 제1항). 이와 관련하여 치과의사는 안면 보톡스 시술을 할 수 있는지 여부(대법원 2016. 7. 21. 선고 2013도850 전원합의체 판결)와 한의사가 초음파 진단기기를 사용하여 진단할 수 있는지 여부(대법원 2022. 12. 22. 선고 2016도21314 전원합의체 판결)

의료법에 따르면 의료인에는 의사·치과의사·한의사·조산사 및 간호사가 있다 (제2조 제1항). 의료인 중 의사·치과의사·한의사가 진료를 하고, 간호사는 이들의 지도하에 진료를 보조하는 역할을 한다(제2조 제2항 제5호 나목).[29] 의료인 중 의사·치과의사·한의사의 의료행위를 진료행위라고 하는데, 여기에는 질병의 예방, (검사와 진찰[30]에 의한) 진단,[31] 처방, 치료(재활 포함) 등이 포함된다. WHO의 원격의료에 대한 정의 중 (i) 질병과 부상의 진단, 치료 및 예방이 바로 원격진료(remote consultation)에 해당한다. 원격진료의 반대 개념은 대면진료(face to face consultation)이다. 원격진료는 의사가 정보통신기술을 활용하여 환자와 물리적으로 떨어진 상태에서 진료를 진행하는 것을 의미하며, 대면진료는 의사와 환자가 같은 공간에서 직접 만나서 진료를 진행하는 것을 의미한다.

III. 인공지능과 디지털의료기기

1. 디지털의료기기의 개념

인공지능 기반 의료기기란 인공지능을 활용한 디지털의료기기[32]를 의미한다. 우

가 문제되었다.

29) 의사 등이 간호사에게 의료행위의 실시를 개별적으로 지시하거나 위임한 적이 없음에도 간호사가 그의 주도 아래 전반적인 의료행위의 실시 여부를 결정하고 간호사에 의한 의료행위의 실시과정에도 의사 등이 지시·관여하지 아니한 경우라면, 이러한 간호사의 행위는 무면허 의료행위에 해당한다(대법원 2022. 12. 29. 선고 2017도10007 판결).

30) 진찰이라 함은, 환자의 용태를 듣고 관찰하여 병상(病狀) 및 병명을 규명 판단하는 것으로서 그 진단 방법으로는 문진(問診), 시진(視診), 촉진(觸診), 타진(打診), 청진(聽診) 기타 각종의 과학적 방법을 써서 검사하는 등 여러 가지가 있다(대법원 2005. 8. 19. 선고 2005도4102 판결).

31) 의학적으로 진단은 문진·시진·촉진·타진·청진 및 각종 임상검사 등의 결과에 기초하여 질병 여부를 감별하고 그 종류, 성질 및 진행 정도 등을 밝혀내는 임상의학의 출발점이고 이에 따라 치료법이 선택되는 중요한 의료행위로서 진단행위와 치료행위는 불가분의 관계에 있다(대법원 2022. 12. 22. 선고 2016도21314 전원합의체 판결).

선 디지털의료기기의 개념에 대하여 살펴보기로 하겠다. 2024년에 제정된 「디지털의료제품법」(2025. 1. 24. 시행)에서 디지털의료기기에 대한 정의 규정을 두고 있다. 「디지털의료제품법」은 약사법과 이의 특별법인 「첨단재생의료 및 첨단바이오의약품 안전 및 지침에 관한 법률」(이하 "첨단재생바이오법"이라 함), 의료기기법과 이의 특별법인 「체외진단의료기기법」 등에 근거하여, 세계 최초로 (i) 디지털의료기기(체외진단의료기기 포함. 이하 같음), (ii) 디지털융합의약품(첨단바이오의약품 포함. 이하 같음) 및 (iii) 디지털의료 · 건강 지원기기(이하 "디지털지원기기"라 한다)를 통합하여 하나의 법률로 규율하고 있다.[33]

〈표-1〉

의약품	전통 의약품	약사법
	디지털융합의약품	디지털의료제품법
의료기기	전통 의료기기	의료기기법
	디지털의료기기	디지털의료제품법
기타	전통 웰니스 제품	제품안전기본법 등
	디지털지원기기	디지털의료제품법

　　의료기기와 웰니스(Wellness) 제품은 사용목적과 위해도에 따라 구분할 수 있는데, (i) 사용목적이 의료용이 아니고 (ii) 위해도가 낮으면 웰니스 제품으로 본다.

〈그림-1〉[34]

---

32) 디지털의료기기(digital medical device)는 디지털치료기기(digital Therapeutics)보다 넓은 개념이다.

33) 식품의약품안전처, "식약처, 세계 첫 「디지털의료제품법」 본격 시행을 위한 하위 규정 입법예고", 보도자료(2024. 7. 31.) 참조.

「디지털의료제품법」은 디지털의료기기는 아니지만 의료의 지원 또는 건강의 유지·향상을 목적으로 생체신호를 모니터링·측정·수집 및 분석하거나, 생활습관을 기록·분석하여 식이·운동 등 건강관리 정보를 제공하는 목적으로 사용되는 디지털 기술이 적용된 기구·기계·장치·소프트웨어 또는 이와 유사한 제품으로서 식품의 약품안전처장이 지정하는 제품을 디지털지원기기라 하고 있다. 이에 따라 과거 웰니스 제품 중 디지털지원기기에 해당하는 경우에는 「디지털의료제품법」의 적용을 받게 된다.

〈표-2〉

디지털의료제품법 시행 전	디지털의료제품법 시행 후	적용법률
웰니스 제품	디지털지원기기	디지털의료제품법
	웰니스 제품	제품안전기본법

디지털의료제품은 "디지털기술"이 적용된 의료제품을 의미하는데, 디지털기술이란 지능정보기술, 로봇기술, 정보통신기술 등 총리령으로 정하는 첨단 기술을 말한다(제2조 제2호). 2024. 7. 31. 입법예고된 「디지털의료제품법」 시행규칙에 따르면, 위 "총리령으로 정하는 첨단 기술"이란 (i) 「지능정보화 기본법」 제2조 제4호에 따른 지능정보기술,[35] (ii) 「지능형 로봇 개발 및 보급 촉진법」(이하 "지능형로봇법"이라 함) 제2조 제1호에 따른 지능형 로봇 활용 기술, (iii) 「정보통신산업 진흥법」 제2조 제1호에 따른 정

---

34) 식품의약품안전처(의료기기안전국), 「의료기기와 개인용 건강관리(웰니스) 제품 판단기준」, 2015. 7., 7면. 미국 FDA의 「General Wellness: Policy for Low Risk Devices─Guidance for Industry and Food and Drug Administration Staff」(2015. 1.)를 참고하였다고 한다. FDA의 위 가이드라인은 2019년 9월에 개정되었다.

35) 다음 어느 하나에 해당하는 기술 또는 그 결합 및 활용 기술을 말한다. (i) 전자적 방법으로 학습·추론·판단 등을 구현하는 기술, (ii) 데이터를 전자적 방법으로 수집·분석·가공 등 처리하는 기술, (iii) 물건 상호간 또는 사람과 물건 사이에 데이터를 처리하거나 물건을 이용·제어 또는 관리할 수 있도록 하는 기술, (iv) 클라우드컴퓨팅기술, (v) 무선 또는 유·무선이 결합된 초연결지능정보통신 기반 기술.

보통신 활용 기술, (iv) 「가상융합산업 진흥법」 제2조 제1호에 따른 가상융합기술, (v) 그 밖에 제1호부터 제4호까지에 준하는 디지털기술로서 식품의약품안전처장이 고시하는 기술을 의미한다.

디지털의료기기는 디지털기술이 적용된 의료기기를 말하는데, (i) 질병의 진단·치료 또는 예후를 관찰하기 위한 목적, (ii) 질병의 치료 반응 및 치료 결과를 예측하기 위한 목적, (iii) 질병의 치료 효과 또는 부작용을 모니터링하기 위한 목적, (iv) 그 밖에 재활을 보조하는 목적으로 사용되어야 한다(제2조 제2호). 한편 의료기기는 (i) 질병을 진단·치료·경감·처치 또는 예방할 목적, (ii) 상해 또는 장애를 진단·치료·경감 또는 보정할 목적, (iii) 구조 또는 기능을 검사, 대체 또는 변형할 목적, (vi) 임신을 조절할 목적으로 사용되어야 한다(의료기기법 제2조 제1항).[36] 양자를 비교하여 표로 정리하면 다음과 같다.

〈표-3〉

의료기기의 목적	디지털의료기기의 목적
(i) 질병을 진단·치료·경감·처치 또는 예방할 목적	(i) 질병의 진단·치료 또는 예후를 관찰하기 위한 목적
(ii) 상해 또는 장애를 진단·치료·경감 또는 보정할 목적,	(ii) 질병의 치료 반응 및 치료 결과를 예측하기 위한 목적
(iii) 구조 또는 기능을 검사, 대체 또는 변형할 목적	(iii) 질병의 치료 효과 또는 부작용을 모니터링하기 위한 목적
(vi) 임신을 조절할 목적	(iv) 재활을 보조하는 목적

「디지털의료제품법」에 따르면, '디지털의료기기 소프트웨어'에는 내장형 디지털

---

36) 어떤 기구 등이 의료기기법 제2조 제1항에서 정한 '의료기기'에 해당하는지 여부를 판단함에 있어서는 그 기구 등이 위 조항 소정의 목적으로 사용되는 것이면 되고 객관적으로 그러한 성능을 가지고 있는가는 고려할 필요가 없으며, 또 그 기구 등의 사용목적은 그 기구 등의 구조와 형태, 그에 표시된 사용목적과 효과, 판매할 때의 선전 또는 설명 등을 종합적으로 고려하여 결정하여야 한다(대법원 2010. 4. 29. 선고 2008도7688 판결).

의료기기 소프트웨어(이하 "내장형 소프트웨어"라 한다)와 독립형 디지털의료기기 소프트웨어(이하 "독립형 소프트웨어"라 한다)가 있다.[37] ① 내장형 소프트웨어란 디지털의료기기에 설치 또는 유·무선으로 연결되어 그 디지털의료기기를 제어·구동하거나 그 디지털의료기기로부터 생성된 데이터의 저장, 신호·영상의 처리 등을 목적으로 사용되는 소프트웨어로서 그 자체는 디지털의료기기가 아니다. ② 독립형 소프트웨어란 전자·기계장치 등 하드웨어에 결합되지 아니하고 범용 컴퓨터 등과 동등한 환경에서 운영되며 그 자체로 디지털의료기기에 해당하는 소프트웨어를 의미한다. 일반적으로 소프트웨어는 제품으로 간주되지 않는데, 「디지털의료제품법」에서는 독립형 소프트웨어를 디지털의료제품으로 분류하고 있어, 전통적인 어법례와 차이가 있다.

「디지털의료제품법」에서는 내장형 소프트웨어가 탑재된 의료기기 역시 디지털기술이 적용된 경우 디지털의료기기로 보고 있다. 그러나 국제적으로 독립형 소프트웨어는 별도의 규정을 적용하지만, 내장형 소프트웨어는 통상적인 의료기기와 함께 규율하고 있다. 「국제 의료기기 규제당국 포럼」(International Medical Device Regulators Forum, 이하 "IMDRF"라 함)의 보고서에 따르면 '의료목적 소프트웨어'에는 '의료기기로서의 소프트웨어'(Software as a Medical Device, 이하 "SaMD"라 함)와 '의료기기에 통합된 소프트웨어'(Software in a medical device, 이하 "SiMD"라 함)가 있다고 하면서, SaMD에 대하여만 특별한 규정을 두고 있다.[38] 미국 식품의약청(Food and Drug Administration: FDA)은 IMDRF의 SaMD 정의를 원용하고, SaMD에 대한 평가 가이드라인을 제정하여 규율하고 있다.[39] SiMD는 「연방 식품·의약품 및 화장품법」(Federal Food, Drug, and Cosmetic Act: FD&C Act) 제201(h)의 의료기기에 포함되어 규율된다. 이상의 내용을 표로 정리하면 다음과 같다.

---

37) 식품의약품안전처장은 내장형 및 독립형과 유사한 소프트웨어를 디지털의료기기 소프트웨어로 지정할 수 있다(같은 법 제2조 제7호).

38) IMDRF, 「Software as a Medical Device (SaMD): Key Definitions」, 2013. 12., p. 4.

39) FDA, 「Software as a Medical Device (SAMD): Clinical Evaluation—Guidance for Industry and Food and Drug Administration Staff」, 2017. 12., p. 4.

〈표-4〉

구분	디지털의료제품법	IMDRF
하드웨어+SiMD	디지털의료기기	의료기기
SaMD	디지털의료기기(디지털치료기기)	디지털의료기기

이하 SaMD와 SiMD가 탑재된 디지털의료기기(digital medical device)를 구별하기 위해 SaMD를 "디지털치료기기"(Digital Therapeutics)라 칭하겠다. 2020년 식품의약품안전처가 작성한 「디지털치료기기 허가·심사 가이드라인」에서 디지털치료기기에 대한 정의규정을 두고 있는데, 이에 따르면 의학적 장애나 질병을 예방, 관리, 치료하기 위해 환자에게 근거기반의 치료적 개입을 제공하는 의료기기로서 소프트웨어(SaMD)로 정의하고 있다.[40] 또한 2023년 보건복지부와 건강보험심사평가원이 공동으로 작성한 「디지털치료기기 건강보험 등재 가이드라인」에서도 위 「디지털치료기기 허가·심사 가이드라인」에서 정의한 디지털치료기기의 개념을 준용하고 있다.[41]

2. 인공지능 기반 디지털치료기기

인공지능 기반 디지털의료기기는 인공지능으로 의료데이터를 분석하여 질병의 진단 또는 예측, 재활 등을 목적으로 하는 디지털의료기기를 말한다.[42] 인공지능 기반 디지털의료기기에는 '로봇 보조 수술'(Robot-assisted Surgery)[43]에 사용되는 "자동화

---

40) 식품의약품안전처(의료기기심사부), 「디지털치료기기 허가·심사 가이드라인」, 2020. 8., 8면.

41) 보건복지부·건강보험심사평가원, 「디지털치료기기 건강보험 등재 가이드라인」, 2023. 8., 4면.

42) 식품의약품안전처(의료기기심사부), 「인공지능(AI) 기반 의료기기의 임상 유효성 평가 가이드라인」, 2019. 10., 1면.

43) 2017년 국내 제품인 레보아이(Revo-I)가 허가받기 전에는 "다빈치 로봇 수술"(Da Vinci Robotic Surgery)이라고 분류하였으나, 2018년 "로봇 보조 수술"로 행위명을 변경하였다(보건복지부 고시 제2018-50호, 2018. 4. 1.). 로봇 보조 수술은 컴퓨터가 제공하는 3차원 영상을 바탕으로 로봇수술기를 환자에게 장착하여 집도의의 원격조정에 의해 로봇 팔이 수술을 시행하는 기술이다. 2005년 식품의약품안전처에서 허가된 후 2006년 「의료행위전문평가위원회」에서 관혈적 수술(觀血的手術) 대비 재원기간을

시스템 로봇수술기"(분류번호 A67050.04)과 맞춤형 재활로봇인 "로봇보조 정형용 운동
장치"(분류기호 A67080.01)[44]도 포함될 수 있으나 여기에서는 SaMS에 대하여만 살펴보
겠다.

SaMD는 소프트웨어의 특성상 기존의 치료제 대비 독성 및 부작용이 적고, 일반
의약품과 같은 제조, 운반, 보관이 필요치 않아 저렴한 비용으로 대량으로 공급할 수
있다. 그리고 소수의 의사가 물리적, 시간적 한계와 무관하게 많은 환자를 관리할 수
있다. 또한 인공지능으로 환자의 데이터를 분석해서 개인 맞춤형 치료를 제공하는 것
이 가능하다.[45] 식품의약품안전처는 2023년 2월 15일 에임메드(AIMMED)가 개발한
불면증 인지행동치료(Cognitive Behavioral Therapy for Insomnia, CBT-I) 소프트웨어인 솜즈
(SOMZZ)에 대해 최초로 디지털치료기기로 허가했다.[46]

의료기기산업법은 의료기기산업을 육성·지원하고 혁신의료기기의 제품화를 촉
진하는 등 그 발전기반을 조성함으로써 의료기기산업의 경쟁력을 강화하여 국민의
건강증진, 일자리 창출 및 국가경제의 발전에 이바지하는 것을 목적으로 제정되었는
데, "혁신의료기기"란 의료기기 중 정보통신기술, 생명공학기술, 로봇기술 등 기술집
약도가 높고 혁신 속도가 빠른 분야의 첨단 기술의 적용이나 사용방법의 개선 등을
통하여 기존의 의료기기나 치료법에 비하여 안전성·유효성을 현저히 개선하였거나
개선할 것으로 예상되는 의료기기로서 식품의약품안전처장으로부터 지정을 받은 의

단축시키고 수술부위 상처를 적게 하는 등의 장점은 있으나 비용-효과성 등 진료상의 경제성이 불
분명한 점을 들어 비급여로 결정된 바 있다. 한국보건의료원, "로봇보조수술-종격동", 의료기술재
평가보고서, 2023. 4., 1면.
44) 자세한 내용은 식품의약품안전처(식품의약품안전평가원), 「인재활로봇 허가·심사 가이드라인」,
2017. 11. 참조.
45) 구영덕, "디지털 치료제(Digital Therapeutics)", ASTI Market Insight (2022-095), 4-5면.
46) 미국 FDA는 2010년 최초로 웰독(Welldoc)이 개발한 당뇨병 관리용 소프트웨어인 블루스타(Bluestar)
를 디지털 치료제로 승인했다.

료기기를 말한다(제2조 제4호).[47)]

　　일반적으로 의료 현장에서 혁신의료기기를 사용하려면, ① 먼저 의료기기산업법 제22조, 제41조 제2항에 근거하여 한국보건산업진흥원에서 혁신의료기기를 심사하는 과정(약 80일 소요)을 거쳐야 하며, ② 이후 국민건강보험법 제41조에 근거하여 건강보험심사평가원에서 요양급여대상 또는 비급여대상 여부를 확인하는 절차(30~60일 소요)와 ③ 의료법 제53조에 근거하여 한국보건의료연구원에서 실시하는 신의료기술평가(최대 250일 소요)를 받아야 한다. 식품의약품안전처는 바이오헬스 산업 혁신 방안[48)]으로, 2022. 10. 13. 의료기기산업법에 근거하여 제정된 「혁신의료기기 지정 절차 및 방법 등에 관한 규정」을 개정하여, 혁신의료기기로 지정을 받으려는 자는 식품의약품안전처장에게 혁신의료기기 심사, 요상급여대상 심사, 신의료기술평가 심사를 통합하여 신청할 수 있도록 하였다(제2조 제2항). 이러한 통합 심사·평가를 통해서 혁신의료기기의 시장진입 소요기간을 390일에서 80일로 단축할 수 있게 되었다.

〈그림-2〉[49)]

　　솜즈는 2022. 12. 15. 위 통합 심사·평가 절차에 따라서 최초로 혁신의료기기로

---

47) 미국 FDA는 2016년 21세기 a(the 21st Century Cures Act.)에 근거하여, 2018년 혁신의료기기 프로그램(Breakthrough Devices Program)을 제정하였다.

48) 보건복지부·식품의약품안전처, "바이오헬스 산업 혁신 방안", (2022.7.), 3면.

49) 위 바이오헬스 산업 혁신 방안, 3면.

지정되었다.[50]

IV. 원격진료의 법적 쟁점

1. 개 설

e헬스는 기본적으로 보건 및 보건 관련 분야의 데이터를 디지털화하여 관리하는 것을 의미하며, 병원정보시스템(Hospital Information System, 이하 "HIS"라 함)과 원격보건시스템(Telehealth System, 이하 "THS"라 함)을 축으로 발전하고 있다. 그런데 인공지능 기술의 발전은 의료기관의 의료서비스 제공방식 자체에 영향을 줄 수 있다. 즉, 미래에는 메타버스 내에서 환자들이 건강상태를 직접 체크할 수도 있고, 가상병원을 통한 진료와 처방이 가능한 시대가 도래할 것으로 예상된다. 그러나 현재 상황에서 실현될 수 없다. 그 이유는 법적으로 그 실현을 제한하고 있기 때문이다. 이하에서는 원격진료를 중심으로 현행법상 한계를 살펴보겠다.

2. 원격진료와 의료법 제34조의 원격의료

의사가 메타버스에서 진료행위를 하기 위해서는 우선 원격진료가 가능해야 한다. 의료법 제34조 제3항은 '직접 대면하여 진료'라는 용어를 사용하고 있는데, 대면진료를 의미한다. 우리나라의 경우 원격진료와 관련하여 의사가 전화를 통해서 진료하는 것이 적법한지가 문제가 되고 있다. 이와 관련하여 의료법 제17조 제1항 또는 제17조의2 제1항, 제33조 제1항, 제34조가 문제된다.

의료법에 따르면 '직접 진찰'한 의사가 아니면 진단서·증명서를 작성하여 환자에게 교부하지 못하고(제17조 제1항), 처방전(전자처방전 포함)을 환자에게 교부하거나 발

송하지 못한다(제17조의2 제1항). 여기서 '직접 진찰'이 '대면진료'를 의미한다면 대면진료를 하지 않은 의사는 처방전을 발급할 수 없으므로, 결국 환자는 치료를 받을 수 없게 된다. 대법원은 의사가 전화나 화상 등을 이용하여 진료한 경우 '직접 진찰'에 해당한다고 판시하고 있다(대법원 2013. 4. 11. 선고 2010도1388 판결). 즉, "자신이 진찰[51]한 의사만이 처방전 등을 발급할 수 있다고 한 것은 ― 처방전 등의 발급주체를 제한한 규정이지 진찰방식의 한계나 범위를 규정한 것은 아님이 분명하다. 의사가 환자를 진찰하는 방법에는 시진, 청진, 촉진, 타진 기타 여러 가지 방법이 있다 할 것인데, '자신이' 진찰하였다는 문언을 두고 그 중 대면진찰을 한 경우만을 의미한다는 등 진찰의 내용이나 진찰 방법을 규제하는 것이라고 새길 것은 아니다 ― 따라서 의사가 환자를 직접 대면하지는 않았지만 전화나 화상 등을 이용하여 환자의 용태를 스스로 듣고 판단하여 처방전 등을 발급하였다면, 이를 '자신이 진찰한 의사'가 아닌 자가 처방전 등을 발급한 경우에 해당한다고 할 수는 없다."고 판시하였다.

이에 대하여 의료법 제17조 제1항 또는 제17조의2 제1항의 직접 진찰을 대면진료로 해석하여야 한다는 견해[52]도 있고, 헌법재판소도 위 대법원 판결 이전에 '직접 진찰'을 대면진료로 해석한 바 있다(헌법재판소 2012. 3. 29. 선고 2010헌바83 전원재판부).[53]

---

51) 2007. 4. 11. 법률 제8366호로 제17조 제1항이 개정되기 전에는 "자신이 진찰"한 의사로 되었으나 개정 후에는 "직접 진찰"한 의사로 변경되었는데, 법률 제8366호가 밝히고 있는 개정이유는 '법 문장의 표기를 한글화하고 어려운 용어를 쉬운 우리말로 풀어쓰며 복잡한 문장은 체계를 정리하여 쉽고 간결하게 다듬으려는 것'이라고 하고 있어서, "자신이"와 "직접"은 같은 의미로 이해된다(대법원 2013. 4. 11. 선고 2010도1388 판결).

52) 백경희·장연화, "대면진료와 원격진료의 관계에 관한 법적 고찰", 서울법학 제21권 제3호(2014), 465-468면.

53) 청구인은 산부인과 전문의로, '2006. 1. 4. 부터 2007. 5. 18. 까지 총 672회에 걸쳐 자신의 병원에서 환자를 직접 진찰하지 아니하고 전화로 통화한 다음 처방전을 작성하여 환자가 위임하는 약사에게 교부하여 의료법 제17조의2 제1항을 위반하였다'는 범죄사실로 약식명령이 고지되어 정식재판을 청구하였으나 벌금형이 선고되었다. 이에 청구인은 항소를 제기하고 그 소송계속 중 의료법 제17조의2 제1항이 죄형법정주의의 명확성의 원칙에 반한다는 이유로 위헌법률심판 제청신청을 하였으나 기각되자, 헌법소원심판을 청구하였다. 이에 헌법재판소는 다음과 같은 이유로 죄형법정주의의 명확성의 원칙에 위반되지 않는다고 보았다. "먼저, 사전적인 의미로 '직접'은 '중간에 제3자나 매개물이 없이 바로 연결되는 관계' 또는 '중간에 아무것도 게재시키지 아니하고 바로'를 의미하

그러나 법령의 해석·적용 권한은 바로 사법권의 본질적 내용을 이루는 것으로서, 전적으로 대법원을 최고법원으로 하는 법원에 전속하는 것이다(헌법 제101조, 제103조). 이에 따라 헌법재판소의 법률해석에 관한 견해는 법률의 의미·내용과 그 적용범위에 관한 헌법재판소의 견해를 일응 표명한 데 불과하여 법원에 전속되어 있는 법령의 해석·적용 권한에 대하여 어떠한 영향을 미치거나 기속력도 가질 수 없다(대법원 1996. 4. 9. 선고 95누11405 판결). 결국 법원이 의료법 제17조의2 제1항의 '직접 진찰'에 대해 헌법재판소와 달리 해석을 하였다고 하여 법적으로 문제가 되는 것은 아니다.

한편, 대법원 판결문(2010도1388)은 "의료법 제17조의2 제1항에서는 '직접 진찰'이라는 용어를 사용하고 있는 데 반하여, 의료법 제34조 제3항에서는 '직접 대면하여 진료'라는 용어를 사용하고 있어서 의료법 내에서도 '직접 진찰'과 '직접 대면진찰'을 구별하여 사용하고 있고, 의료법 제33조, 제34조 등에서 원격의료가 허용되는 범위에 관하여 별도의 규정을 두고 있으므로, 전화로 진찰하는 행위가 의료법상 허용되는 원격의료에 해당하는지는 위 조항에서 규율하는 것이 의료법의 체계에 더 부합한다고 볼 수 있다고 판시하였다. 이에 따라 위 대법원 판결 이후에는 전화로 실시하는 원격의료가 의료법 제33조 제1항 위반이 되는지가 다투어졌다.

의료법 제33조 제1항에 따르면 의료인은 의료기관을 개설하지 아니하고는 의료

는바, 이 사건 법률조항에서의 '직접 진찰한'은 '의료인과 환자 사이에 인적·물적 매개물이 없이 바로 연결되어 진찰한' 즉, '대면하여 진료한'을 의미한다 할 것이다―의료법의 관련규정들을 살펴보면, 의료인은 환자나 보호자의 요청에 따라 진료하는 등 예외적인 경우가 아닌 한 그 의료기관 내에서 의료업을 하여야 하고(제33조 제1항), 일정한 시설과 장비를 갖춘 경우에 정보통신기술을 활용하여 먼 곳에 있는 다른 의료인에 한하여 의료지식이나 기술을 지원하는 원격의료를 할 수 있을 뿐이며(제34조 제1항), 원격의료를 하는 자도 환자를 직접 대면하여 진료하는 경우와 같은 책임을 진다고 규정하여(제34조 제3항), 직접 대면진료를 원격의료의 상대개념으로 하고 있다. 위와 같은 입법의 연혁이나 의료법의 규정들을 종합하여 보면, 이 사건 법률조항에서 말하는 '직접 진찰한'은 의료인이 의료기관 내에서 '대면하여 진료를 한'을 의미한다고 해석할 수밖에 없다―결국, 이 사건 법률조항은 그 내용이 불명확하여 수범자의 예측가능성을 해한다거나, 법 집행기관의 자의적인 해석을 가능하게 한다고 보기는 어려우므로, 죄형법정주의의 명확성원칙에 위배된다고 할 수 없다."

업을 할 수 없으며, 일정한 경우[54]를 제외하고 의료기관 내에서 의료업을 하여야 한다. 의료법이 위와 같이 의료인에 대하여 의료기관 내에서 의료업을 영위하도록 정한 것은, 그렇지 아니할 경우 의료의 질 저하와 적정 진료를 받을 환자의 권리 침해 등으로 인하여 의료질서가 문란하게 되고 국민의 보건위생에 심각한 위험이 초래되므로 이를 사전에 방지하고자 하는 보건의료정책상의 필요에 따른 것이다(대법원 2020. 11. 12. 선고 2016도309 판결). 그런데 위 규정은 의사의 진료행위의 장소적 제한을 규정한 것으로, 의사가 의료기관 내에 있으면, 정보통신기술을 활용하여 원격지의 환자에 대하여 진료행위를 할 수 있는 것처럼 보인다. 그런데 의료법 제34조는 "원격의료"라는 제목하에 제1항에 "의사·치과의사·한의사(이하 "원격지의사"라 함)는 제33조 제1항에도 불구하고 컴퓨터·화상통신 등 정보통신기술을 활용하여 먼 곳에 있는 의료인(이하 "현지의료인"이라 함)에게 의료지식이나 기술을 지원하는 원격의료를 할 수 있다"고 규정하고 있다. 원격지의사가 현지의료인의 의료행위를 지원하는 "원격의료지원"에 대한 규정이다. 대법원은 원격진료와 관련하여 의료법 제34조(원격의료)에 근거하여 제33조 제1항을 위반하였다고 판시하였다(대법원 2020. 11. 12. 선고 2016도309 판결). 즉, "의료법 제34조 제1항은 <u>의료법 제33조 제1항의 예외를 인정하면서도 이때 허용되는 의료인의 원격의료행위를 의료인 대 의료인의 행위로 한정</u>하고 있다. 또한 현재의 의료기술 수준 등을 고려할 때 의료인이 전화 등을 통해 원격지에 있는 환자에게 의료행위를 행할 경우, 환자에 근접하여 환자의 상태를 관찰해 가며 행하는 일반적인 의료행위와 반드시 동일한 수준의 의료서비스를 기대하기 어려울 뿐 아니라 환자에 대한 정보 부족 및 의료기관에 설치된 시설 내지 장비의 활용 제약 등으로 말미암아 적정하지 아니한 의료행위가 이루어질 수 있고, 그 결과 국민의 보건위생에 심각한 위험을 초래할 가능성을 배제할 수 없다. 이는 앞서 본 의료법 제33조 제1항의 목적에

---

54) (i) 「응급의료에 관한 법률」 제2조 제1호에 따른 응급환자를 진료하는 경우, (ii) 환자나 환자 보호자의 요청에 따라 진료하는 경우, (iii) 국가나 지방자치단체의 장이 공익상 필요하다고 인정하여 요청하는 경우, (iv) 보건복지부령으로 정하는 바에 따라 가정간호를 하는 경우, (v) 그 밖에 이 법 또는 다른 법령으로 특별히 정한 경우나 환자가 있는 현장에서 진료를 하여야 하는 부득이한 사유가 있는 경우.

반하는 결과로서 원격진료의 전면적인 허용을 뒷받침할 정도로 제반 사회경제적 여건 및 제도가 완비되지 않은 상태라는 점과 더불어 현행 의료법이 원격의료를 제한적으로만 허용하고 있는 주요한 이유이기도 하다. 이와 같은 사정 등을 종합하면, 의료인이 의료인 대 의료인의 행위를 벗어나 정보통신기술을 활용하여 원격지에 있는 환자에게 행하는 의료행위는 특별한 사정이 없는 한 의료법 제33조 제1항에 위반된다."고 판시하였다.

이상을 정리하면, 원격진료는 현행법상 의료법 제17조 제1항 또는 제17조의2 제1항 위반이 아니라 제33조 제1항을 위반한 것이다. 제17조 제1항 또는 제17조의2 제1항을 위반한 자는 1년 이하의 징역이나 1천만 원 이하의 벌금에 처하지만(제89조 제1호), 제33조 제1항을 위반한 자는 500만 원 이하의 벌금에 처한다(제90조).

참고로 원격진료의 적법성과 요양급여의 대상은 별개이다. 즉, 국민건강보험을 규율하는 법령은 ① 원칙적으로 모든 진료행위를 요양급여대상으로 삼고, 요양급여의 구체적인 적용기준과 방법은 국민건강보험법 제41조 제3항 및 제4항에 근거한 「국민건강보험 요양급여의 기준에 관한 규칙」(2024. 9. 13. 시행) (이하 "건강보험요양급여규칙"이라 함)과 "건강보험요양급여규칙"에 근거한 「요양급여의 적용기준 및 방법에 관한 세부사항」(2024.10.31. 고시)에 의하도록 하며, ② 거기에 규정되지 아니한 새로운 형태의 진료행위가 이루어지거나 기존 요양급여기준에 불합리한 점이 있으면 "건강보험요양급여규칙"이 정하는 여러 신청절차를 통하여 이를 요양급여대상으로 포섭하는 절차를 거치고 있다(대법원 2012. 6. 18. 선고 2010두27639, 27646 전원합의체 판결 등 참조). 그런데 원격의료의 경우 "건강보험요양급여규칙"의 적용을 받지 못하므로 의료기관은 요양급여비용 청구를 할 수 없다. 전화 진찰을 요양급여대상인 내원 진찰인 것으로 하여 요양급여비용을 청구한 것은 기망행위로서 사기죄를 구성한다.[55] 또

---

55) 공소사실의 일시에 시행되던 구 "건강보험요양급여규칙"에 기한 보건복지부장관의 고시는 내원을 전제로 한 진찰만을 요양급여의 대상으로 정하고 있고 전화 진찰이나 이에 기한 약제 등의 지급은

한 국민건강보험법 제57조 제1항은 "공단은 속임수나 그 밖의 부당한 방법으로 보험급여를 받은 사람·준요양기관 및 보조기기 판매업자나 보험급여 비용을 받은 요양기관에 대하여 그 보험급여나 보험급여 비용에 상당하는 금액을 징수한다."고 규정하고 있다. 여기에서 '속임수나 그 밖의 부당한 방법'이란 요양기관이 요양급여비용을 받기 위하여 허위의 자료를 제출하거나 사실을 적극적으로 은폐할 것을 요하는 것은 아니고, 국민건강보험법령과 그 하위 규정들에 따르면 요양급여비용으로 지급받을 수 없는 비용임에도 불구하고 이를 청구하여 지급받는 행위를 모두 포함한다(대법원 2020. 6. 25. 선고 2019두52980 판결 등 참조). 거짓이나 그 밖의 부정한 방법으로 보험급여를 받거나 타인으로 하여금 보험급여를 받게 한 사람은 2년 이하의 징역 또는 2천만 원 이하의 벌금에 처한다(제115조 제4항).

3. 감염병예방법에 의한 비대면 진료

「감염병의 예방 및 관리에 관한 법률」(이하 "감염병예방법"이라 함)에서는 의료인, 환자 및 의료기간 보호를 위한 한시적 비대면 진료를 규정하고 있다. 의료인 중 의사·치과의사·한의사는 감염병과 관련하여 재난안전법 제38조 제2항에 따른 심각단계 이상의 위기경보가 발령된 때에는 환자, 의료인 및 의료기관 등을 감염의 위험에서 보호하기 위하여 필요하다고 인정하는 경우 「의료법」 제33조 제1항에도 불구하고 보건복지부장관이 정하는 범위에서 유선·무선·화상통신, 컴퓨터 등 정보통신기술을 활용하여 의료기관 외부에 있는 환자에게 건강 또는 질병의 지속적 관찰, 진단,

---

요양급여의 대상으로 정하고 있지 아니한 사실을 알 수 있다. 그렇다면 전화 진찰이 의료법 제17조 제1항에서 정한 '직접 진찰'에 해당한다고 하더라도 그러한 사정만으로 요양급여의 대상이 된다고 할 수 없는 이상, 피고인이 전화 진찰하였음을 명시적으로 밝히면서 그에 따른 요양급여비용청구를 시도하거나 구 "건강보험요양급여규칙"에서 정한 신청절차를 통하여 전화 진찰이 요양급여대상으로 포섭될 수 있도록 하는 것은 별론으로 하고, 이 사건에서와 같이 전화 진찰을 요양급여대상으로 되어 있던 내원 진찰인 것으로 하여 요양급여비용을 청구한 것은 기망행위로서 사기죄를 구성한다고 할 것이고, 피고인의 불법이득의 의사 또한 인정된다고 보아야 한다(대법원 2013. 4. 26. 선고 2011도10797 판결).

상담 및 처방을 할 수 있다(49조의3 제1항). 이에 근거하여 보건복지부장관은 2020년 12월 14일 코로나19 감염병 위기대응 심각단계시 「한시적 비대면 진료 허용방안」을 공고하였다. 이에 따르면 코로나 19 감염병 위기대응 심각 단계의 위기경보 발령 기간 동안, 유·무선 전화, 화상통신을 활용한 상담 및 처방은 허용하고 있으나 진료의 질을 보장하기 위하여 문자메시지, 메신저만을 이용한 진료는 허용하지 않고 있다.

그러나 코로나19 위기단계가 '심각'에서 '경계'로 조정되면서 감염병예방법에 근거한 한시적 비대면진료는 종료되고, 2023년 5월 30일 「보건의료기본법」 제44조(보건의료 시범사업)에 근거하여 「비대면진료 시범사업」 지침을 공고하고, 12월 6일 「비대면진료 시범사업」 지침 개정안을 공고하였다. 대상환자를 정리하면 아래와 같다.

〈표-5〉[56]

의원급 의료기관	재진 원칙	대면진료 경험자	해당 의료기관에서 6개월 이내 1회 이상 대면진료 경험이 있는 환자
	초진 예외 허용	취약지역	• 섬·벽지 지역 거주자(「보험료 경감고시」) • 응급의료 취약자 거주자(「응급의료분야 의료취약지 지정」)
		취약시간대	• (휴일) 공휴일(「관공서의 공휴일에 관한 규정」) • (야간) 평일 18시(토요일은 13시)~익일 09시
		취약계층	• 만 65세 이상 노인(장기요양등급자에 한함) • 장애인(「장애인복지법」 상 등록장애인) • 감염병 확진환자(감염병예방법상 1급 또는 2급 감염병으로 확진되어 격리(권고 포함) 중에 타 의료기관 진료가 필요한 환자)
병원급 의료기관	대면 진료 경험자	희귀질환자	•동일 의료기관에서 1년 이내에 1회 이상 대면진료를 받은 환자로서, 「본인일부부담금 산정특례에 관한 기준」 별표4에 해당하는 희귀질환자 산정특례 적용자
		수술·치료 후 지속 관리 필요 환자	•동일 의료기관에서 30일 이내 1회 이상 대면진료를 받은 환자로서, 수술·치료 후 지속적 관리*가 필요한 환자 * 신체에 부착된 의료기기의 작동상태 점검, 검사결과의 설명에 한함

56) 보건복지부·건강보험심사평가원, 「비대면진료 시범사업 지침(의료기관용)」, 2023. 12., 3면.

비대면진료를 희망하는 환자는 시범의료기관에 비대면진료를 요청하면, 시범의료기관의 의사는 해당 대상자의 비대면진료 대상환자 여부를 확인할 의무가 있다. 또한 환자의 건강 상태 등을 고려하여 비대면진료가 안전하지 않거나 검사·처치 등 대면진료가 필요하다고 판단하는 경우에는 의료기관에 내원하여 대면진료할 것을 권고하여야 한다. 이 경우, 의료법 제15조 제1항에 따른 진료거부에 해당하지 않으며, 시범사업 지침에 따라 진찰 등이 실시된 경우 진료가 이루어진 것으로 인정한다.[57]

시범의료기관의 의사는 환자를 대상으로 컴퓨터·화상통신 등 정보통신기술을 활용하여 진단 및 처방 등 비대면진료를 실시하는데, 화상진료를 원칙으로 하되, 화상진료가 불가능한 경우(스마트폰이 없거나 활용 불가 등)에는 예외적으로 음성전화를 통한 진료가 허용된다. 그러나 단순 문자 메시지나 메신저만 이용한 비대면진료는 허용되지 않는다.[58]

V. 결론

인공지능 기술의 발전은 대규모 데이터 분석과 개인화된 예측을 통해 예측의료(Predictive Medicine)를 실현하고, 질병 발생 가능성을 예측하여 맞춤형 예방과 치료 방법을 설계할 수 있게 한다. 2025년 1월에 열린 '소비자 가전 전시회'(Consumer Electronics Show, CES2025)에서는 인공지능을 활용한 다양한 의료기기가 소개되었으며, 그중 사용자가 거울 앞에 서면 심박수와 혈압 등의 정보를 제공하는 '스마트 거울'이 큰 주목을 받았다. 이는 인공지능이 일상적인 건강 관리에 어떻게 활용될 수 있는지를 보여준다.

또한, 원격 수술 분야에서는 2024년 6월, 중국 의사가 이탈리아 로마에서 베이징의 수술실에 있는 로봇 팔을 원격으로 조종하여, 세계 최초로 실시간 대륙횡단 원격

---

57) 보건복지부·건강보험심사평가원, 「비대면진료 시범사업 지침(의료기관용)」, 2023. 12., 8-9면.
58) 위 비대면진료 시범사업 지침(의료기관용), 10면.

로봇 수술을 성공적으로 수행했다. 이어 2025년 1월, 중국은 인공위성을 활용한 원격 수술에 성공했으며, 향후 우주 공간에서의 수술도 가능할 것으로 예상된다.

이러한 사례들은 인공지능이 의료 분야에서 혁신을 이끌고, 미래 의료 환경을 재편하고 있음을 보여준다. 특히, 인공지능 기술의 발전은 메타버스 병원과 같은 가상 현실 기반 의료 플랫폼을 통해 의료에 획기적인 변화를 가져올 것으로 예상된다. 가상 환경에서 원격 진료뿐만 아니라 원격 자문, 원격 의료교육 등을 통해, 의료 자원이 부족한 지역이나 전문 진료가 필요한 분야에서 의료 서비스에 대한 접근성을 높일 수 있을 것이다.

인공지능을 통한 의료 혁신이 실제로 구현되기 위해서는 보건의료 데이터의 표준화가 필수적이다. 데이터 표준화와 상호운용성을 확보하는 것이 AI 기반 의료 서비스의 발전을 위한 기본 전제조건이다. 그러나 우리나라의 경우, 보건의료 데이터를 대부분 생성하는 중소형 의료기관에서 의료 데이터의 표준화가 이루어지지 않아, 데이터가 실질적으로 활용되지 못하고 있다. 이러한 문제를 해결하려면, 보건의료 데이터 표준화를 위한 정책적 지원이 필요하다.

마지막으로, 유럽 인공지능법(EU Artificial Intelligence Act, EU AI Act)에 따르면 국민의 건강에 중대한 위험을 끼치는 인공지능은 고위험 인공지능에 해당하는데(제6조 제3항 본문), 치료 목적에 적용된 인공지능은 고위험에 인공지능에 해당된다. EU AI Act에 따르면 고위험 인공지능의 경우 인간의 감독이 필요하다(제14조). 이에 따라 치료용 인공지능의 경우 AI 시스템은 의료 전문가의 최종 판단을 보조하는 도구로만 사용되어야 하며, AI 시스템이 독립적으로 결정을 내리는 것을 방지해야 한다. 이는 환자의 안전과 의료 서비스의 질을 보장하기 위한 최소한의 법적 기준이다.

제7장 　인공지능과 금융산업

성희활
(인하대학교 법학전문대학원 교수)

I. 서 론

2010년대 들어 머신러닝/딥러닝을 기반으로 알파고와 알파폴드 같은 인공지능의 발전이 가속화되었는데, 특히 2020년대 들어서는 트랜스포머라는 기술을 기반으로 한 ChatGPT와 같은 생성형 AI[1]가 출현하여 불과 2년 만에 인류의 업무처리 방식은 혁명적으로 혁신되는 중이다. 2024년 말 현재 생성형 AI는 '멀티 모달리티(Multi Modality)' 기능으로 영상·이미지·소리·텍스트·수식 등 다양한 입력 정보를 종합적으로 처리하고, 고급음성 기능으로 사람과 거의 동일한 수준으로 실시간 대화를 하며, 이공계 박사 수준에 달하는 고급 추론 능력까지도 갖추었다. 충격적인 발전 속도라 하지 아니할 수 없다.

인류 역사의 진환점이 될 수도 있는 인공지능의 발전은 금융산업에도 엄청난 변화를 가져올 것이다. 광범위한 데이터 속에서 패턴을 파악하는 인공지능의 능력은 금

---

1) 생성형 AI는 2010년도 이후 확산된 딥러닝 모델의 일종으로 미리 학습된 데이터를 기반으로 문자, 음성, 이미지, 동영상 등 새로운 내용을 생성할 수 있는 AI를 말한다. OECD, "Generative Artificial Intelligence in Finance", 2023. 12. ("Generative AI is a subset of AI comprising models that can create new content in response to prompts, based on their training data.")

융산업에서 가장 탁월하게 발휘될 것이기 때문이다.[2] 컴퓨터의 등장 이후 금융산업에 가장 큰 영향을 미칠 AI의 능력에 기대와 희망이 크지만 급격한 발전과 함께 해결해야 할 많은 문제점과 만만찮은 과제도 대두하고 있다.[3]

금융산업에서 활용되는 인공지능(이하 "금융AI"라고 한다)은 놀라운 기능과 장점을 가지고 있지만 그에 못지않은 문제점과 단점도 가지고 있다. 먼저 주요 기능과 장점을 살펴보면 첫째, 업무 효율성 및 생산성 향상을 들 수 있다. 반복적이고 규칙 기반의 업무 자동화로 업무처리 속도 및 정확도를 획기적으로 개선하며, 방대한 데이터 분석 및 의사결정을 지원할 수 있다. 둘째, 고객 경험 혁신 및 맞춤형 서비스 제공이 가능하다는 점이다. 빅데이터 분석을 통한 개인화된 상품을 추천하거나 자문을 제공하는 서비스, AI 챗봇을 통한 고객 응대 및 민원 해소, 로보어드바이저를 통한 맞춤형 투자서비스 제공, 고객 행동 패턴 및 수요 예측을 통한 선제적 금융 서비스 제공 등이 가능하다. 셋째, 의사결정 효율화 및 정확성 제고를 도모할 수 있다. 대량의 데이터를 실시간 분석함으로써 신용평가나 대출심사 등에 있어서 의사결정을 지원하고, 나아가 의사결정의 자동화 및 고도화도 꾀할 수 있다. 또한 알고리즘을 활용한 투자 포트폴리오 최적화 및 자산배분의 효율화도 가능하다. 넷째, 리스크 관리 및 이상거래 탐지 능력의 고도화가 가능하다. 머신러닝을 기반으로 한 사기 및 불법 거래 징후 탐지로 금융 사고를 예방할 수 있으며, 시장 모니터링 및 변동성 예측으로 선제적인 리스크 관리도 가능하다. 또한 알고리즘 기반 신용리스크 평가 및 부실징후 조기 경보나 자금세탁방지 관련 규제를 준수하기 위한 모니터링 자동화로 컴플라이언스 업무의

---

2) 역사학자 유발 하라리는 금융은 데이터로만 이루어졌기에 AI에 가장 이상적인 분야라고 말했다. Guardian, "Interview : AI could cause 'catastrophic' financial crisis, says Yuval Noah Harari", 2023. 11. 9. https://www.theguardian.com/technology/2023/nov/09/yuval-noah-harari-artificial-intelligence-ai-cause-financial-crisis. 참조.

3) 위와 같음. 유발 하라리는 동 인터뷰에서 AI는 또한 "심각한 위기의 잠재적 원천"이라고 하면서 다음과 같이 말했다. "AI가 세계 금융 시스템에 대한 통제력을 더 크게 얻는 데 그치지 않고 AI만 이해할 수 있고 인간은 이해할 수 없는 새로운 금융 장치를 만들어 낸다면 어떻게 될까", "AI는 CDO보다 훨씬 더 복잡한 금융 장치를 만들 수 있는 잠재력이 있다. 그리고 인간이 이해할 수 없고 따라서 규제할 수 없는 금융 시스템이 있는 상황을 상상해 보라."

효율화를 이룰 수 있다.[4]

　다음으로 문제점과 단점을 보면 다음과 같다. 첫째, 윤리적 문제가 만만찮다. 알고리즘 편향 및 차별 가능성에 따른 공정성 문제가 있고, AI의 의사결정에 대한 투명성 및 설명력 부족으로 책임소재가 모호해진다. 그리고 데이터 프라이버시 및 보안 위험에 대한 우려도 대두될 것이다. 둘째, 기술 및 성능 측면에서 완전성이 보장되지 않는다는 한계도 있다. AI 알고리즘의 예측 정확도와 성능의 한계, 복잡한 인과관계 추론 능력 미흡, 금융 데이터의 비정형성과 노이즈 등으로 인한 데이터 품질 문제 등에서 아직은 만족할 만한 수준이 되지 않고 있다. 셋째, 비용의 부담이 크다. AI 시스템 구축 및 운영을 위한 대규모 투자비가 요구되고, 레거시 시스템 대체 및 신규 인프라 구축에 따른 막대한 비용 부담이 불가피할 것이다. 또한 전문 인력 확보 및 교육에 필요한 비용 부담도 만만치 않을 것이다. 넷째, 조직 문화 및 일하는 방식의 변화로 인한 혼란이 불가피할 것이다. 업무 프로세스 변화에 따른 조직 저항과 자동화로 인한 일자리 축소에 따른 우려와 사기 저하가 초래될 것이다.

　어쨌든 혼란과 충격이 있겠지만 금융AI의 시대는 이미 도래했고 향후 빠른 속노로 금융산업의 지평을 크게 바꿀 것이다. 이 글은 먼저 제2장에서 금융AI의 현황과 전망을 살펴보고, 제3장에서 금융AI의 문제점과 과제를 검토한다. 이어서 제4장에서 국내외의 규제 현황을 정리한 후 제5장에서 금융회사의 바람직한 대응방안을 논의하기로 한다.

---

4)　금융위원회는 2022년 8월 발표한 "금융권 인공지능(AI) 활용 활성화 및 신뢰확보 방안"에서 금융AI의 장점 내지 기능을 다음과 같이 정리한 바 있다. ① 맞춤형 금융서비스 제공 등으로 금융소비자 편익 제고, ② AI에 의한 데이터 처리 속도와 정확성 개선으로 금융 중개기능 제고, ③ AI를 통해 여신심사, 신용평가, 보험 인수심사 등 핵심적 금융업무의 심사·평가가 정교화되어 금융회사 리스크 관리기능 등 향상으로 금융 안정성 제고, ④ AI를 통해 금융이력부족자(Thin-filer)의 신용평가가 가능해져, 합리적 조건으로 금융을 이용할 수 있는 여건 조성 등 금융 포용성 제고.

II. 금융AI의 국내외 사용 현황

1. 국내 금융AI 사용 현황

국내에서 AI는 업권별로 다양하게 활용되고 있다. 은행업의 경우 여신심사, 신용점수 산출, 창구 및 민원서비스 제공, 자금세탁방지 등에 사용되고 있으며, 자본시장 영역에서는 고객별 포트폴리오 추천이나 고빈도거래를 포함한 알고리즘 트레이딩, 신상품 개발 등에 이용되고 있고, 보험업의 경우도 보험위험 및 보험료 산정, 보험중개절차 자동화 및 비대면화, 보험사기방지 프로그램, 보험료 지급절차의 자동화 등에 활용되고 있다.[5]

국내 금융AI 활용 현황에 대한 한 조사에 따르면, 금융분야에서 인공지능 활용 우선순위는 로보어드바이저(32.1%), 고객맞춤 서비스(21.4%), 금융시장분석(12.5%). 금융감시(11%), 금융보안(6.7%), 신용평가(6.7%), 통화정책(3.7%), 보험언더라이팅(2.8%), 보험설계·상품개발(1.8%), 보험요율산출(1.2%) 순으로 나타났다.[6] 또 다른 자료에 따르면 금융권에서 가장 많이 활용되는 5대 서비스는, 신용평가 및 여신심사, 이상거래 탐지, 챗봇, 맞춤형 상품추천, 로보어드바이저라고 한다.[7] 이하 주요 서비스별로 개관한다.

(1) 로보어드바이저(Robo-advisor)

로보어드바이저는 인공지능에 의한 투자자문과 투자일임 서비스를 말한다.[8] 로

---

5) 이정수, "인공지능에 대한 금융법의 규제방향─금융에의 이용과 그 너머의 과제들", 『금융법연구』, 금융법학회, 제21권 제1호, 2024, 22면.

6) 이은옥, "산업별 지능형 융합 서비스 미래상 전망", Weekly ICT Trend, 정보통신기술진흥센터, 2017.3.8, 15면.

7) 금융위 등 10개 기관, 『금융분야 AI 개발·활용 안내서』, 2022. 8. 4, 11면.

8) 금융위원회는 로보어드바이저의 정의를 "알고리즘, 빅데이터 분석 등에 기반한 컴퓨터 프로그램을 활용하여 자동적으로 포트폴리오 자문·운용서비스를 제공하는 온라인상의 자산관리서비스"라고 하고 있다. 금융위원회, "맞춤형 자산관리서비스의 대중화 시대를 열게 될 「로보어드바이저 테스트

보어드바이저의 장점 내지 특징은 사람의 개입을 최소화한 자동화된 알고리즘과 온라인 플랫폼을 기반으로 자산관리 서비스에 대한 접근성을 제고할 수 있다는 점이다. 즉 ① 전통적인 자산관리서비스에 비해 낮은 수수료와 최소가입금액으로 일반 국민도 큰 부담 없이 자문·일임서비스 향유 가능, ② 온라인·모바일 기기를 통해 언제, 어디서나 편리하게 서비스이용이 가능, ③ 투자자성향 분석 및 포트폴리오 산출 프로그램을 기반으로 체계적인 포트폴리오 자문·일임서비스가 가능해진다.[9]

전 세계 로보어드바이저 시장의 운용자산(AUM)은 2024년 말 기준 무려 1조 8천억 달러 규모로 예상되고 있고, 이 시장은 2024년부터 2027년까지 연평균 8.06%의 성장률을 지속하여 2027년 말까지 총 2조 2천억 달러에 이를 것으로 추정된다.[10] 아울러 로보어드바이저 시장의 이용자 수는 2027년까지 3천 402만 명에 달할 것으로 예상된다.

국내에서 AI를 기반으로 한 로보어드바이저 서비스는 2016년 테스트베드에 의한 서비스 개시를 허용하고,[11] 2019년 자본시장법 시행령에 "전자적 투자조언장치"라는 근거를 둠으로써 더이상 사람의 개입 없이 AI만에 의한 자동화된 업무처리를 허용함으로써 규제 문제를 해결한 후 날로 인기를 더해 가고 있다.[12]

베드 기본 운영방안」", 2016. 8. 29.
9) 상동.
10) Statista, "Digital Investment-Worldwide".
　https://www.statista.com/outlook/fmo/wealth-management/digital-investment/robo-advisors/worldwide. 참조.
11) 금융위원회, 앞의 로보어드바이저 보도자료.
12) 자본시장법 시행령 제2조 제6호. "전자적 투자조언장치"란 다음 각 목의 요건을 모두 갖춘 자동화된 전산정보처리장치를 말한다.
　가. 활용하는 업무의 종류에 따라 다음의 요건을 갖출 것
　　1) 집합투자재산을 운용하는 경우: 집합투자기구의 투자목적·투자방침과 투자전략에 맞게 운용할 것
　　2) 투자자문업 또는 투자일임업을 수행하는 경우: 투자자의 투자목적·재산상황·투자경험 등을 고려하여 투자자의 투자성향을 분석할 것
　나. 「정보통신망 이용촉진 및 정보보호 등에 관한 법률」 제2조 제7호에 따른 침해사고(이하 "침해사고"라 한다) 및 재해 등을 예방하기 위한 체계 및 침해사고 또는 재해가 발생했을 때 피해 확산·

〈표-1〉 국내 로보어드바이저 기반 서비스 계약자

(단위: 명)

		2017년 말	2018년 말	2019년 말	2020년 말	2021년 6월
업종별	증권사	2,604	6,023	6,928	6,384	1,098
	자산운용	32	17	2,036	21,662	29,094
	자문일임	143	1,002	4,982	63,216	134,474
	은행	35,928	80,828	121,404	187,400	214,811
서비스 유형별	일임	162	108	2,203	21,810	42,367
	자문	2,617	6,934	11,689	69,452	122,299
	무료추천	35,928	50,828	121,404	187,400	214,811

주: 1) 테스트베드를 통과한 회사만을 대상으로 집계
2) 은행은 무료추천 서비스만 제공하고 있음.
자료) 금융위 등 10개 기관, 「금융분야 AI 개발·활용 안내서」, 2022. 8. 4.

(2) 고객 서비스 및 챗봇

은행과 보험사들은 AI 기반 챗봇을 도입해 고객 서비스의 효율성을 높이고 있다. AI는 자연어 처리(NLP)를 통해 고객의 질문에 빠르게 답변할 수 있으며, 상품추천, 계좌 개설, 문의 처리 등의 기능을 자동화하고 있다. 대표적인 예로 카카오뱅크와 KB국민은행 등이 AI 기반 챗봇을 통해 고객 응대 시간을 단축시키고, 비용 절감을 달성하고 있다.

(3) 이상 거래 및 사기 탐지

금융 거래에서 발생할 수 있는 사기나 비정상적 거래를 탐지하는 데 금융AI는 큰

재발 방지와 신속한 복구를 위한 체계를 갖출 것
다. 그 밖에 투자자 보호와 건전한 거래질서 유지를 위해 금융위원회가 정하여 고시하는 요건을 갖출 것

위력을 발휘하고 있다. 금융회사들은 AI를 활용해 실시간으로 거래 패턴을 분석하고, 잠재적인 사기 행위를 자동으로 탐지하고 있다. NH농협은행과 같은 은행들은 AI 기술을 활용해 전자금융 사기 탐지 시스템을 강화하고 있으며, 이러한 기술은 금융소비자의 신뢰를 유지하는 데 중요한 역할을 할 것이다.

(4) 신용평가 및 리스크 관리

국내 금융회사들은 금융AI를 활용해 기존의 신용평가 모델을 대체하거나 보완하고 있다. 과거에는 금융 거래 내역과 신용 점수만을 바탕으로 했던 신용평가를 이제는 비정형 데이터(예: 소셜미디어 활동, 소비 패턴, 온라인 검색 기록 등)를 사용하여 보다 정교한 평가를 도모하고 있다. 예를 들어, 한국신용정보원과 같은 기관은 AI를 이용한 대안 신용평가 모델을 도입하여 금융 포용성을 높이고 있기도 하다.

2. 외국의 금융AI 사용 현황

2021년 엔비디아가 전 세계 200여 명의 금융전문가를 대상으로 조사한 바에 따르면, 미래 금융산업에 인공지능이 중요하다는 응답이 80%를 넘었고, 1/3 이상의 응답자가 AI의 사용으로 회사의 수입 증가가 20% 이상이 될 것이라고 예상했으며, 가장 많이 활용되는 분야로는 알고리즘 트레이딩, 사기탐지, 추천과 포트폴리오 최적화 등을 꼽았다.[13]

생성형 AI가 출현한 이후인 최근의 엔비디아 보고서에 따르면, 이미 조사 대상자의 43%가 생성형 AI를 사용하고 있으며 46%가 대규모 언어모델(LLM: large language model)을 활용하고 있다고 한다.[14] 동 보고서에 따르면 금융회사들은 핵심 비즈니스 영역 전반에 걸쳐 AI를 도입하고 있다면서, 운영 개선을 위해 AI를 사용하여 수동 프로세스를 자동화하고, 자원 할당을 최적화하며, AI 기반 챗봇을 사용하고 있다고 한

---

13) NVIDIA, "The State of AI in Financial Services", 2021.
14) NVIDIA, "2024 State of AI in Financial Services: 2024 Trends", Survey Report, 2024.

다. 또한 리스크 및 컴플라이언스 분야에서는 기계 학습을 활용하여 방대한 양의 데이터를 분석함으로써 사기 탐지를 강화하고, 자금 세탁 방지(AML)를 개선하며, 규제 준수를 보장하고 있다고 한다. 그리고 마케팅 부서는 고객 데이터를 활용하여 개인화된 추천, 타깃 광고, 맞춤형 마케팅 캠페인을 생성하고 있으며, 영업팀은 AI로 최적화된 리드(lead) 생성,[15] 고객 관계 관리, 판매 예측을 통해 혜택을 얻고 있다고 한다. AI 도입 분야로는 운영(48%), 리스크관리 및 컴플라이언스(45%), 마케팅(34%), 영업(27%) 순으로 꼽히고 있다.[16]

(1) 미 국

미국은 AI 발전의 종주국 답게 다양한 활용을 보여 준다. 사기 탐지와 보안 분야를 필두로, 신용평가 및 대출 심사, 챗봇 및 가상 비서, 맞춤형 재무 어드바이스 등의 분야에서 금융AI가 널리 활용되고 있다. 특히 AI에 의한 '알고리즘 트레이딩'은[17] 미국 주식시장 거래의 약 60% 정도의 압도적 비중을 차지하고 있다고 한다.[18]

구체적인 사용례를 살펴보면, 첫째, 금융상품 트레이딩 관련 미국의 대형 투자은행 및 헤지펀드들은 AI 기반 알고리즘 트레이딩을 적극적으로 활용하고 있다. 예를 들어, 골드만삭스는 AI를 사용해 고객 주문을 처리하고 금융 시장에서 자동화된 거래 전략을 운영하고 있다. 또한 알고리즘 트레이딩에 속도를 더한 고빈도거래(HFT: High

---

15) "리드(Lead)"는 일반적으로 제품이나 서비스를 구매할 가능성이 있는 잠재 고객을 뜻한다.

16) NVIDIA, 앞의 2024 보고서.

17) "알고리즘 트레이딩이란 컴퓨터 알고리즘이 금융투자거래시 주문의 개시, 타이밍, 가격, 수량, 주문 제출 후 관리와 같은 주문의 개별 변수를 자동으로 결정하고, 그 과정에 인간의 개입이 없거나 제한되는 것을 말한다." EU MiFID(Markets in Financial Instruments Directive) II 제4조 제1항 제39호. 한국거래소는 「파생상품시장 업무규정」에서 알고리즘 트레이딩을 "일정한 규칙에 따라 투자의 판단, 호가의 생성 및 제출 등을 사람의 개입 없이 자동화된 시스템으로 하는 거래를 말한다."고 정의하고 있다. 동 규정 제2조 제1항 제24호.

18) 알고리즘 트레이딩 시장 규모는 2023년 182억 달러에서 2024년 200억 달러로 연평균 성장률(CAGR) 12.6%로 성장할 것으로 예상되고, 2028년에는 338억 7천만 달러로 성장할 것으로 추정된다. The Business Research Company, "Algorithmic Trading Global Market Report 2024", https://www.thebusinessresearchcompany.com/report/algorithmic-trading-global-market-report.

Frequency Trading)[19]도 적극 구사함으로써 인간 트레이더와는 비교할 수 없는 속도로 엄청난 거래를 처리하고 있다. 둘째, 대출 및 신용 분석을 위해 핀테크 회사들은 AI를 활용한 대출 심사 모델을 통해 전통적인 금융기관이 접근하기 어려운 고객에게 대출을 제공하고 있다. 예를 들어, 업스타트(Upstart)는 AI 기반의 신용 분석 시스템을 사용하여 대출 심사를 자동화하고 있으며, 비전통적인 데이터를 활용해 보다 포괄적인 신용평가를 제공한다.

(2) 유 럽

유럽은 미국에 비해서 자체적인 AI 개발 능력이 떨어져 AI 육성보다는 미국의 빅테크 기업 견제 차원에서 규제에 다소 방점을 두고 있기는 하지만 AI 활용도 상당하다. 유럽에서는 PSD2(Payment Services Directive 2) 규제에 따라 오픈뱅킹(Open Banking)이 활성화되어 있는데 이를 통해 AI 기반의 핀테크 솔루션이 발전하고 있다. 은행들은 고객의 거래 데이터를 타사와 공유하고, AI를 활용하여 맞춤형 금융 서비스를 제공하고 있다. 레볼루트(Revolut)와 같은 디지털 은행은 AI를 통해 개인화된 금융 서비스를 제공하며, 고객의 소비 습관을 분석하여 금융 관리 도구를 제공한다. 한편 유럽의 금융기관들은 사기 탐지 및 규제 준수를 위해 AI를 활용한 규제 준수 기술(RegTech)을 발전시켜 자금세탁방지(AML) 및 고객신원확인(KYC) 절차를 자동화하고 있다. 예를 들어, ING와 같은 은행들은 AI를 사용해 고객 데이터를 분석하고, 의심스러운 거래를

---

19) 고빈도거래란 복잡한 알고리즘과 첨단 기술을 활용하여 수천 개의 거래를 단 몇 밀리초 안에 처리하는 컴퓨터화된 거래 전략을 말한다. 한국거래소는 고빈도거래를 "고속알고리즘거래"라 하면서 그 정의를 다음과 같이 하고 있다.

파생상품시장 업무규정 제2조 제1항 제25호, "고속 알고리즘거래"란 위탁자가 다음 각 목의 기준을 모두 충족하는 방식으로 하는 알고리즘거래 또는 회원이 자기거래로서 하는 알고리즘거래를 말한다.

가. 위탁자가 소유하거나 직접 통제하는 전용 주문시스템(투자의 판단, 주문의 생성·제출 등의 기능이 탑재된 주문시스템을 말한다. 이하 이 호에서 같다)을 이용할 것

나. 제1호의 주문시스템을 회원전산센터(제8조의2 제1항에 따라 거래소가 정한 「회원시스템 접속 등에 관한 지침」의 회원전산센터를 말한다. 이하 같다) 내 또는 회원전산센터가 있는 건물 내(이하 "회원전산센터 등"이라 한다)에 설치할 것.

실시간으로 탐지하여 규제 위험을 줄이고 있다.

(3) 아시아

중국은 금융AI 분야에서 선도적인 국가로, AI 기반 핀테크 솔루션이 크게 발전하고 있다. 예를 들어, 앤트파이낸셜(Ant Financial)은 AI와 빅데이터를 활용해 소상공인과 개인에게 대출 서비스를 제공하며, 텐센트와 알리바바 같은 대형 기술 기업들이 금융과 AI를 결합한 혁신적인 서비스를 제공하고 있다. 일본의 은행 및 보험사들도 AI 기반 솔루션을 적극적으로 도입하고 있는데, 예를 들어, 미쓰비시 UFJ 파이낸셜 그룹은 AI를 통해 대출 심사 프로세스를 자동화하고 있으며, 보험사들은 AI를 통해 청구 절차를 간소화하고 고객 서비스를 개선하고 있다.

III. 금융AI의 문제점 및 리스크

AI는 금융산업에서 많은 이점을 제공하지만, 동시에 기술적·윤리적·법적 문제를 포함한 다양한 리스크를 내포하고 있다. 한 글로벌 조사에 따르면 은행의 거의 절반(47%)은 보안 및 프라이버시 침해가 AI 도입과 관련된 가장 큰 위험이라고 말했으며, AI 시스템의 실패(41%)가 그 뒤를 이었다. 아시아 은행들은 AI 결정에서 비롯되는 법적 책임과 관련된 위험을 특히 신경 쓰고 있으며, 46%가 이를 주요 위험으로 꼽았다. 이는 설문 조사 평균인 32%와 비교된다.[20]

---

20) The Economist Intelligence Unit, "Banking on a game-changer—AI in financial services", 2022, 5면.

FIGURE. In your view, what are the greatest risks to your organisation associated with AI adoption? Select up to two.

Security and privacy breaches — 46.8%
Failure of AI systems — 40.5%
Legal responsibility from AI decisions — 32.2%
Workforce/labour displacement — 19.5%
Losing customer trust — 17.6%
Ethical risks — 16.6%
Regulatory noncompliance — 16.1%

0% 12.5% 25% 37.5% 50%

Source: The Economist Intelligence Unit Survey

〈금융AI의 위험도〉[21]

이러한 평판 위험과 규제 문제로 인해 경영진은 책임있는 AI 도입을 우선시하고 비즈니스 이익과 증가하는 복잡성 및 위험을 균형 있게 고려하는 접근 방식을 더 많이 고려하고 있다. 대부분의 은행(62%)은 AI 프로젝트를 위한 개인 데이터 처리와 관련된 복잡성과 위험이 종종 고객 경험에 대한 이점을 능가한다고 인식하고 있다. 이하 금융AI 관련 기술적·윤리적·법적 위험 등을 자세히 살펴본다.

1. 기술적 문제

(1) 데이터 품질 문제

우선 AI의 원료라 할 수 있는 데이터와 관련하여 여러 가지 문제점이 있다. 첫째, 데이터의 불완전성이다. AI 시스템은 대규모 데이터에 의존하여 학습하지만, 데이터가 불완전하거나 부정확할 경우 모델의 성능에 악영향을 미칠 수 있다. 특히 금융 데이터는 시시각각 변하는 시장 상황, 정책 변화 등에 따라 예측하기 어려운 변수들이

---

21) 상동.

많다. 부정확한 데이터가 입력되면 AI 모델이 왜곡된 학습을 통해 잘못된 결정을 내
릴 가능성이 커진다. 둘째, 오래된 데이터 사용의 문제다. 금융AI 시스템이 사용하는
데이터가 최신이 아닐 경우, 현재의 시장 변화를 반영하지 못하고 뒤떨어진 결정을
내릴 수 있다. 예를 들어, 과거의 경기 침체 시기의 데이터를 기반으로 학습한 AI는
그 이후의 경기 회복 시나리오를 적절히 반영하지 못할 수 있다. 셋째, 비정형 데이터
의 문제도 있다. 소셜 미디어 활동이나 소비 패턴과 같은 비정형 데이터를 신용평가
에 사용할 수도 있는데, 이러한 비전통적 데이터는 본래 금융 리스크와 직접적인 관
련이 없는 정보일 수 있으며, 잘못 해석될 경우 오판을 초래할 수도 있다.

(2) 알고리즘의 투명성 및 설명 가능성 부족

딥러닝에 기반한 현재의 AI의 가장 큰 특징 중 하나가 바로 블랙박스 문제이다.
인간의 뇌를 모방한 신경망 구조로 설계된 AI는 과거의 기계적 처리를 했던 AI와 달
리 구체적인 처리 과정을 인간이 알 수 없다는 것이 블랙박스 문제다. 금융AI 시스템
이 신용평가, 투자자문 또는 리스크 관리 등 중요한 결정을 내릴 때, 왜 그러한 결정을
내렸는지 설명할 수 없는 경우가 많기 때문에 소비자와 규제 당국의 신뢰를 얻기 어
렵다.

(3) AI 시스템의 유연성 부족

AI는 기본적으로 과거 데이터에 기반하여 정보 처리를 하게 되므로 급변하는 시
장 상황이나 비정상적인 사건(예: 금융위기, 코로나19와 같은 글로벌 팬데믹)과 같은 상황
에 적절히 대응하지 못할 수도 있다. 즉 AI는 기존에 경험하지 못한 블랙스완 현상을
만날 때 오류를 일으킬 가능성이 있으며, 이는 금융 시장에서 대규모 리스크로 이어
질 수 있다. 노벨경제학상 수상자들이 참여한 꿈의 헤지펀드 LTCM이 몇 년간 시장
수익률을 압도하는 실적을 올리다가 1998년 데이터 분석상 전혀 예측하지 못했던 러
시아 모라토리엄이라는 블랙스완이 발생하자 결국 파산에 이른 사례가 있다.

이와 비슷한 문제로 데이터 과적합(Overfitting)도 있다. AI가 너무 특정한 패턴에
맞춰 학습하면, 새로운 데이터에 대한 일반화 능력이 떨어져 급변하는 상황에 적절하

게 반응하지 못하는 결과를 초래할 수 있다.

2. 윤리적·사회적 문제

(1) 편향성과 공정성 문제

AI에 의한 업무처리는 인간적 고려가 배제된 관계로 법적 책임 이전에 윤리적·
사회적 논란을 불러일으킬 수 있다. 우선 편향성 문제가 있다. 예를 들어 데이터 편향
성은 AI 모델이 편향되거나 특정 그룹을 차별하는 특성을 가진 데이터를 바탕으로 학
습할 경우 AI의 처리 결과가 용인되기 어려운 차별이 될 수 있는 위험을 말한다. 신
용평가나 대출 관련 과거의 대출 기록이 특정 인종이나 성별, 지역, 신분에 따라 차
별적인 요소를 포함하고 있다면, AI는 그 편향을 강화하는 결정을 내릴 수 있다는 것
이다. 편향성은 데이터 수집단계, 알고리즘에 의한 처리 단계, 처리 결과 해석 단계
에서 다양하게 나타날 수 있다. 그리고 이 편향성은 불공정한 차별로 이어질 위험이
크다.

또 다른 공정성 문제는 AI가 소비자들의 신용을 평가하거나 대출 심사를 할 때,
비전통적·비정형적인 데이터를 과도하게 활용할 때 발생할 수 있다. 예를 들어, AI가
고객의 소비 패턴이나 소셜 미디어 데이터를 과도하게 신뢰하면, 실질적인 재정 능력
과는 무관하게 신용도가 평가될 위험이 있다는 것이다.

(2) 프라이버시 침해

금융AI는 업무처리를 위해 다양한 데이터를 수집하는데, 이 과정에서 개인의 민
감한 정보나 사생활이 침해될 가능성이 높다. 특히 소비자들은 자신들이 제공한 데이
터가 AI 시스템에 어떻게 활용되고 있는지 알기도 어려운 것이 현실이다. 그리고 AI
가 금융 데이터를 처리하는 과정에서 보안성이 결여되면 사기나 해킹의 표적이 될 수
있고 이 경우 고객의 금융 정보가 노출되어 2차 피해를 유발할 수도 있다.

(3) 딥페이크에 의한 사기[22]

생성형 AI의 급속한 발달에 따라 AI로 만든 딥페이크(가짜 이미지·영상·음성 등)를 이용한 사기가 확산될 위험이 커졌다. 진짜와 거의 구별하기 어려운 이미지, 영상 또는 음성은 피해자의 신뢰를 얻기가 한결 용이하므로 딥페이크에 의한 ID 도용, 허위 정보를 유포하는 딥페이크 영상, 딥페이크 음성에 의한 보이스피싱으로 인한 일반 금융소비자들의 큰 피해가 우려된다.[23]

(4) 금융소비자의 인간적 욕구에 상치

금융소비자들의 금융AI에 대한 인식은 양가적이다. AI가 제공하는 서비스의 탁월함에는 놀라고 감탄하면서도 기계적인 업무처리에서 인간 친화적이지 않다는 부정적 인식도 크다. 이러한 부정적 인식은 콜센터의 상담 업무와 같이 소비자를 직접 접촉하는 분야에 두드러진다. 한 조사에 따르면,[24] 금융회사의 AI 콜센터에 만족하는 비율은 20%에 그쳤다. 그리고 금융회사 상담 수단 중 만족도를 보면 인간이나 영업점 상담 등 사람이 직접 서비스를 제공하는 경우 87%의 높은 만족도를 보였으나 AI에 의한 챗봇이나 음성봇의 선호도는 13%에 불과했다. 마찬가지로 향후 인간 상담원 연결이 필요하다는 응답도 90%에 달한다. 한편 챗봇 등 AI 서비스를 많이 활용하는 금융회사에 대한 이미지는 고객지향적이라는 답변이 12%인 반면 고객지향적이지 않다는 부정적 답변은 50%에 이른다. AI에 아직 익숙하지 않은 금융소비자들의 과도기적 반발도 있겠지만 본질적으로 사회적 동물인 인간의 특성상 이러한 성향이 단기간 내 쉽게 바뀔 것 같지는 않아서 효율성과 비용 절감 차원에서 금융AI를 도입하는 금융회사에 큰 숙제가 되고 있다.

---

22) 이석준, "금융에서의 생성형 인공지능 활용 현황과 법적 쟁점에 대한 연구", 『증권법연구』 제25권 제1호, 한국증권법학회, 2024, 81면.

23) 이에 대응하여 구글, 인텔 등은 딥페이크 탐지 기술을 개발하고 있다. 구글 딥마인드는 AI가 생성한 콘텐츠에 워터마크를 삽입해 조작 여부를 식별할 수 있는 '신스ID(SynthID)'를 개발하였고, 인텔은 딥페이크 탐지 기술 '페이크캐처(FakeCatcher)'를 공개하였다. 자세한 사항은, 디지털데일리, "금융 AI는 리스크 관리가 핵심…'딥페이크 사기 예방에 집중'", 2024. 10. 9. 참조.

24) 아시아경제, "[단독]AI에 수천억 썼지만…'상담 만족도 20% 그쳐[삥삥이 AI콜센터]②", 2024. 8. 6.

3. 법적 책임 문제

(1) 법적 책임의 불명확성

금융AI의 활용에 가장 문제되는 것은 아마도 금융법의 엄격한 규제일 것이다. 모든 산업분야 중 가장 규제가 엄격한 것이 금융이고 금융당국의 개입과 규율도 매우 세부적이고 지엽적인 부분까지 이루어지는 것이 금융업의 특성이다. 그리고 그 금융법의 규제 체계는 아직 자연인을 상정하고 구축되어 있어서 AI에 의한 자동화된 업무 처리가 규제 문제를 해소하기 쉽지 않을 것이다.[25]

AI의 결정에 의한 업무처리 결과 피해 발생시 법적 책임의 귀속과 구제 문제도 까다롭다. AI가 잘못된 결정을 내릴 경우, 그 책임을 누구에게 물어야 할지 명확하지 않은 것이다. AI를 설계한 개발자, 이를 운영한 금융회사, 업무 위탁시 수탁회사, 데이터 제공자 등 다양한 업무 관련자 중 누가 책임을 져야 할지 아직 불분명하다.

(2) 규제 미비

AI 기술이 급격히 발전하면서 법적 규제는 이를 따라가지 못하고 있다. AI가 의사 결정을 할 때 그 의사결정 과정에 대한 규제 기준이 부족하면 금융사들은 규제 불확실성 속에서 AI를 이용한 업무 혁신에 망설이게 된다. 막대한 비용을 들여 도입한 AI 시스템과 특정 행위가 나중에 규제 대상이 되어 업무 차질과 비용 손실을 초래하게 되기 때문이다.

규제 문제에는 AI의 범국제적 성질과 상충되는 국가별 규제 차이로 인한 규제 준수 비용 문제도 있다. 금융AI는 금융산업의 국제성에 따라 글로벌시장에서 사용될 수 있는데 각국의 규제가 상이하면 규제 준수 비용이 크게 상승한다. 예를 들어, 유럽연합(EU)에서는 GDPR과 같은 개인정보 보호법이 엄격하게 시행되지만, 다른 국가에서

---

25) 이정수, 앞의 논문, 28-29면은 거래규제 측면에서 금융법은 자연인 중심의 대면거래를 중심으로 규율하고 있고, 업자규제 측면에서는 인적·물적 요건을 요구하고 있으며, 감독규제 측면에서는 행위 및 행위자 책임을 전제로 엄격한 책임주의를 기반으로 규율되고 있는데 인공지능은 이러한 규제를 해소하기 어렵다고 지적하였다.

는 이와 또 다른 유형의 규제가 있을 수 있는 것이다. 따라서 글로벌하게 운영하는 금융회사는 여러 국가의 규제를 동시에 준수해야 하며, 이는 운영의 복잡성을 증가시킬 것이다.

이런 규제 문제에 적절한 대응을 가능하게 하는 수단 중에 규제샌드박스가 있는데, 이 조치도 효과적으로 규제 문제를 방지하는 데는 한계가 있다. 우선 샌드박스 내에서 AI의 실험이 규제 감독하에 제한적으로 이루어지기 때문에, 실질적인 비즈니스 환경에서 발생할 수 있는 문제를 완전히 예측하기 어려울 수 있다. 그리고 샌드박스 프로그램이 끝난 후에 제도권으로 편입될 가능성도 확실하지 않고 설사 제도화되어 본격적으로 상용화되더라도 빠른 속도로 변화하는 AI와 금융산업의 특성상 전혀 새로운 법적 리스크에 직면할 수도 있는 리스크가 작지 않다.

4. AI 기반 자동화 거래로 인한 금융시장의 시스템 리스크 증가

금융AI가 알고리즘 트레이딩이나 고빈도거래(HFT)와 같이 자동화된 거래 시스템을 사용하여 시장에서 거래를 처리할 때, 알고리즘의 비정상적 행동이나 오류로 인해 대규모 시장 변동성을 초래할 수 있다. 또는 AI가 갑작스러운 시장 변화에 대응하지 못해 대규모 손실을 일으킬 수도 있다. 한편 여러 금융회사가 비슷한 금융AI 기반의 자동화된 거래 시스템을 사용하면, 서로 다른 알고리즘이 같은 시장 조건에서 유사한 결정을 내리게 될 수 있다. 이는 시장에 비정상적인 동조 현상(herd behavior)을 일으켜 2010년 플래시 크래시[26] 같은 예상치 못한 시장 붕괴를 초래할 수 있다. 예를 들어, 특정 AI 트레이딩 알고리즘이 매도 신호를 감지하면 여러 다른 알고리즘도 동일하게 반응하여 시장을 과도하게 하락시킬 수 있는 것이다. 그리고 급변하는 시장 상황에서 인간 트레이더가 개입하기 쉽지 않기 때문에 AI에 의존할 수밖에 없는 상황이 되면

---

26) 2010년 5월 6일 미국 증권시장의 대폭락을 말하는데, 불과 몇 분 만에 다우지수 998.5포인트(약 9%)가 폭락한 사건으로서 고빈도거래자 등 대량거래 시스템들의 알고리즘 동조화 현상으로 촉발된 것으로 알려져 있다.

금융 시장에서의 불확실성과 시스템 리스크는 걷잡을 수 없이 커질 수 있다.

5. 금융소비자의 불신 및 사회적 불평등 문제

금융AI의 블랙박스 문제로 인한 투명성과 설명가능성 부족은 금융소비자의 신뢰를 확보하기 어렵게 할 것이다. AI가 신용평가, 대출 승인, 투자자문 등의 중요한 결정을 내릴 때, 그 과정이 쉽게 납득되지 않으면 소비자들은 AI의 의사결정을 신뢰하지 않을 것이다. 특히 AI가 비합리적이거나 설명되지 않는 결정을 내릴 경우, 고객은 AI가 어떤 데이터를 기반으로 결정하는지, 그 결정이 공정한지에 대한 의문을 제기할 것이고 나아가 금융AI에 의한 업무처리를 불신하기까지 할 것이다. 금융AI의 업무처리에 고객이 이의제기나 불만을 제기하는 경우 적시에 적절한 피드백을 제공하지 않거나 공정하고 효율적인 이의 처리 절차가 없다면 이 또한 고객의 신뢰를 저하시킬 것이다.

금융AI 도입에 따른 사회적 불평능 문제도 가볍지 않은 사안이다. AI가 금융 서비스에 도입되면서 고소득층과 저소득층 간, 고학력자와 저학력자 간의 금융 접근성 차이가 확대될 수 있다. AI가 고소득·고학력층을 중심으로 집적된 대규모 데이터를 기반으로 이들에게는 최적화된 금융 서비스를 제공하지만, 데이터가 부족한 소외 계층에 대해서는 고급 서비스를 제공하지 않거나 AI의 편향성으로 인해 불이익을 줄 수도 있다. 이는 사회적 불평등을 심화시키고, 장기적으로 경제적 이슈를 정치적 현안으로 이동시켜 효율적 경제 활동을 저해할 수도 있다.

6. AI 시스템의 유지 보수와 운영 리스크

AI 시스템을 운영하기 위해서는 고성능의 하드웨어와 대규모 데이터 저장 및 처리 인프라가 필요하다. 또한 AI 모델을 학습시키고 유지 보수하는 데에도 상당한 자원이 소요된다. 이러한 운영 비용은 중소형 금융회사에 큰 부담으로 작용할 수 있으며, AI 도입 초기에는 비용 대비 효율성이 낮을 수도 있다. 그리고 AI 시스템을 운영하고 관리하는 데 필요한 고급 인력(데이터 과학자, AI 엔지니어 등)의 부족 문제도 리스크 요소이다. 잘못 관리된 AI 시스템은 오작동을 일으키거나 오류를 발생시킬 가능성이 크기에 금융회사들은 최고 수준의 AI 전문가를 확보하기 위해 경쟁해야 하며, 인력 부족이 AI 시스템의 운영 안정성에 영향을 미칠 수 있다.

한편 금융시장은 지속적으로 변화하고, AI 모델 역시 시장 변화에 맞춰 업데이트가 필요하다. 그런데 AI 모델의 유지 보수가 적절히 이루어지지 않으면, AI는 과거 데이터와 과거 규제만을 기반으로 잘못된 결정을 내리게 될 수 있다. AI 시스템의 유지 보수는 단순한 소프트웨어만의 업데이트가 아니라 시장 변화와 새로운 데이터 추가 그리고 새로운 금융 규제에 맞게 AI 모델이 적응할 수 있도록 하는 복잡한 작업이다.

IV. 금융AI에 대한 국내외적 규제

1. 국내 규제

금융위원회는 2020년대 들어 다음과 같은 AI 관련 여러 정책들을 적극적으로 추진하여 왔다. 그리고 국회에는 EU의 AI법과 같이 AI 지원과 규제를 위한 여러 법률안이 제출되어 있다. 다만 아직까지 EU의 AI법과 같은 입법은 되고 있지 않아 당분간 금융당국의 가이드라인이나 행정지도 등에 의해 규제될 전망이다.

(1) 금융분야 AI 가이드라인 및 주요 검토 필요사항, 2021년 7월

이 가이드라인은 AI 거버넌스와 함께 AI의 개발, 운영, 평가 등 단계별로 유념할 사항들을 제시하였다.

첫째, AI 거버넌스 관련 가이드라인은 내부윤리원칙과 기준 수립, 내부통제기준 수립과 승인책임자 지정, AI윤리위원회 별도 설치 등을 제시하였다.

둘째, 기획·설계 단계에서는 AI가 인간의 의사결정과정을 대체하는 경우, AI시스템을 감독·통제하고 책임성을 유지할 수 있도록 시스템을 설계하도록 하였다.

셋째, 개발단계에서는 데이터 관련 AI 학습 데이터의 품질 검증·개선 및 최신성을 유지하도록 하였고, 개인정보 관련해서는 사생활 정보, 민감정보 등을 활용하는 경우 비식별조치 등 충분한 안전조치 후 개인정보 활용 필요성 등을 평가하도록 요구하였다.

넷째, 평가·검증단계는 우선 성능면에서 AI 시스템 오류 유형간 통계적 상충관계 등을 고려하여 적합한 성능 목표 및 성능평가지표를 선정하고 그 충족여부를 확인하도록 하였고, 공정성을 위해서는 AI 시스템 공정성 평가지표를 선정·측정하며, 불균형이 발견된 경우 공정성 개선을 위한 기술적·관리적 노력을 제고할 것을 요구하였고, 설명가능성을 위해서는 상황에 맞는 설명이 도출되는지 여부를 확인하고 설명가능성을 합리적 수준으로 개선하기 위해 노력하도록 권고하였다.

다섯째, 도입·운영·모니터링 단계에서는 대고객 AI시스템 운영시 고객에게 AI 이용을 사전고지하고, 자동화평가(Profiling) 대응권[27] 등 소비자의 권리 및 이의신청·민원제기 방식 등 권리구제 방안을 고지하도록 하였다. 그리고 AI시스템 성능을 주기적으로 모니터링하고, 재학습 필요성 여부를 검토하는 등 성능 개선 가능성 확인 및 개선을 추진하도록 하였으며, AI 시스템 이용자에 의한 오용·악용 가능성을 방지, AI 개발 환경의 보안취약성 상시통지 시스템을 마련하도록 하였다.

금융위원회를 비롯한 10개 기관은 이 가이드라인에 따른 구체적인 업무 안내를 위해서 2022.8.4. 「금융분야 AI 개발·활용 안내서」를 제정하였다.[28] 동 안내서는 금융회사의 AI 서비스의 개발·운영 과정에서의 규제 불확실성을 해소하는 한편, 인공지능 활용 과정에서 발생 가능한 리스크를 예방·관리하는 차원에서 만들어져서 향후 국내 금융회사들의 금융AI 개발 및 활용에 지침서가 될 전망이다.

---

27) AI 등 자동화평가 결과에 대해 설명요구, 이의제기, 기초데이터의 제출·정정, 결과의 재산정을 요구할 수 있는 권리 (「신용정보법」 §36-2).

28) 10개 기관은 금융위원회·금융감독원·신용정보원·금융결제원·금융보안원·은행협회·금융투자협회·생명보험협회·손해보험협회·여신금융협회이다.

(2) 금융분야 인공지능 활용 활성화 및 신뢰확보 방안, 2022년 8월

이 정책은 금융권의 AI 활용을 지원하기 위한 것으로서 우선 양질의 빅데이터 확보를 지원하기 위해서 ① 금융 AI 데이터 라이브러리 구축, ② 금융권 협업을 통한 데이터 공동 확보, ③ 데이터전문기관 추가 지정 등을 추진한다는 방침이다. 다음으로 AI 활성화를 위한 제도 정립 관련 ④ 금융AI 개발·활용 안내서 발간, ⑤ 설명가능한 AI 요건 마련, ⑥ 망분리 및 클라우드 규제 개선 등을, 그리고 신뢰받는 AI 활용 환경 구축을 위해서 ⑦ 금융AI 테스트베드 구축, ⑧ AI 기반 신용평가모형 검증체계 마련, ⑨ AI 보안성 검증체계 구축, ⑩ AI를 활용한 효율적 감독체계 구축 등에 관한 입장을 밝혔다.

(3) 「AI 기반 신용평가모형 검증체계」와
「금융분야 AI 보안 가이드라인」, 2024년 4월

이 가이드라인들은 금융AI의 신뢰성 확보를 위한 정책들이다. 「AI 기반 신용평가모형 검증체계」는 AI 특성을 고려하여 신용정보회사가 데이터를 적절히 관리하는지, 신용평가모형에 사용되는 알고리즘과 변수를 합리적으로 선정하였는지 점검하고, 신용정보회사가 개발한 신용평가모형이 통계적으로 유의한지 확인한다. 또한 신용정보회사가 금융소비자에게 신용평가모형과 신용평가 결과에 대해 충분히 설명할 수 있는지 검증하도록 하였다.

「금융분야 AI 보안 가이드라인」은 AI 모델을 개발할 때 고려해야 할 보안사항을 개발단계별로 제시한 것인데, AI 모델 개발단계별 보안 고려사항은 "학습 데이터 수집 → 학습 데이터 전(前)처리 → AI 모델 설계·학습 → AI 모델 검증·평가" 단계에 따라 구성되어 있다. 아울러 학습 데이터 오염, 개인정보 유출, AI 모델에 대한 공격 등 구체적 보안 위협에 대해 대응할 수 있도록 데이터 관리·처리 방법, 모델 설계 기법, 보안성 검증 방법 등을 제시하였다. 금융AI 관련 가장 중요한 영역 중 하나이므로 보다 자세하게 살펴보면 다음과 같다.

학습 데이터 수집 단계에서는 신뢰성 높은 출처로부터 학습 데이터를 수집하고, 데이터 출처 및 수집 시점 등을 파악할 수 있는 데이터 관리체계를 구축해야 한다. 전처리 단계에서는 이상치(outlier)를 확인·처리하고, 적대적 예제 생성·학습 등을 통하여 AI 모델에 대한 적대적 공격을 예방하여야 하고, 설계·학습 단계에서는 잠재적 공격자가 AI 모델에 대한 정보를 쉽게 유추할 수 없도록 지나치게 단순한 설계를 지양하고, AI 모델을 세부 변형하는 보안기법 등을 적용하여야 한다. 마지막으로 검증·평가 단계에서는 AI 모델을 대상으로 선제적인 적대적 공격을 수행하여 AI 모델이 공격을 탐지·방어할 수 있는지 확인하여야 하고, AI 모델의 입·출력 횟수를 제한하여 잠재적 공격자가 AI 모델에 대한 정보를 수집하기 어렵게 하여야 한다.

한편, 금융분야에서 AI가 가장 활발히 사용되는 서비스 중 하나인 챗봇에 대해서는 「AI 챗봇서비스 보안성 체크리스트」를 별도로 마련하였다. 현장 실무자가 쉽게 활용할 수 있도록 보안성 확보에 필요한 사항들을 체크리스트 형태로 구체화하여 제공하였다.[29]

(4) 금융권 생성형 AI 활용 지원방안, 2024년 12월

이 방안은 최근 2년 사이 급격하게 확산되고 있는 생성형 AI의 활용도 제고를 위하여 다음과 같이 지원방안과 기존 금융AI 정책을 개선하는 방안을 담고 있다.

첫째, 금융권 AI 플랫폼 구축 방안이다. 특히 오픈AI의 ChatGPT와 같은 상용 AI가 아니라 메타의 Llama3와 같은 오픈소스 AI가 주요 대상이다.[30] 이를 위해서 금융분야에 적합한 성능과 안전성을 지닌 오픈소스 AI 모델, 데이터를 금융관련 전문가 그룹이 선별하여 제공하고, 금융회사별 적합한 모델과 데이터를 실험하기 위한 기능 테스트 환경 제공, 그리고 이 모델과 데이터를 금융회사 내부망에 바로 설치할 수 있는 인프라 구축을 추진한다.

둘째, 생성형 AI 개발에 부족한 금융분야 한글 빅데이터를 제공하기 위하여 금융법규, 업권별 보도자료, 연수기관 교육자료 등을 기반으로 금융권 공동 활용 빅데이

---

29) 2024년 9월 도입된 ChatGPT의 고급음성기능은 사람과 구별하기 어려울 만큼 실시간 대화가 가능한 만큼 이제는 문자 중심 챗봇뿐만 아니라 음성 챗봇의 활용에 있어서도 각별한 주의가 필요하다.
30) 오픈소스 AI란 누구나 무료로 다운로드 받아 사용할 수 있도록 공개된 모델을 말한다.

터 등 금융권 특화 한글 말뭉치와 금융분야 공익목적 데이터를 적극 제공한다.

셋째, 그동안 금융분야 AI 활용을 활성화하기 위하여 당국이 제시한 3개의 가이드라인과 안내서[31]를 통합하여 「금융분야 AI 가이드라인」으로 단일화하고, 금융AI 7대 원칙을 다음과 같이 제시한다.

〈표-2〉 금융 AI 7대 원칙(안)

분야	7대 원칙
거버넌스	① 최고경영자를 포함한 경영진은 AI 개발·활용에 대한 관심을 갖고 역할과 책임을 분담해야 함
	② AI 활용 전 단계에서 금융·AI 등 관련 법규를 준수해야 함
	③ 현 단계에서 AI는 업무의 보조 수단이므로 최종 의사결정과 그에 따른 책임은 임직원이 수행함
AI 개발 단계	④ AI 개발 과정에서 신뢰할 수 있는 데이터와 모델을 사용해야 함
	⑤ AI 설계·학습 등 전 과정에서 금융 안정성 위험을 최소화해야 함
AI 활용 단계	⑥ AI 활용 시 금융소비자의 이익을 최우선으로 해야 함
	⑦ AI활용 시 보안성 기준 및 점검·개선 체계를 마련해야 함

이러한 정책들과 가이드라인들은 2024년 12월 국회를 통과한 AI기본법(2026년 1월 시행)이 시행되기까지 그리고 그 이후에도 우리나라에서 금융AI의 개발과 활용에 중대한 시사점을 제공하며 실질적인 가이드가 될 것이다.

2. 국외 규제

(1) 개 요

AI 관련 규제는 대부분 윤리와 관련되어 있다. 2020년까지 전 세계에서 발표된

---

31) 「금융분야 AI 운영 가이드라인」(2021.7월), 「금융분야 AI 개발·활용 안내서」(2022.8월), 「금융분야 AI 보안 가이드라인」(2023.4월).

AI 관련 각종 문서 36개에서 제시된 규제 원칙을 분류하면 여덟 개의 핵심 주제로 모아진다고 한다. 즉 개인정보 보호, 책임성, 안전 및 보안, 투명성 및 설명 가능성, 공정성 및 비차별, 기술에 대한 인간의 통제, 전문직업적 책임, 인간의 가치 증진이다.[32] 뒤에서 설명할 아실로마원칙과 EU의 AI법 모두 이 범주 안에 있으니 향후 국내외 AI 규제 역시 이 범위 안에서 이루어질 것으로 예상된다.

〈표-3〉 금융분야 AI 규제 해외 동향

규제강도	구분	예시	
강 ↕ 약	법적 규제	AI 규제 초안	EU 집행위
		금융투자업의 AI 및 머신러닝 활용규칙 초안	국제증권관리위원회
		AI 및 기계학습 시스템 보고 의무	인도 증권위
	지침, 가이드라인	美 기업의 AI 및 알고리즘 이용에 관한 지침	美 FTC
		AI 윤리가이드라인 & 신뢰할 수 있는 AI 자체평가	EU집행위
		AI 및 데이터 보호 가이드라인	英 ICO
		AI 기반 의사결정에 대한 규제지침	英 ICO
		자동화된 의사결정에 대한 지침	캐나다 정부
	전략, 보고서	싱가포르 금융 AI윤리원칙	싱가포르
		AI윤리 프레임워크	호주
		빅데이터 및 고급분석 보고서	EU 은행청
		AI 규제 권장사항	獨 데이터 윤리위원회

주) 금융위원회, "금융분야 AI 가이드라인 및 주요 검토 필요사항", 2021. 7.

AI에 대한 윤리적 규제 측면에서 권위를 인정받고 있는 아실로마원칙[33]에서 강

---

32) Harvard Univ. Berkman Klein Center, "Principled Artificial Intelligence", Jan. 15, 2020.

33) 아실로마 원칙은 2017년 1월 6일 세계 유수의 AI 전문가들이 캘리포니아의 휴양도시 아실로마에 모여 인공지능 연구와 관련하여 합의된 23개의 원칙을 말한다. 이 아실로마에 2023년 3월 22일 일론 머스크 등 세계적인 AI 전문가들이 다시 모여 초거대 인공지능의 위험을 경고하는 성명을 발표하기도 했다. Pause Giant AI Experiments: An Open Letter. https://futureoflife.org/open-letter/pause-

조하는 부분은 안전, 장애 투명성, 사법적 투명성, 책임, 가치관 정렬, 인간의 가치, 개인정보 보호, 인간의 통제력 등이다.[34]

　우리 금융당국이 파악한 2021년 하반기 현재 주요국의 AI 규제 동향은 위와 같다. 이후 2024년 말 현재는 EU의 AI법이 발효되어 시행 중인데, 이 법은 세계 최초의 체계적인 AI 규제법으로서 향후 우리나라를 포함한 많은 나라의 입법 시 모델로서 큰 시사점을 줄 것으로 보인다. 물론 동법의 역외적용으로 인해 국내 상당수 금융회사는 직접적 규제대상이 될 수도 있을 것이니 더욱 중요하다. 이하 우리나라에 가장 큰 영향을 미칠 EU의 AI법과 미국의 규제 동향을 살펴본다.

(2) EU의 AI법

　유럽연합은 2018년 12월 인간 중심의 신뢰할 수 있는 AI 가이드라인 초안을 발표하고 2019년 4월 최종안을 발표하였다.[35] 이 가이드라인은 인간의 기본권에 입각하여, 인간 자율성에 대한 존중, 피해 방지, 공정성, 설명 가능성이라는 네 개의 AI 윤리 원칙을 수립하였다.

　이어 2020년 '인공지능 백서'를 발행한 후,[36] 2021년 그동안의 논의를 담아 AI법 초안을 발표하였다. 그리고 5년에 걸쳐 토론과 표결을 거치는 과정을 거쳐 2024년 8월 1일부로 AI법이 마침내 발효되었다. 세계 최초의 종합적인 AI 규제법으로서 향후 우리나라를 포함한 주요국의 입법과 기업들의 활동에 중대한 영향을 미칠 전망이다. 이 법은 규정 위반 AI 시스템 운영자나 제조자에게 최대 3,500만 유로 또는 전 세계 연 매출의 7%를 벌금으로 부과한다. 기업 규모별로 벌금액은 상이한데, 중소기업이

---

giant-ai-experiments/ 참조.

34) 아실로마 원칙. https://futureoflife.org/open-letter/ai-principles/ 참조.

35) EU, "Ethics Guidelines for Trustworthy AI", April 8, 2019.
　https://ec.europa.eu/futurium/en/ai-alliance-consultation.1.html.

36) EU, "White Paper on Artificial Intelligence: a European approach to excellence and trust", February 19, 2020.
　https://commission.europa.eu/publications/white-paper-artificial-intelligence-european-approach-excellence-and-trust_en.

AI법을 위반하면 최대 750만 유로 또는 전 세계 연 매출의 1.5%가 벌금으로 부과된다. EU 외부에서 개발된 AI 시스템도 EU 시장에 진출할 때는 역외 적용에 따라 이 법의 규제 대상이다. AI법의 주요 내용은 다음과 같다.[37]

1) 위험 기반 접근 방식(Risk-based approach)과 금지된 AI

이 원칙은 AI 시스템을 위험 수준에 따라 크게 4가지 범주로 분류하고 각 범주별 규제를 달리한다. 4가지 범주는 금지된 AI(Forbidden AI), 고위험 AI(High-risk AI), 제한된 위험 AI(Limited-risk AI), 그리고 최소 위험 AI(Minimal-risk AI)이다.

금지된 AI는 주로 개인의 기본권과 공공의 안전을 심각하게 위협하는 기술들로서, 인권 침해, 자율성 침해, 차별적 결과 등을 초래할 위험이 높은 기술들을 포함한다. 금지된 AI 시스템의 핵심 특징은 사용 자체가 불법이며, 특정한 경우를 제외하고는 EU 내에서 이를 개발하거나 배포하는 것이 허용되지 않는다는 점이다. 금지된 AI 시스템의 주요 유형을 보면 다음과 같다.

- 잠재의식적으로, 조작적이거나 기만적인 기법을 사용하여 행동을 왜곡하고 정보에 기반한 결정을 방해하여 중대한 해를 초래하는 경우.
- 나이, 장애 또는 사회경제적 상황과 관련된 취약성을 악용하여 행동을 왜곡하고 중대한 해를 초래하는 경우.
- 민감한 속성(인종, 정치적 의견, 노동조합 가입 여부, 종교적 또는 철학적 신념, 성생활 또는 성적 지향)을 추론하는 생체 분류 시스템. 단 법적으로 획득한 생체 데이터셋을 라벨링하거나 필터링하는 경우 또는 법 집행 기관이 생체 데이터를 분류하는 경우는 제외함.
- 개인 또는 집단을 사회적 행동이나 개인적 특성을 기준으로 평가하거나 분류하여 해당 사람들에게 불리한 대우를 하거나 피해를 주는 사회적 점수 매기기.
- 범죄를 저지를 위험을 프로파일링이나 성격 특성만을 기준으로 평가하는 경우.

---

37) https://artificialintelligenceact.eu/high-level-summary/.

단 범죄 활동과 직접적으로 관련된 객관적이고 검증 가능한 사실을 기반으로 한 인간의 평가를 보완하기 위해 사용되는 경우는 제외.

- 인터넷이나 CCTV 영상에서 무작위로 얼굴 이미지를 수집하여 얼굴 인식 데이터베이스를 구성하는 행위.
- 의료 또는 안전상의 이유를 제외하고 직장이나 교육기관에서 감정을 추론하는 경우.
- 공공장소에서 법 집행을 목적으로 실시간 원격 생체 인식을 사용하는 경우. 단 다음과 같은 상황은 제외:
  - 실종자, 납치 피해자 및 인신매매 또는 성적 착취를 당한 사람들을 수색하는 경우;
  - 생명에 대한 중대한 임박한 위험 또는 예측 가능한 테러 공격을 방지하는 경우; 또는
  - 살인, 강간, 무장 강도, 마약 및 불법 무기 거래, 조직 범죄 및 환경 범죄 등 중대한 범죄 용의자를 식별하는 경우.

2) 고위험 AI(High-risk AI)

고위험 AI는 생명, 안전, 인권, 중요한 경제적 이해관계에 영향을 미칠 수 있는 AI 시스템으로서 의료, 교통, 교육, 금융, 법 집행 등에서 사용되는 AI가 이 범주에 포함된다. 이 시스템은 다음과 같은 요구사항을 충족해야 한다.

- 고위험 AI 시스템의 전체 수명 주기 동안 위험 관리 시스템을 구축한다.
- 데이터 거버넌스를 수행하여, 교육, 검증 및 테스트 데이터셋이 관련성이 있고, 충분히 대표성을 가지며, 목적에 맞게 가능한 한 오류 없이 완전하도록 보장한다.
- 규정 준수를 입증하고, 당국이 이를 평가할 수 있도록 정보를 제공하는 기술 문서를 작성한다.
- 시스템의 수명 주기 동안 국가 차원의 위험 및 주요 변경 사항을 식별하는 데 관

련된 이벤트를 자동으로 기록할 수 있도록 고위험 AI 시스템을 설계한다.

- 최종 사용자가 규정을 준수할 수 있도록 지침을 제공한다.
- 배포자가 인간 감독을 구현할 수 있도록 고위험 AI 시스템을 설계한다.
- 적절한 수준의 정확성, 견고성 및 사이버 보안을 달성할 수 있도록 고위험 AI 시스템을 설계한다.
- 규정 준수를 보장하기 위한 품질 관리 시스템을 구축한다.

3) 제한된 위험 AI(Limited-risk AI)와 최소 위험 AI(Minimal-risk AI)

제한된 위험 AI는 사용자가 시스템이 AI임을 알 수 있도록 명시적 공지를 해야 하며, 예측 성능이나 기능에 대해 명확한 설명이 요구된다. 챗봇 같은 시스템이 여기에 해당한다.

마지막으로 최소 위험 AI는 위험이 거의 없는 AI 시스템으로, 규제의 대상이 아니다. 게임 AI나 스팸 필터 등이 여기에 속한다.[38]

4) 일반 목적 AI(GPAI)[39]

모든 GPAI 모델 제공자는 기술 문서와 사용 지침을 제공하고, 저작권 지침을 준수하며, 교육에 사용된 콘텐츠에 대한 요약을 게시해야 한다. 무료이며 오픈 라이선스인 GPAI 모델 제공자는 체계적 위험을 나타내지 않는 한 저작권을 준수하고 교육 데이터 요약을 게시하기만 하면 된다. 그리고 시스템적 위험을 나타내는 GPAI 모델을 제공하는 모든 공급업체(개방형 또는 폐쇄형)는 모델 평가, 적대적 테스트를 실시하고, 심각한 사고를 추적 및 보고하며, 사이버 보안 보호를 보장해야 한다.

---

38) 다만 동법은 최소 위험 AI 부분은 2021년 현재 시점에서 그렇다는 것이며 생성형 AI의 등장으로 향후 변화할 수 있음을 부언 설명하고 있다.

39) 일반 목적 AI 모델은 대규모 자기 감독을 사용하여 대량의 데이터로 학습한 경우를 포함하여 상당한 일반성을 보이고 모델이 시장에 출시되는 방식과 관계없이 광범위한 개별 작업을 유능하게 수행할 수 있으며 다양한 다운스트림 시스템이나 애플리케이션에 통합될 수 있는 AI 모델을 의미한다. 여기에는 연구, 개발 및 프로토타입 제작 활동을 위해 시장에 출시되기 전에 사용되는 AI 모델은 포함되지 않는다.

(3) 미 국

1) 알고리즘 책무법안 2022[40]

미국 의회에 계류 중인 법안으로서 이 법안이 통과되면 AI 윤리와 규제에 관한 미국 최초의 연방법률이 된다. 동 법안의 제안 취지는 자동화된 시스템은 장점도 있지만, 안전 위험, 의도하지 않은 오류, 유해한 편견, 위험한 설계 선택을 기하급수적으로 증폭할 수도 있다며, 기업이 사용하고 판매하는 자동화 시스템의 영향을 평가하도록 요구하고, 자동화 시스템의 사용 시기와 방법을 투명하게 밝히도록 새로운 기준을 만들며, 소비자가 중요한 의사결정의 자동화에 대해 충분하고 정확한 정보를 받은 뒤 선택을 할 수 있도록 지원하자는 것이다.

동 법안의 주요 내용은 다음과 같다.[41]

- 기업은 중요한 의사결정을 자동화할 경우 이에 대한 영향 평가를 해야 하며, 그 대상에는 이 법안이 만들어지기 전에 이미 자동화된 의사결정 과정을 포함한다.
- FTC(연방거래위원회, 우리로 치면 공정거래위원회)는 평가와 보고에 대한 구조화된 가이드라인을 제공하기 위한 규율을 만들어야 한다.
- 주요 의사결정을 하는 기업과 그 과정을 가능하게 하는 기술을 공급한 기업 모두가 영향 평가를 할 책임을 진다.
- 해당 기업은 영향 평가 문서를 FTC에 보고해야 한다.
- FTC는 익명화된 연간 집계 보고서를 발행하고, 이를 보관할 정보 저장소를 구축해야 한다.

2) 백악관의 인공지능 행정명령

이 행정명령은 2023년 11월 미국 대통령이 발령한 것으로서, 정식 명칭은 「안전

---

40) https://www.wyden.senate.gov/imo/media/doc/2022-02-03%20Algorithmic%20Accountability%20Act%20of%202022%20One-pager.pdf.

41) 박태웅, 『박태웅의 AI 강의 2025』, 한빛비즈, 2024. 9, 제5강 중 미국 알고리듬 책무법안 2022 파트 (eBook).

하고 보안이 철저하며 믿을 수 있는 인공지능의 개발과 사용에 관한 행정명령」으로
서,[42] 책임 있는 인공지능 개발과 배포를 안내하는 것을 목표로 한다. 여기에 제시된
여덟 가지 기본원칙과 우선순위에 따라 AI의 개발과 사용을 발전시키고 관리하는 것
이 정부의 정책이라면서 다음과 같이 제시하였다.

(a) 인공지능은 안전하고 보안이 보장되어야 한다.

(b) 책임 있는 혁신, 경쟁 및 협업을 촉진하여 미국이 AI를 선도하고 기술의 잠재
력을 발휘하여 사회에서 가장 어려운 과제 중 일부를 해결할 수 있도록 해야
한다.

(c) AI의 책임 있는 개발과 사용을 위해서 근로자를 지원하겠다는 약속이 필요하다.

(d) AI 정책은 형평성과 시민권 증진을 위한 행정부의 헌신과 일치해야 한다.

(e) 일상생활에서 AI 및 AI 지원 제품을 점점 더 많이 사용, 상호작용 또는 구매하
는 국민의 이익이 보호되어야 한다.

(f) AI가 계속 발전함에 따라 국민의 프라이버시와 시민적 자유는 보호되어야 한다.

(g) 연방정부의 AI 사용으로 인한 위험을 관리하고 국민에게 더 나은 결과를 제공
하기 위해 책임감 있는 AI 사용을 규제, 관리 및 지원할 수 있는 내부 역량을
강화하는 것이 중요하다.

(h) 연방정부는 미국이 이전의 파괴적 혁신과 변화의 시대에 그랬던 것처럼 글로
벌 사회, 경제, 기술 발전을 선도해야 한다.

V. 금융회사의 바람직한 대응방안

금융AI의 발전과 그에 따른 규제 강화에 대응하여 금융회사들은 변화하는 환경
에 적응하고, AI 기술을 효율적으로 활용하며, 리스크를 관리하는 대응 전략이 필요
하다. 이하 금융회사들이 취할 수 있는 바람직한 대응방안을 모색해 본다.

---

42) Executive Order on the Safe, Secure, and Trustworthy Development and Use of Artificial Intelligence.

1. 금융AI 도입 전략 수립

(1) 금융AI 도입을 위한 명확한 비전 설정 및 AI 거버넌스 구축

금융회사는 금융AI 도입의 목적과 이를 통해 달성하고자 하는 목표를 명확히 설정할 필요가 있다. AI는 투자자문, 신용평가, 리스크 관리, 고객 서비스 등 다양한 분야에 적용될 수 있으므로, 각 부문에서 AI가 어떻게 활용될 것인지 구체적인 계획을 수립하고, 금융AI가 비즈니스 성과를 어떻게 개선할지, 그리고 고객 서비스 품질을 어떻게 높일지에 대한 명확한 로드맵을 제시할 것이 요구된다. 이를 위해 경영진은 AI의 잠재력과 리스크를 명확히 이해하고 이를 적극적으로 추진해야 한다. 경영진이 AI 도입의 필요성과 기대 효과를 명확히 이해하지 못하면, 조직 전체의 AI 전략이 실패할 가능성이 클 것이다. 비전을 실행할 AI 거버넌스 체계를 다음과 같이 확립하는 것도 중요하다.

- 기업 내 AI 윤리원칙과 기준을 수립하고, 이를 전사적으로 교육하고 실천.
- AI 개발과 활용 전 과정에 걸쳐 인권존중, 프라이버시 보호, 안전성 확보 등의 윤리적 기준을 적용.
- AI 시스템의 개발, 도입, 운영, 모니터링의 책임 소재를 명확히 하고, 이를 감독할 AI 윤리위원회를 설치.
- AI 시스템에 의한 피해 발생 시 구제 절차와 배상 기준을 마련 등.

2023년 IIF-EY 설문 보고서에 따르면,[43] 66%의 응답자가 AI 거버넌스를 감독하는 C-레벨 관리자를 임명했거나 임명 중이며, 64%가 AI 거버넌스에 중점을 둔 집행위원회를 설립하고 있다고 한다. 윤리적 문제와 AI 관행에 대한 교육도 다루어지며, 대부분의 기관이 어떤 형태로든 교육이나 지침을 구현하고 있다고 한다.

---

43) Institute of International Finance, "IIF-EY 2023 Public Survey Report on AI/ML Use in Financial Services", p. 6, December 14, 2023.

(2) 데이터 거버넌스 및 인프라 구축

금융AI는 고품질의 데이터에 의존하기 때문에, 금융회사는 데이터 관리 체계를 강화해야 한다. 데이터를 수집하고 정리하는 과정에서 데이터의 정확성, 일관성, 적시성을 유지하는 것이 필수적이다. 이를 위해 데이터 거버넌스 프레임워크를 구축하여, 데이터 수집부터 처리, 보관에 이르는 전 과정을 체계적으로 관리할 필요가 있다.

나아가 금융AI 시스템이 실시간으로 대량의 데이터를 처리하고 분석할 수 있도록, 고성능 데이터 인프라를 구축하는 것이 중요하다. 특히, 클라우드 기반 데이터 저장 및 처리 기술을 도입하여 확장성을 높이고, AI 모델이 최신 데이터에 기반해 작동할 수 있도록 실시간 데이터 스트리밍 시스템을 도입할 필요가 있다. 이와 함께, 데이터 저장 및 처리 과정에서의 보안성을 강화할 것이 요구된다.

한편 데이터 보호 규정을 준수하면서도 AI가 효과적으로 작동할 수 있도록 개인정보보호 관리 체계를 수립해야 한다. 금융회사는 데이터 활용 시 개인정보보호에 관한 법적 규제를 준수하고, 고객의 데이터를 안전하게 관리하기 위한 보안 시스템을 갖추어야 한다. 특히, AI 모델이 개인 데이터를 처리할 때 그 과정이 투명하고 윤리적일 것이 요구된다.

2. 리스크 관리 방안

(1) 금융AI 시스템의 투명성과 설명 가능성 강화

금융AI의 성공적 활용을 위해서는 기술적으로 가능한 최대 한도로 알고리즘의 투명성과 설명가능성을 확보하는 것이 중요하다. 알고리즘의 투명성과 설명 가능성은 법적 규제는 물론이고 보다 넓은 범위인 윤리적 논란을 피할 수 있는 첩경이기 때문이다. 금융회사는 AI 알고리즘이 어떻게 작동하고, 어떤 데이터를 기반으로 결정을 내리는지에 대해 명확히 설명할 수 있는 시스템을 구축해야 한다. AI가 신용평가, 대출 심사, 투자 결정에 사용될 때 그 과정이 투명하지 않으면 규제 당국과 소비자의 신뢰를 얻기 어렵다. 따라서 금융회사는 설명 가능한 AI(XAI: Explainable AI) 기술을 도입하여 AI 의사결정 과정을 쉽게 이해하고 설명할 수 있는 시스템을 개발할 것이 요구된다.

(2) AI 윤리 기준 수립 및 편향성 관리

금융회사는 AI가 윤리적 기준을 준수하면서 작동하도록 내부적인 AI 윤리 기준을 마련해야 한다. AI 윤리는 편향된 결정을 방지하고, 공정한 금융 서비스를 제공하는 데 중요한 요소이다. 따라서 AI 시스템이 불공정한 결정을 내리지 않도록, 알고리즘과 데이터의 편향성을 평가하고 제거하는 절차가 필요하다. AI가 결정을 내릴 때 특정 성별, 인종, 지역 등에 불리하게 작동하지 않도록, 데이터 수집 및 학습 과정에서 편향성을 주기적으로 점검하는 한편, AI 편향성을 평가하는 시스템을 도입하여 지속적으로 데이터와 알고리즘의 편향성을 모니터링하고, 이를 교정할 수 있는 절차를 마련하는 것이 중요하다.

(3) AI 관련 규제 준수 및 법적 리스크 관리

금융회사는 국내외 AI 관련 규제를 철저히 준수해야 한다. 특히 AI를 통해 자동화된 신용평가, 대출 심사, 투자자문 등의 서비스를 제공하거나 알고리즘 트레이딩과 고빈도 거래를 할 때, 해당 국가의 법적 요구 사항을 충족하도록 해야 한다. 예를 들어, 자본시장법 등의 금융법과 개인정보보호법 등의 규제를 준수하고, 고객의 권리와 프라이버시를 보호해야 한다.

그리고 AI가 의사결정을 내리는 시스템에서 법적 리스크를 최소화하기 위해 책무구조도에 따라 AI 의사결정 과정에 대한 명확한 책임 체계를 마련해야 한다. AI가 잘못된 결정을 내렸을 때 누가 책임을 져야 하는지 명확히 규정해야 하며, 이를 내부 규정에 반영해야 한다. 또한 규제 당국과의 소통과 협력을 통해 AI 시스템의 법적 준수 여부를 검증받는 절차를 마련할 필요가 있다. 이러한 소통과 협력을 위해 법령해석이나 비조치의견서를 적극 활용하는 것이 바람직하며 적극적 행정지도를 요청하는 것도 고려할 필요가 있다.

(4) 인간 개입과 자동화 간의 균형

금융AI 시스템은 매우 복잡한 알고리즘과 방대한 데이터를 기반으로 자동으로 작동하기 때문에, 편향된 데이터나 알고리즘 오류가 있을 경우 그 결과는 파괴적이 될 수 있다. 이 문제를 해결하기 위해서는 AI 시스템의 자동화와 인간 개입 간의 균형을 찾는 것이 중요하다. AI 시스템이 내리는 중요한 금융 결정에 대해 인간이 일정한 수준에서 감독하고, 필요할 때 즉각적으로 개입할 수 있는 절차와 시스템을 마련해야 한다. 이를 위해서는 금융회사가 AI 시스템을 무조건적으로 신뢰하는 것이 아니라 인간이 최종적으로 검토할 수 있는 환경을 조성하는 것이 필요하다. 또한 금융당국은 AI 시스템이 금융 시장에 미치는 영향을 지속적으로 모니터링하고, 인간의 개입이 부족한 시스템에 대해 경고하고 규제할 수 있어야 할 것이다.[44)]

3. 금융소비자 보호 및 고객 신뢰 확보

(1) AI의 투명성 제고 및 고객 정보 보호

금융소비자 보호를 위해서 AI의 의사결정 과정이 투명하게 공개되고, 고객에게 충분한 정보가 제공되어야 한다. 금융회사는 AI가 내린 결정에 대해 고객에게 명확하고 이해하기 쉬운 설명을 제공해야 한다. 특히 AI가 신용평가나 대출 승인과 같은 중요한 결정을 내릴 때, 고객이 그 결정에 대한 이해를 돕고 이의제기를 할 수 있는 권리를 보장해야 한다.

또한 금융회사는 AI가 고객의 데이터를 어떻게 사용하고 있는지에 대해 명확히 알리고, 고객의 동의를 받아야 한다. 또한 AI가 수집한 데이터가 불법적으로 사용되거나 외부로 유출되지 않도록 데이터 보호 조치를 강화해야 한다. 금융AI 서비스에 있어서도 개인정보보호법과 금융소비자보호법 같은 기본적 규제를 준수하여 고객의

---

44) European Commission도 기업 프로세스에서 AI 도구를 지원 도구로 사용하고 인간의 개입을 완전히 대체하는 요소로 사용하지 말아야 한다고 강조했다. European Commission, Study on the Relevance and Impact of Artificial Intelligence for Company Law and Corporate Governance, June 2021, p. 25.

프라이버시와 기본적 권리를 보호하는 것은 필수적이다.

(2) 고객 교육 및 AI 신뢰도 향상

고객 대상 AI 교육 프로그램을 도입하여 금융소비자들이 AI 기반 금융 서비스를 이용하는 과정에서 AI 기술을 이해하고 활용할 수 있도록 하면 금융소비자 보호에 크게 도움이 될 것이다. 특히, AI를 통한 투자자문, 대출 심사, 신용 평가와 관련된 서비스 이용 시 발생할 수 있는 리스크와 혜택에 대해 고객들에게 명확히 설명하는 교육이 필요하다. 이를 통해 고객들이 AI 기반 서비스를 신뢰하고 활용할 수 있게 된다.

그리고 고객이 AI 기반 금융 서비스를 이용하면서 불편을 겪거나 문제를 경험한 경우 이를 신속하게 해결할 수 있는 피드백 시스템을 마련해야 한다. AI의 결정이 고객에게 불이익을 줄 경우 그 원인에 대해 설명하고, 문제를 해결하기 위한 절차를 마련하여 고객 신뢰를 확보할 필요가 있다.

(3) 인간이 제공하는 서비스 확보

앞에서 AI 콜센터의 문제점을 지적한 바와 같이 많은 고객은 AI가 제공하는 기계적이고 경직된 서비스에 만족하지 않는다. 더욱이 금융 이해력과 신기술에 친숙하지 않은 고령층이 많은 우리나라에서는 AI를 앞세운 첨단 서비스가 좋은 평가를 받기 쉽지 않을 것이다. 따라서 향후 금융회사의 신뢰도는 AI 서비스를 얼마나 많이 제공하느냐가 아니라 오히려 전통적인 인간이 제공하는 서비스를 얼마나 유지하느냐에 달려 있는 역설적 현상이 발생할 수도 있다. 그러므로 금융AI 도입과 활용을 적극 추진하면서도 최후의 의지처가 될 수 있는 인간 제공 서비스도 상당 부분 유지하는 것이 바람직하다.

4. 기술적 대응과 내부 역량 강화

(1) AI 시스템의 지속적인 개선

금융회사들은 AI 시스템이 변화하는 시장 환경과 데이터에 적응할 수 있도록 주기적으로 AI 모델을 재평가하고 업데이트해야 한다. 특히 금융 시장은 매우 변동성이 크기 때문에 AI 모델이 과거 데이터에 지나치게 의존하지 않도록 최신 데이터를 지속적으로 학습하고 반영해야 한다. 이를 통해 AI 모델의 성능을 유지하고 예측 정확성을 높일 수 있다.

또한 AI 시스템이 실시간으로 작동할 수 있는 환경을 조성하고, 고객 응대 및 금융상품 추천 등의 서비스에서 실시간 모니터링과 피드백을 제공할 수 있는 시스템을 구축해야 한다. AI가 잘못된 결정을 내릴 경우, 이를 신속하게 감지하고 수정할 수 있는 능력이 필요하며, 이를 위한 자동화된 피드백 루프를 구축하는 것이 중요하다.

(2) AI 관련 리스크 관리 도구 개발

금융회사는 AI 기반 리스크 평가 도구를 개발하여, 시장의 변화에 따른 리스크를 미리 예측하고 관리할 수 있어야 한다. 시뮬레이션을 통해 다양한 금융 시나리오를 분석하고, AI가 각 상황에서 어떻게 작동할지 미리 테스트함으로써 리스크 관리 역량을 강화할 수 있다. 특히, 예상치 못한 시장 변동이나 위기 상황에서 AI가 어떤 반응을 보일지 사전 시뮬레이션하는 것이 중요하다.

이에 더하여, 금융 규제는 복잡하고 지속적으로 변화하므로 AI 시스템이 자동으로 규제 준수 여부를 평가하고 대응할 수 있는 도구를 개발하는 것이 바람직하다. RegTech(규제 기술) 솔루션을 통해 AI가 법적 요구 사항을 충족하고 있는지 자동으로 모니터링하고, 규제 변경 시 이를 신속하게 반영할 수 있는 시스템을 구축하는 것이 중요하다.

(3) 금융AI 시스템에 대한 철저한 테스트와 검증

금융회사는 AI 시스템을 도입하기 전에 알고리즘이 정확하게 작동하는지 철저히 검증해야 한다. 특히 신용평가나 투자 의사결정과 같은 중요 의사결정에서 AI가 편향된 결정을 내리거나 오류를 발생시키지 않도록 테스트 프로세스를 강화해야 한다. 알고리즘의 공정성, 정확성, 신뢰성을 확인하기 위한 사전 검증 체계는 리스크 최소화에 아주 중요하다.

그리고 AI 모델이 실제 환경에서 예상치 못한 리스크를 발생시키지 않도록 체계적인 모델 리스크 관리 체계를 마련해야 한다. 이를 위해 AI 모델의 성능과 리스크를 정기적으로 평가하는 내부 감사 시스템을 도입하고, 외부 전문가의 검증을 받을 필요도 있다. 금융회사는 AI 모델의 의사결정 결과가 적절했는지 사후 평가하는 시스템도 구축해야 한다.

제8장

인공지능과 자율주행

조성훈

(김·장 법률사무소 변호사, 법학박사)

I. 들어가며

사전적 의미에서 인공지능은 "인간이 가진 주요한 인지적 능력, 즉 학습, 추론, 지각, 자연언어의 이해 등을 컴퓨터 프로그램이나 기계 시스템으로 구현하는 기술"로 정의할 수 있다. 한편 유럽연합 인공지능법(EU Artificial Intelligence Act)[1]은 '인공지능 시스템'을 "다양한 자율성 수준과 배포 후 적응성을 나타낼 수 있도록 설계된 기계 기반 시스템으로, 명시적·묵시적으로 주어진 목표를 달성하기 위해 실제·가상환경에 영향을 미칠 수 있는 예측, 콘텐츠, 추천, 결정 등의 결과물 생성 방식을 입력데이터로부터 추론하는 시스템"으로 정의한다.[2] 인간 능력과 유사성을 정의 개념에 포함하지

---

[1] Regulation (EU) 2024/1689 of the European Parliament and of the Council of 13 June 2024 laying down harmonised rules on artificial intelligence and amending Regulations (EC) No 300/2008, (EU) No 167/2013, (EU) No 168/2013, (EU) 2018/858, (EU) 2018/1139 and (EU) 2019/2144 and Directives 2014/90/EU, (EU) 2016/797 and (EU) 2020/1828 (Artificial Intelligence Act).

[2] Article 3 Definitions (1) 'AI system' means a machine-based system that is designed to operate with varying levels of autonomy and that may exhibit adaptiveness after deployment, and that, for explicit or implicit objectives, infers, from the input it receives, how to generate outputs such as predictions, content, recommendations, or decisions that can influence physical or virtual environments.

않고, 기계 기반 시스템임을 명확히 하였다는 점에서 실용적이고 현대적인 정의라 할
수 있다.

인공지능의 발전에 따라 금융, 미디어, 보건의료, 사법(司法), 교육 등 다양한 분야
에서 인간이 담당해 온 자료의 검색과 정리, 의사결정 등의 각종 업무가 상당 부분 자
동화되고 있다. 또한 인공지능기술은 사람을 직접 상대하는 서비스용, 교육용, 의료
용, 오락용 로봇 기술과 결합하고 있는데, 자율주행 자동차(autonomous vehicle)는 이러
한 '인공지능 로봇' 기술의 대표적 사례이다.

인공지능이 경제와 사회 전반에 걸쳐 사용되는 범용기술로 발전하면서 미처 생
각해 보지 못하였던 다양한 쟁점이 등장하고 있다.[3] 본 문헌에서는 그중에서도 자율
주행 자동차의 윤리와 법적 규제에 대하여 검토하도록 한다. 모빌리티 혁신의 상징으
로 언급되는 자율주행 자동차는 차세대 자동차 산업의 핵심 기술로 인식되면서 산업
적 투자와 정책적 지원이 이어지고 있다. 그러나 자율주행 자동차도 사고의 가능성을
완전히 없애는 것은 불가능하며, 이는 인간의 생명, 신체 등에 대한 직접적 위협이 될
수 있다. 따라서 인공지능 시스템이 탑재된 자율주행 자동차와 관련된 법적, 윤리적
문제는 반드시 검토되어야 할 중요한 문제가 될 수밖에 없기 때문이다.

II. 자율주행 자동차의 개념과 발전 단계

「자동차관리법」 제2조 제1호의3은 "자율주행 자동차"를 "운전자 또는 승객의 조
작 없이 자동차 스스로 운행이 가능한 자동차"로 정의하고 있다.[4] 그러나 위와 같은

---

3) 인공지능기술이 지식재산권 체계에 어떠한 변화를 가져올 것인가라는 문제를 예로 들 수 있다. 인
공지능기술과 관련된 지식재산권의 쟁점은 ① 인공지능기술 자체의 보호, ② 인공지능의 학습을
위해 데이터를 사용할 경우 발생하는 이해관계의 조정, ③ 인공지능에 의해 산출된 결과물의 법적
보호로 나누어 볼 수 있다. 이에 대한 상세한 내용은 다음의 문헌을 참고할 수 있다. 조성훈, "인공
지능기술과 데이터 법제의 발전: 데이터의 활용과 보호를 중심으로", 「4차산업혁명 법과 정책」 제4
호, 4차산업혁명융합법학회, 2021, 109면.
4) 한편 「자율주행자동차 상용화 촉진 및 지원에 관한 법률」 제2조 제2항은 "부분 자율주행 자동차"와

징의는 자율주행 자동차는 그 발전 단계에 따라 운전자, 제조자 등 이해관계자의 책임 범위가 달라지는 점을 충분히 반영하지 못하고 있다는 점이 지적되고 있다. 따라서 자율주행 자동차의 단계별 정의를 법률에 반영하고 각각의 단계에 따라 규제 수준을 다르게 하는 방향으로 법제를 정비할 필요가 있다는 것이다.[5]

본 문헌에서는 2014년 1월 미국 자동차공학회(International Society of Automotive Engineers: SAE)가 발표한 6단계의 자동차 자동화 기준(J3016)을 기준으로 자율주행 자동차의 발전 단계를 살펴보고자 한다.[6] 위 기준은 인간 운전자에 의해 전적으로 운전이 이루어지는 0단계(수동운전), 운전자의 운전 상태에서 핸들 방향 조종 및 가·감속을 지원하는 1단계(운전자 보조), 핸들 방향 조종, 가·감속 등 하나 이상의 자동화 기능을 포함하는 2단계(부분 자동화), 차량이 주변 환경을 파악해 자율주행을 하지만 경우에 따라 운전자 개입이 필요한 높은 자동화인 3단계(조건부 자동화), 거의 모든 환경에서 운전자의 개입이 없어도 주행이 이루어지는 충분한 자동화인 4단계(고도의 자동화), 출발에서 도착까지 스스로 운행하여 운전자가 필요 없는 5단계(완전 자동화)로 구분하고 있다.[7] 일반적으로 자율자동차라고 하면 3단계(조건부 자동화) 이상을 말하며, 자율주행 자동차의 윤리 문제는 인간 운전자가 관여가 매우 낮은 4단계(고도의 자동화), 5단계(완전 자동화) 수준에서 발생하게 된다.

"완전 자율주행 자동차"를 구분하고 있다. 부분 자율주행 자동차는 "제한된 조건에서 자율주행시스템으로 운행할 수 있으나 작동한계상황 등 필요한 경우 운전자의 개입을 요구하는 자율주행 자동차"를, 완전 자율주행 자동차는 "자율주행시스템만으로 운행할 수 있어 운전자가 없거나 운전자 또는 승객의 개입이 필요하지 아니한 자율주행 자동차"로 정의된다.

5) 이중기/황창근, "자율주행자동차 운행을 위한 행정규제 개선의 시론적 고찰", 「홍익법학」 제17권 제2호, 홍익대학교 법학연구소, 2019, 38면.
6) 미국 자동차공학회 기준 외에도 2012년 1월 독일 연방 도로기술연구소는 자동차의 자동화 수준을 4단계로 분류하였고, 미국 교통부(The Department of Transportation) 산하 도로교통안전청(National Highway Traffic Safety Administration: NHTSA)은 5단계의 분류를 제시한 바 있다.
7) 미국 자동차공학회 기준에 대한 상세한 내용은 다음의 문헌을 참고할 수 있다. 이중기, "SAE 자동화단계 구분과 운전작업의 분류: 운전자책임, 안전기준규제, 제조물책임에 대한 영향", 「법학논문집」 제44집 제1호, 중앙대학교 법학연구원, 2020, 484면.

III. 자율주행 자동차의 윤리

1. 인공지능의 윤리 문제

인공지능 기술로부터 발생할 것으로 예상되는 다양한 사회적 문제에 어떻게 대처할 것인지에 대한 논의가 활발하게 이루어지고 있다. 대표적인 것이 인공지능의 윤리에 관한 연구나 가이드라인의 제정이다.[8] 사회적 문제에 대응하고 이를 규율하는 통상적인 수단은 법률이다. 그러나 아직 초기 단계에 불과하고 논의가 성숙하지 않은 인공지능 기술에 대하여 법적 규제만으로 대응하는 것은 적절하지 않고, 윤리나 가이드라인을 법적 규제의 보완재로 이용하는 것이 더욱 현실적 대응일 수 있다. 인공지능과 같이 빠르게 발전하는 영역에 대하여는 규제 대상의 자율성을 전제로 하는 '약한 규제'(soft law)로 대응한다는 입장인 것이다. 또한 현재 인공지능의 기술적 발달 수준이 아직 약한 인공지능에 머물러 있음을 고려할 때, 해당 윤리의 수범자는 인공지능 자체가 아니라 인공지능 시스템의 설계자 등으로 설정하는 것이 타당할 것이다.[9]

그렇다면 인공지능 윤리를 구성하는 요소는 어떠한 것이 있는지가 문제 된다. 이에 대하여 다양한 입장이 있지만, 대체로 '인간의 존엄성 존중', '투명성'(transparency)과 '설명가능성'(explainability), '안전성'(safety), '정보보호'(security) 등을 들 수 있을 것이다.[10]

---

8) 해외 사례로 IEEE(2018)의 「지능형 자율시스템에 대한 공학적 윤리적 디자인(Ethically Aligned Design) 가이드라인」, EU(2019)의 「신뢰할 수 있는 인공지능 윤리 가이드라인(Trustworthy AI Ethics Guidelene)」 등이 있고, 국내 사례로 카카오(2018)의 「알고리즘 윤리 헌장」, 과학기술정보통신부(2020)의 「인공지능(AI) 윤리기준」, 네이버(2021)의 「AI 윤리 준칙」 등이 있다.

9) 이론적으로는 인공지능 자체를 '법적 인격체'로 인정하는 것도 가능하나, 강한 인공지능 수준에 달하지 못한 현재 상황에서 인공지능을 독자적인 윤리적 수범자로 설정하기는 어렵다고 생각된다.

10) 해외 윤리 가이드라인의 구성 요소를 분석한 연구 결과는 다음과 같은 '기본가치'와 '행동 원칙'을 제시하고 있다(황기연/변순용, "AI 윤리 가이드라인의 기본 방향", 「자율주행차의 법과 윤리」, 박영사, 2020, 25면). 즉, ① 인간의 존엄성(human dignity)과 자율성(autonomy) 존중, ② AI의 공공선(public good) 추구, ③ 인간의 복리(well-being) 증진을 '기본가치'로 들 수 있고, ① 투명성(transparency)과 설명가능성(explainability), ② 제어가능성(controllability), ③ 책무성(accountability), ④ 안전성(safety), ⑤ 정보보호(security) 등을 '행동 원칙'으로 구성할 수 있다는 것이다.

다만 최근 인공지능 윤리에 대한 논의는 제도적 대안으로 나아가기 위한 심층적 논의가 부족하고 원론적인 윤리원칙을 목록화한 것에 불과하다는 비판이 있음을 유념할 필요가 있다.

2. 책임 개념의 확장과 설명가능성[11]

(1) 책임 공백의 문제

본 항목에서는 앞서 본 인공지능 윤리의 구성 요소 중 실천적 관점에서 가장 중요한 의미를 가지는 '설명가능성'(explainability)의 문제를 구체적으로 검토한다. 전통적으로 '책임' 개념은 법과 윤리에서 행위 규범을 부과하는 기능을 한다.[12] 누군가에게 책임을 귀속시킬 경우 법학과 윤리학에서는 대체로 다음과 같은 조건을 요청한다. 즉, 책임의 대상은 '행위'로, ① 행위는 자율적 주체인 인간의 자유의지에서 비롯되고, ② 주체는 자신의 행위를 알고 그 행동이 가져올 수 있는 결과를 예견할 수 있으며, ③ 행위와 결과 사이에 인과관계가 있어야 한다.

그런데 인공지능의 기술적 특징으로 말미암아 위와 같은 일반적 전제를 충족하지 않는 경우가 많기 때문에 전통적 책임관을 그대로 적용할 경우 이른바 '책임 공백'(responsibility gap)의 문제가 발생할 수 있다.[13] 먼저 '행위' 또는 '인과관계'와 관련된 문제를 살펴본다. 인공지능 시스템의 작동에는 많은 기술적 요소들, 예컨대 빅데이터, 클라우드 컴퓨팅 환경, 사물인터넷 시스템, 정보 수집 센서 등이 개입한다. 위와 같은 개별 기술 요소들의 배경에는 그와 관련된 수많은 행위자가 존재하는데, 이 행

---

11) 본 항목은 다음 문헌의 내용 중 일부를 기초로 한 것이다. 고성훈, "인공지능이 설명가능성 — 책임 공백 문제와 설명을 요구할 권리를 중심으로", 「IP & Data Law」 제2권 제1호, 인하대학교 법학연구소, 2022, 61면.

12) 본 문헌에서는 도덕적 책임을 'responsibility', 법적 책임을 'liability'로 구분하여 사용한다.

13) 인공지능 기술이 고도로 발전하고 인간이 이러한 기술을 직접 통제하거나 개입할 여지가 적어질수록 인간이 기술에 대해 전적으로 책임을 진다고 주장하기 어려워진다. 이러한 '책임 공백' 또는 '책임 격차'의 문제는 일찍부터 지적되어 왔다. Andreas Matthias, "The Responsibility Gap: Ascribing Responsibility for the Actions of Learning Automata", 6 Ethics and Information Technology 175 (2004).

위자들은 서로 다른 방식으로 다양하게 관여하는 만큼 사건에 관한 질문에 대답하고 그 결과를 책임질 특정한 행위자와 그와 관련된 행위를 한정하기는 매우 어렵다. 이를 '많은 손(many hands)의 문제'[14) 또는 '분산된 책임의 문제'[15)라 칭하기도 한다.

다음으로 '의지' 또는 '예견가능성'과 같은 주관적 요건도 문제가 된다. 예컨대 챗봇이 인종차별적 발언을 학습한 경우, 혐오 표현을 학습시킨 제작자 또는 이용자를 찾아낼 수 있다면 해당자를 제재하는 방식을 통해 문제를 해결할 수도 있다. 그러나 인공지능의 훈련 데이터가 과거의 사회적 편견을 반영하여 차별적 인공지능을 이용한 인간의 차별 의도나 예견가능성을 인정하기는 쉽지 않을 것이다.

나아가 최근 주목받고 있는 인공신경망 기반의 딥러닝 인공지능 의사결정의 불투명성(opacity)은 책임 공백의 문제를 더욱 확대할 수 있다.[16) 이러한 인공지능은 복잡하게 연결된 인공신경망에 기초하여 인간과는 다른 방식의 의사결정을 할 가능성이 열려 있고 그 의사결정 방식이나 과정에 대해 파악하기 쉽지 않아 블랙박스(black box)에 비유되기도 한다. 일반인은 물론 제작자조차 이해하기 어려운 오늘날의 인공지능은 사전적 규제나 사후적 책임 귀속에 많은 난점을 가져오게 된다.

(2) 책무 개념과 설명가능성

'책무'(accountability) 개념[17)은 인공지능 의사결정에 대하여 전통적인 도덕적 책임(moral responsibility) 또는 법적 책임(legal liability)을 적용하려 할 때 발생하는 '책임 공백'

---

14) Helen Nissenbaum, "Accountability in a Computerized Society," 2 Science and Engineering Ethics 25 (1996).

15) Luciano Floridi, "Distributed Morality in an Information Society", 19 Science and Engineering Ethics 727 (2013).

16) 인공지능 의사결정이 가지고 있는 '불투명성'(opacity)을 다음과 같은 세 가지 차원에서 설명하는 견해도 있다. 즉, ① 인공신경망의 복잡성과 같은 알고리즘의 본질적 측면과 관련된 '기술적 차원의 불투명성', ② 인공지능 보유 주체의 지식재산권이나 계약상 특약조항 등에서 비롯되는 '제도적 차원의 불투명성', ③ 검증과정의 인적, 물적 비용상의 문제에서 비롯되는 '현실적 차원의 불투명성'이 그것이다. 고학수/정해빈/박도현, "인공지능과 차별", 「저스티스」 제171호, 한국법학원, 2019, 235면.

17) 'Accountability'는 '책임(성)', '책무(성)', '설명책임' 등으로 다양하게 번역되나, 본 문헌에서는 전통적인 도덕적, 법적 책임과 구별한다는 의미에서 '책무'로 번역하기로 한다.

의 문제를 해결하기 위한 노력의 총체로 이해될 수 있다.[18] 즉, '책무'는 인공지능 시스템에 대한 감독(oversight) 또는 감사(accounting), 무과실책임 원칙의 확장 등 다양한 규제적·법적 수단을 포괄하는 광범위한 개념이다.[19] 그런데 '책임 공백'의 문제를 해결하는 다양한 수단 중 가장 주목을 받는 것이 바로 '설명 가능성'(explainability)의 요청이다. 이는 인공지능 시스템의 '투명성'(transparency) 및 인간에 의한 제어 가능성이라는 측면에서 매우 중요한 것으로 이해되고 있다.[20] 이러한 이유로 인공지능 의사결정에 대한 투명성 또는 설명 가능성은 인공지능의 윤리에 관한 연구나 가이드라인에서 제시되는 대표적인 구성 요소가 된 것이다. 나아가 2018. 5. 25.부터 시행되고 있는 「EU 일반 개인정보보호 규정」(GDPR) 전문(recital) (39)는 개인정보 처리 과정에서 투명성 원칙을 명문화하였고, 전문 (71)은 인공지능 맥락의 자동화된 처리와 관련하여 '설명을 획득할 권리'(right to obtain an explanation)라는 표현을 사용하고 있다. 다음 항목에서 검토할 국토교통부의 「자율주행 자동차 윤리 가이드라인」에서도 투명성 또는 설명가능성은 중요한 고려사항이 되고 있다.

3. 국토교통부의 자율주행 자동차 윤리 가이드라인

국토교통부는 2020. 12. 「자율주행 자동차 윤리 가이드라인」(이하 '국토교통부 가이드라인'이라 함)을 제정하였다. 국토교통부 가이드라인은 "자율주행 자동차의 기본가치

---

18) 이러한 관점에서 다음의 문헌은 'accountability'를 종래 도덕적, 법적 책임 개념(responsibility, liability)이 담당해 온 역할, 설명책임과 관련된 책임성이나 책무성의 부과, 그리고 대중의 능동적 참여 기능까지 더한 '광의의 책임성 개념'이라 설명한다. 고학수/박도현/이나래, "인공지능 윤리규범과 규제 거버넌스의 현황과 과제", 「경제규제와 법」 제13권 제1호, 서울대학교 법학연구소, 2020, 7면.
19) 이러한 경향은 해외 문헌에서도 마찬가지이다. 예컨대 다음의 문헌은 'accountability'를 '감독'(oversight), '감사'(accounting), '도덕적 책임'(responsibility), '법적 책임'(liability), 나아가 전체 시스템의 '관리 목적'(governance goal)까지 포괄하는 광범위한 개념으로 설명한다. Joshua A. Kroll, "Accountability in Computer Systems", in The Oxford Handbook of Ethics of AI 181 (Markus D. Dubber, Frank Pasquale, Sunit Das eds., 2020).
20) 이중원, "인공지능에게 책임을 부과할 수 있는가?: 책무성 중심의 인공지능 윤리 모색", 「과학철학」 제22권 제2호, 한국과학철학회, 2019, 79면.

와 행동원칙을 제시하고, 설계·제작·관리·서비스의 제공·이용자 등 자율주행 자동차 관련 행위 주체들이 이를 고려하여 향후 상용화될 자율주행 자동차가 우리 사회에 정립된 윤리 수준에 따라 제작·운행할 수 있도록 하여 자발적으로 책임성을 확보할 수 있도록 한다"는 점을 그 제정 배경으로 설명하고 있다.[21] 국토교통부 가이드라인은 미국 자동차공학회(SAE)가 발표한 6단계의 자동차 자동화 기준 중 사람이 직접 운전에 관여하지 않는 4단계(고도의 자동화) 이상의 완전자율주행 시스템이 장착된 자동차를 설계·제작·관리 운행하려는 자와 사용자(소비자) 등을 대상으로 한다.[22] '총칙', '공통원칙',[23] '행위주체별 책임'으로 구성된 가이드라인의 주요 내용은 다음과 같다.

(1) 공통원칙

• 기본가치

1.1 자율주행 자동차는 인간의 존엄성, 국제법적으로 인정된 인권과 자유, 프라이버시 및 문화적 다양성을 존중하고, 인간을 성별, 나이, 인종, 장애 등을 이유로 차별하지 않으며, 인간의 법과 관습에 의한 판단과 통제에 따르도록 설계, 제작, 관리되어야 한다.[24]

1.2 자율주행 자동차는 인간의 행복과 이익의 증진을 위한 수단으로서 인간의 안전하고 편리하며 자유로운 이동권을 보장하고, 타인의 권리와 자유를 침해하지 않도록 설계, 제작, 관리되어야 한다.[25]

---

21) 「자율주행자동차 윤리가이드라인」, 국토교통부/한국교통안전공단 자동차안전연구원/한국교통연구원, 2020, 2면.
22) 「자율주행자동차 윤리가이드라인」, 7면.
23) 공통원칙은 '기본가치'와 '행동원칙'으로 구성된다. 「자율주행자동차 윤리가이드라인」, 17면.
24) 인간이 존엄하다는 것은 단순히 자율주행 시스템이 인간에게 해를 끼쳐서는 안 된다는 의미를 넘어 인간의 판단과 통제를 따라야 하는 제어 가능성(Controllability)이 필수라는 것을 뜻한다. 자율주행 자동차는 사물이기 때문에 윤리적 판단을 포함한 모든 판단은 이성을 가진 인간만이 할 수 있기 때문이다. 「자율주행자동차 윤리가이드라인」, 19면.

1.3 자율주행 자동차는 자동차 사고로 인해 발생할 손실을 최소화하고, 무엇보다 인간의 생명을 우선하도록 설계, 제작, 관리되어야 한다. 또한, 손실을 최소화하는 과정에서 인간을 성별, 나이, 종교 등 개인적 차이 등을 이유로 차별하지 않고, 교통 약자를 고려하는 방식으로 작동하도록 설계, 제작, 관리되어야 한다.

1.4 자율주행 자동차는 지구 온난화, 교통체증 등을 고려하여 지속 가능한 발전이 이루어지도록 설계, 제작, 관리, 운영되어야 한다.

• 행동 원칙

2.1 자율주행 자동차는 운행 중 발생할 수 있는 문제 상황에 대비하여 차량의 설계, 제작, 관리, 서비스 제공, 이용 등의 행위 주체별 책임을 판단할 수 있도록 운행 정보에 대한 투명하고 추적 가능한 기록시스템을 갖추어야 한다.[26] 그리고 기록된 정보는 차량 보유자가 보관하되 사고대응 또는 사후처리를 위해 필요로 하는 관계자에게 제공될 수 있어야 한다.[27]

---

25) 피할 수 없는 사고 상황에 처한 자율주행 자동차가 탑승한 승객을 보호하기 위해 고의적으로 사고를 내어 주변을 운행하는 차량이나 보행자들에게 피해가 가도록 설계되어 있다면 이는 타인의 이동의 자유를 침해하는 것으로 수용될 수 없다. 「자율주행자동차 윤리가이드라인」, 21면.

26) 상황이나 사고에 대해 일반인들도 쉽게 이해할 수 있도록 단어나 문장, 그림, 데이터 등을 이용해 표현한다는 것을 의미하는 설명가능성(explainability)도 명시해야 한다는 주장도 있었지만, 광의의 투명성이 이를 포함하고, 전문적인 내용을 일반인들이 이해할 수 있도록 표현한다는 것이 적절한지에 대한 이견이 있어서 추가적인 논의가 필요한 상황이라고 한다. 「자율주행자동차 윤리가이드라인」, 24면.

27) 자율주행 자동차 사고와 관련하여 자율주행 시스템이 판단하는 데 사용된 각종 센서 데이터, GPS 데이터, 정밀지도 데이터 등에 대해 제3자의 요청이 있을 때 공개되거나 공유되어서 사고 원인을 정확하게 밝혀낼 수 있어야 한다는 의미이다. 「자율주행자동차 윤리가이드라인」, 24면.

2.2 자율주행 자동차는 필요시 운전자 또는 탑승자의 판단에 의해 제어 또는 정
지될 수 있는 기능을 갖추고 있어야 하며, 자율주행 자동차의 올바른 운행을
위해 정보 또는 법에 의해 권한을 위임받은 기관은 차량의 검사, 관리, 서비
스 제공, 이용 과정 등을 관리·감독할 수 있다. 다만, 관리·감독 과정에서 프
라이버시 침해 등의 부작용이 나타나지 않도록 주의하여야 한다.[28]

2.3 자율주행 자동차의 운행 과정에서 문제가 발생했을 경우, 차량의 설계, 제작,
관리, 서비스 제공, 이용 등의 행위 주체는 각각의 문제에 상응하는 책임을
진다.[29]

2.4 자율주행 자동차는 운행 중에 사고가 발생하거나 발생이 예상되는 경우, 인
간의 안전을 최우선으로 보호하기 위한 사고 예방, 충돌회피 등의 다양한 기
술과 서비스를 적용하도록 설계, 제작, 관리되어야 하며, 차량의 서비스 제공
및 이용 과정에서 기술과 서비스에 대해 관련 주체들을 대상으로 안내, 교육,
훈련 등이 실시되어야 한다.

2.5 자율주행 자동차는 개인정보보호 및 사이버보안 규정을 준수하도록 설계, 제
작, 관리되어야 한다.

---

[28] 본 항목은 '제어 가능성' 원칙을 자율주행 자동차에 적용한 것이다. 「자율주행자동차 윤리가이드라
인」, 25면.

[29] 본 항목에서 말하는 책임이란 단순히 인적·물적 손해를 배상한다는 범위를 넘어, 배상의 정도를
정확하게 측정하기 위해 문제가 발생하게 된 이유를 객관적이고 상세하게 설명할 수 있어야 한다
는 것을 의미한다고 한다. 「자율주행자동차 윤리가이드라인」, 25면.

(2) 행위주체별 책임

• 설계자

3.1.1. 자율주행 자동차 설계자는 운행 중 사고 발생 시 책임을 명확히 하기 위해 운행기록 등을 보관할 수 있도록 자율주행 자동차를 설계해야 한다.

3.1.2. 자율주행 자동차 설계자는 자동차의 운행과 관련된 제반 법규를 준수하도록 자율주행 자동차를 설계해야 하며, 제반 법규가 적용되지 않는 상황에서의 사고 발생이 예상되는 경우 윤리 가이드라인의 기본가치에 부합하도록 자율주행 자동차의 작동에 대한 원칙을 설정하여야 한다.

3.1.3. 자율주행 자동차 설계자는 자율주행 자동차가 안전하게 운행될 수 있도록 탑승자/자동차 및 차량 외부자/자동차 간의 상호작용을 고려해야 하며, 사고 시 탑승자 보호를 위한 시스템 안전 기능을 포함하여 설계해야 한다.

3.1.4. 자율주행 자동차 설계자는 사전에 사고를 최대한 예방할 수 있도록 설계하여야 하며, 부득이하게 사고가 발생한 경우 탑승자를 비롯한 관련 당사자의 피해를 최소화하도록 설계하여야 한다.

3.1.5. 자율주행 자동차 설계자는 자율주행 자동차의 보유자나 이용자가 자율주행 시스템을 불법으로 개조하거나 임의로 변경하여 안전을 위해하는 행위를 방지할 수 있도록 설계하여야 한다.

3.1.6. 자율주행 자동차 설계자는 해킹, 개인정보나 사생활 침해 및 자율주행 자동차를 대상으로 한 불법적 실험에 대한 대응 방안을 마련해야 하고, 설계의 오류로 인해 문제가 발생했을 경우 책임을 진다.

• 제작자

3.2.1. 자율주행 자동차 제작자는 운행의 법적·윤리적 기준에 대한 투명성을 확보하기 위하여 운행 관련 내용을 기록하고 보관할 수 있도록 제작해야 한다.

3.2.2. 자율주행 자동차 제작자는 관련 법규나 인증기준, 생명 윤리, 정보통신 윤리, 공학 윤리를 준수하여 자율주행 자동차를 제작하고 판매하여야 한다.

3.2.3. 자율주행 자동차 제작자는 자율주행 자동차의 제작상의 결함으로 인해 발생한 피해에 대하여 책임을 져야 한다.

3.2.4. 자율주행 자동차 제작자는 자율주행 자동차의 소유자 및 이용자에게 자율주행 기능 사용 시의 유의사항 및 운행안전에 대한 설명을 제공할 의무를 가지며, 이를 문서로 작성해 제공해야 하고, 소유자와 이용자의 설명 요구에 대해 성실히 대답해야 한다.

3.2.5. 자율주행 자동차 제작자는 자율주행 자동차에 대한 사이버 보안시스템을 갖추고 항상 변경 내용을 제공해야 한다.

- 관리자

3.3.1. 자율주행 자동차 관리자는 각각의 소관 사항에 따라 사고 발생에 따른 책임소재를 규명하기 위해 사고의 사후조치를 관리·감독할 의무를 지며, 각 주체의 책임에 관한 제도나 조치사항을 마련하고 보완할 의무가 있다.

3.3.2. 자율주행 자동차 관리자는 각각의 소관 사항에 따라 자율주행 자동차가 가능한 한 사고를 피하고 난감한 상황에 처하지 않도록 관리하기 위해 도로 및 공간구조, 정보통신 인프라 등의 물리적 인프라를 재정비하고, 자율주행 기능과 관련된 인력에 대한 홍보, 교육, 훈련, 교통 체계, 정비 서비스 체계 등을 포함한 사회적 인프라를 확충하기 위해 노력하여야 한다.

3.3.3. 자율주행 자동차 관리자는 각각의 소관 사항에 따라 개인정보 보호를 위해 자율주행 자동차 데이터 보관 및 폐기에 대한 지침을 이해관계자들에게 제공하여야 하며, 사이버 보안에 관한 제도나 조치사항을 마련하고 보완할 의무가 있다.

• 서비스제공자 및 이용자

3.4.1. 자율주행 자동차의 서비스제공자는 이용자의 안전을 도모하고, 타인의 이익이나 공익을 침해하거나 위해를 가해서는 안 되며, 자율주행 소프트웨어를 최신의 상태로 유지하여야 한다.

3.4.2. 자율주행 자동차의 서비스제공자와 이용자는 정해진 목적과 기능에 따라 자율주행 자동차를 운행해야 한다.

3.4.3. 자율주행 자동차의 서비스제공자는 불법적 사용, 오남용 등을 최소화하기 위해 노력해야 하며, 자율주행 자동차를 불법적으로 사용하거나 오남용한 이용자는 이로 인해 발생하는 문제에 대해 책임을 져야 한다.

3.4.4. 자율주행 자동차의 서비스제공자와 이용자는 자율주행 자동차의 안전 문제를 일으킬 수 있는 임의 및 불법 개조를 해서는 안 되며, 안전을 위한 충분한 교육을 이수해야 한다.

3.4.5. 자율주행 자동차의 서비스제공자는 서비스 과정에서 생성되는 개인정보를 보호해야 한다.

국토교통부 가이드라인은 자율주행 자동차에 요구되는 윤리로서 '인간의 존엄성', '인권과 자유', '프라이버시', '차별 금지', '인간의 행복과 이익의 증진', '타인의 권리와 자유 보호', '환경' 등을 제시하고, '설계자', '제작자', '관리자', '서비스제공자 및 이용자'로 나누어 행위주체별 지침을 제공하는 등, 상당히 상세한 가이드라인을 제공하고 있다. 다만 가이드라인은 자율주행 자동차 제도화의 기본 방향을 제시하는 것으로 그 자체로 구속력이 인정되는 것은 아니라는 점은 유념해야 할 것이다.

IV. 자율주행 자동차의 법적 규제

1. 자율주행 자동차의 운행과 사고 책임

「자동차관리법」 제2조 제1호의3은 "자율주행 자동차"를 "운전자 또는 승객의 조작 없이 자동차 스스로 운행이 가능한 자동차"로 정의하며, 같은 법 제27조 제1항 단서는 시험 · 연구 목적의 자율주행 자동차의 허가대상, 고장감지 및 경고장치, 기능해제장치, 운행구역, 운전자 준수 사항 등과 관련한 안전운행조건을 규정하고 국토교통부령에 위임하고 있다. 이에 따라 자동차관리법 시행규칙 제26조의2는 자율주행 자동차의 안전운행요건을 상세히 규정하고 있다.

한편 「자동차손해배상 보장법」은 "자율주행 자동차 사고"를 규정하고,[30] 같은 법 제29조의2는 자율주행 자동차의 "결함"으로 인한 사고의 경우 동 법률이 적용될 수 있도록 하고 있다.[31] 즉, 자율주행 자동차 운행 중 사고로 인해 다른 사람에게 피해가 발생한 경우 조속한 피해 구제를 위해 자동차 보유자가 가입한 보험회사가 우선 보험금을 지급하는 등 손해를 배상하고, 결함으로 인한 사고인 경우 제작사 등 책임자에게 구상하도록 하는 것이다. 나아가 「자동차손해배상 보장법」은 자율주행정보 기록장치(Data Storage System for Automated Driving: DSSAD)에 기록된 자율주행정보 기록의 수집 · 분석을 통하여 사고 원인을 규명하고, 자율주행 자동차 사고 관련 정보를 제공하기 위하여 국토교통부에 자율주행 자동차 사고조사위원회를 설치하도록 하고 있다.[32]

---

30) 「자동차손해배상 보장법」 제2조 제1호의2는 "자율주행 자동차"란 "자동차관리법 제2조 제1호의3에 따른 자율주행 자동차를 말한다"고 규정하고, 같은 법 제2조 제9호는 "자율주행 자동차 사고"란 "자율주행 자동차의 운행 중에 그 운행과 관련하여 발생한 자동차사고를 말한다"고 규정한다.

31) 「자동차손해배상 보장법」 제29조의2(자율주행자동차사고 보험금 등의 지급 등) 자율주행 자동차의 결함으로 인하여 발생한 자율주행 자동차 사고로 다른 사람이 사망 또는 부상하거나 다른 사람의 재물이 멸실 노는 훼손되어 보험회사 등이 피해자에게 보험금 등을 지급한 경우에는 보험회사 등은 법률상 손해배상책임이 있는 자에게 그 금액을 구상할 수 있다.

32) 「자동차손해배상 보장법」 제39조의14 내지 제39조의 17.

2. 향후 입법 과제

앞서 본 바와 같이, 우리나라에서도 자율주행 자동차의 운행과 책임과 관련한 다양한 입법을 실현해 왔다. 그러나 아직은 자율주행 중 운전자의 역할이 필요한 3단계 수준의 법령에 머물러 있는 상황이다. 따라서 본 항목에서는 운전자가 없는 4단계(고도의 자동화) 이상의 자율주행 시대를 중심으로 우리가 고려해야 할 법적 과제를 살펴보도록 한다.

(1) 자율주행차의 일반도로 운행

현재 국내에서 자율주행 자동차는 「자동차관리법」에 따른 임시운행허가와 「자율주행자동차 상용화 촉진 및 지원에 관한 법률」의 시범운행 제도를 바탕으로 운행 공간이나 목적이 제한되어 운행되고 있다. 그러나 4단계 이상의 자율주행 자동차 시대를 준비하려면 자율주행 자동차의 일반도로 운행을 허가할 수 있는 제도적 틀을 마련할 필요가 있을 것이다.

한편 운전자가 없는 자율주행차의 일반도로 운행은 「도로교통법」에 따른 운행을 의미하고, 자율주행차를 이용한 상용운행은 「여객자동차 운수사업법」 또는 「화물자동차 운수사업법」의 규제를 받는다는 점을 주의할 필요가 있다. 이러한 구분을 전제로 할 때, 자율주행의 상업적 운행에 앞서 자율주행 자동차의 일반도로 운행을 허가하기 위한 기술적 기준, 허가 주체 및 절차 등 구체적 법적 정비가 이루어져야 할 것이다.

(2) 자율주행의 감시 및 운전자 역할 보완

4단계 이상의 자율주행에서는 인간 운전자가 해야 할 안전 운전의 의무를 자율주행시스템이 대신해야 하는데, 아직 자율주행시스템에 대한 신뢰가 충분하다고 보기는 어렵다. 그에 따라 각 국가에서는 자율주행의 오류나 한계를 고려하여 자율주행 중 운행 상황을 감시하거나, 위기 상황에서 비어 있는 운전자 역할을 보완 또는 대체할 수 있는 장치를 법제화하고 있다.[33] 우리 법제에서도 「도로교통법」 등의 개정을 통해 운전자가 없는 자율주행을 감시하고 운전자의 역할을 대체·보완할 제도적 장치를 마련하는 것이 필요하며, 이를 위해 비교법적 사례와 기술의 발전 동향을 면밀히 검토할 필요가 있을 것이다.

(3) 도로교통법의 수범 체계 정비

현행 「도로교통법」은 운전자의 안전 운전 의무를 중심으로 규정되어 있지만, '운전자'에 대한 법적 정의를 하고 있지 않다. 한편 「도로교통법」은 조종 또는 자율주행 시스템을 사용하는 것을 '운전' 개념에 포함하여 '운전자' 개념에 혼란을 주고 있다.[34] 즉, 운전자 개념이 인간과 시스템을 모두 포괄하는 것인지, 원격조종자도 운전자 개념에 포함되는지 등이 명확하지 않은 것이다. 그에 따라 운전자의 의무로 규정된 「도로교통법」의 각 조항을 준수해야 하는 주체도 모호해진다. 이러한 점을 고려하여, 기존의 운전자를 인간인 운전자와 자율주행시스템으로 구분하고 안전 운전 의무 등을 이행할 주체나 방법을 분명히 하는 방향으로 교통법 체계를 재검토할 필요가 있다.

(4) 교통사고 시 조치

자율주행 자동차도 사고의 가능성을 완전히 없애는 것은 불가능하므로 자율주행 자동차의 특성을 고려한 교통사고 처리방안이 마련되어야 할 것이다. 즉, 교통사고 발생 직후에 관련 기관 신고, 승객 구조, 2차 사고 방지 등 사고 후 필요한 조치와 관련자의 역할에 대한 입법 논의가 필요하다.

4단계 이상 자율주행에는 운전자 등이 없는 무인 자율운행도 가능하므로 사고가 발생하더라도 신고를 해야 할 주체가 없어 신고가 늦어지거나 없을 수가 있다. 이러한 경우 사고처리, 피해자에 대한 응급 처치, 2차 사고 예방 등이 늦어지는 어려움이

---

33) 독일 도로교통법(Straßenverkehrsgesetz, StVG)은 '기술감독자'(Technischen Aufsicht)를 규정하고, 일본 「道路交通法」은 특정자동운행 실시자 및 주임자 등의 규정을 신설하였다. 미국 캘리포니아주는 '원격운영자'(Remote Operator) 개념을 신설하여 운전자를 보완하여 안전한 자율주행을 실현하려 하고 있다.

34) 「도로교통법」 제2조 제26호는 "운전"을 "도로에서 차마 또는 노면전차를 그 본래의 사용 방법에 따라 사용하는 것(조종 또는 자율주행시스템을 사용하는 것을 포함한다)"으로 정의한다.

발생하게 된다. 일본 「道路交通法」 제75조의23(특정자동운행 중 교통사고가 있었을 경우의
조치)는 운전자가 없는 자율주행 중 교통사고 시 주임자가 경찰 및 소방 등 관련 기관
에 신고하여 필요한 조치를 취하도록 규정하나, 우리 「도로교통법」은 자율주행 자동
차의 사고에 대한 신고 등 처리 절차에 대하여 규정하고 있지 않다. 따라서 자율주행
자동차의 사고에 대하여는 승객이나 다른 주체의 신고를 의무화하거나, 사고 발생 시
자동으로 구조 기관에 관련 정보를 전송하도록 하는 사고처리시스템 등의 기술적 대
안을 마련할 필요가 있다.

(5) 자율주행 정보의 활용

자율주행 자동차가 센서를 통해 수집·처리하는 다양한 정보를 활용하는 방안에
대한 제도적 검토가 필요하다. 이러한 정보는 자율주행 기능의 작동, 교통사고 시 원
인 규명 등 여러 목적으로 사용될 수 있으므로 효과적 활용을 위한 제도적 보완이 필
요하다.[35]

우리 「자동차관리법」 제29조의3의 사고기록장치를 통해 특정 사고 시점의 차량
정보가 수집되는데, 자율주행 관련 정보 등이 기록에 포함되는지 여부는 분명하지 않
다. 또한 「자동차손해배상 보장법」 제39조의17 등은 '자율주행정보 기록장치'의 설치
와 기록된 정보의 활용 등을 규정하는데, 이러한 정보는 교통사고 손해배상을 위해
보험회사나 사고조사위원회 등에서만 활용할 수 있어, 교통사고의 형사적 책임 판단,
행정적·연구 목적 등으로 활용하기는 어렵다.

한편 「여객자동차 운수사업법」 제27조의3은 영상기록장치에 기록된 정보는 교통
사고 상황 파악, 범죄의 수사와 공소의 제기 및 유지, 법원의 재판업무 수행 등의 목적
으로 제공될 수 있도록 규정하는 점을 참고할 필요가 있다.[36] 해외 입법례와 「여객자

---

35) 독일 도로교통법(StVG)은 자율주행 관련 데이터의 저장을 자율주행차 보유자의 의무로 규정하고,
    저장해야 하는 정보의 종류와 저장해야 할 상황과 함께 연방 자동차청과 같은 공공기관의 데이터
    접근 권한과 수집된 정보의 활용 범위도 체계적으로 규정하고 있다.
36) 「여객자동차 운수사업법」 제27조의3(영상기록장치의 설치 등) ④ 운송사업자는 다음 각호의 어느 하
    나에 해당하는 경우 외에는 영상기록을 이용하거나 다른 자에게 제공해서는 아니 된다. 1. 교통사

동차 운수사업법」규정 등을 참고하여 자율주행 자동차가 수집하는 다양한 정보를 적절히 활용할 수 있는 절차를 명확히 할 필요가 있을 것이다.

V. 마치며

본 문헌에서는 인공지능이 로봇 기술과 결합한 대표적 사례인 자율주행 자동차의 윤리와 법적 규제에 대하여 살펴보았다. 우리나라에서도 「자율주행 자동차 윤리 가이드라인」을 제정하고 자율주행 자동차의 운행과 관련한 다양한 입법을 실현해 왔다. 그러나 아직은 운전자가 없는 4단계(고도의 자동화) 이상의 자율주행 자동차 시대를 대비한 다양한 입법 및 정책적 과제는 해결되지 못한 상황이다. 향후 기술의 발전과 해외 사례를 면밀히 관찰하며 4단계 이상의 자율주행 시대를 준비해야 할 것으로 생각된다.

고 상황 파악을 위하여 필요한 경우, 2. 범죄의 수사와 공소의 제기 및 유지에 필요한 경우, 3. 법원의 재판업무 수행을 위하여 필요한 경우.

제9장

인공지능과 국방산업

김재오
(인하대학교 데이터사이언스학과 교수)

I. 들어가며

냉전 시대의 안보는 절대안보(absolute security) 개념을 중심으로 한다. 절대안보는 전통적으로 중시되어 온 고전적 안보 개념으로 국제사회는 본질적으로 무정부상태로 약육강식의 논리가 지배한다는 가정의 정치적 현실주의에 입각한다. 그러나 절대안보는 국가안보를 보장하기 위한 힘의 극대화가 다른 국가의 적대적 행동으로 하여금 군비경쟁을 촉발하고 심지어 전쟁으로 이어져 안보위기를 초래한다는 한계점이 드러나게 된다.[1] 한편, 핵상황하에서 냉전체재는 적대국의 존재를 인정하면서 공존을 모색해야 안보의 개념으로 서서히 전환되게 된다. 이때 등장한 안보개념은 공동안보(common security) 개념으로 정치적 현실주의에 기반하되 적대국과의 대화와 공존 노력을 더해야 한다는 것이다. 즉, 일반적 안보(unilateral security)에서 호혜적 안보(mutual security) 개념을 지향하게 된다.

사상적인 이념 대립이 극에 달했던 냉전이 1990년대 초반 이후 종식되면서, 소위

---

1) Wallace, Michael D. "Arms races and escalation: Some new evidence.", *Journal of Conflict Resolution*, Vol. 23 No. 1, 1979, pp. 3~16.

탈냉전시대(Post-Cold War era)로 지칭되는 새로운 세계질서가 수립되었다. 이 시대는 탈냉전뿐 아니라 세계화 및 지역화라는 흐름으로 전개되게 되었으며 미국과 소련을 중심으로 하는 두 개의 파트로 나뉘어졌던 세계질서가 하나로 통합되면서 국가 간 상호의존도가 증대되게 되었다. 이러한 시대적 상황에서 협력안보(cooperative security) 개념이 등장하게 되었다. 협력안보는 국제기구, 다자간 협약, 조약, 제도 및 협의체 등의 제반 쟁점 영역에 대한 국가 간 형성된 연결체인 국제레짐(international regime)에 근거하여 안보의 쟁점을 군사적 사항에 치중했던 기존 이해를 포괄적 이해에 바탕으로 두게 되었다. 다시 말하면, 군사적 사항 뿐 아니라 환경, 인구, 기술, 경제를 포괄하는 안보접근법이며 국제테러, 불법이민, 대량난민, 국제범죄 및 해적 등 국가안전에 직접적 위해를 가하는 사항과 환경오염, 기후변화, 각종 자원 수급 및 감염병 확산에 이르기까지 다양한 사항을 다루게 되었다.

앞서 설명한 변화는 포괄안보(comprehensive security) 혹은 비전통안보(non-traditional security) 개념으로 정립되었으며 이는 신안보(new security, new emerging security)로 표현되고 있다. 다양한 국가 간 협력은 국가뿐 아니라 다국적 기업, 국제 비정부기구 및 국제기구가 개별적인 이익을 넘어서 국제적 문제해결을 위해 더 노력할 것이라고 가정한 신안보 개념은 21세기에 들어서며 많은 모순된 상황에 처해지게 되었다. 가장 큰 문제는 주요 국가들이 신안보상의 이슈들을 '공통의 이해관계'라고 보지 않았다는 점이다.[2] 트럼프 대통령은 세계적 기후변화의 관리보다는 "미국 국민의 보호"가 더 중요한 이익이라고 판단하여 국제적 온실가스 배출량 규제를 골자로 한 『파리협약』과 관련하여 미국이 2017년 6월 1일 탈퇴를 선언한 것이 그 대표적 예이다. 역사적으로 수차례 반복되었던 전염병 전례를 무색하게 할 만큼 인류 역사에 크게 기록될 '코로나19' 바이러스가 얼마 전 창궐하게 되었다. '코로나19'의 위기 속에서 각국은 연대와 협력보다는 각자도생(各自圖生)을 택했고, 우리는 반세계화와 편협한 민족주의, 지정학적 갈등과 대립을 목도했다.[3]

2) 차두현, "코로나 19를 통해 본 신안보와 국제질서", 『issue BRIEF』 10, 2020. 5., 1-19면.
3) Ibid.

냉전 이후 탈냉전으로 꽃을 피운 이른바 '자유주의 국제질서(LIO: Liberal International Order)' 또는 '규칙에 기반을 둔 국제질서(RBIO: Rule-based International Order)'의 세계화는 자유주의 국제질서를 떠받치고 있는 3개의 축인 민주주의, 자유무역, 팍스아메리카나로 설명되어 왔다.[4] 그러나 민주주의는 선거 때만 투표로 잠시 반짝하는 시민의 역할은 평상시에는 관객으로 주변화되는 이른바 '관객 민주주의(audience democracy)'로 전락했으며, 자유무역은 번영의 과실은 전혀 고르게 분배되지 않았고, 내부적으로 강요된 희생과 불평등을 초래하고 2008년 금융위기는 1920년대 말에 겪었던 대공황과의 비교를 넘어, 자본주의 경제체제에 대한 근본적인 몰락을 예견하는 상황까지 이르렀다. 이는 제2차 세계대전 이후 오래도록 지속했던 자본주의의 고성장과 고소득을 통한 번영의 시대가 끝나고, 높은 실업률과 저성장의 고착을 필두로 한 세계 경제의 장기침체, 경제적 불안정의 일상화와 빈부격차의 글로벌화로 대표되었으며, 미중 전략경쟁의 심화와 갈등의 확산으로 팍스아메리카나라는 말은 더는 유용하지 않게 되었다.[5]

이러한 시대적 상황하에서 2014년부터 동슬라브족 간 국지적으로 발생한 교전이 2022년 러시아가 우크라이나를 침공하면서 전면적으로 확전된 '러-우 전쟁'과 2023년 이슬람 급진주의 무장 단체 '하마스'의 기습 공격으로부터 시작된 '이스라엘-하마스 전쟁'은 장기화되어 많은 인명이 살상되고 있다. 두 전쟁에서 북한의 전략적 역할이 중요해짐이 드러나면서 대한민국의 국가안보도 전술(前述)한 전 세계적 안보개념의 변화에서 결코 자유로울 수 없는 상황이다. 특히 북한은 2023년 11월 23일 '9·19군사합의' 일부 효력 정지를 단행한 우리 정부의 대응을 비난하며 「조선민주주의인민공화국 국방성 성명」을 발표하여 군사합의의 전면 폐기를 선언하였으며, 군사분계선에 보다 강력한 무력과 신형군사장비를 전진배치할 것을 천명하였다. 뿐만 아니라 2024년 5월부터 수십 차례 오물을 적재한 풍선을 무단으로 대한민국 영토에 살포하는 저열한 도발을 자행하고 있다.

---

4) 국립외교원 외교안보연구소, 『코로나19 이후 국제정세』, 국립외교원, 2020, 8~10면.

5) Ibid.

'러-우 전쟁'과 '이스라엘-하마스 전쟁'에 더해 북한의 실질적 위협까지 상존하는 대한민국의 안보상황에서 대한민국 국방부는 4차 산업혁명 과학기술을 기회로 활용하여 획기적인 변화를 추구하는 새로운 접근방법인 AI 과학기술강군 육성을 목표로 하는 '국방혁신 4.0'을 발표하였다. '국방혁신 4.0'은 북한의 핵·미사일 같은 비대칭위협에 압도적으로 대응하고, 미래 전장환경에서 싸워 이길 수 있는 전투형 강군으로 거듭나는 것을 목표로 한다. 3군의 합동성과 장병들의 정신전력을 한층 더 강화하고, 전력증강체계 혁신을 통해 4차 산업혁명 과학기술 기반의 첨단전력을 적기에 확보함으로써 AI과학기술강군을 육성하는 것이 핵심적 사항이다. '국방혁신 4.0'은 〈그림 1〉과 같이 북핵·미사일 대응능력 획기적 강화, 군사전략·작전개념 선도적 발전, AI 기반 핵심 첨단전력 확보, 군구조 및 교육훈련 혁신, 국방 R&D·전력증강체계 재설계라는 5대 중점과 16개 과제로 구성되어 있다.

〈그림-1〉 국방혁신 4.0의 요약[6]

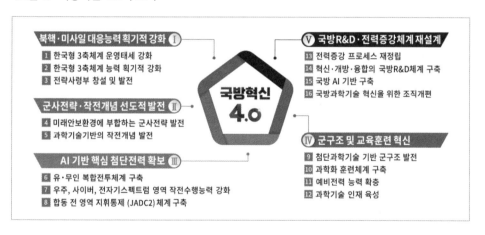

한편, 신안보 시대에 국제질서와 글로벌 안보환경 악화는 각국의 방위비 증가를 부추겨 국방 산업의 성장 계기가 되었다. 대한민국의 국방 산업은 휴전 상태에서 재래식 무기 소요가 상대적으로 많았던 국내 안보상황으로 인하여 'K2 전차', 'FA-

---

6) 국방부 보도자료, "국방혁신 4.0 기본계획 발표", 군구조개혁추진관실 (2023.3.3.).

50 항공기', '천무 로켓', 'K9 자주포' 등 재래식 무기의 가격 대비 높은 성능을 유지하
고 신속한 납품 프로세스를 충족하여 전례 없는 호황을 누리고 있다. 대한민국 정부
는 국방 산업의 경쟁력을 더욱 강화하기 위해 AI 핵심기술을 집중 지원하고 있다. 이
는 '국방혁신 4.0'의 AI 기반 핵심 첨단전력 확보 중점 하위의 유·무인 복합전투체계
(MUM-T; Manned-Unmanned Teaming)[7]로 추진 중이다. 'MUM-T'는 미국, 영국, 프랑스
등 군사강대국뿐 아니라 전 세계적인 추세로 볼 수 있다. 이러한 상황에서 AI 기능이
탑재된 무기체계는 미래 전장에서 일종의 '게임체인저'가 될 수 있어 군사 분야에서는
'책임 있는 AI(Responsible AI: RAI)'에 대한 중요성이 대두되고 있다.

이 글에서는 인간의 개입수준 및 자율성 측면에서 'MUM-T'와 다소 차이가 있는
'자율살상무기(LAWS: Lethal Autonomous Weapon System)' 및 RAI에 대한 개념을 바탕으로
국방 분야에서의 추진 동향을 알아보고자 한다. 특히 최근 개최된 관련된 고위급 회
의의 의의와 내용에 비추어 이를 조망한다.

II. LAWS와 RAI란?

1. LAWS의 개념 및 동향

미 국방부에 따르면 LAWS는 "일단 활성화되면 더 이상 인간의 개입 없이 스스
로의 자율적인 판단으로 목표를 선택하고 수행할 수 있는 무기체계"를 일컫는다. 이
때 LAWS 개념의 핵심은 '자율적 판단으로 목표를 선택'하는 것과 '수행', 즉 공격할 수
있는 것으로 자동화(Automation)와 구별되는 자율화(Autonomy) 개념이 중요하다. 자율
적 판단에 대해 인간의 개입 정도를 다음의 3단계로 구분할 수 있다. 'HITL(Humans In

---

7) 대한민국 육군은 'MUM-T'를 '전투수행 기능의 효율성을 증대시키거나 전투수행 기능 간 시너지
효과를 창출하는 데 중점을 두고 유인과 무인체계의 내재된 강점을 결합시켜 복합적으로 운용하는
것'으로 정의한다.

The Loop)'는 부분 자율성의 단계로 목표를 선택하고 공격하는 전체 과정 중 일부 핵심적 단계에서 인간의 개입과 통제가 이루어진다. 'HOTL(Humans On The Loop)'는 인간의 감독하에 자율성을 부여하는 것이다. 이는 전체 과정 중 특정 상태에서 인간이 개입할 수 있다. 'HOOTL (Humans Out Of The Loop)'는 인간의 개입이나 통제없이 완전 자율성을 의미하며 LAWS는 독립적으로 목표를 선정하고 공격할 수 있게 된다. 예를 들어 무인기의 자율화의 수준은 〈표-1〉과 같다.[8]

〈표-1〉 무인기의 자동화 및 자율화 수준

수준	특성
1	종속형(조종 지원)
2	자동화(조종명령 수행 및 높은 수준의 명령 수행)
3	자동항법(사전 임무계획 수행)
4	인간 참여 없이 문자 데이터에 대한 응답 수행
5	문자명령에 대한 자율상황 결정 (미지의 환경에서 항행, 복잡한 임무의 실현 및 조종)

LAWS에 요구되는 기술수준의 단계 구분은 다음과 같다.[9] 먼저, 자율 이동단계에서는 기동, 진행, 항법적용, 복귀 기술을 포함하고, 자율 지시단계에서는 표적식별, 표적형상 구분, 표적 우선순위결정, 표적선정, 무장선정 기능이 요구된다. 이어서 자율 결정단계에서는 공격개시 결정, 자동통신 체계운용, 작전목표 설정, 자율변경, 학습 및 적용이 필요하다. LAWS 개발에는 다양한 기술이 적용되지만, AI 기술의 발전과 함께 사용되어야 하는 AI 기술항목으로는 언어해득기술, 지식표현기술, 자동화된 판단기술, 학습기능, 영상인식기술, 로봇기술과 전문가 수준의 의사결정을 하는 전문가

---

8) 홍종태, 송이화, "살상자율 무기체계(LAWS)의 동향과 운용제한성", 한국해양안보포럼 제 29호 (2017), http://komsf.or.kr/bbs/board.php?bo_table=m44&wr_id=52, (2024. 9. 15. 확인).

9) Ibid.

시스템 기술의 접목이 필요하다고 할 수 있다.

'러-우 전쟁'의 전쟁 양상으로 보면 대표적인 무인무기체계인 드론(drone)을 광범위하게 활용하고 있다. 전쟁 초기 모든 단계에 인간이 직접 개입하는 수준이었으나 전쟁이 지속됨에 따라 일부 기능에 '자율성'을 부여한 드론이 투입되었다. 또한 일부 대응 동작에 AI 기능이 탑재된 자율형 로봇까지 전장에 투입된 상황에 이르렀다. 2024년 3월 우크라이나 동부 격전지 아우디이우카에서 러시아의 궤도형 전투지원 로봇과 우크라이나의 드론 간 전투가 벌어졌다.[10] 이 전투는 인류 역사 최초로 '드론 vs 로봇' 전투로 볼 수 있다. 이러한 무인체계 간 전투는 자연스럽게 인간 전투원에 대한 살상으로 이어지게 되었다. 동부전선 격전지 쿠퍈스크에서 방어전을 벌이던 우크라이나군 제60기계화여단은 3월 새로운 드론 시스템을 만들어 작전에 투입하였다. 기존 드론은 이륙부터 표적 충돌까지 모든 과정을 인간이 컨트롤러로 조종해야 되므로 재밍 같은 돌발 변수가 생기면 조종 신호가 끊겨 그대로 추락하거나, 사전에 입력된 복귀 좌표로 자동으로 귀환할 수밖에 없었다. 반면 새롭게 개발된 AI 드론은 조종 신호가 끊겨도 자동으로 주변을 탐색해 적을 식별하도록 설계되어 표적 공격 여부를 인간이 아닌 AI가 결정하게 된다. 제60기계화여단을 도와 해당 드론을 제작한 우크라이나 드론 전문가는 현지 언론 인터뷰에서 "극한의 전자전 환경에서 드론이 작전 목표를 달성하려면 스스로 상황을 인식해 공격 여부를 판단하는 능력을 드론에 부여할 수밖에 없다"고 개발 배경을 밝혔다.[11] 한편, '이스라엘-하마스 전쟁'에서 이스라엘은 압도적인 국방 과학기술을 바탕으로 AI 기능을 적극적으로 전장에 도입하고 있다. 이스라엘군은 대량 살상이 가능한 공습작전에 공습 대상을 추천하고, 목표물 데이터를 활용해 후속조치까지 결정하는 AI 시스템을 도입했다고 보도된 바 있다.[12] 또한 AI 기반 '하마스 킬링 리스트'를 생성 및 판단하는 '라벤더'는 누구를 살상할지 판단하고

---

10) 동아일보, "인류 역사상 AI가 인간 살상한 첫 전투 벌어졌다.", 동아일보, https://www.donga.com/news/Inter/article/all/20240331/124238975/1, (2024. 9. 15. 확인).

11) Ibid.

12) AI 타임스, "이스라엘, 군사작전에 AI 도입", AI 타임스, https://www.aitimes.com/news/articleView.html?idxno=152445, (2024. 9. 15. 확인).

인간 전투원은 이를 결정한다. 라벤더는 기계학습 알고리즘을 통해 가자지구 주민 가운데 약 3만 7000명을 킬링리스트 후보로 분류한 바 있다. 이스라엘 정규군이 공격할 하마스의 건물과 인프라도 AI 기반 '가스펠'이 추천하고 있다. 하마스 무장대원들의 전투 지휘 본부, 무기 창고, 로켓·미사일 발사대, 시설이 우선 목표이고 무장대원이 살고 있는 민간 주거 건물과 도심의 건물, 학교, 은행 등은 2차 목표로 설정되어 있다. 가스펠은 표적 건물을 알려 준 뒤에 건물 내 민간인 비율을 추정해 신호등처럼 빨간색, 노란색, 초록색으로 표시해 준다.[13] AI 기술의 비약적 발전이 국가의 존망이 결정되는 전쟁에 전면적으로 활용되는 것은 당연한 수순이나 무분별한 LAWS의 개발과 활용에 대해 우려가 매우 많으며 이 글에서는 이를 RAI와 연계하여 설명하고자 한다.

2. RAI의 개념 및 동향

LAWS를 포함하여 AI 기술의 무분별한 사용이 오히려 인류 발전과 지속을 저해할 수 있다는 우려는 꽤 오래전부터 대두된 문제이다. 이러한 문제에 대응하기 위한 개념으로 RAI가 주목을 받고 있다. RAI는 '안전하고, 신뢰할 만하며, 윤리적인 방식으로 AI 시스템을 개발하고 사용하는 접근법'이라고 정의할 수 있다. RAI에 대한 기준은 기관 및 기업마다 다소 상이하지만 '공정성(fairness)', '투명성(transparency)', '책임(accountability)', '개인정보(privacy) 보호', '안전성(safety)'이 공통적인 기준이다. 〈표-2〉에서는 주요 빅테크 기업에서 제시하는 RAI 원칙이다.

---

13) Ibid.

〈표-2〉 주요 빅테크 기업에서 제시하는 RAI 원칙

기업명	원칙
Amazon[14]	공정성, 설명 가능성, 개인정보 보호 및 보안, 안전, 제어 가능성, 진실성 및 견고성, 거버넌스, 투명성
Google[15]	공정성, 해석 가능성, 개인정보 보호, 안전성 및 보안
Meta[16]	개인정보 및 보안, 공정성, 견고성 및 안전, 투명성 및 제어, 설명 가능성 및 거버넌스
Microsoft[17]	공정성, 신뢰성 및 안전, 개인정보 보호 및 보안, 포용력, 투명성, 설명 가능성
Apple[18]	지능형 도구 제공, 고정관념과 편향 제거, 신중한 디자인, 개인정보 보호
NVIDIA[19]	개인정보 보호, 안전 및 보안, 투명성, 비차별
Adobe[20]	설명 가능성, 책임, 투명성

일부 기업은 원칙에 더해 실질적인 연구를 수행하고 있다. 예를 들어, Google사에서는 생성형 AI가 피부색을 생성함에 있어 편향이 있음을 인시하고 이를 개신하기 위해 〈그림-2〉와 같은 새로운 피부 톤 척도(Monk Skin Tone)를 도입하였다. 이러한 노력은 AI 시스템의 편향을 감소시키며 공정성을 보장할 수 있다. Meta사에서는 더 포용력 있는 데이터셋을 구축하기 위한 다양한 노력을 하고 있다. 〈그림-3〉은 다양한 인종, 나이 및 성별에 대해 구축된 데이터셋의 사례이다.

---

14) https://aws.amazon.com/ko/machine-learning/responsible-ai/

15) https://ai.google/responsibility/responsible-ai-practices/

16) https://ai.meta.com/responsible-ai

17) https://www.microsoft.com/en-us/ai/principles-and-approach

18) https://machinelearning.apple.com/research/

19) https://www.nvidia.com/en-us/ai-data-science/trustworthy-ai/

20) https://www.adobe.com/cis_en/about-adobe/aiethics.html

〈그림-2〉 Google사에서 제시한 피부 톤 척도 예시[21]

〈그림-3〉 다양성을 강조하기 위해 Meta사에서 구축한 데이터셋[22]

　　또한 비영리단체인 'RAI Institute'에서는 AI 기술이 적용된 시스템에 대해 적합성 평가 및 인증을 제공하며 국제적 인적·조직 네트워크를 통해 실무자, 정책 입안자 및 규제 당국에 RAI 관련 사항을 제공하고 있다.[23] 'RAI Institute'에서는 AI 정책 템플릿

21) https://skintone.google/get-started
22) https://ai.meta.com/responsible-ai/
23) https://www.responsible.ai/

을 제공하여 데이터 관리, 위험 관리 및 조달을 위해 필요한 정책, 거버넌스, 프로세스 정보를 포함하고 있다. 또한 미국 국립표준기술연구소(NIST)가 만든 AI 위험 관리 프레임워크(Risk Management Framework: RMF)와 ISO/IEC 42001의 AI 관련 지침을 준수할 수 있도록 구성되어 있다. 우리 정부에서도 관련된 노력을 하고 있다. 2022년 12월에는 과학기술정보통신부에서 "책임있는 AI에 대하여"라는 주제로 AI 법제정비단과 관련 전문가들이 참여하는 AI 법제도 공개 세미나를 개최하여 AI 법·제도·규제 로드맵의 3개 연구과제인 AI 계약의 효력 명확화, AI 사고 대응을 위한 보험제도, AI 행정의 투명성 등이 다뤄진 바 있다. 한국지능정보사회진흥원(NIA)에서는 2023년 '생성형 AI 윤리 가이드북'을 발표하였다.[24] 여기에서는 저작권에 대한 사항, 생성형 AI 활용 간 책임성에 대한 사항, 허위조작정보에 대한 사항, 오남용에 대해 폭넓게 다루었으며, 특히, 생성형 AI를 현명하게 활용하기 위한 체크리스트를 제시하였다. 이 체크리스트에는 저작권, 권리침해, 혐오표현, 정보유출, 정보편향, 환각현상 및 창의성 등 10가지 사항이 담겨 있다.

III. 국방 분야 RAI 추진 사항

1. UN(United Nations)에서의 논의

국방 분야, 특히 군사적 측면에서 AI 기술의 활용이 증대됨에 따라 LAWS가 인간의 개입 없이 인간 전투원을 살상하는 것에 대한 법적·윤리적 문제가 대두되었다. 또한 LAWS의 활용이 전투 자체에 있어 비용대비 효율적일 수 있으며 자국 인명의 손실을 줄임으로써 내부 여론과 국민적 지지를 얻는 데 효과적일 수 있으므로 전쟁의 발발을 위한 일종의 임계점이 낮아질 수 있다는 것도 함께 고려해야 한다. 이러한 우려 속에 지난 2017년 「특정재래식무기금지협약(CCW)」 120여 개 당사국 전체가 참여

---

24) https://www.nia.or.kr/site/nia_kor/ex/bbs/View.do?cbIdx=39485&bcIdx=26195&parentSeq=26195

하는 '자율살상무기 정부전문가그룹(GGE LAWS: Group of Governmental Experts on Lethal Autonomous Weapons)'이 국제레짐 형태로 운영되고 있다. 운영 1년이 지난 2018년 다음의 10개의 이행원칙(guiding principles)에 합의하는 성과를 거두었다.[25]

① 국제인도법은 LAWS의 개발 및 사용을 포함, 모든 무기체계에 완전히 적용됨.
② 책임(accountability)은 기계에 위임될 수 없으므로 무기 사용 결정에 대한 책임은 인간에게 있으며, 무기 수명 주기(life cycle of weapons system) 전체에 적용됨.
③ CCW 틀 내에서 신무기체계의 개발, 배치, 사용의 책임은 적용가능한 국제법에 따라 보장되어야 함.
④ 신무기 연구, 개발, 획득, 채택 및 신무기를 사용한 교전의 결정은 해당 무기가 관련 국제법에 의해 금지되어야 하는지 여부에 따라 결정되어야 함.
⑤ 물리적, 비물리적 영역에서 LAWS 관련 신기술의 개발 및 획득이 테러리스트 그룹에 의한 사용 및 확산 위험성이 있다는 것을 고려해야 함.
⑥ 위험 평가 및 완화 조치는 무기 개발 및 사용 전 단계에 포함되어야 함.
⑦ LAWS 관련 기술의 사용은 국제인도법 및 적용가능한 국제법적 의무 이행 여부를 고려해야 함.
⑧ 잠재적인 정치적 대응 마련에 있어서 자율살상무기(LAWS) 관련 기술이 의인화(anthropomorphized)될 수 없음.
⑨ CCW 내에서 이루어지는 LAWS 관련 어떤 논의 및 정치적 조치도 AI 기술의 평화적 사용의 발전을 막아서는 안 됨.
⑩ LAWS 논의를 위해서는 무기 사용의 인도주의적 요소와 안보적 요소를 모두 고려하는 CCW가 적절한 틀(frame)을 제공함.

그러나 가장 중요한 인간과 기계의 상호작용에 대한 아래 11번째 원칙은 군사 강

---

25) 유준구, "자율살상무기체계 규범 창설 논의의 쟁점과 시사점", 주요국제문제분석 제54호 (2019), https://www.dbpia.co.kr/journal/articleDetail?nodeId=NODE10537768, (2024. 9. 15. 확인).

대국인 미국과 러시아가 반대하여 진통 끝에 1년이 지난 후 어렵게 포함되게 되었다.

⑪ 무기수명 주기 전체에 인간-기계 상호작용(human-machine interaction)의 적용 및 이행이 보장되어야 함. 동 상호작용의 수준과 내용을 결정할 때에는 무기의 운용 및 특성 등이 고려되어야 함.

'GGE LAWS'는 현재까지도 비교적 활발히 운영되고 있다. 2023년 회의에서는 LAWS에 도입되고 있는 신기술과 관련된 고위 정부전문가 그룹을 조직하기로 결의하였으며 LAWS 분야의 신기술에 대한 규범 및 운영 프레임워크와 관련된 기타 옵션, 그룹의 권고 및 결론을 기반으로 구축하고 법적, 군사적, 기술적 측면에 대한 전문 지식을 확보하기 위해 노력 중이다. 그럼에도 불구하고 LAWS에 대한 포괄적 차원의 국제적 논의로서 부족하다는 평가가 많은 것이 사실이다.

2. REAIM(RAI In Military Domain) 고위급 회의

2023. 2월 네덜란드 헤이그에서 대한민국과 네덜란드가 공동 개최한 제1차 'REAIM(인공지능의 책임 있는 군사적 이용에 관한 고위급회의)'은 기존 군사 영역의 AI에 초점을 맞추던 것을 확장하여 무기체계 및 전력지원체계를 모두 포괄하는 국방 영역의 AI 활용을 그 대상으로 하였다. 제1차 'REAIM'에서는 다음 사항이 개회사때부터 강조되었다. 먼저, AI의 군사적 이용에 대해 국제사회의 인식을 제고하는 것이다. 특히 군사 영역에서 AI의 이점과 위험에 대해 책임 있는 사용을 증진하는 방법과 관련한 부분에 대한 구체적인 논의의 필요성이 강조되었다. 둘째, 다중 이해관계자 접근을 장려하는 것으로 AI의 국방 분야 활용에 대한 위협을 이해하고 대응하는 데 정부와 민간 부문, 학계 및 시민사회가 함께하는 것에 대해 공감대를 형성하였다. 마지막은 신뢰구축에 집중해야 한다는 것이다. 제1차 'REAIM'에서는 AI의 군사적 의사결정을 인간이 완전히 신뢰하기에는 아직은 기술적 발전이 완성되지 않은 AI에는 제한이 있다는 것을 확인하고, 따라서 인간의 개입, 통제와 감독이 반드시 동반되어야 할 것과, AI

를 사용하거나 처리, 생산하는 데이터 관련 정보활동에 있어서 국제규범이 적용되어야 할 것, 그리고 이러한 AI의 군사적 문제에 대응하는 일이 국가뿐 아니라 '모든 이해당사자가 대응해야 할 당면한 도전(multi-stakeholder challenge)'임을 공감하였다.[26] 또한 〈표-3〉에서 볼 수 있듯이 제1차 'REAIM'의 최종 산물인 행동계획 즉 'Call to Action'이 기술하고 있는 각각의 조항은 인공지능의 군사적 활용에 대해 궁극적으로 기술개발 주체인 민간영역에 대해서도 국가가 져야 하는 책임과 부담을 똑같이 요구하고 있고, 이러한 노력에 있어서 정부기관, 산업계, 학계와 시민사회가 모두 인공지능의 군사적 사용과 관련된 프레임워크를 개발하고 관련 논의를 진전시킬 것을 문건전체에서 반복적으로 강조하며 주문하고 있다.[27]

〈표-3〉 제1차 REAIM에서 채택한 'Call to action'의 주요 내용

구 분	주요 내용
전문	• AI의 군사적 이용에 기회와 위험이 공존함을 지적하고, AI의 책임있는 군사적 이용의 중요성 강조
본문	• AI의 군사적 이용의 기회·위험에 대한 이해 제고 필요성 인식 • AI 이용 결정에 대한 인간 책임 보장 노력 • 위험 평가의 필요성 인지 • 유관자 간 최적관행·교훈·정보 공유의 중요성 강조 • 국제법에 합치하는 데이터 수집·이용 원칙 확인 • AI 전체 생애주기에 걸친 세심한 주의, 보호장치 마련 및 인간 감시의 필요성 강조
행동 촉구	• 모든 이해관계자들의 책임 부담 촉구 • 다중 이해관계자들을 포함한 논의 지속 전념 • AI의 군사적 이용 관련 정책·전략을 개발하도록 국가들을 초청 • 민간 부문의 책임 있는 군사적 AI 이용을 증진하도록 촉구

26) 송태은, "인공지능의 책임 있는 군사적 이용: 외교부-국방부 2024 REAIM 고위급 회의 개최의 의미와 기대", IFANS FOCUS (2024), https://www.ifans.go.kr/knda/ifans/kor/pblct/PblctView.do?csrfPrevetionSalt=null&sn=&bbsSn=&mvpSn=&searchMvpSe=&koreanEngSe=KOR&ctgrySe=&menuCl=P07&pblctDtaSn=14359&clCode=P07&boardSe=, (2024. 9. 15. 확인)
27) Ibid.

　　제2차 'REAIM'은 2024. 9. 9.~10일에 서울에서 네덜란드, 싱가포르, 케냐 및 영국과 공동 개최하였다.[28] 96개국이 참여한 이 회의에서는 '국제적 평화와 안보에 대한 AI의 적용에 대한 이해(Understanding the Implications of AI on International Peace and Security)', '군사 분야의 AI의 책임 있는 활용(Implementing Responsible Applications of AI in the Military Domain)', '군사 분야의 AI의 미래 거버넌스 비전(Envisioning the Future Governance of AI in the Military Domain)'인 3개의 세션으로 구성되었다. 제2차 'REAIM'에서는 제1차 'REAIM'에서 발표된 다자간 협력을 강조한 'Call to Action'을 되돌아보고 이를 구체화하여 총 20가지 사항으로 구성되어 있는 '행동을 위한 청사진'(Blueprint for Action)을 채택하는 성과를 거두었다. 총 61개 국이 동참한 '행동을 위한 청사진' 결과 문서는 군사 분야 AI 규범 마련을 위한 청사진을 제시하는 선언적인 성격의 문서로서 군사 분야 AI의 책임 있는 이용에 대한 구체적인 내용을 담고 있다. 이 문서에는 ▲ 국제법 준수 ▲ 적절한 수준의 인간 통제 유지 ▲ AI에 대한 신뢰도 증진 ▲ AI에 대한 설명 가능성 개선 등 책임 있는 군사 분야 AI 이용에 필요한 원칙과 거버넌스 발전 방향

〈그림-4〉 제2차 REAIM의 결과문서 '행동을 위한 청사진'의 전문

REAIM

September 9-10, 2024
Seoul, Republic of Korea

Responsible AI in the Military domain **Summit**

Co-hosted by The Netherlands | Singapore | Kenya | The United Kingdom

REAIM Blueprint for Action

Artificial Intelligence (AI), as an enabling technology, holds extraordinary potential to transform every aspect of military affairs, including military operations, command and control, intelligence, surveillance and reconnaissance (ISR) activities, training, information management and logistical support.

With the rapid advancement and progress in AI, there is a growing interest by states to leverage AI technology in the military domain. At the same time, AI applications in the military domain could be linked to a range of challenges and risks from humanitarian, legal, security, technological, societal or ethical perspectives that need to be identified, assessed and addressed.

To harness the benefits and opportunities of AI while adequately addressing the risks and challenges involved, AI capabilities in the military domain, including systems enabled by AI, should be applied in a responsible manner throughout their entire life cycle and in compliance with applicable international law, in particular, international humanitarian law.

Building on the Call to Action laid out at the REAIM Summit 2023, we invite all stakeholders including states, industry, academia, civil society, regional and international organizations to:

---

28) https://reaim2024.kr/

등이 제시되었다. 〈그림-4〉는 '행동을 위한 청사진'의 전문이다.[29]

이처럼 대한민국은 2차례 'REAIM'을 개최함으로써 군사 분야 AI 관련 국제사회 논의에서도 리더십을 발휘함으로써 글로벌 중추국가로서의 위상을 더욱 강화할 것으로 기대된다.

3. 미국의 정치적 선언

미 국무부(U.S. Department of State)에서는 2023. 2월 제1차 REAIM을 계기로 「AI의 책임 있는 군사적 이용에 관한 정치적 선언」(Political Declaration on Responsible Military Use of Artificial Intelligence and Autonomy)을 공개한 바 있다. 이후 대한민국을 비롯한 주요국의 지지를 요청하였으며, 이들의 의견수렴을 거쳐 〈그림-5〉와 같이 2023. 11월 공식

〈그림-5〉 미국의 정치적 선언 공개 웹사이트의 일부[30]

---

29) https://www.mofa.go.kr/www/brd/m_4080/view.do?seq=375378 (2024. 10. 5. 확인).

직인 발표를 하게 되었다. 이 선언은 미국은 기술혁신을 저해할 수 있는 과도한 규제는 지양한다는 기조하에, 현존 국제법의 틀 속에서 AI의 책임 있는 군사적 이용을 공약하는 내용으로 주요 내용은 〈표-4〉와 같다. 이 선언에는 51개국이 서명(한·미·영·프·독·일·호·캐 등 주요 서방국가 참여, 중·러 미참여)하였으며, 자발적 이행 중심의 법적 구속력은 없으나 정치적 구속력은 있는 연성규범 형태로, 참여국 확대를 위해 포괄적이며 광범위한 개념과 용어가 제시된 것이 특징이다.

〈표-4〉 미국의 정치적 선언 주요 내용

구분	주요 내용
원칙	▶원칙 채택 및 이행, 관련 조치 공개 ▶국제인도법 등 국제법 준수 ▶고위 당국자의 관리·감독 ▶편향 최소화 ▶담당자의 적절한 주의 ▶AI 개발시 감사 가능한 방법, 데이터, 디자인, 문서 사용 ▶적절한 교육·훈련 ▶AI가 의도대로 기능토록 보장 ▶적절하고 지속적인 성능 점검 ▶위험저감조치 마련
조치	▶AI 활용의 전 생애주기에 걸쳐 자국의 조치 이행 ▶자국의 조치 공유 ▶AI의 책임있고 적법한 사용 보장 노력 ▶AI의 책임있는 개발·배치·사용 논의 지속 ▶효과적인 조치 이행 및 적절한 추가 조치 도입 노력 ▶非참여국의 참여 장려

미 국무부에서는 이 선언 이후 3개의 실무그룹(감독, 보장성, 책임성)을 조직하여 운용하고, 정기적 토의를 통해 성과물을 공유하고 있다. 먼저, 감독그룹은 군사영역의 책임 있는 AI 역량 및 자율성 체계의 개발, 배치, 이용에 관한 국가 정책, 제도, 지도원칙 등 수립 및 이행을 담당한다. 둘째, 보장성그룹은 총수명주기에 걸쳐 군사적 AI 역량 및 자율성 체계의 신뢰성 확보 및 위험을 감소시키는 설계·개발·배치·이용 정책 및 시행안을 마련한다. 셋째, 책임성그룹은 AI의 개발·배치·이용을 감독하거나 운용하는 인원의 책임성 이행 및 증진을 위한 정책 및 시행안을 마련한다.

---

30) https://www.state.gov/political-declaration-on-responsible-military-use-of-artificial-intelligence-and-autonomy/ (2024. 10. 5. 확인).

IV. 결 언

국가가 수행하는 가장 기본적인 기능 중 하나인 '국가안보'의 중요성은 더 이상 강조할 필요가 없다. 한편, '국가안보'의 개념이 영토를 수호하는 개념에서 신안보 개념으로 전환되었으며 세계적 정세 또한 많은 전쟁으로 인해 불안정하다고 볼 수 있다. 이러한 상황에서 효과적인 무기체계를 개발 및 확보하기 위해 AI 기술의 군사적 활용이 고도화되는 것은 당연하다.

이 글에서는 먼저 LAWS 및 RAI 개념 및 최근 동향에 대해 알아보았다. LAWS는 '일단 활성화되면 더 이상 인간의 개입 없이 스스로의 자율적인 판단으로 목표를 선택하고 수행할 수 있는 무기체계'이다. 앞서 언급한 바와 같이 AI 기술의 비약적 발전이 국가의 존망이 결정되는 전쟁에 전면적으로 활용되는 것은 당연한 수순이나 무분별한 LAWS의 개발과 활용에 대한 우려가 많다. 이러한 우려에 대응하기 위한 개념으로 RAI를 살펴보았다. RAI는 '안전하고, 신뢰할 만하며, 윤리적인 방식으로 AI 시스템을 개발하고 사용하는 접근법'이라고 정의되며 빅테크 기업뿐 아니라 비영리 단체, 준국가기관에서도 관련된 연구 결과를 발표하고 있다.

이어서 LAWS의 무분별한 활용으로 인한 인류의 위협을 군사적 측면에서의 RAI를 통해 관련 내용을 알아보았다. UN에서 추진하고 있는 'GGE LAWS'의 구체적인 내용과 의의에 이어 2023년 제1차 REAIM과 2024년 제2차 REAIM에 대한 중요한 사항을 확인하였다. 제1차 REAIM의 'Call to action', 제2차 REAIM의 'Blueprint for Action'의 구체적인 내용과 의미를 설명하였다. 특히 제1차 REAIM에서 공개된 미국의 관련된 정치적 선언과 이것의 내용, 현재 추진동향을 제시하였다.

AI의 기술이 '생성형(generative) AI'로 더욱 고도화되어 그 군사적 활용성이 폭발적으로 증대되고 있다. 이것이 재래식 무기를 바탕으로 하는 군사력 경쟁에서 초래되었던 '안보딜레마(Security Dilemma)'[31]의 상황으로만 볼 수 없는 것은 AI 기술은 국가적으

---

31) 자국의 안보를 강화하기 위해 군사력을 증강한 행위가 도리어 다른 국가의 맞대응적 군사력 증강을 낳는 결과를 초래함으로써 이전보다 안보 불안에 놓이게 된 역설적 상황.

로 매우 중요한 전략 기술로 평가되며 이는 기술패권과 연결되기 때문이다. 이 글에서는 이러한 상황에 AI 기술이 적용된 LAWS의 무분별한 전쟁에서의 활용으로 인한 문제를 다루었다. 다시 말하면, '국가안보'만을 염두에 두어 AI 기술의 군사적 활용을 추진하는 것이 아니라 인류의 생존과 지속적인 번영을 전 세계적으로 고민하고 합리적 대안을 만들어 가는 관점을 가지고 설명하였다. 더군다나 제1, 2차 REAIM의 개최국으로서 군사적 AI에 대한 대한민국의 위상이 어느 때보다 높은 것을 고려하여 글로벌 주도국으로서 그 위상과 능력을 더욱 공고히 하여야 할 것이다.

제10장

인공지능과 법률서비스
– 한국형 디스커버리 도입을 대비하며

이준범

(인하대학교 법학전문대학원 교수)

I. 서 론

리걸테크는 법률(legal)과 기술(technology)이라는 두 단어를 결합하여 만든 단어이다.[1] 리걸테크의 도입에 관해서는 ① 기존 법률서비스 시장보다 접근성이 좋고 가격이 저렴해 피해 구제에서 소비자의 선택권을 넓혀 줄 수 있고, ② 법률 시장 접근 비용을 낮춰 법률 소비자의 사법 시스템에 관한 접근성을 높일 수 있으며, ③ 인간 변호사의 오류를 줄여 법률서비스의 질적 향상에 기여하는 장점이 있을 것이라는 평가가 있다.[2] 이와 달리 법률 분야에 인공지능이 도입되는 것에 관하여 인공지능에 내재한 위험성과 부작용을 우려하는 태도도 있다.[3] 이러한 생성형 인공지능의 내재적 한계로

---

1) 김태형·신영수, "인공지능 기반의 리걸테크 활용을 위한 전제와 방향", IT와 법 연구 제26집(2023. 2.), 125면.

2) 예를 들어, 이성엽, AI규제법, 커뮤니케이션북스, (2024), 82-83면.

3) 대한변호사협회, "결의문 제32회 법의 지배를 위한 변호사대회에 즈음하여", https://www.koreanbar.or.kr/pages/news/view.asp?teamcode=&category=&page=1&seq=13852&types=3&searchtype=&searchstr= (2024. 8. 26.) (2024. 10. 24. 방문).

① 환각 현상[4]과 ② 과거의 데이터에 한정된 자동화된 판단을 들기도 한다.[5] 서울고등법원은 2024년 10월경 "최근 세계적으로 급격하게 성장하고 있는 리걸테크 분야가 우리나라에서도 발전하기 위해서는 종전에 예상하지 못했던 기존 법체계와의 다양한 형태의 충돌 문제를 해결해야 하는데, 구성사업자인 변호사들이 리걸테크를 이용하는 경우 그 사업내용이나 활동에 대한 원고들의 적정한 검토·심사 등 검증이 불가피하며, 이러한 검증을 거친 리걸테크 분야는 더욱 지속가능한 성장이 가능하다는 측면도 고려할 필요가 있다"라고 판시하기도 하였다.[6]

여기서는 리걸테크 전반에 관한 평가는 배제하고, 한국 리걸테크의 현황을 간략히 살핀 후 한국형 디스커버리 도입 시 리걸테크의 역할에 관해 검토한다.

II. 한국 리걸테크의 현황

1. 리걸테크의 분류

리걸테크를 분류하는 방법은 여러 가지가 있어,[7] 예를 들어, 리걸테크가 보조하는 변호사 업무의 성격에 따라 ① 문서 분석 및 검토 영역으로 계약서 검토나 전자적

---

4) 실제로 존재하지 않는 정보나 오류에 대해 그럴듯하게 답변하는 것을 환각(Hallucination)이라고 한다. 이은빈·배호, "검색 증강 생성(RAG) 기술의 최신 연구 동향에 대한 조사", 정보처리학회 논문지 제13권 9호(2024. 9.), 429면.

5) 정채연, "생성형 AI를 활용한 법률서비스의 쟁점과 과제", 법학연구 제35권 3호(2024. 8.), 547-549면. 이러한 한계를 교정하려는 시도로, 예를 들어 검색 증강 생성(Retrieval-Augmented Generation, RAG) 기술로 정보의 정확성을 높이려 하나 아직 한계가 있다. 배주호, "생성형 AI의 기술적 이해", 생성형 AI와 법, 이성엽 편, (2024), 17-19면.

6) 서울고등법원 2024. 10. 24. 선고 2023누43763 판결. 이 판결의 원고들은 대한변호사협회와 서울지방변호사회이다. 서울고등법원 2024. 10. 24. 선고 2023누43763 판결.

7) 강윤희, "변호사의 인공지능 사용과 관련한 윤리규범―인공지능이 변호사를 대체할 수 있을까의 관점에서―", 경영법률 제33집 제4호(2023. 7.), 47면.

디스커버리[8] 서비스, ② 분석 및 예측 영역으로 판사의 성향이나 유사한 사안을 기반으로 한 예측 서비스, ③ 판례 등 법률조사 서비스, ④ 그 외로 사건 관리, 스마트 계약, 변호사 소개 등 서비스로 나눌 수 있다.[9]

이와 달리 민사소송 절차를 기준으로 ① 법적 분쟁이 있기 전에 계약 분석, 계약서 작성 및 보관, 계약 이행의 점검 서비스, ② 소 제기 전에 소송 외 분쟁 해결을 용이하게 하기 위한 온라인 또는 자동화된 법률자문을 제공하는 서비스나, ③ 소 제기 전에 변호사와 의뢰인을 연결하거나 의뢰인의 변호사 선택을 돕는 서비스, ④ 소 제기전, 소 제기 후 소송계속 전, 또는 소송계속 중 판례나 법령을 찾고 수집하는 것을 돕는 서비스, ⑤ 소 제기 전, 소 제기 후 소송계속 전, 또는 소 제기 후 소송계속 중 분쟁결과, 시간, 또는 비용 등의 예측을 돕는 서비스, ⑥ 역시 소 제기 전, 소 제기 후 소송계속 전, 또는 소 제기 후 소송계속 중 서면 초안 작성을 돕는 서비스, ⑦ 사건 배당 후판사 성향 등에 관한 분석을 돕는 서비스, ⑧ 소 제기 전, 소 제기 후 소송계속 전, 또는 소 제기 후 소송계속 중 자료 수집, 처리 또는 검토 등 디스커버리 절차를 돕는 서비스, ⑨ 소송계속 중이나 소송종료 후 소송 수행 상황을 정리하고, 관리 작업을 돕는서비스 등으로 나누기도 한다.[10]

또한, 인공지능이 적용될 수 있는 영역을 소송 분야, 자문 분야, 입법 분야로 구별한 후 소송 분야에서는 디스커버리(문서제출명령), 판례검색, 승소 가능성, 판사 성향파악 등에, 자문 분야에서는 계약서 검토, 기업인수합병을 위한 영업실사, 회계 실사,조세 실사 등에, 입법 분야에서는 법률 조문 간 충돌 또는 오류 방지 등에 사용될 수

---

8) Discovery를 '디스커버리'로 쓰는 견해로, 전원열, "민사소송절차상 디스커버리 도입에 관한 검토", 인권과 정의 제501권(2021. 11.), 111면.

9) 강윤희, 앞의 글, 47-51면. 비슷하게 스탠포드 법학전문대학원의 CodeX Techindex는 리걸테크를 분석(Analytics), 준수(Compliance), 문서 자동화(Document Automation), 법 교육(Legal Education), 법률조사(Legal Research), 시장(Marketplace), 온라인 분쟁 해결(Online Dispute Resolution), 실무 관리(Practice Management), 전자적 디스커버리(eDiscovery)로 분류한다. SLS, CodeX Techindex, Overview, https://techindex.law.stanford.edu/ (2024. 7. 23. 방문).

10) 정영수, "민사전자소송에서 리걸테크의 활용에 관한 연구", 민사소송 제27권 2호(2023. 6.), 147-148면.

있다고 설명하기도 한다.[11]

2. 한국의 리걸테크 산업 현황—판례 검색 서비스를 중심으로

한국의 리걸테크 산업의 성장은 미국에 비하여 상대적으로 속도가 더딘 편이라고 평가받고 있다.[12] 한국의 리걸테크 회사 전체를 여기서 망라할 수 없으나, 변호사 중개 서비스로 로톡, 로앤굿 등이 있고,[13] 전자서명 서비스로 모두싸인 등이 있으며,[14] 법률문서 작성 서비스로 로폼 등이 있고,[15] 판례 검색 서비스로 로앤비, 케이스노트, 엘박스, 빅케이스 등이 있고,[16] 법률문서 등 번역 서비스로 BeringAI,[17] OTRAN[18] 등이 있다. 생성형 인공지능 기반 스마트워크 솔루션인 도큐브레인[19]도 리걸테크에 해당하며, 법률조사 서비스와 법률서면 초안 작성 서비스 등을 함께 제공하는 슈퍼로이어[20]나 계약관리솔루션과 기업 법무 지원시스템을 함께 제공하는 앨리비[21]도 있다.

여기서는 한국의 리걸테크 현황을 이해할 수 있게 판례 검색 서비스를 중심으로

---

11) 정찬모, AI · 데이터 법 길라잡이, 박영사, (2024), 196-197면.

12) 예를 들어, 정영수, 앞의 글, 141면.

13) 정종구, 리걸테크, 인공지능법, 최경진 편, 박영사, (2024), 370면. 대한변호사협회가 운영하는 나의 변호사 서비스도 여기에 해당한다고 분류할 수 있다. 정종구, 위의 글, 370면.

14) 정종구, 위의 글, 373면.

15) 정종구, 위의 글, 373면.

16) 정종구, 위의 글, 375-376면.

17) 홍수정, 법률신문, "법률 AI 번역 서비스 '베링 AI플러스' 정식 출시", 베링랩, https://www.lawtimes. co.kr/news/188405 (2023. 6. 15.) (2024. 7. 29. 방문).

18) 유지인, "[2024 LTAS] 이재욱 AI 닝고 내표, "AI 번역, 기술과 인간 진문성의 조회 필수"", 법률신문, https://www.lawtimes.co.kr/news/199487 (2024. 6. 28.) (2024. 7. 29. 방문).

19) 홍윤지, "인텔리콘연구소, 생성형AI 솔루션 도큐브레인으로 '2023 서울국제발명전시회' 2관왕", 법률신문, https://www.lawtimes.co.kr/news/193017 (2023. 11. 9.) (2024. 7. 29. 방문).

20) 유지인, "로앤컴퍼니, 법률 AI 어시스턴트 '슈퍼로이어' 공식 출시", 법률신문, https://www.lawtimes. co.kr/news/199569 (2024. 7. 1.) (2024. 7. 29. 방문).

21) 박수빈, "BHSN "리걸 AI '엘리비', 모든 기업의 운영 관리 솔루션 될 것"", AI타임스, https://www. aitimes.com/news/articleView.html?idxno=157577 (2024. 3. 4.) (2024. 7. 29. 방문).

간략하게 소개한다. 엘박스는 위에서 본 바와 같이 여러 상품 중 판례 검색 서비스도 제공한다.[22] 엘박스는 엘박스가 보유하고 있는 판결문, 심결례 등 법률 데이터를 찾을 수 있게 사건번호나 키워드를 이용한 검색 기능을 제공하는데, 검색 가이드에 의하면 모든 단어를 포함한 결과를 제공하는 연산자, 일정한 단어를 제외한 결과를 제공하는 연산자를 쓸 수 있고, 일정한 검색어와 정확히 일치하는 내용만 찾는 연산자, 사건명, 주문, 법조문, 법무법인, 당사자명 등에 관한 빠른 검색 명령어를 제공하며, 사건 유형, 법원, 주문유형, 기간, 재판유형 등으로 분류할 수 있는 기능도 있다.[23]

　　엘박스는 위에서 본 바와 같이 2024년 엘박스AI를 도입하였는데, 엘박스AI는 키워드가 아닌 대화 형식으로 검색을 할 수 있도록 하였다.[24] 예를 들어, 질의란에 "상법상 주식매수선택권의 효력이 문제된 하급심 판결 3개를 찾아줘."라고 입력하면 아래 예와 같이 엘박스AI는 해당 판결문을 확보하고 있으면 이로 연결되는 링크를 제공하여 검색내용을 확인할 수 있도록 하고 있다.[25]

---

[22] 엘박스는 2023. 9. 1. 엘박스의 사업과 서비스에 관한 엘박스 다큐멘터리를 유튜브에 공개하였다. 엘박스, "엘박스 다큐멘터리 The Beginning", https://www.youtube.com/watch?v=hVGuCKHL2ac (2024. 10. 21. 방문).

[23] https://lbox.kr/v2 (2024. 10. 21. 방문). Westlaw 등 해외 법률 정보 서비스는 나아가 같은 문단이나 문장에 입력한 키워드들이 있는 문서를 찾는 기능, 일정한 단어 개수 내에 입력한 키워드들이 있는 문서를 찾는 기능 등 더 많은 검색 방법을 제공한다. 예를 들어, Thomson Reuters, *Search with Terms and Connectors*, Help and Support, Westlaw Edge, Searching, https://www.thomsonreuters.com/en-us/help/westlaw-edge/searching/search-with-terms-and-connectors.html (2024. 10. 23. 방문).

[24] https://lbox.kr/v2/ai/landing#lawinquiry (2024. 10. 21. 방문). 엘박스AI는 법과 관련한 질문에 대한 답변을 구하는 질의 기능, 올린 문서 요약 및 관련 질의에 답변하는 문서 분석 기능, 원하는 형식의 문서 초안을 작성하는 문서 초안 기능이 있으나, 여기서는 질의 기능을 중심으로 설명한다. https://lbox.kr/v2/ai/chat (2024. 10. 21. 방문).

[25] 이하 내용은 예시로 엘박스AI에 같은 질문을 했을 때 아래와 정확히 같은 내용이 나오는 것은 아닐 것이다.

〈예-1〉 엘박스AI 답변 예시

다음은 상법상 주식매수선택권의 효력이 문제된 하급심 판결 3개입니다:

1. 서울고등법원 2016. 1. 29. 선고 2014나○○○ 판결 [주식매수선택권부존재확인]
   이 사건에서는 피고가 본인의 의사에 따라 퇴직하였으므로, 원고 회사의 정관에 따라 주식매수선택권 부여가 취소되었다고 판단하였습니다. 주식매수선택권 부여는 정관에 따라야 하며, 정관에 위반되는 경우 그 효력이 없다고 보았습니다. (서울고등법원-2014나○○○).

2. 서울동부지방법원 2007. 10. 10. 선고 2007가합○○○ 판결 [주식매수선택권확인]
   이 사건에서는 주식매수선택권 부여가 벤처기업법에 따른 적법한 주주총회의 특별결의가 없었으므로 무효라고 판단하였습니다. 주식매수선택권 부여는 법령에 따른 요건을 충족해야 한다고 보았습니다. (서울동부지방법원-2007가합○○○).

3. 서울중앙지방법원 2008. 7. 16. 선고 2007가합○○○ 판결 [주식매수선택권행사차익]
   이 사건에서는 주식매수선택권 부여계약이 상행법규를 위반하니 무효다고 판단하였습니다. 주식매수선택권은 현재 기여하고 있거나 장래 기여할 수 있는 임직원에게 부여해야 하며, 재임 요건을 충족하지 못한 경우 무효라고 보았습니다. (서울중앙지방법원-2007가합○○○).

   이 판결들은 주식매수선택권의 부여 및 취소와 관련된 법적 요건과 절차의 중요성을 강조하고 있습니다.

   로앤컴퍼니는 슈퍼로이어라는 서비스로 조사 기능, 서면초안 작성 기능, 요약 기능을 제공한다.[26] 역시 예를 들어, 질의란에 "상법상 주식매수선택권의 효력이 문제

---

26) https://superlawyer.co.kr/chat (2024. 10. 23. 방문). 로앤컴퍼니는 판례 검색 서비스인 빅케이스, 변호사 중개 서비스인 로톡도 별도로 운영하고 있다. https://www.lawtalk.is/ (2024. 10. 23. 방문). 여기서는 생성형 인공지능 기능을 주로 이용하는 슈퍼로이어 서비스 중에서도 조사 기능만 소개한다.

된 하급심 판결 3개를 찾아 줘."라고 입력하면 아래 예와 같이 해당 판결문을 확보하고 있으면 이로 연결되는 링크를 제공하며 검색내용을 확인할 수 있도록 한다.[27)]

〈예-2〉 슈퍼로이어 답변 예시

주식매수선택권의 효력이 문제된 하급심 판결 3개를 찾아 정리해 드리겠습니다.

1. 서울중앙지방법원 2008. 7. 16. 선고 2007가합○○○ 판결

   이 판결에서는 주식매수선택권 부여 계약의 유효성이 쟁점이 되었습니다. 법원은 다음과 같이 판시했습니다:

   • 상법 및 증권거래법의 주식매수선택권 관련 규정들은 강행규정으로 보아야 한다.

   • 이 사건 주식매수선택권 부여 계약은 상법 및 증권거래법상 요구되는 정관 규정과 주주총회 특별결의 등의 절차를 거치지 않아 무효이다.

   • 주식매수선택권이 보수의 성격을 가진다고 하더라도, 차액 현금 지급방식만으로는 유효하게 존속할 수 없다.

2. 서울중앙지방법원 2018. 9. 21. 선고 2018가합○○○ 판결

   이 판결에서는 회사의 주식매수선택권 취소 행위의 효력이 문제 되었습니다. 법원은 다음과 같이 판단했습니다:

   • 피고 회사의 주식매수선택권 취소는 법률상 근거가 없어 효력이 없다.

   • 원고의 주식매수선택권 행사는 적법하므로, 피고는 원고에게 신주를 인도할 의무가 있다.

3. 수원고등법원 2023. 6. 22. 선고 2022나○○○ 판결

   이 판결에서는 주식매수선택권 부여 계약의 효력과 대표이사의 책임이 쟁점이

---

27) 이하 내용은 예시로 슈퍼로이어에 같은 질문을 했을 때 아래와 정확히 같은 내용이 나오는 것은 아닐 것이다.

되었습니다. 법원은 다음과 같이 판시했습니다:

- 상법상 주식매수선택권 부여를 위해서는 정관에 근거가 있어야 하고, 주주총회 특별결의를 거쳐야 한다.
- 이러한 절차를 거치지 않은 주식매수선택권 부여 계약은 무효이다.
- 이 경우를 무권대표 행위로 보아 민법 제135조(무권대리인의 책임)를 적용할 수 없다.

이 세 판결은 모두 주식매수선택권의 부여 절차와 효력에 관한 상법 규정을 엄격하게 해석하고 있으며, 법정 절차를 거치지 않은 주식매수선택권 부여의 효력을 부정하고 있습니다.

엘박스나 로앤컴퍼니는 위와 같은 답변을 내기 위해 생성형 인공지능과 검색 증강 생성 기술을 활용하고 있다.[28]

III. 미국의 디스커버리를 위한 리걸테크

1. 미국 연방 디스커버리 법제

이하에서는 자료 검토에 관한 전자적 디스커버리와 관련이 있는 조항을 중심으로 간략히 연방 디스커버리 법제를 소개한다. 연방 민사소송규칙 제37조(a)는 제공

---

28) 엘박스가 2024. 10.경 유튜브에 공개한 엘박스AI에 관한 다큐멘터리는 생성형 인공지능과 RAG를 소개한다. 엘박스, "엘박스 다큐멘터리 The Bridge", https://www.youtube.com/watch?v=b9iveJaPVp4 (2024. 10. 21. 방문); 슈퍼로이어에 RAG를 사용한다고 보도한 기사로, 최태범, "변호사 4300명이 택한 '슈퍼로이어'…"업무시간·비용 절약"", 머니투데이, https://news.mt.co.kr/mtview.php?no=2024101515125832340 (2024. 10. 16.) (2024. 10. 24. 방문).

명령 신청(motion to compel)에 관하여 정한다.[29] 연방 민사소송규칙 제37조(b)에 따르면 제공 명령이 있었음에도 이를 이행하지 않으면 제재 신청을 할 수 있다.[30] 연방 민사소송규칙 제37조(b)(2)(A)는 위 명령 위반에 대한 제재를 예시하였는데, 그중에는 ① 제37조(b)(2)(A)(v)에 따른 청구의 전부 또는 일부에 관한 제재인 기각판결(dismissing the action or proceeding in whole or in part), ② 제37조(b)(2)(A)(vi)에 따른 위반한 당사자에 대해 제재인 인용판결(rendering a default judgment against the disobedient party)을 정하였다.[31] 연방 민사소송규칙 제37조(b)에 의한 위 제재는 공정(just)하여야 하고, 명령의 대상인 특정한 청구(claim)와 구체적으로 관련이 있어야 한다.[32]

한 법원은 연방 민사소송규칙 37(b)가 제재를 정한 목적을 ① 당사자가 명령을 준수하지 않음으로 인하여 이익을 얻는 것을 방지, ② 명령의 준수 보장, ③ 일반예방적 억제(general deterrent) 기능의 기대라고 설명하였고,[33] 다른 법원은 그 목적을 위반한 자를 벌하고, 다른 사람이 비슷한 위법행위를 하는 것을 억제하기 위한 것이라고 하였다.[34]

연방 민사소송규칙 제37조(c)에 따르면 공개(disclosure)하지 않거나, 디스커버리 답변을 보충할 의무를 다하지 않은 자에 대한 제재를 신청할 수 있고,[35] 이때도 법원은 제재인 기각판결이나 제재인 인용판결을 할 수 있다.[36] 연방 민사소송규칙 제37조(d)는 당사자가 진술녹취(deposition)를 참여하지 않는 때 등에 대한 제재를 정하고,[37]

---

29) Federal Rules of Civil Procedure [FRCP] 37(a) Motion for an Order Compelling Disclosure or Discovery.

30) Paul W. Grimm, Charles S. Fax & Paul Mark Sandler, Discovery Problems and Their Solutions(4th ed.) (2020), p. 330.

31) FRCP 37(b)(2)(A) Motion for an Order Compelling Disclosure or Discovery.

32) Insurance Corp. of Ireland, Ltd. v. Compagnie des Bauzites de Guinee, 456 U.S. 694, 707 (1982).

33) Davis v. Uhh Wee, We Care Inc., Civil Action No. ELH-17-494, 2019WL3457609, at 6 (D. Md. July 31, 2019).

34) Red Wolf Energy Trading v. Bia Capital Mgmt., Llc, 626 F.Supp. 3d 478, 500 (D. Mass. 2022).

35) FRCP 37(c) Failure to Disclose, to Supplement an Earlier Response, or to Admit.

36) Paul W. Grimm, Charles S. Fax & Paul Mark Sandler, supra, p. 330.

37) FRCP 37(d) Party's Failure to Attend Its Own Deposition, Serve Answers to Interrogatories, or Respond to a Request for Inspection.

마찬가지로 제재인 기각판결과 제재인 인용판결을 두었다.[38]

　　연방 민사소송규칙 제37조(e)는 전자적 정보를 보존하여야 함에도 보존하지 못하였을 때에 관한 제재 정도를 2단계로 정하였다.[39] 먼저, 당사자에게 전자적 정보를 보존할 의무가 있음에도 이를 보존하기 위한 합리적인 절차를 밟지 않아 그 정보가 멸실되어 불이익(prejudice)이 있었으면 법원은 그 불이익을 해소하는 데 필요한 정도를 초과하지 않는 범위 내에서 적절한 명령을 할 수 있다고 한다.[40] 단, 한 당사자가 다른 당사자가 소송에서 그 정보를 사용하는 것을 막으려는 의도로 이러한 행위를 하였다고 인정하면 법원은 더 강하게 제재할 수 있다.[41] 연방 민사소송규칙 제37조(e)(2)(C)는 구체적으로 제재인 기각판결이나 제재인 인용판결을 할 수 있다고(dismiss the action or enter a default judgment) 정한다.[42] 다만, 미국 연방대법원은 Chambers v. NASCO, Inc. 사건에서 ① 어떠한 행위가 제재에 관한 연방 법률이나 연방 민사소송규칙의 요건에 해당하지 않아도, 법원은 법원의 내재적 권한에 의한 제재를 할 수 있고, 나아가 ② 법원은 연방 법률이나 연방 민사소송규칙에 따른 제재 대상이 되는 행위도 법원의 내재적 권한을 근거로 제재할 수 있다고 하였다.[43]

2. 기술기반검토(Technology-Assisted Review)

　　미국에서는 디스커버리 의무를 이행하기 위하여 자료를 수집하여 변호사가 관련성이 있는지 검토한 후 관련 있는 자료를 제공한다.[44] 전자적 디스커버리의 기원

---

38) Paul W. Grimm, Charles S. Fax & Paul Mark Sandler, supra, at p. 330; FRCP 37(d)(3) Types of Sanctions. Sanctions may include any of the orders listed in Rule 37(b)(2)(A)(i)-(vi).

39) FRCP 37(e) Failure to Preserve Electronically Stored Information.

40) Microvention, Inc. v. Balt USA, LLC, Case No. 8:20-cv-02400-JLS-KES, 2023WL7476998, at 4 (C.D. Cal. Oct. 5, 2023).

41) Id.

42) FRCP 37(e)(2)(C).

43) Chambers v. NASCO, Inc., 501 U.S. 32, 50 (1991).

44) Timothy T. Lau & Emery G. Lee III, Technology-Assisted Review for Discovery Requests: A Pocket

은 개인 컴퓨터의 사용과 관련이 있다고 평가할 수 있다.[45] 전자적 디스커버리 실무의 주요한 기술적 발전은 문서 이미징(document imaging) 기술로, 이에 따라 종이 문서를 검토하면서 복사하던 과정이 화면을 보면서 검토하는 것으로 대체되었다.[46] 이제는 대체로 전자적 기술에 의해 정보가 소통되고 저장된다.[47]

　이러한 전자적으로 저장된 정보들에 관한 전자적 디스커버리 절차를 발전시키기 위하여 만들어진 전자적 디스커버리 참조 모델(Electronic Discovery Reference Model, 이하 'EDRM'이라 한다)은 현재 식별(Identification), 보존(Preservation), 수집(Collection), 수집된 정보의 처리(Processing), 검토(Review), 분석(Analysis), 제출(Production) 및 법정 등에서의 제시(Presentation)로 절차를 정리하였고,[48] 여기서 식별은 전자적 디스커버리가 잠재적으로 저장된 장치의 범위를 파악하는 것, 보존은 전자적으로 저장된 정보가 부적절하게 수정되거나 멸실되지 않게 하는 것, 수집은 전자적으로 저장된 정보를 모으는 것, 처리는 검토 및 분석을 위해 모은 정보를 처리하는 것, 검토는 전자적으로 저장된 정보의 관련성과 비닉특권 인정 여부 등을 검토하는 것, 검토는 전자적으로 저장된 정보의 내용 등을 종합하여 검토하는 것, 제출은 상대방 등에게 전자적으로 저장된 정보를 적절한 방법으로 전달하는 것, 제시는 전자적으로 저장된 정보를 변론기일 등에서 사용하는 것을 의미한다고 설명하기도 한다.[49] EDRM의 모든 절차에서 리걸테크는 활발히 사용되나,[50] 여기서는 가까운 시일 내에 생성형 인공지능의 역할이 커질 것으

Guide for Judges, Federal Judicial Center (2017), p. 2.

45) Mayank Sharma, *Evolution of the Technology*, *in* International E-Discovery(Kindle ed.) (2018), Loc. 119.

46) Id. at Loc. 128. 인터넷의 발전도 전자적 디스커버리를 크게 변화시켰는데, 이에 따라 저년차 변호사들이 한 방에 모여 전자문서를 검토하는 대신 여러 대륙에서 함께 자료 검토를 할 수 있게 되었다. Id. at Loc. 137.

47) Judicial Conference of the United States, Committee on Court Administration and Case Management, Civil Litigation Management Manual(3rd ed.) (2022), p. 41.

48) EDRM을 소개하는 웹사이트로, EDRM, Current EDRM Model, https://edrm.net/edrm-model/current/ (2024. 8. 5. 방문).

49) EDRM, Archived EDRM Model: 2020 Version, https://edrm.net/edrm-model/archived-2020/ (2024. 8. 5. 방문).

50) 한애라, "미국 연방 민형사소송절차에서의 E-discovery와 국내적 시사점", 성균관법학 제32권 제2호

로 여겨지는 검토(Review)를 중심으로 살핀다.[51]

　　미국에서는 디스커버리 의무가 있는 자가 그 비용을 부담하여야 하는 상황이라 전자 자료를 대상으로 하는 디스커버리 요구는 그 요구를 받는 상대방에게 자료의 수집 및 제출 여부 검토에 큰 비용을 부담하게 된다.[52] 게다가 전자 자료가 늘어나면서 변호사가 모든 자료를 검토한 후 관련 있는 자료를 제공하기에는 자료의 양이 너무나 많아졌고, 이에 따라 당사자들은 검색어를 구체적으로 합의하여, 합의 내용에 따라 ① 어떤 자료에 검색어가 있으면 관련 있는 것으로 취급하거나, ② 검색어가 있는 자료만 변호사가 관련이 있는지, 비닉특권이 있는지 검토하는 방식으로 운영하게 되었다.[53] 검색어를 합의하는 것은 ① 변호사 대부분이 검색어에 의한 검색을 해 본 경험이 있어 이러한 실무에 익숙하고, ② 검색어를 합의하면 분쟁의 여지를 줄일 수 있는 장점이 있었다.[54]

　　그러나 사건 유형에 따라 검색어를 구체적으로 합의하기 어려운 예도 있다. 예를 들어, 가격담합 합의(price-fixing agreement)가 쟁점인 사건에서 ① 한편으로는 가격(price), 담합(fix), 합의(agreement)라는 단어는 다른 상황에서도 쓰이므로 위 단어들을 검색어로 하면 관련 없는 자료가 너무 많이 수집될 수도 있고, ② 다른 한편으로는 가격담합을 하려는 관련자들이 위 단어를 직접 쓰지 않고 비슷한 다른 표현이나 암호를

(2020. 6.), 192-194면.

51) 예를 들어, 전자적 디스커버리 절차 중 인공지능이 검토 단계에서는 큰 역할을 할 수 있으나, 수집 등 다른 단계에서는 아직 역할을 하기 어렵다는 견해로, Craig Ball, *Yes, AI is Here. No, You're Not Gone*, Ball in your Court, (2024. 8. 1.), https://craigball.net/2024/08/01/yes-ai-is-here-no-youre-not-gone/ (2024. 8. 5. 방문). 2024년 3월 약 200명의 송무 경력이 있는 변호사를 대상으로 한 설문조사에 따르면 생성형 인공지능을 소송 수행에 사용하겠다고 응답한 변호사의 답변 중에서는 생성형 인공지능을 자료 검토에 쓰겠다고 한 비율이 가장 높았다. UnitedLex, "Mandate to Modernize: A Deep Dive into Priorities for Litigators in 2024" (2024), 6. UnitedLex는 전자적 디스커버리 지원 서비스 등을 제공하는 회사다. https://unitedlex.com/ (2024. 8. 6. 방문).

52) 강석수·김명수·김병필·정영수·박지원·박성민·장응혁·손진·최경진, 리걸테크 도입 및 대응을 위한 법무정책 연구, 한국형사·법무정책연구원 (2022. 12.), 148면.

53) Timothy T. Lau & Emery G. Lee III, supra, p. 2.

54) Id. at p. 3.

쓸 수도 있으므로 한정된 검색어만으로는 관련 있는 자료가 수집되지 않을 수도 있다.[55]

2012년 법원이 최초로 기술기반검토(Technology-Assisted Review, 이하 "TAR"이라 한다)[56]를 사용하는 것을 허용하는 재판을 한 후 TAR의 사용이 점점 늘고 있다.[57] TAR은 현재 가장 정교한 검색 도구로 평가되는데,[58] 그 방식도 기술의 발달로 계속 진화하였다.[59]

TAR의 기본적인 방식은 ① 디스커버리 요구에 응하는 측의 변호사 측은 전자적으로 저장된 정보를 수집한 후, ② 그중 적정량의 표본을 추출하여 이를 변호사가 검토하여 관련성을 확인하여 관련성 있는 것과 없는 것을 나눈다.[60] 이를 기초 세트(seed set)라고 한다.[61] 기초 세트를 만들기 위해 통제 세트(control set)를 상당한 시간을 들여 검토하는 훈련과정을 거치는 TAR을 TAR 1.0이라 부르기도 한다.[62] ③ 그 후 컴퓨터는 위 기초 세트를 수집된 전체 자료와 비교하여 관련성이 있는 정도를 수치화하는 등의 방법으로 관련이 있는 것을 추출한다.[63] 변호사들은 위와 같이 컴퓨터가 관련이 있다고 추출한 자료가 실제 관련 있는지 검토하여 관련 있다면 관련 있다고 표시하고, 관련 없다면 관련 없다고 표시한다.[64] 추출되는 결과를 볼 때 관련성 있는 자료가

55) Id.
56) Technology-Assisted Review를 기술기반검토로 번역하는 견해로, 김정환, "기계학습(Machine Learning)과 전자증거— 기술기반 검토(Technology Assisted Review)에 대한 미국의 논의를 중심으로", 법학연구 통권 95호(2018. 2.), 406면; 기술지원 검토로 번역하는 견해로, 김도훈, "미국 전자증거개시절차상 기술지원 검토에 관한 소고", IT와 법연구 제14집(2017. 2.), 384면. 여기서는 '기술기반검토'로 번역한다.
57) Timothy T. Lau & Emery G. Lee III, supra, p. 1.
58) Ronald J. Hedges, Barbara Jacobs Rothstein, & Elizabeth C. Wiggins, Managing Discovery of Electronic Information(3rd ed.), Federal Judicial Center (2017), p. 35.
59) Jim Sullivan, The Book on AI Doc Review, https://ediscoveryai.com/free-book/ (2024. 7. 27. 방문), p. 5.
60) Timothy T. Lau & Emery G. Lee III, supra, p. 4.
61) Id.
62) 예를 들어, Mayank Sharma, supra, Loc. 268.
63) Timothy T. Lau & Emery G. Lee III, supra, p. 4.
64) Id. at p. 5.

만족스러울 정도로 정확하게 나왔다고 판단이 되면 관련 있는 자료에 관한 비닉특권 인정 여부를 심사하여 디스커버리 요구에 응한다.[65] 만족스러울 정도로 정확한지에 관한 판단은 관련 있는 자료가 모두 또는 대부분 추출되어 더 이상 남아 있는 자료 중에 없거나 거의 없다고 여겨질 때, 남아 있는 자료 중 통계적으로 유의미한 정도 분량의 자료를 무작위로 표본을 뽑아 검토하여 그 표본을 뽑은 자료 중 관련 있는 자료가 없거나 거의 없는지를 판단하는 방법 등이 있다.[66] 즉, 모든 자료를 보는 검토하지 않더라도 만족스럽다고 법적으로 평가할 수 있다.

기초 세트뿐만 아니라 추출되는 자료에 관하여 계속적 적극 학습(continuous active learning, 이하 'CAL'이라 한다)이 이루어지는 TAR을 TAR 2.0이라고 부르기도 한다.[67] TAR 2.0은 검토할 자료 중 관련 있는 자료의 비율을 통계적으로 파악하기 위하여 무작위로 추출하여 검토를 시작하는 것이 좋다.[68] 예를 들어, 전체 자료가 100,000건이라 할 때 만약 400건을 무작위로 추출하여 검토해 보니 80건이 관련 있고, 320건이 관련 없어 관련율(relevance rate)이 20%라면, 전체 자료 100,000건 중 약 20,000건이 관련이 있을 것이라 예상할 수 있다.[69] 컴퓨터는 위와 같이 추출된 자료들에 관해 변호사가 표시한 정보를 남아 있는 자료에 관하여 다시 학습을 진행하여 관련 있는 것을 계속 추출한다.[70] 이러한 학습과 검토 과정을 반복하여 관련율이 충분히 낮아지면, 예를 들어, 3% 정도로 낮아지면 마무리 단계로 진행하는 것을 고려할 수 있다.[71] 예를 들어, 검토 초반에는 약 90% 정도의 관련율을 보이다가 차츰 관련율이 줄어들어, 무작위 추출로 검토하여 예상하였던 전체 관련율, 즉, 위 예의 20%보다 많이 낮아지면

---

65) Id.

66) 예를 들어, Paul Zoltowski, Implementing and Defending TAR 2.0: A Detailed Guide to Modern Technology, (2022), p. 8.

67) Id. 나아가 CAL을 이용하는 TAR에 개념적 클러스터링(conceptual clustering)을 합하는 방법을 TAR 3.0 이라고 부르기도 한다. Mayank Sharma, supra, Loc. 268.

68) Paul Zoltowski, supra, p. 24.

69) Id.

70) Timothy T. Lau & Emery G. Lee III, supra, p. 5.

71) Paul Zoltowski, supra, p. 25.

검토를 마무리하는 단계로 들어갈 수 있다.[72] 즉, 남아 있는 자료 중 통계적으로 유의미한 분량의 자료를 무작위로 표본을 뽑아 검토하여, 사안마다 다르겠지만, 예를 들어, 남아 있는 자료 중 무작위 추출한 결과 100건 중 3건 정도만 관련 있다면, 검토를 계속하게 하는 것은 부당하게 큰 비용을 요구하는 것이라 할 것 같다.[73]

최근에 활발히 도입되고 있는 것은 생성형 인공지능을 이용한 검토 기법이다.[74] TAR에서는 기계가 분류하도록 사람이 학습시킨다.[75] 거칠게 말하면, 사람이 어떤 자료가 관련 있는지 검토하여 분류하면 기계가 그 예시를 학습하여 전체 자료를 예시들과 비교하여 분류하는 것이다.[76] 그러나 생성형 인공지능을 이용하면 예시가 꼭 필요하지 않다.[77] 예를 들어, 생성형 인공지능을 이용하면 "X 회사의 직원이 Y 물건의 가격을 조정하자고 제안하는 모든 자료를 찾아 줘"라고 명령할 수 있다.[78] 물론, 명령을 잘 구성하고, 결과가 정확한지 확인이 필요하겠지만, 이는 TAR의 훈련과정보다 훨씬 시간이 적게 드리라 예측할 수 있다.[79]

생성형 인공지능을 이용한 전자적 디스커버리의 역사가 아직 깊지 않아 관련 산업과 관련 법리가 이제 만들어지는 중이나,[80] 생성형 인공지능은 관련 있을 것 같은 자료를 검토하기 위해 추천하는 기능이 더 나아질 뿐만 아니라 검토할 자료의 번역이나 속기 등 검토를 위한 실무에 더 도움이 될 수 있다.[81] 또한, 생성형 인공지능은 어

---

72) Id. at p. 37. 어느 정도 낮아져야 하는지는 당사자가 합의할 수도 있고, 결국 법원이 결정할 수도 있다. Id.

73) Id.

74) 예를 들어, Jim Sullivan, supra, p. 5.

75) Id. at p. 14.

76) Id. at pp. 14-15.

77) Id. at p. 15.

78) Id.

79) Id. at p. 16.

80) Chris Haley, *Document Review or Chatbot: Which Generative AI e-Discovery Solution Is Right for You?*, Relativity Blog, (Apr. 24, 2024), https://www.relativity.com/blog/document-review-or-chatbot-which-generative-ai-e-discovery-solution-is-right-for-you/ (2024. 7. 28. 방문).

81) 예를 들어, exterro, "5 Must-have AI Features for Document Review: An Exterro Visual Guide" (2024). exterro는 전자적 디스커버리 지원 서비스 등을 제공하는 회사다. https://www.exterro.com/ (2024. 8.

떤 자료가 비닉특권 대상인지를 검토하여 비닉특권 목록(Privilege Log) 초안을 만들어 줄 수도 있다.[82] 생성형 인공지능의 적절한 운영 방법을 자세히 설명하는 것은 이 글의 범위를 벗어나므로, 여기서는 그 가능성에 관한 예시를 소개한다.

생성형 인공지능을 이용한 전자적 디스커버리를 소개하는 한 산업 종사자는 미국에서 있었던 버지니아 공대 총기 난사 사건에 관해 생성형 인공지능 프로그램에 검토를 지시하였는데, 위 프로그램은 "일어난 모든 일에 관해 유감을 표한다. 내일 추도예배에서 보자. 신의 가호를("I'm sorry about everything that has happened. I'll see you at the memorial service tomorrow. God bless.")"이라고 기재된 문서를 관련 있다고 표시하였다.[83] 위 프로그램은 관련 있는 이유도 기재하게 되어 있었는데, 위 프로그램은 "해당 문서는 버지니아 공대 총기 난사 사건 발생 3일 후에 생성되었는데, 추도예배라는 언급을 포함하여 맥락을 살피면 버지니아 테크 총기 난사에 관한 논의로 여겨진다"라고 이유를 기재하였다고 한다.[84]

국제적인 대형 로펌인 시들리 오스틴(Sidley Austin)은 리걸테크 법인 렐라디비디(Relativity)와 함께 종결된 실제 사건 중 사람이 관련성을 검토하여 500건은 관련 있다고, 1,000건은 관련 없다고 표한 합계 1,500건의 자료를 GPT-4 프로그램에 검토하게 하는 전자적 디스커버리 실험을 하였다.[85] 시들리 오스틴은 사람에게 자료 검토를 지시할 때 준 지시문과 같은 내용으로 지시하되, 관련 있다면 왜 관련 있는지 해당 자료를 인용하여 설명하라고 지시하고, 어느 정도 관련 있다고 판단하는지를 표시하게 하

---

6. 방문).

82) 예를 들어, UnitedLex, *Performing Effective Privilege Logging with RAPID PrivLog*, https://unitedlex.com/insights/performing-effective-privilege-logging-with-generative-ai/ (2024. 8. 6. 방문).

83) Jim Sullivan, supra, p. 25.

84) Id.

85) Robert D. Keeling, Colleen M. Kenney, and Matt S. Jackson, *Replacing Attorney Review? Sidley's Experimental Assessment of GPT-4's Performance in Document Review*, Law.com, The American Lawyer, (Dec. 13, 2023),https://www.sidley.com/-/media/publications/tal213202454432austin.pdf?la=en&rev=fe3fd6b2cf6c426f9c8e32902c91df1e (2024. 7. 29. 방문).

였다.[86]

그 결과 GPT-4가 관련 없다고 표시한 자료 중 약 85%가 실제 관련이 없었고, 관련 있다고 표시한 자료 중 약 84%가 실제 관련이 있었다.[87] 위 결과를 토대로 지시를 수정하니 더 정확도가 높아졌다고 보고하였다.[88] 또한 위 실험 당시 GPT-4는 자료 하나를 검토할 때 약 1초를 소요하여, 이는 사람에 비해서는 매우 빠르지만, 통상적으로 1시간당 수십만 장을 검토하는 기존의 TAR 프로그램에 비해 느렸다.[89] 시들리 오스틴은 위 결과에 비추어 아직 한동안은 전자적 디스커버리에서 GPT-4는 사람이 최종 검토하기 전에 전체 자료를 줄이는 용도에 가장 적합할 것이라 평가하였다.[90]

IV. 한국식 디스커버리 도입 시 리걸테크의 역할

1. 민사소송법상 문서제출명령 제도

현행 민사소송법상 문서제출명령은 당사자의 상대방 또는 제3자가 가지고 있는 제출의무 있는 문서에 대한 제출명령 신청에 관한 법원의 재판으로 통상 결정으로 한다.[91] 문서제출명령 제도는 증거의 편재에 따른 문제를 시정할 의도로 2002년 개정되었다.[92] 민사소송법 제344조 제1항에 인용문서 등 몇 가지 문서 유형의 제출의무를 정하고,[93] 제2항에 문서제출의 일반 의무를 정하였다.[94]

---

86) Id. 관련 있고 중요한 증거로 판단되면 4, 관련 있으면 3, 일부가 관련 있으면 2, 관련 없으면 1, 이 사건과 관련 없고 그 외 유용한 정보가 없으면 0, 처리할 수 없으면 -1로 표시하도록 지시하였다. Id.

87) Id.

88) Id.

89) Id.

90) Id.

91) 정영환, 신민사소송법(제3판), 법문사, (2023), 764면.

92) 전원열, 민사소송법 강의, 박영사(제4판), (2024), 437면.

분서제출신청에는 문서의 표시, 문서의 취지, 문서를 가진 사람, 증명할 사실, 문서를 제출하여야 하는 의무의 원인을 밝혀야 한다.[95] 다만, 문서제출신청자는 상대방이 소지한 문서를 구체적으로 알지 못해 위 사항을 적기 어려울 때가 많다.[96] 민사소송법은 위 신청을 위하여 필요하다고 인정하면 법원이 신청대상이 되는 문서의 취지나 그 문서로 증명할 사실을 개괄적으로 표시한 당사자의 신청에 따라, 상대방 당사자에게 신청내용과 관련하여 가지고 있는 문서 또는 신청내용과 관련하여 서증으로 제출할 문서에 관하여 그 표시와 취지 등을 적어 내도록 명할 수 있도록 하였다.[97]

당사자가 법원의 문서제출명령을 따르지 않으면 법원은 문서의 기재에 대한 상대방의 주장을 진실한 것으로 인정할 수 있다.[98] 당사자가 상대방의 사용을 방해할

---

93) 민사소송법 제344조(문서의 제출의무) ① 다음 각호의 경우에 문서를 가지고 있는 사람은 그 제출을 거부하지 못한다.

　1. 당사자가 소송에서 인용한 문서를 가지고 있는 때

　2. 신청자가 문서를 가지고 있는 사람에게 그것을 넘겨 달라고 하거나 보겠다고 요구할 수 있는 사법상의 권리를 가지고 있는 때

　3. 문서가 신청자의 이익을 위하여 작성되었거나, 신청자와 문서를 가지고 있는 사람 사이의 법률관계에 관하여 작성된 것인 때. 다만, 다음 각목의 사유 가운데 어느 하나에 해당하는 경우에는 그러하지 아니하다.

　　가. 제304조 내지 제306조에 규정된 사항이 적혀 있는 문서로서 같은 조문들에 규정된 동의를 받지 아니한 문서

　　나. 문서를 가진 사람 또는 그와 제314조 각호 가운데 어느 하나의 관계에 있는 사람에 관하여 같은 조에서 규정된 사항이 적혀 있는 문서

　　다. 제315조 제1항 각호에 규정된 사항 중 어느 하나에 규정된 사항이 적혀 있고 비밀을 지킬 의무가 면제되지 아니한 문서

94) 민사소송법 제344조(문서의 제출의무) ② 제1항의 경우 외에도 문서(공무원 또는 공무원이었던 사람이 그 직무와 관련하여 보관하거나 가지고 있는 문서를 제외한다)가 다음 각호의 어느 하나에도 해당하지 아니하는 경우에는 문서를 가지고 있는 사람은 그 제출을 거부하지 못한다.

　1. 제1항 제3호 나목 및 다목에 규정된 문서

　2. 오로지 문서를 가진 사람이 이용하기 위한 문서

95) 민사소송법 제345조.

96) 전원열, 앞의 책, 440면.

97) 민사소송법 제346조.

98) 민사소송법 제349조(당사자가 문서를 제출하지 아니한 때의 효과) 당사자가 제347조 제1항·제2항 및 제4항의 규정에 의한 명령에 따르지 아니한 때에는 법원은 문서의 기재에 대한 상대방의 주장을 진

목적으로 제출의무가 있는 문서를 훼손하여 버리거나 이를 사용할 수 없게 한 때에도 법원은 그 문서의 기재에 대한 상대방의 주장을 진실한 것으로 인정할 수 있다.[99] 그러나 상대방의 주장을 진실한 것으로 인정한다는 것 외에 과태료 등 금전적 제재는 없다.[100]

대법원은 "당사자가 법원으로부터 문서제출명령을 받았음에도 그 명령에 따르지 아니한 때에는 법원은 상대방의 그 문서에 관한 주장, 즉 문서의 성질, 내용, 성립의 진정 등에 관한 주장을 진실한 것으로 인정할 수 있음은 별론으로 하고, 그 문서들에 의하여 증명하려고 하는 상대방의 주장사실이 바로 증명되었다고 볼 수는 없으며, 그 주장사실의 인정 여부는 법원의 자유심증에 의하는 것"[101]이라고 판시하여 자유심증설을 따르고, 이는 조문에 충실한 해석이라고 평가받으면서도 증거편재가 심한 소송에서 상대방 당사자가 문서를 제출하지 아니하면 증명 방법이 막연하게 될 수 있다는 비판을 받는다.[102] 또한 실무상 문서의 기재에 대한 상대방의 주장을 인정한다는 말의 의미가 무엇인지 애매한 때가 많다는 비판도 있다.[103] 이에 따라 문서제출명령 제도의 실효성에 대한 비판이 제기되었다.[104]

실한 것으로 인정할 수 있다.

99) 민사소송법 제350조(당사자가 사용을 방해한 때의 효과) 당사자가 상대방의 사용을 방해할 목적으로 제출의무가 있는 문서를 훼손하여 버리거나 이를 사용할 수 없게 한 때에는, 법원은 그 문서의 기재에 대한 상대방의 주장을 진실한 것으로 인정할 수 있다.

100) 전원열, 앞의 책, 442면.

101) 대법원 2015. 6. 11. 선고 2012다10386 판결.

102) 정영환, 앞의 책, 771면.

103) 전원열, 앞의 책, 442면.

104) 다만, 실무에서는 당사자 일방이 법정에서 다른 상대방에게 어떤 문서가 있고 그것이 증거로 필요하다고 진술하면 법원이 그 상대방에게 위 문서를 소지하고 있는지 묻고, 만약 소지하고 있다고 하면 그 상대방에게 서증으로 임의로 제출하라고 요청하고 정식으로 문서제출명령을 하지 않는 경우가 일반적이다. 전원열, 앞의 책, 441면.

2. 문서제출명령 제도 개선안

대법원이 구성한 디스커버리 연구반(이하 '디스커버리 연구반'이라 한다)은 2022. 10.경 문서제출명령제도를 개편한 한국식 디스커버리 도입을 제안하며, 문서제출명령제도의 실효성을 확보하기 위해 민사소송법 제349조[105])와 제350조[106])를 개정해 당사자에 대한 제재를 강화하자고 제안하는 내용을 담은 보고서를 제출하였다.[107]) 디스커버리 연구반의 민사소송법 제350조 개정안은 민사소송법 제349조의 제재에 관한 규정을 준용하므로, 결국 ① 문서 등 자료의 기재에 대한 문서 등 자료의 제출을 신청한 당사자의 주장을 진실한 것으로 인정, ② 문서 등 자료의 제출을 신청한 당사자에게 문서 등 자료의 기재에 대하여 구체적으로 주장하는 것이 현저히 곤란하고 그 문서 등 자료로 증명할 사실을 다른 증거로 증명하는 것을 기대하기 어려운 사정이 소명되는 경우 증명할 사실에 관한 그 당사자의 주장을 진실한 것으로 인정, ③ 패소판결, ④ 수송비용 전부 또는 일부의 부담, ⑤ 위반자에 대하여 1,000만 원 이하의 과태

---

105) 디스커버리 연구반 민사소송법 개정안 제349조(당사자가 문서 등 자료를 제출하지 아니한 때의 효과) 당사자가 제346조 및 제347조 제4항부터 제6항까지의 명령에 따르지 아니한 때에는 법원은 직권 또는 상대방 당사자의 신청에 따라 다음 중 하나 이상의 불이익 제재를 부과하여야 한다.
    1. 문서 등 자료의 기재에 대한 문서 등 자료의 제출을 신청한 당사자의 주장을 진실한 것으로 인정
    2. 문서 등 자료의 제출을 신청한 당사자에게 문서 등 자료의 기재에 대하여 구체적으로 주장하는 것이 현저히 곤란하고 그 문서 등 자료로 증명할 사실을 다른 증거로 증명하는 것을 기대하기 어려운 사정이 소명되는 경우 증명할 사실에 관한 그 당사자의 주장을 진실한 것으로 인정
    3. 패소판결
    4. 소송비용 전부 또는 일부의 부담
    5. 위반자에 대하여 1,000만 원 이하의 과태료 부과
106) 디스커버리 연구반 민사소송법 개정안 제350조(당사자가 문서 등 자료의 사용을 방해한 때의 효과) ② 당사자가 제1항의 규정에 위반하여 문서 등 자료를 삭제한 경우에는 제349조의 규정을 준용한다. 단, 다른 법령에 의해 당해 문서 등 자료를 삭제할 의무가 존재하는 경우 또는 일상적인 시스템의 운용 중에 특별한 사정 없이 문서 등 자료의 삭제가 이루어진 경우에는 그러하지 아니하다.
107) 대법원, 사법행정자문회의, 정보, 회의자료, 제23차 회의자료, 4.[자문회의 23차] 디스커버리(증거개시)제도 도입, 157-163, https://www.scourt.go.kr/supreme/news/NewsViewAction2.work?pageIndex=1&searchWord=&searchOption=&seqnum=20&gubun=943 (2024. 10. 24. 확인).

료 부과가 민사소송법 제350조 개정안의 제재 방법이다.[108]

위와 같은 제재를 도입으로 개정된 문서제출명령 제도가 기대만큼 실효성이 충분히 있을 것인지는 아직 알 수 없으나,[109] 이하에서는 문서제출명령 제도의 실효성이 충분히 확보되어 문서제출명령의 의무를 지는 당사자가 그 의무를 실제로 다하기 위하여 노력할 것임을 전제로 리걸테크를 활용할 방안을 간단히 논한다.

3. 문서제출명령 제도 운용과 생성형 인공지능 리걸테크

전자적 디스커버리는 생성형 인공지능을 활용할 적절한 분야 중 하나다.[110] 다만, 미국과 같은 디스커버리 제도가 없는 한국 상황에 맞게 이를 활용할 방안을 고안하여야 하는 상황이다.

위에서 본 바와 같이 현행 민사소송법은 문서제출신청에는 문서의 표시, 문서의 취지, 문서를 가진 사람, 증명할 사실, 문서를 제출하여야 하는 의무의 원인을 밝혀야 하고,[111] 이때 문서제출신청자는 상대방이 소지한 문서를 구체적으로 알지 못해 위 사항을 적기 어려울 때가 많아서,[112] 민사소송법은 위 신청을 위하여 필요하다고 인정하면 법원이 신청대상이 되는 문서의 취지나 그 문서로 증명할 사실을 개괄적으로 표시한 당사자의 신청에 따라, 상대방 당사자에게 신청내용과 관련하여 가지고 있는 문서 또는 신청내용과 관련하여 서증으로 제출할 문서에 관하여 그 표시와 취지 등을 적어 내도록 명할 수 있도록 하였다.[113]

---

108) 디스커버리 연구반 민사소송법 개정안 제349조.

109) 제재의 실효성을 더 강화하기 위한 제안으로, 이준범, "미국 연방 법제상 디스커버리 의무 위반에 대한 제재에 관한 연구—판결로 하는 제재를 중심으로", 성균관법학 제36권 제1호(2024. 3.), 145-152면; 이준범, "미국 연방 법제상 디스커버리 의무 위반에 대한 변호사 제재에 관한 연구", 민사소송 제28권 1호(2024. 2.), 205-215면.

110) 예를 들어, Samuel D. Hodge, Jr,, *Revolutionizing Justice: Unleashing the Power of Artificial Intelligence*, 26 SMU Science and Technology Law Review 217, 231 (2023).

111) 민사소송법 제345조.

112) 전원열, 앞의 책, 440면.

　만약, 위 법률조항을 유지하면 문서제출명령 신청을 할 당사자는 민사소송법 제346조에 따라 신청대상이 되는 문서의 취지나 그 문서로 증명할 사실을 개괄적으로 표시해 신청하면 법원은 상대방 당사자에게 그에 관련하여 가지고 있는 문서 또는 신청내용과 관련하여 서증으로 제출할 문서에 관하여 그 표시와 취지 등을 적어 내도록 명하면서, 나아가 상대방 당사자로 하여금 그 서증을 생성형 인공지능 프로그램을 이용하여 찾을 것을 명한다. 그 운영 방법을 아래와 같이 예를 들어 설명한다.

　예를 들어, 원고 P가 사용자 회사 D를 상대로 소를 제기하였는데, 그 주장 중에는 2022년 1월경 D에게 채용된 P를 P가 여성이라는 이유로 D가 2023년 말 있었던 승진심사에서 차별하였다고 D의 인사담당자에게 항의했다는 이유로 D가 P를 2024년 1월경 해고한 것은 관련 법률 위반이라고 주장 내용의 소를 제기하였고, D는 이 사실을 부인한다고 가정한다.[114] 법원은 민사소송법 제346조에 따라 상대방 당사자에게 아래와 같이 명하면서 이를 D가 보존하고[115] 수집한[116] 데이터 중 생성형 인공지능 프

---

113) 민사소송법 제346조(문서목록의 제출) 제345조의 신청을 위하여 필요하다고 인정하는 경우에는, 법원은 신청대상이 되는 문서의 취지나 그 문서로 증명할 사실을 개괄적으로 표시한 당사자의 신청에 따라, 상대방 당사자에게 신청내용과 관련하여 가지고 있는 문서 또는 신청내용과 관련하여 서증으로 제출할 문서에 관하여 그 표시와 취지 등을 적어 내도록 명할 수 있다.

114) 이 사례는 미국의 전자적 디스커버리 법리에 관한 유명한 사건인 Zubulake v. UBS Warburg를 참고한 것이다. 이 사건에 관해 자세한 자서전적 성격의 책으로, Laura A. Zubulake, Zubulake's e-Discovery (2012).

115) 전자적 디스커버리의 보존의무에 관한 법적 논의는 이 글의 범위를 벗어난다. 보존의무에 관한 논문으로는 이준범, "미국 연방 디스커버리법제상 보존의무에 관한 연구—원고를 중심으로", 민사소송 제27권 3호(2023. 10.), 131-186면 등.

116) 보존된 데이터의 수집은 디지털 포렌식 등 별도의 리걸테크를 활용하여야 할 것으로, 이에 관한 자세한 논의도 이 글의 범위를 벗어난다. 디지털 포렌식은 과학 수사 기법의 한 분야를 뜻하는 전문용어이나 형사 사건뿐만 아니라 일상생활의 분쟁을 해결하는 역할을 하면서 더 넓게 사용되고 있다. 정두원, 디지털 포렌식 개론, 동국대학교출판부, (2023), 12면. 미국의 전자적 디스커버리에 관해 미국에 진출한 우리나라 다국적 기업들이 대비하기 위해서도 디지털 포렌식이 사용될 수 있다는 의견으로, 정두원, 위의 책, 17면. 디지털 포렌식 중 중요한 쟁점은 디지털 증거의 무결성 증명이다. 강구민·천성덕·김무석, 디지털 포렌식, KFopub, (2020), 172-173면. 디지털 포렌식 실무에 관한 간략한 소개로, 정혜욱, "임의조사로서의 디지털 포렌식", 중앙법학 제23권 2호(2021. 6.), 161-188면.

로그램을 이용하여 찾을 것을 명한다.[117]

〈예-3〉 문서목록제출명령 예시

---

1. 2022년 1월경 채용되어 2024년 1월경 해고된 P가 2023년 말 승진 심사에서 여성이라는 이유로 차별당했다는 주장과 관련된 전자적 자료를 가장 관련된 것부터 가장 관련되지 않은 순으로 50개를 찾아[118] 그 표시와 취지, 관련이 있다고 판단한 이유를 설명할 것.
2. 2022년 1월경 채용되어 2024년 1월경 해고된 P가 해고된 이유가 승진 심사 과정에서 성별에 따른 차별을 하였다고 D의 인사담당자에게 항의하였기 때문이라는 주장과 관련된 전자적 자료를 가장 관련된 것부터 가장 관련되지 않은 순으로 50개를 찾아 그 표시와 취지, 관련이 있다고 판단한 이유를 설명할 것.

이때 법원은 이를 위한 생성형 인공지능 서비스 검색 서비스를 제공하는 회사들의 신청을 받아 그 명부를 관리하면서 D가 위 명령을 이행하기 위해 외주를 줄 회사를 무작위로 지정한다.[119][120] 지정된 회사 A는 당사자로부터 비용을 받고 D가 보존

---

117) 아래 예는 가장 바람직한 프롬프트를 제시한 것이 아니라 위 사례를 기준으로 저자가 최소한 포함되면 좋겠다고 생각하는 내용을 간략히 정리한 것이다. 프롬프트는 사건 내용에 따라 적절히 만들어야 하는 것으로 일반적으로 통용되는 가장 바람직한 프롬프트를 제시하기는 어렵다. Joe Regalia, *From Briefs to Bytes: How Generative AI is Transforming Legal Writing and Practice*, 59 Tulsa Law Review 193, 223 (2024). 법률 영역에서 바람직한 프롬프트 엔지니어링 방법에 관한 논의의 예로, Id. at pp. 222-237.

118) 50개는 아래에서 더 자세히 보는 바와 같이 ① 생성형 인공지능 프로그램이 관련이 있는 것을 찾지 못하는 오류를 일으킬 가능성과 ② 피고의 부담을 고려하여 임의로 예를 든 것이다. 실제로는 법원이 위외 같은 사정을 포함한 제반 사정을 고려하여 정할 수 있을 것이다.

119) 이처럼 법원이 명부를 관리하며 무작위로 지정하는 이유는 외주 회사가 피고와 담합하는 것을 방지하기 위해서다. 대법원은 신체/진료기록 감정, 공사비 등의 감정, 측량 감정, 문서 등 감정, 시가 등 감정, 경매 감정 등을 위해 감정인 명단을 관리한다. 대법원 온라인감정인신청, 감정인 제도

한 데이터 중 생성형 인공지능을 이용해 위 내용을 아래와 같이 바꿔 검색한 결과와 검색 기록을 D에게 제공한다.

〈예-4〉 문서목록제출명령 이행을 위한 프롬프트 예시

1. 2022년 1월경 채용되어 2024년 1월경 해고된 P가 2023년 말 승진 심사에서 여성이라는 이유로 차별당했다는 주장과 관련된 전자적 자료를 가장 관련된 것부터 가장 관련되지 않은 순으로 50개를 찾아 그 표시와 취지, 관련이 있다고 판단한 이유를 설명할 것. 그리고 각 설명 뒤에 해당하는 관련된 전자적 자료를 첨부할 것. 이때 관련성을 판단할 때는 가장 관련 있는 자료를 10으로 가장 관련 없는 자료를 1로 보고 10에 해당하는 것부터 순서대로 나열할 것.

2. 2022년 1월경 채용되어 2024년 1월경 해고된 P가 해고된 이유가 승진 심사 과정에서 성별에 따른 차별을 하였다고 D의 인사담당자에게 항의하였기 때문이라는 주장과 관련된 전자적 자료를 가장 관련된 것부터 가장 관련되지 않은 순으로 50개를 찾아 그 표시와 취지, 관련이 있다고 판단한 이유를 설명할 것. 그리고 각 설명 뒤에 해당하는 관련된 전자적 자료를 첨부할 것. 이때 관련성을 판단할 때는 가장 관련 있는 자료를 10으로 가장 관련 없는 자료를 1로 보고 10에 해당하는 것부터 순서대로 나열할 것.

안내, https://gamjung.scourt.go.kr/ogi/servlet/OGISuperSvl?cmd=ogi310.OGI311s01Cmd (2024. 10. 23. 방문).

120) 다만, 이러한 회사는 D의 데이터에 접근하게 되므로 이 회사가 D의 데이터를 제3자에게 제공한다거나, 자체 인공지능 프로그램을 학습시키기 위해 사용하지 않을 것이라고 믿을 만한 주체여야 한다. Jim Sullivan, supra, p. 22. 대법원이 명부 관리를 하며 이를 심사하기 어려울 수도 있으므로 이러한 서비스를 하는 회사가 충분히 많아지고, 경력이 쌓여 신뢰할 수 있을 때까지는 당사자가 합의하여 지정하거나 당사자가 추천하는 회사 중 법원이 지정하는 방법을 고려할 수도 있을 것이다.

D 또는 D의 소송대리인은 위와 같이 제공받은 결과를 첨부된 전자적 자료와 비교해 존재하지 않는 자료를 있다고 설명하였거나, 관련 없는 자료를 관련 있다고 잘못 표시하는 등 오류가 있는지 확인할 것이다. P에게 증명책임이 있는 사실에 관한 어떤 자료가 실제 관련 없음에도 관련 있다고 표하는 것은 D에게 불리하므로 D에게는 이를 확인할 이익이 있다. 위와 같은 확인을 거친 후 법원 명령에 따라 관련 있는 자료의 표시와 취지를 적어 낸다.

P는 위 자료의 표시와 취지를 받아 그 내용을 확인한 후 P가 주장하는 사실에 관련된 전자적 자료에 관해 민사소송법 제345조에 따라 문서제출명령신청을 하고, 법원은 이러한 신청내용이 적절한지 심리하여 명령 여부를 정한다. 만약, 법원이 문서제출명령을 한다면 D는 그 명령 내용에 따라 A로부터 받았던 전자적 자료를 제출한다.

만약, D가 실제 관련이 있는 것을 찾았음에도 이를 숨겨 민사소송법 제346조에 따른 의무를 위반하였다고 P가 다툰다면 D는 A로부터 받은 검색 기록을 법원에 별도로 제출하여 의무 위반 사실이 없음을 보인다.

만약, 생성형 인공지능 프로그램에 따른 조사 결과 P의 주장사실과 관련이 있는 자료가 더 있음에도 위 50개에 포함되지 않았을 때는 어떻게 할 것인가? P의 주장사실과 관련이 있는 자료를 D가 찾아 법원에 제출할 유인이 일반적으로 D에게는 없으므로 이를 강제할 방안을 구상하여야 할 것인데, 크게 3가지 방법을 생각할 수 있다.

첫째, D가 위와 같은 명령에 따라 50개를 조사한 후, 별도로 남아 있는 자료를 추가로 조사하여 조사 결과가 없었다는 자료를 제출할 수 있다. 추가 조사 방법은 ① 생성형 인공지능 프로그램에 관련 있는 자료가 더 있는지 물어보는 방법, ② 남아 있는 자료 중 무작위로 자료를 추출하여 사람이 검토하는 전통적인 통계적 조사 방법, ③ 1번 방법과 2번 방법을 모두 다 하는 방법을 생각할 수 있다.

둘째, D가 제출한 50개에 관한 목록 또는 그 목록을 검토한 후 한 P의 신청에 관한 문서제출명령에 따라 D가 제출한 서증을 법원이 그 50개 중 관련성을 종합하여 고려하여 남은 자료들을 더 조사하여 목록을 제출한 것을 명할지를 판단하는 방법이 있다. 즉, 첫째 방법은 D가 법원 명령에 따라 제출한 목록이 아닌 별도 보고서를 심리하는 방법이고, 두 번째 방법은 D가 법원 명령에 따라 제출한 목록 자체 또는 서증 자체를 심리하는 방법이다.

　마지막으로 세 번째 방법은 법원이 첫째 방법에 따른 보고서와 둘째 방법에 따른 목록, 서증을 모두 심리한 후 추가 목록 제출명령을 심리하는 방법이 있다.

V. 결 론

　아직 생성형 인공지능을 겨우 리걸테크에 접목하기 시작한 단계에 해당하나, 이 기술은 다른 어떤 기술보다도 변호사들의 업무를 변화시키리라 예측한다.[121] 미국의 한 법학자는 현재 생성형 인공지능과 미래의 생성형 인공지능의 차이를 초기의 휴대전화기와 현재 스마트폰의 차이와 비교하기도 한다.[122] 해외에서는 이미 생성형 인공지능을 도입한 여러 스타트업 회사들이 법조계를 변화시키고 있다.[123]

　법학전문대학원이 새로운 법조 인력을 배출하기 시작하면서 이를 토대로 디스커버리 절차 도입 여건이 성숙하였다는 평가가 있었다.[124] 이제 이에 더하여 생성형 인공지능을 전자적 디스커버리에 접목하면, 전자적 디스커버리 의무를 이행하기 위하여 (일반적으로, 대형법무법인의 주니어) 변호사가 많은 자료를 검토하는 업무에서 벗어나 이를 소프트웨어에 맡길 수 있다.[125] 증거수집을 통한 실체적 진실의 접근을 한국 민사소송의 바람직한 지향점이라고 한다면,[126] 이러한 변호사 시장과 기술의 변화를

---

121) John Villasenor, *Generative Artificial Intelligence and the Practice of Law: Impact, Opportunities, and Risks*, 25 Minnesota Journal of Law, Science & Technology 25, 25 (2024).

122) Id. at p. 26.

123) Laura A. Lorek, *AI Legal Innovations: The Benefits and Drawbacks of Chat-GPT and Generative AI in the Legal Industry*, 50 Ohio Northern University Law Review 513, 524 (2024). 위 저자는 생성형 인공지능을 도입한 서비스를 제공하는 18개 스타트업 회사들을 간략히 소개한다. Id. at pp. 524-528.

124) 김형두, "새로운 법조양성체제하에서 미국식 디스커버리의 도입 방안", 법학평론 제9권(2019. 4.), 104-105면.

125) Joseph J. Avery, Patricia Sánchez Abril & Alissa del Riego, *ChatGPT, Esq.: Recasting Unauthorized Practice of Law in the Era of Generative AI*, 26 Yale Journal of Law & Technology 64, 93-94 (2023).

126) 이계정, "특허소송 심리에 있어서 증거수집절차 개선방안에 관한 소고─미국의 디스커버리 제도

적극적으로 활용하여 한국 민사소송법에 한국형 디스커버리 제도를 도입하는 것이
바람직하다.

의 시사점을 중심으로", 사법 통권 59호(2022. 3.), 250면.

제3편

AI 위험과 오남용에 대한 규제

제11장

사회통합과 법의 역할
– 생성형 AI의 활용을 중심으로

손영화
(인하대학교 법학전문대학원 교수)

I. 서 론

우리나라는 세계에서 가장 빠른 고령화 사회일 뿐 아니라 세계 제1위의 저출산 국가이다. 또한 우리나라는 이른바 다문화 사회이다. 이와 같이 고령화사회, 저출산 사회, 다문화사회라고 하는 특징을 갖는 우리나라에 있어서 사회통합이라는 주제는 우리 사회를 보다 살기 좋은 사회로 만들기 위하여 중요한 것이라고 할 것이다.

'2022 통계청 고령자 통계'에 따르면, 올해 한국 전체 인구의 17.5%인 901만 8천 명이 65세 이상 고령인구로, 이 비중이 계속 증가해 2025년에는 20.6%로 처음으로 20%를 넘어설 전망이다. 통계청은 특히 한국이 고령화되는 속도가 다른 OECD 국가들에 비해 상대적으로 빠른 것에 주목했다. 해당 통계에서 비교하는 국가는 한국, 일본, 캐나다, 미국, 이탈리아, 호주, 스페인, 독일, 프랑스, 영국, 오스트리아 등 11개국이다. 한국은 65세 이상 고령인구가 7%에서 14%에 도달하는 기간, 다시 14%에서 20%에 도달하는 기간이 각각 18년과 7년을 기록해 11개국 중 가장 빠르게 고령화가 진행되는 국가로 꼽혔다.[1]

---

[1] 전문가들은 한국의 고령화 문제가 공론화된 지 20년이 지났지만 실제 대중들이 고령화 문제를 체

또한, 우리나라는 저출산 국가이다. 우리나라 합계출산율은 1960년대부터 꾸준히 낮아졌지만, 위기로서의 저출산이 시작된 것은 2002년부터라고 할 수 있다. 출생아 수는 2001년 60만 명 선이 무너져 2002년에는 40만 명대로 크게 내려앉는다. 이 때 태어난 세대의 성장에 따라 지난 지방대 대량 미달 사태가 만들어졌고, 현재의 아르바이트생 부족 현상이 나타나고 있다. 저출산 세대가 본격적으로 사회에 진출하는 3~4년 후에는 노동시장 신규 진입 인력이 크게 감소하면서 전에 없던 노동력 부족 사태가 나타나기 시작할 것으로 전망되는데, 기업의 신규 인력난은 청년들이 기피하는 지방 기업들에서부터 본격화할 것이다.[2] 특히 우리나라의 저출산의 문제는 그 어느 나라보다도 지나치게 빠른 속도로 이루어졌다는 특징이 있다. 1950년대 후반부터 1982년까지 25년 넘게 대부분의 해에 약 80만 명, 굉장히 사이즈 큰 코호트로 아이가 태어났는데 그다음부터 출산아 수가 감소하기 시작했고, 2022년에는 출생아 수가 사상 처음 25만 명을 넘지 못한 것으로 나타났다. 여성 1명이 가임기(15~49세)에 낳을 것으로 예상되는 평균 출생아 수인 합계출산율도 0.78명으로 전년(0.81명)보다 3.7% 줄었다.[3] 1971년도에 100만 명이 태어났는데 불과 50년 만에 4분의 1토막이 난 것이다.

한편, 우리나라는 20세기 말 이후로 외국인 노동자와 학생이 급격히 증가하고 있다. 한국은 2014년을 기준으로 하여 외국인 주민이 약 157만 명, 결혼으로 이주한 인구는 24만 명, 취업 인구는 85만 명이나 되고 있어 명실상부한 다문화 사회이다.[4] 외국인 중에서는 중국 국적의 조선족이 가장 많고 최근에는 국제결혼 열기를 통해 "다

감하는 정도는 아직 상대적으로 낮다고 지적한다. 특히 아직까지 다른 OECD국가들에 비해 인구가 젊고, 많은 인구가 몰린 도시에 젊은 인구 비율이 높아 사람들이 고령화 문제의 심각성을 체감하기 어렵다고 설명한다(리차드 김, "한국 '초고속 고령화' 진행중… 사람들 문제 체감 못하는 이유는?", BBC News 코리아, 2022년 9월 30일자).

2) 이상림, "우리나라 저출산 현황과 향후 대책 방향", 『Focus』 2023 여름호(경제·인문사회연구회, 2023). https://www.nrc.re.kr/board.es?mid=a30200000000&bid=0044&act=view&list_no=176969&tag=&nPage=1&issue_cd=37 (최종방문일 2024. 8. 6.).

3) 김수연, "지난해 출생아 수 25만명 밑돌아… 합계출산율도 0.78명으로 역대 최저", 더나은미래, 2023년 8월 30일자.

4) 김윤정, "[기획-다문화] 우리사회에 나타나는 다문화 현상", 내외신문, 2023년 5월 15일자.

문화 가정"이 크게 늘어나 국제결혼으로 태어난 혼혈 가족 다문화 가정은 23만 가구에 달하고 있다. 다문화학생은 전년 대비 1만 2533명 늘어난 18만 1178명으로 나타났으며, 전체 학생의 3.5%에 해당했다. 2014년 6만 7806명보다 11만 3372명 늘어 약 3배 증가했다.[5]

그동안 우리나라는 1960-70년대의 고도압축 성장에 따른 빈부의 격차, 부의 편재 현상, 불균형 성장 등에 의하여 사회적 갈등요인이 팽배해 있었다. 최근에도 세대간 갈등, 젠더 갈등 등 갈등요인이 존재하였다. 또한 다문화 사회로의 진입에 따라 다문화 배경의 사람과 그렇지 않은 사람 간의 갈등문제 더 나아가 외국인 노동자와의 갈등문제도 노정되거나 잠재적으로 존재하기에 이르렀다.

사회통합이란 사회구성원들을 사회적 위험으로부터 보호하고 사회적 갈등을 줄여 사회구성원들이 공동체에 귀속감을 느끼게 하는 것이다. 다양한 특성을 가진 구성원들이 소속감을 갖고 비전을 공유하며 상호간 우호적 관계를 유지할 때 사회는 안정되고 미래지향적 목표를 향해 나갈 수 있다. 이러한 측면에서 우리 사회의 갈등은 신중하게 다루어진 후 명쾌한 해법이 시급이 요청되는 시점이다.[6]

이하에서는 우리 사회의 통합이라는 대전제하에서 법의 역할이 하여야 할 바를 특히 생성형 AI의 활용이라는 측면에서 검토해 보고자 한다. 이와 같은 검토는 생성형 AI 등의 활용에 따른 부작용을 최소화하기 위한 문제에서부터 적극적으로 생성형 AI를 활용한 사회문제의 해결이라는 측면에 대한 법기술적 검토까지 해 보고자 한다. 이와 같은 검토는 우리 사회를 보다 통합적인 사회로 만듦으로서 갈등이 적은 사회 더불어 함께 사는 사회를 만들어 나가는 데 도움이 될 것으로 생각된다.

---

5) 국제결혼가정(국내출생) 다문화 학생 비율이 전체 다문화 학생의 71.7%를 차지해 가장 높았다. 국적은 베트남이 32.1%로 가장 많았으며, 중국 24.6%, 필리핀 9.1% 등의 순이었다(지성배, "[2023 교육통계 ①]1년에 학생 10만명 감소…다문화학생은 연 1만명 증가", 교육플러스, 2023년 8월 31일자).

6) 김미숙/김상욱/강신욱/정영호/김안나/조명래/이주연/하태정, 『사회통합 중장기 전략 개발 연구』, 사회통합위원회, 2012, 머리말.

II. 차별 없는 세상 만들기

1. 차별금지법 제정의 움직임

지난 2020년 6월 29일 장혜영 정의당 의원이 차별금지법안을 대표발의한 데 이어 6월 30일에는 국가인권위원회(인권위)가 국회에 '평등 및 차별금지에 관한 법률(평등법)' 제정을 요구하는 의견을 냈다. 지난 2006년 정부에 차별금지법 입법을 권고한 뒤 14년 만이었다. 당시 최영애 국가인권위원장은 "장애, 성별 등 차별을 규제하는 개별법이 있지만 다양한 현실을 개선하는 데 한계가 있다"며 "평등법 제정은 더 미룰 수 없는 우리 사회의 당면 과제"라고 밝힌 바 있다. "평등법 제정에 대한 국제사회 요구와 사회적 공감대도 높아지고 있다"고도 강조했다. 실제로 경제협력개발기구(OECD) 34개 회원국 가운데 한국과 일본 등을 제외한 대부분 국가엔 차별금지법 내지 평등법이 이미 마련돼 있다. 2020년 3월 인권위가 실시한 '국민인식조사'에선 성인 10명 중 9명이 차별금지법 제정에 찬성하기도 하였다.[7] 인권위가 입법 시안을 제시한다는 것은 관련 법 제정에 있어 매우 구체적인 의견표명을 한 것이라고 볼 수 있다. 국회에 이 시안을 참조해 법률을 제정해 달라는 의미이다.[8]

차별금지법은 성적 지향, 고용형태, 성별, 출신국가, 장애 등을 이유로 차별하는 것을 금지한다. 인권위가 직접 마련한 시안엔 성별, 장애, 나이, 성적 지향, 성별정체성 등 21개 차별 사유가 적시됐다. 예시적으로 차별 사유를 규정한 데 있어 인권위는 "사회의 차별 현실을 정확히 드러내고 그 경험을 공유하는 의미가 있다"고 설명했다.

---

7) 박윤경, "차별금지법 입법 시동…인권위, 14년 만에 제정 촉구", 한겨레, 2020년 6월 30일자. '차별에 대한 국민인식조사'에서 성인 응답자의 88.5%가 차별금지법 제정이 필요하다고 응답했다. 차별금지법 제정을 반대하는 종교단체 등이 주로 공격해 온 '성적 지향·성별정체성'에 대해서도 응답자의 73.6%가 "동성애자, 트랜스젠더 등과 같은 성소수자도 다른 사람들과 마찬가지로 존중받아야 하고 동등한 대우를 받아야 한다"고 답했다(박윤경, "국민 10명 중 9명 "차별금지법 제정해야"", 한겨레, 2020년 6월 23일자).

8) 리차드 김, "차별금지법 생기면… 정말 표현의 자유가 침해될까?", BBC News 코리아, 2020년 7월 1일자.

반면 차별금지법안 얘기가 나올 때마다 일부 기독교 단체에서는 차별금지법이 '동성애를 조장한다' 혹은 '동성애 반대하는 사람은 처벌받는다'와 같은 주장도 나온다.

2. 외국에서의 차별금지법

영국에는 평등법(Equality Act)이 있고, 독일에는 일반평등대우법(General Equal Treatment Act)이 있다. 호주와 캐나다도 차별금지법(Discrimination Laws), 인권법(Human Rights Act) 등의 이름으로 차별을 포괄적으로 금지하는 법들이 있다. 미국의 민권법(Civil Rights Act)도 차별금지와 평등에 관한 대표적 입법례이다.

(1) 미국 민권법의 입법 배경

존 F. 케네디의 뒤를 이어 대통령이 된 린든 B 존슨 부통령은 대통령 취임 후 얼마 지나지 않아 미국의 고질적인 악 중 하나인 인종차별 근절에 총력을 기울였다. 존슨 대통령은 1963년 케네디 대통령이 제안한 법률을 연방의회가 제정하도록 촉구했다. 이 법은 모든 미국 국민의 투표권을 보장하며, 인종 또는 종교를 이유로 호텔, 레스토랑 및 기타 공공장소의 입장을 거부하는 것을 처벌 대상으로 하여 죄로 삼고, 인종적으로 통합된 학교 실현을 위한 움직임을 가속화해 모든 사람들에게 평등한 고용 기회를 보장하는 수단을 제공하는 것이었다. 의회에서의 오랜 토론 끝에 이 법안은 1964년 상하 양원에서 모두 압도적 다수로 가결되었다. 이 법은 지금까지 제정된 민권법 가운데 가장 광범위한 것으로 미국 입법사상 획기적인 사건이었다. 존슨 대통령은 이 법안의 대통령 서명에 앞서 1964년 7월 2일 미국민을 상대로 한 성명을 방송에서 발표하였다.[9]

---

9) リンドン・B・ジョンソン, "公民権に関する声明", 1964. 158面. https://americancenterjapan.com/wp/wp-content/uploads/2015/09/wwwf-majordocs-civilrights.pdf (최종방문일 2024. 8. 6.).

(2) 미국 민권법의 주요 내용

미국 민권법은 1960년대 미국 흑인의 공민권운동이 고조되고 케네디 대통령이 정책으로 진행되고, 케네디 대통령 암살 후 존슨 대통령 때 1964년에 제정된 종합적인 흑인 차별을 없애는 입법 조치이다. 특히 선거권 등록에서 읽고 쓰기 테스트를 금지하여 선거권 제한을 없애고 평등한 인권을 보장하였다.

민권법은 주로 흑인의 민권을 폭넓게 인정한 법률로 그 주된 내용은 다음과 같다.

(i) 흑인 선거권 보장. 선거 시의 「읽고 쓰기 능력 테스트」의 금지 등 투표권 행사에 있어서의 인종차별을 배제한다. 이 흑인 선거권의 보장은 다음 해에 제정된 1965년 투표권법에 의해 강화되었다.

(ii) 인종, 피부색, 종교 또는 출신국을 이유로 공공시설 및 호텔, 레스토랑, 영화관 등의 시설에서 차별 또는 격리되어서는 안 되며 모든 사람이 재화, 서비스, 설비, 특전, 이익, 편의를 「완전하고 평등하게」 즐길 권리를 가진다.

(iii) 공교육에서 인종차별을 배제하기 위하여 미국 교육국이 그 실정에 대해 조사하고 인종공학의 실시에 대해 전문적 원조를 하고, 법무장관은 적절한 구제조치를 취하여야 한다.

(iv) 널리 고용에 있어서의 인종차별 폐지를 추진하기 위해서, 평등고용기회위원회를 설치하고, 또 법원에 있어서 적당한 「차별 시정조치」(Affirmative Action)를 강구하도록 명령하고 있다.

이 민권법의 성립은 흑인의 차별 반대 투쟁의 큰 수확이라고 할 수 있는데, 이것으로 문제가 해결된 것은 아니었다. 남부의 흑인의 차별은 여전히 뿌리 깊고, 또한 북부에서도 특히 대도시에서 빈부의 격차가 확대되고, 현재에 불만스러운 흑인 중에는 비폭력 저항을 하고 실력으로 백인에 대항하려고 하는 블랙 파워 운동이 1960년대 후반부터 대두되었다.

(3) 성 소수자에 대한 보호의 확대

2020년 6월 15일에 발표된 획기적인 판결에서, 미국 연방대법원은 단지 동성애자나 트랜스젠더라는 이유로 해고하거나 다른 방법으로 차별하는 것은 고용주가 1964

년의 민권법 제7호를 위반한 것이라고 판결했다.

연방법원은 성차별을 금지하는 1964년 민권법의 문구가 성적 지향과 성 정체성에 따른 차별에도 적용된다고 밝힌 것이다.[10] 6 대 3 판결에서 다수의견을 작성한 고서치(Gorsuch) 대법관은 대법원장인 존 로버츠(John Roberts)와 법원의 진보성향의 네 명의 대법관들과 함께, 고용주가 성적 성향이나 성 정체성을 근거로 고용인들을 차별하는 것은 연방법상 위법이라고 판결하였다.[11] 이는 근로자의 성적 지향이나 성 정체성을 근거로 고용주가 해고해서는 안 된다는 역사적 판결을 내린 것이다. 1964년 제정된 민권법 제7조 성차별 금지조항이 성 소수자에게도 확대 적용된 첫 사례였다. 트랜스젠더 권리에 관한 최초의 주요 사례인 이 결정은 유색인종을 겨냥한 폭력에 항의하는 시위가 확산되고 있는 가운데 이루어졌다. 이 판결이 나오기 전까지는 절반 이상의 주에서 게이, 바이섹슈얼, 트랜스젠더로 해고하는 것이 합법이었다. 이 판결의 결과 미국 전역에서 수백만 명의 사람들이 직장에서 보호를 받을 수 있게 되었다.[12]

미국 민권법 제703조 (a)(1)의 「성을 이유로 차별한다」의 의미를 검토함에 있어서 우선, '성(sex)'이라는 문구는 생물학적인 남녀의 구별만을 의미한다는 전제에 서서 논의를 진행한다. 다음으로 '이유로서(because of)'라고 하는 문구는 저것이 없으면 이것이 없다고 하는 조건 관계를 의미한다. 성만이 이유인 것이나 성이 주된 이유인 것은 제7편의 문언상으로도 요구되고 있지 않고, 다른 요인도 다투어지고 있는 결과, 「이유로서」라고 하는 요건은 충족된다. 마지막으로 '차별한다(discriminate)'라는 문구는 그 속성을 가진 자의 집단(group)을 대상으로 할 필요는 없으며 특정 개인(individual)에 대

10) Adam Liptak, Civil Rights Law Protects Gay and Transgender Workers, Supreme Court Rules, The Newyork Times, June 15, 2020(Updated Oct. 14, 2021). https://www.nytimes.com/2020/06/15/us/gay-transgender-workers-supreme-court.html (최종방문일 2024. 8. 6.).

11) Melissa Legault, Daniel Pasternak, Laura Lawless and Lew Clark, Landmark U.S. Supreme Court Ruling Prohibits Sexual Orientation And Gender Identity-Based Discrimination In Employment (US), Employment Law Worldview, June 15, 2020. https://www.employmentlawworldview.com/landmark-u-s-supreme-court-ruling-prohibits-sexual-orientation-and-gender-identity-based-discrimination-in-employment-us/ (최종방문일 2024. 8. 6.).

12) Adam Liptak, op. cit.(Civil Rights Law Protects Gay and Transgender Workers, Supreme Court Rules).

한 불이익이 있으면 된다.[13] 민권법 제703조 (a)(1)이 3번이나 「개인」을 차별하는 것을
금지한다고 정하고 있는 것으로부터도 그 사실은 분명하다.[14]

3. 생성형 AI에 의한 차별금지

생성형 AI를 포함하여 AI는 인사평가, 여신관리, 양형판단 등에서 활용되게 되어
있는데 이때 차별적인 판단을 할 우려가 있다. AI에 의한 차별의 주요 요인으로는 다
음과 같은 4가지를 들 수 있다.[15] ① 알고리즘 설계에 기인한 차별,[16] ② 학습하는 데
이터에 기인한 차별,[17] ③ 집단 속성에 따른 판단에 따른 차별,[18][19] ④ 인간에 의한 책
임 전가를 들 수 있다.[20] 이하에서는 AI에 의하여 발생할 수 있는 차별의 요인에 대하

---

13) 구체적으로는 사용자가 한나라는 여성을 여성스럽지 않다는 이유로 해고하고, 밥이라는 남성을 남성
답지 않다는 이유로 해고한 경우, 집단으로서는 남녀를 평등하게 다루고 있지만, 양쪽 경우 모두 사용
자는 부분적으로는 성을 이유로 개인을 해고하고 있으며, 이러한 취급은 제7편에 의해 금지된다.

14) 長谷川珠子, "性的少數者保護と性差別禁止法理 ―アメリカの議論を中心に", 『日本勞働研究雜誌』第735号(獨立
行政法人勞働政策研究·研修機構, 2021), 43面.

15) 이하의 AI에 의한 차별의 요인에 대해서는 다음을 참조. 손영화, "AI의 공정성에 관한 연구―차별
없는 AI 사회의 실현", 『한양법학』제34권 제3집(한양법학회, 2023), 278-283면.

16) 이를 모델링의 편향(Bias in modelling)이라고도 한다.

17) 이를 교육의 편향(Bias in training)이라고도 한다.

18) 예를 들어 미국에서는 피고인의 미래 재범 위험 평가에 사용되는 시스템 기술이 흑인을 차별하
는 것으로 밝혀졌다(Courtland R. Bias detectives: the researchers striving to make algorithms fair. Nature. 2018;
558(7710): 357). 마찬가지로 영국에서는 양육권 결정을 내리는 데 사용되는 알고리즘이 저소득자
를 차별하는 것으로 밝혀졌다(Burgess M. UK police are using AI to inform custodial decisions-but it could be
discriminating against the poor. WIRED, 2018. 1. 3. https://www.wired.co.uk/article/police-ai-uk-durham-hart-
checkpoint-algorithm-edit (최종방문일 2024. 8. 6.).)[손영화, 전게논문("AI의 공정성에 관한 연구―차별 없는
AI 사회의 실현"), 278면].

19) 지난 5년 동안 Durham Constabulary와 컴퓨터 과학자들은 HART(Harm Assessment Risk Tool)를 개발
해 왔다. 인공지능 시스템은 용의자가 2년 동안 추가 범죄를 저지를 위험이 낮은지, 중간인지, 높은
지 여부를 예측하도록 설계되었다. HART는 개인의 연령, 성별 및 범죄 이력을 포함하는 34가지 범
주의 데이터를 사용하여 위험도를 낮음, 보통 또는 높음으로 평가한다. 이러한 데이터 범주에는 우
편번호 정보가 있다(Burgess M. op. cit.)[손영화, 전게논문("AI의 공정성에 관한 연구―차별 없는 AI 사회의
실현"), 278면].

20) 成原慧/松尾剛行, "AIによる差別と公平性―金融分野を題材に", 『季刊 個人金融』2023年 冬号 (一般財団法人ゆう

여 간략히 살펴본다.

(1) 알고리즘 설계에 인한 차별

기존 컴퓨터 프로그램이나 이를 구현한 시스템의 경우와 마찬가지로 AI도 알고리즘 설계에 의해 차별적인 판단을 내릴 가능성이 있다.[21] 알고리즘 차별의 원인으로 생각할 수 있는 것이 데이터의 선택이다. 많은 연구자들이 알고리즘 차별의 원인이 데이터 선택과 관련이 있다고 하고 있다.[22][23] 데이터 수집은 인종과 성별에 따라 불균등하게 분포된 접근 가능한 "주류" 조직을 선호하는 경향이 있다. 불충분한 데이터는 역사적으로 채용 과정에서 소외된 그룹을 걸러내게 된다. 과거 데이터를 관찰하여 미래의 채용 결과를 예측하는 것은 미래의 채용 불평등을 증폭시킬 수 있다.[24][25] 한편, 차별이 설계자가 선택한 데이터 특징에 기인한다고 하는 견해도 있다.[26]

ちょ財団 貯蓄経済研究部, 2023), 11面.

21) 손영화, 전게논문("AI의 공정성에 관한 연구—차별 없는 AI 사회의 실현"), 278면.
22) 동일한 타깃 설정에도 불구하고 도달한 결과가 다르다는 것은 알고리즘 플랫폼이 가장 성공적인 후보자를 예측한 것이 아니라, 과거의 고용 데이터를 반영하고 있음을 나타낸다. 이는 목재 산업이 역사적으로 80% 이상 남성이고, 캐셔는 역사적으로 70% 이상 여성이었기 때문이다(Maya C. Jackson, Artificial Intelligence & Algorithmic Bias: The Issues With Technology Reflecting History & Humans, 16 J. Bus. & Tech. L. 299, 310-311(2021)).
23) 사전 채용 평가(Pre-employment assessments)가 인간의 편견에 맞설 수 있다고 주장하는 사람들이 있지만, 평가(특히 데이터 기반의 알고리즘 평가)는 객관성의 외관을 제공하면서 불평등을 고착화할 위험이 있다(Manish Raghavan, Solon Barocas, Jon Kleinberg and Karen Levy, Mitigating Bias in Algorithmic Hiring: Evaluating Claims and Practices, In: Conitzer V, Hadfield G, Vallor S (eds), Proceedings of the 2020 conference on fairness, accountability, and transparency. Association for Computing Machinery, Machinery, New York, 2020, p. 3).
24) Zhisheng Chen, Ethics and discrimination in artificial intelligence enabled recruitment practices, Humanities and Social Sciences Communications volume 10, Article number: 567(2023), p. 3.
25) 예측 채용 도구는 제도적 및 체계적 편견을 반영할 수 있으며, 민감한 특성을 제거하는 것은 해결책이 되지 않는다. 과거 채용 결정과 평가에 기반한 예측은 채용 과정의 모든 단계에서 불평등의 패턴을 드러내고 재생산할 수 있다. 이는 도구가 인종, 성별, 나이 및 기타 보호된 특성을 명시적으로 무시하는 경우에도 그러하다(Miranda Bogen & Aaron Rieke, HELP WANTED—An Examination of Hiring Algorithms, Equity, and Bias, Upturn, 2018, p. 1).
26) 불투명한 수학적 모델과 데이터가 우리의 삶의 개인적인 측면에 점점 더 많이 적용됨에 따라 자율적인 의사결정이 차별을 강화하고 불평등을 심화시킬 수 있다는 우려가 있다. 예를 들어, 편향된 알

알고리즘과 AI는 불공평한 고용 기회를 초래할 수 있으며 책임 없는 차별이 발생할 가능성이 있다. 채용 시 AI의 이점을 활용하려면 조직은 프로그램을 신중하게 선택하고, 책임 있는 알고리즘의 채택을 장려하고, 하이테크 기업 내에서 인종 및 성별 다양성 개선을 옹호해야 한다.[27]

(2) 학습하는 데이터로 인한 차별

생성형 AI는 데이터로부터의 학습에 의해 스스로의 출력이나 프로그램을 변화시키는 성질을 가지고 있다. 그러므로 AI는 데이터로부터 학습함으로써 자신의 기능을 지속적으로 향상시켜 나갈 수 있다. 반면, 이러한 성질에 의해 AI는 그 알고리즘이 적절하게 설계되었다고 해도 편향된 데이터를 학습함으로써 차별적인 판단을 해 버릴 우려가 있다.[28] 생성형 AI의 판단 기준은 인간과 기계학습에 의해 만들어진다. 학습한 내용이나 인간이 만든 프로그램에 바이어스(bias)가 걸려 있으면 기준은 왜곡, AI도 편견을 가지는 것이다.[29] 예를 들어, 골든리트리버도 시바견도 개의 일종이지만, 만약 기계학습 시에 골든리트리버의 이미지만으로 AI가 개를 배운 경우, 시바견은 "개"

고리즘이 범죄와 가석방 결정, 채용 결정, 그리고 금융 대출에서 보고되었다(Lynette Yarger, Fay Cobb Payton and Bikalpa Neupane, Algorithmic equity in the hiring of underrepresented IT job candidates, Online Inf Rev 44(2)(2016), p. 384).

27) Zhisheng Chen, op. cit., p. 2.

28) 일부 알고리즘은 인간의 편견, 특히 보호 대상 그룹에 영향을 미치는 편견을 복제하고 심지어 증폭시킬 위험이 있다(Sara Chodosh. Courts use algorithms to help determine sentencing, but random people get the same results, Popular Science, January 18, 2018. https://www.popsci.com/recidivism-algorithm-random-bias/ (최종방문일 2024. 8. 6.)). 예를 들어 미국 판사가 보석금 및 선고 한도를 결정하기 위해 사용하는 자동화된 위험 평가는 잘못된 결론을 생성할 수 있으며, 그 결과 특정 그룹에 더 긴 징역형 또는 유색인에게 부과되는 더 높은 보석금과 같은 큰 누적 효과가 발생할 수 있다(Nicol Turner Lee/Paul Resnick/Genie Barton, Algorithmic bias detection and mitigation: Best practices and policies to reduce consumer harms, BROOKINGS, May 22, 2019. https://www.brookings.edu/research/algorithmic-bias-detection-and-mitigation-best-practices-and-policies-to-reduce-consumer-harms/#footnote-6 (최종방문일 2024. 8. 6.)).

29) AI 시스템이 차별을 하는 이유가 인간의 차별을 반영하는 데이터로 훈련되었기 때문이다(Frederik Zuiderveen Borgesius, DISCRIMINATION, ARTIFICIAL INTELLIGENCE, AND ALGORITHMIC, Directorate General of Democracy, 2018, p. 31).

로 간주되지 않게 된다. 인간으로 말하면 「시바견은 본 적 없다. 이것은 개가 아니다」라고 주장하는 것과 같다. 분명한 편견이지만, 똑같은 일이 AI에서도 일어나는 것이다. 좋아하고 싫어하지 않아도 학습 데이터에 편향이 있으면 AI도 편견을 가진다는 것이다.[30]

특히, 생성형 AI에 의한 차별은 인간의 차별에 비하여 더욱 위험할 수 있다. 왜냐하면, AI는 복제가 쉽고 인간보다 작업이 빠르다는 점에서 매우 위험하다. 편견을 가진 AI가 대량으로 만들어지고, 고속으로 작업을 하면 어떻게 될 것인가. 편견이 쉽게 확산되어 차별의 피해도 순식간에 확대될 것이다. 또한, AI에 의한 차별의 피해가 발생한 경우에는 그 책임 소재도 모호해지기 쉽다. AI를 만든 측이 나쁜지, 사용한 측이 나쁜지, 편향된 데이터를 제공한 측이 나쁜지, 곧 판단할 수 없다.[31]

(3) 집단의 속성에 근거한 판단에 따른 차별

「AI에 의한 차별」을 일으키는 보다 근본적인 요인으로서 개인이 속한 집단의 속성에 근거한 판단이 문제될 수 있다. 즉 AI는 개인을 다양한 속성을 가진 데이터 묶음으로 인식하기 때문에 AI는 개인을 그 사람이 가진 여러 속성에 근거해 확률적으로 판단하게 된다.[32] 부분적인 인간 데이터를 기계에 제공하면 알고리즘이 편향되어 결국 '에이전트 차별'의 위험으로 이어질 수 있다. 예컨대, 채용 과정에서 알고리즘 편향은 성별, 인종, 피부색, 성격 등에서 나타날 수 있다.[33][34]

---

30) 三津村直貴, "なぜAIでも「偏見」は起きるのか? 発生原因を開発プロセスごとにやさしく解説", ビジネス+IT, 2020. 1. 21. https://www.sbbit.jp/article/cont1/37511 (최종방문일 2024. 8. 6.).
31) 인공지능은 차별이나 불평등을 발견하는 데 사용될 수도 있다(Munoz C, Smith M and Patil DJ, 'Big data: A report on algorithmic systems, opportunity, and civil rights', White House, Executive Office of the President, 2016, p. 14). 인공지능 시스템이 일련의 사진 모음이 성별 고정관념을 포함한다는 것을 보여 준다고 가정해 보자. 그러한 발견을 해석하는 한 가지 방법은 인공지능 시스템이 이미 존재하는 고정관념이 있는 행동을 보여 준다는 것이다. 그러므로, 인공지능 시스템은 그렇지 않았다면 숨겨져 있었을지도 모르는 존재하는 불평등을 발견하는 데 도움을 줄 수 있다(Frederik Zuiderveen Borgesius, op. cit., p. 31).
32) 손영화, 전게논문("AI의 공정성에 관한 연구—차별 없는 AI 사회의 실현"), 282-283면.
33) Zhisheng Chen, op. cit., p. 3.
34) 한편, 바이어스의 배제만으로는 충분하지 않다. AI 시스템은 공정한 결과를 추구하는 데에도 주력

(4) 인간에 의한 책임 전가

AI가 차별을 하여 누군가가 피해를 입은 경우 책임을 져야 하는 주체는 AI인가 인간인가 하는 문제가 있다. 이는 이른바 자율주행자동차가 일으킨 사고에 대하여 누구에게 책임을 지워야 하는가 하는 문제에서 비슷하게 발생한 바 있다.[35] AI나 AI를 탑재한 로봇이 뜻밖의 사건이나 사고를 일으켰을 경우, 특히 그러한 사건이나 사고가 차별에 의하여 발생한 경우 누가 책임져야 할 것인가는 불분명하다. 메이커, 유저, AI 중 누가 책임을 져야 하는가 하는 논의는 앞으로의 과제가 될 것이다. 우선, 메이커가 책임을 진다고 하는 경우에는 엔지니어에게 AI와 로봇 개발은 위험을 수반할 수 있기 때문에 AI와 로봇산업 전체의 위축으로 이어질 가능성이 예상된다. 또한 AI는 사용자를 통해 기계학습하고 변화해 나가기 때문에, 메이커에게 모든 책임을 지우는 것은 이상하다고 하는 의견도 있다. 결국, AI의 사건·사고를 둘러싼 새로운 논의가 필요할 것으로 생각된다. 그러나 그전까지는 AI를 이용하고 있는 인간에게 책임을 지우는 것이 합리적일 것으로 생각된다. AI의 사건·사고에 대한 책임을 추궁하는 경우 인간의 책임을 기계에게 전가하여서는 안 될 것이다. 인간과 기계와의 융합, 인간과 로봇이

해야 한다. 공정성은 개별 속성에 기초한 차별적인 결과를 피하고 공정성과 평등성을 추구하는 것을 의미한다. 예를 들어, 채용 과정에서 사용되는 AI 시스템은 후보자의 자질과 능력에 따라 선택해야 한다. 성별과 인종 기반 차별을 없애고 공정한 경쟁 기회를 제공해야 한다(Minami, "AIと社会的な公正: バイアスの排除と公平な結果の追求", 2023. 7. 10. https://note.com/_minami__/n/n4899769182ca (최종방문일 2024. 8. 6.).

35) 지난 2018년 3월 미 애리조나주 템피시에서 자율주행자동차가 보행자를 치어 숨지게 한 사건이 있었다. 우버가 생산하고 시범운행 하는 과정에서 발생한 사고였다. 피해자 일레인 허즈버그는 자율주행차량으로 인한 첫 희생자로 기록됐다. 허즈버그 사망 이후 누구에게 법적 책임을 물어야 할 것인가가 쟁점이 되었다. 미 연방 검찰은 사고 당시 차내에서 모니터링을 담당한 라파엘라 바스케즈를 과실치사 혐의로 기소했다. 바스케즈는 "내가 운전한 것이 아니기 때문에 책임이 없다"며 항변했다. 그러나 블랙박스 조사 결과 바스케즈가 스마트폰으로 TV를 시청하는 와중에 벌어진 사고임이 드러났다. 이듬해 2019년 애리조나 법원 셰일라 설리번 담당검사는 바스케즈에게 "추가조사를 경찰에 의뢰하라"는 내용의 서신을 보냈다. 설리번 검사는 바스케즈가 자율주행 차량 백업 운전자로서 역할을 제대로 수행했다면 "피할 수 있는 사건"이라고 덧붙였다. 반면 자율주행차량을 제조한 우버 측에는 "처벌할 법적 근거가 없다"고 밝혔다(박혜섭, ""AI가 저지른 과실은 AI에게 책임을 물어야 한다"…'AI 과실법' 만들어야", AI타임스, 2020년 10월 15일자).

나 AI와의 공존을 위해 해결해야 할 과제는 산적하여 있다고 할 것이다.[36]

4. 소 결

　AI의 공정성은 인공지능 시스템이 모든 사람들에 대해 공정하고 공평하게 작동하도록 보장하는 것을 의미한다. 이는 AI가 편견 없이 모든 이용자를 동등하게 다루고, 인종, 성별, 국적, 인종적 및 사회적 배경 등과 같은 특정 그룹에 대해 불리한 편견을 가지지 않도록 하는 것을 목표로 한다. AI 시스템의 공정성을 보장하기 위해서는 차별 배제 및 신뢰성 구축을 통하여 불공정한 AI 시스템이 사회적 불평등을 증대시킬 수 없도록 하여야 할 것이다. AI의 공정성은 사회적 안전망을 구축하는 데 중요한 역할을 한다. AI 공정성을 달성하기 위해서는 다음과 같은 조치들이 필요하다. ① 다양한 데이터셋의 활용, ② 알고리즘 검토, ③ AI 시스템에 대한 규제와 표준의 마련, ④ 윤리적 측면을 고려한 AI 개발, ⑤ 피드백 시스템의 구축 등이 그것이다.[37]

　AI의 공정성에서는 AI의 판단이 공정한지에 대해서 최종적으로 그 AI를 이용하는 일반 이용자가 어떻게 파악할 것인가 하는 점도 매우 중요하게 된다. 따라서 AI 서비스 제공자 측인 기업이 정한 민감한 항목이나 기준치와 이용자 측인 일반 이용자의 감각이 괴리되면 불공정한 AI를 제공하는 기업으로 신뢰를 잃을 가능성이 있다. 특히 주의가 필요한 부분이다. AI의 폐해를 막기 위해서는 기업의 윤리의식이 선행되어야 한다. 인권을 존중하는 것은 정부와 기업 모두에게 필요하다. 국내법이 없는 경우, 인권의 도덕적 정당성은 상당한 규범적 힘을 수반한다. 인권법은 AI로 인한 가장 심각한 사회적 해악 중 일부를 해결할 수 있으며, 미래에 그러한 해악이 발생하는 것을 방지할 수 있다.[38] AI의 판단은 알고리즘에 기반하며, 알고리즘은 기업에 속한 인간 개

---

36) 蒔田貴子, "ロボットやAIと人間の関係性を究める", 東工大の研究者たち vol. 31(東京工業大学, 2018. 6). https://www.titech.ac.jp/public-relations/research/stories/faces31-yoshida (최종방문일 2024. 8. 6.).
37) 손영화, 전게논문("AI의 공정성에 관한 연구―차별 없는 AI 사회의 실현"), 284면.
38) Lindsey Andersen, HUMAN RIGHTS IN THE AGE OF ARTIFICIAL INTELLIGENCE, Access Now, 2018, p. 17.

발자가 설계하기 때문이다. 이를 위해서는 윤리규정과 이를 준수하려는 조직의 의지가 필수이다.[39]

AI 서비스 제공자 측에서 보면 매우 어려운 문제이지만, 알고리즘에 의한 차별 등을 배제하기 위한 노력으로 AI 정책을 명확하게 공개하는 어프로치도 제창되고 있다. 예를 들어, 채용 AI에 있어서는 예를 들어 현재 남녀 사원 비율에 불균형이 있고, 이를 개선하기 위하여 채용 AI를 도입하였다는 것과 남녀 채용 비율이 다른 경우 해당 채용 방침을 알릴 필요가 있다. 그럼으로써 서비스 이용자(취업 희망자나 남녀의 채용 비율이 다른 것을 알게 된 일반 이용자) 측의 신뢰를 얻을 수 있기 때문이다. 신뢰할 수 있는 AI 시스템의 특성으로는 일반적으로 안전성(Safety), 설명가능성(Explainability), 투명성(Transparency), 견고성(Robustness), 공정성(Fairness) 등을 구성요소로 포함한다.[40]

AI의 공정성은 AI 시대의 차별을 배제하고, 모든 사람이 인간으로서의 존엄을 지키며 평등하게 행복을 누릴 수 있는 사회를 건설하는 데 도움을 줄 것이다.

III. 인권의 존중

1. 국제규범에 나타난 인권

인권의 사전적 의미는 인간으로서 마땅히 가져야 할 권리이다. 세계인권선언 제1조는 "모든 사람은 태어날 때부터 자유롭고, 존엄하며, 평등하다."고 규정하고 있다. 또한 제2조에서는 모든 사람은 인종, 피부색, 성, 언어, 종교 등 어떠한 이유로도 차별

---

39) 카카오는 2018년 1월 31일, 국내 업계 최초로 인공지능 알고리즘 윤리 헌장을 발표했다. 카카오의 윤리헌장에는 ① 카카오 알고리즘의 기본원칙, ② 차별에 대한 경계, ③ 학습 데이터 운영, ④ 알고리즘의 독립성, 그리고 ⑤ 알고리즘에 대한 설명이라는 5가지 원칙을 천명하고 있다(CRE(연구윤리정보센터), "'인공지능(AI) 윤리 가이드라인'의 중요성과 국가별 대응 현황 : 국내", CRE 보고서(연구윤리정보센터, 2020), 3면. 〈https://ethics.moe.edu.tw/files/resource/ebook/file/ebook_01_kr.pdf〉).

40) 손영화, 전게논문("AI의 공정성에 관한 연구—차별 없는 AI 사회의 실현"), 296면; 관계부처 합동, "사람이 중심이 되는 인공지능을 위한 신뢰할 수 있는 인공지능 실현 전략(안)", 2021. 5. 13, 1면.

받지 않으며 인권선언에 나와 있는 모든 권리와 자유를 누릴 자격이 있다고 하였다. 이처럼 인권은 모든 인간이 기본적 자유를 누리고 인간다운 생활을 보장받기 위해 요구하는 권리이다. 특정한 인간에게 부여하는 권리가 아니라 모든 인간에게 차별 없이 공정하게 부여되는 보편적인 권리이다. 그러므로 인종이나 성별, 종교, 국적, 직업, 신념, 사상 등에 관계없이 인간의 존엄성을 바탕으로 어디서나 인정되어야 하는 권리이다.[41]

오늘날 인권이란 인간의 존엄성, 자유, 평등, 정의와 같이 자유권에 대한 전통적인 인권에서 더 나아가 정치적이고 시민적인 권리와 생존과 관련되는 경제적이고 사회적인 권리 등을 포괄하는 보편적 권리로서 지구상의 모든 인류에게 적용되는 공통의 권리라 할 수 있다.

국제인권규범은 국제연합헌장(UN헌장)에서부터 시작한다. 1945년 발표한 국제연합헌장(Charter of the United Nations)의 인권법 측면은 기본적 인권, 인간의 존엄과 가치, 여성과 남성의 평등한 권리에 대한 신념을 재확인하였다. 또한 국제연합(UN)이 가장 추구하고 있는 인종, 성별, 언어, 종교와 관계없이 모든 인간의 인권과 기본적 자유의 존중을 증진하기 위하여 국제협력에 관한 내용을 제1조 제3항에서 규정함으로써 국제연합을 중심으로 한 국제사회에서 인권에 대해 논의하고 확고한 토대를 마련하였다. 또한 국제연합헌장은 전 지구의 평화유지와 인권의 보장이 서로 관계가 있음을 인정하고 인권 존중과 향상을 국제연합(UN)의 목적으로 선언하기도 하였다. 그러

---

41) 인간의 존엄성이라는 단어는 오늘날 많은 국제인권선언·조약과 각국의 헌법에서 단순히 언급되는 것에 머무르지 않고, 「인권의 철학적 기초」로서 중추적인 의미를 부여하고 있다(吉田浩幸訳, "人間尊厳の理念: 問題とパラドックス", L. ジープ ほか著, 山内廣隆/松井冨美男監訳, 「ドイツ応用倫理学の現在」, ナカニシヤ出版, 2002, 159面). 따라서 존엄이라는 개념은 당연히 그것이 기록된 법률의 텍스트 해석에 있어서 위상과 기능이 법학자들에 의해 상세히 분석되어 왔다. 하지만 인간의 존엄성의 내용과 유래에 대한 광범위한 합의가 이뤄진 건 아니다. 오히려 유전자 조작을 비롯한 생명과학의 발전이 야기한 문제들을 놓고 인간의 존엄성의 해석은 점점 어려운 의견대립 속에 휘말려있다. 때로는 인간의 존엄은 다른 것과 나란히 공허한 상투적인 문구가 되어 버렸다는 체념이 표명되기도 한다(Pöschl, Viktor/Kondylis, Panajotis, 2004:Wrde in: Otto Brunner u.a.(Hg.), Geschichtliche Grundbegriffe, Band 7, Studienausgabe, Stuttgart: KlettCott, 1997, S. 677; 박미숙/손영화, "국내·외 인권정책을 통한 이주민 인권보호의 방향 모색", 「문화교류연구」 제7권 제2호(한국국제문화교류학회, 2018), 71면).

므로 국제연합헌장은 인권을 국제화하였을 뿐만 아니라 인권조약을 성문화하여 각 국마다 법적 권한과 의무를 부과하고 인권 관련제도를 창설하여 인권의 의무를 성실히 준수할 것을 촉구하였다. 그러나 국제연합헌장은 인권과 기본적 자유의 존중을 준수할 실질적인 조치를 마련하지 못한 한계가 있다.[42] 이후 유엔 인권위원회에서는 제2차 세계대전으로 인류의 야만적인 범죄에 대한 성찰을 계기로 개인의 자유와 권리에 대해 세계인권선언(Universal Declaration of Human Rights)을 작성하였다. 1948년 12월 10일 국제연합 총회에서 채택된 세계인권선언문은 제1조와 제2조에서 "모든 사람은 태어나면서부터 자유롭고 그 존엄과 권리에 있어 평등하다. 그리고 모든 인간은 인종, 피부색, 성, 언어, 종교, 정치상 혹은 기타의 의견, 민족적 혹은 사회적 출신의 차이, 재산, 출생 기타 지위의 차별 없이 이 선언에 열거한 모든 권리와 자유를 향유한다"고 규정하였다(외교부, 국제인권규범).

세계인권선언에 기초하여 국제인권규약은 1966년 국제연합총회에서 채택되었다. 1966년에 "경제적·사회적·문화적 권리에 관한 국제규약(사회권규약)"(ICESCR: International Covenant on Economic, Social and Cultural Rights)인 A규약과 "시민적·정치적 권리에 관한 국제규약(자유권규약)"(ICCPR: International Covenant on Civil and Political Rights)인 B규약이 UN총회를 통해 채택되었다. 이 규약은 35개국의 비준을 완료한 후 1976년 발효하였다. 세계인권선언은 국가에게 소극적으로 의무만을 강조하였다면 국제인권규약은 조약의 형식을 갖추고 법적 구속력을 취하고 있다.[43] 이후 1990년에는 사형 폐지에 관한 「자유권규약 제2선택의정서」가 채택되었다. 그리고 최근에는 「사회권규약 선택의정서」가 채택되어 2013년 발효되었다.[44]

---

42) 국제인권법에서 국적, 인종 등에 의한 차별은 금지하고 있지만 한편에서는 시민권 여부에 따른 구별은 이를 용인하고 있다. 혹은 인권의 보편성을 인정하면서도, 국제관습법상 출입국 및 체류 관리에 국가의 주권을 인정하고 있다(野瀬正治, "国連の宣言·条約等における外国人労働者の定義とわが国の受け入れ施策―移住労働者権利条約の起草過程を中心に―",「社会学部紀要」第104号(関西学院大学, 2008), 108面; 박미숙/손영화, 전게논문("국내·외 인권정책을 통한 이주민 인권보호의 방향 모색"), 72면).

43) 박미숙/손영화, 전게논문("국내·외 인권정책을 통한 이주민 인권보호의 방향 모색"), 73면.

44) 김형구, "〈국제인권 따라잡기 3〉 사회권규약과 자유권규약",『사람답게 사는 세상이야기』(국가인권위원회, 2016. 3). https://www.humanrights.go.kr/webzine/webzineListAndDetail?issueNo=2000092&bo

주요인권 협약 이외에도 인종차별협약, 여성차별철폐협약, 고문방지협약, 아동
권리협약, 장애인권리협약, 이주노동자권리협약, 강제실종협약이 추가로 채택되어,
여성과 아동 이외에도 이주노동자, 강제실종자, 장애인과 같이 사회적 취약계층의 권
리 보호를 위하여 국제적 규범을 채택하여 발효하고 있다. 인종차별철폐협약은 이
민자의 지위와 상관없이 모든 시민에게 적용되어야 하며 제1조 제1항에서 인종, 피
부색, 가문 또는 민족이나 종족의 기원에 근거를 둔 어떠한 구별, 배척, 제한 또는 우
선권을 말하며, 이는 정치, 경제, 사회, 문화 또는 기타 어떠한 공공생활의 분야에 있
어서든 평등하게 인권이 보장되어야 한다는 것이다.[45] 인종차별철폐협약(International
Convention on the Elimination of All Forms of Racial Discrimination)은 1966년 3월 7일 국제적
으로 협약이 채택되었고 1969년 1월 4일에 발효되었으며 우리나라는 1978년 12월
5일 가입하고 1979년 1월 4일 발효하고 있다.[46]

2. 생성형 AI 활용과 인권의 존중

생성형 AI를 활용하는 경우, 모든 사람이 존엄하게 대우받을 권리가 있다는 사실
을 잊지 않아야 한다. 다시 말해 AI의 제작 및 사용 등에 있어서도 인권 즉, 인간의 존
엄성이 보호되지 않으면 안 된다.[47] 다양한 AI 시스템은 많은 기본권을 다른 방식으

---

ardNo=2000025 (최종방문일 2024. 8. 6.).

45) 미국 캐네디 대통령은 대통령 행정명령(Executive Order) 제10952호에서 평등고용기회위원회(Equal
Employment Opportunity Council)의 수립을 지시하면서 적극적 우대조치(Affirmative Action)의 필요성을
언급하였다. 이후 본격적으로 고용부문에서 적극적 조치를 시행하게 된 것은 1965년 존슨 대통령
의 행정명령 제11246호였다. 존슨 대통령의 행정명령 제11246호는 연방정부 조달계약 체결자로 하
여금 계약의 존속기간 중 인종, 피부색, 종교, 출신국가를 이유로 하는 고용차별을 전적으로 금지하
는 내용을 담고 있었다. 그 이후 행정명령 11246호는 수차례 개정되었고, 각종 행정명령을 통한 적
극적 우대조치는 계속되었다(이준섭, "사회적 취약계층에 대한 권리보호 및 지원체계 구축을 위한 법제 정
비 연구", 법제처, 2012, 26면).

46) 박미숙/손영화, 전게논문("국내·외 인권정책을 통한 이주민 인권보호의 방향 모색"), 74면.

47) 인간의 존엄성이란 사회와 동떨어진 존재로서의 존엄성을 말하는 것이 아니고, 사회적 존재로서
의 인간의 존엄성을 말한다(Aharon Barak Ed., Human dignity as a framework right (mother-right), Cambridge

로 위험에 처하게 하고 있다. AI 시스템에 의한 인간 존엄성의 침해가 발생하지 않도록 할 필요가 있다. 이는 인공지능의 구현을 포함한 모든 것의 중심에 인간을 두는 것이다. 이러한 맥락에서, AI 기반 감시카메라를 사용하여 발생하게 되는 유해한 AI 시스템을 제한하여야 할 것이다. 예를 들어, 개인 데이터의 AI 시스템에 의한 처리나 AI 시스템에 의한 인간의 존엄성 관련 권리와 생명에 대한 권리의 침해 등을 막기 위해 인공지능의 유해한 사용을 피하는 것이 필수적이다. 특히 AI 기반 생체인식 시스템을 사용할 때 법 집행기관은 명시적인 동의를 얻어야 한다. 그렇지 않으면 많은 사람들이 자신의 존엄성을 침해할 수 있는 감시를 받는 것을 불편하게 느낄 수 있다. 유능한 공공기관은 사회복지 신청에 자동화된 결정을 사용할 때 명시적 동의를 구하거나 최소한 AI 시스템에 대해 사람들에게 인식시켜야 한다.

3. EU AI법상의 실시간 원격 생체인식 시스템의 사용 금지

(1) 감시카메라의 사용 금지

범죄에 대항하기 위해 법의 집행에 AI 시스템을 사용하는 또 다른 방법은 거리, 광장, 공원 같은 공개적으로 접근하기 쉬운 장소에서 주로 폐쇄회로 텔레비전(Closed-circuit television: CCTV)인 감시카메라(surveillance cameras)[48]를 사용하는 것이다. 특히 보이지 않는 '눈' CCTV가 이제는 똑똑해지기까지 했다. 이른바 '지능형(intelligent) CCTV'다. 과거에는 찍기만 했다면, 이제는 골라서 찍거나 알아서 사물을 인식해 움직이는 기능까지 있다. 카메라의 성능향상까지 더해져 '지켜보는 눈'에서 '생각하는 눈'이 됐다는 얘기다.[49] 인구 23만 3,953명의 오산 전역(42.76평방킬로미터)에 그물처

University Press, 2015. p. 145; 손영화, "EU AI 규칙안상의 허용할 수 없는 위험의 AI 시스템에 대한 고찰", 『법학연구』 제25집 제3호(인하대학교 법학연구소, 2023), 283면).

48) 여기에서 논의하는 감시카메라는 AI 기반의 감시카메라임을 밝힌다. 이는 종래 감시카메라에 대한 논의에 더하여 AI를 기반으로 한 분석 및 데이터 집적 기능 등에 따른 새로운 위험의 증가를 배경으로 하는 논의이다.

49) 김하나, "[한 끗 차이] 지능형 CCTV, CCTV랑 뭐가 다른 걸까?", 한국경제, 2018년 1월 14일자.

림 깔려 있는 2,465대의 지능형 CCTV 영상을 볼 수 있다. 2013년 12월 개관한 지 9년이 지난 지난해 지역 내 모든 CCTV를 지능형 CCTV로 전환했다. 지능형 CCTV는 인간을 대신해 CCTV 영상을 분석하고 위험이 감지되면 경찰과 소방에 실시간으로 알리고 '골든아워' 내의 신속한 대응을 가능하게 한다. 1명의 부자연스러운 행동을 빅데이터와 인공지능(AI) 기술을 사용하여 분석해 재해·범죄 현장임을 인지한다. 그것을 특정하고 검거하는 방법이다. 예를 들어 한밤중에 깊은 골목길에서 마스크와 모자를 쓴 남자가 젊은 여성을 따라 걸으면 위험도가 높다고 판단되지만 비슷한 상황이 한낮의 유동인구가 많은 시내 한가운데라면, 위험도는 확실히 낮아진다. 이들은 공원에서의 흡연, 쓰레기 불법 투기, 플래카드나 횡단막의 무단 설치, 사견의 목걸이 미착용, 초등학교 등·하교 안내 방송 등에도 활용된다.[50] 공공기관은 여러 가지 이유로 이 감시카메라를 사용한다. 즉, ① 가해자(perpetrator)나 용의자(suspect)를 발견하거나 확인하거나, ② 시민들의 신체적 안전이나 생명에 대한 위협을 막거나, ③ 유괴되거나(kidnapped) 실종된 사람들과 같은 범죄의 특정한 희생자들을 찾는 것 등이 그러한 이유이다.[51]

감시카메라의 사용에는 여러 가지 편리한 이점도 있지만, 카메라의 사용에는 부수적으로 다음과 같은 단점도 존재한다. 무엇보다도, 다른 인종적 기원과 성별에서의 인증(authentication)에 대한 잘못된 해석(misinterpretation)은 차별(discrimination)에 대한 우려를 제기한다.[52] 예를 들어, 인공지능 얼굴인식 시스템이 백인 남성을 감지했지만 흑인 여성을 인식할 수 없었다.[53] 이러한 AI 시스템 또는 일반적으로 모든 AI 시스템

---

50) KOREA WAVE, "AI使用の監視カメラ2465台、韓国の23万都市で災害·犯罪を24時間チェック", 日経クロ ステック, 2023. 6. 20. https://xtech.nikkei.com/atcl/nxt/column/18/02407/052900006/?P=2 (최종방 문일 2024. 8. 6.).

51) 손영화, 전게논문("EU AI 규칙안상의 허용할 수 없는 위험의 AI 시스템에 대한 고찰"), 293면.

52) 우리나라에서도 감시카메라의 기본권 침해가능성에 대하여 우려를 표한 논문들이 다수 존재한다. 예컨대, 헌법 제10조상의 포괄적 기본권의 구체적 내용으로 열거되는 권리중 감시카메라의 설치로 인하여 침해될 가능성이 높은 것을 열거하면 (정보의) 자기결정권, 일반적 인격권, 일반적 행동자유권 등을 들 수 있다(박현정/서정범, "감시카메라설치에 관한 경찰법적 문제 - 공공건물에서의 감시카메라설치의 문제를 중심으로", 『경찰학연구』 제14권 제4호(경찰대학 경찰학연구편집위원회, 2014), 34-35면)

53) 미국 정부 테스트 결과, 최고 성능의 얼굴 인식 시스템조차 흑인을 백인보다 5배에서 10배 높은 비

의 오작농의 수된 이유는 AI가 데이터에 의존하는 시스템에 입력되는 데이터가 낮은 품질의 경우로서 그 경우 결과가 불만족스러울 수밖에 없게 된다[이른바 낮은 품질의 데이터(low-quality data) 문제]. 낮은 품질은 데이터를 생성하는 사람들에게서 비롯될 수 있다. 둘째, AI 시스템의 설계자나 운영자는 기존의 편견(prejudices and biases)을 모두 가져온다. 셋째, 불필요하게 감시하는 사람들의 위험이 있다. 영국에서 출판된 한 연구는 10명 중 1명의 여성이 순전히 '관음증(voyeuristic)'이라는 이유로 남성 운영자들의 표적이 되었다는 것을 발견했다.[54] 이러한 예를 포함하여 많은 예들은 감시카메라가 기본권에 잠재적인 위협을 가한다는 것을 나타낸다. 바로 이러한 이유로 공공기관은 감시시스템을 배치할 때 고품질 데이터로 학습된 AI 시스템이 정확하고 견고하게 작동하며 서비스를 시작하기 전에 설계 및 테스트되도록 보장해야 한다. 공공기관이 보장해야 할 또 다른 중요한 문제는 AI 시스템에 적용되는 방법이다. 감시카메라는 일반적으로 공공장소에서 사람을 식별하기 위해 '사후(post)' 원격 생체인식 시스템과 '실시간' 원격 생체인식 시스템이라는 두 가지 다른 AI 시스템을 채택할 수 있다. 실시간 원격 생체인식 시스템에서는 생체 데이터를 캡처하고 비교한 후 얼굴 이미지, 홍채 또는 혈관 패턴과 같은 생체 데이터가 즉시 획득된다.[55] 이와는 대조적으로, 사후 원격

율로 오인하는 것으로 나타났다. 미국 국립표준기술원(NIST) 시험은 국경요원이 여권을 검사하는 방법과 유사하게 두 장의 사진이 동일한 얼굴로 보이는지를 검증하는 알고리즘에 도전했다. 프랑스 회사 IDEMIA의 알고리즘이 10,000명 중 1명의 비율로 서로 다른 백인 여성의 얼굴을 잘못 인식하는 민감도 설정에서, 그것은 1,000명 중 약 한 번 — 10배 더 자주 흑인 여성의 얼굴을 잘못 인식하였다(TOM SIMONITE, The Best Algorithms Struggle to Recognize Black Faces Equally, 7. 22. 2019. https://www.wired.com/story/best-algorithms-struggle-recognize-blackfaces-equally/ (최종방문일 2024. 8. 6.)).

54) Vienna, Austria, Adrienne Isnard, Can Surveillance Cameras Be Successful in Preventing Crime and Controlling Anti-Social Behaviours?, The Character, Impact and Prevention of Crime in Regional Australia Conference convened by the Australian Institute of Criminology and held in Townsville 2-3 August 2001, p. 12.

55) 원격 생체식별, 즉 지문, 얼굴 이미지, 홍채 또는 혈관 패턴과 같은 독특한 생물학적 특성을 활용하는 보안 메커니즘은 데이터베이스에 저장된 데이터와 대조하여 여러 사람의 신원을 거리, 공공장소에서 연속 또는 지속적인 방식으로 식별한다(European Commission. White Paper On Artificial Intelligence — A European approach to excellence and trust. 19. 2. 2020, p. 18. https://ec.europa.eu/info/sites/default/files/commission-white-paper-artificial-intelligence-feb2020_en.pdf (최종방문일 2024. 8. 6.)).

생체인식 시스템은 먼저 데이터베이스에 저장된 프로필을 캡처한 다음 비교한다. 기술적 부정확성과 인간 관련 어려움을 최대한 피하기 위해 사후 원격 생체인식 시스템을 사용하면 기계에서 얻은 결과를 확인할 수 있는 기회를 제공하기 때문에 편견, 차별 또는 기타 기본권 침해의 위험을 줄일 수 있다. 많은 법적 영역에서 일반적인 관행은 공공장소에서 감시카메라를 사용할 수 있는 평가를 한 후 허가를 내주는 것이다. 일반적으로, 카메라 감시의 이익이 대테러 범죄나 심각한 범죄를 예방하는 것과 같은 개인의 이익보다 더 중요할 때 허가가 주어진다.[56]

(2) EU AI법상의 규제

AI법(AI Act)에서 금지되는 인공지능 시스템은 다음과 같은 8가지이다(제5조 제1항). (i) 무의식의 기술을 통해 사람을 조종할 수 있는 상당한 잠재력을 지녔거나(Subliminal Techniques)(제a호), (ii) 어린이 또는 장애우와 같은 특정 약자 계층의 취약성을 이용하여 자신 스스로 또는 타인에게 실질적인 정신 또는 육체적 피해를 줄 수 있는 방식으로 행동을 왜곡시키는 관행(Exploitation of a Vulnerability)(제b호), (iii) 일반적인 목적을 위해 공공기관이 행해 왔던 인공지능 기반의 사회적 점수를 매기는 것(Social Evaluation)(제c호), (iv) 오로지 해당 목적의 프로파일링만을 토대로 개인이 범죄를 저지

---

56) 영국의 1998년 데이터 보호법(Data Protection Act)상 경찰이나 지방정부 등 적절한 주체에 의해 공공장소에 설치된 CCTV는 다음의 세 가지 요건을 갖출 경우에 한하여 적법하게 허용될 수 있다.
   (1) 정당한 근거: "범죄예방과 검거"와 "공중의 안전" 등 "공공의 이익"에 부합하는 경우이어야 한다.
   (2) 정보감독관에의 통지: 모든 자동화된 디지털 녹화장치의 공공장소 설치 및 이용은 정보감독관에게 통지하여 등록되어야 한다.
   (3) CCTV 설치 사실의 표시: 공공장소 설치 CCTV는 반드시 해당지역 진입 전, 혹은 진입하면서 그 사실을 알 수 있도록 표시하여야 한다. 이러한 표시에는 설치 및 관리책임자, 설치 목적, 연락처가 기재되어 있어야 한다(전원배/김건식, 공공기관의 CCTV설치·운영에 대한 법제 방향, 국회사무처 법제실, 2004, 7면).
   영국에서는 종래 1995년의 EU 데이터 보호 지침을 받아 제정된 1998년 데이터 보호법(1998년 법률 제29호)이 개인 데이터 등의 정의, 데이터 보호의 원칙, 데이터 주체(개인데이터의 주체인 개인)의 권리, 데이터 보호법을 감독하는 독립기관 등에 대해 규정하고 있었다. 2016년 4월에 제정된 EU 일반 데이터 보호규칙(GDPR)이 2018년 5월 25일부터 적용됨에 따라 보다 엄격한 데이터 보호를 목표로 2018년 신법이 제정되었다[2018년 데이터 보호법(Data Protection Act 2018 c.12)(2018년 법률 제12호)].

를 가능성과 관련된 위험 평가를 목적으로 하는 AI 시스템이나 모델을 시장에 출시하는 것(Risk Assessment)(제d호), (v) 인터넷이나 CCTV 영상을 통해 무작위로 얼굴 이미지를 수집하여 얼굴 인식 데이터베이스를 생성하고 확장하는 것을 목적으로 하는 것(Facial Recognition)(제e호), (vi) 직장이나 교육기관에서 자연인의 감정을 평가하는 것을 목적으로 하는 AI 시스템 또는 모델을 시장에 제공하는 것(Employee Emotions)(제f호),[57] (vii) 생체 데이터를 사용하여 자연인을 인종, 정치적 의견, 노동조합 가입, 종교적 또는 철학적 신념, 성생활 또는 성적 지향에 따라 분류하는 것을 목적으로 하는 생체 데이터 분류 시스템을 사용하는 AI 시스템 또는 모델을 시장에 제공하는 것(Biometric Categorization)(제g호), 그리고 (viii) 일정한 경우[58]를 제외하고 법 집행 목적으로 실시간 원격 생체 인식 시스템을 사용하는 것을 목적으로 하는 것(Real-Time Remote Biometric Identification by LEA)(제h호)이 그것이다.[59] 얼굴인증 등 원격 생체 인식 기술의 공공장소에서의 실시간 이용에 대해서 유럽의회는 전면적인 금지를 요구했지만 결국 EU이사회의 요구대로 세이프가드를 추가함으로써 피해자의 수색이나 테러 방지 등의 한정적인 상황에서 인정되게 되었다.[60]

공개적으로 접근 가능한 공간(publicly accessible space)에서 실시간(real time) 원격 생체 인식(얼굴인식 시스템 등)을 사용하는 경우 법집행기관은 그 사용이 앞서 언급한 목

57) 그러나 이 금지는 의료 또는 안전상의 이유로 사용되는 AI 시스템에는 적용되지 않는다.

58) (i) 특정 납치 피해자, 인신매매 또는 성적 착취 피해자를 대상으로 한 목표 검색을 수행하거나 실종자를 찾기 위한 경우

    (ii) 임박한 테러 공격으로부터 자연인의 생명과 안전에 대한 특정하고 중대한 위협을 방지하기 위한 경우

    (iii) 범죄를 저질렀다고 의심되는 사람을 식별하기 위한 경우

    (iv) 범죄 수사를 수행하기 위한 경우

    (v) 범죄를 저지른 것으로 밝혀진 자연인에게 형사 처벌을 집행하기 위한 경우.

59) Anas Baig, Article 5 of the EU's AI Act: Prohibited Artificial Intelligence Practices, EU AI Act Resource Center, JUNE 3, 2024. https://securiti.ai/eu-ai-act/article-5/ (최종방문일 2024. 8. 6.).

60) 吉沼啓介, "EU、AIを包括的に規制する法案で政治合意、生成型AIも規制対象に", 日本貿易振興機構(Jetro) ビジネス短信, 2023. 12. 13. https://www.jetro.go.jp/biznews/2023/12/8a6cd52f78d376b1.html (최종방문일 2024. 8. 6.).

적에 부합하는지 확인하고 다음 사항을 고려해야 한다.[61] (i) AI 시스템을 사용하지 않을 경우 발생할 수 있는 피해의 심각성, 확률, 규모 및 사용 가능성의 성격, (ii) 관련 자연인의 권리와 자유에 대한 AI 시스템 사용의 결과, 그리고 이러한 결과의 심각성과 규모가 그것이다(제5조 제2항 제a호). 또한 공개적으로 접근 가능한 공간에서 실시간 원격 생체 인식 사용은 해당 법집행기관이 AI법 제27조에 따라 요구되는 기본권 영향 평가를 수행하는 동시에 해당 시스템이 AI법 제49조에 따라 EU 데이터베이스에 적절하게 등록되어 있는지 확인하는 경우에만 승인된다. 극심한 긴급 상황의 경우, 법집행기관이 과도한 지체 없이 등록 절차를 완료하는 경우 등록 없이 이러한 시스템을 사용할 수 있다(제5조 제2항 제b호). 긴급한 정당한 상황에서는 승인을 받지 않고도 시스템 사용을 시작할 수 있으며, 이러한 승인은 지체 없이, 늦어도 24시간 이내에 요청되어야 한다.[62] 만약 승인이 거부될 경우, 사용은 즉시 중단되어야 하며, 해당 사용의 모든 데이터와 결과는 즉시 폐기되고 삭제되어야 한다(제5조 제3항).

4. 소 결

생성형 AI 기반 감시카메라의 사용은 합리적이어야 하며 감시를 승인 및 실행하는 공공기관은 일정한 책임을 져야 한다. 독립된 당국에 의하여 정기적이고 임의로 검사가 이루어지지 않으면 안 된다. 감시카메라 관련 법률은 투명하고, 감시절차를 효과적이면서도 시민의 기본적 권리를 확보하는 방식으로 제정되고 운영되지 않으면

---

61) 공공 공간에서의 법 집행 목적의 실시간 원격 생체 인식은 유럽의 AI Act에서 "용인할 수 없는 위험(Unacceptable risk)"으로 분류되어 금지되어 있다[European Parliament, EU AI Act: first regulation on artificial intelligence, European Parliament Topics, 2023. 8. 6. https://www.europarl.europa.eu/topics/en/article/20230601STO93804/eu-ai-act-first-regulation-on-artificial-intelligence (최종방문일 2024. 8. 6.)].

62) 승인은 사법기관이나 독립행정기관으로부터 받아야 하는데, 독립행정기관은 사법기관보다 정치적 영향력이 더 클 수 있다[Future of Life Institute, High-level summary of the AI Act, 27 Feb, 2024. https://artificialintelligenceact.eu/high-level-summary/ (최종방문일 2024. 8. 6.)].

안된다.[63] 또한, 공장, 병원, 학교 또는 가정을 모니터링하는 카메라의 데이터에 대한 무단 액세스는 심각한 사생활 침해일 뿐만 아니라 범죄활동 및 기밀 데이터 유출과 같은 막대한 피해로 이어질 수 있다. 감시카메라 등을 이용하는 경우 개인의 프라이버시와 초상권을 불법으로 침해하지 않도록 주의하지 않으면 안 된다. 적어도 감시카메라를 이용하는 것이 (i) 카메라 이미지를 이용하는 목적이 정당하고, 촬영의 필요성이 있을 것, (ii) 촬영 방법 및 수단, 이용 방법이 적절하지 않으면 안 된다. 또한, 카메라 이미지의 공표가 수반되지 않더라도 촬영(취득) 자체에 대해 프라이버시 침해가 문제될 수 있다.[64] 모든 사람을 안전하게 보호하고 개인정보 침해에 대한 새로운 길을 만들지 않도록 하는 보안기술이 필요하다.[65]

---

63) 우리나라 헌법 제37조 제2항에 의하면, 헌법상 보장되고 있는 기본권이라 할지라도 그것이 국가안전보장·질서유지 또는 공공복리를 위하여 필요한 경우에 한하여, 법률로써 제한이 가능하다. 따라서 비록 범죄예측 시스템이 기본권을 침해할 가능성이 있다고 하더라도 범죄 예방을 위하여 활용되는 경우, 국가안전보장·질서유지 등의 목적에 따른 것이므로 해당 규정에 따라 정당화될 수 있다. 다만 기본권 제한이 정당하게 인정되기 위해서는 반드시 법률상 근거가 있어야 한다[강미영/정혜진, "인공지능 기반의 CCTV에 의한 범죄예측 시스템 도입에 따른 법적 과제와 활용 방안", 『강원법학』 제66권(강원대학교 비교법학연구소, 2022), 215면].

64) 일본에서는 다음과 같은 3가지 점을 구체적으로 주의하여야 할 것으로 정리하고 있다.

(i) 특정 개인의 데이터를 취득하는 시간적 범위 및 공간적 범위가 넓어질수록 특정 개인의 행동을 상세히 파악할 수 있게 되므로 프라이버시의 관점에서 주의가 필요하다.

(ii) 카메라 이미지에서 인종, 신조, 건강, 내면 등의 생활자의 가장 사적인 사항에 관한 정보를 추출하여 감지하거나 추정하는 것은 프라이버시에 대한 영향이 크므로 신중한 배려가 요구된다.

(iii) 공공 공간(도로, 공공시설 등), 준공공 공간(역, 복합 시설 내 통로, 도로에 면한 상점 앞의 공간 등)에서는 사회생활상 그 공간의 이용을 피하는 것이 어려운 경우도 예상되므로, 카메라 이미지 이용 목적의 정당성, 촬영의 필요성, 촬영 방법 및 수단의 적절성을 합리적으로 설명할 수 있는지를 신중히 확인할 필요가 있다[経済産業省, 『カメラ画像利活用ガイドブックver3.0概要』, 2022. 3. 30, 2面. https://www.meti.go.jp/press/2021/03/20220330001/20220330001-2.pdf (최종방문일 2024. 8. 6.)].

65) Yamin Durrani, Smart Surveillance Cameras Bring Human Intelligence to the Workplace and Home, Total Security Advisor, Jun 15, 2022; 손영화, 전게논문("EU AI 규칙안상의 허용할 수 없는 위험의 AI 시스템에 대한 고찰"), 305면.

IV. 사회적 약자의 보호

1. 사회적 약자의 의의와 그 발생 요인

사회적 약자(socially vulnerable)란 사회에서 비교했을 때 현저하게 불리한 상황이나 불이익한 상태에 놓이는 개인이나 집단을 말한다. 어떠한 것에 의해 입장이 불리해지고 있을 때에 사회적 약자로 된다. 특히 카스트 제도와 피부 색에 의한 인종차별이 사회적 약자를 만들어내는 큰 요인이다. 일반적으로 우리나라 사회에서는 고령자, 아동, 장애인 그리고 결혼이주여성 등을 사회적 약자의 범주에 포섭하고 있다.

사회적 약자가 생기는 요인으로는 다음과 같은 것을 들 수 있다. (i) 소득격차에 따른 차별이 있다. 저소득자를 깔보고 심하게 취급하는 사회적 풍조가 그것이다. (ii) 성별에 의한 차별이 있다. 특히, 여성에 대한 성차별이 존재한다. 성별의 차이에 의한 근무 시간이나 급여차, 세상으로부터의 평가·취급 등에 차별이 있다. 이른바, LGBT 차별도 여기에 해당한다.[66] (iv) 접근성에 의한 차별이 있다. 즉, 신체적 능력, 학력, 사회적 스킬 등에 의한 차별. 교통 약자 등이 그러한 경우이다. 극단적인 예이지만, 역학적 이유가 없는 격리 등도 들 수 있다. (v) 학력에 의한 차별이 있다. 즉, 어느 고등

---

[66] 고용차별이나 괴롭힘을 직접 규제하는 규정이 없는 경우에도 민법의 일반조항이나 노동법상의 해고권 남용 법리 등을 이용해 유연하게 문제를 해결할 수 있는 우리나라에 대해 미국에서는 '임의고용(employment at will)'의 원칙이 있기 때문에 기간의 정함이 없는 고용계약의 경우, 사용자는 언제든지 어떤 이유에서든 피용자를 해고할 수 있다. 미국에서 부당한 해고를 위법으로 하기 위해서는 그것을 금지하는 법률이 불가결하며, 제7편 등의 고용차별 금지 규정이 유일한 근거라고 할 수 있는 상황에 있다. 성적 지향과 성정체성(Sexual Orientation and Gender Identity: SOGI)를 이유로 하는 불이익 취급이 제7편에 의해 금지되는지 여부가 성적 소수자에게 매우 중요한 의미를 갖는다. 미국에서는 괴롭힘에 대해서도 고용 차별의 문제로서 취급되어 왔다. 제7편은 성희롱에 대해 특별히 규정하고 있지 않지만, 1970년대 후반부터 성희롱을 제7편이 금지하는 성차별로 인정하는 판례가 나타나 1980년에는 고용기회균등위원회(Equal Employment Opportunity Commission)(이하 'EEOC'라 한다)의 가이드라인이 제시되어 성차별로서의 성희롱 법리가 정착되었다(John Dayton & Micah Barry, LGBTQ + Employment Protections: The U.S. Supreme Court's Decision in Bostock v. Clayton County, Georgia and the Implications for Public Schools, 35 Wis. J. L. Gender & Soc'y 115, 117-122(2020)). 따라서 성적소수자에 대한 괴롭힘에 대해서도 제7편에 의해 금지되는지 여부가 해결에 있어서의 가장 중요한 사항이 된다.

학교와 대학교를 졸업했는지에 의한 차별이 그것이다. (vi) 법률적, 문화적 차별이 있다. 국적, 인종, 민족성에 의한 차별이 있다. 우리나라에서는 선진국 사람에 비하여 후진국 사람을 깔보는 경향이 존재한다. 흑인보다 백인을 보다 좋게 보는 시각도 존재한다. (vii) 마이너리티가 존재한다. 사회적으로 수가 적은 집단 또는 발언력이 약한 집단을 말한다. (vii) 정보 약자가 있다. 인터넷에 접속하는 환경에서 멀리 떨어져 있어서 정보량이 적은 사람들이 이에 해당한다. 일반적으로 고령자와 빈곤자가 이에 해당할 가능성이 높다.

2. 사회적 약자에 대한 보호(Care)로부터 옹호(Advocacy)로의 관점 전환

사회적 약자를 인권침해로부터 보호하고, 생존권을 포함한 각종 권리를 옹호하는 것은 우리 헌법의 요구이다. 이에 따라 법률은 사회적 약자 보호기관을 법으로 설치한 것이다.[67] 사회적 약자 보호기관은 복지업무와 상담뿐 아니라 인권옹호와 법률구조 업무를 담당하는 것이 바람직하다. 사회적 약자의 권리구제는 적극적인 법적 개입과 구조, 나아가 인권침해를 예방하며 방지하기 위한 각종 활동을 통해 실효적으로 해결될 수 있기 때문이다.

미국이나 영국의 경우 보호(Care)가 아니라 옹호(Advocacy)라는 관점으로 전환하였다. 사회적 약자를 '보호'하는 것에 그치는 것이 아니라 인권의 주체로 권리를 누릴 수 있도록 '옹호'하는 것이 필요하다는 것이다.[68] 옹호는 사회 정의, 평등 및 인간 존엄성 증진이라는 사회 사업의 주요 목표를 달성하는 근본적인 측면이다. 옹호 활동은 소외

---

67) 현황을 보면 아동보호전문기관이 57개, 노인보호전문기관이 26개, 장애인권익옹호기관이 16개(예정), 발달장애인지원센터 17개(예정), 성폭력상담소 163개, 성매매피해상담소 26개, 가정폭력상담소 203개, 다문화가족지원센터 219개 등 위 기관의 수는 수백 개를 넘는다. 그 밖에 필자가 열거하지 못한 노숙인종합지원센터, 청소년상담복지센터, 이주배경청소년지원센터, 북한이탈주민지원재단 등을 포함하면 그 숫자는 훨씬 늘어난다(임성택, "사회적 약자 보호기관과 변호사 의무채용", 법률신문, 2017년 1월 12일자).
68) 임성택, 전게자료("사회적 약자 보호기관과 변호사 의무채용").

된 사람들에게 목소리를 제공함으로써 소외된 지역사회가 잊혀지지 않도록 하는 데 도움이 된다.[69] 성공적인 옹호는 또한 사람들에게 자신의 권리와 권리 행사 방법을 가르쳐 준다. 또한 옹호는 사람들이 스스로 극복하기 위해 애쓰는 문제에 직면하는 데 도움이 될 수 있다. 신체적 또는 정신적 건강 문제, 경제적 지위, 교육 부족과 같은 장애물이 방해가 될 수 있다. 체계적인 인종차별, 불충분한 공공 서비스, 특권 구조도 사람들이 자신의 어려움을 해결하고 잠재력을 최대한 발휘하는 것을 방해할 수 있다. 옹호는 이러한 장벽을 제거하고 취약계층이 성장하고 사회에 완전히 참여하는 데 필요한 자원에 접근할 수 있도록 한다.[70][71]

V. 결 론

법은 사회통합을 촉진하고 유지하는 데 중요한 역할을 한다. 생성형 AI는 사회통합을 위한 법의 역할을 보조하고 강화하는 데 다양하게 활용될 수 있다.

우선, 차별금지와 다양성 증진을 위한 법 정책은 다양한 사회적 집단 간의 평등한 기회를 보장한다. 이는 사회적·경제적 격차를 줄이고 모든 이들이 동등한 환경에서

---

69) 옹호는 개인, 집단, 지역사회의 권리와 이익을 증진하는 것과 관련되어 있기 때문에 전문적인 사회 사업의 중요한 구성요소이다[Admin, Empowering Clients and Promoting Social Justice: The Vital Role of Advocacy in Professional Social Work 2023. https://iswr.in/empowering-clients-and-promoting-social-justice-the-vital-role-of-advocacy-in-professional-social-work/ (최종방문일 2024. 8. 6.)].

70) The Importance of Advocacy in Social Work, January 31, 2023. https://onlinesocialwork.vcu.edu/blog/advocacy-in-social-work/ (최종방문일 2024. 8. 6.).

71) 사회 복지에서 옹호의 중요한 측면은 사회 복지사가 사용 가능한 자원 및 서비스를 강조하는 역할이다. 옹호 노력을 통해 사회 복지사는 개인이 필수 지원 시스템과 연결될 수 있도록 하여, 도움이 필요한 사람들이 자신의 복지를 위해 필요한 자원에 접근할 수 있도록 한다. 여기에는 건강 관리, 사회 서비스, 커뮤니티 프로그램에 대한 접근을 촉진하는 것이 포함되며, 궁극적으로 개인과 커뮤니티의 삶의 질을 향상시킨다[University of North Dakota, The Importance of Advocacy in Social Work, March 1, 2024. https://und.edu/blog/advocacy-in-social-work.html#:~:text=A%20vital%20aspect%20of%20advocacy,necessary%20for%20their%20well%2Dbeing (최종방문일 2024. 8. 6.)].

성장한 수 있도록 한 것이다. 차별금지와 관련하여 AI를 활용함으로써 법률 및 규정 준수를 보다 효율적으로 감시하고, 차별적인 행동이나 상황을 보다 잘 감지하는 데 활용할 수 있다. 예를 들어, AI를 통해 텍스트나 음성 데이터에서 차별적 언어 패턴을 감지하고 해당 사례를 식별하여 관련 기관에 보고할 수 있을 것이다. 인권의 존중을 위한 법의 역할을 위해서는 생성형 AI의 활용은 여러 가지 도움을 줄 것이다.

법은 모든 사람들에게 균등한 권리와 보호를 제공하여 사회적 포용성을 증진시키는 역할을 한다. 인종, 성별, 종교, 출신 등에 상관없이 모든 개인의 인권을 보장하고 특정 집단의 권리를 보호하여야 한다. AI를 사용하여 인권에 관련된 사례들을 분석하고, 관련된 패턴이나 문제점을 식별함으로써 정책 개선에 도움을 줄 수 있다. 이를 통해 인권을 보호하고 향상시키기 위한 개선점을 찾아낼 수 있을 것이다.

또한 법은 취약한 계층의 보호와 사회적 안전망의 구축을 통해 사회의 안정성을 유지한다. 이를 통해 사회적으로 취약한 이들의 지원을 확대하고 사회적 배타성을 줄일 수 있다. 사회적 약자 보호를 위한 자료 및 지원 서비스에도 생성형 AI를 활용할 수 있다. AI를 사용하여 사회적으로 취약한 십난을 식별하고 해딩 집딘에 필요한 지원 서비스를 제공할 수 있다. 예를 들어, AI를 통해 특정 지역의 사회적 약자들을 식별하고 해당 지역에 맞는 지원 프로그램을 개발하거나 제안할 수 있다.

생성형 AI는 법의 개선을 위한 데이터 분석 및 정책 제안에도 활용할 수 있다. AI를 활용하여 법률 및 정책에 대한 데이터를 분석하고 개선점을 도출함으로써 법의 효과적인 운용을 도울 수 있다. 이를 통해 법률적 차별을 예방하고 사회적 공정성을 강화하는 데 기여할 수 있다. 이러한 방안들은 AI를 사용하여 법의 역할을 강화하고 사회적 포용성과 평등성을 촉진하는 방법 중 일부이다. 그러나 생성형 AI의 사용은 항상 윤리적, 법적, 개인정보보호 등의 측면을 고려해야 하며, 정책 결정에 있어 다양한 이해관계자들과의 협력이 필요하다. AI는 법의 목표를 달성하는데 도움을 줄 수 있지만, 윤리적인 측면과 개인정보보호 등 중요한 문제를 고려해야 한다. 법과 AI의 융합은 사회통합을 위한 강력한 도구가 될 수 있는데, 이러한 기술의 사용은 언제나 공정하고 투명하게 이루어져야 할 것이다.

제12장 일의 세계와 AI, 그리고 노동법

김 린

(인하대학교 법학전문대학원 교수)

I. 들어가며

인공지능(이하 "AI"라고 한다) 활용이 시나브로 늘고 있다. 자료의 검색과 요약·정리, 외국어 공부는 물론이고 그림을 그리고 음악을 작곡하며 코딩을 통해 프로그램을 만드는 등 일상에서의 AI 활용은 끝없이 증대되는 양상이다.

일의 세계(World of Work)도 마찬가지이다. 일에 AI를 활용하면 사람이 직접 할 때보다 더 높은 생산성을 획득할 것이라는 기대가 AI의 영토 확장을 촉진한다. 인간의 노동을 통해 이윤을 창출하고 있는 AI가 인간보다 더 높은 부가가치를 생산해 내면서도 더 저렴한 비용이 투입될 뿐이라면, 기업의 입장에서 AI는 매우 매력적인 도구가 아닐 수 없다. AI가 일의 세계에 침투하는 폭은 확대되고, 깊이 역시 심화되고 있는 이유는 여기에 있다.

일의 세계는 인간 고유의 영역이었다. 자동차가 마차를 대신하면서 운전수가 마부를 대신하게 되었지만 운전수와 마부는 모두 인간인 것처럼 오랜 인류역사 속에서 직업은 등장과 소멸을 반복했지만, 그래도 일은 사람이 하는 것이었다. 그러나 오늘날은 장차 어떤 직업은 아예 사라질 것이라는 전망이 난무하고 있다. 일의 세계에서 인간이 사라지고 그 자리를 AI가 채울 것으로 예상되기 때문이다. 일의 세계에서 인간이 사라진다는 말이 인간 스스로 일의 세계를 떠난다는 것인지 아니면 일의 세계에서 인간이 추방된다는 것인지는 아직 가늠하기 어렵다. 전자는 인간이 노동, 보다 정확하게는 '먹고살기 위한 노동'(이하 "생계형 노동"이라 한다)으로부터 해방됨을 의미하는 것이라면 후자는 인간이 생계형 노동의 기회를 상실하게 됨을 암시한다.

노동법은 먹고살기 위해 하는 노동이 때로는 인간의 존엄과 가치를 해칠 수 있다는 깨달음에서 시작된 법 영역이다. 현대는 모든 사람의 법적 지위의 평등—이 평등이 바로 인간의 존엄과 가치의 핵심 중 하나이다—에 기초하고 있다. 노동의 기회를 제공하는 자와 노동을 제공하는 자 사이의 사회적, 경제적 지위의 불평등은 계약이라는 근대적 평등을 지향하는 법적 장치를 거치더라도 현실적으로 시정되지 않았다. 이에 노동법이 그러한 불평등을 시정하기 위한 장치로 사용된 것이다. 불평등을 시정해 인간의 존엄과 가치를 회복하는 것이 노동법의 목적이다. 노동으로부터의 해방은 인간의 존엄과 가치를 존중하는 최정점이 된다. 그러나 이와 달리 노동의 기회를 박탈당하는 것은 인간으로 하여금 노동의 기회를 더욱 갈구하게 만들며 결과적으로 인간의 존엄과 가치의 훼손을 촉진한다. AI와 노동의 관계에 대한 노동법적 고찰은 이러한 걱정으로부터 출발한다.

II. 인공지능 활용이 노동에 미치는 영향

1. 문제 제기

AI의 활용이 노동해방을 가져올 것이라는 낙관적 전망도 없는 것은 아니지만 그와 반대 방향에 대한 전망이 더 우세한 것 같다. 먼저, 낙관적 전망은 좋기는 하지만 그 길에 이르기까지 해결해야 할 쟁점들이 많을 것이다. 수천 년 인류 역사의 과정에서 만들어 온 분배 시스템의 변화가 전제되어야 하기 때문이다. 한편, 비관적 전망은 현재의 노동법적 관점에서도 문제될 소지가 적지 않다. 인간의 노동 방식에 AI가 개입함으로써 인간적 면모가 삭제되고, 가혹한 근로조건을 강제할 가능성이 있기 때문이다.

　일의 세계에서 AI가 활용된다 하여 어제까지 있던 직업이 갑자기 사라지는 것은 아니다. AI의 활용은 일의 세계에서 특정 직업(job)을 구성하는 수많은 직무(task) 중 일부에 도움을 주거나 혹은 노동강도를 강화시키는 것에서 시작해 서서히 그 영역을 확장해 나간다. 그러한 확장은 작은 직무에서부터 시작할 것이므로 아래에서는 AI의 활용이 개별 사업장에서의 노동에 미치는 영향을 살펴보고, 이어서 시야를 넓혀 산업단위 내지 사회 전체에서의 노동에 미치는 영향을 살펴본다. 이러한 작업은 AI 활용에 대한 노동법적 관심을 환기하고, 어떤 측면이 노동법적으로 문제되는지를 이해하는 기회를 제공한다.

2. 개별 사업장에서의 노동에 미치는 영향

(1) 개 관

　개별사업장에서의 AI 사용은 기업 차원에서 근로자들에게 업무에 AI를 활용할 것을 지시하는 방식으로 이루어진다. AI 툴(tool)이 점차 다양화하고 있는 상태라는 점에서 기업은 각자가 수행하는 업무의 내용, 형식, 종류, 특성 등에 맞는 AI 도입을 서서히 확대할 것으로 예상된다.

　구체적으로 기업 실무에서 AI는 다음과 같이 크게 세 가지 방향으로 사용될 것이다. 가장 쉽게 생각해 볼 수 있는 장면은 개별 근로자가 수행해 온 직무 자체를 AI가 보조하는 것이다. 다음은 기업이 근로자를 지휘·감독하는 데 AI를 사용하는 것이다. 기업은 자본과 노동을 결합하여 이윤을 창출한다. 따라서 노동의 활용을 고도화한다면 더 많은 이윤을 얻을 수 있으므로 AI를 인사관리에 직접 사용할 개연성이 높다. 인사관리에서의 AI 활용은 1차적으로 AI가 인사권자가 인사에 관한 의사결정을 내리는 데 있어 조언을 제공하는 방식이 유력하다. 그리고 AI가 근로자 또는 그의 노동에 대한 각종 정보를 수집하고 분석하여 노동강도를 강화하는 데 기여할 것이다. 끝으로, 근로자에 대한 지휘·감독의 연장선에서 지휘·감독을 적절히 수행할 수 있는 근로자를 모집·채용하는 과정에도 AI가 사용될 수 있다. AI를 활용하여 해당 기업에 적합한 자질과 실력을 갖춘 인재를 가려내는 것이다.

(2) 직무 보조

근로자가 자신의 업무수행에 직접 AI를 이용하는 경우가 AI 활용의 가장 일반적인 방식이다. 이를테면, 금전출납 상황, 대금청구서, 자재 현황, 고객리스트 등을 정리한 보고서를 작성하거나, 회의 내용을 기록하고 요약하거나 정기적으로 돌아오는 일정을 관리하는 것처럼 일상적이고 반복적인 직무에 AI를 사용하는 것이다. 이 밖에 고객과의 상담업무가 많은 기업이라면 챗봇으로 일상적인 상담을 처리함으로써 상담 인력의 업무를 지원할 수 있고, AI와 기계장치를 결합한 로봇 등을 통한 공장자동화 등을 할 수 있다. 최근 유행하기 시작한 생성형 AI라면 기획안을 작성하거나 시장조사, 데이터 분석 등의 업무에서도 도움을 받을 수 있고 홍보용 그림이나 음악, 동영상, 광고카피 등을 생산해 내는 데 이용할 수도 있을 것이다. 이와 같이 AI는 업무를 직접 수행하는 근로자의 업무부담을 덜어 주거나 보다 생산력을 높이는 데 도움이 될 수 있다.

(3) 인사관리

사용자는 경영상의 의사결정에 AI를 활용한다. 경영상 의사결정에는 인사에 대한 것이 빠질 수 없다. 기업의 효율적 조직 운영은 인사권 및 업무지시권의 적정한 행사에 달려 있다. AI는 직원에 대한 업무지시를 효율화하고 그 이행 결과를 평가하며, 이를 종합하여 기업의 조직 체계와 운영을 고도화하는 데 기여한다.

그런데 근로자에 대한 지휘·감독에 AI를 사용하기 위해서는 근로자에 대한 정보 수집이 전제되어야 한다. 일반적으로 AI는 데이터를 분석하고 판단하므로 근로자에 대한 업무지시에 AI를 사용하기 위해서는 수치화된 데이터가 필요하다. 이를 위해 사람이 수행하는 업무를 데이터화하기 위해 수치화 작업이 이루어진다. 어떤 근로자가 수행한 직무의 과정과 결과를 계측한다. AI는 그렇게 수집된 자료를 바탕으로 그가 회사의 이윤 창출에 기여한 바 즉, 근로자의 성과(performance)를 갖가지 수학적, 통계적 기법을 통해 분석해 평가한다. 평가의 결과는 인사고과의 자료가 되어 다음 해

연봉 산정은 물론이고, 승진, 직무배치 등에 이용된다. AI는 이 과정을 고도화하기 위해 보다 정교하게 근로자와 그의 노동을 데이터화할 것이다. 이처럼 고도화된 자료를 바탕으로 내려진 결과를 활용하여 AI는 다시 기존보다 질적으로 높고, 양적으로 많은 정보수집을 시도할 것이다. 이를테면 어느 근로자가 보고서를 쓰면서 다리를 얼마나 떠는지, 시선이 모니터 밖을 응시한 시간이 얼마나 되는지, 화장실은 얼마나 자주, 오래 가는지 등과 같은―인간으로서는 그 필요성을 이해하기 어려운 정도의 것까지 포함하여― 온갖 정보를 수집하려고 할지 모른다. 이렇게 수집된 정보는 사용자의 인사관리 차원의 의사결정에 영향을 미친다.

이러한 방식의 AI 사용은 앞에서 본 개별 근로자의 AI 사용례와는 생산성 창출과 방법이 근본적으로 다르다. 즉, AI가 스스로 생산성을 향상하는 것이 아니라, 업무를 수행하는 조직의 구성과 운영의 방법을 효율화해 인간이 스스로 생산성을 향상하도록 독려하는 것이다. 그 독려의 결과 인간의 노동의 강도는 종래보다 더 높아질 것이다. AI가 기업이 근로자를 조직해서 운영하는 방식 자체에 개입해 결과적으로 인간의 노동을 종래와 다른 양상으로 변화시킨다.

(4) 모집·채용 과정 보조

AI는 근로자의 모집과 채용 과정에도 사용된다. AI의 고도화된 경영전략을 이행하기 위해서는 그에 걸맞은 인재를 선별하는 과정도 포함되기 때문이다. AI가 해당 기업의 인재상을 고려하여 적절한 인재채용 방식을 조언한다. 채용에 앞서 취업공고문을 작성하고, 면접 질문지를 검토하고, 면접위원을 구성하기도 한다. 경우에 따라서는 AI가 직접 취업지원자의 자료를 검토하고 면접을 실시하기도 한다. AI는 이를 통해 해당 기업에 최적화된 인재를 추천하고, 적절한 직무를 배분하는 데 관여한다. 이제 AI는 기업 내부는 물론이고 그 입구에서 문지기(gatekeeper) 역할을 도맡게 된다. 이제 구직자는 자신이 취업하고 싶은 기업이 모집·채용에 사용하는 AI의 특성을 파악하고 그 성향에 맞는 인재가 되려고 노력해야 할 것이다.

3. 사회적 관점에서 일터에서의 AI가 노동에 미치는 영향

(1) 비정규직 확대

인간은 사회적 동물이다. 기업 내에서의 AI 사용은 개인과 기업 등의 집합인 사회에도 영향을 미치게 된다. AI를 사용하여 기업의 생산력이 향상되면 경제적 관점에서 사회에도 그 혜택이 돌아오기 마련이다. 가격이 더 저렴해지거나, 혹은 같은 가격에 질이 더 높아지는 것과 같이 소비자 후생이 증대되는 긍정적 효과가 발생한다.

그런데 소비를 하기 위한 전제인 소득의 관점에서는 부정적 효과도 발생한다. AI가 개별 근로자에 대한 직무를 보조하는 것에서 더 나아가 그의 일의 상당 부분을 처리하면 근로자가 부담하는 노동시간이 줄어든다. 시간은 금이라는 격언이 있다. 이는 일의 세계에서도 마찬가지다. 노동시간은 임금과 비례한다. 노동시간의 단축은 임금 삭감으로 이어질 수 있다. 그래서 사회적으로 노동시간 단축을 논의할 때의 핵심은, 노동시간을 얼마나 줄일 것인지가 아니라 노동시간을 줄일 경우 임금을 얼마나 보전할 것인가였다.[1] AI가 단축시킨 노농시간만큼 임금 획득 기회를 성실한다면 소비의 근원인 소득에서 문제가 발생한다. 근로계약상 노동시간이 하루 8시간, 주 40시간인 근로자가 AI의 활용으로 하루 4시간 주 20시간만 일하게 되어도 상관없게 되었다고 가정해 보자. 근로자의 임금이 그대로라면 문제가 되지 않지만, 노동에 있어 AI의 활용목적은 생산성 향상뿐 아니라 비용(구체적으로는 인건비) 절감에도 있으므로 그러한 일은 발생하지 않을 가능성이 많다. 특별한 사정이 없다면 사용자는 그 근로자에게 임금을 줄이자고 일단 제안을 할 것이다. 근로자가 그 제안을 거절하면 사용자는 근로자의 퇴사를 유도한 다음(혹은 퇴사하기를 기다렸다가) 단축된 노동시간을 기준으로 총임금이 낮은 지원을 채용할 것이다 나아가 AI는 계속 발달할 것이므로 직업의 존속여부가 불투명하므로 사용자는 더 이상 정년 보장을 꺼리게 될 것이다. 그리고 AI의 경영판단이 지속적으로 효율성을 추구하며 조직을 개편해 나간다면, 우리사회에 만연한 인건비 절감형 외주(outsourcing)화는 더욱 횡횡할 것이다. 시쳇말로 "철가

방"이라고 불리는 직업이 있었다. AI 기술의 발달로 중식당에 채용되어 배달을 전담하는 근로자인 "철가방"은 이제 "배달라이더"라 불리는 플랫폼노동자가 되었다. 플랫폼노동자는 근로기준법의 보호를 받지 못하는 자영업자다. 중식당은 이제 직접 고용을 하지 않고 배달업체에 배달업무를 외주 주고, 배달업체는 배달라이더에게 다시 외주를 준다.

사회적으로 널리 사용되고 있는 "비정규직"이라는 용어는 법률용어가 아니다. 따라서 그 의미가 명확하게 정의되지는 않는다. 다만 비정규직은 "정규직"이 아닌(非) 자를 의미하므로 이를 통해 간접적으로 감을 잡을 수 있다. 정규직이란 (i) 근로계약을 체결해서[2] (ii) 계약기간이 정해져 있지 않아 정년이 보장되고,[3] (iii) 근로계약을 체결한 사업주와 업무를 지시하는 사업주가 일치하며,[4] (iv) 사업장 내 여느 근로자와 동일한 수준(통상 하루 8시간, 주 40시간 정도)의 근로를 제공하는 근로형태를 의미한다고 이해되고 있다. 따라서 비정규직은 위 (i)~(iv) 중 어느 하나라도 충족하지 못하는 근로형태를 의미한다고 보면 얼추 맞다.[5] AI가 특정 직업의 직무를 보조하게 되면 기간

---

2) (i)을 충족하지 못하는 경우는 원칙적으로 자영업자라 볼 수 있다. 근로계약이 아니더라도 도급, 위임, 위탁 등 다른 계약유형으로 노동하는 사람은 많이 있는데, 이 중 형식적으로는 근로계약이 아닌 다른 계약을 체결했지만 실질적으로 근로자와 유사하게 타인에게 종속되어 노동하는 형태의 사람을 강학상 특수형태근로종사자라고 지칭한다. 개인화물차주, 보험판매원, 학습지교사, 위탁판매원, 대리운전기사 등이 대표적이며 AI기술을 활용한 플랫폼노동이 활성화되어 이러한 부류의 노무제공자는 증가추세에 있다.

3) 이 요건을 충족하지 못해 정년을 보장받지 못하는 근로자, 다시 말해 근로계약의 기간이 정해져 있는 근로자를 기간제 근로자라고 부른다(「기간제 및 단시간근로자 보호 등에 관한 법률」 제2조 제1호 참조). 사회적으로는 "계약직"이라는 말이 더 자주 사용된다. 계약기간이 만료될 때마다 원칙적으로 실업자가 된다.

4) 이 요건을 충족하지 못하는 대표적인 유형이 파견근로자이다. 근로자파견사업을 업으로 하는 파견사업주에게 고용된 근로자는 파견사업주가 지정하는 다른 사업주에게 파견되어 그의 업무에 대한 지휘·감독하에 근로를 제공한다. 근로자 입장에서는 고용한 자와 일을 지시하는 자가 분리되므로 법적 지위가 불안하다. 이에 「파견근로자 보호 등에 관한 법률」을 통해 이러한 노무공급행태를 규율한다.

5) '얼추'라는 애매한 표현을 사용한 이유는 위 정규직의 요건이 완벽하지는 않기 때문이다. 형식적으로는 (i)~(iv)를 모두 충족하더라도, 그 사용자가 근로자에 대한 관계에서 근로조건이나 업무의 내용을 실질적으로 결정할 재량이 제한되어 있어 근로자의 지위가 불안정한 경우도 있다. 원·하청관계

328 제3편 AI 위험과 오남용에 대한 규제

제 근로자(위 (ii)요건)와 단시간근로자(위 (iv) 요건)가 증가할 소지가 있고, AI가 제공하는 경영기법이 고도화되면, 근로계약보다 비용을 절감할 수 있는 계약 형태를 활용하거나(위 (i) 요건), 업무를 외주화(위 (iii)요건) 시키는 현상이 늘어나게 될 수 있다.

　AI의 활용이 가져오는 일터에서의 편리는 장기적으로는 근로제공의 형태에 악영향을 미칠 가능성이 많다. 1997년 구제금융사태 이래 경제적 효율성을 중시하면서 비정규직은 증가 일로에 있다. AI의 활용은 '편리함'으로 포장되어 있지만, 그 본질이 경제적 효율성 추구에 있다면 비정규직의 증가는 가속화할 것이다.

(2) 실업 증가

　한편, 노동시간의 급격하게 줄어들어 심지어 해당 기업에서 근로자 자체를 더 이상 필요하지 않게 된다면 어떤가. AI의 발전은 기술 변화를 촉진할 것이므로 전체 노동시장에 상당한 영향을 미칠 것이다. 첫 번째는 자동화 기술이 근로자를 대체하면서 사람들이 일할 자리가 점차 줄어드는 현상이 나타나며, 기술 발전으로 기업들이 경영 방식을 재설계하면서 게임의 규칙이 변경되는데 이때 일자리 자체는 물론이고 관련 기술들까지도 더 이상 쓸모없게 될 것이다.[6]

　어느 직업이 새롭게 생겨났다가 사라지는 일은 인류 역사에서 흔한 일이다. 그런 점에서 AI의 활용으로 직업이 사라지는 것이 특별한 일은 아니라고 생각할 수 있다. 하지만 AI 활용에 따른 변화의 속도와 사용 영역의 확장 폭 내지 깊이가 이전의 경험을 초월할 정도라는 점에서 일의 세계에서 AI의 활용은 큰 고민을 던진다. 처음에는

에서 하청업체 소속 근로자가 대표적인 예이다. 하청업체는 원청에 실질적으로 종속되어 있는 경우가 많다. 그러한 하청업체의 경우 회사의 존속여부가 불안하고 근로자에 대한 처우 역시 열악하다. 그런 점에서 이러한 관계도 취지상 비정규직의 유형이라 봄이 상당하다.

6) 제리 카플란(신동숙 역), 『인간은 필요없다』, 한스미디어, 2016, 180-181면 참조. 카플란은 전자의 예로 효율적인 워크스테이션을 도입해서 영업인력의 5분의 1을 줄일 수 있게 되거나, 스카이프(Skype) 같은 인터넷 전화가 널리 쓰이면서 재택근무를 통해 생산성을 높임으로써 신규인력 충원 시기를 늦추는 사례를 들고 있다. 후자의 경우 은행에 ATM을 설치하면 창구 직원의 입지가 좁아지고 네트워크 기술자가 늘어나게 된다고 한다. AI의 혜택이 AI가 보조하던 그 직원이 아니라 다른 직종에 돌아간다.

AI가 근로자의 직무를 보조하는 것에서 시작하므로 환호를 받지만, 점차 쓰임새가 많아지고, 기계와 결합해 근로자 자체를 필요로 하지 않게 되는 지경에 이르면 환호는 원망으로 바뀌게 될 것이다. 과거에는 직업의 탄생과 소멸이 새로운 직업으로의 대체를 준비할 수 있는 시간을 인간에게 부여했다. "세대 교체"라는 말이 이를 잘 설명한다. 그러나 AI에 의한 직업의 소멸은 세대 '간'이 아니라 세대 '내'에서 이루어질 수 있고, 직업 간 전환이 용이하지 않을 가능성이 많다는 점에서 과거의 변화와 차이가 있다. 즉, AI가 노동에 영향을 미치면서 실업자가 증가하고 직업교육에 대한 수요가 늘어나지만, 급격한 기술변화에 의한 직업 간 공급과 수요의 변동은 직업교육으로 대응하기 어려운 만성적 실업으로 귀결될 수 있다.

(3) 노동 해방?

AI를 사용하더라도 지금까지의 인류의 경험과 마찬가지로 새로운 일자리에 대한 수요가 늘어날 수 있다는 입장도 있다. 이 경우에는 직업적 이동이 발생할 수는 있겠지만 여하튼 전체적으로 현재와 같은 정도의 노사관계가 유지·형성될 것이다. 이와 달리 인간 노동을 대체하면서 인간 노동에 대한 전체적인 수요가 감소한다는 입장도 있다. 이러한 경우는 인류가 한 번도 겪어 보지 못한 일이라는 점에서 대책을 논의할 필요가 있다. 그러한 대안 중 하나로 이른바 기본소득론을 꼽을 수 있다. 누구에게나 일정한 소득을 기본적으로 보장하자는 주장이다. 적정 생계를 꾸릴 수 있는 정도 이상을 보장하는 수준을 기본소득으로 설정한다면 더 이상 인류는 이른바 생계형 노동을 하지 않아도 된다는 결론이 도출된다. 노동법이 형성된 근원에는 먹고 살기 위해서는 노동을 해야 한다는 인간의 숙명이 자리 잡고 있는데, 인류가 더 이상 생계형 노동을 하지 않아도 된다면 인간은 노동으로부터 해방되어 노동법의 중요성은 현재보다 많이 줄어들 것이다. AI가 노동에 미치는 영향 중 가장 장밋빛 미래를 보여 주는 장면이라 할 수 있다.

요컨대, AI의 활용으로 가까운 미래에 직업 배치가 재편될 것임은 확실하다. 그러나 그러한 재편으로 구조적 실업이 만성화될 수 있으므로 사회적인 대책을 마련해야 한다. AI의 생산력에 터 잡아 적정 수준의 기본소득을 보장한다면 생계형 노동으로부터 인간이 해방될지도 모른다.

4. 정 리

일터에서 AI가 본격활용되기 시작하면서 인간의 노동에 대해서는 이미, 그리고 앞으로도 계속 많은 변화가 나타날 것이다. 편리함이라는 달콤함을 누리겠지만 AI가 근로자의 내밀한 정보의 수집을 가속화하고, 인사관리를 고도화해 사람에 의한 경영이 AI에 의한 경영으로 변경될 수 있다.

어느 한 일터에서 겪은 AI를 통한 편리함과 고도화의 경험이 사회적 단위로 모이면 그 변화의 모습을 구성원들이 구체적으로 체감하고 조망할 수 있게 된다. 개별 일터에서 사용자는 근로자의 직무를 줄이고 인사관리를 고도화할 수 있으므로 정규 노동을 점차 비정규 노동으로 전환함으로써 비용 절감을 추구할 가능성이 많다. 이는 사회적으로 비정규직의 증가를 초래할 것이다. 한편, 시간이 지나면 직업이나 직종의 소멸로 이어져 실업자가 양산될 수 있다. 그러나 AI를 통해 얻은 생산성 향상을 기본소득의 재원으로 활용한다면 생계형 노동으로부터 인간이 해방될 수도 있을 것이다. 인간은 이제 자신의 삶을 즐기기 위한 노동에 매진하면 된다.

이처럼 AI가 노동의 미래에 미치는 영향의 방향성은 다채롭다. 달콤하기도 하고 쓰기도 하다.

III. 개별 사업장에서의 인공지능 사용과 노동법적 한계

1. 노동법의 역할

헌법은 근로의 권리와 단결권, 단체교섭권, 단체행동권(이하 이 3개의 권리를 총칭하여"노동3권"이라 한다)을 보장한다(제32조, 제33조). 이 권리들은 근로자의 인간으로서의 존엄을 보장하는 데 궁극적인 목적이 있고 노동법은 그 수단이 된다. 즉, 노동법은 자본주의사회에서 근로자가 인간다운 생활을 할 수 있도록 노동관계를 규율하는 법이다.[7] 노동법은 근로조건의 최저기준을 설정하여 근로자의 근로조건을 유지·개선하는 한편(개별적 근로관계법), 근로자들이 단결해서 교섭력을 키워 사용자와 대등한 지위에서 근로조건을 결정하게 함으로써 근로자 스스로가 근로조건을 유지·개선하도록 한다(집단적 노사관계법).[8] 노사관계에서 근로자는 사용자에게 종속되어 있어 열악한 지위에 있기 마련인바, 노동법은 그런한 지위의 차이를 극복하고 당사자들이 동등한 지위에서 관계를 형성해 가도록 돕는 역할을 수행한다.

노사관계에서 AI는 사용자가 주도적으로 사용할 가능성이 많다. 이윤추구의 도구가 되기 때문이다. 이 과정에서 사용자는 자신의 우월적 지위를 이용하여 근로자에게 불리한 처우를 강제할지 모른다. 일터에서의 AI 사용과 관련한 노동법의 역할은 이러한 효과를 통제하는 데 있다. 아래에서는 개별 사업장에서의 노동에 AI가 사용되는 경우에 있어 노동법적 한계를 유형별로 검토한다.

2. AI의 업무보조

개별 근로자가 자신의 업무를 수행하는 데 AI의 도움을 받는 것 그 자체는 원칙적으로 노동법적 관심사항이 되기는 어렵다.[9] 근로자가 근로계약, 취업규칙 또는 단체협약 등에 의해 부여받은 직무의 내용을 이행하는 데 있어 AI의 보조를 받는 것으로 근로자에게 특별한 불이익이 발생하지는 않기 때문이다. 다만 사용자가 근로자에게 AI의 사용을 강제하면서 그 비용을 근로자에게 전가하는 경우에는 근로기준법 제36조의 금품청산의무 등에 위반될 수 있다.[10]

---

7) 임종률·김홍영,『노동법』제21판, 박영사, 2024, 3면.
8) 이철수,『노동법』, 현암사, 2023, 4면.
9) 다만, 이 문제도 자세히 들여다보면 노동법과 관련이 있기는 하다. AI의 직무보조가 심화하면 AI가 인간의 직업 자체를 대체할 수 있고 그때에는 실업의 문제가 대두하기 때문이다. 실업 문제에 대해서는 아래에서 별도로 살펴본다.
10) 근로기준법 제36조(금품 청산) 사용자는 근로자가 사망 또는 퇴직한 경우에는 그 지급 사유가 발생한 때부터 14일 이내에 임금, 보상금, 그 밖의 모든 금품을 지급하여야 한다. 다만, 특별한 사정이

한편, AI의 업무보조로 인해 해당 근로자가 제공한 노동의 질 또는 양의 수준이 하락한다면 사용자는 이를 이유로 임금 등 근로조건을 하향하자고 요구하는 경우가 발생할 수 있다. 객관적으로 업무의 양 또는 질이 줄어들었고, 임금 등의 하향조정에 대해 근로자가 동의한 경우가 아니라면 사용자의 일방적인 낮은 근로조건 적용은 근로계약 위반이 된다. 즉, 사용자가 일방적으로 하향조정된 임금을 지급한다면 임금미지급의 책임을 부담한다. 한편, 근로조건의 하락에 근로자가 동의한 경우라 하더라도 그것이 근로기준법이 정한 기준은 물론이고 취업규칙이나 단체협약에 위반되는 경우라면 무효가 될 수 있다. 임금의 경우에는 최저임금법에 의한 한계가 있다. 즉, 근로기준법과 최저임금법은 근로조건의 최저기준을 정하는 기준으로서 AI의 도움을 받아 아무리 일의 강도가 낮아졌다 하더라도 그 기준보다 하향하는 근로조건을 설정한다면 이는 원칙적으로 무효가 되고 대신 근로기준법과 최저임금법이 정한 기준이 적용된다(근로기준법 제15조, 최저임금법 제6조 제1항, 제3항).

3. AI에 의한 인사관리

(1) 인사명령의 정당성

사용자가 경영을 효율화해 더 많은 이윤을 얻고자 노력하는 과정에서 근로자에게 불리한 처우를 할 개연성이 상존한다. 노동법의 존재 이유는 이러한 행위로부터 근로자를 보호하는 것이다. 사용자가 활용하는 AI가 효율성을 중심에 두고 설계되거나 학습하였다면 근로자에 대한 사용자의 우월적 지위를 활용하려고 할 것이다. AI가 지원하는 경영적 판단은 사람이 수행하는 경영적 의사결정과 본질적으로 동일하다. 효율성을 추구하지 않는 AI라면 경영일선에 도입될 이유가 없기 때문이다. 노동법은 구조적으로 불평등한 노사관계에서 사용자의 욕망을 억제하는 기능을 수행한다. 노

있을 경우에는 당사자 사이의 합의에 의하여 기일을 연장할 수 있다.
제109조(벌칙) ① 제36조…(중략)…을 위반한 자는 3년 이하의 징역 또는 3천만원 이하의 벌금에 처한다.

동법은 사용자를 닮은 AI의 판단을 어떻게 이해하고 그로부터 근로자를 어떻게 보호할 것인지에 관심을 둘 수밖에 없다.

앞에서 본 바와 같이 AI는 효율성을 추구하기 위해 인간 경영자보다 더 많은 데이터를 보유하고 분석한 다음 이를 통해 고도화된 업무지시와 인사명령을 하게 될 것이다. 근로기준법에 따르면 사용자가 근로자에게 한 불이익한 인사명령은 정당한 이유가 있어야만 유효하다(근로기준법 제23조).[11] 노동법은 근로자에 대한 인격적 존중을 전제한다. 따라서 사용자가 근로자에게 어떤 불리한 지시를 한다면 그 이유를 근로자에게 설명할 의무가 있고, 근로자는 그 이유를 알아야 할 자격이 있다. 그것이 상대방의 존엄과 가치를 인정하는 것이기 때문이다.[12] 합리적 이유 제시가 있어야 상대방도 그 지시를 수용할 수 있다. 사람과 사람 사이에서는 이러한 이유 제시가 특별히 어렵지 않다. 서로가 비슷한 수준의 인지능력, 사고능력, 의사소통능력을 가지고 있기 때문이다. 그런데 AI가 내린 고도화된 결정은 어떠한가? 만약 그의 결정의 이유를 사람이 이해할 수 없다면 어떻게 되는가? AI의 경영자문을 받은 사용자가 (자신도 그러한 자문결과의 이유를 이해하지 못한 채) 근로자에게 인사명령을 하면서 둘러댄 이유를 노동법적 관점에서 "정당한 이유"라고 볼 수 있는지가 관건이다. 따라서 AI의 경영자문을 받아 인사관리를 하더라도 사용자는 정당한 이유를 제시할 수 있어야 한다. AI가 제안한 인사명령이 경영의 관점에서 결과적으로 가장 최선이라 하더라도 그 이유를 인간이 납득할 수 있도록 설명해 내지 못한다면 그러한 명령은 노동법적으로 정당화될 수

---

11) 근로기준법 제23조(해고 등의 제한) ① 사용자는 근로자에게 정당한 이유 없이 해고, 휴직, 정직, 전직, 감봉, 그 밖의 징벌(懲罰)을 하지 못한다.
참고로, 해고에 있어서의 정당한 이유에 대하여 판례는 다음과 같이 판시하고 있다. "해고는 사회통념상 고용관계를 계속할 수 없을 정도로 근로자에게 책임 있는 사유가 있는 경우에 행하여져야 그 정당성이 인정되는 것이고, 사회통념상 당해 근로자와의 고용관계를 계속할 수 없을 정도인지의 여부는 당해 사용자의 사업의 목적과 성격, 사업장의 여건, 당해 근로자의 지위 및 담당직무의 내용, 비위행위의 동기와 경위, 이로 인하여 기업의 위계질서가 문란하게 될 위험성 등 기업질서에 미칠 영향, 과거의 근무태도 등 여러 가지 사정을 종합적으로 검토하여 판단하여야 한다."(대법원 2003. 7. 8. 선고 2001두8018 판결 등)
12) 기계에게 어떤 지시를 하면서 (가령 TV 리모컨을 조작하는 것) 내가 왜 그런 지시를 하는지 기계에게 설명할 필요가 없는 것도 같은 맥락이다.

없다.

이와 관련하여 널리 알려진 미국의 사례를 참고할 필요가 있다. 미 텍사스 주 휴스턴독립학교지구(이하 "HISD"라 한다)는 "모든 HISD 교실에 효과적인 교사를 배치하는 것"을 목표로 "데이터 중심" 교사 평가 시스템을 적용하기 시작했다. 이 새로운 시스템은 2011-12학년도에 시행되었는데, 교사를 (1) 교육적 관행, (2) 전문적 기대, (3) 학생 성취도의 세 가지 요소에 따라 평가했다. 이 중 (3) 학생 성취도가 문제되었다. 이 지표는 민간 기업이 소유한 독점 알고리즘을 기반으로 만든 부가가치 모델(VAM)로 교사의 효율성을 평가하였다. 평가 결과, 교사상 등을 여러 차례 수상하고 다년간 좋은 평가를 받아 왔던 잭슨중학교 교사 Daniel Santos가 2013년 저조(Well Below)라는 평가를 받고 해고되는 일이 발생했다. 이와 관련하여 평가에 사용된 알고리즘이 공개되지 않아 평가결과에 대한 검증이 불가하다는 점이 드러나자 휴스턴 교사연맹은 2014년 휴스턴 연방지방법원에 소송을 제기하였다. 이 사건에서 판사는 민간 알고리즘의 미공개로 평가점수를 검증할 수 있는 의미 있는 방법이 없고 그 결과 적법절차를 보장하는 수정헌법 제14조에 따라 보장되는 교사들의 재산권(직업적 권리)이 부당하게 박탈된다고 지적하며 원고의 손을 들어 주었고, 최종적으로 사건은 검증이나 이의를 제기할 수 없는 한 위 점수를 이유로 해고하지 않기로 합의하면서 종결되었다.[13]

우리나라와 법리적 이론구성이 딱 들어맞지는 않지만 AI의 검토 결과만 공개되고 그 과정이나 이유가 설명되지 않는다면 적법절차를 거쳤다고 볼 수 없다는 미국 법원의 판단은 우리나라 근로기준법이 해고시 정당한 이유를 제시할 것을 요구하는 것과 철학적 배경을 같이한다고 볼 수 있다. 미국의 사례를 참조한다면 그러한 이유 제시는 설명할 수 있는 것에서 그치는 것이 아니라 타당성을 검증받을 수 있어야만 한다. 그런 점에서 인사명령에 이용되는 AI는 의사결정의 과정과 논리를 검증할 수 있는 것, 다시 말해 "블랙박스(black box)"이어서는 안 된다는 노동법적 한계를 도출할

13) Houston Federation of Teachers v. Houston Independent School District, 251 F. Supp. 3d 1168 (S.D. Tex. 2017).

수 있다. 아직 AI를 이용한 해고가 사회적으로 주목받은 국내 사례를 찾기는 어렵지만 AI 사용이 성숙하면 머지 않아 문제가 될 가능성이 많다. 우리의 해고 제한 법제를 고려할 때 AI를 통한 인사명령은 그 정당성을 설명할 수 있어야 하고 근로자가 이를 이해할 수 있어야 한다. 근로자가 이해할 수 있어야 한다는 말은 그의 방어권을 보장하기 위한 것이다.[14] 방어권을 보장하기 위해서는 AI가 제시한 이유를 검증할 수 있어야 한다.

(2) 노동3권 보장

노사 간의 대등성을 담보하기 위해 우리 헌법은 노동3권을 보장하고 있다. 근로자가 단결하여 노동조합을 결성하면 사용자에 대한 관계에서 교섭력이 증대되고 단체협약을 체결하여 사업장의 운영에 근로자들이 개입할 수 있게 된다. 노동조합의 이와 같은 기능은 사용자의 입장에서 보았을 때는 달갑지 않을 수 있다. 경영 효율화 정책은 근로자에게 불이익을 줄 수도 있는데 이 경우 노동조합은 그러한 정책에 반대하거나 조정을 요구하는 등 사용자의 결정에 토를 달기 때문이다. 그런 점에서 사용자는 자유로운 경영권 행사를 위해 근로자측에 대한 우월적 지위를 지속적으로 유지하기를 희망하는 경향이 있는데, 이때 자칫 노동3권을 침해하는 행위, 즉, 부당노동행위로 나아갈 수도 있다(노동조합 및 노동관계조정법 제81조).[15] AI 역시 사용자의 행동을 중

---

14) 근로기준법은 사용자가 근로자를 해고하려면 해고사유와 해고시기를 서면으로 통지하여야 하며 이를 준수해야만 해고의 효력이 있다고 규정한다(제27조 제1항, 제2항 참조). 판례는 이 규정의 취지에 관해 다음과 같이 판시한 바 있다. "근로기준법 제27조는 사용자가 근로자를 해고하려면 해고사유와 해고시기를 서면으로 통지하여야 효력이 있다고 규정하고 있는데, 이는 해고사유 등의 서면통지를 통하여 사용자에게 근로자를 해고하는 데 신중을 기하게 함과 아울러, 해고의 존부 및 시기와 사유를 명확하게 하여 사후에 이를 둘러싼 분쟁이 적정하고 용이하게 해결될 수 있도록 하고, 근로자에게도 해고에 적절히 대응할 수 있게 하기 위한 취지이므로, 사용자가 해고사유 등을 서면으로 통지할 때에는 근로자의 처지에서 해고사유가 무엇인지를 구체적으로 알 수 있어야 한다."(대법원 2015. 11. 27. 선고 2015두48136 판결 등)
15) 노동조합 및 노동관계조정법 제81조(부당노동행위) ① 사용자는 다음 각 호의 어느 하나에 해당하는 행위(이하 "不當勞動行爲"라 한다)를 할 수 없다.
  1. 근로자가 노동조합에 가입 또는 가입하려고 하였거나 노동조합을 조직하려고 하였거나 기타 노

심으로 학습한다면 이러한 경향, 즉 반노동조합적 편향을 가질 가능성을 배제하기 어렵다. 예컨대, AI가 근로자에 대한 인사명령을 함에 있어 노동조합 간부에게 불이익한 조치를 할 것을 제안할 수 있는 것이다. 이런 점에서 경영상 의사결정 지원을 하는 AI에 대해서는 근로자의 노동3권 행사를 침해하지 않아야 한다는 제한을 설정할 필요가 있다.

궁극적으로 AI에 의한 노동3권 침해를 예방하기 위해 AI를 경영, 특히 인사관리에 사용하는 경우, 사전에 관련사항을 노동조합과 교섭할 필요가 있다. 특히, 기술의 발달은 노동을 이용함에 있어 근로계약이 아닌 도급, 위탁 등 다른 형태의 계약을 체결하도록 추동한다. 그에 따라 과거에 근로기준법상 근로자였던 자가 이제는 자영업자로 지위가 변경되기도 하였다(앞에서 본 "철가방"을 떠올려 보자). 이와 관련하여 상식으로 알아 둘 사항이 있다. 바로 "근로자"는 2가지 개념이 존재한다는 사실이다. 근로기준법과 노동조합 및 노동관계조정법(이하 "노동조합법"이라 한다)은 근로자를 각자 다르게 정의하고 있다.[16] 거칠게 소개하면, 근로기준법상 근로자는 '근로계약 관계에서 노동을 제공하는 자'라면, 노동소합법상 근로자는 '노동의 대기로 생활하는 혹은 생활할 자로서 현재 근로계약을 체결하지 않은 자나 위탁이나 도급계약과 같이 근로계약이 아닌 계약에 근거하여 노동을 제공하는 자'를 포함한다. 개념의 외연상 노동조

동조합의 업무를 위한 정당한 행위를 한 것을 이유로 그 근로자를 해고하거나 그 근로자에게 불이익을 주는 행위

2. 근로자가 어느 노동조합에 가입하지 아니할 것 또는 탈퇴할 것을 고용조건으로 하거나 특정한 노동조합의 조합원이 될 것을 고용조건으로 하는 행위. (단서 생략)

3. 노동조합의 대표자 또는 노동조합으로부터 위임을 받은 자와의 단체협약체결 기타의 단체교섭을 정당한 이유없이 거부하거나 해태하는 행위

4. 근로사가 노동조합을 조직 또는 운영하는 것을 지배하거나 이에 개입하는 행위와 근로시간 면제 한도를 초과하여 급여를 지급하거나 노동조합의 운영비를 원조하는 행위. (단서 생략)

5. 근로자가 정당한 단체행위에 참가한 것을 이유로 하거나 또는 노동위원회에 대하여 사용자가 이 조의 규정에 위반한 것을 신고하거나 그에 관한 증언을 하거나 기타 행정관청에 증거를 제출한 것을 이유로 그 근로자를 해고하거나 그 근로자에게 불이익을 주는 행위

16) 근로기준법은 근로자를 "직업의 종류와 관계없이 임금을 목적으로 사업이나 사업장에 근로를 제공하는 사람"이라 정의하는 반면(제2조 제1항 제1호), 노동조합법은 근로자를 "직업의 종류를 불문하고 임금·급료 기타 이에 준하는 수입에 의하여 생활하는 자를 말한다."라고 규정한다(제2조 제1호).

합법상 근로자가 근로기준법상 근로자보다 넓다. 따라서 근로기준법상 근로자가 아니지만, 노동조합법상 근로자에 해당하는 자가 존재한다. 이러한 자들은 근로기준법의 보호를 받지는 못하지만 노동조합을 결성해 노동3권을 행사할 수도 있다. 종종 근로기준법상 근로자와 노동조합법상 근로자를 동일한 개념으로 전제하고 경영을 하는 사용자들이 있는데 법적 주의를 요하는 대목이라 할 수 있다. 여하튼 다시 본론으로 돌아가 기술의 발달로 과거에는 근로계약을 체결한 근로자였으나, 이제는 도급, 위탁계약을 체결하고 일하는 자가 있다고 할 때, 이들은 비록 근로기준법의 보호범위에서는 벗어났다 하더라도 노동조합법에 의한 보호는 받을 수 있는 경우가 많이 있다. 즉, 철가방의 현대적 버전인 배달라이더는 근로기준법상 근로자는 아니지만 노동조합법상 근로자로서 노동조합을 결성하고 사용자에 해당하는 자를 상대로 단체교섭을 요구할 수 있다. 이를테면 배달라이더는 자신들의 노동강도(일정 시간내 배달 완료), 일할 기회의 배분(배차), 보수(배달 1건당 수당), 휴식, 사고처리 등에 관해 배달앱 업체 등과 교섭을 할 수 있다. 이러한 교섭 결과는 배달앱 업체가 사용하는 AI를 통제하는 근거가 되는 것이다.

(3) 노동감시의 법적 한계

AI가 인사관리에 있어서 보다 고도화된 경영자문을 제공하기 위해서는 많은 정보가 필요하다. 정보를 많이 수집·분석할수록 AI의 결과물은 더 고도화되어 이윤추구의 관점에서 효율화된 인사관리 내지 업무지시로 나타나게 된다. 효율적인 인사관리를 위한 정보수집의 욕구는 경영자들이 일반적으로 가지고 있는 성향과 일치한다. AI 역시 마치 정보에 중독된 것과 같이 수집하는 정보의 양과 질을 개선하려고 애쓸 것이다. 그러나 이러한 과정에서 근로자의 민감하고 내밀한 개인의 영역에 유보되어 있어야만 하는 정보조차 수집할 수도 있다. 근로자가 이러한 상황에 처한다면 그는 마치 감시받고 있다는 느낌을 받게 될 것이다. AI가 인식하건 아니건 모종의 시선이 근로자의 인격을 훑고 지나간다. 노동은 인격과 분리될 수 없기에 근로자는 근로계약의 이행을 위해 출근을 할 때 인격만을 집에 두고 올 수가 없으므로 이러한 노동감시(labor surveilance)를 피할 수 없다. 사업장에서 수집되는 정보라 하더라도 여전히 근로

자 개인의 지배영역에 남겨 둬야 하는 것들은 있기 마련이다.[17]

AI를 강화하기 위해 사용되는 정보들은 디지털화된 것이어야 한다. 이미 AI가 도입되기 이전부터 업무상 필요성과 효율성을 내세워 사용자는 CCTV와 같은 영상정보처리기기, 지문인식기 같은 생체정보처리기기, 전자신분증을 이용한 출퇴근기록기, GPS, 스마트폰 등을 활용하는 위치정보기기, ERP, DAS 등 전사업무처리시스템 등의 장비를 폭넓게 활용해 왔다. 즉, AI의 정보수집을 위한 물적 토대는 이미 마련되어 있는 셈이다.

문제는 이러한 무차별적 정보수집을 어떻게 통제할 수 있는가 여부이다. 우리나라는 노동법적 관점에서 노동감시를 직접적으로 규율하는 내용을 성문화하지 못했다. 다만, 「근로자참여 및 협력증진에 관한 법률」에서 30인 이상 근로자를 사용하는 사업장은 노사협의회를 설치해 노사가 사업장의 주요사안에 대해 협의 내지 의결을 하도록 규정하고 있는데, 그 필수적 협의 사항의 하나로 "사업장 내 근로자 감시 설비의 설치"를 명시하고 있을 뿐이다. 이것은 어디까지나 협의 사항에 불과하므로 노동감시를 실효적으로 규제하는 데 한계가 있고, 30인 미만 사업장의 경우에는 아무런 노동법적 규율이 없다. 노동조합이 존재하는 사업장이라면 노동감시를 의제로 하여 사용자와 교섭하는 것이 가능할 뿐이다.

따라서 사용자에 의한 근로자 관련 각종 정보의 수집은 노동법이 아니라 「개인정보 보호법」이나 「정보통신망 이용촉진 및 정보보호 등에 관한 법률」 등과 같은 일반법에 의해 규율되고 있는 실정이다. 아무런 법률이 존재하지 않는 것보다 다행이기는 하나, 개인정보자기결정권에 근거한 이 법들은 대등한 시민들 사이의 관계를 전제로 한다는 점에서, 구조적인 지위의 불균형이 있는 노동관계의 특성을 반영하지 못한다는 한계가 있다. 예컨대, 개인정보 보호법 등은 원칙적으로 정보주체의 동의만 있다면 정보의 수집과 이용, 처리가 매우 광범위하게 허용되는데, 사용자에게 종속되어 있는 근로자가 이러한 동의를 거부하는 것은 현실적으로 어렵다. 노동법에서 요구하는 근로자의 '동의'는 단순한 형식적 동의가 아니라, 실질적 즉 대등한 관계에서 진정

---

17) 아무리 직장이라 하더라도 화장실에 카메라를 설치해서는 안 된다는 점을 상기해 보라.

한 의사에 의한 것을 요구하는 경우가 일반적이다. 노동법은 근로자의 이러한 지위의 종속성을 고려하여 설계되었기 때문이다. 개인정보 보호법은 이러한 관계를 염두에 두고 있지 않다. 즉, 일터에서의 근로자의 개인정보 보호는 한계가 존재할 수밖에 없다. 그 결과 일터에서는 시설관리, 도난방지, 업무감독 등의 업무상 필요성과 목적 달성의 효율성을 내세워 사용자에 의해 각종 정보가 수집되고 있다. AI의 정보처리를 효율화, 고도화하기 위해 장차 더 많은 정보 수집이 요구될 것이다. 노동감시는 근로자의 개인정보통제권이나 사생활의 자유를 침해한다는 점 외에도 스스로에 대한 자기검열을 강화하고, 건강을 해치며,[18] 노동3권을 침해한다.[19] 특히 사용자는 근로자 개인을 감시하는 것이 아니라 그가 수행하는 노동을 감독할 뿐이라고 주장하며 발달된 정보수집 기술을 사용하므로 근로자는 감시여부조차 인식하지 못할 수 있고, 사용자에 대한 종속적 지위로 인해 문제제기를 하기가 쉽지 않다는 한계도 존재한다. 그런 점에서 규제의 필요성이 지속적으로 제기되고 있다.[20] AI가 정보를 수집함에 있어 현행법만을 준수하면 충분하지 않느냐는 반문이 있을 수도 있지만, 노동관계는 인간의 존엄과 밀접한 관련이 있다는 점에서 AI에 의한 정보 수집은 보다 신중할 필요가 있다. 역설적이게도 그러한 신중함이 경영에서의 법적 분쟁 위험을 완화하여 효율성을 기하는 데 도움이 될 것이다.

---

18) CCTV로 사용자로부터 지속적인 감시를 받던 노동자가 자살한 사건에 대한 기사로는 한겨레, "노동자 목 조이는 CCTV: 'CCTV 감시' 사망 첫 산재 인정" 2016. 6. 8.자 기사, https://www.hani.co.kr/arti/society/labor/747346.html (2024. 10. 31. 확인)

19) 사용자가 사내보안프로그램을 이용하여 노동조합 간부 등의 이메일 등을 열람한 행위가 개인정보 자기결정권을 침해하고, 노조 등의 단결권, 단체행동권을 침해한다는 점을 인정하고 손해배상을 명한 사례로는 대법원 2021. 5. 27. 선고 2020다295380 판결(MBC 트로이컷 사건) 참조.

20) 노동감시에 대한 입법론에 대해서는 손미정, "근로자 감시의 허용 기준 설정에 관한 법적 연구―이른바 '전자근로감시'를 중심으로―", 『법과 정책』 제27집 제3호, 제주대학교 법과정책연구원, 2021, 100면 이하 참조.

4. AI에 의한 모집·채용

AI는 이미 모집·채용과정에서 취업지원자의 자료를 검토하고 면접을 검토하는 등 채용단계에서 널리 활용되고 있다.[21] 채용은 구인자와 구직자가 근로계약을 체결할지 여부를 판단하는 절차로 계약자유의 원칙의 한 내용인 계약 상대방 선택의 자유의 발현이다. 따라서 구인자인 사용자가 자신의 근로계약 상대방이 될 근로자를 어떻게 선택할지는 원칙적으로 그의 자유에 맡겨져 있다. 그러나 채용과정은 장차 근로관계의 형성을 예비하는 단계로서 대등한 관계에서 근로계약이 체결되어야 하므로 이에 대한 노동법적 규율은 존재한다. 「채용절차의 공정화에 관한 법률」, 「남녀고용평등과 일·가정 양립 지원에 관한 법률」(이하 "남녀고용평등법"이라 한다)이 그 예이다. 특히 남녀고용평등법은 모집과 채용단계에서 성별, 혼인, 가족 안에서의 지위, 임신 또는 출산 등의 사유로 차별해서는 안 된다고 규정한다(제7조, 제2조 1호). AI를 이용한 채용이 활발한 가운데 가장 문제적이라 지적되는 쟁점이 바로 차별이다. 스스로 학습하는 AI가 등장하기는 했지만 모든 가치로부터 중립적이지는 않으며 알고리즘을 설계하고 관리하는 사람의 영향으로부터 자유롭다고 단언할 수 없다. 개별 인간이 가진 주관성 내지 편향성을 AI도 가지고 있기 때문이다. 그런 점에서 채용과정에 사용되는 AI가 중립적이라는 기대는 접어 둘 필요가 있다. 문제는 AI가 가진 주관성 내지 편향성이 법적 한계 내에서 작동하는가이다. 남녀고용평등법은 차별을 금지하는 사유로 "성별, 혼인, 가족 안에서의 지위, 임신 또는 출산 등"을 예시하고 있다. 따라서 AI의 조언이 위 열거된 사유를 이유로 지원자를 탈락시키도록 요구하는 것이라면 위법하다는 결과가 된다.

이와 관련한 유명한 사례가 바로 미국 아마존사 AI채용 시스템에서 발생한 성차별 논란이다. 아마존은 2014년 채용 과정에 AI 기반 채용 시스템을 적용했다. 이 시스

---

21) 이를 다룬 기사는 쉽게 발견할 수 있다. 예컨대, 한국일보, "AI 면접관 앞에 선 인간… 알고리즘은 운명을 가르는 '권력자'", 2023. 4. 18.자 기사, https://www.hankookilbo.com/News/Read/A2023041117060004881 (2024. 10. 31. 확인); 한겨레21, "공공기관 AI 채용은 '안알리즘'", 2020. 10. 27.자 기사, https://h21.hani.co.kr/arti/economy/economy/49404.html (2024. 10. 31. 확인).

템은 지원자의 이력서를 검토하고 최대 5개까지의 별점을 부여하는 방식으로 후보자를 선별하였는데, 이력서(CV)에 여성(women)이라는 단어가 사용되면 감점하거나, 남성적 표현이 사용되면 우대하는 등 여성 지원자에 대한 부정적 편견을 가지고 있었다. 2015년 문제가 제기된 후 아마존은 이를 보완하고자 노력하다 결국 2017년 이 시스템을 폐기하였다. 이 사건을 계기로 AI 채용 시스템의 편향성 문제가 부각되어 미국, EU 등에서는 채용상 의사결정에서 AI 활용에 관한 여러 가지 규제를 도입하였다.[22] 이러한 규제들은 대체로 AI 활용시 사전고지해야 하며, 편향성을 통제할 수 있는 조치를 취해야 한다는 점을 포함하고 있다. 우리나라는 인공지능 기술을 적용한 시스템을 포함한 '완전히 자동화된' 시스템으로 개인정보를 처리하여 이루어지는 결정과 관련하여 정보주체의 거부권과 설명요구권 등을 부여하는 규정을 개정 개인정보 보호법 제37조의2로 신설하여 2024. 3. 15.부터 시행하고 있다.[23] 노동법적 관점에 특화된 규정은 아니지만 채용에서 사용되는 AI에 대한 초보적 수준의 규제가 시행된 셈이다. AI에 의한 채용에 대한 규율이 장차 노동법적 혹은 차별금지적 관점에서 어

---

22) 관련 입법례에 대한 구체적 소개는 권오성, "인공지능을 사용한 채용 결정의 문제점과 법적 규율방안", 『노동법논총』 제60집, 한국비교노동법학회, 2024, 126면 이하 참조.

23) 개인정보 보호법 제37조의2(자동화된 결정에 대한 정보주체의 권리 등) ① 정보주체는 완전히 자동화된 시스템(인공지능 기술을 적용한 시스템을 포함한다)으로 개인정보를 처리하여 이루어지는 결정(『행정기본법』 제20조에 따른 행정청의 자동적 처분은 제외하며, 이하 이 조에서 "자동화된 결정"이라 한다)이 자신의 권리 또는 의무에 중대한 영향을 미치는 경우에는 해당 개인정보처리자에 대하여 해당 결정을 거부할 수 있는 권리를 가진다. 다만, 자동화된 결정이 제15조 제1항 제1호·제2호 및 제4호에 따라 이루어지는 경우에는 그러하지 아니하다.

② 정보주체는 개인정보처리자가 자동화된 결정을 한 경우에는 그 결정에 대하여 설명 등을 요구할 수 있다.

③ 개인정보처리자는 제1항 또는 제2항에 따라 정보주체가 자동화된 결정을 거부하거나 이에 대한 설명 등을 요구한 경우에는 정당한 사유가 없는 한 자동화된 결정을 적용하지 아니하거나 인적 개입에 의한 재처리·설명 등 필요한 조치를 하여야 한다.

④ 개인정보처리자는 자동화된 결정의 기준과 절차, 개인정보가 처리되는 방식 등을 정보주체가 쉽게 확인할 수 있도록 공개하여야 한다.

⑤ 제1항부터 제4항까지에서 규정한 사항 외에 자동화된 결정의 거부·설명 등을 요구하는 절차 및 방법, 거부·설명 등의 요구에 따른 필요한 조치, 자동화된 결정의 기준·절차 및 개인정보가 처리되는 방식의 공개 등에 필요한 사항은 대통령령으로 정한다.

떻게 구체화될시 시켜볼 필요가 있다.

5. 정 리

AI의 활용으로 촉발되었거나 예측되는 개별 일터에서의 변화는 1차적으로 편리함이다. 그러나 편리함은 그 세를 점차 확대하다 노동법이 보호하는 인간 노동의 영역을 넘보게 될 것이다. 노동법은 인간의 존엄성을 보장하는 데 목적이 있는데 노동강도 강화와 임금 삭감 등 근로조건의 악화는 근로자의 노동과정은 물론이고 생계 그자체를 위협한다. 인사명령은 원칙적으로 정당한 이유를 제시할 수 있어야 하는데 이러한 능력이 결여된 AI의 인사명령은 근로자를 존엄한 인간이 아닌 노동력을 담고 있는 기계로 취급하는 것에 다름 아니다. 이러한 AI 사용을 통제하기 위한 유효적절한 수단은 바로 노동3권에 대한 옹호이다. 노동3권을 통해 근로자는 사용자와 교섭하며 그 교섭의 결과가 AI 활용의 한계로 작용할 수 있다. 아울러 AI의 고도화를 위한 무한한 정보의 수집은 근로자들의 사적 영역을 무시함으로써 존엄성을 해할 위험이 있으므로 이에 관한 노동법적 한계를 설정할 필요가 있다.

한편, 이와 같은 근로관계 내에서의 변화와 별개로 이미 근로관계 형성의 초입 단계인 채용과정에서 AI 사용은 점차 확대되고 있고 그 결과 해외에서는 AI의 편향성이 문제되었고 우리는 물론이고 선진제국은 이에 대한 지혜를 숙고하고 있다.

일터에서의 노동에 AI를 사용하는 것이 시대의 흐름상 불가피하다 하더라도 위와 같은 문제들은 노동법적 관점에서 반드시 짚고 가야 한다. 인간 노동과 관련하여 AI를 인간을 위한 도구가 아니라 효율성 내지 이윤 추구의 수단으로 생각하는 사고는 노동법의 존재이유를 되새겨 보게 한다.

IV. AI 사용 증대로부터 노동을 보호하기 위한 사회적 과제

1. 일자리 전환 대책

AI 보급확대는 사회적으로는 비정규직의 확산 내지는 실업의 증가를 야기할 가능성이 있다. 비정규직은 '고용불안'과 '낮은 처우'를 핵심징표로 삼고 있다. 실업은 고용 자체가 없는 상태를 의미하므로 비정규직의 부정적 측면이 극단화된 것으로 이해하면 된다. 헌법 제32조 제1항 2문은 "국가는 사회적·경제적 방법으로 근로자의 고용의 증진과 적정임금의 보장에 노력하여야 …(중략)… 한다."라고 규정하고 있으며, 헌법 제34조 제1항은 "모든 국민은 인간다운 생활을 할 권리를 가진다.", 제2항은 "국가는 사회보장·사회복지의 증진에 노력할 의무를 진다."라고 선언한다. 일자리 확보와 적정수준의 근로조건 보장 및 사회보장이 국가적 과제임을 천명한 것이다. 노동 영역에서 발휘되는 AI의 부정적 영향을 만회하기 위한 대책은 이 헌법 규정들의 구체화와 맥이 닿는다.

먼저 검토되어야 할 것은 비정규직 내지 실업의 확산에 대한 대책이다. AI의 도입은 기업들이 주도할 것이다. 자본주의 사회에서 기업은 1차적으로 이윤을 추구하지만 기업 역시 사회의 구성원으로 사람들과 함께 존속해야만 한다. 오늘날 기업의 경영에 있어 ESG(Environment, **Social**, Governance)가 강조되고 있는 이유도 기업의 존재 이유에 대한 자각에 기초하고 있다. 비정규직 확산과 실업의 증가는 사회를 위태롭게 하고, 당연하게도 그 구성원인 기업에게도 위협이 된다. 그런 점에서 사회의 구성원인 기업 스스로 AI의 활용에 있어 지혜를 발휘해야 한다. 이 과정에는 기업을 구성하는 한 축인 근로자들과의 대화와 타협이 필수이다. AI가 근로조건에 부정적 영향을 미칠 수 있고 궁극적으로 근로자로서의 지위의 근간을 위협할 수 있다는 점에서 직접 이해당사자인 근로자를 대표하는 노동조합이 AI 활용의 범위, 방법, 관리, 통제 등에 관해 단체교섭을 할 수 있어야 한다. 이 밖에 근로자들의 경영참여를 보장하는 제도도 만들 필요가 있다. "모든 사람에게 영향을 미치는 것은 반드시 모든 사람에 의해 검토되고 승인받아야 하는바(*Quod omnes tangit, ab omnibus tractari et approbari debet*)",[24] AI 의 활용은 근로자에게 영향을 미치므로 그들의 검토와 승인이 필요하다.

다음으로는 AI로 인해 없어지는 직업에서 새로 생성된 직업으로의 전환을 돕는 방법을 고민해야 한다. AI로 인해 발생하는 이러한 직업적 변화는 기후위기의 영향과 도 비슷하다. 「기후위기 대응을 위한 탄소중립·녹색성장 기본법」은 "탄소중립 사회 로 이행하는 과정에서 직·간접적 피해를 입을 수 있는 지역이나 산업의 노동자, 농 민, 중소상공인 등을 보호하여 이행 과정에서 발생하는 부담을 사회적으로 분담하고 취약계층의 피해를 최소화하는 정책방향"을 "정의로운 전환"이라고 정의하고(제2조 13호), 이를 위해 현황 파악, 재교육, 재취업 및 전직(轉職), 생활지원, 사업전환 지원, 국 민참여 보장 등에 관한 사항을 규정하고 있다(제47조 내지 제53조). 정의로운 전환은 전 환과정에서의 불평등을 해소하고 사회적으로 책임을 분담하자는 것으로 AI로 인한 산업전환에도 그대로 통용된다. AI를 활용한 결과 비정규직과 실업을 양산한 기업에 게 사회적 책임을 추궁하는 것도 사회적 책임 분담을 위한 차원에서 필요하다. 자신 의 이윤추구가 사회에 부담을 준다면 그 비용을 치르게 하는 것이 사회정의에 부합하 기 때문이다.

세 번째로 고용 증진의 관점에서 직업능력을 향상할 수 있는 정책이 필요하다. 예 를 들면 AI 활용 능력을 배양하는 것을 포함하여 AI 활용을 계기로 새로 등장하는 직 업으로 전환할 수 있도록 지원하는 제도를 마련하는 것이다. 사실 실업대책으로 교육 을 제시하는 것은 식상한 레파토리다. 그럼에도 여전히 교육을 강조할 수밖에 없다. 여기에서 좀 더 나아간 고민은 교육의 내용이 될 것이다. AI 시대라고 불러도 과언이 아닌 시대에 맞는 교육은 무엇이어야 하는지에 대한 연구가 필요하다. 특히, 이러한 상황은 AI를 통해 이윤을 누리는 기업이 속발한다는 점에서, 기업이 앞장서서 AI가 산업에 어떤 영향을 미칠 것인지를 스스로 평가하고 대안을 사회에 제시하려는 노력 을 할 필요가 있다.

---

24) 버나드 마넹(곽준혁 옮김), 『선거는 민주적인가(원제: The Principles of Representative Government)』, 후마 니타스, 2004, 115면.

네 번째로 산업적 구조 개편을 고려할 필요가 있다. 자본과 노동의 적절한 결합을 통한 생산이라는 지금의 생산공식을 AI 사용을 대전제로 하는 생산관계로 바꾸는 근본적 변화를 시도해 볼 수 있다. 물론 이런 거대작업은 우리나라만의 힘으로 되는 것은 아니지만 그렇다고 하여 발상 자체를 회피해서는 안 된다. 이를테면 인간만이 할 수 있는 일이나 그것이 비록 경제적 관점에서 이윤은 박하더라도 사회적 가치를 창출한다는 점에 착목하여 노동집약적 산업을 육성하는 방법이 예가 될 수 있을 것이다.

2. 기본소득

AI의 활용으로 인간노동 없이도 사회를 지탱할 수 있는 수준의 생산력이 달성된다면 어떻게 될까. 그 생산력의 결과물을 AI를 소유한 기업이 독차지한다면, 우리 사회는 영화에서나 보아 온 디스토피아가 될지 모른다. 대신 이를 사회적으로 분배한다면 인간은 이제 먹고 살기 위해 노동하는 것이 아니라 자신이 하고 싶은 혹은 스스로 가치있다고 생각하는 일을 위해 노동하며 삶을 보낼 수 있지 않을까.

이와 동일한 관점에서 기본소득론이 주창되어 사회학, 경제학, 법학 등 학문영역에서 논의가 전개되고 있으며 관련 실험도 이루어지는 등 저변을 넓혀가고 있다. 기본소득에 관한 규범적 정의는 존재하지 않지만 대략적으로 '어떤 공동체의 구성원 지위만 있으면 누구라도 근로 기타 어떤 의무도 요구하지 않고 또한 자신이 가진 재산이나 소득에 관계없이 그에게 일정액의 소득을 현금으로 정기적으로 지급하는 제도'라고 이해할 수 있다.[25] 기본소득제도는 현재 우리나라에서 시행하고 있지는 않다. 다만, 이와 유사한 제도로 국가가 실시하는 것으로 연령이나 일정 수준 이하의 소득을 요건으로 제시하고 있는 기초연금,[26] 아동수당[27] 등이 있으나 지급액은 거우 생계

---

25) 노호창, "기본소득의 법적 고찰", 『사회보장법학』 제9권 제1호, 한국사회보장법학회, 2020, 145면.
26) 65세 이상인 사람으로서 소득액이 일정 수준 이하인 사람에게 지급하는 연금(기초연금법 제3조 참조)으로 소득을 고려하여 구체적인 수령액이 조정될 수 있지만, 2024년의 기준연금액은 33만4천8백1십원이다(「기초연금 지급대상자 선정기준액, 기준연금액 및 소득인정액 산정 세부기준에 관한 고시」).
27) 8세 미만 아동에게 매월 10만원씩 지급(아동수당법 제4조).

를 보조하는 수준에 그친다.

기본소득으로 전 국민의 생계를 해결하기 위해서는 상당한 수준의 재원이 필요하다는 점에서 AI의 도입이 본격화되기 시작한 현시점에서 기본소득의 실시여부나 그 지급수준을 가늠하는 것은 불가능하다. 먼 미래의 일이라 그저 뜬구름 잡는 소리라고 여길 수도 있다. 그러나 AI의 발달 속도가 상상을 초월할 수 있다는 점에서 지금부터 미리 준비해 둘 필요가 있다. AI의 존재 목적은 무엇이어야 하는가, AI가 거둔 경제적 성과를 어떻게 계측할 것인가, 그 성과를 분배해야 한다면 그 이유는 무엇인가, 분배한다면 무엇을 기준으로 할 것인가 등 기본소득제도의 시행을 위해서는 해결해야 하는 많은 질문들이 산적해 있다. 이러한 질문에 대한 답변은 우리가 축적해 왔고 앞으로도 새롭게 만들어 갈 헌법적 가치와 관련이 있다. 즉, 심사숙고를 통한 사회적 합의를 요하는 것들이다. 언제 닥칠지 모르지만 언젠가는 닥칠 것이 확실하다면 이 시대를 살아가는 우리와 우리의 자손은 그 답을 예비해야만 한다.

V. 나가며

이상으로 AI가 노동에 미치는 영향을 개별 사업장 차원에서 사회적 차원까지 조망하며, 그에 대한 노동법적 쟁점들을 살펴보았다.

SF소설의 거장 아이작 아시모프는 그의 기념비적 소설 『아이, 로봇』에서 로봇 3원칙(the three laws of robotics)을 제시한다.[28] 그 제1원칙이 "로봇은 인간에게 해를 입혀서는 안 된다. 그리고 위험에 처한 인간을 모른 척해서도 안 된다."는 것이다. 아시모프가 염두에 둔 로봇은 AI에 의해 작동하는 것이므로, AI에게도 이 원칙은 적용된다. 일터에서의 AI 활용은 근로자의 직무를 보조함으로써 직접적으로는 인간을 이롭게 하는 것처럼 보인다. 그러나 서서히 나타나고 있고 앞으로 전개될 방향을 가늠해 보면 계속 그러할까라는 의구심을 가지게 한다. 규범적 관점에서 보면 아시모프가 제시한

---

28) 아이작 아시모프(김옥수 역), 『아이, 로봇』, 우리교육, 2008, 6면. 원작은 1950년에 출간되었다.

제1원칙에 등장하는 "해(害)"는 신체만을 대상으로 하는 것이 아니라, 궁극적으로는 인간의 존엄을 그 대상으로 한다. 즉, 인간의 생명, 인격 등 인간을 존엄하게 하는 그 모든 가치를 포괄하는 개념으로 읽어 낼 수 있다. 많은 사람들은 생계를 해결하기 위해 노동을 한다. 노동 그 자체만으로도 힘들고 고되지만, 특히 근로자는 구조적 지위 차이로부터 인간 존엄의 침해를 겪기도 한다. 사용자의 이윤 추구에만 복종하는 AI라면 로봇 제1원칙을 위반하여 근로자라는 인간에게 해를 입힐지도 모른다. 노동법이, 더 나아가 헌법을 위시한 우리의 규범체계가, AI에 주목해야 하는 이유는 여기에 있다. 로봇과 AI는 모두 인간이 만든다는 점에서, 로봇 제1원칙의 수범자는 기실 로봇이 아니라 우리 인간 자신이기 때문이다.

제13장

인공지능에 의한 범죄와 처벌

최준혁
(인하대학교 법학전문대학원 교수)

I. 들어가며

1. 생성형 AI를 이용한 범죄

챗GPT가 2022년 11월에 출시되면서 생성형 인공지능의 열풍이 불어닥쳤다. 생성형 AI는 문헌요약이나 데이터 분석, 다국어 구사는 물론이며 그림이나 영상, 음악 등을 만들어 낼 수 있는 한편 성착취물이나 가짜뉴스 제작에 악용되면서 사회적 문제를 야기하고 있다.[1]

생성형 AI와 관련하여 제기되는 형사법적 쟁점으로는 딥페이크 성착취물과 가짜뉴스, 피싱 등 사이버범죄, 사생활 침해나 개인정보 유출 등이 있다. AI가 범죄에 쉽게 이용될 수 있음은 '보이스 엔진'(Voice Engine)이 보여 준다. 2024년 3월 29일 오픈AI는 사람 음성을 학습해 모방 음성을 생성하는 인공지능(AI) 도구 보이스 엔진을 개발해 공개하였는데, 15초 분량의 음성 샘플만 있으면 보이스 엔진을 이용해 원래 화자

---

1) 윤지영, "생성형 AI 시대의 사이버범죄와 형사법적 대응", 연세대학교 법학연구 제34권 제1호(2024), 374면.

의 목소리와 비슷한 음성을 만들어 낼 수 있다고 밝혔다. 그러나 오픈AI는 "인조 음성 기능의 오용 가능성 때문에 더 광범위한 출시에 대해서는 조심스럽게 접근하고 있다"며 "현재로서는 이 기술을 미리 보여 주기(preview)만 하되 널리 출시하지는 않기로 했다"고 밝혔고, 음성 생성 기술이 더 발달할 것을 대비해 은행 계좌나 그 밖의 민감한 정보에 접근 권한을 주는 보안 조치에 음성 기반 인증 방식을 폐지할 것을 권고하였다.[2]

　　AI를 기망의 수단으로 이용하는 행위는 아래의 표처럼 구분할 수 있을 것이다.

〈표-1〉 기망수단으로서의 AI 오용의 기술적 유형 및 관련 법적 쟁점[3]

합성매체의 내용	사용의 맥락	사기	기만의 상대방			
			소비자/투자자	유권자/여론	심사자	
사람의 참칭	실존인: 타인 신원도용 본인 자아연장	◎	◎	◎	-	명예훼손 성범죄
사람의 작업으로 위장	가공인: 의인화	○	○	○	-	인간소외?
	실존인: 타인 위조 본인 표절	○	○	○	◎	위조 업무방해
허위정보 생성의 조력		○	◎	◎	-	명예훼손

2. 상상의 날개를 펼쳐야 하는가?

(1) 대중문화에서의 AI: 공포와 희망

영화나 소설 등에서는 인공지능이 사람을 살해하는 경우를 종종 찾을 수 있는

---

2)　연합뉴스 2024. 3. 30. "'사람 음성 15초만 들으면 그대로 모방'…오픈AI, 새 기술 공개"(https://www.yna.co.kr/view/AKR20240330010900075)

3)　장성경·조은서·박상철, "생성AI의 기만수단으로서의 오용: 실태, 대응기술, 법적 쟁점", 경제법연구 제22권 제2호(2023), 9면.

데,[4] 최근 다시 영화화된 《듄》의 세계에서 컴퓨터를 사용할 수 없다는 설정도 AI에 대한 공포를 잘 보여 주는데, 작가인 프랭크 허버트는 인간의 사고를 컴퓨터에게 맡겨 버리면 인간 존재를 그토록 특별하고 예측불가능하게 하는 직관과 샘솟는 영감이 지닌 잠재력이 사라지리라 믿었다. "개인용 컴퓨터 혁명이 가져다 준 가장 좋은 점은, 논리에는 심각한 한계가 있다는 사실을 많은 사람에게 널리 알렸다는 점이다."[5]

다른 한편으로 AI에 대한 지나친 기대 또는 희망을 보여 주는 예도 있다. 《저지 드레드(Judge Dredd)》[6]는 1975년 영국에서 출간된 만화를 원작으로 한 1995년 영화이다. 2139년, 핵전쟁 이후 지구의 대부분은 황무지가 되고 몇몇 대도시로 잔존인류가 모여 뉴욕은 인구 6,500만 명의 거대도시가 되었다. 기존의 정부가 거대도시의 치안을 유지하는 데 실패하자 시민들은 초엘리트들인 Judge들이 도시의 치안유지 및 통치를 맡는 새로운 정치시스템을 승인한다. Judge들은 범죄현장에 출동하여 살인, 강도, 강간, 마약범죄 등을 저지른 범죄자들이 체포에 응하지 않으면 그 자리에서 사형을 선고하고 총살한다. 즉 경찰이자 배심원이자 형집행관인 것이다. 이러한 업무를 수행하기 위해서는 뛰어난 신체적 능력과 지적 능력을 갖추어야 하므로, 영화 속에서는 당대 최고라고 인정받는 특수요원의 DNA와 대법관의 DNA를 합성하여 우수한 배아를 만들고 이를 다량 복제한 클론을 만든 후, 자신이 어렸을 때 정상적인 가정에서 태어나 부모의 사랑을 받고 컸다는 기억과 자존감, 정의감, 사명감, 법률지식, 무술 등을 주입하는 방식으로 우수한 신체적 능력과 지적 능력을 겸비한 Judge를 대량으로 양산하여 현장에 투입한다. 사실 법관이 신체적으로 뛰어난 능력을 가질 필요는 없지만, 수사부터 형집행까지의 전 과정에서의 권력이 법관에게 집중되어 있다는 점은 규문주의 시대의 형사절차와 다르지 않다.[7]

사실, 미국의 법철학자 드워킨은 법관은 기존의 축적된 법체계 전체를 감안하고

---

4) 그 예에 관한 설명으로 인하대학교 법학연구소 AI·데이터법 센터, 『인공지능법 총론』, 세창출판사, 2023, 454면.

5) 톰 허들스턴(강경아 옮김), 『듄의 세계』, 황금가지, 2024, 122면.

6) 아래의 설명은 이상덕, "법관직의 미래", 『법의 미래』, 법문사, 2022, 77면.

7) 이상덕, 앞의 글, 79면.

그 지속성 아래 주어진 사안에서 새롭게 도덕적 원리를 가장 잘 구현할 수 있게 해야 한다고 하면서 헤라클레스로서의 법관을 상정한 바 있다. 헤라클레스로서의 법관은 "초인적인 지적 능력과 인내심을 가진 상상의 법관으로서 법을 전체로서 파악"하며 법에 대한 슈퍼컴퓨터라고 생각할 수 있다.[8]

우리가 AI 법관에게 원하는 바가 이것인가? 희망의 대상은 지적 능력에 한정되는 것인가, 아니면 공정성도 포함하는가? 지적 능력에 한정하여 살펴보면, 2023년 1월에 GPT-3.5-turbo가 미국의 법학전문대학원 입학시험인 LSAT을 통과하여 사람과 유사한 법직 추론능력의 가능성을 보이긴 했으나 당시 성적은 하위 40% 정도에 그친 반면, GPT-4의 경우 LSAT의 성적이 상위 12%의 점수를 기록하는 등 혁신적인 성능 향상을 보여 줌으로써 인간 추론의 평균 수준을 상회하는 것으로 평가받는 수준에 이르렀다. 그런데, GPT-4에게 LEET의 문제를 풀어 보게 한 결과, 아직까지 GPT-4가 추리논증에 대한 충분한 학습이 없었거나 논증구조를 잘 이해하지 못하고 있는 것으로 보인다는 연구[9]가 있다. 이 연구만 보면 생성형 인공지능은 아직 한국의 변호사시험을 통과하기란 쉽지 않다고 생각할 수 있다.

그런데 2023년 4월부터 법률신문(www.lawtimes.co.kr)은 아티피셜 소사이어티(Artificial Society)와 함께 인공지능(AI)이 작성한 판결 기사를 여러 번 보도하였다. 기사 작성을 위해서 '오픈AI(OpenAI)사'의 초거대 언어모델 GPT-4를 활용하면서 법률 문서의 특수성으로 인한 오류를 최소화하기 위해 아티피셜 소사이어티가 자체 개발한 전·후 처리 파이프라인을 접목했다.[10] 이 기사 중에는 사실관계가 매우 잘 정리되어 있어서 법률문제 해결에 대한 AI의 능력을 어느 정도 확인할 수 있는 것도 있다. 예를 들어 대법원 2023. 7. 27. 선고 2023도6735 판결의 판결문은 "원심판결 이유를 관련

8) Fortson, WAS JUSTICE ANTONIN SCALIA HERCULES? A RE-EXAMINATION OF RONALD DWORKIN'S RELATIONSHIP TO ORIGINALISM, 271 WASHINGTON UNIVERSITY JURISPRUDENCE REVIEW VOL. 13:2(2021).

9) 박성미·박지원·안정민, "법률영역에서 GPT-4의 활용가능성과 시사점—법학적성시험(LEET)을 중심으로", 경제규제와 법 제16권 제1호(2023), 24면.

10) 법률신문 2023. 4. 24. [AI가 작성한 판결기사] "성년후견인, 본소 및 반소 관련 소송행위와 변호사 선임에 대한 포괄적 권한 인정"(https://www.lawtimes.co.kr/news/186976)

법리와 직법하게 채택된 증거에 따라 살펴보면, 원심의 판단에 논리와 경험의 법칙을 위반하여 자유심증주의의 한계를 벗어나거나 과실치사죄에서의 주의의무, 인과관계 등에 관한 법리를 오해하는 등으로 판결에 영향을 미친 잘못이 없다."라는 내용이어서 이 판결문만으로는 어떠한 사실관계가 문제가 되었고 그에 대한 대법원의 법리는 무엇인지는 도저히 알 수 없다. 즉, 이 사건을 이해하기 위해서는 사실심법원인 1심법원과 2심법원의 판결문을 함께 검토하여야 하는데, AI가 작성한 기사는 사건의 사실관계를 적절히 요약정리한 후 그에 대한 법원의 판단이 무엇인지도 드러내고 있다.[11]

(2) 개념구분

1) 약한 인공지능/강한 인공지능/초지능의 구별

1980년에 철학자 설(Searl)은 이 구분을 제시하면서 약한 인공지능은 기계가 마치 지능적인 것처럼 행동하는 것을 말하고 강한 인공지능은 기계가 사고를 시뮬레이션 하는 것이 아니라 실제로 의식적으로 사고하는 것을 말한다고 보았다.[12]

이 단계를 넘어선 초지능이 논의되기도 한다. 2024. 9. 26. 오픈AI의 CEO인 알트먼이 자신의 블로그에서 인간의 지능을 뛰어넘는 '초지능'이 "수천 일 안에 등장할 수도 있다"고 주장했다고 한다.[13] 그러나 "알트먼의 전망은 그다지 새롭지 않"으며 이 주장은 오픈AI가 최근 60억 달러(약 8조 원) 규모의 투자금을 모으고 있는 것과 무관하지 않다는 평가도 존재한다.

2) '적'으로서의 인공지능/'동지'로서의 인공지능

형사사법의 관점에서 인공지능은 서로 모순되는 두 가지 지위를 갖는다. 한편으로는 형사사법의 '동지'가 될 수 있으며 다른 한편으로는 형사사법의 '적'도 될 수 있

---

11) 법률신문 2023. 8. 24. [AI가 쓴 판결기사] "선행행위가 위법하지 않더라도 부작위범이 성립할 수 있다"(https://www.lawtimes.co.kr/news/190498)

12) 그에 관한 설명으로 인하대학교 법학연구소 AI·데이터법 센터, 『인공지능법 총론』, 455면.

13) 한국일보 2024. 9. 25. "오픈AI CEO 올트먼 '인간 지능 뛰어넘는 초지능 수천 일 내 등장 가능' 주장"(https://www.hankookilbo.com/News/Read/A2024092515320005922)

다.[14) 위의 서술과 연결시키면 약한 인공지능은 주로 형사사법의 '동지'의 문제이며 강한 인공지능 이후는 '적'의 문제이다.

3) 인공지능에 의한 범죄/인공지능을 이용한 범죄

'적'에 대해서 이야기하였지만, 범죄와 인공지능의 관계는 인공지능에 의한 범죄와 인공지능을 이용한 범죄로 구별할 수 있다. 자율주행자동차[15)와 자율살상무기인 드론에 관하여 여러 논의가 있으며, 허위조작정보의 문제에서도 이용자의 기대와 달리 인공지능이 허위정보를 생성하는 상황과 이용자가 의도적으로 허위조작정보를 생성하는 상황을 구분할 필요가 있다.[16)

그러나 인공지능이 스스로 범죄를 저지르는 상황은 현재로서는 상정할 수 없다.[17) 인공지능을 이용한 범죄도 형법적인 새로운 문제라기보다는 수사방법의 변화, 확장 문제를 주로 야기시키는 것으로 보인다.[18) 가령 최근 AI를 이용한 범죄로 주로 문제가 되는 딥페이크 성범죄는 그 범죄의 성질이나 수사방법이 논의된다. 보이스피싱 사기는 사회적으로 큰 문제가 되고 여기에서도 딥페이크가 범행수단으로 이용되나, AI를 이용한 보이스피싱은 그 자체로 고도의 기술적 수단을 이용한다는 점에서 양형기준에서 고려할 문제이다.[19)

범죄로 규정되지 않거나 현행법상 인공지능이 범죄 주체가 될 수 없으므로 처벌할 수 없는 경우는 범죄의 구분에서 제외되어야 하므로 인공지능과 범죄와의 관계는

---

14) 양천수, 『인공지능 혁명과 법』, 박영사, 2022, 153면.

15) EU 인공지능법은 완전자동화된 시스템뿐만 아니라 인공지능이 1차적으로 내린 의사결정을 사람이 모니터링하여 최종적으로 의사결정을 하는 경우에도 인공지능시스템으로 간주한다. 김일우, "재판업무 지원 AI 도입에 관한 헌법적 고찰", 헌법학연구 제30권 제2호(2024), 240면.

16) 김병필, "인공지능 챗봇과 허위정보", 최경진 편, 『인공지능법』, 박영사, 2024, 413면.

17) 베티나 불프 사건에서도 구글의 손해배상 책임이 문제되었을 뿐이다. 그에 관하여 인하대학교 법학연구소 AI · 데이터법 센터, 『인공지능법 총론』, 468면.

18) 이근우, "AI 시대와 형사법의 대응", 2024. 8. 19.~20. 제22회 한 · 중 형법 국제학술심포지엄 자료집, 66면.

19) 연합뉴스 2024. 4. 30. "보이스피싱 · 보험사기 형량 세진다…13년 만에 양형기준 손질"

생성형 AI 이용범죄(정보통신망이용범죄, 정보통신망침해범죄, 불법콘텐츠범죄), 생성형 AI 침해 범죄(인공지능 서비스 인프라 침해범죄, 인공지능 모델 침해 공격), 기타 범죄로서 저작권 및 개인정보 침해 범죄로 재구성할 수 있다.[20]

II. 인공지능을 이용한 범죄

1. 중요성: 딥페이크를 논의할 필요성

(1) 외국의 사례

딥페이크는 인공지능기술 중 안면 매핑(facial mapping) 기술을 활용하여 특정인의 얼굴을 다른 영상에 합성하는 허위 영상합성물을 의미한다는 설명[21]이 일반적이다.

2018년 4월, 미국의 온라인매체인 버즈피드(BuzzFeed)는 오바마 전 대통령이 트럼프 대통령을 향해 독설을 내뱉는 동영상을 공개하였다. 그러나 이 영상의 화자(話者)는 오바마 전 대통령이 아니라 영화 "Get Out"으로 아카데미 각본상을 수상한 미국의 감독, 배우이며 코미디언인 조던 필(Jordan Peele)이었는데, 버즈피드가 이 영상을 만든 이유는 인터넷에서 접하는 내용이 진실이 아닐 수 있음을 경고하기 위해서였다.[22]

이러한 딥페이크 영상이 실제와 구별하기 어렵다면 이를 범죄에 이용할 수 있음은 분명하다. 이미 유럽의 한 에너지 회사의 CEO가 모회사 CEO의 목소리를 딥페이크로 구현한 전화를 받고 24만 3,000 달러를 송금한 사건이 발생했고, 중국에서는 모바일 데이트앱 제공업체가 가상인물의 사진과 AI 챗봇을 이용해서 고객과 대화한 후

---

20) 이원상, "생성형 인공지능의 범죄위험성 예측 및 형사정책적 대응방안", 2024. 8. 19.~20. 제22회 한·중 형법 국제학술심포지엄 자료집.

21) 김재현, "딥페이크(deep fake) 기술을 이용한 허위영상물 제작 및 반포죄에 대한 형사법적 고찰", 입법학연구 제18집 제1호(2021), 244면; 배상균, "인공지능(AI) 기술을 이용한 디지털 성범죄에 대한 검토—딥페이크(Deepfake) 포르노 규제를 중심으로", 외법논집 제43권 제3호(2019), 174면.

22) David Mack, "This PSA About Fake News From Barack Obama Is Not What It Appears" (https://www.buzzfeednews.com/article/davidmack/obama-fake-news-jordan-peele-psa-video-buzzfeed)

유료로 딥페이크 음란물을 전송한 사건이 적발되기도 하였다.[23] 최근의 예로 2024년 2월에 한 다국적기업의 홍콩지점 재무담당자가 영국 본사에서 걸려 온 화상통화를 받았다. 그는 영국 본사에서 걸려 온 화상통화로 최고재무책임자를 비롯한 임원 6명과 회의한 후 340억 원을 송금하였는데, 실제로는 6명 모두 딥페이크로 만든 가짜였다.[24] 이 사기범죄의 피해자는 영국의 다국적 기업으로 모든 종류의 건축·건설 환경을 위한 엔지니어링, 설계 및 프로젝트 관리 서비스를 제공하며 시드니 오페라 하우스 설계 등에 관여한 에이럽(Arup)임이 최근에 밝혀졌다.[25]

미국의 가수 테일러 스위프트(Taylor Swift)를 성적으로 노골적으로 묘사한 AI 생성 딥페이크 이미지가 2024년 1월 말 소셜 미디어 X(구 Twitter)에 확산되었다. X의 대응이 늦었기 때문에 이 이미지가 삭제되기 전 약 4,700만 뷰가 기록되었고 백악관도 이러한 상황이 '우려스럽다(alarming)'고 논평하였다.[26] 테일러 스위프트의 Eras Tour는 2023년과 2024년 전 세계적으로 큰 인기였는데, 영국에서의 콘서트 티켓을 팔겠다는 스캠(scam)에 속아 가짜 티켓을 산 피해액만 100만 달러에 이를 것으로 추산되었다.[27]

(2) 우리의 상황

1) 교육활동 침해행위로서의 '합성'

법률에서 딥페이크를 규율하는 예로 「교원의 지위 향상 및 교육활동 보호를 위한 특별법」(약칭: 교원지위법)을 들 수 있다. '교원에 대한 예우와 처우를 개선하고 신분보

---

23) 윤지영, "AI와 가상자산 관련 범죄 및 형사법적 대응", 동북아법연구 제16권 제2호(2022), 48면.

24) KBS 뉴스 2024. 4. 7. "진짜같은 가짜, 딥페이크 직접 제작해보니…100만 회 학습한 AI [특집+]" (https://news.kbs.co.kr/news/pc/view/view.do?ncd=7933517: 2024. 5. 19. 최종검색)

25) CNN 2024. 5. 17. "British engineering giant Arup revealed as $25 million deepfake scam victim" (htttps: //edition.cnn.com/2024/05/16/tech/arup-deepfake-scam-loss-hong-kong-intl-hnk/index.html: 2024. 5. 19. 최종검색)

26) the Guardian 2024. 1. 31. "Inside the Taylor Swift deepfake scandal: 'It's men telling a powerful woman to get back in her box'" (https://www.theguardian.com/technology/2024/jan/31/inside-the-taylor-swift-deepfake-scandal-its-men-telling-a-powerful-woman-to-get-back-in-her-box)

27) CNN 2024. 4. 18. "Taylor Swift fans lose at least $1 million to Eras Tour scams in the UK"(https://edition.cnn.com/2024/04/18/business/eras-tour-scams-taylor-swift/index.html)

장과 교육활동에 대한 보호를 강화함으로써 교원의 지위를 향상시키고 교육 발전을 도모하는 것을 목적'으로 하는(제1조) 교원지위법은 고등학교 이하 각급학교에 소속된 학생 또는 그 보호자 등이 교육활동 중인 교원에 대하여 하는 교육활동 침해행위를 규정하는데(제19조), 교육활동 중인 교원의 영상·화상·음성 등을 촬영·녹화·녹음·합성하여 무단으로 배포하는 행위도 여기에 포함된다(교육활동 침해 행위 및 조치 기준에 관한 고시 제2조 제5호). 다만, 이 법률은 교육활동 침해행위를 당한 교원에 대한 보호조치(제20조) 및 침해학생에 대한 조치(제25조) 등을 규정하고 있을 뿐이며 교육활동 침해행위 자체에 대한 처벌조문은 두고 있지 않다.

2) AI 보이스피싱

얼마 전 경찰청은 최근 인공지능 기술을 통해 개인 SNS 영상을 조작하여 딥페이크, 딥보이스를 이용한 AI 보이스피싱이 성행하고 있으며, 자녀의 얼굴과 목소리를 조작하여 가족들에게 돈을 요구하고 있으니 각별한 유의를 바란다고 알렸다.[28]

〈그림-1〉 경찰청, "AI 피싱을 조심하세요!"

---

28) 2024. 5. 27. "내 가족의 목소리를 흉내 내는 AI피싱을 조심하세요!"(https://korea.kr/multi/visualNewsView.do?newsId=148929260)

3) 딥페이크를 이용한 성폭력범죄

2023년 8월에 생성형 AI를 이용해 아동성착취물을 제작한 40대 남성이 「아동·청소년의 성보호에 관한 법률」(약칭: 청소년성보호법) 위반으로 구속되었다.[29] 이 피고인은 자신의 노트북에 설치된 이미지 생성 AI 프로그램에 '10살', '나체' 등의 명령어를 입력하여 아동이 신체를 노출하거나 성적 행위를 하는 이미지 파일을 360여 개 제작하였으며, 지난 3~5월 해외 음란사이트에 포인트를 얻을 목적으로 과거 불법 유출된 모델 출사 사진 816개를 유포하고, 일반인들을 상대로 한 불법 촬영물 608개를 음란사이드에서 내려받아 불법 소지한 혐의도 받았다. 1심법원은 피고인에게 징역 2년 6개월을 선고하면서, "AI 프로그램이라는 첨단 기술이 상용화되고 있는데, 이런 범죄에 활용한다는 것이 상당히 우려스럽다"고 했다.[30] 이 사건은 생성형 AI 프로그램을 이용해 아동성착취물을 제작한 범인을 검거하여 유죄판결을 내린 국내 최초의 사례이다.

디지털 성범죄의 범죄현황에서도 합성·편집을 찾을 수 있다. 디지털성범죄피해자지원센터는 여성가족부 산하기관인 한국여성인권진흥원에 2018년 4월 30일 개소하였으며, 「성폭력방지 및 피해자보호 등에 관한 법률」 제7조의3(불법촬영물 등으로 인한 피해자에 대한 지원 등)에 근거하여 디지털 성범죄 피해자에 대한 상담, 피해촬영물 삭제지원, 수사·법률·의료지원연계 등 종합지원 서비스를 제공하고 있다.[31] 디지털 성범죄 피해자 지원센터에 접수되는 디지털 성범죄 피해발생 건수는 매년 늘어나고 있으며, 2023년 피해 유형 중에는 유포불안이 4,566건(31.3%)으로 가장 많았고, 다음으로 불법촬영 2,927건(20.1%), 유포 2,717건(18.7%), 유포협박 2,664건(18.3%) 순이다.

---

29) 이 사례에 관한 설명으로 윤지영, "생성형 AI 시대의 사이버범죄와 형사법적 대응", 381면.

30) 조선일보 2023. 9. 23. "AI로 아동 성 착취물 360개 만든 40대, 징역 2년 6개월" (https://www.chosun.com/national/regional/2023/09/23/VQC4KVLOLFGQLGJEL7ZUJQPEVI/)

31) 한국여성인권진흥원, 2023 디지털 성범죄 피해자 지원보고서(이하 지원보고서), 6면. 2023년 지원 건수는 총 275,520건으로 전년 대비 17.5% 증가하였는데, 피해영상물 삭제지원이 245,416건(89.1%)으로 가장 큰 비중을 차지하였으며, 다음으로는 상담지원 28,082건(10.2%), 수사·법률지원 연계 1,819건(0.6%), 의료지원 연계 203건(0.1%) 순이다. 피해자 수는 총 8,983명으로, 전년 대비 12.6% 증가하였다. 지원보고서, 12면.

전반적으로 전년도와 유사한 비율로 피해 유형이 분포되어 있으나, 합성·편집은 증가하였는데, 이는 디지털 환경 변화와 최근 딥페이크 기술 확산 및 생성형 AI 등장으로 손쉽게 불법영상물을 제작할 수 있는 기술 보급 등의 영향으로 보인다.

〈표-2〉 디지털성범죄피해자지원센터가 집계한 범죄현황 (단위: 건)[32]

구분 연도	합계	불법촬영	합성·편집	유포	유포협박	유포불안	사이버 괴롭힘	기타
2022	12,727 (100%)	2,684 (21.1%)	212 (1.7%)	2,481 (19.5%)	2,284 (18.0%)	3,836 (30.1%)	534 (4.2%)	696 (5.4%)
2023	14,565 (100%)	2,927 (20.1%)	423 (2.9%)	2,717 (18.7%)	2,664 (18.3%)	4,566 (31.3%)	500 (3.4%)	768 (5.3%)

2. 딥페이크 성범죄

(1) 들어가며

최근 무엇보다 문제가 되고 있는 것은 딥페이크 성범죄이며, 이에 대한 처벌조문은 2020년 신설된 「성폭력범죄의 처벌 등에 관한 특례법」(약칭: 성폭력처벌법)에 있다. 그런데, 성폭력처벌법 제14조의2는 딥페이크라는 단어를 사용하고 있지 않으며, 무엇에 무엇을 합성하는지도 명시하지 않으며, 편집물, 합성물, 가공물을 포괄하는 용어로 제2항에서는 '편집물 등'이라는 단어를 사용하나 표제에서는 '허위영상물 등'이라는 단어를 사용한다.

---

32) 지원보고서, 18면.

제14조의2(허위영상물 등의 반포등) ① 사람의 얼굴·신체 또는 음성을 대상으로 한 촬영물·영상물 또는 음성물(이하 이 조에서 "영상물등"이라 한다)을 영상물등의 대상자의 의사에 반하여 성적 욕망 또는 수치심을 유발할 수 있는 형태로 편집·합성 또는 가공(이하 이 조에서 "편집등"이라 한다)한 자는 7년 이하의 징역 또는 5천만원 이하의 벌금에 처한다. 〈개정 2024. 10. 16.〉

② 제1항에 따른 편집물·합성물·가공물(이하 이 조에서 "편집물등"이라 한다) 또는 복제물(복제물의 복제물을 포함한다. 이하 이 조에서 같다)을 반포등을 한 자 또는 제1항의 편집등을 할 당시에는 영상물등의 대상자의 의사에 반하지 아니한 경우에도 사후에 그 편집물등 또는 복제물을 영상물등의 대상자의 의사에 반하여 반포등을 한 자는 7년 이하의 징역 또는 5천만원 이하의 벌금에 처한다. 〈개정 2024. 10. 16.〉

③ 영리를 목적으로 영상물등의 대상자의 의사에 반하여 정보통신망을 이용하여 제2항의 죄를 범한 자는 3년 이상의 유기징역에 처한다. 〈개정 2024. 10. 16.〉

④ 제1항 또는 제2항의 편집물등 또는 복제물을 소지·구입·저장 또는 시청한 자는 3년 이하의 징역 또는 3천만원 이하의 벌금에 처한다. 〈신설 2024. 10. 16.〉

⑤ 상습으로 제1항부터 제3항까지의 죄를 범한 때에는 그 죄에 정한 형의 2분의 1까지 가중한다. 〈신설 2020. 5. 19., 2024. 10. 16.〉

특별법에 딥페이크 성범죄에 대한 처벌조문이 존재하지 않을 때에는, 이러한 행위는 정보통신망법의 허위사실적시 사이버 명예훼손이나 사이버 음란물유포죄로 처벌하고 있었는데, 이는 실제 성행위 촬영이 이루어지지 않았다는 점에 근거하였다.[33] 즉, 처벌이 불충분하다고 평가할 수는 있겠으나 적어도 형법 또는 특별형법에 처벌조문이 없었던 것은 아닌데, 2019년 이후 딥페이크 영상물의 제작, 유포 등을 처벌하기

---

33) 배상균, 앞의 글, 171면.

위한 여러 법률안이 국회에 상정되었다. 2020년 3월 24일 제정되어 6월 25일부터 시행된 성폭력처벌법 제14조의2의 입법이유는 아래와 같다. 상습범에 대한 가중처벌조항(제4항)은 2020년 5월 19일 개정으로 신설되었다.

특정 인물의 신체 등을 대상으로 한 영상물 등을 성적 욕망 또는 수치심을 유발할 수 있는 형태로 편집하는 딥페이크 등으로 인한 피해가 증가하고 있는데, 현행 규정으로는 이를 처벌하기 어렵거나 처벌이 미약하여 이에 대한 별도의 처벌 규정을 마련할 필요성이 증가하고 있음.

이에 반포 등을 할 목적으로 사람의 신체 등을 대상으로 한 촬영물 등을 대상자의 의사에 반하여 성적 욕망 또는 수치심을 유발할 수 있는 형태로 편집·합성·가공한 자, 이러한 편집물·합성물 또는 복제물의 반포 등을 한 자, 편집·합성·가공 당시에는 대상자의 의사에 반하지 아니하였으나 사후에 그 편집물 등을 대상자의 의사에 반하여 반포 등을 한 자에 대한 처벌 근거를 마련하고, 영리를 목적으로 정보통신망을 이용하여 이러한 죄를 범한 자를 가중처벌할 수 있도록 하려는 것임.

2024년 10월 16일의 개정이유는 "허위영상물의 편집·반포 등의 법정형을 불법촬영물의 반포 등의 법정형과 같도록 상향하고, 허위영상물 등을 소지·구입·저장 또는 시청한 자는 3년 이하의 징역 또는 3천만원 이하의 벌금에 처하도록 처벌 규정을 신설하며, 편집물 등을 이용하여 사람을 협박한 자에 대해서도 1년 이상의 유기징역에 처하도록 처벌 규정을 마련함"이다.

(2) 성폭력처벌법 제14조의2의 해석론

1) 개 관

성폭력처벌법 제14조의2는 개인의 성적 자기결정권과 인격권을 보호법익으로 하고 있고 제2항에서 규정하고 있는 행위유형인 '반포 등'도 제14조 제2항의 행위유형과 비슷하다.[34] 따라서 제14조의2의 해석에는 먼저 도입된 조문인 제14조 및 청소년성보호법의 아동청소년성착취물 제작 등의 죄(제11조)의 해석을 참고할 수 있다.

2) 행위객체: 허위영상물 등

가. 촬영물, 영상물 또는 음성물(영상물 등)

가) 사람의 실제 여부

촬영물, 영상물 또는 음성물은 사람의 얼굴이나 신체, 음성을 촬영하거나 녹음한 결과물이다. 이때의 '사람'이 실제해야 하는지 여부가 쟁점이 될 수 있다. 제14조의2 제1항에서 문제가 되는 행위객체는 허위영상물 등이나, 허위영상물이 만들어지는 과정은 영상물 등(편의상 이를 원영상물이라고 부르겠다)과 그를 가공한 허위영상물 등의 두 단계로 구분할 수 있다. 허위영상물은 개인의 실제 존재나 행위를 대상으로 촬영 등을 한 것이 아니라는 설명[35]은 두 번째 단계인 허위영상물이 반드시 실제인물의 실제상황에 대응할 필요가 없다는 뜻이지, 첫번째 단계, 즉 원영상물의 객체가 실제 존재하는 사람이어야 하는지에 대한 설명으로 보기는 어렵다. 가령 만화화면 또는 애니메이션 영상에 실제하는 인물의 얼굴을 합성한 경우를 어떻게 할 것인지의 질문이다.

제14조의2 제1항은 '사람'의 얼굴 등을 대상으로 한 영상물 등을 '영상물 등의 대상자의 의사에 반하여' 편집하는 등의 행위를 처벌한다. 그렇다면 이때의 '사람'이 곧 촬영 등의 대상이 된다고 이해해야 하며, 이러한 이해는 '영상물 등의 대상자의 의사에 반하여'라는 법문에 상응한다. 그리고 형법전에서 '사람'은 현재 생존해 있는 사람을 말한다. 청소년성보호법 제2조의 정의규정을 보아도 '아동·청소년'이란 19세 미만의 사람(제1호)이다. 제작 등의 행위가 금지되는(제11조) '아동·청소년성착취물'이란 아동·청소년 또는 아동·청소년으로 명백하게 인식될 수 있는 사람이나 표현물이 등장하여 제4호 각목의 어느 하나에 해당하는 행위를 하거나 그밖의 성적 행위를 하는 내용을 표현하는 것으로서 필름·비디오물·게임물 또는 컴퓨터나 그 밖의 통신매체를 통한 화상·영상 등의 형태로 된 것을 말한다(제2조 제5호). 즉, 소위 야애니의 제작을 청소년성보호법의 아동·청소년성착취물 제작으로 처벌할 수 있다는 (잘못된) 이해의 근거는 아동·청소년성착취물의 정의에서 '사람이나 표현물'이라는 단어를 사용하

34) 이주원, 『특별형법(10판)』, 홍문사, 2024, 534면.
35) 이주원, 『특별형법』, 534면.

고 있기 때문이지 '사람(제1호)'에 실제인물이 아닌 캐릭터 등이 포함되기 때문은 아니다.[36] 다른 한편으로 아동·청소년성착취물에 관한 정의규정에 의하면 성착취물에 등장하는 사람이나 표현물이 실제로 존재할 필요는 없기 때문에 동법의 제작 등에 의한 처벌에서 딥페이크의 행위유형인 편집, 합성, 가공 등을 명시할 필요도 없다.

그런데 성폭력처벌법 제14조의2 제1항의 문언에 대한 이러한 이해가 과연 입법의도와 합치하는지에는 의문이 남는다. 앞에서 든 예, 즉 만화화면에 피해자의 얼굴을 합성하여 유포한 행위는 제1항의 처벌대상이 아닌가? 딥페이크를 처벌하는 이유는 결국 허위영상물에 특정할 수 있는 피해자의 얼굴 등이 들어가 있어서 피해자가 자신이 하지도 않은 행위를 했다고 보이는 상황이 만들어지기 때문이다. 그렇다면 '성적 욕망이나 수치심을 유발할 수 있는 형태'인지의 문제는 결국 허위영상물에서 등장한다고 특정할 수 있는 피해자와의 관계에서 생각할 필요가 있으며, 그것이 반드시 원영사물의 대상자의 의사에 반하는지는 범죄성립에 중요하지 않을 수 있다. 물론, 가령 원영상물의 대상자가 실내 또는 야외에서 운동경기에 참여하고 있는 영상에서 얼굴 부분만 남기고 나머지 부분을 AV 영화의 장면과 합성한다면, 이는 원영상물의 대상자의 의사에 반하여 성적 욕망이나 수치심을 유발할 수 있는 형태로 편집 등을 하였다고 판단하기에 문제가 없다.

---

36) 헌법재판소는 벌거벗은 소년을 그린 그림이 청소년성보호법의 전신인 청소년의 성보호에 관한 법률의 '청소년이용음란물'에 해당하는지에 대하여 판단한 바 있다. 이 결정에서 헌법재판소는 "'청소년이용음란물'의 제작 등 행위는 …(중략)… 비슷한 유형의 다른 처벌법규들과 비교하여 보면, 그 위법성이나 비난가능성의 측면에서 청소년을 영리의 목적으로 약취, 유인하거나 청소년에 대하여 강간, 강제추행 등 성폭력행위를 하는 경우와 동일한 또는 유사한 수준의 범죄행위로 볼 수 있다."고 설시하면서, 실제 청소년을 강요, 위계 등의 방법으로 등장시키는 경우에만 높은 위법성 및 비난가능성을 인정할 수 있다는 점에서 그림이나 만화 등의 방법으로 청소년을 등장시킨 음란 표현물은 위 '청소년이용음란물'의 규제대상이 아니라고 하였다(헌법재판소 2002. 4. 25. 선고 2001헌가27 전원재판부).
이러한 헌법재판소의 태도는 현행법의 해석에서도 출발점이 될 필요가 있다. 예를 들어 청소년성보호법 제11조 제4항은 "아동·청소년성착취물을 제작할 것이라는 정황을 알면서 아동·청소년을 아동·청소년성착취물의 제작자에게 알선한 자는 3년 이상의 유기징역에 처한다."고 규정한다. 즉, 제11조의 제작의 대상이 되는 아동·청소년은 실제로 존재하여야 한다는 점은 현행법의 문언해석을 통해서도 확인할 수 있다.

나) '성적 욕망 또는 수치심을 유발할 수 있는 형태'

이 표현은 카메라등이용촬영죄(제14조 제1항)도 사용하고 있는데, 이때 '성적 욕망 또는 수치심을 유발할 수 있는'은 '사람의 신체'를 수식하며, 촬영자 등에게 성적 욕망을 유발하거나 피촬영자에게 성적 수치심을 유발할 수 있는 사람의 신체 부위를 말한다고 이해된다. 행위자 등의 성적 흥분의 의미인 '성적 욕망'과 상대방의 피해 감정을 뜻하는 '수치심'이라는 상반된 개념이 함께 사용되고 있으며, 주관적 감정을 기초로 한 점에서 상대적이면서 추상적인 개념이라는 지적을 받는다.[37]

소위 '레깅스 판결'이라고 불리는 대법원 2020. 12. 24. 선고 2019도16258 판결은 구성요건표지인 성적 수치심과 관련하여 감정에 대해 언급하고 있는데, "피해자가 성적 자유를 침해당했을 때 느끼는 성적 수치심은 부끄럽고 창피한 감정으로만 나타나는 것이 아니라 분노·공포·무기력·모욕감 등 다양한 형태로 나타날 수 있다. 성적 수치심의 의미를 협소하게 이해하여 부끄럽고 창피한 감정이 표출된 경우만을 보호의 대상으로 한정하는 것은 성적 피해를 당한 피해자가 느끼는 다양한 피해 감정을 소외시키고 피해자로 하여금 부끄럽고 창피한 감정을 느낄 것을 강요하는 결과가 될 수 있으므로, 피해 감정의 다양한 층위와 구체적인 범행 상황에 놓인 피해자의 처지와 관점을 고려하여 성적 수치심이 유발되었는지 여부를 신중하게 판단해야 한다"고 판시한다.[38]

개념의 모호성 자체에 대한 비판은 제외하고, 편집, 합성 또는 가공의 방법이 '성적 욕망 또는 수치심을 유발할 수 있는 형태'여야 한다는 문언이 딥페이크와 관련하여 어떤 의미를 가질 수 있는지 생각할 필요가 있다. 앞에서 든 사례, 즉 피해자의 얼굴을 만화영상과 합성한 행위를 딥페이크로 처벌할지 여부를 판단할 때, 피해자 자신이 하지도 않은 행위를 한 것처럼 보이게 만들었다는 점이 처벌의 이유라고 생각한다면 피해자의 얼굴과 애니메이션 영상을 합성한 행위의 결과물은 '허위영상물'에 해당할 수는 있으나 이 영상물의 내용이 실제와 혼동된다고 보기는 어려울 것이다. 실사

---

37) 이주원, 『특별형법』, 527면.
38) 그에 관하여 최준혁, "정신에 대한 죄", 『법의 미래』, 471면.

와 애니메이션을 합성하여, 농구선수 마이클 조던이 외계인과 농구대결을 펼치는 영화 『스페이스 잼』(1996)을 생각해 보면 분명하다. 다만, 제14조의2 제1항은 '성적 욕망 또는 수치심을 유발할 수 있는 행태'를 요구할 뿐 현실과의 혼동가능성을 요건으로 하지는 않는다.

나. 복제물

복제물(복제물의 복제물을 포함한다)은 제14조 제2항에서 반포 등의 대상으로 규정한다. 가령 합의하에 촬영한 성관계 동영상파일을 컴퓨터로 재생하면서 모니터에 나타난 영상을 휴대전화 카메라로 촬영한 촬영물을 유포한 경우[39]를 처벌하기 위한 개정의 결과이다. 제14조의2 제2항의 복제물은 허위영상물의 복제물로 보아야 할 것이다.

3) 허위영상물에 대한 입법의 불비

가. 허위영상물이 제14조의3의 행위수단이 되는지: 입법적 해결

제14조의3은 성적 욕망 또는 수치심을 유발할 수 있는 촬영물 또는 복제물(복제물의 복제물을 포함한다)을 이용하여 사람을 협박한 자는 1년 이상의 유기징역에 처한다(제1항)고 규정하고 있었다. 이러한 방법으로 강요한 자에 대한 가중처벌규정(제2항) 및 상습범에 대한 가중처벌조문(제3항)도 있다.

---

[39] 대법원 2018. 3. 15. 선고 2017도21656 판결: 성폭력범죄의 처벌 등에 관한 특례법(이하 '성폭력처벌법'이라고 한다) 제14조 제1항, 제2항, 제3항에 의하면, 성폭력처벌법 제14조 제1항의 촬영의 대상은 '성적 욕망 또는 수치심을 유발할 수 있는 다른 사람의 신체'라고 보아야 함이 문언상 명백하므로 위 규정의 처벌 대상은 '다른 사람의 신체 그 자체'를 카메라 등 기계장치를 이용해서 '직접' 촬영하는 경우에 한정된다고 보는 것이 타당하므로, 다른 사람의 신체 이미지가 담긴 영상도 위 조항의 '다른 사람의 신체'에 포함된다고 해석하는 것은 법률문언의 통상적인 의미를 벗어나는 것이어서 죄형법정주의 원칙상 허용될 수 없고, 성폭력처벌법 제14조 제2항 및 제3항의 촬영물은 '다른 사람'을 촬영대상자로 하여 그 신체를 촬영한 촬영물을 뜻하는 것임이 문언상 명백하므로, 자의에 의해 스스로 자신의 신체를 촬영한 촬영물까지 위 조항에서 정한 촬영물에 포함시키는 것은 문언의 통상적인 의미를 벗어난 해석이다.

제14조의2의 행위객체가 제14조의3의 행위수단이 되는지와 관련하여, 허위영상물 등을 제작하고 그를 이용하여 사람을 협박한 자를 가중처벌할 필요성이 있음은 분명하나, 과거의 법조문이 이러한 경우까지 포함한다고 볼 수는 없었다. 이 문제는 2024년 10월 16일의 법률개정을 통해 '촬영물 또는 복제물(복제물의 복제물을 포함한다), 제14조의2 제2항에 따른 편집물 등 또는 복제물(복제물의 복제물을 포함한다)'을 행위방법으로 명시하는 방법을 통해 해결되었다.

나. 합성물에 대한 비밀수사의 근거

제14조의2도 '대상자'라는 표현을 쓰고 있어 피해자를 특정할 수 있고, 이러한 범죄는 주로 '디지털 성범죄'의 형태로 행해질 것이라 합성물의 반포 등에서도 신분비공개수사나 신분위장수사가 필요하다고 보지 못할 이유가 없다. 그럼에도 불구하고 디지털 성범죄에 대한 신분비공개수사 및 신분위장수사의 근거규정인 청소년성보호법 제25조의2는 수사의 대상범죄로 동법 제11조 및 제15조의2의 죄 및 아동·청소년에 대한 성폭력처벌법 제14조 제2항과 제3항의 죄만 열거하고 있을 뿐이다. 현재의 조문이 입법의 불비라고 보지 않기 위한 방향으로 아동·청소년성착취물에 아동·청소년을 대상으로 한 딥페이크도 포함된다고 해석할 가능성에 대해서는 앞에서 설명하였다.

3. 보이스피싱

(1) 개 관

보이스피싱이란 목소리를 뜻하는 보이스(voice)에 개인정보(private data)와 낚시(fishing)를 조합한 피싱(phishing)이라는 단어를 합친 것으로, 전화 등을 활용하여 피해자를 기망하고 금원을 편취하는 사기 유형 중 하나이다.[40] 인터넷 메일을 통해 피싱을 하면 파밍(pharming)이라고 하고 전화를 이용하면 보이스피싱, 문자메시지를 이용

---

40) 정제용·염윤호, "보이스피싱 추세분석을 통한 문제점 파악과 대응방안 도출", 범죄수사학연구 제9권 제2호(2023), 154면.

하면 스미싱(smishing)이라고 부른다. 국내에서는 2006년 5월 18일 국세청 직원을 사칭하여 초과징수한 과징금을 환급해 주겠다고 속여 현금지급기를 통해 800만원을 이체하도록 한 사례가 최초라고 한다.[41]

보이스피싱의 다양한 유형은 사칭형, 긴급상황형, 금융거래, 상품판매, 상속 또는 복권, 기타유형 보이스피싱 등으로 구분할 수 있다.[42] 편취의 방식은 피의자가 피해자와 직접 접촉하는 대면편취형과 직접 접촉하지 않는 비대면편취형으로 구별되는데, 대면편취형은 주로 피해자가 인출한 돈을 현금수거책에게 전달하도록 하며 비대면편취형은 비대면 금융거래(송금 등)로 금원을 전달하게 한다. 피해자를 기망하는 수법은 기관사칭형과 대출사기형으로 구분되는데 전자는 경찰이나 검찰, 국세청 등의 권력기관을 사칭하여 피해자를 기망하는 것이고 후자는 대환대출 등의 금융업무 매개자를 사칭하여 피해자를 기망하는 방식이다.[43] 가령 2019년 서울중앙지검이 기소한 보이스피싱 범죄 중 40%는 검찰 관계자를 사칭하는 방식이었다.[44] 경찰청이 밝힌 보이스피싱 현황(2023. 12. 31. 기준)은 다음과 같다.[45]

〈표-3〉 보이스피싱 현황

구분	기관사칭형				대출사기형			
	발생건수	피해액(억원)	검거건수	검거인원	발생건수	피해액(억원)	검거건수	검거인원
2016	3,384	541	3,860	5,682	13,656	927	7,526	9,884
2017	5,685	967	3,776	4,925	18,574	1,503	15,842	20,548
2018	6,221	1,430	4,673	5,491	27,911	2,610	25,279	32,133
2019	7,219	2,506	5,487	6,045	30,448	3,892	33,791	42,668
2020	7,844	2,144	4,297	4,797	23,837	4,856	29,754	34,527
2021	7,017	1,741	1,954	1,895	23,965	6,003	25,693	24,502
2022	8,930	2,077	4,103	4,500	12,902	3,361	20,419	20,530
2023	11,314	2,364	7,352	8,039	7,588	2,108	13,639	14,347

---

41) 박찬걸, "최근의 보이스피싱 범죄수법 변화에 따른 대응방안", 형사정책 제36권 제1호(2024), 104면.

42) 이러한 구분으로 이근우, 앞의 글, 71면.

43) 정제용·염윤호, 앞의 글, 159면 이하.

44) 김대호·성진기, "행정조사기관 사칭 보이스피싱 실태분석 및 대응방안: 보이스피싱 조직과 개인 관계에서의 정보비대칭을 중심으로", 치안정책연구 제38권 제2호(2024), 92면.

45) https://www.data.go.kr/data/15063815/fileData.do

보이스피싱은 법률용어는 아니며 「전기통신금융사기 피해 방지 및 피해금 환급에 관한 특별법」(약칭: 통신사기피해환급법)이 이 문제를 규율하고 있다.

제2조(정의) 2. "전기통신금융사기"란 「전기통신기본법」 제2조 제1호에 따른 전기통신을 이용하여 타인을 기망(欺罔)·공갈(恐喝)함으로써 자금 또는 재산상의 이익을 취하거나 제3자에게 자금 또는 재산상의 이익을 취하게 하는 다음 각 목의 행위를 말한다. 다만, 재화의 공급 또는 용역의 제공 등을 가장한 행위는 제외하되, 대출의 제공·알선·중개를 가장한 행위는 포함한다.

　가. 자금을 송금·이체하도록 하는 행위

　나. 개인정보를 알아내어 자금을 송금·이체하는 행위

　다. 자금을 교부받거나 교부하도록 하는 행위

　라. 자금을 출금하거나 출금하도록 하는 행위

---

(2) AI를 사용한 보이스피싱

앞에서 AI를 이용한 사기범죄의 예를 설명하였다. 소위 로맨스 스캠도 문제가 되는데, 최근의 기사 하나[46]를 소개한다.

> 홍콩에서 딥페이크 기술로 '로맨스 스캠' 사기 행각을 벌여 630억 원이 넘는 돈을 가로챈 일당이 경찰에 붙잡혔다.
>
> 14일(현지 시각) 홍콩 사우스차이나모닝포스트(SCMP)에 따르면 범죄조직원 27명은 싱가포르와 홍콩 일대에서 딥페이크 기술로 만들어진 가짜 미녀와 사랑에 빠진 남성들을 속여 약 3억 6000만 홍콩달러(약 631억 9000만 원)를 가로챘다는 혐의를 받고 있다.

---

46) 조선일보 2024. 10. 14. "결혼 약속하고 영상 통화도 했는데"… 630억 가로챈 미녀, 정체는(https://n.news.naver.com/article/023/0003864392)

이 범죄조직은 소셜미디어를 통해 피해자와 접촉한 뒤 가상으로 만든 미녀의 사진으로 호감을 샀다. 이후 성격·학력·직업 등 여러 면에서 완벽한 여성을 만든 뒤 대화를 통해 신뢰를 쌓았다. 피해자와 연인 관계가 되면 결혼을 얘기하면서 가짜 암호화폐 거래 플랫폼에 투자를 유도하는 방식으로 사기를 벌였다.

일당은 피해자들에게 조작된 수익 거래 기록을 보여 주며 이들을 안심시켰다. 이 과정에서 피해자들은 영상 통화를 요청하기도 했다. 하지만 첨단 딥페이크 기술로 만들어진 사기꾼의 외모와 목소리, 옷차림 등을 보고 피해자들도 의심 없이 믿었던 것으로 나타났다.

돈을 인출하지 못하자 피해자들은 그제서야 속았다는 사실을 깨달았다. 피해자들은 홍콩, 중국 본토, 대만, 인도, 싱가포르 출신 남성인 것으로 전해졌다.

III. 인공지능을 이용한 처벌

총론에서 형사절차의 단계별로 인공지능이 어떻게 활용되는지 설명한 내용은 아래의 표와 같이 정리할 수 있으며, 여기에서는 최근의 논의를 위주로 설명을 추가하였다.

〈표-4〉 형사절차에서의 인공지능의 활용[47]

	위험방지	수사	기소	공판	형집행
담당기관	경찰		✕	법원	검찰 법무부
	✕	검찰			
내용	범죄예측			재범 위험성 판단	
	개인정보처리			(양형과 AI)	(보호관찰)
	감시카메라				
	순찰로봇				로봇교도관?

---

47) 인하대학교 법학연구소 AI·데이터법 센터, 『인공지능법 총론』, 458면 이하의 내용을 정리하였다.

1. 수사단계

(1) 수사절차에서의 인공지능의 활용

1) 모니터링과 수사

AI를 이용한 디지털 성범죄 모니터링이 시행되고 있다. 기존에는 피해자의 얼굴이나 특이점을 육안으로 판독해서 수작업으로 찾아내는 방식이라면, 앞으로는 인공지능(AI) 딥러닝 기술이 오디오, 비디오, 텍스트 정보를 종합적으로 분석해서 한 번 클릭만으로 피해자와 관련된 모든 피해 영상물을 즉시 찾아내는데, 2023년 7월에 서울기술연구원에서 프로그램 개발에 착수해 올해 3월 프로그램 개발을 완료했다고 한다. 키워드 입력부터 영상물 검출까지 불과 3분 정도밖에 걸리지 않아 기존 1~2시간이 소요됐던 것에 비해 검출속도가 획기적으로 개선되고, 정확도도 200% 이상 향상된다. 인공지능(AI)의 학습 데이터가 축적될수록 정확도와 속도는 향상될 것으로 기대된다.[48] '인공지능(AI)이 영상물을 찾아내기 때문에 24시간 모니터링이 가능하고, 삭제지원관이 피해 영상물을 접하면서 발생할 수 있는 트라우마와 스트레스도 줄일 수 있다'는 설명에서 보듯이, 이 기술은 주로 영상물 삭제에 이용되지만 수사에도 활용될 수 있다.

예를 들어 최근 마약류의 온라인거래는 다양한 SNS에서 마약류를 지칭하는 단어를 검색한 후 게시글에 기재되어 있는 텔레그램이나 위커(Wickr) 등 자동삭제기능이 탑재되어 있는 채팅앱을 통해 구매자가 연락하여 암호화화폐로 대금을 지급하고 지정한 장소에서 마약류를 찾아가는 방식으로 이루어진다. 이러한 마약류 거래에서 일반적으로 자주 사용하는 서피스웹에서는 마약류의 광고를 기술적으로 막을 수 있는 방법이 있음에도 불구하고 방치하고 있고, 다크웹에서의 마약류 거래에 대해서도 충분히 모니터링할 수 있으며, 토르 브라우저를 이용하였다고 하더라도 실제 IP를 찾을 수 있는 기술적 실력을 수사기관이 갖추고 있다고 한다. 마약류범죄의 우선 수사 목

---

48) 서울특별시 양성평등소식 2024. 4. 18. "전국 최초 인공지능(AI) 기술로 디지털성범죄 24시간 자동추적·감시"(https://news.seoul.go.kr/welfare/archives/551229).

표를 공급자로 설정하여 수사기관이 인터넷 모니터링 시스템을 강화하여 포털사업자에게 실시간 삭제를 요청할 수 있는 시스템을 구축하자는 제안[49]이 있는데, 이러한 모니터링은 수사에 활용할 수 있음은 물론이다.

2) AI 수사관

최근 검찰과 경찰에서는 AI 수사관의 도입 이야기가 다시 나오고 있다.[50] 일명 'AI수사관'으로 불리는 AI 시스템은 유사 사건을 자동으로 찾아주는 서비스로서, AI 기술을 도입해 업무 부담은 줄이고 범죄 수사 효율을 높이겠다는 취지이다.

경찰에서는 '전화 사기 대응 시스템(코난)'[51]으로 민간기관 데이터를 AI 기술로 통계 분석하여 전화 사기 수사에 활용하고 있다. 코난은 보이스피싱뿐 아니라 휴대폰을 이용한 사기 범죄 모두에 활용할 수 있는데, 코난은 △통계 분석 △통합조회 수사 공조 △데이터 관리 등 세 가지 기능이 있다. 통계 분석은 경찰 신고 내용을 자동으로 분석해 사기 유형별 추세를 보여 주고, 지역별 통계도 제공해 어느 지역에서 전화 사기가 자주 발생하는지 한눈에 알려 준다. 또 전국 각지에서 발생한 사건을 검색할 수 있는 통합조회 시스템이 마련돼 수사 단서를 확보하기 용이해졌다. 가령 서버에 '김미영 팀장'을 검색하면 김미영 팀장이 등장한 사건 목록이 공개돼 유사 범죄가 언제 어디서 발생했는지 파악할 수 있다. 전화 사기에 이용된 전화번호나 계좌번호, 피해자 이름 등으로도 사건을 조회할 수 있다. 사기 행각에 연루된 피의자의 얼굴과 목소리를 공유하는 시스템도 마련돼 다른 경찰서에 공조 요청을 할 수도 있다. 시스템에 피의자 정보와 인상 착의를 적어 올리면 데이터가 누적돼 동일한 피의자를 수사 중인 경찰서가 있는지 확인 가능하다. 사기 피의자의 통화 녹음파일을 업로드할 수도 있어 같은 목소리의 피의자를 추적하는 경찰에 협조 요청을 구할 수도 있다.

---

49) 조정우, "마약류 투약자 중심의 마약수사 실효성에 관한 연구", 한국범죄심리연구 제15권 제2호 (2019), 64면.

50) 법률신문 2024. 2. 25. "검경 'AI 수사관' 도입한다"(https://www.lawtimes.co.kr/news/196168)

51) 한국일보, "[단독] 경찰, 민간기관 데이터 동원해 전화 사기 뿌리 뽑는다", ⟨https://news.nate.com/view/20211130n01419⟩ (2024. 8. 28. 확인)

(2) 신분위장수사에서의 AI 활용 가능성

청소년성보호법 제25조의2 제2항에 의하면 신분위장수사를 하는 사법경찰관리는 신분을 위장하기 위한 문서, 도화 및 전자기록 등의 작성, 변경 또는 행사(제1호), 위장 신분을 사용한 계약·거래(제2호), 아동·청소년성착취물 또는 「성폭력범죄의 처벌 등에 관한 특례법」 제14조제2항의 촬영물 또는 복제물(복제물의 복제물을 포함한다)의 소지, 판매 또는 광고 등을 할 수 있다.

이들 중 신분을 위장하기 위한 문서죄 및 위장신분을 사용한 계약 또는 거래는 큰 문제가 없으나 제3호에 열거하고 있는 행위에 대해서는 생각해 볼 필요가 있다. 이러한 행위를 규정한 이유는 n번방 수사과정에서 나타나는 현실적인 필요성 때문임은 이해할 수 있으나 수사과정에서 사용되는 촬영물 또는 복제물로 인해 2차피해가 발생하지 않도록 유의할 필요가 있다. 비교법적으로 보면 독일 형사소송법은 '인공적인' 아동청소년성착취물을 사용하도록 규정하고 있는데, 이러한 규정은 피해자의 2차피해를 방지한다는 측면에서 긍정적이다.[52]

2. 절차를 보조하는 AI: 형사전자소송

형사절차에서는 전자소송이 거의 이루어지지 않자 '형사사법절차에서 전자문서의 이용 및 관리 등에 관한 기본 원칙과 절차를 규정함으로써 형사사법절차의 전자화를 실현하여 형사사법절차의 신속성과 투명성을 높이고 국민의 권익 보호에 이바지함을 목적'으로 하는 「형사사법절차에서의 전자문서 이용 등에 관한 법률」(약칭: 형사절차전자문서법)이 2021년 10월 19일에 제정되어 2024년 10월 20일부터 시행된다. 법률을 제정할 당시 법무부의 설명은 아래 그림과 같다.

---

52) Gercke, Die Entwicklung des Internetstrafrechts 2019/2020, ZUM 2020, 952.

〈그림-2〉 형사사법절차 전자화에 따른 업무변화(법무부, 2020)

2024년 9월 19일에 법무부, 검찰청, 경찰청, 해양경찰청은 차세대 형사사법정보시스템(KICS)을 개통하였다. 33개월의 개발과정을 거친 차세대 형사사법정보시스템의 목표는 형사사법절차의 완전 전자화, 기술혁신에 따른 온라인·비대면 서비스 확대, 노후화된 시스템의 전면개편이다. 보도자료가 제시하는 차세대 형사사법정보시스템의 기능 중 AI와 관련된 내용은 아래와 같다.

① AI 기반 지능형 사건처리 지원 기능으로 범죄사실, 핵심 키워드, 죄명 정보 등을 분석하여 유사한 사건의 조서, 결정문, 판결문 등의 정보를 제공받아 사건처리의 신속성과 효율성을 높일 수 있게 된다. ② 조사자와 피조사자의 음성 내용이 문자로 자동 전환되는 음성인식 활용 조서작성 기능, 사건 접수·처리, 공판 지원 및 정보조회를 스마트폰·태블릿으로 하는 모바일 KICS 등 최신 IT 기술을 도입하였다.

법원도 AI를 보조도구로 활용하려고 하고 있는데, 2024년 6월 26일 열린 '2024 리걸 테크 AI 특별쇼(LTAS)' 첫날 첫 번째 기조연설에서 원호신 법원행정처 사법정보화

실장은 '인공지능과 사법정보시스템'을 주제로 기조연설을 하면서 "재판 제도를 지원하는 도구가 필요하고, 이때 진화된 지원 도구 필요성에 모두 공감할 것"이라며 "AI가 도입된다면 재판 절차의 효율성을 향상하고 재판 안내나 문서 작성에 있어 정확성을 증진할 수 있을 것이며 법률서비스의 접근성이 개선되고 절차나 리서치 비용 절감도 예상할 수 있다"고 말했다.[53] 사법부에서 '유사 사건 판결문 추천 모델(AI 활용 분야 중 검색 기능 개발)'과 더불어 AI모델 개발을 위한 사건의 정형·비정형 데이터를 수집부터 저장, 처리, 분석 등의 과정을 통합적으로 제공해 기술을 잘 활용할 수 있도록 환경을 조성하는 '빅데이터 플랫폼'도 개발 중이며, 소송 당사자를 위한 AI 개발도 진행되고 있다는 것이다.

IV. 맺으며

인공지능에 대한 형법 및 형사소송법의 접근에서는 기존의 이론으로 대응이 가능한지 아니면 새로운 방법론을 개발해야 하는지가 문제가 된다.[54] 무엇에 대한 논의가 진정으로 필요한가(또는 무엇이 위험한가)의 문제도 함께 생각할 필요가 있다. 형집행단계에서 소위 로봇교도관을 도입하려는 과거의 실패한 시도[55]와 민영교도소를 중심으로 수용자의 처우를 위해 서비스 로봇을 활용하고 있는 일본의 예가 비교된다. 그런데 민영교도소에서 활용하는 로봇 중 배식이나 식기반납으로 기능이 한정되는 로봇은 단순한 서비스로봇으로 우리가 일상생활에서 식당에서 종종 볼 수 있는 것과 다르지 않으므로 교정로봇의 핵심기능인 시설의 경비와 재소자에 대한 감시를 담당하고 있다고 볼 수 없어서, 특별히 논의할 필요가 없다.

형사절차의 각 단계에서의 AI와 관련해서, 현재의 시점에서 중요한 것은 AI가 사

---

53) 법률신문 2024. 6. 26. "[2024 LTAS] 원호신 법원행정처 사법정보화실장, '재판부에 유사 사건 추천하는 AI 개발 중'"(https://www.lawtimes.co.kr/news/199413)

54) Schäfer, Artificial Intelligence und Strafrecht, Duncker & Humblot 2024, S. 67.

55) 인하대학교 법학연구소 AI·데이터법 센터, 『인공지능법 총론』, 466면.

람을 내체할 수 있는가가 아니라 인공지능과 인간의 협업을 통한 보다 좋은 제도를 어떻게 구현할 것인지가 현재의 고민의 내용이다. 즉, 인공지능을 도구로 활용하면서 그 장점을 극대화하고 부작용을 최소화하는 타당한 기준의 수립이다.[56)]

---

56) 한상훈, "인공지능과 형사재판의 미래: 인공지능 배심원의 가능성 모색", 『법의 미래』, 117면.

제14장

고위험 인공지능에 대한 판단과 오남용 문제

구태언
(법무법인 린 변호사)

I. 고위험 인공지능의 개요

1. 개념과 정의

고위험 인공지능(High-Risk Artificial Intelligence)은 오작동하거나 예상치 못한 결과를 초래할 경우, 개인의 건강, 안전, 기본권 및 사회적 질서에 심각한 영향을 미칠 수 있는 인공지능 시스템을 의미한다. 위험의 정도를 단계별로 구분해 차등 규제를 적용하고 있는 EU AI Act에서는 고위험 인공지능을 크게 두 가지 범주로 나누어 정의하고 있다. 첫째, 제품의 안전 구성요소로 사용되거나 그 자체가 제품인 인공지능 시스템으로서, 부속서 I에 나열된 EU 조화 법제(Union harmonisation legislation)에 따라 제3자 적합성 평가가 요구되는 것, 그리고 둘째, 부속서 III에 명시된 생체인식 시스템, 주요 기반시설 관리, 교육 및 직업훈련 등 8개 영역에서 사용되는 것으로 개인의 건강, 안전 또는 기본권에 중대한 위험을 초래하는 것이다.[1] 2024년 12월 26일 국회 본회의를 통과한 「인공지능 발전과 신뢰 기반 조성 등에 관한 기본법」 제정 법률에서도 사람의 생

---

1) EU AI Act Article 6.

명이나 신체의 안전에 위험을 초래힐 우려기 있는 것을 '고영향 인공지능'으로 정의하고 사전평가 및 고지의무와 더불어 의무위반에 대한 과태료를 부과하고 있다.

2. 판단 기준

고위험 인공지능에 해당히느지 여부를 판단할 때 크게 두 가지 기준이 적용된다. 첫째, 영향의 중대성이다. 오작동 시 개인의 생명, 안전, 기본권 또는 사회적 질서에 중대한 영향을 미칠 수 있는 인공지능 시스템이 이에 해당한다. 둘째, 사용 분야의 민감성이다. EU AI Act는 8개 분야의 인공지능 시스템을 고위험으로 분류하고 있는데 구체적으로는 ① 생체인식 시스템, ② 주요 기반시설 관리, ③ 교육 및 직업훈련, ④ 고용 관리, ⑤ 필수 서비스에 대한 접근, ⑥ 법집행, ⑦ 이민·난민 관리, ⑧ 사법 행정이 이에 해당한다.[2]

3. 주요 특성

고위험 인공지능의 특성은 크게 세 가지로 나누어 볼 수 있다. 첫째, 결정의 민감성이다. 앞에서 살펴본 바와 같이, EU AI Act는 고위험 인공지능을 개인의 생명, 건강, 안전, 기본권에 중대한 위험을 초래할 수 있는 AI 시스템으로 정의하고 있는데, 이러한 시스템이 의사결정 과정에서 활용될 경우 그 영향력의 민감성이 매우 높다. 이를 분야별로 예를 들어 살펴보면, 의료 분야에서 AI 시스템이 질병 진단, 치료 방법 선택, 응급 상황 대응 등 환자의 생명과 직결되는 결정을 내릴 경우, 잘못된 진단이나 부적절한 치료 주천은 환자의 생명을 직접적으로 위협할 수 있다. 금융 분야에서는 개인의 신용평가, 대출 심사, 보험료 산정 등에 AI가 활용되는데, 이러한 결정은 개인의 재산과 경제적 기회에 장기적인 영향을 미칠 수 있다. 특히 AI 시스템의 편향된 판단은 특정 집단에 대한 경제적 차별로 이어질 수 있다. 법 집행 분야에서 AI가 범죄 위

---

2)   EU AI Act Annex III.

험 평가, 보석 결정, 형량 결정 등에 활용될 경우 개인의 자유와 기본권에 직접적인 영향을 미칠 수 있다. 또한 자율주행차량의 경우 도로 상황에 대한 AI의 순간적인 판단이 탑승자와 보행자의 안전에 직결된다. 2018년 우버의 자율주행차 사고[3] 사례는 AI 결정의 위험성을 보여 주는 대표적인 예시이다. 이처럼 고위험 인공지능의 결정은 개인의 생명, 재산, 자유, 안전과 직접적으로 연관되어 있어, 시스템의 오작동이나 편향된 판단은 개인과 사회에 회복하기 어려운 피해를 초래할 수 있다. 따라서 이러한 시스템들에 대해서는 보다 엄격한 관리와 감독이 요구된다.

둘째, 자율성과 복잡성이다. 고위험 인공지능 시스템은 수많은 변수가 관련된 복잡한 의사결정 과정에서 활용되며, 그 과정에서 높은 수준의 자율성을 보인다. 특히 딥러닝 기반의 인공지능 시스템은 수백만 개의 매개변수와 복잡한 신경망 구조를 통해 의사결정을 수행하기 때문에, 그 결정 과정을 인간이 완전히 이해하기 어려운 '블랙박스' 문제[4]를 가지고 있다. 이러한 불투명성은 여러 위험을 야기한다. 예를 들어 의료 진단 AI가 특정 영상을 암으로 판단했을 때, 의료진은 그 판단의 근거를 정확히 파악하기 어려울 수 있다. 자율주행차의 경우에도 복잡한 도로 상황에서 AI가 내린 판단의 정확한 이유를 역추적하기 어려운 경우가 많다. 이는 오류나 편향이 발생했을 때 그 원인을 파악하고 책임소재를 규명하기 어렵게 만든다. 더욱이 일부 고위험 AI 시스템은 지속적 학습을 통해 시간이 지날수록 그 행동이 변화할 수 있다. 이는 시스템의 성능 향상에는 도움이 될 수 있으나, 예기치 못한 오류나 편향이 발생할 위험도

---

3) 2018년 3월 18일 미국 애리조나주 템페에서 발생한 우버(Uber) 자율주행차 사고. 자율주행 시험 중이던 우버의 볼보 XC90이 도로를 횡단하던 보행자를 치어 사망에 이르게 한 사건이다. 당시 차량에 탑승했던 보조운전자는 휴대전화로 동영상을 시청하다 사고를 예방하지 못했다. 미 연방교통안전위원회(NTSB)는 보조운전자의 부주의를 주요 원인으로 지목했으나, 보행자를 감지하지 못한 우버의 소프트웨어 문제도 지적했다. 이는 자율주행차가 일으킨 첫 보행자 사망 사고로 기록되었으며, 자율주행기술의 한계와 안전 문제를 부각시킨 대표적 사례이다.

4) AI 시스템, 특히 딥러닝 모델이 어떤 결론에 도달하는 과정을 인간이 이해하기 어려운 현상을 의미한다. 딥러닝 모델은 수많은 인공 뉴런과 매개변수들로 구성되어 있어, 입력값이 어떤 과정을 거쳐 특정 출력값으로 도출되는지 그 과정을 명확하게 설명하기 어렵다. 이는 AI의 의사결정 과정의 투명성과 설명가능성을 저해하는 주요 기술적 한계로 지적된다.

증가시킨다. 이러한 자율성과 복잡성, 불투명성은 시스템이 활용되는 분야의 위험성과 결합하여 더욱 심각한 문제를 야기할 수 있다. 예를 들어 의료 AI의 오진이나 자율주행차의 잘못된 판단은 인명 피해로 직결될 수 있으며, 그 원인 규명과 책임 소재 파악이 매우 어려울 수 있다.

셋째, 책임 소재의 모호성이다. 이는 고위험 인공지능의 또 다른 중요한 특성이다. AI 시스템의 오작동이나 오류로 인한 피해가 발생했을 때, 개발자, 운영자, 사용자 간의 책임 소재를 명확히 가리기 어려운 경우가 많다. 앞에서 언급한 2018년 우버 자율주행차 사고는 이러한 책임 소재 문제를 잘 보여 준다. 당시 보행자 사망 사고에서 차량에 탑승한 보조운전자의 부주의가 주요 원인으로 지목되었으나, 동시에 보행자를 제대로 감지하지 못한 AI 시스템의 기술적 결함도 지적되었다. 이처럼 AI 시스템의 실패는 여러 당사자의 과실이 복합적으로 작용한 결과일 수 있다. 의료 AI 시스템의 경우에도 책임 소재 문제가 발생할 수 있다. 진단 보조 AI 시스템 활용 과정에서 오진으로 인한 피해가 발생했을 때, 이는 AI 시스템 자체의 기술적 결함, 의료진의 판단 과정, 의료기관의 시스템 도입 및 관리 과정 등 다양한 요소가 복합적으로 작용한 결과일 수 있다. AI 시스템의 자율성과 복잡성, 그리고 블랙박스 문제는 이러한 책임 소재 판단을 더욱 어렵게 만든다. 더욱이 AI 시스템이 지속적으로 학습하고 변화하는 경우, 특정 시점의 오류나 실패에 대한 책임을 특정하기가 더욱 어려워진다. 초기 개발 단계의 설계상 문제인지, 운영 과정에서의 추가 학습으로 인한 문제인지, 혹은 실제 사용 과정에서의 문제인지 구분이 모호해질 수 있다.

4. 규제 현황

고위험 AI에 대한 규제는 전 세계적으로 강화되는 추세이다. EU는 2024년 5월 세계 최초의 포괄적 AI 규제법인 'AI Act'를 최종 승인했다. 동법은 AI 시스템을 위험도에 따라 세분화하여 차등화된 규제 접근법을 채택하고 있으며, 최소 위험, 제한된 위험, 고위험, 금지된 인공지능으로 구분하여 각 범주별로 상이한 규제 기준을 적용하고 있다. 특히 고위험 인공지능 시스템에 대해서는 엄격한 사전 승인 절차와 투명성,

안전성, 데이터 편향성 방지, 인간 감독 강화 등을 요구한다. 또한 인공지능 시스템의 위반 유형에 따라 차등화된 과징금 체계를 도입했다. 금지된 인공지능 실행에 대해서는 전년도 전 세계 연간 매출의 최대 7% 또는 3,500만 유로 중 더 큰 금액을, 기타 운영자 의무 위반 시에는 전년도 전 세계 연간 매출의 최대 3% 또는 1,500만 유로 중 더 큰 금액을 부과할 수 있도록 하고 있다.[5] 2024년 말부터 점진적으로 시행되며 대부분의 조항은 2025년부터 전면 시행될 예정이다. AI 기술의 윤리적이고 안전한 개발을 목표로 하는 이 법안은 글로벌 AI 규제의 선도적 모델로 국제사회의 주목을 받았다.

OECD는 글로벌 AI 규제 흐름에서 중요한 국제적 가이드라인을 제시했다. 2019년 최초로 채택되고 2023년과 2024년에 지속적으로 개정된 OECD의 AI 권고안(Recommendation of the Council on Artificial Intelligence)[6]은 AI 기술의 윤리적이고 책임있는 개발을 위한 국제적 원칙을 마련했다. 이 권고안은 법적 구속력은 없지만, AI 시스템의 포용적 성장, 인권 존중, 투명성, 안전성, 책임성을 강조하며 전 세계 국가들의 AI 정책 방향에 중요한 영향을 미쳤다. 특히 2019년 G20 정상회담에서 주요 국가들이 이 원칙을 환영하면서, OECD의 AI 권고안은 글로벌 AI 거버넌스의 실질적인 기준점으로 자리 잡았다. 동 권고안은 AI 기술이 인간 중심적이고 사회적 가치에 부합하도록 하는 국제적 규범 형성에 핵심적인 역할을 하고 있으며, 각 회원국들은 이 권고안을 바탕으로 자국의 AI 정책을 수립하고, 기업들의 AI 개발 방향을 지도하고 있다. 이 권고안의 주요 특징은 AI 기술의 혁신을 저해하지 않으면서도 윤리적 고려를 강조한다는 점이다. 기술 발전과 사회적 책임 사이의 균형을 추구하며, AI가 인류의 삶을 개선하고 공공의 이익에 기여할 수 있는 방향을 제시하고 있다. 이는 단순한 기술적 접근을 넘어 AI의 사회적, 윤리적 영향을 종합적으로 고려하는 접근법을 보여 준다. 또한 OECD 권고안은 지속적으로 진화하는 AI 기술의 특성을 반영하여 정기적으로 개정되고 있다. 2023년과 2024년의 개정은 특히 생성형 AI의 등장과 미디어 왜곡, 의도하

---

5) EU AI Act Article 99.

6) OECD, "Recommendation of the Council on Artificial Intelligence," OECD 웹사이트, https://legalinstruments.oecd.org/en/instruments/OECD-LEGAL-0449 (2024. 12. 26. 확인).

지 않은 AI 사용 등 새로운 윤리적 도전 과제들을 반영했으며, 이는 기술 발전에 따라 유연하게 대응하는 글로벌 AI 거버넌스의 중요한 모델을 제시하고 있다.

미국의 경우 2022년 10월 발표된 "AI 권리장전 청사진(Blueprint for an AI Bill of Rights)"[7)]에서 고위험 인공지능 시스템에 대한 규제 방향을 제시한 바 있고, 2023년 10월 바이든 행정부는 "AI 안전 행정명령(AI Safety Executive Order)"[8)]을 통해 AI의 안전성과 신뢰성을 확보하기 위한 보다 적극적인 규제 프레임워크를 수립했다. 동 명령의 주요 내용은 크게 네 가지로 구분된다. 첫째, AI 시스템의 안전성 확보를 위해 국립표준기술연구소(NIST)가 안전성 테스트 기준을 개발하고, 대규모 AI 모델 개발 시 정부에 사전 통보하도록 의무화했다. 둘째, AI로 인한 노동시장 변화에 대응하기 위해 노동부에 AI가 노동자에게 미치는 영향을 평가하고 대응 전략을 마련하도록 지시했다. 셋째, AI 개발과 사용에서 차별과 편향을 방지하기 위한 조치를 포함했다. 특히 고용, 주택, 의료 등 다양한 영역에서 AI로 인한 차별을 방지하고 시민의 권리를 보호하는 내용을 담고 있다. 넷째, 연방정부 내 AI 인재 확보와 국제적 협력을 강조했다. AI 전문인력 채용을 위한 특별 채용 경로를 마련하고, 국제 파트너들과 AI 규제와 표준에 대한 협력을 추진하도록 했다. 이 행정명령은 법적 구속력은 제한적이지만, 연방정부 차원에서 AI 규제의 방향을 제시하고 민간 부문의 자발적 준수를 유도하는 중요한 이정표로 평가된다.

일본은 2022년 'AI 거버넌스 가이드라인'[9)]을 통해 인간 중심의 인공지능 원칙을

---

7) 백악관, 「AI 권리장전 청사진: 미국 국민을 위한 자동화 시스템 구축(Blueprint for an AI Bill of Rights: Making Automated Systems Work for the American People)」, 백악관 공식 웹사이트, https://www.whitehouse.gov/ostp/ai-bill-of-rights/ (2024. 12. 25. 확인).

8) 백악관, 「안전하고 안정적이며 신뢰할 수 있는 인공지능의 개발 및 사용에 관한 대통령 행정명령 (Executive Order on the Safe, Secure, and Trustworthy Development and Use of Artificial Intelligence)」, 백악관 공식 웹사이트, https://www.whitehouse.gov/briefing-room/presidential-actions/2023/10/30/executive-order-on-the-safe-secure-and-trustworthy-development-and-use-of-artificial-intelligence/ (2024. 12. 25. 확인).

9) AI 거버넌스 가이드라인 워킹그룹, "Governance Guidelines for Implementation of AI Principles," 경제산업성(METI) 웹사이트, https://www.meti.go.jp/shingikai/mono_info_service/ai_shakai_jisso/pdf/20220128_2.pdf (2024. 12. 25. 확인).

기반으로 하는 포괄적인 접근 방식을 제시했다. 동 가이드라인은 법적 구속력은 없지만, 인공지능 시스템 개발과 운영에 있어 기업들의 자발적인 윤리적 실천을 유도하는 중요한 프레임워크를 구축했다. 또한 위험 기반 접근법(Risk-Based Approach)을 채택하여 인공지능 시스템의 잠재적 위험과 사회적 수용성을 지속적으로 분석하고 관리하도록 하고 있으며, 프라이버시 보호, 공정성, 투명성, 보안 등 7가지 핵심 원칙을 중심으로 기업들이 인공지능 시스템의 전체 개발 및 운영 과정에서 체계적인 관리를 수행하도록 권장하고 있다.

2024년 12월 27일 인공지능기본법이 본회의를 통과, 제정되었다. 동법에서는 사람의 생명과 신체의 안전, 기본권에 중대한 영향을 미칠 수 있는 인공지능을 '고영향 인공지능'으로 정의하고 있다. 또한 과학기술정보통신부는 '인공지능 윤리기준'을 통해 고위험 AI에 대한 관리 방안을 제시하고 있다. 동 기준은 '인간성(Humanity)'을 최고 가치로 설정하고, '인간을 위한 인공지능(AI for Humanity)' 구현을 목표로 한다. 3대 기본원칙으로 ① 인간 존엄성 원칙, ② 사회의 공공선 원칙, ③ 기술의 합목적성 원칙을 제시하고, 10대 핵심요건으로 인권보장, 프라이버시 보호, 다양성 존중, 침해금지, 공공성, 연대성, 데이터 관리, 책임성, 안전성, 투명성을 강조하고 있다. 이 윤리기준은 법적 구속력이 없는 자율규제 형태로, 인공지능 기술 개발과 산업 성장을 제약하지 않으면서 윤리적 가이드라인을 제공하고 있으며, 사회경제적 변화와 기술 발전에 따라 지속적으로 진화할 수 있는 '윤리 플랫폼'으로 기능하는 것을 목표로 한다.[10]

---

10) 과학기술정보통신부 보도자료, "과기정통부, 「인공지능(AI) 윤리기준」마련, 인공지능기반정책과, (2020. 12. 23.).

II. 고위험 인공지능의 평가

1. 평가의 의의와 필요성

고위험 인공지능의 평가는 해당 시스템이 인간의 생명, 건강, 기본권에 미치는 잠재적 위험을 체계적으로 분석하고 관리하기 위한 필수적인 절차이다. 이러한 평가의 필요성은 크게 세 가지 측면에서 강조될 수 있다. 첫째, 기술적 안전성 확보 측면이다. 인공지능 시스템은 복잡한 알고리즘과 방대한 데이터를 기반으로 작동하기 때문에 예측하지 못한 오류나 편향성이 발생할 수 있다. 특히 의료, 법률, 금융 등 중요한 의사결정에 활용되는 고위험 인공지능 시스템의 경우, 작은 오류도 심각한 사회적 피해로 이어질 수 있다. 따라서 체계적인 평가를 통해 시스템의 정확성, 신뢰성, 일관성을 사전에 검증하는 것이 중요하다.

둘째, 윤리적 기준 준수와 인권 보호 측면이다. 인공지능 시스템은 데이터 편향성으로 인해 특정 집단에 대한 차별이나 불공정한 결과를 초래할 수 있다. 평가 과정에서 알고리즘의 공정성, 투명성, 책임성을 철저히 검증함으로써 인간의 기본권을 보호하고 사회적 차별을 방지할 수 있다.

셋째, 사회적 신뢰 구축 측면이다. 인공지능 기술에 대한 대중의 불안과 의구심이 커지고 있는 상황에서, 엄격한 평가 절차는 인공지능 시스템에 대한 사회적 수용성을 높이는 중요한 메커니즘이 된다. 투명하고 객관적인 평가를 통해 인공지능 기술의 잠재적 위험을 사전에 관리하고 완화함으로써 사용자와 사회의 신뢰를 확보할 수 있다. EU AI Act는 이러한 평가의 중요성을 인식하고 고위험 인공지능 시스템에 대해 시장 출시 전에 의무적으로 적합성 평가를 실시할 것을 규정하고 있다.[11] 이를 통해 AI 시스템이 부적절하게 운영되어 발생할 수 있는 위험을 사전에 최소화하고, 사용자의 신뢰를 높이는 것을 목표로 하고 있다. 결론적으로, 인공지능 시스템에 대한 평가는 기술적 안전성 확보, 윤리적 기준 준수, 사회적 신뢰 구축을 위해 더욱 중요성이 커지고

---

11) EU AI Act Article 43.

있으며, 앞으로 인공지능 거버넌스의 핵심적인 메커니즘으로 자리 잡을 것으로 전망 된다.

2. 평가 기준

고위험 인공지능 시스템의 평가는 기술적, 윤리적, 법적 측면에서 복합적으로 이 루어져야 한다. 이는 인공지능 시스템의 안전성과 신뢰성을 종합적으로 검증하고, 잠 재적 위험을 사전에 관리하기 위한 필수적인 절차이다.

기술적 평가는 인공지능 시스템의 성능과 안정성을 중점적으로 검증한다.[12] Stuart Russell과 Peter Norvig가 강조했듯이, 기술적 평가는 인공지능의 효과적인 적용 과 안정성 보장을 위해 핵심적이다.[13] 주요 평가 항목으로는 정확성, 견고성, 데이터 품질 등이 포함된다. 정확성 평가에서는 인공지능 시스템의 오류율, 처리 속도, 성능 을 면밀히 분석하며, 특히 의료 진단이나 자율주행과 같은 고위험 영역에서 더욱 엄 격하게 적용된다.[14] 견고성 평가는 Nicholas Carlini 등의 연구에서 강조되듯이 외부 공격이나 예상치 못한 입력에 대한 시스템의 안정성을 검증한다.[15] 데이터 품질 평가 는 Timnit Gebru의 연구가 지적한 바와 같이 데이터의 대표성, 편향성, 최신성을 종합 적으로 검토하여 인공지능 시스템의 공정성을 확보한다.[16]

윤리적 평가는 인공지능 시스템이 사회적 가치와 윤리적 원칙을 준수하는지 검증하는 과정이다. UNESCO의 AI 윤리 권고(Recommendation on the ethics of artificial

---

12) OECD, "Recommendation of the Council on Artificial Intelligence", OECD/LEGAL/0449 (2019. 5. 22.), 9-10.

13) Stuart Russell & Peter Norvig, Artificial Intelligence: A Modern Approach (4th ed.), Pearson, 2021, pp. 678-680.

14) National Institute of Standards and Technology (NIST), AI Risk Management Framework 1.0, 2023, pp. 15-18.

15) Nicholas Carlini et al., On Evaluating Adversarial Robustness, arXiv:1902.06705, 2019, pp. 3-5.

16) Timnit Gebru et al., Datasheets for Datasets, Communications of the ACM, Vol. 64 No. 12, 2021, pp. 86-92.

intelligence)[17]에서는 공정성, 투명성, 책임성을 핵심 평가 기준으로 삼는다. 공정성 평가는 인공지능 시스템이 특정 집단에 대한 차별을 방지하고, 알고리즘의 편향을 최소화하는 데 초점을 맞춘다. Luciano Floridi와 Josh Cowls가 강조한 투명성 평가는 인공지능의 의사결정 과정을 명확하고 이해 가능하게 설명할 수 있는지를 검증한다.[18] 책임성 평가는 인공지능 시스템의 결정과 그 결과에 대한 법적, 윤리적 책임 소재를 명확히 규정한다.

법적 평가는 인공지능 시스템이 기존 법규와 규제 요건을 준수하는지 확인하는 과정이다. European Union Agency for Fundamental Rights의 권고에 따라, 고위험 인공지능은 산업별 규제 요건을 엄격히 준수해야 한다. 규제 준수성 평가는 인공지능 시스템이 관련 법적 요구사항을 충족하는지 검토하며, 개인정보보호 평가는 데이터 처리 과정의 법적 적절성을 검증한다. 또한 책임 체계 평가를 통해 인공지능 시스템의 잠재적 오작동으로 인한 손해에 대한 책임 범위와 주체를 명확히 규정한다. 이러한 다차원적 평가 접근은 고위험 인공지능 시스템의 안전성, 신뢰성, 윤리성을 종합적으로 검증하여, 기술 혁신과 사회적 가치 사이의 균형을 추구한다. 궁극적으로 이는 인공지능 기술에 대한 사회적 수용성을 높이고, 잠재적 위험을 사전에 관리하는 핵심적인 메커니즘으로 기능한다.

다음으로 평가 방법론 측면에서 살펴보면, 고위험 인공지능 시스템의 평가는 기술의 복잡성과 사회적 영향력을 고려할 때 다차원적이고 체계적인 접근이 필요하다. 이를 위해 NIST(National Institute of Standards and Technology)의 AI 위험 관리 프레임워크(Artificial Intelligence Risk Management Framework)[19]는 생성형 인공지능 시스템의 개발, 사용 및 평가에 있어서 신뢰성을 높이기 위한 자발적 지침을 제공한다. 허위 정보 생성,

---

17) UNESCO, Recommendation on the ethics of artificial intelligence, UNESCO 웹사이트, https://unesdoc.unesco.org/ark:/48223/pf0000380455 (2024. 12. 26. 확인).

18) Luciano Floridi & Josh Cowls, A Unified Framework of Five Principles for AI in Society, Harvard Data Science Review, 1(1), 2019.

19) NIST, Artificial Intelligence Risk Management Framework: Generative Artificial Intelligence Profile, NIST 웹사이트, https://nvlpubs.nist.gov/nistpubs/ai/NIST.AI.600-1.pdf (2024. 12. 26. 확인).

편향성, 개인정보 침해 등 생성형 인공지능과 관련된 고유한 위험들을 식별하고, 이를 관리하기 위한 구체적인 행동을 제안한다. 또한 거버넌스, 배포 전 테스트, 콘텐츠 출처 관리, 사고 공개 등 네 가지 주요 고려사항에 중점을 두며, 조직들이 생성형 인공지능 시스템의 위험을 효과적으로 식별하고 관리할 수 있도록 돕는 것을 목표로 한다. 이러한 NIST의 프레임워크는 전 세계적으로 인공지능 시스템의 위험을 평가하고 관리하기 위한 노력의 일환이다. 여러 국가와 기관에서도 각자의 상황과 필요에 맞는 평가 체계를 개발하고 있으며, 이들은 서로 다른 접근 방식을 채택하고 있다. 이러한 다양한 평가 체계들을 살펴보면 인공지능 시스템의 위험을 어떻게 분류하고, 어떤 요소들을 고려하며, 어떤 완화 조치를 요구하는지에 대한 전반적인 동향을 파악할 수 있을 것이다. 주요 국가 및 기관의 평가 체계를 살펴보면 다음과 같다.

첫째, 캐나다의 "자동화된 의사결정에 관한 지침(Directive on Automated Decision-Making)"[20]은 정부 부서가 자동화된 의사결정 시스템을 생산하기 전에 알고리즘 영향 평가를 완료하도록 요구한다. 시스템의 영향을 4단계로 평가하며, 이는 개인과 지역사회의 권리, 건강, 복지, 경제적 이익, 그리고 생태계의 지속가능성에 미치는 영향의 정도, 지속 기간, 비가역성을 반영한다. 영향 평가 수준이 높을수록 더 엄격한 조치가 요구되는데, 예를 들어 최저 수준의 시스템은 전문가 검토가 필요하지 않지만, 높은 수준의 시스템은 전문가 검토나 동료 평가 저널에 사양 공개가 필요하다.

둘째, 뉴질랜드의 "뉴질랜드 알고리즘 헌장(Algorithm charter for Aotearoa New Zealand)"[21]은 위험 매트릭스를 사용하여 알고리즘의 의사결정을 평가한다. 의도하지 않은 부작용의 가능성과 그 영향의 규모 및 심각성을 평가하여 저, 중, 고 위험으로 분류한다. 위험 등급에 따라 헌장의 약속 사항들을 적용해야 하는 정도가 결정되며, 이러한 약속에는 데이터 편향 식별 및 관리, 알고리즘의 정기적인 동료 검토, 알고리즘에 의한 결정에 대한 이의제기 또는 항소 채널 제공 등이 포함된다.

---

20) Government of Canada, "Directive on Automated Decisio-Making", 캐나다 정부 웹사이트, https://www.tbs-sct.canada.ca/pol/doc-eng.aspx?id=32592 (2024. 12. 26. 확인).

21) 뉴질랜드 정부, The Algorithm Charter, 뉴질랜드 법무부 웹사이트, https://www.justice.govt.nz/justice-sector-policy/key-initiatives/cross-government/the-algorithm-charter/ (2024. 12. 16. 확인).

셋째, 독일 데이터 윤리 위원회(Data Ethics Commission)가 2019년 제안한 위험 관리 프레임워크는 알고리즘 시스템의 위험 적응형 규제 접근법을 사용한다. 시스템의 중요도 수준을 5단계로 나누며, 이는 해를 끼칠 가능성과 그 심각성을 기반으로 결정된다. 해를 끼칠 가능성이 없거나 무시할 수 있는 수준의 애플리케이션은 1단계로 분류되어 특별한 조치가 필요하지 않다. 해를 끼칠 가능성이 있는 애플리케이션은 그 잠재적 위험에 따라 2, 3, 4단계로 분류되며, 높은 단계일수록 추가적인 조치가 필요하다. 용인할 수 없는 수준의 위험이 있는 애플리케이션은 5단계로 분류되어 완전히 또는 부분적으로 금지된다.

넷째, 유럽 위원회(European Commission)가 제안한 법적 프레임워크는 명시적으로 위험 평가 요소를 담고 있지는 않지만, 인공지능 시스템에 대한 위험기반 접근법을 제안하고 있다. 또한 동 프레임워크는 인공지능 시스템을 위험 수준에 따라 대략 4가지 범주로 분류한다. 일반적 목적의 사회 점수 매기기에 사용되는 인공지능 시스템과 같이 용인할 수 없는 위험을 야기하는 시스템은 완전히 금지된다. 생체 인식 및 개인 분류, 채용 목적 등에 사용되는 시스템은 "고위험"으로 간주되어 데이터 거버넌스, 기술 문서화, 기록 유지, 투명성, 인간 감독 등의 요구사항을 충족해야 한다. 인간을 조작할 특정 위험이 있는 시스템에 대해서는 투명성 요구사항을 부과한다. 저위험 또는 최소 위험 인공지능 시스템에 대해서는 제한을 두지 않는다.

마지막으로, 샌프란시스코의 "윤리 및 알고리즘 툴킷(Ethics and Algorithms Toolkit)"[22]은 다른 평가 시스템과는 달리 인공지능 시스템의 위험을 영향, 적절한 데이터 사용, 책임성, 역사적 편향 등 여러 측면에서 분류한다. 예를 들어, 한 시스템이 높은 영향 위험, 낮은 데이터 사용 위험, 중간 수준의 책임성 위험을 가질 수 있다. 각각의 특정 위험 측면에 대해 고유한 완화 조치가 있어, 이러한 조치들은 특정 위험에 맞춰 더 정확하게 조정될 수 있다.

이러한 평가 체계들은 각 국가와 기관의 상황에 맞게 개발되었지만, 실제 적용에

---

22) 샌프란시스코 시 및 카운티 등, Ethics and ALgorithms Toolkit, Ethics & Algorithms Toolkit (Beta), https://ethicstoolkit.ai/ (2024. 12. 26. 확인).

있어서는 분야별 특성을 고려한 구체적인 평가 사례들이 존재한다. 특히 고위험 인공지능 시스템으로 분류되는 의료 및 금융 분야의 인공지능 시스템에 대해서는 더욱 엄격하고 세부적인 평가 기준이 적용된다. 의료 인공지능 시스템의 경우, 미국 식품의약국(FDA)의 의료기기 평가 지침을 기반으로 평가가 이루어진다. 예를 들어, 의료 진단 인공지능은 임상적 정확성, 안전성, 설명 가능성을 중점적으로 검토한다. 이는 의료 인공지능이 환자의 생명과 건강에 직접적인 영향을 미치기 때문이다. 특히 의료 인공지능 시스템의 오류는 심각한 결과를 초래할 수 있으므로, 높은 수준의 정확성과 안정성이 요구된다.

다음으로 금융 분야의 인공지능 시스템, 특히 신용평가 인공지능의 경우, 각국 금융당국의 가이드라인에 따라 평가가 이루어진다.[23) 금융 인공지능 시스템의 평가에서는 공정성과 안정성, 그리고 적절한 위험 관리 체계가 주요 평가 요소로 작용한다. 이는 금융 AI가 편향 없이 공정하게 작동하며, 사용자에게 신뢰를 줄 수 있도록 하는 데 중요한 역할을 한다. 특히 금융 AI의 편향성은 사회적 불평등을 심화시킬 수 있으므로, 이에 대한 엄격한 평가와 관리가 필수적이다. 이러한 분야별 평가 사례들은 고위험 AI 시스템의 평가가 단순히 기술적 성능뿐만 아니라 사회적, 윤리적 영향까지 고려해야 함을 보여 준다. 또한, 각 분야의 특수성을 반영한 맞춤형 평가 체계의 필요성을 강조하며, 이는 향후 인공지능 규제 정책 수립에 있어 중요한 시사점을 제공한다.

그러나 이러한 평가 방법론은 여전히 중요한 한계와 도전에 직면해 있다. 복잡한 딥러닝 모델의 내부 구조를 완전히 검증하기 어렵고, 예측하지 못한 상황에서의 인공지능 반응을 보장하기 힘들다. 더욱이 국가 간 평가 기준의 비표준화는 글로벌 인공지능 기업들에게 중대한 제도적 도전 과제를 제시한다. 이러한 한계를 극복하기 위해서는 동적이고 유연한 평가 체계의 구축이 필수적이다. 인공지능 기술의 급속한 발전 속도에 대응할 수 있는 유연한 평가 메커니즘과 국제적 협력 체계가 요구된다. 인공지능 평가의 궁극적인 목표는 기술적 혁신과 사회적 안전성 사이의 균형을 추구하며,

---

23) 금융위원회, "금융분야 AI 개발·운영 기준", (2022. 8.), pp. 12-15.

신뢰할 수 있고 윤리석인 인공지능 시스템을 보장하는 것이다. 이러한 통합적 접근은 인공지능 기술의 글로벌 수용성을 높이고, 기술이 인간과 사회에 긍정적인 영향을 미칠 수 있도록 하는 근본적인 메커니즘이 될 것이다. 인공지능 평가는 단순한 기술적 검증을 넘어 사회적 책임과 윤리적 가치를 종합적으로 고려하는 포괄적인 접근이 요구된다.

III. 고위험 인공지능에 대한 규제 접근법

고위험 인공지능은 잘못된 의사결정을 내릴 경우 개인의 권리와 사회적 질서에 심각한 영향을 미칠 수 있어, 다양한 국가에서 규제 접근이 필요하다는 요구가 커지고 있다. 각국의 규제는 인공지능 기술의 신뢰성, 안전성, 투명성 확보를 목표로 하며, 인공지능 개발 및 사용 과정에서 책인 소재른 명확히 하는 방향으로 발전하고 있다. 고위험 인공지능의 사용이 증가함에 따라, 규제를 통해 인공지능의 잠재적 위험을 최소화하고 기술 혁신과 사회적 안전을 동시에 추구하려는 노력이 활발히 이루어지고 있다. 각국별 규제 접근 동향을 살펴보면 아래와 같다.

1. 유럽연합(EU)의 규제 접근: AI 법(AI Act)

유럽연합(EU)은 2024년 5월 세계 최초로 포괄적인 인공지능 규제법인 AI Act를 승인했다. 이 법안은 인공지능 시스템을 위험도에 따라 네 가지 단계로 분류하여 차등적인 규제를 적용하는 것을 핵심으로 한다. 금지된 위험(unacceptable risk), 고위험(high risk), 제한적 위험(limited risk), 최소 위험(minimal risk)으로 구분되는 이 분류 체계에서, 특히 고위험 인공지능시스템에 대해서는 엄격한 규제가 적용된다.

동법에서는 고위험 인공지능 시스템을 여러 핵심 분야로 구분하여 정의하고 있다. 먼저 시민의 생명과 건강에 직접적 영향을 미칠 수 있는 주요 기반시설 분야의 인공지능 시스템이 이에 해당한다. 또한 교육 접근성과 직업 경로 결정에 영향을 미치는 교육 및 직업 훈련 분야, 로봇 보조 수술과 같은 제품 안전 구성요소 분야도 고위험 으로 분류된다. 채용 절차에서의 이력서 분류 소프트웨어와 같은 고용 및 근로자 관 리 분야, 신용 평가와 같은 필수 민간 및 공공 서비스 분야도 포함된다. 더불어 법 집 행 과정에서 증거의 신뢰성을 평가하는 등 기본권 침해 가능성이 있는 분야, 비자 신 청 자동 심사와 같은 이민·망명·국경 통제 관리 분야, 그리고 법원 판결 검색을 위한 인공지능 솔루션과 같은 사법 행정 및 민주적 절차 분야의 인공지능 시스템이 고위 험으로 규정된다. 이러한 고위험 인공지능 시스템들은 시장 출시 전 엄격한 규제 요 건을 충족해야 한다. 먼저 적절한 위험 평가 및 완화 시스템을 구축해야 하며, 위험과 차별적 결과를 최소화하기 위해 고품질 데이터셋을 사용해야 한다. 또한 결과의 추적 성 보장을 위한 활동 기록과 함께, 규제 당국이 규정 준수를 평가할 수 있도록 시스템 및 목적에 관한 상세한 문서화가 요구된다. 배포자에 대한 명확하고 적절한 정보 제 공, 위험 최소화를 위한 적절한 인간 감독 조치, 그리고 높은 수준의 견고성, 보안 및 정확성 확보도 필수적이다. 특히 원격 생체인식 시스템은 모두 고위험으로 간주되어 엄격한 규제가 적용된다. 법 집행 목적의 공공장소 원격 생체인식은 원칙적으로 금지 되나, 실종 아동 수색이나 특정 테러 위협 방지, 중범죄 수사 등 제한된 경우에 한해 예외가 허용된다. 이러한 예외적 사용도 사법 기관이나 독립 기관의 승인이 필요하 며, 시간, 지리적 범위, 검색 데이터베이스 등에 대한 엄격한 제한이 적용된다.

다음으로, 제한적 위험 카테고리는 인공지능 사용의 투명성 부족과 관련된 위험 을 다룬다. 이에 대해 특정한 투명성 의무를 부과하여 필요한 경우 인간이 정보에 기 반한 결정을 내릴 수 있도록 한다. 예컨대 챗봇과의 상호작용 시 이용자가 인공지능 시스템과 대화 중임을 인지할 수 있도록 해야 하며, 인공지능 생성 콘텐츠는 명확히 식별 가능해야 한다. 특히 공익 관련 인공지능 생성 텍스트와 딥페이크 오디오·비디 오 콘텐츠는 인공 생성물임을 반드시 표시해야 한다.

마지막으로 최소 위험 카테고리의 경우, 인공지능 기반 비디오 게임이나 스팸 필 터와 같은 애플리케이션이 해당되며 자유로운 사용이 허용된다. 현재 EU에서 운용되 는 대다수의 인공지능 시스템이 이 범주에 속하는 것으로 파악된다.

EU의 AI Act는 규제의 실효성을 확보하기 위해 강력한 처벌 조항도 포함하고 있다. 금지된 인공지능을 실행할 경우 전년도 전 세계 연간 매출의 최대 7% 또는 3,500만 유로 중 더 큰 금액이 벌금으로 부과될 수 있다. 이러한 강력한 제재 조항은 기업들이 인공지능 시스템을 책임 있게 개발하고 운영하도록 하는 실질적인 압력으로 작용할 것으로 예상된다. 또한 동법은 인공지능 기술의 혁신을 저해하지 않으면서도 안전하고 신뢰할 수 있는 인공지능 발전을 보장하기 위한 세계 최초의 포괄적인 법적 프레임워크라는 점에서 의의가 있다. 다른 국가들의 인공지능 규제 정책에도 상당한 영향을 미칠 것으로 전망된다.

2. 대한민국의 규제 접근

대한민국은 인공지능 기술의 발전과 더불어 안전성 확보를 위한 법적·제도적 대응을 강화하고 있다. 먼저 인공지능산업 발전과 신뢰 확보를 위한 「인공지능 육성 및 신뢰 기반 조성 등에 관한 법률」, 이 법은 인공지능 시스템의 안전성을 높이고 데이터 편향을 줄이기 위한 최소 기준을 마련하는 것을 목표로 한다. 특히 인공지능 기술의 안전성과 투명성을 확보하고, 사용자가 안심하고 기술을 활용할 수 있는 환경을 조성하는 데 중점을 두고 있다.

정부는 또한 2024년 9월 26일 대통령 직속 국가인공지능위원회를 설립하여 인공지능 정책과 규제의 총괄 감독 기능을 수행하고 있다. 이 위원회는 인공지능의 잠재적 위험을 지속적으로 평가하고, 고위험 인공지능이 윤리적·법적 기준을 준수하도록 관리하는 역할을 담당한다. 위원회는 특히 인공지능 윤리기준을 마련하고, 인공지능 영향평가 제도를 도입하여 체계적인 관리 체계를 구축하고 있다.

더불어 대한민국은 민간 부문의 자율 규제를 장려하고 있으며, 인공지능 기업들이 스스로 윤리적 기준과 기술적 안전성을 유지하도록 유도하고 있다. 이러한 민간 자율 규제는 기업들이 급변하는 기술 환경에 유연하게 대응하면서도 사회적 책임을 다할 수 있도록 하는 균형점을 제시한다. 과학기술정보통신부는 '인공지능 윤리기준'[24]을 통해 기업들의 자율적인 윤리 준수를 권고하고 있으며, 이는 법적 규제를 보완하는 역할을 한다.

3. 미국의 규제 접근

미국은 연방 차원의 통합된 인공지능 규제 법안을 마련하기보다는, 각 규제 기관이 특정 분야에서 인공지능 시스템을 관리하는 분산적 규제 방식을 채택하고 있다. 특히 각 주가 독자적으로 인공지능 규제를 마련하는 방식도 병행되고 있어, 인공지능 규제에 있어 다원적 접근이 특징적으로 나타나고 있다.

먼저, 미국 상무부 산하 국가표준기술연구소(NIST)는 인공지능 시스템의 안전성과 신뢰성을 보장하기 위한 인공지능 위험 관리 프레임워크를 제정하였다. 이 프레임워크는 인공지능 시스템이 윤리적·기술적 기준을 충족하도록 유도하는 한편, 인공지능의 위험 요소를 체계적으로 평가하고 이에 대한 적절한 대응 방안을 수립하는 데 실질적인 지침을 제공하고 있다. NIST의 프레임워크는 법적 구속력은 없으나, 산업계의 자발적 참여를 통해 인공지능 시스템의 안전성과 신뢰성을 제고하는 데 기여하고 있다.[25]

다음으로, 미국의 각 행정부처는 소관 분야의 고위험 인공지능에 대한 감독을 수행하고 있다. FDA(미국 식품의약국)는 의료 인공지능 시스템의 안전성과 유효성을 검증하는 역할을 담당하며, 이를 위해 AI/ML 기반 의료기기에 대한 규제 프레임워크를 마련하여 운영하고 있다. FTC(미국 연방거래위원회)는 인공지능 시스템이 소비자 보호 법령을 준수하도록 감독하며, 특히 인공지능을 활용한 불공정하거나 기만적인 거래 관행을 규제하는 데 중점을 두고 있다. DOT(미국 교통부)는 자율주행 차량의 안전성 확보를 위한 가이드라인을 제시하고, 인공지능기반 교통 시스템의 안전 기준을 수립하는 역할을 수행한다. 이러한 부처별 접근 방식은 각 산업의 특수성을 고려한 맞춤형 규제가 가능하다는 점에서 효과적인 것으로 평가받고 있다. 이처럼 미국의 인공지능 규제는 통합된 단일 법제가 아닌, NIST의 자율적 프레임워크와 각 부처의 전문적 규제가 상호 보완적으로 작용하는 체계를 구축하고 있다. 이는 인공지능 기술의 빠른

---

24) 위의 각주 10.
25) 위의 각주 19.

발전 속도와 다양한 적용 분야를 고려할 때, 유연하고 효과적인 규제 방식으로 평가
될 수 있다.

4. 기타 국가 및 국제기구의 접근

영국은 인공지능 기술의 발전과 윤리적 기준을 균형 있게 유지하는 위험 기반 접
근법을 채택하고 있다. 영국의 인공지능 규제 모델은 공공 안전과 투명성을 핵심 가
치로 설정하며, 민간 부문과의 적극적인 협력을 통해 자율 규제를 활성화하고 있다.
특히 영국은 인공지능 시스템의 공정성과 투명성을 제고하기 위해 금융, 의료, 교통
등 각 산업별 특성을 고려한 맞춤형 윤리 지침을 개발하여 시행하고 있다. 이러한 접
근은 인공지능 기술의 혁신을 저해하지 않으면서도 사회적 책임을 강화할 수 있다는
점에서 주목받고 있다.

국제기구들 또한 인공지능의 글로벌 거버넌스 구축을 위한 중요한 역할을 수행
하고 있다. UNESCO는 2021년 채택된 인공지능 윤리 권고(Recommendation on the ethics
of artificial intelligence)를 통해 인공지능 시스템의 공정성, 투명성, 책임성에 대한 국제
표준을 제시하고 있다.[26] 이 권고는 인공지능 개발과 활용 과정에서 인권과 기본적
자유를 보호하고, 문화적 다양성을 존중하며, 지속가능한 발전을 촉진하는 것을 목표
로 한다. OECD는 인공지능 권고안(Recommendation of the Council on Artificial Intelligence)
을 통해 신뢰할 수 있는 인공지능의 개발과 활용을 위한 구체적인 원칙과 기준을 제
시하고 있다. OECD의 권고안은 인공지능 시스템의 투명성, 설명가능성, 견고성을 강
조하며, 인공지능 개발자와 운영자의 책임을 명확히 하고 있다.[27]

이러한 국제기구들의 표준 설정은 인공지능 규제에 대한 국가 간 조화를 촉진하
고, 글로벌 차원의 인공지능 거버넌스 구축에 기여하고 있다. 특히 개별 국가의 규제
체계 수립에 있어 중요한 준거점을 제공함으로써, 인공지능 기술의 국제적 확산과 협

---

26) 위의 각주 17.

27) 위의 각주 12.

력을 촉진하는 토대가 되고 있다. 또한 이러한 국제 표준은 인공지능 기술의 윤리적 발전과 책임 있는 활용을 위한 글로벌 공동체의 합의를 반영하고 있어, 향후 인공지능 규제의 발전 방향을 제시하는 데도 중요한 의미를 갖는다.

5. 고위험 인공지능 규제의 도전과 과제

고위험 인공지능의 효과적인 규제를 위해서는 다양한 도전과 과제가 존재하며, 이러한 문제들을 해결하여 규제와 기술 발전 간의 균형을 맞추는 것이 중요하다. 특히 인공지능 기술의 급속한 발전과 글로벌화된 환경에서 이러한 과제들은 더욱 복잡한 양상을 띠고 있다. 첫째, 규제의 강도와 기술 혁신 간의 균형 확보가 중요한 과제로 대두되고 있다. 지나치게 엄격한 규제는 인공지능 기술의 발전을 저해하고 혁신적 연구와 개발을 위축시킬 우려가 있는 반면, 규제가 느슨할 경우 인공지능 기술의 위험성을 충분히 관리하지 못하는 문제가 발생할 수 있다. 이에 따라 인공지능 기술의 혁신을 촉진하면서도 안전성을 확보할 수 있는 유연한 규제 프레임워크의 구축이 요구된다. 특히 새로운 인공지능 기술이 등장할 때마다 신속하게 대응할 수 있는 적응형 규제 체계의 도입이 필요하다.

둘째, 글로벌 차원의 규제 일관성 부족 문제가 존재한다. 각국이 서로 다른 규제 접근 방식을 채택함에 따라, 글로벌 기업들은 다양한 규제를 동시에 준수해야 하는 부담을 안게 된다. 이는 인공지능 기술의 국제적 확산을 저해하는 요인으로 작용할 수 있으며, 특히 다국적 인공지능 서비스 제공에 있어 상당한 장애물이 될 수 있다. 이러한 문제를 해결하기 위해서는 인공지능 기술의 윤리적 사용과 책임성에 관한 국제적으로 표준화된 규제 기준의 수립이 필요하며, 이를 위한 국가 간 적극적인 협력이 요구된다.

셋째, 인공지능 시스템 관련 책임 소재의 모호성 문제가 있다. 인공지능 시스템의 오작동이나 오류로 인한 피해 발생 시 개발자, 배포자, 운영자 간의 책임 분담이 불명확할 수 있으며, 이는 법적 분쟁으로 이어질 수 있다. 특히 인공지능 시스템의 복잡성과 자율성으로 인해 특정 주체에게 책임을 귀속시키기 어려운 상황이 빈번히 발생하고 있다. 이에 따라 인공지능 시스템의 개발, 배포, 운영 과정에서 발생할 수 있는 문제에 대한 책임 소재를 명확히 규정하는 법적 체계의 확립이 시급하다.

넷째, 윤리적 기준의 실질적 구현에 있어 기술적·경제적 어려움이 존재한다. 인공지능 윤리 기준을 법제화하고 이를 실제로 적용하는 과정에서 상당한 비용과 기술적 난관이 발생할 수 있다. 특히 중소기업이나 스타트업의 경우, 이러한 윤리적 기준을 충족하기 위한 비용 부담이 상당할 수 있어 시장 진입 장벽으로 작용할 우려가 있다. 이를 해결하기 위해서는 정부와 공공기관이 중소기업에 대한 기술적·재정적 지원을 제공하는 등의 실질적인 지원 방안이 마련되어야 한다.

이러한 다양한 도전과 과제들을 해결하기 위해서는 규제 기관, 기업, 학계, 시민사회 등 다양한 이해관계자들의 협력이 필수적이다. 특히 고위험 인공지능이 개인과 사회에 미칠 수 있는 부정적 영향을 최소화하면서도 기술 발전을 장려할 수 있는 균형 잡힌 규제 체계의 구축이 중요하다. 또한 각국 정부와 국제기구의 긴밀한 협력을 통해 인공지능 기술이 안전하고 윤리적으로 발전할 수 있는 글로벌 거버넌스 체계를 확립하는 것이 필요하다.

IV. 고위험 인공지능의 오남용 방지

고위험 인공지능의 오남용을 방지하고 그에 대한 적절한 규제를 마련하는 일은 사회적 신뢰 확보와 인공지능 기술의 지속 가능한 발전을 위해 필수적이다. 유럽연합의 인공지능법(EU AI Act)과 경제협력개발기구(OECD)의 권고안 등에서 정의되는 고위험 인공지능은 그 잠재적 위험성으로 인해 특별한 관리와 규제가 필요하다. 특히 고위험 인공지능이 의료, 자율주행, 법 집행, 금융 등 중요한 분야에서 널리 사용됨에 따라, 이들 시스템이 오작동하거나 잘못된 결정을 내릴 경우 사회에 미칠 파급 효과가 상당히 크므로 적절한 예방 조치와 대응 방안이 필수적이다.

고위험 인공지능이 지니는 잠재적인 위험은 단순히 기술적 오작동에 그치지 않고, 윤리적, 사회적 측면에서도 다양한 문제를 야기할 수 있다. 예를 들어, 고위험 인공지능이 특정 사회적 그룹에 불리한 편향된 결정을 내리거나 개인의 프라이버시를 침해할 가능성이 존재한다. 이로 인해 인공지능의 신뢰성은 물론이고 사회 전반의 안전과 공공의 신뢰가 위협받을 수 있다. 아래에서는 고위험 인공지능의 오남용을 방지하기 위해 고위험 인공지능이 유발할 수 있는 다양한 위험 유형과 사례를 중심으로 살펴보고, 이를 예방하고 안전성을 보장하기 위한 기술적, 제도적 대응 방안과 도전 과제를 제시하며, 실효성 있는 해결책을 모색하고자 한다.

1. 고위험 AI의 주요 위험 유형과 사례

(1) 데이터 기반 위험

고위험 인공지능은 대규모 데이터를 바탕으로 학습을 진행하지만, 데이터에 내재된 편향으로 인해 특정 인종, 성별, 연령 등의 집단에 불리한 결과를 낼 수 있다. 인공지능 시스템이 훈련된 데이터가 특정 집단에 불리하게 구성되어 있다면 인공지능의 의사결정 과정에서 그 집단에 대한 차별적 결과가 나타날 수 있다. 이러한 데이터 편향성 문제는 특히 사회적 의사결정이 이루어지는 중요 분야에서 심각한 문제를 야기할 수 있다. 예를 들어, 신용 평가나 채용 결정과 같은 분야에서는 데이터에 포함된 편향으로 인해 특정 성별, 인종, 연령대가 불공정한 대우를 받을 위험이 존재한다.

특히 고위험 인공지능이 금융 평가, 채용 과정 등에서 널리 사용될 경우 편향된 데이터로 인해 사회적 불평등을 심화시킬 가능성이 있다. 예를 들어, 신용 평가 인공지능이 인종적 편향을 바탕으로 특정 집단에 낮은 신용 점수를 부여하거나, 채용 인공지능이 특정 성별이나 연령대를 선호하도록 설정될 경우, 개인의 능력보다는 고정관념에 의한 평가가 이루어질 수 있다. 이는 기존의 사회적 차별과 불평등을 더욱 강화하고 고착화시킬 수 있다는 점에서 매우 우려스러운 현상이다. 실제로 채용 인공지능 시스템이 남성 후보를 선호하도록 설계된 사례나, 신용 평가 인공지능이 특정 인종에 불리한 점수를 제공한 사례는 인공지능이 의도치 않게 사회적 차별을 심화시킬 수 있음을 보여 준다.

더불어 고위험 인공지능이 데이터를 대규모로 수집하고 처리하는 과정에서 개인의 프라이버시가 위협받을 수 있다. 특히 민감한 개인정보를 다루는 인공지능 시스템은 데이터 보안 문제로 인해 정보가 유출되거나 오남용될 위험이 크다. 개인정보가 허가 없이 사용되거나 제3자에게 유출될 경우 개인의 기본권이 침해될 가능성이 있으며, 이는 사회적 신뢰의 저하로 이어질 수 있다. 이러한 프라이버시 침해 위험은 개인의 자유와 권리를 심각하게 위협할 뿐만 아니라, 인공지능 기술 전반에 대한 사회적 수용성을 저해하는 요인이 될 수 있다.

특히 의료 정보와 같은 민감한 정보가 인공지능 시스템에 의해 분석되거나 수집될 때, 그 정보가 적절히 보호되지 않는다면 개인의 프라이버시가 심각하게 침해될 수 있다. 예를 들어, 환자의 건강 정보가 외부로 유출되거나 무단으로 사용될 경우 개인의 신뢰와 안전이 심각하게 위협받을 수 있다. 이는 단순한 정보 유출을 넘어 개인의 사회적 관계, 경제적 활동, 보험 가입 등 다양한 측면에서 부정적인 영향을 미칠 수 있다. 실제로 의료 인공지능이 환자의 민감한 건강 정보를 무단으로 수집하거나, 안면인식 시스템이 공공 장소에서 동의 없이 사람들의 정보를 수집하여 활용하는 사례들이 발생하고 있다. 이러한 사례들은 개인정보 보호의 중요성을 강조하며, 인공지능의 사용에 있어 데이터 관리와 보안이 핵심적인 요소임을 보여 준다. 이는 인공지능 시스템의 개발과 운영 과정에서 프라이버시 보호를 위한 기술적, 제도적 장치가 필수적으로 마련되어야 함을 시사한다.

(2) 알고리즘 기반 위험

고위험 인공지능 시스템은 복잡한 딥러닝 모델을 기반으로 의사결정을 내리는데, 이러한 의사결정 과정이 매우 불투명하고 복잡하여 인간이 이해하기 어려운 '블랙박스' 현상이 발생한다. 특히 심층 신경망을 사용하는 인공지능의 경우, 수많은 매개변수와 계층적 구조로 인해 결정 과정을 추적하거나 이해하는 것이 거의 불가능하다. 이러한 불투명성은 인공지능 시스템의 품질 보증과 안전성 검증을 어렵게 만드는 주요 요인이 된다. 이는 결과에 대한 신뢰성을 떨어뜨리고, 사용자가 인공지능의 결정 근거를 파악하지 못하게 만든다. 이로 인해 인공지능이 내리는 결정이 불공정하거나 편향된 결과일 경우 이를 검토하고 시정할 수 있는 기회가 제한된다.

또한 고위험 인공지능이 내리는 결정을 인간이 이해할 수 없다면, 오류가 발생했을 때 그 책임 소재를 파악하는 것도 어렵다. 예를 들어, 인공지능이 잘못된 의료 진단을 내렸을 때 그 책임이 누구에게 있는지를 규명하는 것은 쉽지 않다. 이는 의료 시스템 전반에 대한 신뢰도 저하로 이어질 수 있으며, 인공지능 기술의 의료 분야 도입을 저해하는 요인이 될 수 있다. 실제로 의료 진단 인공지능이 특정 진단을 내릴 때, 그 판단 근거를 명확히 설명하지 못하는 경우 의료진이나 환자는 그 결정을 신뢰하기 어려울 수 있다. 이처럼 설명 불가능한 인공지능 시스템은 사람들에게 불안감을 주며, 인공지능에 대한 전반적인 신뢰를 저하시킬 수 있다.

한편 자율주행차와 같은 고위험 인공지능 시스템은 예측 불가능한 돌발 상황에서 오작동할 가능성이 있다. 예를 들어, 도로 위에서 갑작스럽게 나타나는 장애물에 대해 인공지능이 적절히 반응하지 못할 수 있다. 이러한 실시간 대응 능력의 부족은 자율주행차와 같은 인공지능 시스템의 안전성에 심각한 문제를 초래할 수 있다. 특히 복잡한 도로 환경에서는 수많은 변수가 존재하며, 이러한 변수들에 대한 즉각적이고 정확한 판단이 요구된다.

특히 실시간 대응이 필요한 고위험 인공지능 시스템에서 응급 상황에 대처할 능력이 충분하지 않을 경우, 심각한 사고로 이어질 수 있다. 자율주행 차량이나 드론과 같은 시스템은 실시간 데이터를 바탕으로 빠르게 반응해야 하기 때문에 실시간 대응 능력이 필수적이다. 이러한 시스템들은 수많은 센서 데이터를 실시간으로 처리하고 분석하여 안전한 판단을 내려야 하는데, 시스템의 처리 능력 한계나 알고리즘의 미비로 인해 적절한 대응이 이루어지지 못할 수 있다. 실제로 자율주행차가 예상치 못한 장애물을 감지하지 못해 사고를 일으킨 사례들은 인공지능 시스템의 신속한 대응 능력과 안전성 보장이 얼마나 중요한지를 보여 준다. 이는 고위험 인공지능 시스템의 실시간 처리 능력과 안전성 향상이 기술 발전의 핵심 과제임을 시사한다.

2. 오남용 방지를 위한 대응 체계

(1) 기술적 대응

고위험 인공지능의 데이터 품질 관리와 관련하여, 편향 문제를 줄이기 위해서는 공정하고 대표성 있는 데이터셋을 사용하여 훈련하는 것이 중요하다. 다양한 인종, 성별, 연령을 포함하는 데이터셋을 구축하여 인공지능이 편향되지 않도록 해야 하며, 이는 공정성을 보장하고 인공지능이 특정 집단에 불리하게 작동하지 않도록 하기 위한 필수적인 과정이다. 특히 데이터셋의 구축 과정에서 사회적 소수자나 취약 계층이 충분히 대표될 수 있도록 하는 것이 중요하며, 이를 통해 인공지능 시스템의 포용성을 높일 수 있다.

또한 인공지능 시스템이 지속적으로 최신 데이터를 반영하고 오류를 최소화할 수 있도록 데이터 검증 체계를 구축해야 한다. 데이터가 정기적으로 검토되고 필요한 경우 업데이트될 수 있도록 시스템을 마련하여 데이터 품질을 유지할 수 있다. 특히 데이터의 편향 여부를 평가하고 개선하기 위해 인공지능 공정성 평가 지표인 페어니스 메트릭스(Fairness Metrics)를 도입하여 데이터 품질을 유지하는 방안이 필요하다. 페어니스 메트릭스는 인공지능 시스템이 공정하게 작동하는지 여부를 측정하는 데 중요한 역할을 하며, 데이터 편향 문제를 사전에 예방할 수 있도록 한다. 이러한 평가 지표는 지속적으로 개선되고 발전되어야 하며, 새로운 형태의 편향이 발견될 때마다 신속하게 대응할 수 있는 체계를 갖추어야 한다.

보안 측면에서는 인공지능이 다루는 민감한 데이터를 암호화하고, 특정 개인을 식별할 수 없도록 익명화하여 프라이버시를 보호해야 한다. 예를 들어, 건강 정보와 같은 민감한 데이터는 안전하게 암호화되어야 하며, 인공지능 시스템이 이러한 데이터를 무단으로 사용하지 않도록 제어해야 한다. 또한 인공지능 시스템이 해킹이나 공격으로부터 안전하게 보호될 수 있도록 강화된 보안 시스템을 마련해야 한다. 적대적 공격에 대한 방어 체계는 인공지능 시스템의 안전성을 높이는 데 중요한 요소로, 인공지능이 외부 공격에 의해 오작동하지 않도록 하며, 이는 특히 의료나 금융과 같은 중요 분야에서 더욱 철저히 관리되어야 한다.

더불어 인공지능 시스템이 안전하게 운영될 수 있도록 정기적인 보안 점검과 감사가 이루어져야 한다. 이를 통해 보안 취약점을 사전에 발견하고 개선할 수 있다. 특히 고위험 인공지능은 정기적인 보안 점검이 필수적이며, 이를 통해 시스템의 안전성을 지속적으로 유지할 수 있다. 보안 감사는 단순히 기술적인 측면뿐만 아니라 운영 프로세스와 관리 체계 전반에 걸쳐 이루어져야 하며, 발견된 문제점에 대해서는 즉각적인 개선 조치가 이루어져야 한다.

(2) 제도적 대응

제도적 대응과 관련하여, 고위험 인공지능을 구분하여 각 위험 수준에 따라 규제를 적용하는 EU AI Act를 참고하여 국내에도 인공지능 위험 등급에 따른 규제 체계를 구축해야 한다. 이는 고위험 인공지능에 대한 효과적인 규제를 가능하게 하며, 고위험 시스템의 오작동을 예방하는 역할을 한다. 특히 의료, 교통, 금융 등 주요 분야에서 활용되는 고위험 인공지능 시스템에 대해서는 더욱 엄격한 규제와 관리가 필요하며, 이를 위한 구체적인 기준과 절차가 마련되어야 한다. 또한 인공지능 오작동 시 발생하는 사고에 대해 명확한 책임 소재를 규정하고, 사고 처리와 보상에 대한 법적 절차를 마련해야 한다. 이를 통해 인공지능이 오작동했을 때 사용자와 개발자 간의 분쟁을 줄이고, 신속하게 피해를 보상할 수 있다.

더불어 인공지능 기술이 국경을 넘어 확산되기 때문에, 국제적으로 통일된 규제와 인증 체계를 마련하여 글로벌 기업들이 규제 준수에 어려움을 겪지 않도록 해야 한다. 국제 표준화는 인공지능 기술의 글로벌 상용화를 촉진하고, 글로벌 시장에서의 인공지능 신뢰성을 높이는 데 기여할 수 있다. 특히 국가 간 상이한 규제로 인한 기업들의 부담을 줄이고, 인공지능 기술의 국제적 확산을 촉진하기 위해서는 표준화된 규제 프레임워크의 구축이 필수적이다. 이를 위해 국제기구와의 협력을 강화하고, 주요 국들과의 규제 조화를 위한 지속적인 논의가 필요하다.

윤리적 측면에서는 공정성, 책임성, 투명성 등을 핵심 원칙으로 삼아 인공지능 윤리 가이드라인을 수립하고, 개발자와 운영자들이 이를 준수할 수 있도록 지원해야 한다. 윤리 원칙은 인공지능이 사회적 가치를 존중하고, 인간 중심적으로 설계되도록 유도하는 데 중요한 역할을 한다. 이를 위해 인공지능 개발자와 운영자들에게 윤리적 책임에 대한 교육을 강화하고, 인공지능이 윤리적으로 설계되고 운영될 수 있도록 하는 것이 필요하다. 특히 개발 과정에서부터 윤리적 고려사항이 반영될 수 있도록 개발자들의 윤리 의식을 제고하는 것이 중요하며, 이를 위한 체계적인 교육 프로그램과 인증 제도의 도입이 요구된다.

또한 인공지능의 윤리적 문제를 객관적으로 평가할 수 있는 독립적인 윤리위원회를 운영하여 인공지능의 사회적 영향력을 모니터링하고 필요한 경우 조치를 취할 수 있어야 한다. 윤리위원회는 인공지능의 오남용을 예방하고 사회적 신뢰를 확보하는 데 중요한 역할을 하며, 인공지능 기술이 사회적 가치와 조화를 이루며 발전할 수 있도록 감독하는 기능을 수행한다. 이러한 윤리위원회는 다양한 이해관계자의 참여를 보장하고, 객관적이고 전문적인 평가가 이루어질 수 있도록 구성되어야 한다. 또한 윤리위원회의 권고사항이 실질적인 영향력을 가질 수 있도록 적절한 제도적 지원과 권한이 부여되어야 하며, 정기적인 평가와 모니터링을 통해 그 실효성을 검증하고 개선해 나가야 한다.

V. 고위험 인공지능의 도전 과제

1. 기술적 과제

고위험 인공지능 시스템이 예측 불가능한 다양한 상황에서도 안전하게 작동할 수 있도록 신뢰성을 강화하는 방안이 필요하다. 이를 위해 인공지능이 다양한 환경에서 작동할 수 있도록 테스트와 시뮬레이션을 반복하여 안전성을 확보해야 한다. 특히 예상치 못한 상황이나 극단적인 조건에서도 시스템이 안정적으로 동작할 수 있도록 하는 것이 중요하며, 이를 위한 체계적인 검증 절차가 마련되어야 한다. 이는 단순히 일반적인 상황에서의 성능 검증을 넘어, 다양한 비정상적 상황과 극한 조건에서의 안전성을 보장하기 위한 종합적인 접근이 필요함을 의미한다.

또한 인공지능 시스템이 돌발 상황에서도 실시간으로 대응할 수 있는 능력을 갖추도록 알고리즘을 고도화하는 연구가 요구된다. 예를 들어, 자율주행차와 같은 고위험 인공지능은 예측하지 못한 장애물이나 위험 상황에서도 안전하게 작동할 수 있는 능력을 갖춰야 한다. 이를 위해서는 기계학습 알고리즘의 개선뿐만 아니라, 센서 기술과의 통합, 실시간 처리 능력 향상 등 다양한 기술적 과제들이 해결되어야 한다. 특히 다중 센서 데이터의 실시간 융합과 처리, 신속한 의사결정 능력의 향상은 시스템의 안전성 확보를 위한 핵심 요소이다.

인공지능 시스템의 성능과 안정성을 지속적으로 검증할 수 있는 방법론을 개발하여 실효성 있는 안전성 검증이 이루어져야 한다. 이는 인공지능 시스템이 실질적으로 안전하게 작동할 수 있도록 성능을 평가하는 데 중요한 역할을 한다. 특히 시스템의 장기적인 안정성과 신뢰성을 보장하기 위해서는 지속적인 모니터링과 성능 평가가 필수적이며, 이를 위한 표준화된 검증 체계가 구축되어야 한다. 이러한 검증 체계는 시스템의 전체 수명주기에 걸쳐 적용되어야 하며, 운영 환경의 변화나 새로운 위험 요소의 출현에도 대응할 수 있어야 한다.

설명가능성 측면에서는 인공지능 의사결정 과정의 투명성을 높이고 사용자에게 설명할 수 있는 XAI(설명가능한 AI) 기술 개발이 필수적이다. 이를 통해 인공지능이 내리는 결정을 사람들이 이해하고 신뢰할 수 있도록 돕는다. 특히 의료 진단이나 금융 평가와 같은 중요한 의사결정에서는 결정 과정의 투명성이 더욱 중요하며, 이를 위한 기술적 해결책이 마련되어야 한다. 설명가능한 인공지능 기술은 단순히 결과만을 제시하는 것이 아니라, 그 결정에 이르게 된 논리적 근거와 과정을 명확하게 제시할 수 있어야 한다.

또한 인공지능이 내리는 결정을 사용자와 이해관계자가 이해할 수 있도록 설명가능한 구조를 마련해야 한다. 이는 인공지능에 대한 신뢰를 높이고, 사용자에게 인공지능의 사용에 대한 권리를 부여하는 중요한 요소이다. 더불어 인공지능 시스템 사용자가 결과를 쉽게 이해할 수 있는 직관적인 인터페이스를 개발하여 사용자와 인공지능 간의 상호작용을 증진해야 한다. 이러한 인터페이스는 복잡한 인공지능의 판단을 사용자가 이해하기 쉬운 형태로 전달하며, 필요한 경우 추가적인 설명이나 근거를 제공할 수 있어야 한다. 이는 단순한 기술적 투명성을 넘어, 실제 사용자들이 인공지능 시스템을 신뢰하고 효과적으로 활용할 수 있도록 하는 핵심적인 요소가 될 것이다.

2. 제도적 과제

2024년 12월 26일 국회 본회의를 통과해 입법된 '인공지능 발전과 신뢰 기반 조성 등에 관한 기본법'에 따르면, 고영향 인공지능을 이용한 제품이나 서비스를 제공하는 사업자에게 1. 사전 고지 의무, 2. 투명성과 안전성, 신뢰성 확보를 위한 조치 의무, 3. 위험관리 의무 등이 부과되었다. 정부는 인공지능 사업자가 위 의무사항을 위반할 경우 사실조사 및 시정명령을 할 수 있으며, 위 사전 고지 의무를 위반하거나 정부의 시정명령을 이행하지 않은 경우에는 3,000만 원 이하의 과태료를 부과할 수 있다. 다만, 위 법률상 의무는 인공지능 발전을 위해 최소한의 규제를 담고 있는 만큼 몇 가시 사항을 추가로 언급하고자 한다.

우선, 고위험 인공지능 관련 전문 인력의 양성과 자격 제도 마련이 시급한 과제로 대두되고 있다. 고위험 인공지능 시스템의 개발과 운영에는 높은 수준의 전문성이 요구되지만, 현재는 이러한 인력의 자격이나 능력을 검증할 수 있는 제도적 장치가 부족하다. 따라서 인공지능 전문가의 자격 요건을 규정하고, 이들의 전문성을 공인할 수 있는 자격 제도의 도입이 필요하다. 특히 의료, 금융, 법률 등 전문 분야에서 활용되는 인공지능 시스템의 경우, 해당 분야의 전문 지식과 인공지능 기술을 모두 이해하는 복합적 전문성이 요구된다.

나아가, 피해 구제 제도의 실효성 확보도 중요한 과제로 지적된다. 현재의 법적 구제 시스템은 인공지능으로 인한 피해의 특수성을 충분히 반영하지 못하고 있다. 특히 인공지능 시스템의 결정으로 인한 차별이나 권리 침해의 경우, 피해 사실의 입증이 어렵고 구제 절차가 복잡하여 실질적인 피해 구제가 이루어지기 어려운 상황이다. 예를 들어, 인공지능 시스템의 편향된 의사결정으로 인한 불이익을 입증하거나, 자율주행차 사고로 인한 피해를 보상받는 과정에서 피해자가 과도한 입증 부담을 지게 되는 문제가 있다. 이를 해결하기 위해 입증 책임의 완화나 집단 소송 제도의 도입 등 새로운 구제 방안이 모색되어야 한다.

또한 민간 부문의 자율 규제 체계 구축도 해결해야 할 과제이다. 정부 주도의 규제만으로는 빠르게 발전하는 인공지능 기술을 효과적으로 관리하기 어렵다. 따라서 업계 스스로 안전기준을 마련하고 이를 준수하도록 하는 자율 규제 시스템의 구축이 필요하다. 이를 위해서는 업계의 자발적 참여를 유도할 수 있는 인센티브 제도와 함께, 자율 규제의 실효성을 담보할 수 있는 모니터링 체계가 마련되어야 한다. 특히 스타트업이나 중소기업들이 과도한 부담 없이 자율 규제에 참여할 수 있도록 하는 지원 방안도 함께 고려되어야 한다.

더불어 인공지능 감사(AI Audit) 제도의 도입도 중요한 과제이다. 고위험 인공지능 시스템의 운영 실태를 정기적으로 평가하고 검증할 수 있는 감사 체계가 필요하다. 이러한 감사는 단순히 기술적 성능이나 안전성을 점검하는 것을 넘어, 조직의 거버넌스, 위험 관리 체계, 인권영향평가 등을 포괄적으로 평가할 수 있어야 한다. 특히 독립적인 제3자 감사 기관의 육성과 감사 기준의 표준화가 시급한 과제로 대두되고 있으며, 감사 결과의 투명한 공개와 이해관계자들의 참여를 보장하는 제도적 장치도 마련되어야 한다.

VI. 결 론

고위험 인공지능의 오남용을 방지하고 적절한 규제를 마련하는 것은 인공지능 기술의 지속 가능한 발전과 사회적 신뢰 확보를 위한 핵심 과제이다. 특히 의료, 자율주행, 법 집행, 금융 등 주요 분야에서 활용되는 고위험 인공지능 시스템은 그 잠재적 위험성으로 인해 특별한 관리와 규제가 필요하다.

고위험 인공지능이 직면한 주요 과제는 크게 기술적 측면과 제도적 측면으로 나눌 수 있다. 기술적 측면에서는 시스템의 안전성과 신뢰성 확보, 알고리즘의 투명성과 설명가능성 제고, 데이터 편향성 방지 등이 중요한 과제로 대두된다. 제도적 측면에서는 전문 인력 양성, 피해 구제 제도의 실효성 확보, 자율 규제 체계 구축, 인공지능 감사 제도의 도입 등이 시급한 과제로 지적된다.

이러한 과제들을 해결하기 위해서는 규제 기관, 기업, 학계, 시민사회 등 다양한 이해관계자들의 협력이 필수적이다. 특히 고위험 인공지능이 개인과 사회에 미칠 수 있는 부정적 영향을 최소화하면서도 기술 발전을 장려할 수 있는 균형 잡힌 규제 체계의 구축이 중요하다. 또한 각국 정부와 국제기구의 긴밀한 협력을 통해 인공지능 기술이 안전하고 윤리적으로 발전할 수 있는 글로벌 거버넌스 체계를 확립하는 것이 필요하다.

결국 고위험 인공지능의 오남용 방지는 단순한 기술적 해결을 넘어, 사회적 합의와 제도적 기반 구축을 필요로 하는 복합적인 과제이다. 이는 인공지능 기술의 혜택을 극대화하면서도 그 위험을 효과적으로 관리할 수 있는 지속 가능한 발전 모델을 확립하는 데 핵심적인 요소가 될 것이다.

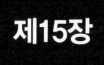

제15장 인공지능과 공정경쟁 및 소비자 보호

백경희
(인하대학교 법학전문대학원 교수)

I. 들어가며

인공지능은 알파고의 출현에서부터 자율주행자동차의 상용화 진행, 코로나바이러스감염증-19로 인한 감염병위기 시 비대면 진료, 그리고 ChatGPT의 등장에 이르기까지 4차 산업혁명을 주도하고 있다. 이 과정에서 인간이 주도하였던 시장경제에 인공지능이 개입하면서, 인공지능과 인간이 대결하는 구도가 발생하였다. 인공지능의 활용을 기대할 수 있는 영역으로 민간 영역으로는 전자 거래, 은행·금융 서비스·보험(BFSI), 보건의료 및 생명과학, 통신, 에너지, 농업, 교육, 엔터테인먼트, 미디어, 자동차, 운송·물류, 각종 서비스 분야 등이 있고, 공적 영역으로도 디지털 플랫폼 정부, 국방·보안 등까지 확장되고 있다. 특히 국정과제로 제시된 디지털 플랫폼 정부의 경우 '모든 데이터가 연결된 디지털 플랫폼 위에서 국민, 기업, 정부가 함께 사회문제를 해결하고 새로운 가치를 창출하는 정부'를 의미하며 "① 정부 서비스는 디지털 기반 제공을 원칙으로 한다. ② 국민이 찾기 전에 필요한 서비스를 알아서 제공한다. ③ 인공지능과 데이터 기반으로 정책적 의사결정을 과학화한다. ④ 공공데이터와 공공서비스를 각각 통합·관리하고 민간에 개방한다."는 큰 목표를 설정하고 있어 대국민 정책적 의사결정에 인공지능 활용을 표방하고 있기도 하다.[1]

빅데이터를 기반으로 하여 기계학습을 통하여 놀라운 속도로 방대한 지식을 흡수하고 발전시키는 속성을 지닌 인공지능의 능력은, 인간이 오랜 시간 동안 쌓아 온 경험을 통한 결과물을 단숨에 뛰어넘기도 하여 인간과의 경쟁을 무력화시키기도 한다. 한편 인공지능은 블록체인을 기반으로 하는 스마트 계약이나 보이스 커머스 내지 타깃 마케팅 등을 통해 시장경제에서 소비자인 인간과 그 상대방으로서 마주하고 있기도 하다.

이와 같이 공적인 영역과 사적인 영역을 막론하고 일상생활에 인공지능이 다각도에서 활용되고 있기 때문에, 인간과 인공지능의 공존을 위하여 공정경쟁을 위한 노력과 함께 소비자로서 보호를 받기 위한 장치로는 어떠한 부분이 있는지 점검할 필요가 있다.

II. 인공지능과 공정경쟁

1. 인공지능과 인간 사이의 일자리 경쟁

인공지능을 기반으로 한 4차 산업혁명이 대두되면서 새로운 범주의 직업이 등장하거나 기존의 직업을 부분적 또는 완전히 대체할 가능성이 등장하였다. 지능정보영역에 관한 신기술의 확산은 전통적인 제조업 분야의 자동화뿐만 아니라 금융, 법률, 의료, 언론 등의 전문적인 영역에 대해서도 인공지능이 스스로 판단하고 의사결정을 내리는 상황에 이르고 있다.[2]

인공지능이 앞으로 인간의 일자리를 얼마나 대체할 것인가에 대해서는 세계경제포럼(World Economic Forum)은 2016. 1.부터 「직업의 미래보고서」를 일정 주기별로 편

---

1) https://www.mois.go.kr/frt/sub/a06/b04/egovVision/screen.do
2) 엄효진·이명진, "인공지능(AI) 기반 지능정보사회 시대의 노동시장 변화: 경제사회학적 접근을 중심으로", 『Information Society & Media』, August 2020, Vol. 21, No. 2, 한국정보사회학회, 9-10면.

찬하면서 예측하고 있다. 세계경제포럼은 최초 발간시점인 2016년을 기준으로 하여 「직업의 미래보고서 2016」을 통해 2016년에서 2020년 사이에 세계 전체를 기준으로 인간의 일자리가 710만 개 정도 사라지고 대신 200만 개의 일자리가 생긴다고 전망 하였다. 특히 사라지는 인간의 일자리 중 3분의 2는 사무 및 행정 직무 영역에 집중된 다고 보았다. 그리고 여성의 일자리가 비즈니스 및 재무 운영, 사무 및 관리 등의 감 소하는 직업군에 집중되어 왔기 때문에 남성보다는 여성이 인공지능으로 인한 일자 리 감소에 직접적인 영향을 받을 수 있다고 파악하였다.[3] 이후 세계경제포럼은 2018. 9.경 「직업의 미래보고서 2018」을, 2020. 10.경 「직업의 미래보고서 2020」을, 2023. 5.경 「직업의 미래보고서 2023」을 각 발표하였다.

특히 세계경제포럼의 「직업의 미래보고서 2020」에서는 코로나바이러스감염 증-19로 야기된 팬데믹으로 인한 전 세계적 봉쇄 조치와 경기 침체 시대에서 자동화 와 비대면 시장이 활발하게 작동하면서 나타난 변화에 주목하였다. 당시 인공지능 기 반의 자동화 기술 채택 혹은 업무 프로세스의 디지털화가 이루어져 2025년이 되면 인 간 노동자, 기계, 알고리즘 사이에 노동 분업을 이루면서 각각이 업무에 소비하는 시 간이 동률에 이를 것이라고 예측하였다. 즉, 감염병 위기 국면으로 인공지능이 인간 의 일자리를 대체하는 속도가 파괴적일 것으로 판단한 바 있다.[4]

가장 최근 발표된 「직업의 미래보고서 2023」에서는 코로나바이러스감염증-19 로 인한 팬데믹 상황이 최악의 상황을 지나 위험성이 약화되었고 빅데이터의 중요성 이 강조되고 생성형 인공지능인 ChatGPT가 출현하는 등 상황이 달라지는 점을 고려 하였다. 물론 인공지능의 영향에 더하여 세계 경제의 불안정으로 인해 글로벌 노동시 장이 지니는 불확실성과 변동성은 여전히 높기 때문에 인간의 일자리 전망은 비관적 예측이 우세하였다. 그렇지만 오히려 그러한 위기에서 인공지능 활용 기술을 만들어 내거나 교육·실습을 통해 숙련화함으로써 인간의 새로운 일자리를 창출시킬 수 있

---

3) World Economic Forum, The Future of Jobs Report 2020: Employment, Skills and Workforce Strategy for the Fourth Industrial Revolution(Geneva, Switzerland: World Economic Forum), 2016, pp. 13-14.

4) World Economic Forum, The Future of Jobs Report 2020, p. 61.

고 자기계발을 통해 스스로의 가치를 높일 수 있을 것이라고 보았다.[5] 해당 보고서에서 2023년부터 2027년 사이에 인공지능의 출현으로 인하여 창출되는 인간의 새로운 일자리와 사라지는 일자리 중 주요한 직종을 살펴보면, 새로운 일자리(Jobs created)로는 인공지능 및 기계학습 전문가(AI and Machine Learning Specialists), 지속가능성 전문가(Sustainability Specialists), 비즈니스 인텔리전스 전문가(Business Intelligence Specialists), 정보보안 분석가(Information Security Analysts), 핀테크 엔지니어(FinTech Engineers), 데이터 분석가 및 과학자(Data Analysts and Scientists), 로보틱스 엔지니어(Robotics Engineers), 빅데이터 전문가(Big Data Specialists) 등이, 사라지는 일자리(Jobs displaced)로는 은행원 및 관련 사무원(Bank Tellers and Related Clerks), 우체국 사무원(Postal Service Clerks), 계산원 및 매표원(Cashiers and Ticket Clerks), 데이터 입력 사무원(Data Entry Clerks), 행정 및 집행 사무원(Administrative and Executive Secretaries), 자재 기록 및 재고 관리 사무원(Material-Recording and Stock-Keeping Clerks), 회계 및 부기 사무원(Accounting and Bookkeeping Clerks), 가전제품 설치기사 및 수리업자(Home Appliance Installers and Repairers), 기색 관리자(Relationship Managers), 경비원(Security Guards), 텔레마케터(Telemarketers) 등이다.[6]

이를 도표화한 내용을 일부 발췌하면 다음 〈그림-1〉과 같다.

2. 사업자 간 시장지배력 격차의 발생

인공지능은 기계학습과 빅데이터, 고성능 컴퓨팅 기술과의 결합으로 그동안 인간의 힘으로 풀기 어려웠던 난제들을 해결하기 시작하였고, 구글이나 IBM, 애플 등 글로벌 IT 기업들은 경쟁적으로 인공지능 연구소를 설립하고 관련 스타트업들을 인수합병하기 시작하였다.[7] 우리나라에서도 온라인 플랫폼 서비스를 제공하는 네이버와 카카오톡의 경우 인공지능을 활용하여 콘텐츠 제공이나 포털 서비스를 제공하는

---

5) World Economic Forum, The Future of Jobs Report 2023: Employment, Skills and Workforce Strategy for the Fourth Industrial Revolution(Geneva, Switzerland: World Economic Forum), 2023, pp. 40, 48.

6) World Economic Forum, The Future of Jobs Report 2023, pp. 29-30.

7) 장병탁, "인공지능의 경제·산업적 파급 효과", 지식의 지평 제21호, 대우재단, 2016, 2-3면.

〈그림-1〉 새로운 일자리와 사라지는 일자리, 2023-2027[8]

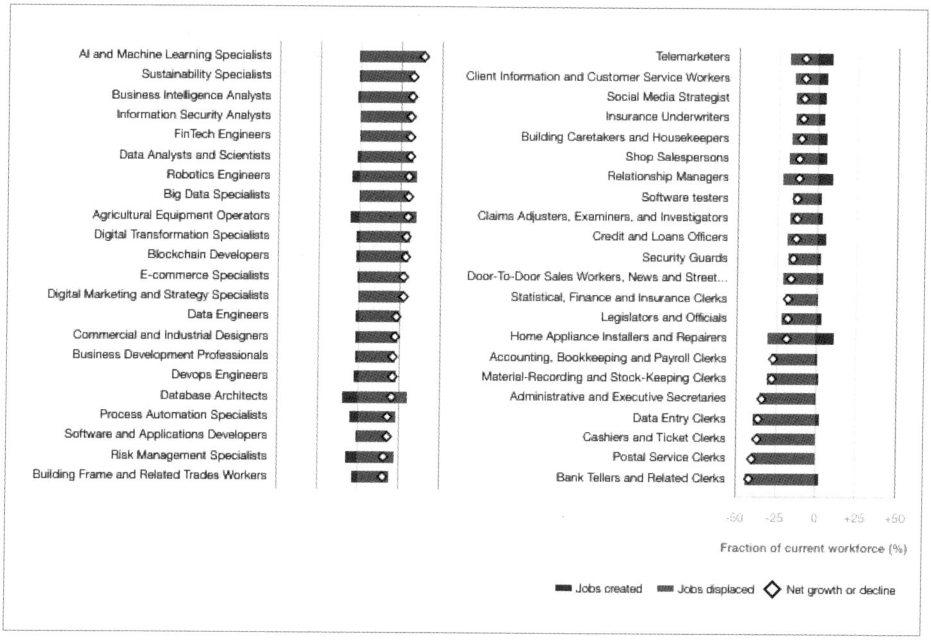

AI and Machine Learning Specialists
Sustainability Specialists
Business Intelligence Analysts
Information Security Analysts
FinTech Engineers
Data Analysts and Scientists
Robotics Engineers
Big Data Specialists
Agricultural Equipment Operators
Digital Transformation Specialists
Blockchain Developers
E-commerce Specialists
Digital Marketing and Strategy Specialists
Data Engineers
Commercial and Industrial Designers
Business Development Professionals
Devops Engineers
Database Architects
Process Automation Specialists
Software and Applications Developers
Risk Management Specialists
Building Frame and Related Trades Workers

Telemarketers
Client Information and Customer Service Workers
Social Media Strategist
Insurance Underwriters
Building Caretakers and Housekeepers
Shop Salespersons
Relationship Managers
Software testers
Claims Adjusters, Examiners, and Investigators
Credit and Loans Officers
Security Guards
Door-To-Door Sales Workers, News and Street...
Statistical, Finance and Insurance Clerks
Legislators and Officials
Home Appliance Installers and Repairers
Accounting, Bookkeeping and Payroll Clerks
Material-Recording and Stock-Keeping Clerks
Administrative and Executive Secretaries
Data Entry Clerks
Cashiers and Ticket Clerks
Postal Service Clerks
Bank Tellers and Related Clerks

-50   -25   0   +25   +50

Fraction of current workforce (%)

■ Jobs created ■ Jobs displaced ◇ Net growth or decline

한편 금융업, 쇼핑, 헬스케어, 운송 중개업 등에 이르기까지 복합적인 영역으로 확장하고 있다.

산업에서 활용되는 인공지능의 사례를 살펴보면 다음 〈표-1〉과 같다.

위와 같이 국내외의 산업계에서 인공지능을 활용하는 범주는 사회의 발전에 따라 확대되고 있다. 그리고 인공지능과 연계된 디지털 기술을 선점해 왔던 거대 기업들이 기존의 기술력을 발달시킴과 동시에 새롭게 등장하는 스타트업 기업들을 자본력을 통해 인수하면서 시장에 대한 지배력을 강화하는 것을 넘어서 독식하는 체제로 변질되는 우려가 현실화되고 있는 상황이다. 예를 들어 온라인 플랫폼의 경우 다양한 영역에서 소비자와 공급자를 매개하고, 인공지능 기술의 활용으로 디지털 경제를 이끌어 가고 있는 반면, 플랫폼이 지니는 특성상 네트워크 효과로 특정 사업자에게 소비자와 서비스가 집중되는 쏠림 현상(tipping effect)이 나타나게 되어 디지털 시장에서

---

8) New jobs and lost jobs, 2023-2027, The Future of Jobs Report 2023, p. 30.

〈표-1〉 산업에 활용되는 인공지능의 사례[9]

산업 유형	인공지능 활용 사례	목적
금융	FDS	이상 금융거래 탐지
	로보 어드바이저	맞춤 투자 상품 추천
제조	자율 주행 기술	무인 자동차 생산
	독일의 Industry 4.0 기반 Value Chain	생산 공정의 디지털화를 통한 공정관리 및 자동화
의료	Google Inception-v3 활용	의료 영상 판독
	Watson	의료 진단 보조
	AtomNet	신약 개발
서비스	멜론 큐레이터	고객 성향에 맞는 상품 추천
	검색 엔진	키워드 추천
	스마트 비서 서비스	사용자가 원하는 일 처리
	포토 어플리케이션 얼굴 인식	사진 분류
	챗봇	고객 응대
	돌봄 로봇	독거노인, 영유아, 반려동물에 대한 돌봄 및 홈서비스

의 공정한 경쟁이 저해될 가능성이 존재한다. 특히 플랫폼 사업자가 단순히 소비자와 공급자를 매개하는 것뿐만 아니라 직접 공급자의 역할도 수행하게 되면 자신이 직접 판매하는 상품이나 서비스를 유리하게 취급하는 측면이 부각되어 자사 우대(self-preferencing) 현상을 유발하게 된다. 이는 궁극적으로 거대 온라인 플랫폼이 소비자의 상품 구매를 위한 결제 과정에서부터 소비자에게 물류를 배달하는 과정까지 결합하게 되어 신규 사업자의 시장 진출 가능성을 차단하고 승자가 독식하는 결과를 낳게 된다.[10]

---

9) 김주은, "인공지능이 인간사회에 미치는 영향에 대한 연구", The Journal of the Convergence on Culture Technology(JCCT), Vol. 5, No. 2, May 31, (사)국제문화기술진흥원, 2019, 181면 및 문승혁, "인공지능 적용 산업과 발전방향에 대한 분석", The Journal of the Convergence on Culture Technology(JCCT), Vol. 5, No. 1, February 28, (사)국제문화기술진흥원, 2019, 81면의 내용을 결합하여 수정함.

10) 대한민국정부, 디지털 권리장전 해설서, 2024, 46-47면.

3. 공정경쟁을 위한 법제도 정비

(1) 국제적 동향―경제협력개발기구(OECD)

인공지능 기술이 급진적으로 발전하게 되자 인공지능 활용 혜택을 극대화하고 위험을 최소화하기 위해 2019. 5. 22. OECD 회원국과 그 파트너국 등을 포함한 총 42개국은 'AI 원칙'을 채택하였다. AI 원칙이 제시하는 5가지 권고사항은 "① AI는 포용적 성장과 지속가능한 발전을 촉진하고 인간과 지구환경에 이익을 가져와야 한다. ② AI는 법, 인권, 민주주의, 다양성을 존중하고, 공정하고, 편향과 불평등을 최소화하고, 필요에 따라 인적 개입을 할 수 있도록 해야 한다. ③ AI의 의사결정과 행동은 투명성을 확보하고 책임 있는 정보공개를 하여야 한다. ④ AI의 설계자와 운용자는 위험 관리 및 안정·안전성을 확보해야 한다. ⑤ AI의 개발, 보급, 운용에 종사하는 조직 및 개인은 상기 원칙에 따라 그 정상화에 책임을 져야 한다."는 것이었다. 이는 신뢰할 수 있는 인공지능에 대한 책임감 있는 관리와 함께 정책 결정자가 인공지능 정책을 수행할 경우의 권고사항을 제공한 것이다.

이후 OECD의 AI 원칙은 2024. 5. 3. 재정비를 하게 되었는데, 이 과정에서 생성형 인공지능인 ChatGPT의 특수성을 반영하였다. 새롭게 재정비된 OECD의 AI 원칙은 인공지능 시스템에 대한 정의를 개정하여 생성형 AI 시스템이 포함되도록 하고 인공지능 시스템의 목표 및 인간 또는 기계가 제공할 수 있는 역할을 명확히 하였다.[11]

이를 정리하면 다음 〈표-2〉와 같다.

특히 OECD의 AI 원칙 2.4(Principle 2.4)에서는 인공지능으로 인하여 변화될 노동시장을 준비하고 인적 역량을 구축할 수 있도록 정부가 사람들에게 인공지능 기술을 제공하고 근로자들이 노동시장에서 공정한 전환을 보장받을 수 있도록 지원하는 것을 강조하고 있다. 예를 들어 정부가 근로자가 인공지능을 배울 수 있도록 교육 프로그램을 제공하고 사회적 보호를 하여야 하며, 노동시장에서 새로운 기회에 접근할 수 있도록 조치를 취하도록 권고하고 있다. 또한 정부가 사업자에 대해서도 사업장에서

---

11) OECD Legal Instruments, Recommendation of the Council on Artificial Intelligence, OECD, 2024, p. 4.

〈표-2〉 OECD AI원칙과 정책 결정자를 위한 권고사항[12]

OECD AI 원친	정책 결정자를 위한 권고사항
포용적 성장, 지속가능한 개발, 웰빙	AI R&D 투자
인간중심의 가치와 공정성	AI를 위한 디지털 생태계 조성
투명성 및 설명가능성	AI를 위한 정책 환경 조성 및 지원
견고성, 보안성, 안전성	인적 역량의 구축과 노동시장 변혁 대비
책임성	신뢰할 수 있는 AI를 위한 국제협력

인공지능의 책임 있는 사용을 하도록 촉진함과 동시에 근로자의 안전, 일자리 및 공공서비스의 질을 개선하는 등 인공지능의 혜택이 광범위하고 공정하게 공유되도록 해야 한다는 점을 강조하였다.[13]

(2) 우리나라의 경우

1) 디지털 공동번영사회의 가치와 원칙에 관한 헌장

우리나라에서도 디지털 미래사회 전망, 법·철학에 대한 자문, 해외의 디지털 관련 주요 헌장·선언문과 디지털 이슈 분석 등을 진행하는 한편 각계각층의 의견을 청취하며 공론화 작업을 병행하여 2023. 9. 25. 「디지털 공동번영사회의 가치와 원칙에 관한 헌장」(이하 이를 약칭하여 '디지털 권리장전'이라 한다)을 발표하였다.

「디지털 권리장전」은 디지털 심화 시대에 맞는 국가적 차원의 기준과 원칙을 제시하고, 글로벌을 리드할 수 있는 보편적 디지털 질서 규범의 기본방향을 담은 헌장(憲章)으로, 배경과 목적을 담은 전문과 함께 총 6장, 28개 조가 담긴 본문으로 구성되어 있다. 이 중 제1장에서는 '디지털 공동번영사회' 구현을 위한 기본원칙으로 ① 디지털 환경에서의 자유와 권리 보장, ② 디지털에 대한 공정한 접근과 기회의 균등,

---

12) OECD 홈페이지, https://oecd.ai/en/ai-principles(2024. 9. 20. 확인).

13) OECD Legal Instruments, Recommendation of the Council on Artificial Intelligence, p. 10., 2.4. Building human capacity and preparing for labour market transformation.

③ 안전하고 신뢰할 수 있는 디지털 사회, ④ 자율과 창의 기반의 디지털 혁신의 촉진, ⑤ 인류 후생의 증진 등 총 5가지를 기술하고 있고, 제2장부터 제6장은 5가지 기본원칙을 구현하기 위한 시민의 보편적 권리와 주체별 책무(국가·기업·시민)를 세부 원칙의 형태로 규정하였다.

이를 도식화하면 다음 〈그림-2〉와 같다.

〈그림-2〉 「디지털 권리장전」의 체계[14]

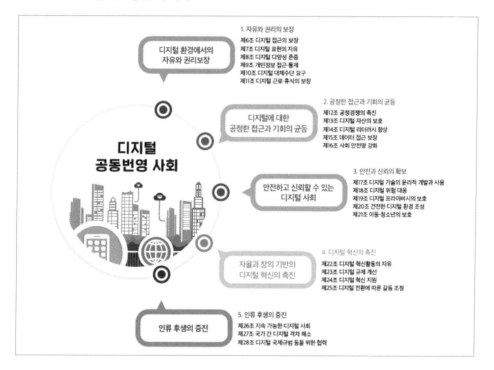

인간과의 공정경쟁과 관련해서 「디지털 권리장전」 제11조에서는 원격근무 등과 관련된 '디지털 근로·휴식의 보장'으로, "모든 사람은 디지털 기술의 발전으로 출현하는 다양한 노동환경에서 안전·건강하게 근로하고, 디지털 연결에서 벗어나 휴식을 보장받아야 한다."고 기술하고 있다. 동조는 인공지능 등 디지털 환경으로 인해 달라

---

14) 대한민국정부, 디지털 권리장전 해설서, 2024, 24면.

진 근로환경에서 근로자의 권리를 보호하기 위한 것으로 '연결되지 않을 권리'에 해당한다.

한편 사업자 간 공정경쟁에 있어서도 제12조에서 "디지털 경제의 공정한 경쟁 환경을 조성하기 위해 정보와 기술의 독과점, 알고리즘의 불공정성 문제 등으로 인한 폐해가 해소될 수 있도록 적절한 조치가 이루어져야 한다."고 하여 국가의 개입이 필요함을 강조하였다. 다만 인공지능에 대한 지나친 규제가 디지털 시장 활성화를 저해할수도 있기 때문에 제23조에서는 "디지털 혁신의 촉진을 위해 민간의 자율을 존중하는합리적인 규제체계가 형성되어야 하며, 기술 발전 속도, 산업 성숙도, 사회적 수용성등을 고려하여 불합리한 규제는 개선되어야 한다."고 하고, 제24조에서 "디지털 혁신의 지속적 창출을 위해 민간과 정부 간 긴밀한 협력을 바탕으로 전문인력 양성, 연구개발 투자, 창업 활성화, 인프라 구축, 제도 정비를 포함한 다양한 지원이 이루어져야한다."고 함으로써 규제와 지원의 완급을 조절할 필요가 있다는 점도 설시하였다.

2) 온라인 플랫폼 공정경쟁 촉진 관련 법안

인공지능 관련 사업자 사이의 공정경쟁과 관련하여 우리나라에서는 온라인플랫폼시장에서 초기부터 기반을 다져 오면서 성장한 거대기업의 시장지배력으로 인한'수수료 인상', '배달료 후려치기', '입점업체 차별' 등의 독과점 폐해가 문제되었다. 특히 코로나-19로 인한 감염병위기로 비대면 상황에서 온라인 쇼핑몰 거래와 배달 서비스, OTT 서비스가 각광을 받게 되면서 온라인 플랫폼 시장의 공정한 경쟁 환경 조성을 위한 규제가 필요하다는 목소리가 높아지게 되면서 가칭 「온라인 플랫폼 중개거래의 공정화에 관한 법률안」이나[15] 「(가칭) 플랫폼 공정경쟁촉진법」의 제정이 주진되기도 하였다.[16] 해당 법안들은 유럽연합의 디지털마케팅법(DMA)의 제정 이유와 그

---

15) 플랫폼을 통한 구매가 일반화되면서 플랫폼이 특정 소비자들에 대한 독점적 접근권한을 보유하게되는 경우인 소위 '게이트키퍼'가 나타나게 되고, 높아진 거래 의존도 및 독점적 판로 확보로 인해 온라인 플랫폼의 우월적 지위가 강화되어 입점업체에 대한 불공정행위 등 피해가 속출하였다.; 공정거래위원회, 「온라인 플랫폼 중개거래의 공정화에 관한 법률안」 규제영향분석서, 2020. 8. 5.
16) 대한민국 공식 전자정부 누리집(정부24), 2024. 1. 2, 공정위 "(가칭)플랫폼공정경쟁촉진법, 국내·외

주요 내용을 수용하였는데, 문제는 유럽연합의 경우 상대적으로 디지털 시장에서 경쟁력이 있는 플랫폼이 없고 미국의 글로벌 빅테크 플랫폼에 의하여 장악이 된 상태이기 때문에 이를 견제하고 유럽연합의 플랫폼 기업의 보호를 위한 목적이었기 때문에 이미 우리나라와 같이 국내에서도 거대 플랫폼 기업이 성장하여 미국 플랫폼 기업과 경쟁하고 있는 상황과 차이가 있다는 점에 있다. 왜냐하면 우리나라의 상황에서 유럽연합의 디지털마케팅법에서와 같은 규제 강도로 국내 플랫폼 기업을 규제할 경우 자칫 디지털 시장에서 자국 플랫폼 기업의 성장과 혁신을 저해할 수 있어 오히려 경쟁자인 미국의 플랫폼 기업에 유리한 상황을 초래할 우려가 있기 때문이다. 더구나 「(가칭) 플랫폼 공정경쟁촉진법안」의 핵심 내용인 '지배적 플랫폼 사업자의 사전 지정 제도'는 종래 공정거래위원회가 운영해 오다가 폐지되었던 시장지배적 사업자를 '사전'에 지정해서 시장지배적 지위의 남용 금지의 적용을 받도록 하는 제도를 다시 도입한다는 비판이 제기되었다.[17]

위와 같은 비판으로 공정거래위원회는 2024. 9.경 온라인 플랫폼에 대한 규제를 위하여 별도의 법률을 신규 제정하는 대신 「독점규제 및 공정거래에 관한 법률」의 개정을 통해 현행법 체계 내에서 주요 내용을 흡수하는 방침을 발표하였다. 특히 다수의 비판을 받았던 지배적 플랫폼 사업자의 '사전 지정' 제도를 '사후 추정'의 방식으로 변경하고,[18] 4대 반경쟁행위 위반이 명백하게 의심되고 경쟁이 저해되거나 다른 플랫폼 이용자의 손해 확산이 우려되어 긴급한 예방의 필요성이 인정되는 경우 지배적 플랫폼 기업의 반경쟁행위를 중단시키는 '임시중지명령'을 최종 제재 결정 전에 할 수 있도록 하는 것을 핵심으로 하고 있다.[19]

사업자 구분없이 적용", https://www.gov.kr/portal/ntnadmNews/3722002

17) 김현경, "한국의 디지털 플랫폼 규제추진에 대한 비판과 대안", 『법조』 제73권 제1호(통권 제763호), 법조협회, 2024. 2, 248-282면.

18) 구체적 추정요건은 현행 공정거래법상 시장지배적 사업자 추정기준보다 강화하여 독점력이 공고한 경우로 한정하며, 스타트업 등의 규제부담 등 우려를 고려해 연간 매출액 4조 원 미만 플랫폼은 제외한다고 하였다.; 공정거래위원회, 2024. 9. 9.자 보도자료

19) 공정거래위원회, 2024. 9. 9.자 보도자료

III. 인공지능 활용 거래에 대한 소비자 보호의 필요성

인공지능을 활용한 여러 가지 전자거래나 제조물로 인해 소비자가 피해를 입게 되는 경우 법적 책임을 어떻게 부담지울 것인지에 관련된 문제가 사회적으로 대두되고 있다. 더 나아가 급속한 인공지능 기술의 발달로 인해 소비자 중 노인이나 장애인 등의 취약계층은 변화된 기술에 적응하지 못하는 상황이 야기되고 있으므로 이들의 보호를 위해서도 디지털 리터러시 교육의 필요성도 커지고 있는 상황이다. 인공지능으로 인해 변화된 소비생활은 기존의 소비자법의 개념과 보호수단만으로는 부족한 상황이 초래되면서 소비자법 외에 인공지능의 사용과 관련된 가이드라인의 설정이 요구되고 있다.

1. 인공지능 시대와 변화된 소비생활의 사례

(1) 스마트 계약의 등장

인공지능이 발전하면서 소비자가 일상생활을 영위하기 위한 계약의 체결에서도 자동화 현상이 발생하였는데, 이를 스마트 계약(Smart Contracts)이라 한다. 스마트 계약의 대표적인 사례로 호텔에서 예약된 숙박 기간이 만료될 때 객실 이용을 차단하거나 리스 차량의 이용시 월이용료가 정시에 지급되어야 주행이 가능하도록 인공지능을 활용하여 계약의 이행을 사물인터넷을 통해 자동화하는 경우, 블록체인 기반의 프로그래밍 코드를 통해 소비자가 암호화 화폐를 통하여 결제하면 상품을 구매할 수 있도록 계약을 자동적으로 체결하는 경우를 들 수 있다.[20] 이와 같이 계약의 체결 및 이행에 사람이 관여되지 않고 프로그래밍 코드 등을 사용하여 계약조건을 실행하는 프로세스를 자동화하는 것이 스마트 계약이다. 이러한 스마트계약은 소프트웨어가 인공지능 수준에 반드시 도달할 필요가 없지만 디지털화, 네트워킹 및 자동화의 측면은

---

20) 김진우, "스마트계약에 의한 소비자계약의 체결과 자동실행—소비자에 대한 리스크와 기회", 『선진상사법률연구』, 통권 제95호, 법무부, 2021. 7, 97면.

인공지능의 발달로 인하여 다양한 형태로 융합·접목이 이루어지고 있는 상황이다.[21] 즉, 비대면 거래에서 소비자가 화면을 통하여 주문하지 않고 말로서 새로운 수단인 '인공지능 스피커'를 통하여 쇼핑을 하고 계약을 자동적으로 체결할 수 있는 보이스 커머스(Voice Commerce)가 대표적이라고 볼 수 있다.[22]

(2) 맞춤 서비스의 제공

소비자의 구매 내역을 기반으로 인공지능을 활용하여 소비자의 패턴을 분석함으로써 개인의 취향에 부합하는 상품을 추천해 주거나 서비스가 대중적으로 많이 사용되고 있다. 예를 들어 음원서비스 분야에서 소비자의 개인 취향에 맞도록 비슷한 음악을 추천하거나 포털서비스 분야에서 소비자가 관심을 갖고 있는 영역과 키워드를 통해 뉴스 등 콘텐츠를 제공해 주거나, 쇼핑 분야에서 소비자의 문의에 대해 알고리즘과 빅데이터를 이용·분석하여 자동으로 응답하고 조건의 필터링을 통한 맞춤 상품을 검색해 내기도 한다.

(3) 공유경제의 등장으로 인한 사업자 개념의 확장

현행 「소비자기본법」에서는 인적 적용범위로 소비자와 사업자를 구분하여 정의하고 있다. 즉 '소비자'는 사업자가 제공하는 물품 또는 용역, 시설물을 소비생활을 위하여 사용·이용하는 자 또는 생산활동을 위하여 사용하는 자로서 대통령령이 정하는 자로(동법 제2조 제1호), '사업자'는 물품을 제조·가공 또는 포장·수입·판매하거나 용역을 제공하는 자(동법 제2조 제2호)로 각각 정의하고 있다. 이와 같이 「소비자기본법」은 소비자와 사업자의 개념을 소비 목적과 사업 목적이라는 표지로 구분하고 사업자에 비하여 소비자가 상대적으로 정보 등에 있어서 비대칭관계에 있기 때문에 실질적

---

21) 김진우, 위의 논문, 100-102면; 윤태영, "블록체인 기술을 이용한 스마트계약(Smart Contract)", 『재산법연구』 제36권 제2호, 한국재산법학회, 2019, 74면.
22) 이병준, "4차 산업혁명과 소비자법 2.0", 『소비자문제연구』 제50권 제3호, 한국소비자원, 2019. 12, 162면.

으로 보호할 필요가 있다는 점을 기반으로 하고 있다.[23)]

그런데 플랫폼에서 인공지능을 통한 비대면 자동화 거래가 활성화되면서 다양한 자원을 나누어 사용하는 '공유경제'가 활성화되었고, 공유경제에서 상품 내지 노동력의 공급자로 활동하는 자에 「소비자기본법」의 정의에서 '소비자'로 분류되는 개인(peer)이 등장하게 되었다. 즉, 계속적인 사업 목적을 지닌 '사업자가 아니라 평상시에는 소비자의 특성을 지니고 있지만 간헐적으로 자신이 가지고 있는 상품을 빌려주거나 남는 시간을 노동력으로 제공하는 사적인 개인들이 나타나면서, 개인과 개인 사이의 계약이 체결되어 B2C에서 P2P의 양상을 띠게 된 것이다.[24)]

2. 인공지능과 소비자 보호

(1) 인공지능법의 제정

4차 산업혁명 시대에서 인공지능 기술이 발전하면서 다양한 산업과 일상생활에 영향을 미치게 되자 우리나라에서도 인공지능 산업을 육성·지원하는 한편 인공지능의 편향성과 부작용 우려를 방지하기 위한 인공지능에 관한 기본적인 법적 규제가 필요하게 되었다. 특히 인공지능기술은 대량의 데이터를 학습하여 성능을 향상시키는 기계학습에 기반하고 있어 불확실성과 불투명성을 가지고 있으며, 노이즈 데이터로 인한 오류 생성 가능성이 크기 때문에 고의적으로 악용될 수 있는 상황에서 소비자인 국민의 보호를 위하여 인공지능의 안전성과 신뢰성을 확보하기 위한 조치의 마련이 요청되고 있다.

주지하다시피 유럽연합(EU)은 세계 최초로 2021. 4. 21. 「인공지능법(EU AI Act)」 초안을 제안하였고 이후 2023. 6. 13. 유럽의회에서 그 수정안을 가결하여 2024. 7. 12. 관보에 게재됨으로써 입법이 완료되었다. 유럽연합의 인공지능법의 적용개시일은 먼저 시행되는 일부 예외조항을 배제하고 원칙적으로 2026. 8. 2.로 예정되어 있

---

23) 이병준, 위의 논문, 158면.
24) 이병준, 위의 논문, 159-160면.

다. 그 주요 내용으로는 인공지능을 위험의 경중에 따라 금지되는 AI 업무(Prohibited AI Practices), 고위험 AI 시스템(high risk AI Systems), 제한된 위험 내지 최소 위험(low or minimal risk)으로 나누고, 차등적으로 규제한다는 것이다. 즉, 허용될 수 없는 위험 등급의 인공지능의 활용은 원천적으로 금지하며, 고위험 인공지능의 경우 위험관리시스템을 구축하여 실행하고, 수행 이력을 추적하며, 이용자에 대한 고지의무 등을 부과하고 있다. 생성형 AI에 대해서도 이용자가 생성형 인공지능 시스템과 교류하고 있다는 사실을 고지하여야 하고, 이를 통해 생성되는 콘텐츠가 유럽연합법령 및 저작권법 체계에 반하지 않아야 하며 표현의 자유 등 기본권을 침해하여서는 안 된다는 것을 명문화하였다.[25]

　　우리나라의 경우 인공지능에 관한 기본법이 제정되어 있지는 않으나, 제21대 국회에서는 인공지능 산업 육성 및 신뢰 기반 조성 등에 관한 법률안(2118276), 인공지능책임법안(2120353) 등이, 제22대 국회에서는 인공지능 산업 육성 및 신뢰 확보에 관한 법률안(2200053), 인공지능 발전과 신뢰 기반 조성 등에 관한 법률안(2200543), 인공지능산업 육성 및 신뢰 확보에 관한 법률안(2200673), 인공지능산업 육성 및 신뢰 확보에 관한 법률안(2200675), 인공지능기술 기본법안(2201158), 인공지능 개발 및 이용 등에 관한 법률안(2201399), 인공지능 기본법안(2203072), 인공지능책임법안(2203235인), 인공지능 발전 진흥과 사회적 책임에 관한 법률안(2203297), 인공지능의 발전과 안전성 확보 등에 관한 법률안(2203960) 등이 발의되고 있는 상황이다.[26] 각 법안별로 차이가 있으나 대체로 '인공지능으로서 사람의 생명, 신체의 안전 및 기본권의 보호에 중대한 영향을 미칠 우려가 있는 영역에서 활용되는 인공지능'을 고위험영역 인공지능으로 정의하여, 이를 활용하는 사업자에게 인공지능의 신뢰성과 안전성을 확보하기 위한 조치를 수행·마련하도록 하는 의무를 부과하였다. 또한 일부 법안에서는 생성형 인공지능에 대비하기 위해 이를 이용하여 제품 또는 서비스를 제공하려는 자에게 해당 제품 또는 서비스가 생성형 인공지능에 기반하여 운용된다는 사실을 이용자에게 사

---

25) 최경진 외 7인, 『EU 인공지능법』, 박영사, 2024, 4-12면.
26) 국회 의안정보시스템, https://likms.assembly.go.kr/bill/main.do(2024. 9. 20. 확인).

전에 고지하고, 생성형 인공지능에 의한 생성 사실을 결과물에 표시하도록 하는 내용도 담고 있다.[27] 국가 또한 인공지능 등이 국민의 생활에 미치는 잠재적 위험을 최소화하고 안전한 인공지능의 이용을 위한 신뢰 기반을 조성하기 위한 시책을 마련하도록 하여 소비자인 국민의 안전과 기본권 보호에 충실하도록 하고 있다.

(2) 디지털 접근성과 개인정보 자기결정권

인공지능이 다양하게 활용되는 디지털 환경에서 소비자는 디지털 접근에 대한 보장과 함께 자신의 개인정보에 대한 통제가 필요하다. 즉, 복잡하고 다양한 정보들이 공존하며 교차하고 있는 현대 사회에서 개인은 정보를 알 권리를 지니는 한편 자신의 정보에 관하여 결정하고 관리·통제할 권리를 지니고 있고, 이는 디지털 환경에서도 동일하게 적용된다. 최근의 디지털 환경은 초연결사회에 해당하여 스마트폰과 소셜미디어를 통해 개인이 업로드한 사진이나 영상, 글 등이 개인의 의지와 무관하게 영리 혹은 범죄의 목적으로 악용될 우려가 있기 때문에 후자의 개인정보 자기결정권의 보호에 대한 관심이 높아지고 있다.[28] 개인정보 자기결정권은 자신에 관한 정보가 언제 누구에게 어느 범위까지 이용되도록 할 것인지를 정보주체가 스스로 결정할 수 있는 권리로[29] 사생활의 비밀 및 자유 내지 프라이버시권의 중요한 내용을 이루고 있다. 「디지털 권리장전」에서도 제6조에서 "모든 사람은 안정적인 네트워크 환경을 보장받아야 하며, 이를 통해 다양한 디지털 서비스를 언제 어디서나 차별없이 접근하여 이용할 수 있어야 한다."고 하여 디지털 접근을 보장하고 있고, 제9조에서 "모든 사람은 디지털 환경에서 자신에 관한 정보를 열람·정정·삭제·전송할 것을 요구하는 등 이에 대해 접근하고 통제할 수 있어야 한다."고 하여 개인정보 자기결정권을 구현하고 있다.

---

27) 안철수 의원 대표 발의 인공지능 산업 육성 및 신뢰 확보에 관한 법률안(2200053) 제29조; 정점식 의원 대표 발의 인공지능 발전과 신뢰 기반 조성 등에 관한 법률안(2200543) 제29조 및 제30조 등.

28) 김성진·이선희, "초연결사회에서 개인정보자기결정권과 데이터권", 『성균관법학』 제35권 제4호, 성균관대학교 법학연구원, 2023. 12, 112-115면.

29) 헌법재판소 2005. 5. 26.자 99헌마513, 2004헌마190 전원재판부 결정.

(3) AI 리터러시의 강화 필요

AI 리터러시(AI Literacy)는 디지털 리터러시(Digital Literacy)의 하나이다. 디지털 리터러시란 디지털 전환 시대에서 디지털 기술과 미디어를 활용하여 얻은 여러 가지 정보의 형태를 이해하고 자신의 목적에 맞는 새로운 정보로 조합하여 올바르게 사용함으로써 개인 발전과 사회 발전을 균형있게 도모하는 역량을 의미한다.[30] AI 리터러시에 대해 유럽 인공지능법에서는 "공급자, 배포자 및 영향을 받는 사람이 각자의 권리와 의무를 고려하고 정보에 입각하여 AI 시스템을 배포할 수 있도록 하고, AI 기회와 위험, 발생할 수 있는 피해에 대해 인식할 수 있도록 하는 기술, 지식 및 이해를 의미한다"고 규정한 바 있다.[31]

우리나라의 「디지털 권리장전」 제14조에서는 "디지털 기술의 개발과 사용의 기회를 보장할 수 있도록 디지털 격차가 해소되어야 하고, 디지털 리터러시 향상을 위한 교육의 기회가 제공되어야 한다."고 하였다. 그리고 이를 구체화한 「디지털 심화 시대의 교육이 지향하는 가치와 원칙에 대한 선언 — 디지털 교육 규범」을 2024. 7. 25. 발표한 바 있다.[32] 「디지털 교육 규범」은 제8조에서 "모든 사람이 전 생애에 걸쳐 디지털 시대에 필요한 역량을 향상시킬 수 있도록 누구나 쉽게 디지털 교육에 참여할 수 있는 환경이 마련되어야 한다."고 하고, 제11조에서 "국가는 디지털 교육의 격차를 해소하고, 언어, 장애, 연령, 지역, 계층에 관계 없이 모든 학습자가 적절한 디지털 교육을 받을 수 있도록 노력하여야 한다."고 하여 인공지능으로 인하여 달라진 교육환경

---

30) 이유미, "디지털 시대 새로운 패러다임과 리터러시: AI 디지털 리터러시와 리터러시를 중심으로", 『교양학연구』 제20집, 다빈치미래교양연구소, 2022, 46면.

31) 최경진 외 7인, 위의 책, 2024, 20면.

32) 그 제정 취지에 대하여 "디지털 기술은 인간의 삶과 사회 전반을 근본적으로 변화시키고 있다. 인간과 디지털이 공존하는 디지털 심화 시대로 접어들면서 교육의 내용과 방식에도 변화가 필요하며, 그 변화는 인간의 성장과 발전을 지원하고 사회 공동체의 기반을 마련하는 교육의 본질에 근거해야 한다. 교육에서 디지털 기술은 교육의 본질을 구현하는 데 기여함과 동시에 안전하고 책임 있게 활용되어야 한다. 디지털 전환에 따른 교육 제도, 문화, 거버넌스의 변화 또한 교육의 본질적 가치에 부합하는 방향으로 이루어져야 한다. 이에 디지털 심화 시대의 교육이 지향하는 가치와 원칙을 다음과 같이 선언하고 디지털 교육에 참여하는 모든 구성원이 함께 준수해 나가고자 한다."고 밝히고 있어 달라지는 디지털 교육 환경에 대한 대처를 담고 있다.

을 목두하고 있다. 그리고 제9조를 통하여 "디지털 교육에 참여하는 모든 사람이 디지털 기술을 책임감 있고 생산적으로 활용할 수 있도록, 디지털 시대의 기반을 이루는 가치, 지식, 기술, 태도, 윤리 등에 대한 디지털 리터러시 교육 기회가 제공되어야 한다."고 함으로써 디지털 리터러시 교육을 강조하고 있다.

한편 최근 생성형 인공지능이 문제됨에 따라 UNESCO에서는 ChatGPT를 비롯한 인공지능의 활용과 관련된 교육과정에서의 지침을 발표하기도 하였다. UNESCO는 ChatGPT가 윤리적 원칙의 적용을 받지 않으며 옳고 그름, 참과 거짓을 구별할 수 없다는 점을 유의하여야 한다고 하면서, ChatGPT가 인터넷상의 데이터베이스나 텍스트 등을 통해 정보를 수집하므로 해당 정보가 지닌 인지 편향성도 학습하는 결과 오류가 내재된 답변이 도출될 수 있으므로 이용자가 비판적으로 그 답변을 분석하고 이를 다른 정보와 비교하는 것이 필수적이라고 권고하고 있다.[33]

(4) 디지털 대체 수단의 요구 필요성과 취약계층의 보호

노인이나 장애인 등 취약계층은 디지털 환경에 적응하기가 쉽지 않고 디지털 격차로 인해 디지털 접근성에 어려움을 겪고 가짜뉴스나 디지털 범죄의 피해자가 될 우려가 높다. 나아가 인공지능을 통해 새로운 인간관계나 일상생활이 온라인 사회관계망과 플랫폼으로 이루어지고 있기 때문에 취약계층이 디지털 리터러시가 낮을 경우 우울감을 느끼는 정도가 높게 나타날 수도 있다.[34] 그렇기 때문에 인공지능 등 디지털 환경에서도 취약계층 소비자의 입장에서는 일정 부분 디지털을 대체할 수 있는 아날로그 방식의 대체수단이 소통의 방식으로 요청된다.

이에 「디지털 권리장전」 제10조에서는 "모든 사람은 공공영역에서 디지털 방식을 대체하는 수단을 요구할 수 있다"고 하여 정부 제공의 행정·복지 서비스를 비롯하여

---

33) Unesco. 2023. ChatGPT and Artificial Intelligence in higher education Quick start guide. Unesco Education 2030, pp. 9-10.

34) 안순태·이하나·이유진, "고령층의 외로움, 온라인 사회관계망, 우울감의 관계에 미치는 디지털 리터러시의 조절된 조절 효과: 디지털 리터러시가 낮은 고령층을 위한 제언", 『방송통신연구』 2023년 겨울호, 한국방송학회, 2024. 1, 74-103면.

에너지·교통·수도 등 일상생활과 관련된 공공영역의 서비스에 대해서는 디지털 방식 외에도 전화나 대면 서비스 등 아날로그 방식으로 제공할 것을 요구할 수 있도록 하고 있다. 실제 우리나라 「지능정보화 기본법」은 2024. 3. 26. 법률 제20410호로 일부개정을 하면서 제46조의2를 신설함으로써[35] 무인정보단말기를 설치·운영하는 자는 무인정보단말기 이용을 보조할 수 있는 인력을 배치하는 등 장애인·고령자 등의 정보 접근 및 이용 편의를 증진하기 위한 조치를 해야 함을 규정하고, 이를 정당한 사유 없이 이행하지 않은 경우 시정명령을 할 수 있다고 하여 공공영역 서비스는 물론 사적영역 서비스 제공에 있어서도 디지털 대체 수단을 고려하도록 유도하고 있다.

(5) AI 워싱(AI Washing)에 대한 대처

디지털 환경에서 인공지능 기술이 각광받음에 따라 실제 인공지능과 무관하거나 제한적으로 인공지능을 적용하면서도 마치 혁신적으로 활용하는 것처럼 기업이나 제품을 홍보하는 행위를 'AI 워싱'이라고 하는데, 이는 기업들이 시장 경쟁 속에서 우위를 확보하거나 투자를 유치하고 소비자의 신뢰를 확보하기 위한 전략으로 나타나고 있다. 예를 들어 간단한 데이터 분석 도구를 활용하였음에도 'AI 기반 예측 모델'이라고 하거나 음성인식을 하는 정도로 제품의 본질과는 무관하게 보조적으로 인공지능 기술이 사용된 안마의자를 인공지능을 전면적으로 내세워 'AI 안마의자'로 광고하는 경우를 들 수 있다.[36]

---

35) 제46조의2(장애인·고령자 등의 무인정보단말기 이용 편의 제공) ① 무인정보단말기를 설치·운영하는 자는 무인정보단말기 이용을 보조할 수 있는 인력을 배치하거나 실시간 음성 안내서비스를 제공하는 등 장애인·고령자 등의 정보 접근 및 이용 편의를 증진하기 위한 조치를 하여야 한다.

② 과학기술정보통신부장관은 무인정보단말기를 설치·운영하는 자가 제1항의 조치를 정당한 사유 없이 이행하지 아니하는 경우 시정명령을 할 수 있다.

③ 과학기술정보통신부장관은 무인정보단말기에 대한 장애인·고령자 등의 정보 접근 및 이용 편의 보장 현황에 관한 실태조사를 정기적으로 실시하여야 한다.

④ 제1항에 따른 설치·운영자의 단계적 범위와 장애인·고령자 등의 정보 접근 및 이용 편의를 증진하기 위한 조치, 제2항에 따른 시정명령의 기간·방법·절차, 제3항에 따른 실태조사의 방법·절차 및 그 밖에 필요한 사항은 대통령령으로 정한다.

36) 김태형, "AI워싱: 소비자를 기만하는 인공지능 마케팅", 『소비자 정책동향』 제140호, 한국소비자원,

이와 같이 AI 워싱은 AI 제품 광고 시 허위·과장 광고가 되어 소비자에게 피해를 가져올 수 있기 때문에 미국의 연방거래위원회(Federal Trade Commission)에서는 2023. 2. AI 워싱에 대한 단속을 하면서 AI 제품에 대하여 과장하는 경우, 비(非) AI 제품보다 우수한 성능을 주장하는 경우, AI 제품의 위험과 영향을 판매자가 인식하여야 하고 AI가 지니는 편향성을 AI 기술 개발자에게 전가하여서는 안 된다는 것을 강조하였다.

이는 OECD AI 원칙이나 EU의 인공지능법에서도 행위자 혹은 이용자의 인공지능에 대한 설명 내지 고지의무로 구현되기도 한다. OECD의 AI 원칙에서 투명성과 책임 있는 공개를 보장하기 위해 AI 행위자가 AI 시스템과 관련하여 제공해야 하는 정보를 명확히 하여야 한다는 것으로 나타난다.[37]

우리나라에서는 인공지능법이 제정되지 않은 상태이고 현행 소비자기본법에서 인공지능이 활용된 제품의 규제를 설정해 두지 않고 있지만, 「디지털 권리장전」 제18조에서도 '디지털 위험은 적정한 조치가 이루어질 수 있는 수단과 절차를 통해 예방·관리되어야 하며, 그 위험에 관한 정보는 알기 쉽고 투명하게 공개되어야 한다.'고 하여 인공지능과 관련된 소비자에 대한 고지가 필요함을 확인할 수 있다.

IV. 나가며

인간이 인공지능과 공정한 경쟁을 하고, 인공지능을 활용한 각종 서비스에서 인간인 소비자가 보호되기 위하여 향후 다음과 같은 방향성이 요청된다.

인공지능이 인간의 일자리를 대체하는 비중이 점차 높아지고 있기 때문에 인간이 인공지능과의 공존을 위해 어떠한 인간의 능력 혹은 역량을 개발하여야 할 것인지를 숙고하여야 한다. 더불어 급변하는 디지털 환경에서 소비자로서 알 권리와 개인정보 자기결정권을 보호받기 위하여 인간은 AI 리터러시 등 인공지능 관련 교육이 필요

4-6면.

37) Recommendation of the Council on Artificial Intelligence, pp. 4-5.

하며 디지털 격차 해소와 함께 디지털 대체 수단도 강구해야 할 필요가 있다. 이에 인간은 디지털 리터러시 교육과 기술을 연마하여야 하고, 동시에 인공지능이 처리하기 어려운 영역을 탐색하여야 하는 국면에 놓이게 된 것이다. 예를 들어 기계학습을 통해 지식을 확장하는 현재의 인공지능은 절차와 방법이 정해진 상황에서는 인간보다 월등한 문제해결능력을 발휘하고 있으나, 창의적·정서적·총체적 판단이 강조되는 분야에서는 아직까지 일정한 수준에 도달하지 못하고 있어 인간에 비해 미흡하다는 평가를 받고 있다. 따라서 인류에게는 인공지능 활용을 위한 디지털 리터러시 교육이 필요하며, 동시에 창의성과 정서적 연대. 총체적 판단능력을 함양하기 위한 교육의 설계가 요청될 것이다.[38]

또한 인공지능을 활용하는 사업자 간 공정경쟁과 기술 지원을 위하여 디지털 시장에서 거대 기업과 신규 기업 간 공존할 수 있도록 독과점 현상을 규제하되 그 규제가 자칫 인공지능 사업을 포기하게 하는 결과를 가져오지 않도록 최소한의 합리적이고 적절한 정도로 이루어져야 할 것이다.

마지막으로 우리나라 「디지털 권리장전」이 '디지털 공동번영사회'를 목적으로 하고 있는 만큼 국가는 "디지털 혁신의 혜택을 사회 공동체가 함께 향유할 수 있도록 디지털 심화에 따른 경제적·사회적 불평등 완화를 비롯하여 사회 안전망 강화를 위한 조치"를 적극적으로 마련해야 할 것이다(제16조).

---

38) 송성주, "인공지능은 인간의 일자리를 얼마나 대체할 것인가—인공지능 시대의 기술과 노동에 관한 시론", 『코기토』 제96호, 부산대학교 인문학연구소, 2022. 2, 29-33면.

제4편

AI의 확산과 규범 변화

제16장

인공지능과 조세법 및 조세 행정의 변화

김영순
(인하대학교 법학전문대학원 교수)

I. 서 론

조세정책은 세금 징수를 통한 국가 재정의 확보뿐만 아니라 사람들의 행동에 영향을 미쳐 바람직한 방향으로 나아갈 수 있도록 지원하는 역할도 한다. 유럽의 인공지능규제법을 둘러싸고 정부 차원에서 인공지능 기술을 규제해야 할지 아니면 자율규제에 맡기고 정부는 기술 발전을 지원하는 정책을 펼쳐야 하는지에 대한 논의가 있다. 이런 논의는 과거에 새로운 기술이 개발될 때마다 있었던 논의이다. 하지만 인공지능 기술에 대한 인식이나 두려움은 과거의 기술과 조금 다른 면이 있다. 인공지능은 인간의 사고와 판단을 대체하는 막강한 힘을 지니고 있기 때문이다.

4차 산업혁명의 기술 중 인공지능 기술은 세무 행정에 크게 두 가지 큰 도전을 던지고 있다. 첫째는 인공지능 기술을 이용한 조세회피의 지능화 및 국제화이다. 인공지능 기술의 도움으로 각 나라의 세법을 손쉽게 접근할 수 있다는 점은 다른 한편으로는 세법의 허점을 손쉽게 파악할 수 있다는 것을 의미하기도 한다. 특히 디지털 경제에서는 세원을 다른 나라로 쉽게 옮길 수 있으므로 인공지능 기술을 활용하여 공격적 조세회피를 할 수 있다. 둘째는 과세당국이 인공지능 기술을 잘만 활용하여 세무조사를 효율적으로 하거나 납세자의 신고납부를 편하게 해 줄 수 있다는 점이다.

2019년에 우리나라 조세 전문가를 대상으로 4차 산업혁명으로 인한 조세의 영향 및 과제가 무엇인지를 면접 조사한 연구가 있다.[1] 전문가들은 새로운 경제형태의 출현(공유경제, 암호화폐, P2P 거래)에 따른 과세 문제와 교육, 디지털 플랫폼 기업의 적극적 조세회피와 디지털세 등 신규 과세 도입, 전통적 경제와 디지털경제 간에 그리고 국내 기업과 해외 기업 간에 과세 중립성 확보가 필요하다고 응답했다. 이 연구에서는 전문가들의 응답을 기초로 장기적 조세정책 방향을 네 가지 측면에서 제시하고 있다. 첫째, 디지털경제 고유의 특성에 따른 새로운 쟁점으로 '가치의 창출과 과세권 배분 불일치', '과세 중립성에 대한 요청'에 대한 정책적 대응 방안 마련이다. 둘째, 법인세 사각지대 발생과 다국적기업의 세원 잠식(BEPS) 문제에 정책적 대응 방안 마련이다. 셋째, 디지털 산업의 높은 경제적 파급효과를 고려하여 국가경쟁력 확보를 위한 조세 지원정책의 수립이다. 넷째, 디지털 거래의 투명성 확대, IT 기반 빅데이터 활용 등을 고려한 미래지향적 세무 행정 방안을 마련할 필요성이다.

이를 참고하여 아래에서는 인공지능 기술 발전을 위한 세제 지원, 인공지능 기술을 활용한 조세회피 행위에 대한 대응, 새로운 세원에 대한 대책, 인공지능 기술을 활용한 조세 행정의 변화 순으로 살펴본다.[2]

---

1) 류덕현, 『4차 산업혁명에 따른 조세환경 변화에 대비한 조세정책 방향』, 경제추격연구소, 2019.

2) 이하의 내용은 김영순, 『4차 산업혁명과 조세』, 경인문화사, 2023. "4차 산업혁명이 조세에 미치는 영향—신종 세원에 대한 입법과제를 중심으로", 『법학연구』 제25집 제4호, 인하대학교 법학연구소, 2022. "디지털경제에서 납세자의 성실신고 지원을 위한 세무행정 방향", 『법학연구』 제24집 제4호, 2021. "Robot Tax Controversy and How to Legislate a Robot Tax", Korea Legislation Research Institute Journal of Law and Legislation 제14권 제1호, 한국법제연구원, 2024.의 내용 중 일부를 발췌하여 수정·보완한 것이다.

II. 인공지능 기술 발전을 위한 세제 지원

1. 인공지능 연구개발을 위한 조세지원

국가는 특정 활동이나 산업을 발전시키기 위해 적극적으로 재정을 지원하거나 소극적으로 조세지출을 할 수 있다. 조세지출은 납세의무자의 조세 부담을 줄여 주는 조세특례 조치를 말한다. 조세특례 조치에 따라 국가의 세입이 감소한다. 조세지출의 방식으로 조세감면, 비과세, 소득공제, 세액공제, 우대세율적용 또는 과세이연 등이 있다(조세특례제한법 제142조의2 제1항).

4차 산업혁명 관련 연구개발 조세지원은 조특법의 '신성장동력 및 원천기술 연구·인력개발 비용 세액공제'가 대표적이다. 현재 신성장동력 및 원천기술은 조특법 시행령 [별표기에 규정되어 있는데, '지능정보' 분야에 인공지능 외에도 사물인터넷(IoT: Internet of Things), 클라우드(Cloud), 빅데이터(Big Data), 착용형 스마트기기, IT 융합, 블록체인, 양자컴퓨터, 스마트 물류가 있다. 인공지능에 해당하는 기술 분야는 〈표-1〉과 같다.

〈표-1〉 조특법 시행령 [별표7] 신성장·원천기술의 범위(제9조 제2항 관련)

신성장·원천기술	
1) 학습 및 추론 기술	다양한 기계학습 알고리즘(algorithm), 딥러닝(deep learning), 지식베이스(knowledge base) 구축, 지식추론 등 학습 알고리즘과 모델링(modeling) 조합을 통해 지능의 정확도와 속도를 향상시키는 소프트웨어 기술
2) 언어이해 기술	텍스트(text), 음성에서 언어를 인지·이해하고 사람처럼 응대할 수 있는 자연어 처리, 정보검색, 질의응답, 언어의미 이해, 형태소·구문 분석 등 언어 관련 소프트웨어 기술
3) 시각이해 기술	비디오(video), 이미지(image) 등에서 객체를 구분하고 움직임의 의미를 파악하기 위한 컴퓨터 비전(computer vision), 행동 인식, 내용기반 영상검색, 영상 이해, 영상 생성 등 사람의 시각지능을 모사한 소프트웨어 기술

4) 상황이해 기술	다양한 센서(sensor)를 통해 수집된 환경정보를 이해하거나, 대화 상대의 감정을 이해하고 주변상황과 연결한 자신의 상태를 이해하는 등 자신이 포함된 세계나 환경을 이해하여 적절한 행동을 결정짓는 소프트웨어 기술
5) 인지컴퓨팅 기술	저전력·고효율로 지능정보 학습을 수행할 수 있도록 컴퓨터 시스템 구조를 재설계하거나, 인공지능 알고리즘(algorithm) 처리가 용이하도록 초고성능 연산 플랫폼(platform)을 제공하는 컴퓨터 하드웨어 및 소프트웨어 기술

현행 조세특례제한법(이하 '조특법'이라 함)은 인공지능 기술을 포함한 신성장동력·원천기술 분야의 투자에 대해 다양한 세액공제 혜택을 규정하고 있다. 구체적인 세제 지원의 범위는 〈표-2〉와 같다. 대기업, 중견기업과 중소기업에 대한 감면 비율이 각기 다르다. 특히 신성장 및 원천기술의 연구인력개발비에 대한 세액공제가 비율이 가장 높다.

〈표-2〉 국내 연구개발 지원 세제의 내용

구분	지원 내용
국가전략기술[3] 연구개발비 (조특법 제10조)	당기 지출 비용의 최대 40%(중소기업) 또는 30%(대기업과 중견기업) 세액공제
신성장동력 및 원천기술 연구개발비(조특법 제10조)	당기 지출 비용의 최대 30%(중소기업) 또는 20%(대기업과 중견기업) 세액공제
일반 연구개발비 (조특법 제10조)	당기 지출한 개발비의 최대 25% (대기업 0~2%, 중견기업 8%, 중소기업 25%) 세액공제 또는 전년 대비 증가한 개발비의 최대 50%(대기업 25%, 중견기업 40%, 중소기업 50%) 세액공제
기술이전 및 기술취득 과세특례(조특법 제12조)	중소·중견기업의 자체 연구개발로 취득한 특허권 및 실용신안권 등을 내국인에게 이전한 경우 해당 소득의 법인세액 50% 감면, 중소기업이 자체 연구개발로 취득한 특허권 등을 대여하는 경우 25% 세액 감면

---

3) 국가전략기술은 반도체, 이차전지, 백신, 디스플레이, 수소, 미래형 이동수단, 바이오의약품 및 그 밖에 대통령령으로 정하는 분야와 관련된 기술로서 국가안보 차원의 전략적 중요성이 인정되고 국민경제 전반에 중대한 영향을 미치는 대통령령으로 정하는 기술을 말한다(조특법 제10조 제1항 제2호).

연구개발특구에 입주하는 첨단기술기업(조특법 제12조의2)	100% 또는 50% 소득세 및 법인세 감면
연구개발 설비투자 (조특법 제11조)	각종 시설투자 금액의 1%, 3%, 10% 기본공제 + 직전 3년 평균 투자액 초과분의 3% 추가공제 1) 신성장·원천기술 2% 우대, 국가전략기술 5~6% 우대 2) 국가전략기술 1% 우대
연구개발 출연금 (조특법 제10조의2)	출연받은 금액을 과세연도 소득금액에서 익금불산입
기업부설연구소용 부동산 지방세 감면 (지방세특례제한법 제46조)	취득세 감면(대기업 및 중견기업 35%, 중소기업 60%), 재산세 감면(대기업 및 중견기업 35%, 중소기업 50%)

2. 기술 인력 육성을 위한 조세지원

연구인력 개발의 핵심은 사람이라고 할 수 있다. 기술 인력 육성을 위해서는 인건비 등 필요경비에 대한 세제상 혜택이 필요하다. 인공지능 연구개발 종사자에게 지급된 인건비를 공제 및 감면 대상 연구개발비로 인정해 줄지가 기업 입장에서는 인력 채용 의사결정에 중요한 요소가 되기 때문이다. 물론 기존에도 기업연구소에 대한 세제 지원은 있었지만, 일정 규모의 독립된 연구시설이 있어야 하는 등 인적·물적 요건을 엄격하게 충족해야 한다.

영국은 핵심기술 분야에서 인재를 육성하는 것을 정책적으로 장려하고 있다. 2017년과 2018년에 인재 육성을 포함한 인공지능 정책을 수립하였다. 인재 육성 정책은 고급 인재 확보를 위한 교육프로그램 개발 및 박사과정 개설, 혁신 기술 훈련센터 장학금 지급 및 교육 집중 훈련자금 투자 등을 내용으로 한다.

이는 우리나라에도 시사하는 바가 크다고 할 것이다. 기업에서 인공지능 교육에 사용하는 비용의 세액공제, 산학협력 프로젝트 비용의 세액공제, 인공지능 전문 인력을 신규 채용하는 기업에 대한 일정 기간 세금 감면, 해외 우수 인재 유치에 인센티브 제공 등 다양한 세제 혜택을 검토할 수 있다.

3. 무형자산 이익에 대한 세제 지원

인공지능 기술개발과 보급을 위해서는 특허권이나 라이선스, 소프트웨어 등의 권리를 법상 또는 사실상 누가 소유하고 있는지가 중요하다. 한편으로 무형자산을 획득하기 위해서는 장기간 큰 비용과 노력이 필요하므로 연구개발을 장려하는 지속적인 정책이 필요하다.

유럽 국가를 중심으로 연구개발 활동을 통한 특허 및 기술이전을 촉진하기 위한 조세지원이 증가하고 있다. 대표적인 조세지원 중 하나가 특허박스(Patent Box) 제도이다. 이는 기업의 총수익 중 특허권 등에서 발생하는 수익에 대하여 비과세 또는 저세율로 과세하는 조세지원 제도이다. 현재 영국, 네덜란드, 벨기에 등 유럽 주요국과 중국에서 운영하고 있다.

특허박스 제도를 도입하면 연구개발 성과로 발생한 수익에 대해 기업의 세후수익률이 높아진다. 따라서 기업의 기술개발 등을 유인하는 정책적 효과가 있다. 또한 다국적기업이 국내에 투자하는 것을 촉진하는 긍정적인 효과도 있다. 다만, 중소기업에 비해 사업화 역량이 큰 대기업에 혜택이 집중될 가능성이 있다는 점에서 비판적인 견해도 있다.[4] OECD는 특허박스 제도를 유해한 조세제도로 보지는 않지만, 조세회피에 대한 우려를 표하고 있다. 우리나라는 아직 특허박스 제도를 도입하지 않고 있다. 향후 조세회피를 방지하면서도 실질적으로 위험을 부담한 연구개발 투자에 대해 세제 혜택을 제공하는 것을 검토할 필요가 있다.

4. 조세지출에 대한 불확실성 해소 방안

조특법상 각종 세제 혜택이 규정되어 있다고 하더라도 해당 기업에서 연구개발 투자나 인력을 채용할 때 향후 세제 혜택이 부여될 수 있는지가 확실치 않으면 기업은 의사결정을 하기가 쉽지 않다. 연구·인력개발비 세액공제를 받으려면 다른 세액

---

4) 문은희, "특허박스제도 도입 관련 입법과제", 『현안분석』 vol. 17, 국회입법조사처, 2018.

공제·감면과 달리 형식적 요건(연구 공간 및 인력 등)뿐만 아니라 실질적 요건(연구·인력개발 활동 수행)까지 충족해야 한다. 하지만 사업자와 세무 당국 간에 견해 차이가 상당히 있으므로 사후에 세액공제를 부인당하고 가산세까지 추징되는 경우가 빈번하게 발생한다.

이에 조특법 시행령 제9조 제17항에서는 연구·인력개발비 세액공제 사전심사제도를 규정하고 있다. 내국법인과 거주자는 과세표준 신고 전까지 연구·인력개발에 지출한 비용, 지출 예정인 비용 등에 대해 세액공제가 가능한지에 대해 국세청에 심사청구를 할 수 있다. 그런데 이는 어디까지나 과세관청의 자문에 불과하다. 과세관청의 의견에 기속력이 없으므로 나중에 세액공제가 부인될 수도 있다. 다만, 신청인이 심사결과 통지를 신뢰하고, 통지내용에 따라 조특법에 규정된 연구·인력개발비 세액공제를 신청한 경우에는 과세신고가산세를 부과하지 않고, 신고내용 확인 및 감면법인 사후관리 대상에서 제외한다. 이는 과세관청의 견해를 신뢰한 납세자를 보호하기 위한 것이므로 심사과정에서 부정확한 서류를 제출하거나, 사실관계의 변경·누락 및 탈루혐의가 있는 경우에는 혜택을 부여하지 않는다(연구·인력개발비 세액공제 사전심사 사무처리규정 제16조).

또한 법인세 공제·감면 컨설팅 제도를 활용할 수 있다. 이는 조특법상 세액공제 또는 세액감면을 적용받으려는 중소기업이 특정한 거래 또는 행위에 대해 세액공제 또는 세액감면의 적용 가능 여부, 공제세액 또는 감면세액의 계산, 제출서류, 절차 등을 자문하는 경우 관할 지방국세청장이 서면으로 답변하는 등 납세서비스를 제공함으로써 세액공제 또는 세액감면에 대한 불확실성을 사전에 해소하여 중소기업의 성장을 지원하는 제도이다(법인세 공제·감면 컨설팅 사무처리규정 제2조 제1호). 기존에 중소기업 세무컨설팅으로 운영하던 제도를 2023년 3월에 신청대상의 수입금액 기준을 폐지하고 모든 중소기업인 법인사업자가 신청할 수 있도록 개정하였다. 법적 효과는 세액공제 사전심사 제도와 동일하다. 신청법인이 답변을 신뢰하고 답변내용에 따라 거래 및 행위를 이행하거나 조특법에 따른 세액공제 또는 세액감면을 신청한 경우, 과소신고가산세를 부과하지 않고 신고내용 확인 및 감면법인 사후관리 대상에서 제외한다(사무처리규정 제16조).

위 제도들은 납세자가 과세관청의 과세 여부에 대한 확답을 미리 받아서 불확실성이 해소된 상태에서 의사결정을 할 수 있도록 도움을 주고자 하는 취지이다. 이는 일종의 행정청의 공적 견해 표명이라고 할 수 있다. 그런데 과세관청의 공적 견해 표명을 신뢰하고 행동한 납세자에게 과소신고가산세 감면 정도의 혜택만 부여하고 있다. 납세자가 구체적인 거래관계와 서류를 제시하고 과세관청이 실질적으로 검토한 후 견해 표명을 하였다면, 기속력을 인정하는 것이 필요하다. 장래에 세무조사를 받을 때 과세관청이 종전 견해를 번복하여 세액공제나 감면 혜택을 부인하는 것은 법치행정의 측면에서도 타당하지 않다고 본다.

III. 조세회피 행위에 대한 대응

1. 조세회피 양상의 변화와 BEPS 프로젝트

조세회피란 일반적이지 않은 법형식을 선택하여 과세를 회피하면서, 실질적으로 일반적인 법형식을 선택한 경우와 같은 경제적 효과를 얻는 것을 말한다. 조세회피는 탈세와 절세의 중간지대라고 할 수 있다.

다국적 기업의 조세회피 중에 최근에는 다국적 플랫폼 기업의 세원 잠식과 소득 이전(Base Erosion and Profit Shifting: BEPS)이 큰 문제로 떠올랐다. 다국적기업이 조세피난처, 국가 간의 세법 차이, 조세조약의 미비 등을 이용하여 저세율 국가로 소득을 이전하여 과세 기반을 잠식하는 행위를 BEPS라고 한다. 구체적인 조세회피 유형으로 도관회사(Conduit Company) 이용, 소득의 분류 조정, 고정사업장 우회 등을 들 수 있다. 특히 디지털 플랫폼 기업은 서버를 전 세계 어디에나 둘 수 있으므로 저세율 국가에 고정사업장을 두거나, 저세율 국가의 모회사에 지식재산권을 이전하여 소득을 유보(keeping)하는 방법으로 조세를 회피할 수 있다. OECD는 BEPS로 인해 전 세계적으로 연간 1,000억 달러에서 2,400억 달러의 법인세 손실이 발생하고 있다고 추산한다.

이에 대한 대응으로 2012년 6월 G20 정상회의에서 BEPS 방지 프로젝트 추진을 의결하였다. 그 후 OECD는 2013년 7월 BEPS 방지 프로젝트 세부 과제를 발표하고, 2014년 9월에 일부 과제에 대한 중간보고서를 발표하였다. 2015년에 15개 액션 플랜에 대한 최종보고서를 작성하여 G20에 제출하여 승인받았다. BEPS의 최소기준을 이행하기 위해 2016년 2월에 G20/OECD 포괄체계(G20/OECD Inclusive Framework: IF)를 만들었다. 현재는 OECD 회원국뿐만 아니라 비회원국도 광범위하게 BEPS 프로젝트에 참여하고 있다. 2019년 3월 기준으로 우리나라를 포함하여 총 129개국이 BEPS 프로젝트에 참여하고 있다.

〈표-3〉 BEPS 액션 플랜의 내용

액션 플랜	주요 내용
① 디지털 경제에서 조세 문제 해결	디지털 경제의 사업 특성, 조세 문제 해결 방안 논의
② 혼성 불일치 거래 효과의 해소 ※공통접근[5]	국가 간 과세 취급이 다른 혼성 불일치 거래로 인한 이중공제 등의 문제에 대한 해결책
③ 특정외국법인의 유보소득 과세 제도 강화	저세율 국가에 소득을 이전·유보하는 조세회피를 막기 위해 CFC 제도를 강화
④ 금융비용 공제 제한 ※공통접근	과도한 금융비용 공제로 인한 세원 잠식 문제 대응
⑤ 유해 조세제도에 대한 대응 ※최소기준	조세특례 제도가 경쟁적 조세 감면이 되어 세원을 잠식하는 것을 방지. 투명성 제고. 참여국 간 조세특례 제도 관련 정보교환
⑥ 조세조약 남용 방지 ※최소기준	조세조약을 남용한 조세회피 방지

5) OECD는 액션별로 이행 의무 수준에 차이를 두고 있다. '최소기준(Minimum Standard)'과 '기존기준 수정(Revision of Existing Standard)'에 해당하는 항목은 참여국이 이행해야 할 의무가 강제된다. 최소기준에 해당하는 항목은 유해 조세 방지, 조세조약 남용 방지, 국가별보고서 도입, 효과적 분쟁 해결이다. '공통접근(Common Approach)'은 이행 강제력은 약하지만 강한 이행의 권고이다. 향후 최소기준으로 발전할 가능성이 있는 과제이다. 여기에는 혼성 불일치 대응 방안, 금융비용 공제 제한 항목이 있다. '모범 관행(Best Practices)'은 강제력이 가장 약하여 각국 사정에 따라 선택적으로 도입할 수 있다.

⑦ 고정사업장 구성의 인위적 회피 방지 ※기존기준 수정	고정사업장을 이용한 조세회피 방지
⑧~⑩ 이전가격세제 강화 ※기존기준 수정	무형자산 이전, 위험과 자본의 이전, 기타 고위험 거래 관련된 이전가격세제 수정지침
⑪ BEPS 자료 수집 및 분석안 개발	BEPS 규모 추정 보고 및 연구 지속
⑫ 공격적 조세회피에 대한 강제적 보고제도	공격적 조세회피 거래에 대한 납세자 등의 보고의무 강화
⑬ 이전가격 문서화 ※국가별보고서: 최소기준	이전가격과 관련한 기업의 통합보고서, 개별기업보고서, 국가별보고서 등 문서 제출과 정보교환
⑭ 효과적 분쟁 해결 ※최소기준 ※강제중재: 공통접근	상호합의절차 등 개선, 상호합의 지연 시 강제중재
⑮ 다자간 협약 개발	다자간 협약의 가능성 연구

※ 한국조세재정연구원, BEPS 대응지원센터 자료 참조(https://www.kipf.re.kr/beps/index.do)

2. 조세회피 조력자로서 인공지능의 책임

각 국가는 납세자의 사전적인 조세회피 전략을 알기 어렵고 조세회피 결과(즉, 조세 감면 또는 비과세)가 발생했을 때 비로소 조약의 혜택을 부인하는 등의 조치를 취할 수 있다. 이에 OECD는 BEPS 프로젝트에서 각국이 국내세법상 조세회피방지 규정을 정비하고, 납세자나 조력자가 조세회피 가능성 있는 거래를 과세당국에게 의무적으로 신고하도로 하는 조세회피거래 사전신고제도(mandatory disclosure rules) 도입을 권고하고 있다. 이에 따르면 신고의무자는 납세의무자 및 조력자(promoter)이며, 신고대상으로는 일반적 징표와 개별적 징표 중 각국이 적절하게 혼합하여 규정할 수 있다. 일반적 징표는 조세혜택을 받는 금융상품, 전문조력자의 세무컨설팅을 받은 거래에 대한 비밀유지의무 또는 할증수수료와 같이 조세회피전략의 일반적 특징을 기준으로 신고대상을 설정한다. 개별적 징표는 과세당국이 고시한 조세회피 위험 거래 등 조세회피 혐의가 있는 거래가 신고대상이다. 조세회피거래 사전신고제도를 도입한 국가로는 영국, 미국, 아일랜드, 포르투갈, 캐나다, 남아프리카공화국 등이 있다. 예를 들어, 캐나다는 1989년부터 'Tax shelter legislation'을 통해 공격적 조세회피에 대한 납세자의 자기정보 보고를 제도화했다. 거래에서 발생하는 조세혜택이 거래의 순비용보다 큰 증여나 자산취득 거래를 대상으로 한다. 이런 거래를 고안, 판매 또는 관련 조언을 제공하고 대가를 받는 조력자 또는 판매자는 관련 거래 참여자, 거래내용 등을 정해진 서식에 기재해 과세관청에 'Tax Shelter Identification Number'를 신청하도록 의무화하고 있다. 판매자가 ID 번호를 받지 않고 상품을 판매하거나 신청서에 잘못된 정보를 기재할 경우 500캐나다달러 또는 대가의 25%를 벌과금으로 부과한다. 신청서를 제출하지 않은 경우 100캐나다달러에 하루 25캐나다달러를 가산한 금액을 벌과금으로 징수하며, 보고되지 않은 Tax Shelter 거래에 대해서는 관련된 조세혜택이 부인된다.[6]

대부분 국가에서는 조력자만 신고의무를 부담하지만, 납세자가 자체 개발하거나 조력자가 해외에 있는 경우 등에는 납세자도 신고의무를 부담한다. 여기서 조력자란 신고대상거래를 조직하거나 관리, 조장, 판매, 실행, 수행하는 데 있어 실질적인 도움을 주거나 조언 또는 자문을 한 자이다.

현재 인공지능은 빅데이터를 학습하여 세무 전문가들이 세금 신고나 조세전략을 세우는 데 도움을 주고 있다. 조세회피 전략을 세울 때 세무 전문가를 보조하는 수준이라서 신고의무나 과태료 등의 부과책임은 인간인 세무 전문가에게 있다. 그러나 앞으로 더 많은 학습을 하고 기술 혁신이 이루어진다면 세무 전문가들을 뛰어넘는 수준까지 이를 수 있을 것이다. 세무 전문가의 적극적인 개입 없이 인공지능이 조세회피 전략을 자문하게 된다면 인공지능의 책임 문제가 대두될 수 있다. 이미 민법의 불법행위 영역에서 인공지능의 책임 문제가 논의되고 있다. 인공지능에 독립된 전자인격을 부여할 수 있다면 책임능력을 갖게 되고 세법상으로도 신고나 보고의무를 이행할 수 있게 될 것이다.

---

6) 오윤·임동원, "조세회피거래 사전신고제도 도입에 관한 연구", 『조세학술논집』 제35집 제1호, 한국국제조세협회, 2019, 11면 이하.

3. 정보공유 및 국제 협력의 필요

이제 조세회피의 양상은 국제화되었다. 어느 한 국가가 가진 정보만으로 조세회피 행위를 효율적으로 방지할 수 없다. 국가와 국가 간에, 국가 내에서도 정부 부처 간에, 그리고 사기업을 통한 정보 수집까지 요구된다.

국가 간 정보교환은 점점 확대되고 있다. 자본의 국제적 이동과 파생금융상품의 출현, 거주자의 해외 이주 등으로 국가 간에 정보교환이 더 많이 필요해졌다. 우리나라는 2020년 2월 현재 12개의 조세피난처와 조세 정보 교환협정을 체결하여 거주자의 정보를 요청하고 있다. 2020년 현재 총 102개국이 가입하고 있는 다자간 금융정보 자동 교환협정(CAA)에도 가입하여 금융정보를 교환하고 있다.

국가 내에서도 정부 부처들은 업무처리 과정에서 개인정보를 수집·관리하고 있다. 행정의 효율성을 확보하기 위해서는 정부 부처가 관련 정보를 공유하는 것이 필요하다. 국세청은 그동안 과세자료를 수집하는 통로를 꾸준히 넓혀 왔다. 하지만 아직 각 기관 간에 이해관계 및 개인정보보호 등으로 제한이 존재한다. 특히 각 지방자치단체의 과세정보와 국세청의 과세정보를 공유하고 연동시켜서 모순되는 세무 행정을 방지하고 납세자의 조세회피를 막을 필요가 있다.

4차 산업혁명 시대에 디지털화의 중심에는 디지털 플랫폼 기업이 있다. 빅데이터를 구축하기 위해서 국세청은 디지털 플랫폼 기업으로부터 불특정 납세자들의 거래 정보를 일괄적으로 수집하는 것이 효율적이다. 특히 국외에 서버를 두고 있는 외국법인인 디지털 플랫폼 사업자들에게 불특정 납세자의 거래 정보를 요청할 수 있는 시스템이 필요하다. IMF는 플랫폼 사업자가 국세청에 거래 정보를 직접 제출하거나 디지털 플랫폼 사업자가 대금을 지급할 때 세금을 원천징수하고 국세청에 납부하는 방안을 제안한다.[7] 미국 국세청은 개인의 신용카드 사용내역 및 전자상거래 내역을 금융

---

7) Aquib Aslam and Alpa Shah, "Taxation and the Peer-to-Peer Economy", IMF Working Paper, IMF, 2017.

회사, 온라인플랫폼 등 제3자로부터 제공받아 해당 세무신고 내역과 대조하고 있다.[8] 프랑스는 전자상거래 플랫폼 기업으로부터 각 거래에 대한 정보를 국세청에 제공하도록 하였으며 위반 시 미신고 금액의 5%의 벌금을 부과하는 내용으로 탈세방지법(Anti Fraud Act)을 개정하였다. 디지털 플랫폼 기업을 통해 거래 정보를 적절히 확보하는 것이 필요하다.

IV. 새로운 세원(稅源)에 대한 대응

경제의 디지털화가 가속화되면서 디지털 플랫폼을 기반으로 한 다국적기업의 법인세 회피가 큰 이슈로 떠올랐다. 기존의 법인세나 국세조세 체계로는 대응할 수 없는 문제들이 발생한 것이다. 고정사업장을 어디로 볼 것인지, 국가 간에 과세권을 어떻게 배분해야 하는지 등이 문제 된다. 이에 대해 현재 OECD에서 디지털세에 대한 합의안이 도출되었다. 또한 인공지능의 학습을 위해서 수많은 데이터가 필요하다. 원데이터는 누군가의 소유이므로 데이터 사용에 대한 대가로 데이터세나 데이터 배당세 등이 논의되고 있다. 그리고 인공지능 로봇의 출현으로 실업이 발생하고 빈부격차가 심해지는 사회적 문제에 대응하기 위해 로봇세에 대한 논의도 이루어지고 있다. 새로운 유형의 경제적 실체에 대해 과세하기 위해서는 소득 유형의 결정, 과세 형평성, 국제적 과세 기준과 조화, 이중과세 문제 등을 해결해야 한다.

1. 디지털세

2018년 EU 집행위원회는 전통적인 분야에서 사업을 영위하는 기업의 법인세 실효세율이 23.2%인 데 비해, 디지털 분야에서 사업을 영위하는 기업의 실효세율은 9.5%에 불과하다고 분석했다. 국제적 자본 이동의 증가와 조세회피 전략의 확대 등

---

8) Aggarwal, Anil, "Managing Big Data Integration in the Public Sector", 2015, p. 279.

으로 법인세 유효세율이 점점 하락하고 있다.[9] 우리나라에서도 구글, 애플, 페이스북 등 다국적 IT 기업이 국내에서 수조 원의 매출을 올리면서도 법인세 등을 거의 내지 않는 상황이 발생하고 있다. 다국적 IT 기업의 국내 수익은 정확히 알 수는 없지만 대략 2018년 기준으로 구글은 4조 2천억 원에서 6조 4천억 원, 페이스북은 4,039억 원, 에어비앤비는 355억 원, 네플릭스는 2,612억 원으로 추정한다.[10]

디지털 플랫폼 기업은 물리적 고정사업장 없이도 충분히 수익을 실현할 수 있으므로 원천지국의 과세를 회피할 수 있다. 또한 저세율 국가에 도관회사를 설립하고 그 회사에 무형자산의 소유권을 귀속시켜 거주지국의 과세를 회피할 수 있다. 한편, 데이터와 사용자의 참여 등이 중요하고 이들과 지식재산권 사이의 시너지 효과가 발생하는 특징을 가지고 있으므로[11] 콘텐츠 소비지국에서 과세권을 주장할 여지가 있다. 그런데 전통적인 국제조세법의 고정사업장(Permenent Establishment) 개념으로는 국외법인인 디지털 플랫폼 기업의 수익에 대해 정당한 과세권을 행사할 수 없다.

디지털경제에 관한 조세 문제는 BEPS 액션 플랜의 첫째 과세인만큼 그 중요도가 높다. 하지만 국제 합의를 끌어내기 어려워 2015년 OECD 최종보고서에는 특별한 권고사항을 제시하지 않았고, 2020년에 추가로 보고서를 발표한다는 언급만 있었다. 합의가 이루어지기 전에 영국이나 호주, 인도 등은 개별적인 입법으로 대응하였다. 이후 2017년부터 유럽 국가들 사이에 다시 본격적으로 논의가 시작되었다. OECD는 2018년 3월 중간보고서를 발표하고, TF를 구성하였다. 그리고 2019년에 파리에서 대규모 공청회를 개최하고 세부 작업계획을 만들었다. 드디어 OECD는 2021. 10. 8. 제 13차 IF 총회에서 Pillar 1, Pillar 2 최종합의문 및 시행계획을 논의하고 이를 대외에 공개하였다. 2021. 12. 20. 141개국이 참여한 IF는 Pillar 2 글로벌 최저한세(GloBE규칙) 모델규정을 공개하고, 2022. 3. 14. Pillar 2 시행을 위한 주석서(commentary)를 대외에 공개하였다.

---

9) Petr Janský, "International Corporate Tax Avoidance", 2017.

10) 김빛마로, 이경근, 『디지털 플랫폼 경제의 조세쟁점과 과세방안 연구』, 한국조세재정연구원, 2019. 76면.

11) OECD, Tax Challenges Arising from Digitalization-Interim Report, 2018.

Pillar 1 (새로운 이익 배분 기준)

이는 디지털 기업이 전 세계적으로 창출한 이익을 국가 간에 배분하는 방식이다. 해당 국가에 고정사업장이 있는지를 묻지 않고 주로 시장 소재지 내의 매출 등에 연계하여 과세권을 인정한다. 각 국가(시장)에 배부될 소득은 Amount A, Amount B, Amount C로 구성된다. 기존의 국제조세 패러다임과 가장 크게 다른 점은 Amount A 이다. 전 세계 총매출액에서 매출원가와 영업비용 등 손금을 공제하면 글로벌 이익이 나오고, 여기서 대상사업 매출액을 구분한다. 글로벌 이익에서 대상사업의 수익률을 고려하여 통상이익을 제거하면 초과 이익이 나온다. 초과 이익 중에서 시장기여분(현재 25%로 합의됨)에 해당하는 배분 금액이 바로 Amount A이다. 이 금액을 국가별 매출액 비중 등에 따라 관련 국가에 배분한다. 각국 과세당국은 현지에 고정사업장이 있는지와 상관없이 배분된 소득에 대해 과세권을 갖게 된다.

〈그림-1〉 Pillar 1에 따른 이익 배분

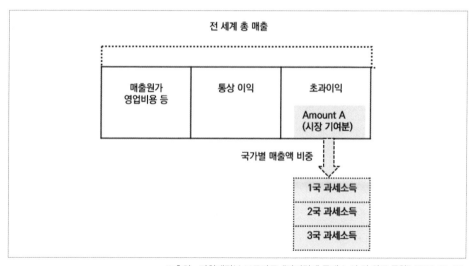

※출처 : 기획재정부 보도자료, "디지털세 국제 논의 및 최근 동향", 2019. 10. 30.

OECD는 2023. 10. 11일 디지털세 Pillar 1 다자조약문(Multilateral Convention)과 이에 대한 해석지침(Explanatory Statement)을 공개하였다. 이에 따르면 연결매출액 200억 유로(약 30조 원) 및 이익률 10% 이상인 글로벌 다국적기업이 적용대상이다. 그리고 해당 관할권 내 매출액이 100만 유로(약 14억 원) 이상인 국가나 지역에 과세 연계점이 형성된다. Pillar 1이 시행되면 기존에 디지털서비스세 및 유사 과세는 폐지하며 향후에도 도입하지 않기로 합의하였다. Amount A 적용대상 기업의 60%를 넘게 보유한 30개국 이상이 다자조약을 비준한 후 해당국 간 논의를 통해 발효일을 결정하기로 하였다. 발효일에서 6개월 지난 날 이후 가장 빠른 시점의 1월 1일부터 Pillar 1의 Amount A를 시행한다.

또한 OECD는 2024. 2. 19. Amount B에 대한 보고서를 발표하고 그 내용을 이전가격지침에 반영하였다. 이는 기본 마케팅 및 유통 활동에 적용되는 이전가격 관련 규정을 간소화한 내용이다.

Pillar 2 (글로벌 최저한세)

세율이 높은 거주지국의 모회사가 세율이 낮은 원천지국에 자회사를 설립하여, 자회사에 소득을 유보하거나 자회사에 비용을 과다하게 지급하여 모회사의 소득을 숨이는 행위기 늘고 있다. 국세 사회는 모회사 거주지국의 과세권을 확보하고, 원천지국의 과세권을 강화하기 위해 글로벌 최저한세를 도입하는 것을 합의하였다. Pillar 2에서는 4가지 규칙을 선정하였다. 소득산입 규칙(Income Inclusion Rule: IIR)과 과세권 전환 규칙(Switch-Over Rule: SOR), 세원잠식 비용 공제 부인 규칙(Undertaxed Payment Rule: UTPR), 조세조약 혜택 배제 규칙(Subject To Tax Rule: STTR)이다. 모델규정에서는 특정 관할국에서의 실효세율이 최저한세율에 미달하였을 경우, '소득산입규칙' 및 '비용공제부인규칙'의 작동 원리를 규정하였다. 이 중에서 소득산입 규칙은 해외 자회사의 소득이 최소 실효세율 미만으로 과세되는 경우 최저한 세율까지의 소득을 모회사의 과세소득에 포함하여 과세하는 것이다. 업종 및 소득의 종류를 불문한다. 세원잠식 비용 공제 부인 규칙(UTPR)은 국외 특수관계자에게 지급한 금액이 그 특수관계자의 소재지국에서 비과세 또는 저율로 과세한다면, 지급지국에서 비용 공제를 부인할 수 있다는 내용이다. 즉, 모회사의 거주지국이 IIR을 도입하지 않고 있을 때도 최저한세율 적용 효과를 보장하기 위한 보완적 규칙이다.

OECD에서 합의된 내용을 정리하면, 연결 매출액 7억 5천만 유로(1조 원) 이상인

다국적기업이 적용대상이다. 국가별로 계산한 실효세율을 기준으로 최저한 세율에 미달하는 만큼 추가세액을 부과한다. 최저한 세율은 15%로 합의되었다. 다만, 실질 사업 활동 지표(유형자산 순장부가치 및 급여비용)에 고정률(5%)을 적용하여 Pillar 2의 과세표준에서 공제한다. 해외진출 초기 기업에 대해서는 5년간 비용공제 부인규칙을 적용하지 않는다.

우리나라는 2022년 말에 Pillar 2의 내용인 글로벌 최저한세 규정을 국제조세조정에 관한 법률에 도입하였다. 정부는 우리나라의 과세권을 확보하기 위해서라고 밝히고 있다. 2024. 1. 1. 이후 개시하는 사업연도분부터 시행되었다. 자세한 내용은 국제적으로 합의된 바와 같다.

2. 인공지능 로봇세

전통적으로 로봇이라고 하면 4개의 축으로 움직이는 기계 정도에 불과하였지만, 현재는 인공지능을 탑재한 지능형 로봇이 등장하고 있다. 유럽의회는 지능형 로봇(smart robot)을 ① 센서를 통하거나 주변 환경과 자료 교환 및 분석을 통한 자율성의 확보 ② 경험이나 상호 작용을 통한 자기 학습(self-learning) 능력 보유(선택적 기준) ③ 최소한의 물리적인 형태 ④ 주변 환경에 대한 적응 행동 가능 ⑤ 생물학적 의미에서의 무생명이라는 요소를 가지고 있는 것으로 정의하고 있다. 즉, 지능형 로봇은 인공지능에 기반한 충분한 자율성을 가진 기계로서 상호반응이 가능하고 자가 학습 능력을 보유하였으며 독자적인 판단과 결정을 내릴 수 있는 기계라고 할 수 있다.[12] 정부는 휴먼케어 로봇, 무인 경비 로봇, 로봇 손 조작, 물품조립 로봇 등에 필요한 인공지능 기술, 이미 개발 중인 로봇지능(촉각 지능, 공간지능, 소셜 지능 등)과 범용 인공지능(언어지능, 시각 지능, 청각 지능)을 클라우드 기반의 복합 인공지능 기술 및 개인 맞춤형 서비스로 제공하는 것을 목표로 하고 있다.

로봇세가 논의되는 이유는 인공지능 로봇의 출현으로 인한 일자리 감소와 그

---

12) 홍범교, 『기술발전과 미래 조세체계－로봇세를 중심으로』, 한국조세재정연구원, 2018, 61면.

에 따른 세수 감소에 대한 우려 때문이다. 기술의 진보와 노동시장은 상호 복합적으로 영향을 미쳐 왔다. 국내 연구에 따르면 4차 산업 혁명으로 우리나라 전체 일자리의 43~57%가 고용 대체 가능성이 큰 고위험군에 속하는 것으로 분석한다.[13] 그러나 낙관적인 견해도 존재한다. McKinsey Global Institute에 따르면 60%의 직종이 적어도 30% 이상 자동화할 수 있는 직무들로 구성되어 있지만, 완전히 자동화될 수 있는 직종은 5% 미만이라고 한다. 아직은 단언하기 어렵지만, 확실한 것은 인공지능 로봇의 출현으로 필연적으로 직무 형태가 변할 것이고 일자리를 잃는 사람이 생길 것이라는 점이다. 특히 인공지능 기술이 과거의 기술과 달리 인간의 판단과 결정을 대신하므로 사무·행정 및 전문직의 일자리까지 위태로워질 수 있다. 이런 사회적 변화에 대응하기 위해 핀란드는 2017. 1. 1.부터 2018. 12. 31.까지 2년간 실업수당을 받는 사람 중 무작위로 2천 명을 선발해서 매달 560유로의 기본소득을 지급하고 이들의 행동을 관찰하는 실험을 하였다.[14] 기본소득은 모든 국민이 최소한의 인간다운 생활을 할 수 있도록 재산이나 소득, 근로 여부에 상관없이 정부가 국민 모두에게 똑같이 지급하는 것이다.[15]

지능형 로봇으로 인해 대량실업이 발생하면 근로자의 최저생활을 보장하고 실직자의 취업 준비가 가능하도록 국가의 적극적인 재정 지원이 필요해진다. 기본소득 제도로 인하여 발생하는 재정 지출을 감당하기 위해 새로운 세원으로 로봇세 논의가 시작되었다. 2015년 EU는 기술 발전을 저해하지 않는 로봇과 인공지능의 법적·윤리적 함의와 영향에 대하여 검토하여 그 결과를 보고서로 제출하였다. 보고서 초안에서는 로봇의 사용으로 인한 실업의 가능성을 언급하면서 세금 및 사회보장 부담금의 도입과 함께 기본소득 제도가 심도 있게 고려되어야 한다고 제안하였다.[16] 그러나 경쟁과

---

13) 김세움, 『기술진보에 따른 노동시장 변화와 대응』, 한국노동연구원, 2015.

14) 홍범교, 위 보고서, 26면.

15) https://basicincome.org/about-basic-income/

16) European Parliament, Committee on Legal Affairs: DRAFT REPORT with recommendations to the Commission on Civil Law Rules on Robotics(2015/2103(INL))

(https://www.europarl.europa.eu/doceo/document/JURI-PR-582443_EN.pdf)

"Bearing in mind the effects that the development and deployment of robotics and AI might have on

고용에 부정적인 영향을 미칠 것이라는 우려 때문에 최종결의문에는 로봇세를 포함하지 않았다.[17] 이어 빌 게이츠가 로봇 때문에 일자리를 잃게 되는 노동자를 위하여 로봇의 사용에 대하여 로봇세를 부과하자는 인터뷰를 하면서 로봇세에 관한 관심이 고조되기 시작했다.[18]

현재 로봇세 도입에 대해 찬반 논쟁이 뜨겁다. 찬성하는 견해는 자동화 설비나 인공지능 로봇이 일자리 감소를 일으키게 되므로 원인자에게 세금을 부과해서 문제를 해결해야 한다고 주장한다. 또한 조세 중립성 측면에서 로봇세를 찬성하기도 한다. 기업으로서는 인간 노동자보다 로봇을 사용할 때 여러 비용(예를 들어, 4대 보험료, 퇴직금, 임금 교섭 등)을 줄이면서 생산성을 향상시킬 수 있으므로 로봇을 선호하게 되고, 로봇은 자본으로 분류되어 세제 혜택을 받으므로 로봇세를 부과하여 로봇에 대한 선호를 줄이도록 만들어야 한다는 것이다. 한편, 반대하는 견해는 근본적으로 로봇 활용으로 인해 대량 실업이 발생할지에 대해 의문을 제기한다. 또한 로봇세를 부과하면 로봇 산업에 대한 투자를 많이 하지 않게 되어 오히려 초기 로봇 산업이 위축될 수 있다고 본다. 로봇세를 부과하면 소비자나 근로자에게 조세부담이 전가되어 고용이 위축되고 소비자의 후생이 떨어질 수 있다는 우려도 한다. 특별히 실업률이 높은 그룹에 대해서는 임금 보조, 인프라에 대한 대대적인 투자, 공공채용 프로그램을 대안으로 제시한다.[19]

만약 로봇세를 부과하면 단순히 기계장비에 세금을 부과할지, 인공지능을 탑재

---

employment and, consequently, on the viability of the social security systems of the Member States, consideration should be given to the possible need to introduce corporate reporting requirements on the extent and proportion of the contribution of robotics and AI to the economic results of a company for the purpose of taxation and social security contributions; takes the view that in the light of the possible effects on the labour market of robotics and AI a general basic income should be seriously considered, and invites all Member States to do so;"

17) Reuters, "European parliament calls for robot laws, rejects robot tax", 2017. 2. 17.(https://www.reuters.com/article/us-europe-robots-lawmaking-idUSKBN15V2KM)

18) Kevin Delany, "The robot that takes our job should pay taxes, says Bill Gates", Quantz, Feb 17, 2017.

19) Lawrence Summers, "Robots are wealth creators and taxing them is illogical", Financial Times, March 6, 2017.

한 로봇에만 부과할지, 이 경우 인공지능이 어느 정도 수준에 이르러야 하는지 등에 대한 기준을 정립해야 한다. 즉, 로봇을 어떻게 정의할지, 과세대상을 무엇으로 할지 등에 대한 국제적 합의가 필요하다. 국제사회의 합의가 없는 상황에서 만약 로봇세를 도입한 국가가 있다면 그 국가의 로봇 산업은 국제경쟁력을 상실하게 될 것이다.

Kuzweil의 이론에 따라 인공지능 로봇의 발전 단계를 두 개의 전환점으로 구분하여 로봇세 논의를 좀 더 자세히 살펴볼 수 있다.[20] 첫째, 튜링 테스트(Turing Test)를 통과하였지만 특이점(singularity)을 통과하기 전이라면 로봇은 현재와 같이 생산성 향상을 위한 기계설비의 일종이다. 이 단계에서 로봇은 인공지능 로봇에 한정하지 않는다. 좀 더 폭넓게 산업용 자동화 기계까지 포함해서 논의한다. 이 단계에서는 자본(즉, 로봇)에 대한 세 부담과 노동에 대한 세 부담의 형평성을 고려해야 한다. 로봇세의 구체적인 형태는 감가상각 제도의 개선 측면에서 논할 수 있다. 개별 기업의 자동화 수준에 근거하여 감가상각 비율을 달리하거나, 감가상각 비율을 전제적으로 낮게 설정하는 방안 등이 있다.[21] 또한 연구개발, 신기술, 기계 도입 등에 대한 세액공제를 줄이거나 세액공제를 폐지하는 방안도 있을 수 있다. 그러나 현시점에서 신기술 개발에 대한 세제혜택을 줄이는 것은 쉽지 않아 보인다. 한편, 자동화로 인해 노동자를 해고하는 경우 사업자는 인건비 및 사회보장비로 지출했던 기존 금액을 더 이상 지출하지 않으면서도 높은 생산성을 얻을 수 있다.[22] 이런 경우 노동자의 해고에 상응하는 자동화세(automation tax)를 도입하는 방안이 제기된다. 동시에 노동자의 채용을 촉진하거나 노동자의 직무 재교육을 할 수 있도록 세제 지원을 하는 방안도 고려할 수 있다. 실업에 대한 대책으로 실업수당을 지급하는 것만으로는 한계가 있다. 재취업교육을 통해 직업훈련을 마친 노동자를 실제로 고용하는 기업체에 인센티브를 지급하는 것이 중요한 유인책이 될 수 있다.

둘째, 특이점(singularity)을 통과한 시점부터는 초인공지능이 되어 모든 영역에서

---

20) 홍범교, 앞의 논문, 54면.
21) 김주성, "로봇세 연구─인간과 기계 노동의 조세 중립성 관점에서", LAW & TECHNOLOGY, 제16권 제5호, 서울대학교 기술과법센터, 2020, 90면.
22) 김주성, 위 논문, 85면.

인간을 뛰어넘을 것이다. 이 단계에서 로봇은 인공지능과 자기 학습 능력을 갖추고
독자적으로 판단과 결정을 할 수 있는 존재일 것이다. 인간처럼 사고하고 판단할 뿐
만 아니라 감정적 교류까지도 가능할 수 있다. 로봇을 납세의무자로 인정할 수 있는
지, 로봇에게 담세력을 인정할 수 있는지가 본격적으로 문제 될 것이다. 이를 위해서
는 먼저 로봇에게 법인격을 부여할 수 있는지에 대한 법 이론적 틀이 정립되어야 한
다. 기업과 로봇이 소득을 공유할 때 로봇 차원에서 소득세를, 기업 차원에서 소득세
나 법인세를 부담하게 된다. 이때 로봇 차원의 소득세는 이중과세 조정을 위해 법인
세 계산 시 비용으로 공제할 수 있다. 사업성을 가지고 소비할 수 있는 로봇의 활동은
부가가치세의 과세대상이 될 수 있다.

3. 데이터세

4차 산업혁명 시대에 데이터는 미래 사회의 '원유'라고 불린다. 데이터의 중요성
은 2010년 이후 경영 부문에서 주목받기 시작했다. 이때부터 데이터가 폭발적으로 증
가하면서 축적되었다. 데이터는 그 자체로는 원시 자료의 의미밖에 없지만, 여러 자
료를 수집하여 가공하면 새로운 정보를 발견할 수 있다. 최근에는 빅데이터(Big Data)
라는 이름으로 디지털화된 데이터의 가치가 주목받고 있다. 인공지능은 빅데이터와
뗄 수 없는 관계이다. 인공지능은 머신러닝 알고리즘을 통해 빅데이터를 학습하고 학
습된 결과를 바탕으로 의미 있는 가치를 찾아서 의사결정을 하기 때문이다.

데이터세 또는 데이터 배당세 등이 논의되는 배경에는 데이터 주권과 데이터의
자산성 인정, 국가 재정의 확보를 통한 기본소득 분배의 필요성 등이다. 특히 2020년
코로나19 팬데믹 상황에서 디지털 플랫폼 기업의 급성장등 사회적 불평등의 확대로
기본소득 주장이 나오면서부터이다. 기본소득을 주장하는 사람들은 알래스카의 영
구기금(Alaska Permanent Fund) 사례를 대표로 들고 있다. 알래스카 유전은 법률적으로
알래스카주의 공공 소유이지만 수익을 주민 모두에게 조건 없이 기본소득으로 분배
하고 있다. 기본소득의 정책적 효과가 긍정적으로 분석된다면 이를 지급하기 위해 재
원 조달이 필요하다. 재원 조달의 한 방편으로 데이터세가 논의되고 있는 것이다.

과거에 유럽에서 비트세(Bit-tax) 논의가 잠시 있었으나, 데이터에 관한 과세제도를 마련한 국가는 아직 없다. 비트세는 데이터 사용량을 과세대상으로 하고, 데이터 사용자를 납세의무자로 하는 과세안이었다. 하지만 데이터세는 빅테크 기업을 납세의무자로 한다. 다만, 과세대상이나 과세표준, 세율 등에 대해 합의된 내용은 없다. OECD에서 논의되는 디지털세나 몇몇 EU 국가 등에서 시행하고 있는 디지털 서비스세와 어떻게 다른지, 이중과세는 아닌지 등에 대한 명확한 지침도 없는 상태이다.

먼저 해외에서의 논의를 살펴본다.[23] 일부 학자들은 데이터 배당세를 주장한다. 상당한 양의 개인정보와 데이터를 수집하고 보관하는 것을 사업모델로 하는 회사에 세금을 부과하는 것이다. Hughes는 5%의 세금을 부과하면 매년 1,000억 달러 이상을 기본소득으로 지급할 수 있을 것으로 추정한다. 소비세 형태의 데이터세를 구상하지만, 데이터의 사용자에게 과세하는 것이 아니라 데이터 이전을 담당하는 인터넷 데이터 기반시설을 소유한 자에게 과세하는 방안을 주장하는 견해도 있다. 더 많은 데이터가 이전될수록 더 높은 세금이 부과된다. 그러면 데이터 기반시설을 소유한 자는 데이터 비용을 소비자에게 전가하게 된다. 내리세(surrogate tax)의 형태로 부과하면서도 데이터 사용자에 대한 직접세의 효과를 발휘하게 된다. 마지막으로 데이터 수집에 대한 사용료(loyalty)로 데이터세를 부과하자는 견해가 있다. 원유의 채굴에 사용료를 부과하는 것처럼 테이터의 수집에 사용료를 부과하자는 것이다.

다음으로 우리나라에서의 논의를 살펴본다. 인공지능을 통한 가공 기술이 주요 핵심인 IT 기업이 원시 데이터(raw data)를 사용하는 것을 마치 원재료(raw material)를 사용하는 것과 같이 보고, 사용대가를 징수하는 것을 말한다. 소득과세의 형태가 아닌 데이터의 사용량이나 거래량을 기준으로 한 물품세(소비 과세) 형태로 주장한다.[24] 원시 데이터를 제공하는 개인을 대리하여 정부가 그 수수료 혹은 세금을 징수하여 개인들에게 기본소득 형태로 나누어 주는 것이다. 다른 견해는 데이터의 거래 또는 사용

23) Omri Marian, "Taxing Dada", Brigham Young University Law Review. 511, 2022.
24) 김신언, "기본소득 재원으로서 데이터세 도입방안", 『세무와 회계연구』 통권23호(제9권 제4호), 한국세무사회, 2020.

에 초점을 맞추지 않고 데이터의 생산·가공·구축·판매(제공) 등으로 발생하는 소득에 대한 과세를 주장한다. 이렇게 되면 디지털세의 일부분에 해당하게 된다.[25] 또 다른 견해는 데이터세를 일종의 사회 구성원 전체에 내한 배당으로 본다.[26] 여기서 데이터세는 플랫폼 기업의 소득세 개념이다. 즉, 기업이 데이터 수집을 시작한 시점을 기준으로 삼고 그 해의 영업이익과 과세연도의 영업이익을 비교하여 그 기간 영업이익 증가분에 대하여 일정 비율로 과세하는 것이다.

　데이터세를 소득과세로 하든 소비과세로 하든 데이터의 가치를 평가해야 하는 어려운 문제가 있다. 데이터 유통 산업을 증진하고 필요한 경우 세제나 부담금을 부과하기 위해서는 객관적이고 합리적인 가치 평가가 꼭 필요하다. 원시 데이터의 가치는 사실 미미하지만, 무수히 많은 원시 데이터를 수집·가공하여 빅데이터로 만들면 무한한 가치가 창출된다. 하지만 데이터 구매자의 사용 목적에 따라 그 가치가 달라질 수 있는 문제는 여전히 존재한다.

V. 조세행정의 변화

1. 디지털 세무 행정으로의 변화

　OECD는 매년 발간하는 세무 행정 보고서(Tax Administration)에서 경제의 디지털화와 새로운 사업 모델의 출현으로 세무 당국은 급격한 조세 환경 변화에 노출되어 있다고 본다. 그리고 이에 대한 대응으로 빅데이터 활용 등 새로운 디지털 기술을 적극적으로 세무행정에 도입하고, 국제적 협력을 강화할 것을 권고하고 있다. 이미 조사 대상국의 50 퍼센트 이상이 세금 부과와 세금 탈루 조사에 인공지능 기술을 사용하고

있다. 예를 들어, 신고서 자동 작성이나 챗봇(chatbot)의 사용을 들 수 있다.[27]

우리나라 국세청도 다양한 분야에서 데이터를 활용하여 조세 행정을 선진화하기 위해 노력하고 있다. 예를 들어, 빅데이터를 이용하여 신고도움 서비스나 모두 채움 서비스 같은 행정서비스를 고도화하고 있다. 신고서상에 필요한 특정 항목을 채워서 신고서를 제공하는 것을 미리 채움 서비스(Pre-filled service)라고 한다. 국세청은 2010년부터 종합소득세 신고서에 미리 채움 서비스를 도입한 이래, 부가가치세 신고 및 양도소득세 확정신고까지 확대하고 있다. 한편 신고에 필요한 모든 항목이 수입금액부터 납부세액까지 채워져 있는 신고서를 납세의무자에게 보내기도 하는데, 이를 '모두 채움 서비스(Full-filled service)'라고 한다. 소규모 사업자의 소득세 신고를 시작으로 하여 2020년부터는 연금·기타소득이 함께 있는 사업소득자까지 확대하여 243만 명에게 제공하였다.[28] 2020년부터 연말정산 시 모든 가구의 소득·세액 공제신고서가 모두채움으로 제공되어 개별적으로 입력할 필요가 없어졌다.

디지털 세정으로 부과제척기간이나 소멸시효 기간 등을 전산으로 관리하여 부과제척기간을 중단하거나 소멸시효를 중지시켜 세수가 일실되는 것을 방지할 수 있다. 또한 빅데이터를 활용하여 납세의무자의 지급 능력 부족 등의 위험을 측정하고 고위험군에 집중적으로 체납인력을 배치하면 징수 효율성을 높일 수 있다. 예를 들어, 호주는 2011년부터 'Debt Right Now Program'을 시행하고 있다. 개별 납세자의 조세 체납액 지급 역량, 납세자의 기한 내 납부 등 지급 성향을 분석하는 모델로 이루어져 있다. 측정된 점수에 따라 납부 안내 통지서 발송, 전화 안내, 채권 압류 등 단계적인 조치를 한다.

국세청은 2024년부터 홈택스에서 빅데이터 분석에 기반한 인공지능 알고리즘이 개인별로 10여 개의 메뉴를 추천하는 맞춤형 포털을 개발할 계획이다. 특히 '챗GPT' 등 차세대 AI 기반으로 상담시스템을 고도화하고 납세자에게는 세무상담을, 직원에

---

27) OECD, Tax Administration, 2023. 163면.

28) 국세청 보도자료, "5월 종합소득세·개인지방소득세, 홈택스로 신고하세요"(2020. 4. 28.).

게는 업무상담을 수행할 수 있도록 할 예정이다.[29]

2. 빅데이터를 활용한 세무조사의 지능화

빅데이터 분석은 머신러닝 또는 인공지능 기술을 활용하여 데이터에 포함된 납세자의 행동 양식이나 선호도의 패턴을 찾고 향후 발생할 사건 등을 예측하는 것을 목표로 한다. 예를 들어, 납세자의 축적된 정보를 활용하여 조세회피 위험성을 측정하여 세무조사 대상자로 선정하는 것을 들 수 있다.[30] 이미 많은 나라들은 빅데이터 분석을 세무조사에 활용하고 있다. 영국 국세청은 30개 이상의 정보원(예를 들어, 신용카드 사용내역, 금융거래 내역, 소셜 미디어, 이메일 등의 정보)으로부터 자료를 수집하여 통합인터페이스에 일목요연하게 제공한다. 납세자가 제출한 신고서를 수집한 데이터베이스 자료와 비교하여 오류나 탈루 발생 가능성이 큰 소득공제 부분이나 임대 및 양도소득 등의 세무조사 대상자 선정에 활용한다.[31] 미국은 빅데이터를 활용한 'Robot-Audit'을 세무조사 대상자 선정에 추가적으로 활용하고 있다. 아일랜드는 'REAP(Revenue's Electronic Risk Analysis system) 프로그램'을 통해 세무조사 대상자를 선정하고 있다.[32] REAP은 기존 세무신고 내역, 제3자 제공 데이터 등의 정보와 함께 납세자의 행태(불성실 신고 여부) 및 특성과 관련된 변수를 생성하고 조합하여 개별 납세자의 조세회피 및 탈루의 위험성 등을 측정한다. 프랑스는 데이터마이닝 기술을 활용하여 부가가치세 탈세 혐의를 적발하고 있으며, 페이스북 등 소셜 미디어 정보조사 권한을 국세청에 부여하는 방안을 예산안 초안에 포함한 바 있다.[33] 이를 통해 납

---

29) 국세청 보도자료, "2023년 제1차 국세행정개혁위원회 개최 — '디지털로 혁신하는 납세자 중심의 국세행정 구현'등 결의"(2023. 3. 22.)

30) 전병목, 김빛마로, 안종석, 정재현, 『4차 산업혁명과 조세정책』, 한국조세재정연구원, 2020. 150면 이하 참조.

31) 이상엽 외, 『빅데이터와 조세행정—최근 해외 트렌드를 중심으로』, 한국조세재정연구원, 2017. 44 면 이하.

32) 아일랜드 국세청, "Code of Practice for Revenue Audit and other Compliance Interventions", Section 1.5.

33) Osbome Clarke, "Overview of the main measures of the French Finance bill for 2020", 2019. 10. 11.(전

세자의 부정신고 위험성을 평가하여 세무조사 대상자를 선발하는 예측 분석을 할 수 있다.

국세청은 2019년 7월 빅데이터센터를 출범하였다. 국세청 전산정보관리관실에 설치하였으며, 센터장(과장) 아래 8개 팀으로 구성하였다. 국세청의 대표적인 빅데이터 분석 사례는 '납세자의 실거주 지역 분석'이다. 8년 이상 자경한 농지를 양도할 때 양도소득세 감면을 받기 위해서는 농지 인근에 거주할 것 등의 요건이 필요하다. 1세대가 소유하고 있는 1주택을 양도할 때 비과세를 받기 위해서도 그 주택에 거주해야 하는 요건을 갖추어야 한다. 그런데 실제로 거주하였는지에 대해 납세자와 과세관청 간에 분쟁이 빈번하게 발생한다. 국세청은 요건 충족 여부를 검토하기 위해 납세자의 가족관계·주민등록·근무지 자료 등에 기반한 빅데이터 군집분석을 활용하였다. 소득자료와 근무지, 가족관계 및 세대분리 여부, 신용카드 사용내역 등을 분석하여 해당 지역에 실제로 거주하였는지를 파악하는 것이다.

〈그림-2〉 빅데이터로 납세자의 실거주 지역 분석

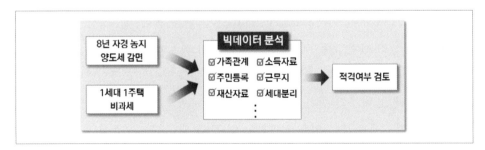

'명의 위장 근절을 위한 실사업자 검증모형'도 대표적인 사례이다. 가족이나 직원 명의로 계좌를 개설하여 현금을 탈루하면 과세관청이 적발하기는 쉬운 일이 아니다. 차명계좌 제보에 대한 검토를 위해 국세청이 보유한 계좌정보·세금계산서·현금영수증·친인척 자료 등을 활용하여 차명계좌 입·출금자의 인적 사항과 입금 사유 등을 전산으로 자동 분석하였다.

병목 외 3, 위 보고서, 156면에서 재인용).

빅데이터 자료를 바탕으로 조세회피 가능성을 사전에 감지하여 세무 검증 건수를 최소화하고 혐의가 높은 곳에 조사 역량을 집중할 필요가 있다. 개별 납세자의 탈세 위험 등을 예측하여 세부조사 및 세무 검증 우선순위를 정하여 행정의 효율성을 도모할 수 있다.

3. 자동화 행정행위에 대한 신뢰 확보 문제

세무행정은 대량적, 획일적으로 이루어지는 예가 많으므로 빅데이터와 AI의 활용 가능성이 다른 행정 분야보다 높다고 할 수 있다. 특히 세무행정은 기속행위가 많고 납세자의 협력의무의 일종인 신고 등이 필요한 경우가 많으므로 행정기본법상 자동적 처분을 활용할 여지가 있다. 행정기본법 제20조는 행정청은 법률로 정하는 바에 따라 완전히 자동화된 시스템(인공지능 기술을 적용한 시스템을 포함한다)으로 처분을 할 수 있다고 규정하고 있다. 다만, 처분에 재량이 있는 경우는 그러하지 아니하다. 이 규정은 완전 자동화 행정행위를 규정하고 있다. 그러나 부분 자동화 행정행위는 별도 규정 없이도 허용된다고 본다. 부분 자동화 행정행위는 의사결정권자의 결정 지원을 위한 관련 사실이나 법령 등을 분석, 의사 결정을 위한 사전적 평가 및 사후적 평가, 국민에 대한 정보 제공의 유형이 있다.[34]

세무조사에서 다양한 데이터를 종합 분석하여 조사대상자를 선정하거나, 불복 심사 단계에서 유사한 쟁점의 사건을 조사하고 법령 등을 분석하거나, 납세자의 신고 내용을 비교 분석하여 사후 확인이나 검증을 하는 등의 업무에 인공지능을 도입할 수 있다. 이미 관세 분야에서는 AI 기술이 적극적으로 활용되고 있다. 미국은 총기 및 농산물 등 관련 이미지 파일을 입력하고 머신러닝으로 학습하게 한 후 여행자 휴대품 엑스레이 판독시스템에 연결하여 인공지능을 기반으로 한 검색시스템을 운영한다.[35]

---

34) 최승필, "공행정에서 AI의 활용과 행정법적 쟁점", 『공법연구』 제49집 제2호, 한국공법학회, 2020, 211면.

35) 이명구·이은재, "4차산업혁명기술을 적용한 관세행정 개선방안에 관한 연구", 『관세학회지』 제19권

현재까지는 인공지능이 보조적 수단으로 사용되고 최종 결정은 공무원이 하고 있지만, 향후 인공지능이 기속행위인 결정을 최종적으로 할 수도 있다. 이에 대비하여 독일의 조세기본법은 이미 제155조 제4항에서 담당공무원이 개별적으로 처리해야 할 사유가 없는 한, 조세 확정 및 조세공제액, 사전예납액의 산정을 완전자동화된 행정행위에 의해 수행할 수 있음을 규정하고 있다.

최근 인공지능 윤리에서 중요한 원리로 부각되는 것이 설명가능성 원리이다. 설명가능성은 인식적 측면에서 인공지능 알고리즘이 내린 개별 판단에 대한 인과적 설명이 가능하고, 윤리적 측면에서 인과적 설명에 대한 윤리적 정당화와 인공지능 모형이 적절해야 한다.[36] 자동화된 결정에 대한 신뢰를 확보하기 위해서는 인공지능이 설명가능성 원리를 충족해야 한다. 특히 행정에 있어서 자동화된 의사결정은 행정의 신뢰를 확보해야 한다는 차원에서 다른 분야보다 더 중요하게 설명가능성이 요구된다고 할 수 있다. 딥러닝(deep learning) 인공지능의 훈련과정에서 데이터를 수집한 원천, 특히 정성적 데이터를 수집한 원천이 어디인지, 무슨 목적으로 데이터를 가공하였는지, 알고리즘이 편향된 것은 아닌지 등에 강한 의문이 제기될 수 있다. 특히 세무조사에서 과거의 조사 자료와 각종 신고 서류, SNS 등으로부터 수집한 정보를 기반으로 조사 대상자를 선정한다면 편향(Bias)이 생길 수 있다.[37] 고도화된 알고리즘일수록 설명력의 확보가 중요하다. 어떤 데이터를 얼마나 상세한 수준에서 이용할 수 있는지, 그 과정에서 나타날 수 있는 통계적 편향 등의 문제를 어떻게 해결할 것인지에 관한 이론적이고 다양한 실무상 이슈를 해결해야 한다. AI 사용과 관련하여 투명성과 설명가능성이 있을 때 비로소 행정작용은 신뢰를 확보할 수 있다.

또 하나의 문제는 처분 상대방의 절차 참여권 확보이다. 법치행정은 적법절차를 통한 행정의 적법성 확보가 더 중요하다. 이를 보장하기 위해 처분을 하기에 앞서 사

제1호, 한국관세학회, 2018, 11면.

36) 이한슬·천현득, "인공지능 윤리에서 해명가능성 원리", 『인문학연구』 제35집, 인천대학교 인문학연구소, 2021. 6, 37면 이하.

37) 이창규, "세무조사에서의 인공지능(AI) 기술의 구현을 위한 서론적 연구: 인공지능(AI) 편향성(Bias) 완화 방향을 중심으로", 한국세무학회 추계학술발표대회 발표논문집, 2022, 253면 이하.

전통지와 의견진술 기회를 부여하고, 필요에 따라 청문절차를 이행하기도 하며 처분의 이유제시가 구체적으로 이루어져야 한다. 그러나 자동화된 행정행위는 미리 설계한 알고리즘에 따라 기계적, 반복적으로 행정행위가 이루어지므로 행정의 효율성을 확보하기 위해 기존의 절차 보장 제도가 완화되거나 생략될 필요가 있다는 논의가 있다.

만약 인공지능에 의한 행정행위가 국민에게 손해를 끼쳤을 때 국가배상책임이 성립할 수 있는지도 쟁점이다. 부분 자동화 행정행위의 경우에는 최종적으로 공무원의 직무상 행위로 보거나 영조물의 설치·관리 책임으로 볼 수 있다. 그러나 완전 자동화 행정행위의 경우 인공지능에게 전자인격을 부여하고 책임의 귀속주체로 인정할 수 있을지를 논의할 필요가 있다.

4. 개인정보 보호 문제

데이터 이용을 활성화하여 신사업을 육성하기 위해 2020년 개인정보 보호법을 개정하여 개인정보 중에 시간, 비용, 기술 등을 고려하여 더 이상 개인을 알아볼 수 없는 익명 정보는 개인정보 보호법 적용 대상에서 제외하였다. 또한 애초 수집한 목적과 합리적으로 관련된 범위 내에서는 정보 주체의 동의 없이 개인정보를 이용 또는 제공할 수 있게 되었다. 동의 없이 추가적 이용·제공을 하기 위해서는 ① 개인정보를 추가로 이용 또는 제공하려는 목적이 애초 수집 목적과 관련성이 있는지 ② 개인정보를 수집한 정황 또는 처리 관행에 비추어 볼 때 추가로 이용 또는 제공할 수 있을 것으로 예측 가능성이 있는지 ③ 개인정보의 추가적 이용 또는 제공으로 정보 주체의 이익을 부당하게 침해하는지 여부 ④ 가명 처리 또는 암호화 등의 안전성 확보 조치 여부를 고려해야 한다. 안전한 데이터 활용을 위해서 가명 정보를 결합하는 절차를 거쳐야 한다. 기업 내 가명 정보 결합은 자체적으로 수행할 수 있으며 서로 다른 개인정보처리자 간 가명 정보 결합은 결합 전문기관을 통해 결합할 수 있다.

한편, 빅데이터를 조세 행정에 도입할 때 우려되는 것 중의 하나는 과세당국이 납세자의 동의 없이 비정형 개인정보까지 광범위하게 수집하는 것이다. 개인정보보호위원회는 「2017 개인정보보호 연차보고서」에서 개인정보 관련 주요 신기술 산업을 빅데이터, IoT, 자율 주행차, 핀테크, 스마트 의료·헬스케어, 인공지능, 생체인식 기반 인증/보안, 드론으로 분류하였다. 빅데이터와 인공지능을 통해 과세관청이 개인정보를 수집해도 정보 주체는 그 수집 여부를 실시간으로 알기 어렵고, 해당 정보가 어떻게 분석되어 사용되는지 파악하기 힘들다.

이에 대한 두려움이 커지면서 유럽연합은 완전 자동화된 결정에 대한 정보 주체의 권리보호를 위해 개인정보보호규칙(GDPR) 제22조를 규정하였다. 이에 따르면 정보 주체는 프로파일링 등 자신에 관해 법적 효과를 야기하거나 이와 유사하게 자신에게 중대한 영향을 미치는 자동화된 결정의 적용을 받지 않을 권리를 가진다. 다만, 정보주체와 정보처리자 간의 계약을 체결 또는 이행하는 데 필요한 경우, 정보 주체의 권리와 자유 및 정당한 이익을 보호하기 위한 적절한 조치를 규정하는 유럽연합 또는 회원국 법률이 허용하는 경우, 정보 주체의 명백한 동의에 근거하는 경우에는 그러하지 아니한다. 우리나라 개인정보 보호법도 2023년 개정하면서 완전 자동화된 결정에 대해 정보 주체의 거부권을 규정하였다. 더 나아가 정보주체는 개인정보처리자가 자동화된 결정을 한 경우에는 그 결정에 대하여 설명 등을 요구할 수 있다(개인정보 보호법 제37조의2 제2항). 개인정보처리자는 자동화된 결정의 기준과 절차, 개인정보가 처리되는 방식 등을 정보 주체가 쉽게 확인할 수 있도록 공개해야 한다.

세무행정을 효율화하고 납세자의 납세협력 비용을 절감하기 위해 개인정보를 수집하는 것은 필수불가결하다. 하지만 개인정보 보호 측면에서 정보 주체의 자기정보결정권과 알고리즘에 대한 설명요구권도 대두되고 있다. 이용자가 정보 주체로서 스스로 개인정보를 보호하고 자기정보결정권을 행사할 수 있도록 보호 수칙을 만들어가야 한다.[38]

---

38) 봉기환, "4차 산업혁명 시대 신기술 서비스의 개인정보 처리 실태 및 침해요인" 『Review of KIISC (정보보호학회지)』 Volume 30 Issue 5, 한국정보보호학회, 2020.

VI. 결 론

인공지능과 로봇 기술은 인간의 사고체계를 모방함으로써 단순 노동뿐만 아니라 전문직 노동까지도 대체할 것이라고 예상한다. 실업에 대한 대책과 부의 불평등을 완화하기 위해 국가는 다양한 정책을 펼쳐야 한다. 국가의 정책은 크게 적극적인 재정 지원을 하는 방식과 정책적인 목적을 위한 조세지출(소득공제, 세액공제, 비과세, 감면 등)을 하는 방식이 있다.

재원 조달을 위해서 디지털 경제에서 가장 큰 이익을 얻는 자에게 세금을 부과해야 한다. 대표적으로 디지털세나 데이터세, 로봇세 등이 논의되고 있다. 그러나 어느 한 국가에서만 과세하고 다른 국가에서 과세하지 않으면, 국제적 조세회피가 발생할 가능성이 크므로 국제 합의에 따라 과세하는 것이 필요하다.

4차 산업혁명 시대에는 납세자의 세금에 대한 인식이 성실납세로 바뀌어야 한다. 국세청도 강제 징수 기관에서 성실 납세 지원 기관으로 패러다임이 바뀌어야 한다. 이를 위해 국세청은 빅데이터와 인공지능 등 혁신 기술을 세정에 적극적으로 반영하여 세무 검증을 과학화하고, 맞춤형 서비스를 제공해야 한다. 또한 행정의 디지털화나 자동화 결정은 알고리즘의 투명성과 설명가능성을 확보하여야 행정의 신뢰성을 얻을 수 있다. 더불어 개인정보 보호에 대한 보다 체계적인 접근이 필요하다.

제17장

AI 기본법 국내 입법 현황 분석 및 평가

심석찬

(인하대학교 법학연구소 선임연구원)

I. 들어가며

인공지능 기술의 발전이 자율수행 자동차, 생성형 인공지능 등으로 우리 삶에서 구체화됨에 따라 인공지능의 개발과 통제에 대한 법적 논의가 활발히 진행되고 있다.[1] 이제 인공지능 관련 규범은 과거 '로봇 3원칙'이나[2] '아실로마 AI 원칙' 등[3] 윤리적 규범에서 벗어나 EU의 인공지능법, 미국의 AI 행정명령 등 법규범 형식으로 구체화되고 있다. 이제 인공지능법은 데이터 활용, 개인정보 보호, 윤리적 이슈 대응, 고위험 인공지능에 대한 규제 및 신뢰성 향상 방안 등 인공지능으로 맞이할 대대적인 사회변화에 대한 규범을 제시하고 있다.

---

1) 김광수, 인공지능법 입문(제2판), 내를 건너서 숲으로 (2023), 162면.
2) Isaac Asimov, "Three Laws of Robotics", Wikipedia, https://en.wikipedia.org/wiki/Three_Laws_of_ Robotics (아이작 아시모프가 제안한 로봇의 작동원리로 인공지능 윤리에도 영향을 미쳤다.), (2024. 10. 30. 최종방문).
3) 곽노필, "인공지능 재앙 막는 23가지 원칙", 한겨레 (2024. 6. 29.) (2017년 캘리포니아 아실로마에서 채택한 인공지능 개발의 목적, 윤리의 가치 등에 대한 23개의 준칙으로 물리학자 스티브 호킹, 딥마인드 CEO 데미스 허사비스 등이 참여하였다.), https://www.hani.co.kr/arti/economy/biznews/786763.html (2024. 10. 30. 최종방문).

우리나라 역시 이러한 산업적·국제적 흐름에 맞춰 인공지능 기본법 마련을 위해 적극적인 입법을 추진하고 있다. 여러 학계와 전문가들의 의견을 취합하고 미국과 EU의 규제 동향을 주시하면서 AI 산업의 발전과 규제 간 균형을 찾아가고 있다. 이러한 논의를 바탕으로 제21대 국회는 2023년 7건의 인공지능 법안을 병합하여 「인공지능산업 육성 및 신뢰 기반 조성 등에 관한 법률안」을 위원회 대안으로 마련하였으나 임기 만료로 폐기되었다.[4] 그러나 이러한 흐름을 이어받아 2024년 출범한 제22대 국회에서는 더 많은 입법안이 제시되었고 이를 병합한 「인공지능 발전과 신뢰 기반 조성 등에 관한 기본법안(대안)법안」이 본회의 상정을 앞두고 있다.

인공지능 기본법은 국가의 인공지능 관련 정책의 기반이 되기 때문에 제22대 국회는 조속한 제정을 위해 서두르고 있다.[5] 국회 임기 시작한 지 불과 1년도 되지 않은 2024년 11월 기준으로 총 19건의 인공지능법안이 국회 정보통신방송법안심사소위원회에 제출되었는데, 제21대 국회에서 인공지능 관련 입법안이 총 13건 발의된 것과 비교했을 때 우리 사회에서 인공지능에 대한 높은 관심을 보여 준다. 이러한 적극적인 입법 활동은 인공지능이 우리 사회에서 중요한 화두이고 입법기관인 국회에서 적극적으로 대응하고 있다는 긍정적인 신호임과 동시에 입법안들끼리 유의미한 차이 및 입법 시 충분한 검토가 이뤄졌는지에 대한 우려도 나타나고 있다.

이 장에서는 그동안의 EU와 미국의 입법 현황과 그동안 우리나라 입법과정을 되돌아보고, 현재 국회에서 논의 중인 입법안들을 정리하였다. II에서는 EU와 미국의 인공지능 입법 현황과 국내 정책 동향 등을 살핌으로써 인공지능법 입법 배경을 알아본다. III에서는 제21대와 제22대 국회에서의 입법안을 검토하여 국내 인공지능 법제를 분석하고, IV에서 인공지능 법안에서 추가적인 검토 사안을 제언한다.

---

4) 손도일 외, "대한민국 인공지능법안과 EU 인공지능법", 법률신문 (2024. 8. 5.), https://www.lawtimes. co.kr/LawFirm-NewsLetter/200351 (2024. 10. 23. 최종방문).

5) 우정화, "AI 위험성 제도 보완 시급…'AI 기본법' 국회 처리 필요", KBS (2024. 9. 5.), https://news.kbs. co.kr/news/pc/view/view.do?ncd=8052514&ref=A, (2024. 9. 23. 최종방문).

II. 인공지능 기본법 입법 배경

1. 해외 인공지능 입법 현황

2021년 4월 EU는 인공지능법 초안을 발의하고, 2024년 7월에 전 세계 최초로 「인공지능법(이하 'EU 인공지능법')」을 공표하였다.[6] 미국 역시 2023년 10월, 바이든 행정부가 「안전하고 보안성이 높으며 신뢰할 수 있는 AI의 개발 및 사용에 관한 행정명령(이하 '미국 인공지능 행정명령')」을 발표하여 인공지능에 대한 법적 제도를 마련하였다.[7] 이처럼 유럽과 미국 등 주요국은 인공지능 산업을 육성하고, 안전한 인공지능 사용 환경 마련 방향에 대한 법적 근거를 구체화하고 있다.

(1) EU 인공지능법

2024년 7월 12일 유럽연합(EU)은 역내 인공지능에 직접적인 효력을 갖는 EU 인공지능법을 공표하였다. 해당 법은 2024년 8월 1일에 발효되며, 사안에 따라 순차적으로 시행될 예정이다. EU 인공지능법은 입법 취지와 법규범의 해석 기준을 제시하는 180개의 전문(Recital)과 법적 구속력을 갖는 13장(chapter) 113개의 조문으로 구성된 본문, 조문의 세부 내용을 보충하는 13개의 부속서(annexes)로 구성되어 있으며,[8] (1) EU 역내에서 AI 시스템 및 서비스 공급 및 이용, (2) 금지되는 AI 업무 규정, (3) 고위험 AI 시스템에 대한 구체적 요건 및 운영자 의무, (4) 특정 AI 시스템에 대한 조화

---

6) Regulation (EU) 2024/1689 of the European Parliament and of the Council of 13 June 2024 laying down harmonised rules on artificial intelligence and amending Regulations (EC) No 300/2008, (EU) No 167/2013, (EU) No 168/2013, (EU) 2018/858, (EU) 2018/1139 and (EU) 2019/2144 and Directives 2014/90/EU, (EU) 2016/797 and (EU) 2020/1828 (Artificial Intelligence Act), OJ L, 2024/1689, 12. 7. 2024., https://eur-lex.europa.eu/legal-content/EN/TXT/?uri=OJ:L_202401689 (2024. 9. 23. 최종방문).

7) Exec. Order No. 14110, "Safe, Secure, and Trustworthy Development and Use of Artificial Intelligence", 88 FR 75191 (2023. 10. 30.), https://www.federalregister.gov/documents/2023/11/01/2023-24283/safe-secure-and-trustworthy-development-and-use-of-artificial-intelligence (2024. 9. 25. 최종방문).

8) 최경진 외 7인, EU 인공지능법, 박영사, (2024), 7면.

로운 투명성 규칙, (5) 범용 AI 모델의 시장 출시에 대한 조화로운 규칙, (6) 시장 모니
터링, 감시, 거버넌스 및 집행에 관한 규칙 (7) 스타트업 및 중소기업 지원 등을 주요
내용으로 담고 있다.[9]

　　EU 인공지능법에서 규율하는 인공지능은 대부분 인공지능 시스템(AI System)과
범용 인공지능 모델(general-purpose AI model)을 적용 대상으로 한다. EU 인공지능법에
서 규정하는 인공지능시스템이란 "다양한 자율성 수준과 배포 후 적응성을 나타낼 수
있도록 설계된 기계 기반 시스템으로 명시적·묵시적으로 주어진 목표를 달성하기 위
해 실제·가상 환경에 영향을 미칠 수 있는 예측, 콘텐츠, 추천, 결정 등의 결과물 생성
방식을 입력데이터로부터 추론하는 시스템"을 의미한다.[10] 범용 AI 모델은 "시장 출
시 방법 및 다양한 하방 시스템(downstream) 또는 애플리케이션에 통합되는 방법에 상
관없이 상당한 일관성을 가지며 광범위한 범위의 업무를 능숙하게 수행할 수 있는 AI
모델로서 자기 지도학습을 이용하여 대량의 데이터를 학습한 모델을 포함"한다.[11]

　　EU 인공지능법에서 중요한 특징은 인공지능 시스템을 위험 수준을 중심으로 금
지되는 위험, 고위험, 제한적 위험, 최소위험의 4단계로 분류하여 규제 수준과 내용을
차등하여 적용한다는 점이다.[12] 금지되는 인공지능 시스템은 사람의 무의식이나 민
감한 속성 등을 분석하는 인공지능으로서, 법 집행 목적 등 예외적인 경우를 제외하
고는 이용을 금지한다. 고위험 인공지능 시스템은 작동 여부에 따라 사람의 건강·안
전 및 자산을 위험하게 할 수 있는 인공지능시스템 또는 제품으로써 사람의 의사결정
결과에 실질적으로 영향을 미칠 수 있는 인공지능 시스템을 의미한다. 제한된 위험은
인공지능과 상호작용한 결과물을 도출하는 인공지능이며, 투명성 의무를 부과하여
이용자의 혼동 가능성을 방지해야 한다. 마지막으로 최소위험에 해당하는 인공지능
은 위의 기준에 해당하지 않는 인공지능을 의미한다.

---

9)　EU 인공지능법 제1조 제2항; 위의 책(주 8), 196면.
10) EU 인공지능법 제1조 제2항; 위의 책(주 8), 201면.
11) 채은선, "EU AI법의 주요 내용 및 시사점", 디지털 법제 Brief, 한국지능정보사회진흥원, (2024), 2면.
12) 위의 글, 4면.

〈그림-1〉 위험 기반 접근 방식에 따른 인공지능 시스템 분류[13]

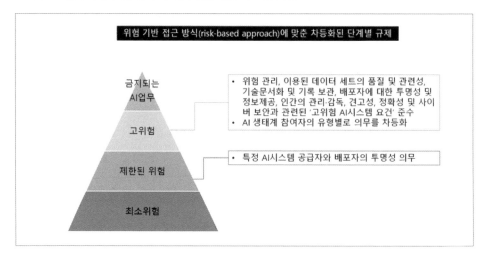

EU 인공지능법은 유럽 시장에서 인간중심 인공지능 이용과 확산을 통해 산업의 발전과 혁신을 도모하고 동시에 인공지능이 유발할 수 있는 해로운 영향으로부터 기본권을 높은 수준으로 보호하는 것을 목적으로 하고 있다. 이를 위해 인공지능 산업 당사자를 공급자에서 배포자 및 최종 이용자까지 이어지는 공급망(supply chain)에서 발생할 수 있는 위험과 불공정 계약 문제를 세부적으로 다루고 있으며,[14] 인공지능을 위험별로 구분하고 적합성 평가, 기본권 영향 평가 등 구체적 규제 방안도 제시하고 있다.[15]

(2) 미국 인공지능 행정명령

2023년 10월 미국 바이든 행정부는 인공지능 개발과 이용에서 안전하고 책임 있

13) 최경진, "[ET시론] EU AI법과 K인공지능법", 전자신문 (2024. 8. 23.), 25면, https://www.etnews.com/20240822000024 (2024. 10. 15. 최종방문).

14) 톰슨로이터코리아, "2023 국내외 AI 규제 및 정책 동향", LAWnB Legal Essential Report Vol. 22, (2023), 15면.

15) 채은선, "EU 인공지능법 입법 추진 현황과 시사점", 지능정보사회 법제도 이슈리포트 2023-3, 한국지능정보사회진흥원, (2023), 17면.

는 관리를 위해 연방기관의 이행사항을 지시하는 행정명령을 발표하였다. 미국 대통령의 행정명령은 행정부의 정책 등을 조문 형태로 지시하는 대통령의 권한 행사의 일종으로서 법적 구속력을 갖으며, 순수 행정적인 관점에서 의회 입법과 동등한 효력을 갖는다.[16][17] 미국 인공지능 행정명령은 인공지능 산업과 관련된 8개의 정책영역을 분류하고 인공지능 활용 방안을 확대하면서 위험을 완화하는 조치를 제시하고 있다.

미국 인공지능 행정명령의 주요 내용은 다음과 같다: (1) 인공지능 사용과 관련된 위험을 이해하고 안전 및 보안방안 마련 (2) AI를 활용한 혁신과 경쟁력 강화를 위해 인재를 유치하고 지식재산권 보호 방안 마련 (3) AI 도입으로 인한 근로자들의 혼란을 최소화하는 방안 및 연구 수행 (4) AI 편향성 최소 및 인권 보호 (5) 소비자 보호 (6) 개인정보보호를 위한 데이터 수집 제한 및 위험성 평가 체계 구축 (7) 연방기관의 AI 사용 및 관리 활동을 조율할 부처 간 협의회 수립 (8) AI 규제 및 기술 발전에 관한 동맹국 및 파트너 국가와 협력체계 구축 등이 있다.[18]

행정명령의 목적을 달성하기 위해 바이든 행정부는 유관 연방기관에 인공지능으로 인한 위험과 기회에 대응하는 구체적인 기한 내 계획 및 지침 마련을 요구하고 있다.[19] 또한 원활한 정부 기관의 목표 수행을 위해 연방정부 간 정책을 조율하는 백악관 인공지능 협의회(White House Artificial Intelligence Council)를 구성하여 연방정부 부처 및 산하기관들의 정책을 수립·조율하는 장치를 마련하였다.[20] 이에 따라 미국국립표준기술연구소(NIST)는 생성형 인공지능 위험 관리 지침 초안을 마련하였고[21] 미국특허청(USPTO)은 인공지능을 사용한 특허 신청 지침을 공표하는 등 후속조치들을 시행

---

16) 윤강욱, "미국 대통령 행정명령의 구조와 효력에 관한 연구" 행정법연구 no.54(2018) 참조.

17) 헌법재판연구원, "미국 대통령 행정명령과 사법심사", 헌법재판소, 2020, 32면.

18) 오유빈, "미국의 인공지능 입법 현황과 바이든 행정부의 행정명령", 현안 외국에선? 2024-1호, 국회도서관, (2024), 7-8면.

19) 채은선, "美, AI 행정명령(2023.10.30.)의 주요 내용 및 이행 현황", 디지털 법제 Brief, 한국지능정보사회진흥원, (2024), 11면.

20) 위의 글, 6면.

21) NIST, "Artificial Intelligence Risk Management Framework: Generative Artificial Intelligence Profile", NIST AI 600-1, (2024) 참조.

하고 있다.[22]

2. 국내 인공지능 정책

인공지능 기술이 산업 및 사회적으로 중요한 화두가 됨에 따라 우리나라 정부 역시 인공지능 정책을 마련하고 있다. 2019년 문재인 정부는 인공지능 강국을 목표로 하는 '인공지능 국가전략'을 수립하고 인공지능을 활용한 경제활력 제고 및 안전한 인공지능 사용을 위한 신뢰·윤리 정책을 제시하였다.[23] 이에 대한 후속 조치로 인공지능 산업 진흥과 민간 활용 기반을 장려하면서 역기능을 방지하기 위한 '인공지능 법·제도·규제 정비 로드맵'을 발표하고 정부의 구체적 과제를 도출하였다.[24] 2023년 '디지털 공동번영사회의 가치와 원칙에 관한 헌장(이하 디지털 권리장전)'을 발표한 윤석열 정부는 인공지능에 관한 범부처 계획으로 이듬해 '새로운 디지털 질서 정립 추진계획'을 발표하였다.[25] 해당 추진계획은 디지털 심화로 인한 사회문제를 해결하기 위한 정책과제를 밝고하고, 국민들의 관심사가 크거나 파급성·시급성이 높은 과제를 핵심과제로 지정하였다.[26]

정부의 인공지능 정책에 맞춰 부처들 역시 소관 업무와 관련된 구체적인 정책을 수립하고 있다. 금융위원회는 2021년, 인공지능을 활용하여 금융산업에서 공정하고 신뢰할 수 있으며 소비자의 개인정보 보호와 권리행사를 보장할 수 있도록 '금융

---

22) USPTO, "Inventorship Guidance for AI-Assisted Inventions", 89 FR 10043, (2024. 2. 13.), https://www.federalregister.gov/documents/2024/02/13/2024-02623/inventorship-guidance-for-ai-assisted-inventions (2024. 9. 25. 최종방문).

23) 대한민국 정부, 인공지능 국가전략 (2019. 12. 17.), 1.

24) 대한민국 정부, 인공지능 법·제도·규제 정비 로드맵 (2020. 12. 24.), 1.

25) 대한민국 정부, 새로운 디지털 질서 정립 추진계획 (2024. 5. 21.).

26) 위의 글, 핵심과제로 ① AI 기술의 안전성 및 신뢰·윤리 확보 ② 딥페이크를 활용한 가짜뉴스 대응 ③ AI 개발·활용 관련저작권 제도 정비 ④ 디지털 재난 및 사이버 위협·범죄 대응 ⑤ 디지털 접근성제고·대체 수단 확보 ⑥ 비대면 진료의 안정적 시행 ⑦ 연결되지 않을 권리보호 ⑧ 잊힐 권리 보장을 정하였다.

분야 인공지능 가이드라인'을 발표하였다.[27] 이듬해 교육부 또한 교육현장에서 인공지능의 안전한 도입·활용에 대한 지침인 '교육분야 인공지능 윤리원칙'을 마련하였고,[28] 인권위원회 역시 인공지능 개발·활용 시 인간의 존엄성과 기본권을 보장하기 위한 '인공지능 개발과 활용에 관한 인권 가이드라인'을 마련하여 국무총리와 관련 부처 장관에게 권고하였다.[29] 개인정보보호위원회는 인공지능 기술 등을 이용한 자동화된 결정에 대한 개인정보처리자의 조치 기준을 마련하기 위해 개인정보 보호법 제37조의2를 신설하고,[30] 이듬해 인공지능 산업에서 핵심 활용 대상인 비정형데이터에 대한 가명처리 기준을 제시하는 '비정형데이터 가명처리 기준'을 마련하였다. 해당 기준은 기존 정형데이터와 구분되는 비정형데이터의 특수성을 고려하여 정보주체나 정보처리자가 사전에 개인정보 위험을 확인·통제할 수 있도록 원칙과 사례를 제시하고 있다.[31]

III. 국내 인공지능 입법 현황

1. 21대 국회의원 인공지능 입법

인공지능이 산업에서 중요한 비중을 차지하고 주요 선진국에서 입법이 추진됨에 따라 21대 국회 역시 2020년부터 총 13건(과방위 9건, 산자위 2건, 교육위 2건)의 인공지능

27) 금융위원회, 금융분야 AI 가이드라인 (2021. 7. 8.), 2면.
28) 교육부, 교육분야 인공지능 윤리원칙 (2022. 8. 11.), 4면.
29) 국가권익위원회, 인공지능 개발과 활용에 관한 인권 가이드라인 (2022. 5. 7.) (해당 가이드라인은 인간의 존엄성 및 개인의 자기결정권 보장, 투명성과 설명 의무, 인공지능 인권영향평가 시행, 위험도 등급 및 관련 법·제도 마련 등을 주요 내용으로 담고 있다.).
30) 개인정보 보호법 제37조의2; 법무법인 세종, "개인정보 보호법 제2차 개정안 국회 본회의 통과", https://www.shinkim.com/kor/media/newsletter/2039, (2023. 3. 2.), (2024. 9. 27 최종방문).
31) 개인정보보호위원회, 비정형데이터 가명처리 기준 주요내용 (2024. 2. 2.) 참조.

법안을 발의하였다.[32] 이 중 인공지능 자체의 신홍이나 규제를 목적으로 발의한 법안이 9건이 있었고,[33] 인공지능 도입 시 발생할 수 있는 사업자의 책무와 이용자의 권리를 규정하는 법안 등이 발의되었다.[34] 해당 법안들은 인공지능 산업적 활용을 통한 부가가치 창출과 더불어 인공지능이 유발하는 잠재적 위험성에 대비하고자 하는 입법목적을 갖고 있다.

법안들은 인공지능의 법적 정의, 기본원칙, 인공지능 산업의 진홍 및 규제, 전문인력 양성 등의 내용을 공통으로 제시하고 있다. 대부분 법안이 인공지능을 "인간의 지능이 가지는 학습, 추론, 지각, 판단, 자연언어 이해 등의 기능을 전자적 방법으로 구현한 것"으로 공통적으로 정의하고 있다. 제도 체계 역시 정부와 민간이 함께 참여하는 인공지능 거버넌스를 구성함으로써 인공지능 기본계획과 정책의 수립 및 추진, 윤리원칙 마련, 중앙행정기관 간 상호 협력 및 예산 배분, 법령의 제·개정, 국제협력 등 인공지능에 관한 기본적 방향을 정하는 기관구성을 담고 있다. 아울러 인공지능사회 진입을 위한 전문인력 확보를 위한 교육과 훈련을 수행할 수 있는 상설기관 마련과 원활한 연구발전을 위한 표준화 사업 추진 방안도 제시하고 있다.

반면 인공지능을 구분하는 부분에서 서로 다른 관점을 제시하였다. 인공지능의 분류는 규제와 밀접한 연관이 있으므로 외국의 규제 현황과 국내 산업에 미치는 영향 등에 대한 종합적인 판단에 따라 차이점이 두드러지게 나타난 것으로 보인다.[35] 예컨대 고위험 인공지능을 최초로 구체적으로 법안으로 발의한 윤영찬 의원안은 고위험

---

32) 법제처 미래법제혁신기획단, "인공지능(AI) 관련 국내외 법제 동향", Legislation Newsletter, (2024. 7.), 39면.

33) 정필모 의원 발의, "인공지능 육성 및 신뢰 기반 조성 등에 관한 법률안", 2111261, (2021. 7. 1.) [임기만료폐기], 윤영찬 의원 발의, "알고리즘 및 인공지능에 관한 법률안", 2113509, (2021. 11. 24.) [임기만료폐기], 윤두현 의원 발의, "인공지능산업 육성 및 신뢰확보에 관한 법률안", 2118726, (2022. 12. 7.) [임기만료폐기] 참조.

34) 황희 의원 발의, "인공지능책임법", 2120353, (2023. 2. 28.) [임기만료폐기], 안철수 의원 발의, "인공지능 책임 및 규제법안", 2123709, (2023. 8. 8.) [임기만료폐기] 참조.

35) 장한지, "고위험 AI 규제 '알고리즘법'…법조계, 기대와 우려 교차", 아주경제, (2022. 1. 26.), https://www.ajunews.com/view/20220126133237897, (2024. 9. 30. 최종방문).

인공지능을 "국민의 생명, 신체의 안전 및 기본권의 보호에 중대한 영향을 미치는 인공지능"으로 규정하고 생명, 신체, 사회기반시설, 채용 등 각 분야별 해당 영역을 제시하고 있다. 반면 윤두현 의원안은 에너지법, 보건의료법, 의료기기법 등 사람의 생명, 신체의 안전 및 기본권에 중대한 영향을 미치는 영역에서 이용하는 인공지능으로 영역의 관점에서 고위험 인공지능을 구분하였다. 안철수 의원안은 인공지능을 금지된 인공지능, 고위험 인공지능, 저위험 인공지능으로 분류하고, 특히 고위험 인공지능을 "사람의 생명, 신체의 안전 및 기본권의 보호에 중대한 영향을 미칠 우려가 있는 영역에서 활용되는 인공지능으로 규정"하였다. 이에 따라 인공지능 사업자의 책무와 이용자의 권리 등을 제안하고, 인공지능 이용자 보호를 위한 정부 및 사업자의 책무, 이용자의 권리 등을 규정하였다.

2. 제21대 국회 인공지능 기본법 입법 동향

(1) 개 요

인공지능에 관한 다양한 법안이 제출됨에 따라 국회 과학기술정보통신위원회 정보통신방송법안심사소위원회는 2023년 2월 그동안 발의된 8건의 인공지능 법안[36]을 병합·심사하여 「인공지능산업 육성 및 신뢰 기반 조성 등에 관한 법률안(이하 "제21대 국회 인공지능 기본법안")」을 위원회 대안으로 채택하였다.[37]

(2) 주요내용

제21대 국회 인공지능 기본법안은 인공지능을 "학습, 추론, 지각, 판단, 언어의 이

---

36) 통합·조정된 8건의 법안은 인공지능 연구개발 및 산업 진흥, 윤리적 책임 등에 관한 법률안(이상민 의원 등 11인), 인공지능산업 육성에 관한 법률안(양향자 의원 등 23인), 인공지능 기술 기본법안(민형배 의원 등 10인), 인공지능교육진흥법안(안민석 의원 등 10인), 인공지능 육성 및 신뢰 기반 조성 등에 관한 법률안(정필모 의원 등 23인), 인공지능에 관한 법률안(이용빈 의원 등 31인), 알고리즘 및 인공지능에 관한 법률안(윤영찬 의원 등 12인), 인공지능산업 육성 및 신뢰 확보에 관한 법률안(윤두현 의원 등 12인)이다.
37) 법제처(주 32), 40면.

해와 같이 인간이 가진 지적 능력을 전자적 방법으로 구현한 것"이라고 정의하고 있으며, 인공지능기술은 "인공지능을 구현하기 위하여 필요한 하드웨어 기술 또는 그것을 시스템적으로 지원하는 소프트웨어 기술 또는 그 활용 기술"로 정의하고 있다. 또한 위험기반 접근방식을 반영하여 사람의 생명, 신체의 안전 및 기본권의 보호에 중대한 영향을 미칠 우려가 있는 영역에서 활용되는 인공지능은 별도로 "고위험 인공지능"으로 분류하였다.

인공지능기술과 산업에 관해 법안은 "안전성과 신뢰성을 확보하여야 하며, 국민의 삶을 향상하는 방향으로 발전"되어야 함을 기본원칙으로 제시하고 있다.[38] 이에 따라 인공지능 산업 육성 및 신뢰 체계 마련을 위해 과기정통부장관은 주기적으로 인공지능 기술과 산업 진흥을 위한 정책의 기본 방향과 전략인 '인공지능 기본계획'을 수립하고 국무총리 소속의 '인공지능위원회'로부터 전문성과 신뢰성 관련 심의·의결을 거칠 것을 규정하고 있다.[39] 또한 한국지능정보사회진흥원에 국가인공지능센터를 설치하여 인공지능산업의 육성과 경쟁력 강화 업무를 종합적으로 부여하고 있다.

제21대 국회 인공지능 기본법안은 인공지능 신산업·기술 분야의 도입과 혁신 및 산업 기반 조성을 위해 "우선 허용·사후 규제" 원칙을 채택하였다. 포괄적 네거티브 규제를 도입하여 인공지능 관련 기술·제품·서비스의 개발 및 연구가 국민의 생명·안전·권익에 위해가 되거나 공공의 안전보장·질서유지·복리증진을 현저하게 저해하는 경우에만 제한하도록 하고 있다.[40] 이러한 완화된 규제를 통해 인공지능 분야 관련 전문인력 양성을 지원하고, 인공지능기술의 연구·개발을 수행하는 기업이나 기관을 기능적·물리적 집적화를 추진할 수 있도록 '인공지능 집적단지'의 지정 및 법적 지원 근거를 마련하고 있다.[41]

마지막으로 인공지능의 개발 및 활용 등으로 인해 인간의 생명과 신체적·정신적

---

38) 김광수(주 1), 186면.

39) 법제처(주 32), 40면.

40) 박효진, "인공지능과 관련한 국내 입법 논의: 「인공지능산업 육성 및 신뢰기반조성 등에 관한 법률안」을 중심으로", 한국법제연구원, (2023), 46면.

41) 위의 글, 41면.

피해가 발생하는 것을 방지하기 위해 안전성과 신뢰성을 담보할 수 있는 인공지능 윤리원칙을 대통령령으로 제정할 수 있도록 규정하고 있다. 특히 EU 인공지능법과 유사하게 위험 기반 접근방식으로 고위험영역 인공지능을 구분하여 "사람의 생명, 신체의 안전 및 기본권의 보호에 중대한 영향을 미칠 우려가 있는 영역에서 활용되는 인공지능"으로 정의하였다.[42] 이에 따라 고위험영역에서 활용되는 인공지능을 이용해 제품 또는 서비스를 제공하려는 자는 사전에 이용자에게 알릴 의무가 있으며, 인공지능의 신뢰성을 확보하는 조치를 하여야 한다. 이러한 신뢰성 확보 조치는 인공지능으로 발생하는 위험관리방안 마련, 안전성과 신뢰성 확보 조치 내용을 담고 있는 문서 작성, 이용자 보호 방안, 고위험영역 인공지능을 다루는 자의 관리·감독 방안 등을 담고 있으며 과기정통부장관이 고시로 정할 수 있도록 하고 있다.

(3) 국가인권위원회 의견표명

제21대 국회 인공지능 기본법안이 마련되어 입법이 구체화됨에 따라[43] 국가인권위원회(이하 '인권위')는 입법 시 인권침해·차별 문제를 예방·규제할 수 있는 규정 마련이 필요하다는 의견을 국회의장에게 표명하였다.[44] 인권위는 인공지능산업이 인간의 삶의 질을 높일 수 있음에는 동의하지만 동시에 인공지능으로 인해 발생할 수 있는 위험성을 충분히 고려하지 않은 채 사회 전반에서 사용되면 기본권 침해를 비롯한 여러 위험을 초래할 수 있음을 지적하였다.

우선 인권위는 국회 과학기술정보방송통신위원회 심의 중인 제21대 국회 인공지

---

42) 인공지능 산업 육성 및 신뢰 기반 조성 등에 관한 법률안 (21대 위원회 합치 법률안 및 인권위 권고 1차 반영안) 참조.

43) 박효진 (주 40), 45면 (법안소위원회에서 의결된 법안은 통상적으로 상임위원회에서 곧바로 의결되므로 국회 법제사법위원회의와 본회의 심사만을 앞두고 있다는 점에서 해당 법안은 8부 능선을 넘었다고 평가된다.).

44) 국가인권위원회 보도자료, "「인공지능 법률안」, '우선허용·사후규제' 원칙 삭제하고, 인권영향평가 도입해야", https://www.humanrights.go.kr/base/board/read?boardManagementNo=24&boardNo=7609439&men(국가인권위원회법 제19조에 따라 위원회는 인권에 관한 법령(입법과정 중에 있는 법령안을 포함한다)·제도·정책·관행의 조사와 연구 및 그 개선이 필요한 사항에 관한 권고 또는 의견을 표명할 수 있다.), (2024. 10. 4. 최종방문).

능 기본법안에서 인권침해와 차별, 사회적 편견의 확대·재생산, 개인정보 유출, 허위
정보 생산, 저작권 침해 등의 문제를 예방·규제할 규정이 미흡하다고 지적하였다.[45)]
예컨대 해당 법안은 인공지능이 정보를 수집하는 과정에서 발생하는 이용자의 정보
주체의 권리 및 권리침해 시 피해구제 절차가 마련되어 있지 않아 사생활 침해 발생
시 대처가 어렵다고 보았다.[46)] 특히 법안이 산업 활성화를 위해 채택한 '우선허용·사
후규제' 원칙은 산업의 효율성만 추구한 나머지 인권침해나 국제 기준에 맞지 않을 수
있음을 주장하며, 해당 원칙을 폐기하고 인권영향평가제도를 도입해야 한다고 제안
하였다.[47)]

    아울러 인권위는 제21대 국회 인공지능 기본법안에서 인공지능기술이 인권에 미
치는 영향 및 위험성 등을 고려하여 인공지능에 관한 적정한 등급 구분이 재정립되어
야 하며, 그에 따른 규제 수준을 다르게 마련할 것을 요구하였다.[48)] 인권위는 현재의
인공지능 법률안은 단지 고위험 인공지능만을 규율하고 있으며, 유럽연합 등 외국과
비교해 상대적으로 협소하게 정의되었음을 지적히 있다. 따라서 고위험 인공지능의
범위를 확대·재정의하고, 인공지능 감독·규제 담당 기관이 고위험 인공지능의 투명
성, 설명 가능성, 인권침해 여부 등을 사전에 엄격히 점검할 수 있고 인공지능 이용 중
인권 관련 문제가 발생한 경우에도 인공지능 감독·규제 기관이 일시 사용 중지 명령
등 적절한 조치가 마련되어야 한다고 주장하였다.[49)]

    마지막으로 인권위는 인공지능 감독·규제 업무는 제3의 기관이 독립적으로 수행
할 수 있는 기관에서 수행하는 것이 적절하다고 권고하였다.[50)] 제21대 국회 인공지능
기본법안은 과기정통부장관에게 인공지능 기술 및 산업 진흥·육성 업무뿐만 아니라,
고위험영역 인공지능의 확인 등 인공지능 규제에 관한 업무를 위임하고 있는데, 위원

---

45) 국가인권위원회, 「「인공지능산업 육성 및 신뢰 기반 조성 등에 관한 법률안」에 대한 의견표명」,
    2023, 1면.
46) 위의 글, 5면.
47) 위의 글, 14-15면.
48) 위의 글, 13면.
49) 위의 글, 14면.
50) 위의 글, 16면.

회는 산업 진흥과 규제라는 상호 모순적인 업무를 한 기관이 담당하면 규제의 실효성
을 담보하기 어렵다고 보았다.

(4) 인권위 의견 반영

인권위의 이러한 의견표명에 대해 국무총리와 각 부처 장관과 기관장은 인권위
의 권고를 일부 수용한 것으로 보인다.[51] 인권위 권고 반영안을 살펴보면, 인권위가
폐기를 주장했던 우선허용·사후규제 원칙은 폐기되지 않았지만, 단서 조항을 삽입하
여 "국민의 생명·안전·권익에 위해가 되거나 공공의 안전보장, 질서유지 및 복리증
진을 현저히 저해할 우려가 있는" 인공지능 기술·제품·서비스는 국가와 지방자치단
체로부터 제한받을 수 있도록 수정하였다.[52] 이를 통해 인공지능의 위험성을 감독할
수 있는 권한이 구체적으로 국가와 지방자치단체에 있고, 인공지능의 위험성이 미치
는 분야를 구체적으로 명시하였다.

또한 고위험 인공지능의 신뢰성 확보를 위해 윤리원칙과 신뢰성 확보 조치가 미
흡한 경우, 과기정통부장관은 고위험 인공지능 사업자에게 보완·시정을 요구할 수
있도록 내용을 추가하였다. 비록 인권위가 표명했던 내용인 독립적인 인공지능 위험
성 조치 기관을 수용하지는 않았지만, 신뢰성 확보를 위해 주무부처인 과학기술정보
통신부의 역할을 보충함으로써 고위험 인공지능 사업자에 대한 감독 및 규제 방안을
강화하였다. 과기정통부장관은 고위험 인공지능 사업자를 주기적으로 조사·관리할
수 있으며, 인공지능으로 인해 생명, 신체의 안전 및 기본권의 침해가 우려되면 실시
한 적합성 평가 결과에 따라 고위험 인공지능 사업자에게 시정명령을 내릴 수 있도록
하였다.[53]

---

51) 국가인권위원회 보도자료, "〈인공지능 개발과 활용에 관한 인권 가이드라인〉 권고, 국무총리 및
관련 부처 장관·기관장 수용", 국가인권위원회, 2022. 10. 21., https://www.humanrights.go.kr/
site/program/board/basicboard/view?menuid=001004002001&pagesize=10&boardtypeid=24&board
id=7608423 (2024. 10. 18. 최종방문).
52) 인공지능 산업 육성 및 신뢰 기반 조성 등에 관한 법률안 (주 42), 제12조.
53) 위의 법안 제29조.

(5) 소 결

제21대 국회 인공지능 기본법안은 제21대 국회에서 지속적인 수정 보완 중인 상태에서 국회 회기가 종료되면서 2024년 5월 말 자동 폐기되었다. 비록 법안은 폐기되었지만, 국회에서 본격적으로 인공지능 관련 기본법을 마련하기 위한 구체적인 진전이 있었고, 국회뿐만 아니라 인권위의 의견까지 포함한 종합적 법안이 마련되었다는 점에서 의의가 있었다. 그리고 이러한 입법 방향은 제22대 국회 입법안에도 반영되었다.

3. 제22대 국회 인공지능 기본법 입법 동향

제22대 국회에서도 인공지능 기본법에 대한 논의는 빠르게 진행되었고 인공지능 기본법의 입법을 앞두고 있다. 우선 안철수 의원이 임기시작 하루 만에 「인공지능 산업 육성 및 신뢰 확보에 관한 법률안」을 발의한 것을 시작으로, 2024년 11월까지 총 19개의 법안이 상정되었다.[54] 이들 법안을 바탕으로 국회 정보통신방송법안심사소위원회는 상정된 19건의 법안을 통합·조정하여 위원회 대안을 제안하기로 의결하고, 과학기술정보방송통신위원회 위원회안으로 국회 본회의에 제안하기로 하였다.[55]

이러한 신속한 입법 동향은 각 법안들의 제안이유에서 언급하듯이 인공지능 기술이 이미 사회·경제·문화 등 다양한 분야에서 활용되고 있고, 국민의 삶 전반에 큰 영향을 미치고 있기 때문이다. 동시에 인공지능이 유발할 수 있는 기본권 침해, 편견이나 허위정보의 확산, 디지털 격차 심화 등 잠재적 위험과 부작용에 대한 사회적 관심이 역시 크다는 점을 보여 준다. 해당 장에서는 과학기술정보방송통신위원회 결의안인 「인공지능 발전과 신뢰 기반 조성 등에 관한 기본법안(대안)(이하 "제22대 국회 인공지능 기본법안")」을 바탕으로 입법안들의 공통적 체계를 중심으로 법안의 내용을 살펴본다.

---

54) 국회입법예고시스템, https://pal.assembly.go.kr/napal/search/lgsltpaSearch/list.do?menuNo=1100025&billName=%EC%9D%B8%EA%B3%B5%EC%A7%80%EB%8A%A5, (2024. 12. 16. 최종방문).

55) 성현희, "'AI기본법·단통법 폐지안' 과방위 전체회의 통과", 전자신문 (2024. 11. 26.), 1, https://www.etnews.com/20241126000295 (2024. 12. 16. 최종방문).

〈표-1〉 제22대 국회에서 인공지능 기본법 입법 현황[56]

의안명	의안번호	대표발의자	발의일자
인공지능 산업 육성 및 신뢰 확보에 관한 법률안	2200053	안철수의원	2024.5.31.
인공지능 발전과 신뢰 기반 조성 등에 관한 법률안	2200543	정점식의원	2024.6.17.
인공지능산업 육성 및 신뢰 확보에 관한 법률안	2200673	조인철의원	2024.6.19.
인공지능산업 육성 및 신뢰 확보에 관한 법률안	2200675	김성원의원	2024.6.19.
인공지능기술 기본법안	2201158	민형배의원	2024.6.28.
인공지능 개발 및 이용 등에 관한 법률안	2201399	권칠승의원	2024.7.4.
인공지능 기본법안	2203072	한민수의원	2024.8.22.
인공지능책임법안	2203235	황희의원	2024.8.27.
인공지능 발전 진흥과 사회적 책임에 관한 법률안	2203297	배준영의원	2024.8.28.
인공지능의 발전과 안전성 확보 등에 관한 법률안	2203960	이훈기의원	2024.9.12.
인공지능산업 진흥 및 신뢰 확보 등에 관한 특별법안	2204250	김우영의원	2024.9.24.
인공지능산업 육성 및 신뢰 기반 조성 등에 관한 법률안	2205013	이정헌의원	2024.10.29.
인공지능 발전 및 신뢰성 보장을 위한 법률안	2205189	황정아의원	2024.11.1.
인공지능산업 진흥 및 인공지능 이용 등에 관한 법률안	2205457	이해민의원	2024.11.11.
인공지능산업 진흥에 관한 법률안	2205458	정동영의원	2024.11.11.
인공지능 산업 육성 및 신뢰 기반 조성 등에 관한 법률안	2205569	최민희의원	2024.11.14.
인공지능의 안전 및 신뢰 기반 조성에 관한 법률안	2205639	조승래·이인선의원	2024.11.18.
인공지능 진흥에 관한 법률안	2205643	조승래·이인선의원	2024.11.18.
인공지능산업 육성 및 발전 등에 관한 법률안	2205648	정희용의원	2024.11.18.

---

56) 과학기술정보방송통신위원회 결의안, "인공지능 발전과 신뢰 기반 조성 등에 관한 기본법안(대안)", (2024. 11.) [계류 중], 1-3.

(1) 제안이유

제22대 국회 인공지능 기본법안의 제안이유를 살펴보면, 인공지능은 산업발전 뿐만 아니라 사회 전반에 미칠 영향을 고려한 입법임을 밝히고 있다. 인공지능이 산업의 영역을 넘어 이미 사회 각 분야에서 다양하게 활용되고 있으며, 생성형 인공지능의 등장에 따라 인공지능이 가져올 잠재적 혜택과 위험성이 공존하고 있는 기술적 상황을 배경으로 제시하고 있다. 아울러 미국, 영국, 유럽연합 등 주요국에서 인공지능 산업의 발전을 위해 다양한 지원체계를 구축함과 동시에 인공지능의 안전성과 신뢰성을 확보하기 위한 규율 체계를 마련하는 등 주도권 경쟁이 본격적으로 시작되는 국제적 상황 역시 입법의 주요 배경으로 꼽고 있다. 이에 따라 법안들은 국내 산업과 사회·문화적 맥락을 고려하여 산업의 혁신을 저해하지 않으면서 인공지능의 부작용과 위험을 최소화하기 위한 기본적 제도를 마련하고, 국민의 권익과 존엄성을 보호하고, 국민의 삶의 질 향상과 국가경쟁력 강화를 입법의 목적으로 제시하고 있다.

(2) 정의

제22대 국회 인공지능 기본법안은 주로 21대 국회에서 정한 기준을 참고하여 "인공지능", "고영향 인공지능", "생성형 인공지능", "인공지능윤리 및 인공지능사업자" 등을 정의하고 있다. 법안은 인공지능을 "학습, 추론, 지각, 판단, 언어의 이해 등 인간이 가진 지적 능력을 전자적 방법으로 구현한 것"으로 정의하고 있다. 인공지능시스템이란 "다양한 수준의 자율성과 적응성을 가지고 주어진 목표를 위하여 실제 및 가상환경에 영향을 미치는 예측, 추천, 결정 등의 결과물을 추론하는 인공지능 기반 시스템"을 의미하며, 인공지능시스템은 "인공지능을 구현하는 데 필요한 하드웨어 기술 또는 그것을 시스템적으로 지원하는 소프트웨어 기술 또는 그 활용 기술"로 규정하고 있다. 제21대 국회에서 주요 논의 사안이었던 '생성형 인공지능'은 "입력한 데이터의 구조와 특성을 모방하여 글, 소리, 그림, 영상, 그 밖의 다양한 결과물을 생성하는 인공지능시스템"으로 규정하였다.[57]

---

57) 정점식 의원 발의 "인공지능 발전과 신뢰 기반 조성 등에 관한 법률안", 2200543, (2024.6.17.), [대

법안에서 가장 눈에 띄는 점은 고위험 인공지능이라 불리던 "사람의 생명, 신체의 안전 및 기본권의 보호에 중대한 영향을 미칠 우려가 있는 영역에서 활용되는 인공지능 시스템"은 "고영향 인공지능"으로 용어를 변경한 점이다. 이는 인공지능을 단순히 위험한 대상으로 바라보고 규제하는 것이 아니라, 사회 전반에 영향을 미치는 존재로 받아들이고 동시에 부정적 영향은 억제하겠다는 의미로 보인다.[58] 다만 이러한 용어의 변경이 관련 업계의 의견에 치중하여 위험성 검토가 미흡하다는 비판도 존재한다.[59] 예컨대 권칠승 의원안에서 EU 인공지능법상의 위험분류 체계를 반영하여 제시한 '금지되는 인공지능 업무' 내용 등은 법안에 반영되지 않았다.[60]

(3) 추진체계

제22대 국회 인공지능 기본법안은 인공지능사회의 구현, 인공지능산업의 신뢰 확보 등을 심의·의결하기 위해 대통령 소속으로 '국가인공지능위원회'를 설치할 것을 규정하고 있다. 위원회의 역할은 과기정통부장관이 3년마다 수립하는 인공지능 기본계획의 추진상황을 점검·분석하고, 연구개발 전략을 심의·의결하도록 규정하였다. 이미 정보통신정책을 심의·의결하는 기관인 국무총리 소속의 '정보통신 전략위원회'에서 인공지능 정책을 포괄하여 처리할 수도 있으나, 인공지능의 국가 정책적 중요성이 커지고 사회 전반에 미치는 영향을 고려하여 독립된 위원회가 필요하다고 판단한 것으로 보인다.[61] 추가적으로 민형배 의원안은 지역에 맞는 인공지능 정책 마

안반영폐기]; 민형배 의원 발의, "인공지능기술 기본법안", 2201158, (2024.6.28.) [대안반영폐기] 등 참조.

58) 이해민 의원 발의, "인공지능산업 진흥 및 인공지능 이용 등에 관한 법률안, 2205457, (2024. 11. 11.), [대안반영폐기], 참조.

59) 김성율, "TMT 이슈리포트―「AI 기본법」개정안의 주요 내용과 시사점", 대륙아주, https://www.draju.com/ko/sub/newsletters.html?type=view&bsNo=5267&langNo= (2024. 12. 17. 최종방문).

60) 권칠승 의원 대표발의, "인공지능 개발 및 이용 등에 관한 법률안", 2201399, (2024. 7. 4.), [대안반영폐기] 제21조 (해당 법안은 "인간의 존엄과 가치, 인류의 평화와 안전에 대한 심각한 침해나 위협이 명백하다고 인정되어 개발과 이용이 금지된 인공지능"으로 정의하고 그 기준과 유형은 대통령령으로 정하도록 하고 있다.).

61) 김건오, "인공지능 산업 육성 및 신뢰 확보에 관한 법률안 등 검토보고", 과학기술정보방송통신위원회, (2024.8), 71면.

련을 위해 지방자치단체에 '지역인공지능위원회'를 설치할 것을 제안하였으나 반영되지 않았다.[62]

　　아울러 법안은 인공지능산업 진흥 및 경쟁력 강화에 필요한 업무를 종합적으로 수행하기 위한 전문기관을 마련하는 방안도 제시하고 있다.[63] 인공지능산업 진흥 및 경쟁력 강화에 필요한 전문기술의 지원 및 연구 등을 수행하기 위한 지원조직으로 '인공지능정책센터'를 지정 및 설치하도록 하고 있다. 또한 인공지능 위험 관리를 위해 인공지능으로 발생하는 위험으로부터 국민의 생명과 재산 등을 보호하고 인공지능사회의 신뢰를 유지하는 '인공지능안전연구소'를 설치할 것을 명시하고 있다. 이러한 흐름에 맞춰 정부는 9월 대통령 소속의 '국가AI위원회'를 출범하고[64] 11월에는 'AI안전연구소'를 개소하였다.[65]

(4) 인공지능 기술·산업육성

　　제22대 국회 인공지능 기본법안 제13조와 제14조는 인공지능 기술개발 활성화를 위해 연구, 기술이전, 실용화 사업 등을 지원하고, 학습용 데이터, 인공지능의 안전성·신뢰성 등과 관련된 표준화 사업을 추진하도록 규정하고 있다. 법안은 인공지능 기술과 제품·서비스의 원활한 개발 및 상용화를 위해 과기정통부장관이 표준의 제·개정 및 보급 등 표준화 관련 사업을 규정하도록 하였다.

　　아울러 법안은 민간에서 인공지능 기술도입을 촉진하기 위해 독자적인 기술 개발 및 도입이 어려운 중소기업 지원 방안을 제시하고 있다. 법안 제17조는 인공지능

---

62) 민형배 의원 대표발의, "인공지능기술 기본법안", 2201158, (2024. 6. 28.), 제9조 [대안반영폐기].

63) 대부분의 안들은 「지능정보화 기본법」 제12조에 따른 한국지능정보사회진흥원에 전문기관을 두는 것을 제안하나 과기정통부 장관이 별개의 기관을 만들 것을 제안하는 법안도 있다[예: 국가인공지능센터(정점식 의원안)].

64) 과학기술정보통신부 보도자료, "국가인공지능 전략 정책방향", 인공지능기반정책과, (2024. 9. 26.), 1면.

65) 과학기술정보통신부, "'한국 AI안전연구소' 출범…AI 위협에 체계적·전문적 대응", 대한민국 정책브리핑, (2024. 11. 27.), https://www.korea.kr/news/policyNewsView.do?newsId=148936794&pWise=sub&pWiseSub=C4 (2024. 12. 16. 최종방문).

지원시책을 시행할 때 중소기업 등을 우선 고려할 것을 명시하고 있다. 또한 법안 제
18조는 인공지능산업 분야의 창업자 발굴 및 육성·지원 사업, 교육·훈련에 관한 사
업, 창업자금의 금융지원 등 창업 활성화 방안도 담고 있다. 또한 제19조는 기존 사업
을 영위하는 경우에도 인공지능 산업과 적극적으로 융합할 수 있도록 지원하는 방안
을 담고 있다. 해당 조항들은 상대적으로 전환이 어려운 중소기업의 인공지능 산업
참여 및 전환을 지원하기 위해,[66] 인공지능사업자들에게 인공지능사업 및 기술개발
에 필요한 자금을 장기 저리로 융자하거나, 세제 혜택을 주어 민간의 투자 촉진 및 수
출 지원 방안 등의 근거 조항이 될 수 있다.[67]

　　또한 인공지능 산업 양성을 위해 전문인력 양성 방안 역시 제시하고 있다. 법안
제21조는 「지능정보화 기본법」 제23조 제1항에 따라 국내 전문인력을 양성하고 지원
할 것을 담고 있다.[68] 또한 우수한 인공지능 관련 전문인력을 유치하기 위해 국제네
트워크를 구축하고, 국내 취업을 지원하며, 연구기관의 해외 지출 등의 방안도 구체
적으로 제시하고 있다. 또한 인공지능산업의 진흥과 인공지능 개발·활용의 경쟁력
강화를 위해 국가나 지방자치단체는 연구·개발을 수행하는 기업, 기관이나 단체의
기능적·물리적·지역적 집적화를 추진할 수 있도록 하고 있다.

(5) 인공지능 윤리 및 신뢰성 확보

인공지능은 사람의 통제를 벗어나 예측할 수 없는 방식으로 작동하거나 결과를

---

66) 한민수 의원 대표발의, "인공지능 기본법안", 2203072, (2024. 8. 22.) 제15조 [대안반영폐기].

67) 김우영 의원 대표발의, "인공지능산업 진흥 및 신뢰 확보 등에 관한 특별법안", 220425, (2024. 9.
24.), 제10조-13조, [대안반영폐기].

68) 지능정보화 기본법 제23조(전문인력의 양성) ① 과학기술정보통신부장관은 지능정보기술 및 지능정
보서비스의 발전을 위하여 전문인력의 양성에 필요한 다음 각 호의 시책을 수립·추진하여야 한다.
1. 전문인력의 수요 실태 파악 및 중·장기 수급 전망 수립
2. 전문인력 양성기관의 설립 또는 지원
3. 전문인력 양성 교육프로그램의 개발 및 보급 지원
4. 각급 학교 및 그 밖의 교육기관에서 시행하는 지능정보기술 및 지능정보서비스 관련 교육의 지원
5. 그 밖에 전문인력 양성에 필요한 사항

초래할 위험이 있으므로 안전성과 신뢰성 확보가 중요하다. 특히 사람의 생명·신체의 안전과 기본권 보호에 중대한 영향을 미칠 우려가 있는 인공지능을 '고영향 인공지능'으로 구분하고 있다. 이러한 인공지능의 윤리 및 신뢰성 확보를 위해 법안은 정부와 인공지능 사업자의 역할을 각각 제시하고 있다.

법안 제27조는 정부가 인공지능 윤리원칙을 규정하도록 하고 있다. 인공지능 윤리원칙에는 인공지능이 사람의 생명과 신체, 정신적 건강 등에 해가 되지 않도록 하는 안전성과 신뢰성에 관한 사항과 모든 사람이 자유롭고 편리하게 인공지능에 접근하여야 하며, 인공지능의 개발과 활용은 사람의 삶과 번영에 공헌할 것을 담고 있다. 또한 민간자율인공지능윤리위원회를 두어 인공지능기술 연구·개발·활용 시 안전 및 인권침해 문제를 감독하고, 분야별 인공지능윤리 지침을 마련하도록 하였다. 또한 법안 제29조는 정부에게 인공지능으로 인해 발생할 수 있는 잠재적 위험을 최소화하고 사회적 신뢰를 조성하기 위해 법령·제도를 정비하고, 안전기술 및 인증기술의 개발 및 확산을 지원하며, 인공지능 윤리를 교육하고 홍보하는 등의 역할을 수행할 수 있으며, 법인 제30조에 따라 인공지능의 안전성·신뢰성 확보를 위하여 자율적으로 추진하는 검증·인증 활동을 할 수 있도록 정하고 있다.

법안 제31조부터 제35조는 인공지능 사업자의 의무를 규정하고 있다. 우선 제31조는 사전고지 의무, 인공지능을 활용한 결과물임을 표시할 의무, 명확한 고지의 방법 의무 등을 규정하고 있다. 제32조는 대통령령으로 정한 누적 연산량 이상의 인공지능시스템의 경우에는 안전성을 확보하기 위하여 위험 식별·평가·완화 등의 사항을 이행할 것을 규정하고 있다. 또한 제33조는 특정 인공지능 또는 그 인공지능을 이용한 제품 또는 서비스가 고영향 인공지능에 해당하는지를 과학기술정보통신부장관에게 확인할 수 있도록 하고 있다. 특히 고영향 인공지능 사업자의 경우, 법안 제34와 대통령령에서 정한 기준에 따라 고영향 인공지능 또는 이를 이용한 제품·서비스의 안전성·신뢰성 확보조치를 규정하고 있다.[69]

---

69) 제34조(고영향 인공지능과 관련한 사업자의 책무) ① 인공지능사업자는 고영향 인공지능 또는 이를 이용한 제품·서비스를 제공하는 경우 고영향 인공지능의 안전성·신뢰성을 확보하기 위하여 다음 각

마지막으로 제40조는 인공지능사업자는 위법 사항이나 혐의가 있을 경우, 자료를 제출하거나 소속 공무원의 조사를 받을 수 있도록 하며, 위반 사실이 있다고 인정되면 위반행위의 중지나 시정을 위하여 필요한 조치를 받을 수 있도록 규정하였다.

4. 소 결

22대 국회에서 발의한 법안은 21대 국회에서 발의한 법안들과 체계와 내용을 반영하면서 의원들의 입법안과 인권위와 산업계 등 다양한 의견이 반영되었다. 먼저 제22대 국회 인공지능 기본법안은 총칙 및 추진체계, 인공지능 기술·산업육성, 인공지능 윤리·신뢰성 확보, 보칙(및 벌칙)으로 구성되어 있다. 이는 제21대 국회 인공지능 기본법안과 구조적으로 유사하다. 또한 인공지능의 정의 역시 제21대 국회의 법률안에서 사용한 정의를 대부분 수용하고 있다. 하지만 인공지능 기술의 발전과 주요국 입법동향을 반영하여 인공지능을 보다 세밀하게 규정한 부분 역시 존재한다. 먼저 인공지능 기술의 동향을 반영하여 '생성형 인공지능'을 별도로 정의하고, 이에 대한 차별화된 규제를 제시하고 있다. 기존 '고위험 인공지능'을 '고영향 인공지능'으로 변경하였다.

추진체계 역시 인공지능 정책을 총괄하는 국가인공지능위원회를 어디서 총괄할지 의원 안마다 달랐던 것을 대통령 소속으로 정하였다.[70] 나아가 주무부처인 과학기

호의 내용을 포함하는 조치를 대통령령으로 정하는 바에 따라 이행하여야 한다.
1. 위험관리방안의 수립·운영
2. 기술적으로 가능한 범위 내에서의 인공지능이 도출한 최종결과, 인공지능의 최종결과 도출에 활용된 주요 기준, 인공지능의 개발·활용에 사용된 학습용데이터의 개요 등에 대한 설명 방안의 수립·시행
3. 이용자 보호 방안의 수립·운영
4. 고영향 인공지능에 대한 사람의 관리·감독
5. 안전성·신뢰성 확보를 위한 조치의 내용을 확인할 수 있는 문서의 작성과 보관
6. 그 밖에 고영향 인공지능의 안전성·신뢰성 확보를 위하여 위원회에서 심의·의결된 사항
70) 대통령 소속(정점식·조인철 의원안 등)으로 두는 의견과 국무총리 소속(김성원·권칠승 의원안 등)으로 설치하자는 견해가 논의되고 있다.

술정보통신부가 인공지능정책센터와 인공지능안전연구소를 운영할 수 있도록 하여 체계를 일원화하였다. 이를 통해 정부는 제도 마련, 기술의 실용화, 연구개발, 표준 제정, 인력 양성 등의 사업을 효율적으로 수행할 수 있을 것으로 보인다.

　　인공지능으로 인한 부작용을 최소화하기 위해 안전성과 신뢰성을 확보하기 위한 정부와 인공지능 사업자의 역할 또한 정리하였다. 제22대 국회 인공지능 기본법안은 윤리원칙 제정, 자율적인 검증·인증 체계구축 및 고영향 또는 생성형 인공지능 고지 의무 마련 등을 통해 이용자 보호를 위한 정부의 역할을 제시하고 있다. 또한 인공지능사업자들에게는 위험 식별·평가·완화 의무 등을 규정하고, 위법행위를 조사받을 수 있도록 하여 책임을 부과하고 있다. 이 과정에서 제21대 국회 인공지능 기본법안에서 인공지능 산업 규제 완화 방법으로 제시한 우선허용·사후규제 원칙은 인권위에서 우려를 반영하여 채택되지 않았다.[71]

　　이렇듯 제22대 국회 인공지능 기본법안은 인공지능에 대한 기본법 마련에 대한 높은 입법 수요에 따라 그동안 많은 의원이 제안한 법안들과 정부부처, 시민사회 의견들을 통합하려고 노력하였다. 해당 법안은 국내적으로는 성상하고 있는 인공지능 산업에 관한 법률이 없어 산업의 성장 및 인권을 저해한다는 우려를 해소할 수 있고,[72] 유럽과 미국을 비롯한 주요국들의 인공지능 제도와 정책에 우리나라가 법적으로 대응할 근거를 마련할 수 있다는 점에서 의의가 있다. 그러나 입법자들도 인정하듯이 해당 법안은 산업의 불확실성 등의 이유로 법안이 명확하지 않은 부분이 상당수 존재한다.[73] 법안이 산업육성과 지원을 통한 경제 발전을 위해 우선적으로 입법을 추

---

71) 김성원 의원 발의, "인공지능산업 육성 및 신뢰 확보에 관한 법률안", 2200675, (2024. 6. 19.) [대안반영폐기].

72) 강광우·권유진·김남영, ""AI법 없어 데이터 활용 포기"…속타는 기업, 최대의 적은 국회 [표류하는 AI 헌법]", 중앙일보 2024. 5. 6, https://www.joongang.co.kr/article/25247270#home (2024. 8. 18. 최종방문); 대한민국 정책브리핑, "과기정통부 "시민단체 등 제기한 AI 안전 우려 고려해 인공지능 기본법 수정안 마련"", 과학기술정보통신부, 2024. 5. 21, https://www.korea.kr/briefing/actuallyView.do?newsId=148929370#actually (2024. 8. 18. 최종 방문).

73) 제22대 국회 제418회 제17차, "과학기술정보방송통신위원회회의록", (2024. 11. 26.), 7.

진하였기 때문에 세부 규정이 정교하게 마련되어야 한다.[74] 따라서 인공지능으로 발생할 수 있는 인간의 존엄성 문제 및 인권 침해적 요소들의 개선과 세밀한 산업 진흥 정책 마련 등이 후속 과제로 남게 되었다.[75]

IV. 향후 과제들

1. 기존 법률과의 관계

입법의 필요성은 현재 법률이 새로운 사회 현상에 대응하지 못하는 것을 전제로 한다. 반대로 법안의 목적과 내용이 기존 법과 유사하고 지나치게 형식적이어서 기존 법률과 입법목적, 정의 등 소관 내용이 유사하다면 해당 법률의 실익은 상당 부분 입법의 이익을 잃어버리게 된다.[76] 이러한 점에서 그동안 인공지능 기본법 입법안들은 이미 제정된 「지능정보화기본법」과 내용과 구성이 유사하다는 점에서 별도의 입법 필요성에 대한 의문이 제기되고 있다.[77] 각각의 입법목적을 살펴보면 「지능정보화기본법」은 "지능정보화 관련 정책의 수립·추진에 필요한 사항을 규정함으로써 지능정보사회의 구현에 이바지하고 국가경쟁력을 확보하며 국민의 삶의 질을 높이는 것을 목적"으로 하고 있다. 법안 역시 "인공지능의 건전한 발전과 신뢰 기반 조성에 필요한 기본적인 사항을 규정함으로써 국민의 권익과 존엄성을 보호하고 국민의 삶의 질 향상과 국가경쟁력을 강화하는 데 이바지함을 목적"으로 함으로써 입법의 목적이 유사하다.

또한 「지능정보화기본법」에서 정하는 '지능정보기술'과 인공지능의 정의 역시 유

---

74) 위의 글, 10면.

75) 위의 글.

76) 박효진(주 40), 4면.

77) 참여연대, "[의견서] 인공지능법안 시민사회 반대 의견서 관련 과기부 답변에 대한 인권시민단체 반박의견서",https://www.peoplepower21.org/publiclaw/1938513.

사하여 구별의 실익에 대한 비판 또한 존재한다. 지능정보화기본법에서 정의하는 '지능정보기술'은 "전자적 방법으로 학습, 추론, 판단 등을 구현하는 기술"이라고 정의하고 있는데, 제22대 국회 인공지능 기본법안이 정의하는 인공지능 역시 "학습, 추론, 지각, 판단, 언어의 이해 등 인간이 가진 지적 능력을 전자적 방법으로 구현한 것"이라고 하고 있어 상당부분 유사하다. 이러한 유사한 정의에 관한 문제점은 지능정보화기본법이 '국가정보화 기본법'으로부터 개정될 당시에도 인공지능에 대한 전문적인 기술적·법적 연구가 부족하다는 비판이 있어 왔다는 점에서 국회의 숙의가 부족한 상태로 입법을 추진한다는 비판을 받을 수 있다. 법안이 정의하는 규정들이 인공지능 산업 전반에 문제없이 적용될 수 있는지 전반적인 검토와 입증이 필요해 보인다.[78] 생각건대 현재 입법안들의 규정들이 EU 인공지능법과 비교하였을 때 상대적으로 불명확하고,[79] 산업계 규정이 모호하고 구분이 명확하지 않아 산업발전의 저해 가능성을 우려하는 의견은 반영되어야 한다.[80] 특히 EU가 법안 심의 중 OECD의 인공지능 시스템 정의를 수용하여 법안을 재수정한 사례와 같이, 국제화 흐름에 맞춰 인공지능 산업 활성화 및 부작용 최소화라는 본연의 입법목적에 부합하여야 한다.[81]

---

78) 김형준, "지능정보화 기본법 개정 의의와 한계", KISO저널 제42호, 법제 동향, (2021) 27.

79) EU 인공지능법에서 정의하는 인공지능 시스템의 정의는 다음과 같다: "다양한 자율성의 수준으로 작동하도록 설계되고, 배치된 이후 적응성을 가지며, 명시적 또는 묵시적인 목표를 위해 투입된 것으로부터 물리적 또는 가상 환경에 영향을 미치는 예측, 콘텐츠, 권고 또는 결정 등 결과물을 생성하는 방법을 추론하는 기계 기반 시스템".

80) 김나윤, "약일까 독일까…인공지능(AI)법의 운명은", Fortune Korea 2023. 8. 1, https://www.fortunekorea.co.kr/news/articleView.html?idxno=29373 (2024. 9. 18. 최종방문).

81) EU 이사회는 OECD의 인공지능 정의를 수용하여 '명시적·묵시적 목표', '적응성' 등의 표현을 추가함. 채기현, "OECD AI 시스템 정의 개정의 주요 내용 및 시사점", 디지털법제 Brief, 한국지능정보사회진흥원, (2024), 6; EURACTIV ('23.11.15.): OECD updates definition of Artificial Intelligence 'to inform EU's AI Act', 기사 https://www.euractiv.com/section/artificial-intelligence/news/oecd-updates-definition-of-artificial-intelligence-to-inform-eus-ai-act/

2. 투명성 확보

인공지능 기술과 산업이 급속도로 현실화함에 따라 인공지능 윤리로 논의되던 내용이 구체적인 제도로 논의되고 있다. 이에 따라 공정성(Fairness), 책임성(Accountability), 투명성(Transparency), 윤리의식(Ethics)을 의미하는 일명 "FATE"는 인공지능의 신뢰성과 안전성을 담보하기 위한 대표적인 지표로서 주요국의 입법 기준으로 논의되고 있다. 특히 '투명성'은 인공지능 모델이 어떤 데이터로 어떻게 학습하고, 예측 결과를 도출했는지 알 수 있게 하므로 공정성·책임성·윤리 문제 등을 따질 수 있기 때문에 가장 핵심적인 가치로 꼽힌다.[82] 특히 딥페이크 등을 악용한 다양한 범죄 및 악용사례가 확대됨에 따라 인간의 올바른 판단 능력을 저해시키기 때문에 개인뿐만 아니라 민주주의의 존립에도 심각한 위험으로 여겨지고 있다.[83]

기술의 발전으로 인해 인공지능으로 인해 인위적으로 만들어진 콘텐츠에 대한 구분이 사실상 불가능해짐에 따라 자연인들이 기계 생산물을 인식하고 이에 대한 올바른 판단을 내릴 수 있도록 하는 것이 중요해지고 있다. 인공지능은 수많은 변수를 이용하여 결과를 도출하기 때문에 개발자조차 그 과정을 일일이 알 수 없다는 난점이 있다. 만약 인공지능의 결정 과정에 대한 설명이 부족하고 결과물 도출과정을 분석할 수 없으면, 인공지능이 유발한 사고에 대한 문제점 및 책임소재를 발견하기 어려운 문제가 발생하게 된다. 즉, 인공지능 제도에서 투명성은 인공지능의 신뢰성과 직결되는 문제인바, 인공지능이 사용된다는 사실을 넘어 인공지능이 사용되는 데이터, 변수, 알고리즘 작동방식에 대한 기본 정보가 제공될 필요가 있다.[84]

이러한 이유로 EU 인공지능법 역시 투명성에 대한 별도의 장을 할애하여 인공지

---

82) 김경학, "AI 운명 결정할 'FATE'…인류의 미래도 달려 있다", 경향신문 2023. 3. 7., https://www.khan.co.kr/national/national-general/article/202303070600011 (2024. 9. 18. 최종방문).

83) 조원용, "공직선거에서 딥페이크(Deepfake) 악용에 대한 입법적 대응의 필요성 — 후보자의 정체성 정의와 미국 입법 사례를 중심으로" 공법연구 50, no.3 (2022) 참조.

84) 박소영, "인공지능의 FATE(공정성·책임성·투명성·윤리의식)를 위한 입법 논의 동향과 시사점", 국회입법조사처, (2023. 7. 4.).

능 시스템의 제공자(providers) 및 배포자(deployers)가 준수해야 하는 투명성 의무를 구체적으로 규정하고 있다.[85] EU 인공지능법 제50조는 인공지능 시스템과 상호작용 중이거나 콘텐츠가 인위적으로 생성되었음을 알리도록 사업자의 투명성 의무를 부과하고 있다.[86] 주목할 만한 점은 법률단계에서 인공지능으로 사람들의 착각을 유발할 수 있는 상황을 상당히 구체적으로 제시하였다는 점이다. 제50조 제2항은 합성 오디오, 이미지, 비디오 등 생성형 인공지능의 경우를 다루고 있고, 제3항은 감정 인식 및 생체인식 시스템에 의한 개인정보 침해, 제4항은 딥페이크 사례를 다루고 있다.[87]

이에 반해 현재 22대 국회에서 검토 중인 법안의 투명성 관련 규정은 인공지능 기본계획의 내용 중 하나로 정하고 있고 구체적인 투명성 담보 방안은 마련되어 있지 않다. 투명성은 제6조 제2항에서 규정하는 인공지능 기본계획의 내용으로 "공정성·투명성·책임성·안전성 확보 등 신뢰 기반 조성에 관한 사항" 중 하나로 규정하고 있으며, 제31조에서 사업자에게 투명성 확보 의무를 제시하여 EU 인공지능법에 비해 포괄적으로 조문이 마련되어 있다. 최근 공직선거법에서 선거운동을 위해 딥페이크 영상 등을 이용한 선거운동 행위를 규정한 바와 같이 향후 구체적인 행위에 대한 표시 방안을 하위 법령에서 제시하여야 할 것이다.[88] 법안이 제시하는 고지의무 규정 역시 생성형 인공지능을 이용하여 제품·서비스를 제공하려는 자는 해당 제품·서비스가 생성형 인공지능에 기반하여 운용된다는 사실을 이용자에게 사전에 고지하고, 결과물이 생성형 인공지능에 의하여 생성되었다는 사실을 상황과 제공 형태에 따라 구체적으로 표시 방법을 모색할 필요가 있다.[89] 특히 시민단체가 요구하는 학습데이터 공개 의무화에 대해서도 생성형 인공지능 사업자의 권리보호 및 데이터 무단이용으로 인한 저작권, 개인정보의 침해 우려 간 균형을 모색할 필요가 있다.[90]

---

85) 최경진(주 8), 132-138면 참조.

86) EU 인공지능법(주 6), 제50조.

87) 위의 글.

88) 공직선거법 제82조의8.

89) 인공지능 발전과 신뢰 기반 조성 등에 관한 법률안(정점식 의원 등 108인) 제29조, 인공지능기술 기본법안(민형배 의원 등 13인) 제30조 등.

90) 이복진, "언론단체, AI기본법안 의견서 제출… "생성형 AI 학습데이터 공개 의무화해야", 세계일보

3. 사실조사

제22대 국회 인공지능 기본법안이 공개되면서 산업계를 중심으로 제40조에 대한 독소조항 논란이 발생하였다. 해당 조문은 "법 위반에 대한 신고나 민원만으로도 과기정통부가 인공지능사업자의 사업장에 출입해 장부나 자료 등을 조사할 수 있다"고 규정하고 있다. 해당 조문에 대해 산업계에서는 경쟁사가 허위로 신고하거나 단순 혹은 악의적인 민원만으로 주무부처의 조사권 오남용에 대해 우려하고 있다.[91] 산업관계자들은 '전기통신사업법', '클라우드컴퓨팅 발전 및 이용자 보호에 관한 법률' 등 유사 법률들과 비교했을 때, 위반행위가 인정되어야 사실조사를 할 수 있도록 하는 규정 등을 이유로 법안의 형평성을 지적하고 있다.[92] 또한 법안에는 조사 계획 통보, 관계인 입회, 조사 증표 지참 등 조사 절차를 규정한 조항이 없어 조사대상의 권리보호 및 영업비밀 유출 등도 우려된다.

이에 따라 과기정통부도 단순 신고나 민원만으로 조사를 하는 것을 문제로 인지하고 법사위와 과학기술정보방송통신위원회에 해당 조문의 삭제를 추진했으나, 법안이 본회의에 상정된 상황이다.[93] 이에 따라 과기정통부는 신고 시 충분한 증거를 확보하거나 기관의 소명을 요건을 명시하는 등 훈령(내규)을 통해 사실조사 조건을 구체화하는 등 대안을 제시하고 있다.[94]

(2024. 12. 16.), https://www.segye.com/newsView/20241216508926?OutUrl=naver, (2024. 12. 19. 최종방문).

91) 김현아, "[단독] AI기본법 '신고만으로 조사' 독소조항, 훈령으로 해결…30일 본회의 통과", 이데일리, (2024. 12. 17.), https://www.edaily.co.kr/News/Read?newsId=03352166639119504&mediaCodeNo=257&OutLnkChk=Y, (2024. 12. 17. 최종방문).

92) 변상근, "AI 기본법, 과기부 '사실조사' 독소조항 논란", 전자신문 (2024. 12. 17.), https://www.etnews.com/20241216000452, (2024. 12. 17. 최종방문).

93) 김현아 (주, 89).

94) 위의 글.

V. 나가머

인공지능은 이제 막연한 기대감에서 벗어나 높은 효용을 가진 기술이 되었다. 이미 인공지능은 우리의 일상 영역에서 다양하게 활용되고 있고, 인공지능 산업의 주도권을 두고 국가 간 기업 간 경쟁 역시 심화되고 있다. 이러한 상황속에 우리나라 역시 인공지능 산업의 경쟁력 강화와 함께 인공지능이 유발할 수 있는 위험성에 대응하기 위해 규범체계 정립을 본격적으로 수립하고 있다. 우리나라는 인공지능 3대 강국이라는 목표(AI G3)를 달성하기 위해 경제·사회적 여건에 맞는 규범체계를 위해 노력하고 있으며 해당 입법은 본격적인 제도의 기틀을 마련한다는 점에서 중요하다. 만약 입법이 늦어지게 되면 기업들은 국내의 불확실한 상황으로 인해 사업전략 수립과 투자 위축 등의 어려움을 겪을 수 있으며, 딥페이크 등 인공지능 악용 범죄에 효과적으로 대응하기 어려울 수 있으므로 인공지능법 입법은 필요하다.

다만 앞서 살펴보았듯이 기존 법률 체계와 비교하여 인공지능에 대한 정의 및 입법의 필요성을 정교하게 제시하지 못한 점과 산업 육성 못지않게 중요한 입법목적인 신뢰 기반 조성 방법이 명확하지 않은 점은 앞으로 개선이 필요해 보인다. 향후 인공지능 산업의 발전에 이바지하고 개인의 기본권 등 권리를 보장하며, 국제적 흐름을 견지하여 종합적이고 거시적인 관점에서 인공지능정책의 방향성을 제시할 수 있는 법이 성안되길 기대해 본다.

제18장

인공지능과 돌봄 · 의사결정지원

박인환

(인하대학교 법학전문대학원 교수)

I. 들어가는 말

2024년 12월 24일 국내 65세 이상 주민등록 인구는 전날 기준 1,024만 4,550명으로, 전체 주민등록 인구(5,122만 1,286명)의 20.0%를 돌파했다. 한국사회가 드디어 초고령사회에 진입한 것이다. 2000년 11월 공식적으로 고령화사회에 접어든 뒤 2017년 8월 14.02%로 고령사회에 들어서고, 그 후 7년 4개월 만에 초고령사회를 맞이한 셈이다. 한국사회의 고령화는 유례없는 속도로 진행되고 있다. 고령화 추세가 가파른 것으로 알려진 일본조차 고령사회에서 초고령사회로 진입하는 데 10년이 소요됐다. 고령사회를 먼저 경험한 유럽의 주요국들은, 네덜란드 17년, 이탈리아 20년, 프랑스 29년, 스페인 30년, 덴마크 42년 등 수십 년간 초고령사회를 준비할 수 있었다. 반면 한국은 이 기간이 7년 4개월에 불과하다.[1]

급속한 고령화와 관련된 사회적 문제로서 초저출산, 지역 소멸, 노동인구 감소,

---

[1] 동아일보 2024. 12. 25.자 기사〈https://www.donga.com/news/Society/article/all/20241224/130718017/2〉유엔은 65세 이상 인구가 전체 인구에서 차지하는 비율이 7% 이상이면 고령화사회, 14% 이상은 고령사회, 20% 이상은 초고령사회로 구분한다.

건강 및 복지 분야 재정 부담[2] 이외에 신체적·정신적으로 취약한 노인의 돌봄 문제가 국가적 과제의 하나로 손꼽힌다. 노인 돌봄 문제에서는 핵가족화와 돌봄에 관한 인식 변화 등으로 전통적인 돌봄 주체인 '가족'보다는 사회적 돌봄에 대한 수요가 급증하고 있는 것이 상황의 심각성을 더욱 가속화시키고 있다. 베이비부머 등 새로 노인세대에 편입된 '신노년'은 요양병원이나 요양시설보다는 살던 곳에서 돌봄 서비스를 받길 원하는 비중이 크다는 점[3]도 노인 돌봄의 사회적 부담을 가중시키는 요인이다.

고령자의 취약성은 개인적 특성과 사회경제적 조건이나 생활환경에 따라 차이가 크다. 그러나 대체로 고령자는 노화에 따라 신체·정신 기능이 위축 저하되어 육체적으로 노쇠와 병약에 시달리는 한편, 정신적으로도 인지능력의 저하와 감정적 변화로 인하여 우울증을 겪거나 심리적 의존성이 증가하는 경향을 보인다. 그 결과 가령(加齡)에 따라 자기의 권리를 행사하고 이익을 보호하는 데에 취약성을 갖는 경우가 많아진다.

다른 한편 과학기술의 발전에 따라 먼 미래의 일처럼 여겨져 왔던 지능정보사회의 도래를 실감하면서, 사회 각 분야에서 인공지능의 사회적 효용에 대한 기대와 우려가 커지고 있다.[4] 그 가운데에서 노인과 장애인의 돌봄과 지원 분야에서 인공지능

---

2) 보건사회연구원의 '인구 고령화와 사회보장 재정 현황 및 전망' 자료에 따르면, 우리나라와 고령화 수준이 유사한 시점에 주요 국가별 GDP 대비 사회복지 재정 현황을 보면, 일본 15.1%, 스웨덴 25.2%, 독일 26%, 덴마크 29.6% 등으로 우리나라(12.2%)보다 높고, 80세 이상 고령자의 장기요양 서비스 이용률도 우리나라는 2020년 기준 29%로 비교 대상 18개국 중 하위 5위이다. OECD 평균은 34.3%이고, 덴마크는 39.4%, 스웨덴은 45.5%, 이스라엘은 61.5%에 달한다. 시사플러스 2023. 1. 23. 기사 〈https://www.sisaplusnews.com/news/articleView.html?idxno=41735〉

3) 복지부가 지난 10월 발표한 '2023 노인실태조사'에 따르면, 1인 가구(독거노인) 비중은 2020년 대비 13% 감소한 32.8%이고, 자녀와 동거하는 가구는 20.1%에서 10.3%로 1/2로 줄어들었다. 와이드경제 2024. 2. 24. 기사 〈https://www.widedaily.com/news/articleView.html?idxno = 254962〉

4) 유럽연합 집행위원회의 인공지능 위원회의 정의에 따르면, 인공지능이란 (1) 특정한 목표를 이용자가 정하면, (2) 물리적 현실 공간이나 디지털 또는 인터넷 공간에서, (3) 주변 환경을 인지하고, (4) 획득한 정보를 해석하여, (5) 사전에 주어진 특정한 목표에 도달하기 위한 최선의 결론을 내리거나, 사전에 주어진 매개변수를 적용하여 가장 합리적인 행동방식을 선택하는, 인간에 의하여 만들어진 시스템을 의미한다. The European Commission's High Level Group on Artificial Intelligence, Ethics Guidelines for Trustworthy AI, 2019, p. 36. 황원재, "인공지능 시대의 계약자유의 원칙과 법적용상

의 활용에 대한 희망과 기대도 커지고 있다. 일론 머스크 테슬라 최고경영자가 테슬라의 미래 발전 방향이 자율주행 자동차가 아니라 휴머노이드 로봇이라고 말한 것처럼,[5] 가사 및 돌봄 로봇이 종래 돌봄 인력의 수요를 효과적으로 대체해 주지 않을까 하는 기대나, 시각 및 청각 장애에 있어서 인공지능 기술의 활용, 보행보조 로봇 등의 개발 등 인공지능이 신체적 장애를 제거하는 데에 종래의 기술적 한계를 뛰어넘을 수 있다는 희망이 그러하다. 실제 인공지능 기술을 활용하여 불가능한 것처럼 보이던 장애를 해결하는 사례가 하나둘씩 나타나고 있다. 예를 들면, 세계 최대 가전·IT 전시회 CES 2024에 선보인 국내 기술로서 위-로보틱스가 개발한 일상용 보행 보조 웨어러블 로봇 윔은 1.6kg의 초경량 무게로 30초면 탈부착이 가능한데, 전용 앱을 연동하면 AI 빅데이타 기반으로 사용자의 보행자세, 효율성, 근력, 보행 나이 등 데이터를 분석하여 근력 감소 문제를 겪는 시니어, 각종 질환으로 보행에 불편을 겪는 만성환자 등의 보행을 보조할 수 있다는 것을 보여 주었다. 휴먼인모션 로보틱스에서 개발한 차세대 웨어러블 로봇 엑소모션-R은 셀프밸런싱 기술을 탑재하여, 유연하고 안정적으로 앉고 일어서는 다이내믹 싯 앤 스탠드와 사용자가 보조기구 없이 걸을 수 있는 핸즈프리 기능을 지원하여 휠체어를 대체할 수 있는 웨어러블 로봇으로 각광을 받았다.[6] 그 밖에 청각장애인은 사각지대에서 들려오는 소리와 방향을 인지하지 못하여 위험에 노출되어 있다. 그럼에도 청각장애인들의 보조장치 연구는 보청기와 같은

의 문제점", 법학논총 제27집 제1호(2020. 4), 165면 재인용.

5) 머스크는 지난달 28일 사우디아라비아 리야드에서 열린 미래투자이니셔티브(FII)에서 화상 대담자로 나와 "2040년에는 휴머노이드가 100억 개가 넘을 것"이라고 전망했다. 16년 뒤에는 휴머노이드 로봇이 대중화되어 인간보다 많을 것이라는 예측이다. 머스크는 휴머노이드 로봇이 공장 제조라인에 투입되어 생산에 기여할 것으로 예측하는 한편, 저출산고령화 시대에 부족한 노동력도 보완할 수 있다고 전망한다. 인간의 가사노동을 대신할 수 있다는 것이다. 머스크는 휴머노이드 로봇이 잔디를 깎고, 저녁 식사 후 주방을 청소하고 아이들을 돌보는 역할까지 할 수 있을 것으로 예상했다. 테슬라는 2024년 1월에는 로봇이 자연스럽게 걷고 요가 동작을 선보이며 계란을 옮기고 옷을 개는 모습을 담은 영상도 공개했다. 그는 "AI와 로봇들은 당신이 원하는 어떠한 물건이나 서비스라도 제공할 것"이라고 말했다. 서울경제 2024. 11. 10. 기사〈 https://www.sedaily.com/NewsView/2DGSFTVSFL〉

6) 바이오타임즈 2024. 1. 26. 기사〈https://www.biotimes.co.kr/news/articleView.html?idxno=18950〉

의사소통 장치에 집중되어 왔는데, 딥러닝 기술을 이용하여 위협이 되는 소리만을 식별하여 일정 거리 안에 들어올 때 소리의 방향 및 종류를 진동과 빛으로 알려 주어, 청각 장애인의 교통사고 예방을 위한 보조장치가 제안되었다.[7] 시각장애인을 위한 전자보행 보조기기를 활용한 보행은 최대한 장애물을 미리 감지하고 청각 및 촉각 신호나 음성 등을 활용하여 장애물을 인식시켜 주는 역할을 한다. 최근에는 스마트폰 앱과 연동하여 장애물 인식은 물론 문자나 사람들의 얼굴 정보를 인식하여 제공함으로써 다양한 길 안내에 대한 시도가 이루어지고 있다. 과거에는 기술의 발달이 따라 주지 못하고 비싸다는 단점이 있었으나, 현재에는 기술과 함께 그 비용도 많이 낮아지고 있다는 점도 고무적이다.[8]

다른 한편으로 보건복지부의 2022년 12월말 기준 등록장애인 현황에 따르면, 발달장애인은 263,209명으로, 지적장애인은 225,607명, 자폐성장애인은 37,602명으로 연평균 증가율이 3.13%에 이르고 있다. 이는 전체 장애인 연평균 증가율의 3배가 넘는 수치로 상당히 큰 증가율을 보여 주고 있다. 나아가 초고령사회에 접어들면서 치매 등으로 인지장애를 겪는 고령인구가 빠른 속도로 늘어나고 있다. 이는 돌봄 서비스 수요의 증가뿐 아니라 본인의 법적 능력의 행사를 위한 의사결정지원의 수요를 증가시키고 있다. 이에 인공지능이 치매나 발달장애 등으로 인한 의사결정능력의 장애에 대하여도 본인의 결정을 대신하거나 조력하는 효과적인 지원 수단이 될 수 있지 않을까 하는 희망의 목소리도 조심스럽게 나오고 있다. 가령, 인공지능이 후견인의 역할을 대신해 줄 수 있지 않을까 하는 기대가 그것이다. 치매, 발달장애, 뇌병변, 뇌손상 등을 겪고 있는 사람들은 의사결정능력의 손상으로 자신이 원하는 바에 따라 합리적 의사결정을 하지 못하는 장애를 겪고 있다. 인공지능은 치매환자나 발달장애인의 희망과 선호를 파악하고, 본인을 둘러싼 제반 조건과 환경을 종합적으로 고려하여 가장 합리적인 대안을 제시할 수 있을 뿐 아니라, 그것을 대외적으로 표시하여 이행

7) 전성욱·이정민·김수빈·봉진선·강독원·한석영, "AI를 적용한 청각장애인 안전 보조장치", 한국생산제조학회 2020년도 춘계학술대회자료집, 68면.
8) 김호연·이신영·김두영·조성재, "시각장애인 AI 안내 로봇 개발을 위한 시각장애인의 보행능력 상황 및 요구 분석", 시각장애연구 제39권 제2호(2023), 101면.

하는 것도 가능하다는 점에서, 언젠가는 후견인의 기능을 완벽히 대체해 줄 수 있지 않을까 하는 기대가 싹트고 있다.

그러나 이러한 희망적인 관측과는 반대로 인공지능사회에서 디지털 격차가 두드러지면서 도리어 고령자나 장애인을 사회적으로 더욱 고립시키고 배제하는 현상도 나타나고 있다.[9] 코로나 팬데믹을 전후로 우리의 일상생활에 급속하게 파고든 키오스크의 보급 앞에서 당혹해 하는 고령자, 장애인들의 모습이 그러한 현상의 전조(前兆)처럼 비쳐지고 있다.[10] 고령자나 장애인들은 정보기술에 대한 리터러시(문해력)가 부족한 경우가 많다. IT 기술에 익숙한 젊은 세대에게는 극히 간단한 키오스크의 이용에서조차 반복된 입력 오류로 원하는 주문을 입력하지 못하고, 순서를 기다리는 뒷사람의 눈치에 당황하여 발길을 돌리는 모습이 나타나고 있다. 문제는 이와 같은 디지털 격차가 단순한 생활상의 불편으로 그치지 않을 것이라는 전망이다. 앞으로도 디지털 전환의 가속화가 지속될 것이고, 요식업, 금융, 의료, 대중교통, 행정민원 등 키오스크가 점차 대면서비스를 대체할 것이다. 이를 활용하지 않고서는 생존이 어려워질 수도 있다는 것이다.[11] 일자리를 포함한 사회생활 전반에 영향을 미쳐서 궁극적으로는 사회적 불평등과 소외의 문제로 악화될 가능성이 높다는 진단이다. 따라서 고령자·장애인 등 디지털 취약계층의 디지털 리터러시를 향상시키는 것이 사회적 포용과 연대의 일부로서 지속가능한 사회발전의 목표로 제시되고 있다.

이러한 관점에서 고령자·장애인의 인공지능의 활용 가능성을 탐색하는 것은 인

---

9) 과학기술정보통신부와 한국지능정보사회진흥원이 시행한 2023 디지털정보격차 실태조사에 의하면, 디지털정보화 수준에 관하여 일반 국민을 100으로 가정할 때 디지털 취약계층의 디지털정보화 수준은 76.9%에 불과하였고, 그중 고령자의 디지털정보화 수준은 70.7%, 장애인은 82.8%, 저소득층은 96.1%, 농어민은 79.5%에 그쳤다. 과학기술정보통신부/한국지능정보사회진흥원 디지털포용본부, 「2023 디지털정보격차 실태조사」, 2023. 7. 인포그래픽으로 보는 주요지표〈https://www.nia.or.kr /site/nia_kor/ex/bbs/View.do?cbIdx=81623&bcIdx=26517&parentSeq= 26517〉

10) 국내 키오스크 운영의 규모가 2022년을 기준으로 2019년 대비 약 2.4배 늘어났고, 특히 요식업 분야에서는 약 17배 늘어났다고 한다. 그러나 고령층의 64.2%는 키오스크를 이용하여 주문을 하는 데 어려움 겪고 있다고 응답하였다. 최경진, 인공지능법(박영사, 2024), 130면.

11) 최경진(주 10), 130면.

공지능에 의한 사회적 포용(inclusion)과 연대(solidarity)의 실현이라는 관점에서도 의미 있는 모색이 될 수 있다.[12] 유엔의 지속가능발전목표(Sustainable Developement Goals: SDGs)[13]의 열한 번째 '불평등 감소' 목표와도 직접적인 관련이 있고, 복지분야에서는 이미 인공지능 기반의 챗봇, 보이스 봇, 돌봄 로봇 등 노인 돌봄 제품과 서비스가 독거노인의 외로움 해소, 응급상황 대처, 고독사 예방을 위해 활용되고 있다.[14] 이러한 고령자·장애인의 디지털 격차 해소를 위한 디지털 포용 정책과 보호조치는 고령자·장애인에 대한 복지의 일환으로 이루어지는 것이며,[15] 특히 고령자·장애인에 대한 디지털 격차의 해소는 인공지능 기술을 통한 복지 정책의 효율적인 실행과도 관련되어 있다. 고령자·장애인을 위한 돌봄 인력의 수요는 인구절벽의 직면, 초고령사회로의 진입과 위험 증대에 따른 후천적 장애의 증가 등에 따라 폭발적으로 늘어 가는 추세이다. 반면에 돌봄 인력은 고령화되고 있고 젊은 세대는 힘든 노동환경과 낮은 임금으로 유입되지 않고 있다. 외국인 돌봄 인력의 국내 유입 정책도 추진되고 있으나 그 해소에는 한계가 있다.[16] 인공지능 기술은 인력의 투입으로 인한 비용을 절감하고 인력의 역량을 대체하거나 이를 뛰어넘는 결과물을 생산해 낼 수 있는 가능성을 내포하

---

12) 2020년 정부는 '디지털 포용 추진계획'을 발표하면서 4대 추진과제로서 첫째, 전 국민의 디지털 역량 강화, 둘째, 사회 취약계층을 위한 포용적 디지털 이용환경 조성, 셋째, 포용적 디지털 기술 확산과 취약계층의 사회참여와 일자리 지원 등 디지털 기술의 포용적 활용 촉진, 넷째, 민간 협력체계를 구축하여 국민 스스로 참여하는 디지털 사회활동 촉진을 통한 디지털 포용 기반 조성을 제시하였다. 디지털 포용 공식 블로그〈https://blog.naver.com/kdigitalculture/222011898808〉

13) 2015년 제70차 UN총회에서 2030년까지 달성하기로 결의한 의제인 지속가능발전목표(SDGs: Sustainable Development Goals)는 지속가능발전의 이념을 실현하기 위한 인류 공동의 17개 목표이다. '2030 지속가능발전 의제'라고도 하는 지속가능발전목표(SDGs)는 '단 한 사람도 소외되지 않는 것(Leave no one behind)'이라는 슬로건과 함께 인간, 지구, 번영, 평화, 파트너십이라는 5개 영역에서 인류가 나아가야 할 방향성을 17개 목표와 169개 세부 목표로 제시하고 있다. 지속가능발전포털 〈https://www.ncsd.go.kr/unsdgs〉

14) 최경진(주 10), 141면.

15) 나아가 노인과 청소년, 장애인의 복지와 보호에 관한 헌법 제34조 제4항, 제5항으로부터 국가가 고령자·장애인에 대한 디지털 격차 해소를 위한 정책 시행과 보호조치를 할 의무를 도출하기도 한다.

16) 채민석·이수민·이하민, "돌봄서비스 인력난 및 비용 부담 완화 방안", BOK 이슈노트 제2024-6호(2024. 3), 이민지, "이주돌봄노동자 고용에 관한 입법 필요성 및 방향에 관한 고찰", 법과사회 제72호(2023. 3) 등 참조.

고 있다. 고령자·장애인에 대한 돌봄 수요나 맞춤형 지원 수요 증대 상황에 대한 돌파구가 될 수 있을 것이라는 기대가 커져 가고 있다.[17]

이러한 문제의식에서 본장에서는 초고령사회에 있어서 중대한 사회적 과제인 치매 고령자나 발달장애인 등 의사결정능력 장애인의 돌봄과 지원을 위한 인공지능의 활용가능성을 법제도적 관점에서 검토해 보고자 한다. 이를 위하여 돌봄과 인공지능(II) 그리고 의사결정지원과 인공지능(III)에 대하여 살펴본다.

II. 돌봄과 인공지능

1. 노인 돌봄의 현황

보건복지부가 발표한 2023년 노인실태조사[18]에 따르면, 65세 이상 노인 가운데, 3개월 이상 지속적으로 앓고 있는 만성질환이 있다고 응답한 비율이 전체 노인의 85.1%이며, 평균 2.2개의 만성질환을 보유하고 있다. 3개 이상의 만성질환을 가진 노인은 35.9%, 반면에 만성질환이 없는 노인은 13.9%에 불과하다. 일상생활수행능력,[19] 수단적 일상생활수행능력[20] 등 신체적 기능 상태를 평가한 결과, 18.6%[21]의 노인이 기능상 제한이 있는 것으로 나타났다. 이들을 대상으로 돌봄 상태를 조사한 결

---

17) 이은상. "디지털 격차 해소를 위한 인공지능의 활용과 법제 개선 방안—고령자, 장애인을 위한 방안을 중심으로", 행정법연구 제75호(2024. 11), 154면 이하.

18) 보건복지부 2023년 노인실태조사〈https://www.mohw.go.kr/board.es?mid=a10411010100&bid=0019&act=view&list_no=1483359&tag=&nPage=1〉노인실태조사는 「노인복지법」 제5조에 근거하여 2008년 이후 매 3년 주기로 실시하고 있다.

19) ADL(Activities of Daily Living, 일상생활수행능력): 옷 입기, 세수·양치, 목욕, 음식 먹기, 누웠다 일어나 나가기, 화장실 출입 등 능력 평가.

20) IADL(Instrumental Activities of Daily Living, 수단적 일상생활수행능력): 식사 준비, 빨래, 집안일, 금전 관리, 근거리 외출, 전화 걸고 받기 등 평가.

21) IADL 제한 9.8% + IADL 및 ADL 제한 8.7% 합산.

과, 돌봄을 받고 있는 비율은 47.2%로 나타났다. 단축형 노인우울척도(SGDS)를 사용하여 우울증상을 측정한 결과, 전체의 11.3%가 우울증상이 있고, 연령대가 높을수록 그 비율이 증가하는 것으로 나타났다. 나아가 돌봄 제공자에 대한 질문에 '장기요양보험서비스'라고 응답한 비율이 2020년 19.1%에 비해 큰 폭으로 증가한 30.7%로 나타났으며, 그 외 가족 81.4%, 친척·이웃 등 20.0%, 개인 간병인 등 11.0%로 나타났다. 현재 받고 있는 돌봄서비스가 충분하다는 응답은 49.4%, 보통 32.2%, 부족하다는 응답은 18.3%로 나타났으며, 돌봄서비스의 개선 필요 사항으로는 기능회복훈련·재활서비스 37.0%, 서비스 내용 다양화 25.7%, 시간 확대 24.0% 순으로 응답했다.[22]

한편 돌봄 서비스 제공과 관련하여 노인들은 불편해도 살던 곳에서 노후를 보내는 것을 선호하고 있으나[23] 지역사회 재가서비스가 충분하지 않아 병원·시설에서 지내야 하는 상황이 발생하고 있다. 반대로 가정의 경우에는 가족(특히 딸, 며느리 등 여성)에게 커다란 돌봄 부담이 발생하는 상황이다. 이에 대응하여 집에서 만성질환의 예방과 관리, 일상생활에 대한 지원을 받으며, 살던 곳에서 건강한 삶을 가능한 한 오랫동안 유지할 수 있도록 지역사회 기반 돌봄 체계 구축에 대한 요구가 비등하였다.[24] 이를 위하여 지역사회 내 다양한 돌봄서비스 제공자들과 공공기관, 지역주민 등이 함께 돌봄서비스 제공을 위한 네트워크를 구축하고, 노인의 욕구에 맞는 돌봄서비스 제공을 위한 통합적·체계적 서비스 제공체계를 마련해야 할 필요성이 제기되었다. 이를 수용하여 서구 복지국가 중심으로 논의된 '커뮤니티 케어(community care)'를 모델로 하는 "지역사회 통합돌봄 선도사업" 및 이를 발전시킨 "노인 의료·돌봄 통합지원 시범사업[25]"이 시행되었다. 이러한 시범사업의 성과를 반영하여 2024. 3. 26.

---

22) 보건복지부 보도자료 2023년 노인실태조사 결과발표〈https://www.mohw.go.kr/board.es?mid=a105 03000000&bid=0027&act=view&list_no=1483352〉

23) 건강 악화시 자택에 거주를 원하는 비율이 48.9%인 데 비하여 노인전용주택 이사는 16.5%, 노인요양시설 입소는 27.7%에 그쳤다. 2023 노인실태조사, 809면.

24) 관계부처합동, 2026년 초고령사회를 앞두고 노인이 살던 곳에서 건강한 노후를 보낼 수 있는 포용국가를 구현하기 위한─1단계: 노인 커뮤니티케어 중심─「지역사회 통합 돌봄 기본계획(안)」, 2018. 11. 20.

25) 노인 의료·돌봄 통합지원 시범사업이란, 일상생활 수행에 어려움이 있어 돌봄이 필요한 어르신이

「의료·요양 지역 돌봄의 통합지원에 관한 법률」이 제정되어 2026. 3. 27. 부터 시행
될 예정이다.

　우리나라에서 심각한 고령화에 따른 돌봄 수요의 급증에 대응하는 것이 급선무
이고, 지역사회 통합돌봄 선도사업이나 노인 의료·돌봄 통합지원 시범사업과 같은
새로운 노인 돌봄시스템의 구축이 가능하고 제대로 작동하려면, 이를 수행하는 요양
보호사, 사회복지사, 간호사, 물리치료사, 작업치료사 등 다양한 전문 분야에 걸친 돌
봄인력의 수급 문제를 해결하는 것이 필수불가결하다. 그러나 요양보호사와 같은 돌
봄 노동을 제공하는 인력은 열악한 근무환경, 낮은 급여 수준으로 인하여 젊은 인구
의 신규 유입이 매우 부진하여 돌봄인력이 고령화되는 등 돌봄인력 수급에 큰 어려움
을 겪고 있다.[26]

2. 돌봄과 인공지능의 활용

　코로나19가 발생하기 이전부터 시작된 비대면 노인 돌봄 분야 정보통신기술은
4차 산업혁명과 코로나19로 인해 광범위하게 확대되면서 노인 돌봄서비스 모델을 변
화시키고 있다. 초기 인공지능과 로봇을 활용한 노인 돌봄은 고령화로 인한 간병인

살던 곳에서 건강하게 살아갈 수 있도록 보건의료·장기요양·생활지원·주거지원 등의 지역사회
서비스를 통합적으로 제공하는 사업이다. 제공서비스는 지역마다 차이가 있을 수 있으나 대체로
보건의료서비스로 방문진료, 다제약물관리, 만성질환관리, 요양병원 퇴원환자 지원 등, 장기요양
서비스로서 기존 장기요양 재가서비스 및 통합 재가서비스 예비사업, 재택의료센터 시범사업 등이
있고, 생활지원서비스로서 이동지원, 도시락배달, 세탁, 청소, 스마트 돌봄 등 지역 사회서비스, 주
거지원서비스로서 주택 개보수 지원, 케어안심주택지원 등이 포함되어 있다. 그 대상자 선발에는
건강보험공단의 건강, 장기요양 빅데이터를 활용하여 돌봄이 필요한 대상자를 발굴하고, 시범사업
지역 관할 국민건강보험공단 지사, 시군구청, 읍면동 행정복지센타, 보건소에 신청·문의하면, 대
상자의 욕구와 필요도를 종합적으로 판단하여 개인별 맞춤 돌봄 계획인 통합지원계획을 수립하며,
서비스 간 연계와 조정을 통하여 필요 서비스를 확정하여 제공하는 것으로 되어 있다. 보건복지부
통합돌봄추진단(2023). 노인 의료·돌봄 통합지원 시범사업 계획(안).
26) 김경미·이용재, "한국 노인돌봄서비스 제공인력 수급문제와 AI활용방안", AI와 인간사회(제5권
　　제1호), 6면.

부족 문제의 대응이 주요 목적이었으나, 근래 코로나19로 인해 사회적 거리 두기가 확대되면서 비대면 접촉이 가능한 노인 돌봄 모델로 수요가 확대되고 있다.

비대면 노인 돌봄 분야 정보통신기술 제품은 크게 3세대로 구분되어 발전하였다.

초기 1세대 비대면 노인 돌봄 분야 정보통신기술 제품은 응급전화 및 응급안전목걸이와 같은 노인 돌봄 응급알람 시스템이다. 버튼을 누르지 않으면 어떤 돌봄도 받을 수 없다는 한계가 있다. 이를 보완한 2세대는 화재경보기, 가스누출기와 같은 자동알람 시스템을 사용하고 있다. 2세대의 특징은 응급버튼을 누르지 못하는 상황에서도 자동알람 시스템이 작동하여 돌봄을 받을 수 있다는 점이다. 2세대의 단점은 사전적 예방보다는 위험 발생 이후에 도움을 제공한다는 한계가 있다. 이를 극복한 것이 3세대이다. 사물인터넷, 빅데이터 및 인공지능을 활용하여 고령층의 일상생활과 활동 데이터를 수집하고 분석하여 이상 징후가 발생하면 위험 발생 이전에 예방적 돌봄서비스를 제공하는 방법이다.[27] 미국에서는 제3세대에 속하는 세계 최초 인공지능 기반 노인 돌봄 정보통신기술로서 케어 엔젤이 2016년부터 서비스를 제공하기 시작하였다.[28] 미국에서 사용되고 있는 몇 가지 모델을 통하여 돌봄서비스에서 인공지능 기술의 도입 현황을 살펴본다.

(1) 케어 엔젤(care angel)

케어 엔젤은 음성인식 인공지능을 노인돌봄 서비스에 활용한 시스템이다. 케어엔젤의 특징은 인공지능 기능을 고령층이나 돌봄 제공자가 사용하기 위해 학습할 필요가 없도록 기존 돌봄서비스 체계에 내재화했다는 점이다. 케어엔젤은 인공지능 상담 로봇을 활용해 고령자에게 취침상태, 건강상태, 약 복용, 안부 등 다양한 질문을 전화로 제공한다. 그리고 고령층이 응답한 음성파일을 텍스트(Text)로 전환하여 그 결과를 데이터화한 뒤 보관 및 분석하고 리포트 형식으로 작성하여 온라인플랫폼으로 돌

---

27) 김정근, "코로나 팬데믹 시대 미국의 AI/로봇을 활용한 노인 돌봄 사례와 이슈", 국제사회보장리뷰 2021 봄호 제16권, 18면.
28) 이하에 대해서는 김정근(주 27), 19-24면을 참고하였다.

봄 제공자에게 전달된다. 가족이나 의사 또는 요양보호사는 실시간으로 보고서를 통해 고령자의 건강상태 및 약 복용 등을 확인할 수 있다. 예를 들면 일주일간 고령층의 약 복용 횟수, 수면 만족도 수치, 혈압 수치 등과 같은 생활정보 및 생체정보가 기입된다. 인공지능 기술을 활용해 고령자의 일상생활과 특이사항이 실시간 자동으로 돌봄 제공자의 스마트폰이나 전화 메시지로 제공되기 때문에 건강상 위험을 사전 예방하는 것도 가능하다. 고령층의 건강상태를 분석하여 의사 진료가 필요한 경우 병원 방문을 위한 전화 연결 서비스도 제공한다.

(2) 케어프레딕트 템포(Care Predict Tempo)

2018년 5월 처음 소개된 케어프레딕트 템포(Care Predict Tempo)는 고령층의 건강상태를 실시간으로 모니터링하고, 관련 정보를 분석하여 건강 위험 상태를 예측하도록 제작된 팔찌 형태의 웨어러블 기기이다. 업데이트된 2021년형 템포는 사전경보, 위치정보, 사용자 주문형 쌍방향통신 기능 등이 추가되었다. 템포의 사전경보 기능은 고령자의 일상생활 패턴을 모니터링하여 건강 문제가 나타날 경우 이를 보호자에게 즉시 알려 준다. 인공지능 기술이 고령자의 모든 일상생활 데이터를 딥머신 러닝(Deep Machine Learning), 예측 데이터 분석, 위치추적 기능을 활용하여 분석하고, 비정상적인 활동이 발견되면 이를 감지할 수 있기 때문이다. 예를 들어 침실에서 평소보다 시간을 많이 보내는 경우 우울증 경고를, 걸음 패턴 및 속도 등이 불안정해지면 잠재적 낙상 위험 신호를 보호자에게 보낸다. 또한 위치정보는 고령자가 가정 내에서 자주 보내는 장소를 알려 주어, 고령층의 일상생활 건강상태를 예측하는 데 도움을 제공한다. 부엌에서 보내는 시간이 상대적으로 감소하였다면 '자기방치' 또는 '영양부족'을, 화장실 사용이 평소보다 급속히 증가한 경우에는 요로감염 등 치명적 건강위험 발생 신호를 사전에 알려 준다. 또 템포는 내장된 알림 버튼이 있어 고령자가 위급 시 가족이나 요양보호사 등 돌봄 제공자에게 긴급 상황을 알려 줄 수 있다. 양방향 오디오 통신 기능도 있어 고령자가 긴급 상황에 직면하였을 때 돌봄 제공자와 직접 통화하여 도움을 요청할 수도 있다.

(3) 고령자를 위한 반려강아지 로봇 톰봇(Tombot)의 제니(Jennie)

일반적으로 반려동물은 고령자의 정신건강과 육체적 건강에 긍정적인 영향을 미치는 것으로 알려져 있다. 하지만 몸이 불편한 고령자들은 반려동물을 키우고 싶어도 어려움이 있다. 고령자를 위한 반려강아지 제니(Jennie)는 스마트폰으로 제니의 이름을 고령자가 만들어 입력하면, 그 이름을 듣고 제니가 골든리트리버처럼 소리를 내고 반응을 한다. 제니는 사람의 명령에 반응하고, 스마트폰과 같이 충전이 가능하며, 정기적 소프트웨어 업데이트를 통해 새로운 기능도 추가할 수 있다. 제니와 같은 반려로봇은 혼자 있는 고령층이나 경증치매 노인에게 따뜻한 애착을 제공하여 외로움을 해소하고 불안감을 감소시키는 데 도움을 준다.

(4) 소셜 로봇 엘리큐

지역사회에 거주하는 활동적 시니어들을 위한 소셜로봇 엘리큐는 이스라엘 회사 Intuition Robotics가 개발한 것이다. 엘리큐는 혼사 사는 고령자가 고립감이나 외로움을 느끼지 않도록 선제적으로 대화를 걸어 줄 수 있고, 약 복용 시간, 지역사회 활동 소식, 퀴즈, 음악 듣기, 의사 약속 알림, 화상통화도 제공해 준다. 또한 인공지능을 사용하여 사용자의 습성, 선호도, 습관 등을 배워 고령자가 선호하는 유튜브 동영상, 테드 동영상 등을 알려 준다. 인공지능 스피커와 달리 머리 부분과 몸통 부분이 움직이도록 고안된 엘리큐는 빛, 움직임과 목소리 톤을 통해 다양한 표현 방법으로 고령자와 의사소통을 할 수 있다. 태블릿피시와 연계되어 있어 음성 안내를 화면으로 확인할 수 있고, 가족 및 지인들과의 화상통화, 사진 등도 모니터에 표시할 수 있어 고령층 사용에 편리하다.

이와 같이 미국에서의 노인 돌봄 분야의 인공지능의 활용은 주로 노인의 건강과 활동 상태에 대한 모니터링이나 반려 동물 캐릭터를 활용하는 등 친밀성을 강조한 정서 지지형 로봇이 사용되고 있다.

우리나라에서 인공지능 기반 노인돌봄서비스로서, 경기도 지역협력연구센타에서 개발한 노인 돌봄 AI 로봇 '보미'는 1인 가구 노인과의 대화를 통하여 정서적 교감이 가능하며 이용자의 우울증 등 정신건강을 관리할 수 있는 정서형 인공지능 로봇이

다. 스마트 토이봇 '효돌'은 노령인구의 손주를 연상시키는 외관과 목소리로, 쓰다듬
거나 손을 잡으면 피드백이 가능하고 나아가 애플리케이션 기능을 통하여 복약과 식
사 여부를 확인하고 일정기간 움직임이 없을 때 보호자에게 알림 기능이 있다. 정서
형 로봇에 건강모니터링 기능을 추가한 것이다. 그 밖에 IOT를 활용한 노인돌봄기능
이 탑재된 이동통신사의 서비스로 SK의 누구오팔(NUGU opal), KT의 기가 지니 케어
서비스 등이 있다.[29] 우리나라 돌봄 서비스에서 인공지능의 활용은 비교적 단순한 형
태이기는 하지만 부분적으로 제3 세대의 정보통신시스템이 활용되는 수준에 와 있음
을 알 수 있다.

3. 국내 지역사회 통합돌봄사업과 AI 등의 활용 사례

국내에서도 노인돌봄의 인력 부족을 해결하고 그 부담을 완화하기 위하여 노인
돌봄에 인공지능(AI) 등 정보통신기술(ICT)을 활용하는 방안이 모색되고 있다. 노인
대상 지역사회 통합 돌봄사업에 인공지능 등 ICT를 활용한 대표적인 실천사례로서
천안시의 노인 의료·돌봄 통합지원 시범사업(이하 천안시 시범사업)이 있다.

천안시가 시행한 노인 대상 지역사회 요양돌봄서비스 모델에서는 다음과 같이
인공지능 기술을 도입하고 있다.

① 일상생활을 지원함에 있어서 돌봄인력이 직접 제공해야 하는 방문가사, 방문
목욕 등 돌봄서비스 외에 반려로봇을 활용한 일상 및 정서 지원을 수행한다. 반려로
봇을 통한 체계적인 서비스 제공을 위하여 스마트 통합모니터링 시스템을 구축하였
다. 스마트 통합모니터링 시스템은 반려로봇을 통하여 노인들의 정서적 우울감을 해
소하고 비대면 모니터링 기능을 강화하여 노인들의 실시간 움직임과 생활환경 등을
살펴 맞춤형 서비스를 제공하고 고독사를 예방하려는 것이다.[30]

---

29) 이용설·송승근·최훈, "인공지능 기반 노인 돌봄서비스 개발 사례 분석 및 전망", 한국콘텐츠학회
   논문지 제23권 제2호(2023. 2), 647면 이하 참조.
30) 김경미·이용재(주 26), 14면.

② 건강관리에 있어서는 인공지능(AI)·사물인터넷(IoT) 시스템을 활용하고 있다. 돌봄 대상에 대한 건강관리서비스로 방문건강관리, 치매사례관리, 정신건강지원 등 서비스를 보건소, 읍면동 행정복지센터, 치매안심센터 등이 참여하여 제공한다. AI·IoT 시스템은 건강상태에 따른 미션을 돌봄대상 노인들에게 제시하고 노인들의 활동을 모니터링하고 있다. 노인들의 이러한 활동에 대한 모니터링 결과와 건강상태에 대한 대면관리 결과를 통합하여 보다 체계적인 건강관리를 지원하는 것이다. 전문 보건·의료인력이 부족한 상황에서 AI·IoT기술을 활용하여 인력부족 문제를 해결하고, 인력이 부재한 시간대에 노인의 건강상태를 모니터링하고 데이터를 축적해 체계적으로 관리하는 노력을 수행하고 있는 것이다.[31]

③ 나아가 주거환경에 관해서는 스마트 홈을 설치하여 운영하고 있다. 스마트돌봄시스템은 IoT 센서 데이터 분석 기반의 안전 모니터링 서비스로 다중 센서를 통해 이상징후를 감지, 보호자 또는 돌봄기관 등에 사전에 위험 여부를 알리거나 노인의 복약시간, 돌봄 방문일정 등 개인 맞춤형 케어를 제공하는 솔루션이다. 특히 ICT 관제센터를 운영하여 24시간 관리 및 대응체계를 운영하고 있다. 지역 의료기관과 함께 비상호출, 응급의료 제공 등 위험상황에 따른 유관기관 연계서비스도 지원하고 있다.[32]

AI 등을 활용한 지역사회 돌봄서비스 모델에 대하여 다음과 같은 개선 과제가 지적되고 있다. 노인장기요양서비스, 노인맞춤돌봄서비스와 같이 공적으로 제공되는 돌봄서비스가 제한된 시간에 한정적으로 제공되어 양적·질적으로 충분성과 다양성이 부족한 상황에서, ICT 기술은 서비스 제공시간의 충분성과 서비스의 다양성을 확장시켜 줄 수 있도록 설계되어야 한다는 점, 향후 노인돌봄에 있어서 ICT시스템의 도입은 Age Tech[33]를 이용한 스마트 돌봄서비스를 구축하여 가정 내 기기를 통해 위기

---

31) 김경미·이용재(주 26), 15면.

32) 김경미·이용재(주 26), 16면.

33) 고령층을 대상으로 한 서비스, 솔루션으로 고령층의 삶의 질을 향상시키는 디지털 기술을 말한다. 에이지 테크는 기존의 돌봄 기술에 국한되지 않고 고령층을 위한 쇼핑, 금융, 유산 상속, 외로움 완화를 위한 커뮤니티 생성 및 활성화 등 고령자를 위한 모든 기술, 제품 서비스로 영역을 확장하는 중이다. 에이지 테크를 지원하는 기술로는 인터넷/스마트폰, 사물인터넷/센서/웨어러블, 인공지능, 가상현실(VR), 로봇기술 등이 있다. 고령친화산업지원센타〈https://www.khidi.or.kr/board/view?lin

상황을 탐지·대응하고, 건강관리, 심리·건강지원서비스 등 제공이 통합적으로 이루어질 수 있도록 설계되어야 한다는 점, 고령자 스마트케어 시스템을 구축하여 실시간 안전 모니터링과 응급상황에 대처할 수 있도록 하여야 한다는 점 등이 개선과제로 제시되었다.[34]

4. 돌봄에서 인공지능 활용에 대한 평가

천안시 시범사업에서 AI는 일상생활 지원에 있어서는 반려로봇으로서 정서적 지원 및 스마트 통합 모니터링 시스템의 일부로서, 건강관리에 있어서는 사물인터넷과 연계된 건강 모니터링을 위하여, 주거환경에 있어서는 안전 및 맞춤형 케어 서비스를 위한 모니터링 서비스로 주로 활용되고 있다. 이는 미국에서 인공지능이 노인돌봄 분야에 활용되는 방식과 유사하다. 반려로봇의 정서적 지원 외에는 정보통신 기술을 통하여 파악한 모니터링 정보를 인공지능 기술을 이용하여 분석 판단한 결과와 그에 필요한 서비스 정보를 돌봄서비스 제공자에게 제공하는 형태로 이루어지고 있다. 여기서 인공지능 기술의 핵심은 모니터링된 정보를 분석하고 이에 적합한 돌봄 서비스를 매칭하여 대안을 제시하는 데에서 나타나고 있다. 이는 돌봄 노동자의 상주나 방문 횟수를 줄여 주는 등 돌봄노동의 부담을 상당히 줄여 줄 수 있을 것으로 기대된다. 경우에 따라서 데이터를 기반으로 하는 모니터링 시스템을 활용함으로써 사람이 놓칠 수 있는 정보까지도 인식하여 제공해 주는 등 어느 면에서는 사람의 돌봄 서비스를 넘어설 가능성도 시사하고 있다.

그러나 인공지능이 종래 IT 기술과 질적으로 구별되는 것은 무엇보다도 인공지능의 높은 자율성에 있다. 인공지능의 자율성은 인공지능이 스스로 돌봄 대상자를 모니터링하여 대상자의 돌봄 니즈를 파악하고, 스스로의 판단으로 그에 적합한 서비스를 직접 연계하거나 제공함으로써 돌봄 서비스 전체에 걸쳐 사람(돌봄 노동자)의 개입 필요

---

kId=48906646&menuId=MENU00316〉

34) 김경미·이용재(주 26), 19면 이하.

성을 현저히 낮추는 데에 기여할 수 있다. 현재의 돌봄서비스에 도입된 인공지능 기술에서는 아직 이러한 수준의 서비스를 제공하지는 못하는 것 같다.[35] 그러나 현재의 인공지능 기술 수준으로도 모니터링된 정보를 분석하여 필요한 서비스를 매칭하는 것은 충분히 가능할 것으로 생각된다. 전문의를 능가하는 의료진단에 특화된 인공지능 서비스가 그러한 가능성을 이미 보여 준 바 있기 때문이다.[36]

다른 한편으로 현재 돌봄노동에서 인공지능의 활용은 로봇기술과의 결합에 의하여 본격화될 것으로 보인다.[37] 모니터링된 정보를 바탕으로 필요한 돌봄서비스를 외부 서비스 제공기관과 연계하는 것이 가능한 것은 물론, 자율적 판단에 의하여 필요한 물리적 서비스를 직접 제공하는 것이 돌봄서비스의 상황을 결정적으로 변화시킬 것이기 때문이다. 매칭된 돌봄서비스를 직접 물리적 노동의 형태로 제공하기 위해서는 로봇기술과의 결합이 불가피하다. 결국 휴머노이드 형태의 가사 돌봄 로봇의 단계에 이른다면 일상생활의 돌봄노동은 인공지능 로봇에 의하여 거의 대체될 수 있을 것으로 예상할 수 있다. 가사 돌봄을 위한 휴머노이드 로봇의 실현이 본격적인 인공지능 시대를 여는 관문이 될 것으로 기대된다.

더 나아가서는 돌봄 대상자의 라이프 스타일에 대한 데이터를 개별적으로 축적하여 돌봄 대상자의 의사나 희망, 선호에 입각하여 돌봄 니즈를 파악하고, 필요한 돌

---

35) 인간처럼 사고하고 판단할 뿐만 아니라 다른 인간들과 감정적으로 소통하고 자율성과 반성적 사고 능력을 갖춘 인공지능을 강한 인공지능이라고 하고, 그러한 수준에 이르지 못한 인공지능을 약한 인공지능이라고 한다. 현재 딥 러닝을 수용한 인공지능조차도 약한 인공지능의 마지막 단계에 머물러 있는 것으로 평가된다. 양천수, "인공지능과 법체계의 변화─형사사법을 예로 하여", 법철학연구 제20권 제2호(2017), 49면 이하.

36) 국내적으로도 현재 과기정통부와 식약처는 닥터앤서라는 사업을 진행하면서 인공지능 의료기기 분야를 지원하고 있다. 닥터앤서 1.0은 이미 2018년부터 2021년까지 총 364억 원을 투자하여 8대 질환에 대한 의료기기 소프트웨어를 개발하는 성과를 거두었다. 현재 진행 중인 닥터앤서 2.0의 경우에는 약 300억 원의 규모를 투자하여 12대 분야에 대한 24개 의료 소프트웨어를 개발하고 있다. 그 밖에 인공지능 진단 영역에서의 기술발전과 사업화 현황에 대해서는 바이오타임즈 2024. 9. 23. 기사 인공지능 진단, 의료계에 녹아든다. 〈https://www.biotimes.co.kr/news/articleView.html?idxno=17149〉

37) 인공지능이 인간의 정신능력을 인공적으로 구현한 기계라면, 로봇은 인간의 육체를 인공적으로 구현한 기계이다. 양천수(주 35), 51면.

봄 서비스를 매칭하는 방식으로 인공지능기술의 적용을 고도화해 나갈 필요가 있다. 오늘날 돌봄서비스는 국가에 의한 일방적 수혜가 아니라 국민의 사회적 기본권으로서 제공되어야 하고, 이는 사회적 기본권을 행사하는 고령자나 장애인의 의사와 선택에 의거하지 않으면 안 된다. 그런데 고령자나 장애인은 정신능력이 취약하거나 의사소통이 곤란한 경우가 적지 않다. 이러한 경우에도 권리에 기반한 돌봄서비스를 제공하기 위해서는 무엇보다도 돌봄서비스를 제공받는 고령자나 장애인의 (추정적) 의사나 희망, 선호를 파악하는 것이 긴요하다. 본인의 의사나 희망, 선호를 파악하여 서비스의 대안을 제시할 수 있는 인공지능의 고도화가 이와 같은 사회국가 원리에 입각한 인공지능 돌봄서비스의 제공에 있어서 중요한 분기점이 될 것이다.

III. 의사결정지원과 인공지능

1. AI 후견인과 인공지능에 의한 의사결정지원의 가능성

2023년 전체 노인 가운데에 인지능력 저하자는 24.6%, 치매 인구는 90만 명을 넘었고, 65세 이상 인구의 치매 유병률은 10.51%로 추정되고 있다. 노인의 인지능력 저하는 고령일수록[38] 그리고 독거노인의 경우에 더 높은 것으로 관찰되고 있다. 초고령사회 노인인구의 급속한 증가와 가족구성의 변화에 따라 치매노인 인구가 갈수록 증가할 것으로 예상하는 이유이다.[39] 다른 한편, 보건복지부의 2023년도 등록장애인 현황[40]에 따르면, 지적 장애인 23만 명, 자폐성 장애인 4만 3천 명, 정신장애인 10만

---

[38] 연령별 치매 유병률은 대략 5세 증가할 때마다 두 배씩 증가하는 추세를 보인다.

[39] 2023 노인실태조사(주 3), 215면, 2018년 우리나라 65세 이상 노인인구 중 약 75만 명이 치매를 앓고 있는 것으로 추정되었는데, 치매환자 수는 이후 17년마다 두 배씩 증가하여 2024년에는 100만, 2039년에는 200만을 넘어설 것으로 예상되었고, 65세 이상 노인의 치매 유병률은 2018년 10.2%, 2020년 10.3%, 2030년 10.6%, 2040년 12.7%, 2050년 16.1%로 갈수록 급증할 것으로 추정되었다. 중앙치매센타 치매사전〈https://www.nid.or.kr/info/diction_list2.aspx?gubun=0201〉

[40] 2023년 등록장애인 현황, 보건복지부 HP〈https://www.mohw.go.kr/board.es?mid=a10412000000

4천명 등 정신능력에 손상·장애가 있는 인구의 숫자도 지속적으로 증가하고 있다.

근대적 사법체계가 확립되면서 대부분의 나라들이 정신능력이 부족하거나 결여된 사람을 보호하기 위하여 이들의 행위능력을 제한하고 그 대신 후견인에게 법정대리권을 부여하여 본인을 대신하여 법률관계를 형성하도록 하는 후견제도를 두고 있다. 그러나 어느 나라를 살펴보아도 이 제도는 널리 이용되지 못하였다. 본인 보호의 미명하에 본인의 법적 능력을 제한하고 후견인의 결정에 복종하도록 함으로써 무능력자라는 사회적 낙인과 함께 피후견인을 사회적으로 고립·배제하였기 때문이다. 특히 우리나라에서는 무권대리의 법적 불안정성에도 불구하고 가족에 의한 사실상의 후견이 법정후견제도를 대체하였다. 가족 간 재산관리를 둘러싼 분쟁 때문에 부득이한 경우가 아니면 굳이 제도를 이용할 인센티브가 없는 반면, 본인 보호에 필수적인 신상 결정에 관해서는 충분한 제도적 배려가 없었기 때문에 의료동의 등 신상에 관해서는 가족에 의한 동의가 관행상 확립되어 있다는 점도 가족에 의한 사실상 후견을 뒷받침하였다.

그러나 핵가족화에 따른 가족 기능의 쇠퇴와 빈번한 이해관계의 충돌로 인하여 치매 고령자나 정신적 장애인에 대하여 가족이 아니라 법과 제도에 의한 보호와 지원에 대한 요구가 높아졌다. 그러기 위해서는 현대적 인권 관념에 적합하게 본인의 자기결정권을 존중하고 신상보호를 본격적 후견사무로 수용하는 것이 필요하였다.

이러한 사회적 요구를 배경으로 2011. 3. 11. 민법 개정에 따라 2013. 7. 1. 새로운 성년후견제도가 시행되었다. 새로운 성년후견제도는, 종래 금치산자·한정치산자 제도가 획일적 행위능력 제한과 포괄적 법정대리권 부여로 본인의 자기결정권을 침해한다는 비판을 받았던 만큼, 과잉 침해를 배제하기 위하여 본인 보호의 필요성에 맞게 이용할 수 있도록 보호유형과 보호조치에 탄력성과 유연성을 부여한 것이 특징이라고 할 수 있다. 성년후견유형은 종래 금치산자제도의 연속선상에서 그 구조를 유지하면서 일용품 거래에 대한 취소를 제한하고(민법 제10조 제4항), 성년후견인이 취소할 수 없는 행위의 범위를 정하거나(민법 제10조 제2항), 성년후견인의 법정대리권을 제한

&bid=0020&act=view&list_no=1484133&tag=&nPage=1〉

할 수 있도록 함으로써 보호조치를 탄력적으로 구성할 수 있도록 하였다(민법 제938조 제2항). 그리고 정신적 제약의 정도와 관계없이 일시적·일회적 후견 수요에 대응하기 위하여 새롭게 특정후견 유형을 신설하였다. 나아가 피후견인의 신상에 관한 자기결 정원칙을 선언하면서, 신상에 관한 결정을 할 수 있는 상태에 있지 않은 피후견인을 위하여 가정법원이 후견인에게 신상에 관한 결정권한을 부여할 수 있는 근거 규정을 신설하였다(민법 제938조 제3항).

정신적 장애인의 보호와 지원에 관하여 가족 간 부양의무와 보호책임에서 사회 적 약자에 대한 국가의 보호의무와 지역사회의 역할에 대한 요구가 높아졌기 때문에 장애유형별 특성에 맞게 성년후견이용지원사업(공공후견사업이라고도 한다)이 시작되 었다.[41]

이러한 법제도적·정책적 노력에도 불구하고 오늘날 인구학적 관점에서 보호가 필요한 정신능력의 손상이나 장애가 있는 인구에 비하여 동 제도를 이용하고 있는 사 람의 수는 여전히 매우 적은 편이다. 새로운 성년후견제도가 시행된 2013. 7. 1. 이 후 누적 전체 성년후견 신청건수는 62,538건, 이 가운데 성년후견 51,323건, 한정후견 5,815건, 특정후견 5,213건, 임의후견등기 187건이고, 2022년 기준 진행 중인 후견감 독사건은 성년후견감독 23,697건, 한정후견감독 2,586건, 특정후견감독 3,618건, 임의 후견감독 26건이다. 금치산자제도와의 연속선상에 있는 성년후견유형의 이용이 압 도적인 데 반하여 한정후견, 특정후견은 각각 성년후견유형의 약 10분의 1 수준이고 임의후견의 이용은 극히 저조한 것을 알 수 있다.[42]

가족이나 근친에 의해서 돌봄을 받지 못하는 사람들에게 후견이 필요한 경우가 많지만 이들을 위하여 후견인이 되어 줄 인적 자원을 확보하는 것은 용이한 것이 아 니다. 정부의 보조를 받는 공공후견사업 이외의 경우에는 후견인의 보수를 피후견인 의 재산에서 지급한다는 것도 큰 부담이 아닐 수 없다.

---

41) 그에 대한 법률적 근거로서 발달장애인 권리보장 및 지원에 관한 법률 제9조, 치매관리법 제12조의 3, 정신건강증진 및 정신질환자 복지서비스 지원에 관한 법률 제38조의3 등 참조.
42) 사단법인 한국성년후견지원본부, 통계로 알아보는 우리나라 후견(감독)사건의 현황, 2023. 11. 〈연 도별 후견사건(감독) 사건 접수 현황〉

508 제4편 AI 확산과 제도

이러한 사정 때문에 고령자·장애인의 보호와 지원을 위하여 인공지능을 돌봄노동에 활용하는 것처럼, 정신능력이 부족한 고령자·장애인의 보호와 지원을 위하여 인공지능을 이른바 AI 후견인으로 활용할 수는 없을까라고 하는 아이디어가 있다. 이러한 아이디어의 등장은 이용자로부터 독립된, 인공지능에 의한 법률행위를 관념할수 있게 되면서부터이다. 후견사무는 본질적으로 법적 사무의 처리로서 법률행위에 의하여 이루어지기 때문이다. 최근 딥러닝에 의해 학습되는 인공지능의 경우, 이용자가 결과 산출에 이르는 알고리즘을 파악하거나 그 과정에 개입·통제 혹은 예측하는 것이 곤란하여 이용자로부터 독립한 인공지능에 의한 자율적 결정을 생각해 볼 수 있게 되었다. 이러한 자율적 인공지능이라면 법정대리인이라는 독립적인 지위에서 피후견인을 위하여 법률행위를 대리하는 AI 후견인도 가능하지 않을까 하는 것이다. 자율성이 높은 인공지능이 사람들의 의사결정을 지원하거나 대신할 수 있다면, 누구보다도 합리적 판단능력이 부족한 고령의 치매환자나 발달장애인 등 취약한 의사결정 능력을 가진 사람을 돕는 데에 기여할 수 있지 않을까 상상해 볼 수 있다. 인공지능이 학습을 개인화하여 특정 개인에게 특화된 효성을 수행할 현실적인 능력을 기대할 수 있는 정도로 발전되고 있어서 인공지능에 의한 계약체결이 현실 생활에서 일상화되는 시점도 멀지 않다는 예상이 이러한 아이디어를 뒷받침한다.[43]

즉, 전통적 후견제도는 후견서비스 제공자로서 법정대리인의 지위를 갖는 후견인을 설정하고 있다. 따라서 AI 후견인은 인공지능에 대리인으로서의 지위를 부여할 수 있는가라는 문제로 치환할 수 있다. 현재 후견인은 자연인뿐 아니라 법인도 가능하기 때문에 인공지능에 법인격이 인정될 수 있다면 AI 후견인을 제도화하는 것도 가능해 보이기 때문이다.

---

43) 오병철, "인공지능 작동의 합일적 귀속을 위한 법률행위론", 한국민사법학회 추계국제학술대회자료집, 2024년 11월 22일, 183면.

2. 장애인권리협약 제12조와 성년후견 패러다임의 전환

여기서 유의할 것은 오늘날 성년후견제도는 대체의사결정제도에서 의사결정 지원제도로 일대 패러다임의 전환기에 있다는 점이다. AI 후견인을 상정하기에 앞서 먼저 이러한 변화의 흐름을 잘 이해해 두는 것이 필요하다. 이러한 패러다임 전환의 결정적 계기가 된 것이 유엔장애인권리협약(Convention on the Rights of Persons with Disabilities)이다.

유엔장애인권리협약(이하 협약이라고 한다)은 장애를 인권의 관점에서 일관되게 관철한 최초의 국제문서이다.[44] 특히 성년후견제도와 관련하여 협약 제12조는 법 앞에 평등이라는 표제하에 '장애인이 모든 영역에서 법 앞에서 인간으로서 인정받을 권리가 있음을 재확인'하고(제1항), '장애인들이 삶의 모든 영역에서 다른 사람들과 동등한 조건으로 법적 능력(legal capacity)을 향유함을 인정하여야 하며(제2항), 이를 전제로 '당사국은 장애인들이 그들의 법적 능력을 행사하는 데 필요한 지원을 받을 기회를 제공받을 수 있도록 적절한 입법 및 기타 조치를 취하여야 한다'고 규정한다(제3항). 나아가 장애인의 법적 능력의 행사와 관련한 입법과 조치들이 준수해야 할 안전장치(safeguards)로서 개인의 권리(right), 의사(Will), 선호(preferences)를 존중하고, 이해의 대립이나 부당한 압력의 배제, 개인이 처한 환경에 비례한 균형, 가능한 최단기간의 적용, 독립적이고 공정한 기관에 의한 정기적 심사 등을 제시하였다(제4항).[45]

협약 제34조에 의하여 당사국의 대표들에 의하여 선출된 유엔 산하 전문가 위원회인 유엔장애인권리위원회(Committee on the Rights of Persons with Disabilities, 이하 위원회라고 한다)는 협약 제12조의 법적 능력과 의사결정지원에 관한 당사국에서의 해석상

---

44) 장애인권리협약은 이 조약에 의하여 장애인에게 새로운 성질의 권리를 부여하는 것이 아니라 종래 여러 인권조약에서 인정된 보편적 인권이 장애인들에게는 온전히 실현되거나 보장되지 못하였다는 문제의식으로부터 이들 인권이 장애인들에게도 차별 없이 실현되고 보장하기 위하여 성립하였다. 박인환, "유엔장애인권리협약 제12조와 성년후견제도의 개혁과제", 새봄을 여는 민법학(정태윤·지원림교수논문집), 홍문사, 2023. 현재 협약 비준국은 188개국, 서명국 164개, 선택의정서 비준국 104개국, 서명국 94개국이다.

45) 국가인권위원회, 장애인권리협약해설집(한학문화, 2007), 96면.

논란을 불식시키기 위하여 협약 제12조에 관하여 일반평석 제1호를 공표하였다.[46]

협약 제12조 제2항은 장애가 있는 사람이 생활의 모든 영역에서 비장애인과 동등한 기초 위에서 법적 능력을 향유하는 것을 인정하며, 법적 능력에는 권리의 주체가 될 수 있는 지위(legal standing)와 법 아래에서 권리를 행사할 수 있는 지위(legal agency)를 모두 포함한다. 법적 능력과 정신능력(mental capacity)은 서로 별개의 개념이다. 정신의 이상이나 다른 차별적 라벨(label)이 법적능력을 부인하는 정당한 이유가 되지 않는다. 법적 능력은 장애가 있는 사람을 포함하여 모든 사람이 오직 인류라는 사실만으로 법적 주체가 되고 법적 행위자가 된다는 것을 의미한다.[47] 이에 따르면 전통적 후견제도가 대부분 포함하고 있는 피후견인의 행위능력을 제한하는 규정 내지 조치는 협약 제12조 제2항과 정면으로 충돌하게 된다.

협약 제12조 제3항은 당사국이 법적 능력의 행사에 대한 지원에 접근할 수 있도록 할 의무를 규정하고 제4항에서 그러한 조치가 갖추어야 할 안전장치에 대하여 규정하고 있다. 당초 협약 초안에는 장애인의 의사결정을 돕는 제도로서 법정대리인(personal representative) 제도에 관하여 규정이 제안되었으나, 권한의 행사를 남용하거나 장애인의 자기결정권이 침해될 수 있다는 지적이 제기되는 등 논란 끝에 법정대리인 제도는 삭제되고, 안전장치(safeguards)만을 규정하는 것으로 합의되었다. 그리하여 법적 능력의 행사와 관련된 법정대리, 즉, 후견인이 본인을 대신하여 결정(대체의사결정)하는 제도가 의사결정지원의 최후의 수단(last resort)으로 여전히 허용될 수 있는지에 대하여 견해가 대립하게 되었다.

이에 대하여 위원회는 일반평석 제1호에서 의사결정지원에 대하여 다음과 같이 강조하고 있다. 법적 능력의 행사에 있어서 지원은 장애가 있는 사람의 권리(rights), 의사(will), 선호(preferences)를 존중하여야 하고, 결코 대체의사결정(substitute decision-

---

46) Committee on the Rights of Persons with Disabilities, General comment No. 1 (2014), Article 12: Equal recognition before the law(Eleventh session 31 March-11 April 2014) 〈https://tbinternet.ohchr.org/_layouts/15/treatybodyexternal/Download.aspx?symbolno= CRPD/C/GC/1&Lang=en〉

47) General comment No. 1 (2014)(주 46), para. 12-15.

making)[48]에 해당하는 것이어서는 안 된다. 지원은 폭넓은 개념으로 다양한 유형과 강도의 공식, 비공식의 지원에 관한 합의를 포함한다. 예를 들면 신뢰하는 사람을 지원인으로 선임, 동료지원(peer support), 권익옹호(advocacy, 자기옹호의 지원 포함) 또는 의사소통에 관한 조력, 보편적 디자인과 접근성(universal design and accessibility)에 관련된 조치들을 포함할 수 있다. 장애를 가진 사람도 누구나 다른 사람과 평등한 기초 위에서 의료요양에 관하여 사전지시(advance directive)를 할 수 있는 권리가 있다. 장애가 있는 사람 가운데에는 지원을 받을 권리의 행사를 원하지 않을 수도 있다. 따라서 지원이 강제되어서는 안 된다. 당사국의 지원 조치에는 당사자의 권리, 의사, 선호의 존중을 보장하기 위한 효과적인 안전장치(safeguards)가 마련되어야 한다. 이러한 안전장치는 비장애인과 평등한 기초 위에서 남용으로부터의 보호를 제공하여야 한다. 모든 사람은 '부당한 영향(undue influence)'을 받을 위험이 있다. 결정을 하기 위하여 다른 사람의 지원을 받아야 하는 사람에게 있어서는 이러한 사정이 더욱 악화된다. 법적 능력의 행사를 위한 안전장치는 부당한 영향으로부터의 보호를 포함하여야 하지만, 위험을 감수하거나 잘못을 할 권리를 포함하여 그 사람의 권리나, 의사, 선호를 존중하여야 한다. (의사결정지원을 위하여) 상당한 노력을 경주(傾注)한 후에도 개인의 의사나 선호를 결정하는 것이 실현 불가능할 경우, '최선의 이익(best interest)'을 기준으로 결정하는 대신에 '의사와 선호에 대한 최선의 해석(best interpretation of will and preferences)'을 하여야 한다.[49]

특히 위원회는 협약의 국내적 이행의 모니터링을 위하여 협약 제35조에 따라 정기적으로 제출되는 각국 정부보고서의 심의 후 공표하는 최종견해(concluding observation)에서 협약 제12조의 이행과 관련하여 법정대리를 기초로 하는 성년후견제도를 대체의사결정(substitute decision-making)제도로 규정하고, 이를 법적 능력의 향유를 전제로 의사결정지원(supported decision-making)제도로 전환할 것을 반복적으로 요

---

48) 대체의사결정의 특징은 ① 특정사항에 한정된 것일지라도 법적 능력의 제한, ② 타인에 의한 또는 본인의 의사에 반해서도 대체의사결정자의 선임, ③ 객관적 관점에 기초한 최선의 이익(best interest)에 의거한 대리 결정의 요소를 갖고 있다. General comment No. 1 (2014)(주 46), para. 27.

49) General comment No. 1 (2014)(주 46), para. 17-22.

청하고 있다. 이러한 권고를 받은 세계 여러 나라들에서는 법정대리를 중심으로 하는 성년후견제도를 의사결정지원제도로 전환하기 위한 제도 개혁을 추진하고 있다.[50]

우리나라도 2014년 9월 최초의 정부보고서에 대한 심의 후 공표된 최종견해에서 성년후견제도를 의사결정지원제도로 전환할 것을 권고받았다.[51] 2022년 한국의 제2·3차 병합보고서의 심의 후 공표된 최종견해에서는 후견 및 대체의사결정제도를 폐지하기 위한 진전이 없고, 이를 의사결정지원제도로 완전히 대체할 수 있는 시간계획이 제시되지 않았다는 점에 대한 깊은 우려와 함께 다시 한 번 현행 대체의사결정제도를 의사결정지원제도로 전환할 것을 권고받았다.[52]

우리나라 역시 그리 멀지 않은 장래에 민법 개정을 포함하는 전면적인 성년후견제도 개혁에 나설 수밖에 없을 것이다.

3. 인공지능에 의한 의사결정지원

위에서 살펴본 바와 같이 유엔장애인권리위원회는 현행 성년후견제도를 대체의사결정제도로 규정 비판하면서 이를 의사결정지원제도로 전환할 것을 반복적으로 권고하고 있다. 향후 현행 성년후견제도를 의사결정지원제도로 전환하여야 한다면 AI

---

50) 독일에서의 성년후견제도 개혁을 위한 독일민법의 개정에 대해서는 Dagmar Brosey/박인환 역("독일 성년후견법 개정의 개관", 후견 제2호(2022. 9), 55면 이하, 박인환(주 44), 박인환, "사적자치의 원칙과 의사결정지원 제도화의 모색", 민사법학 제95호(2021. 6), 22면 이하. 안경희, "2021년 개정 독일 성년후견법의 주요 내용—제1814조 내지 제1834조를 중심으로", 중앙법학 제23집 제2호(2021. 6); 안경희, "2023년 시행 독일 성년후견법의 규정 체계와 주요 개정 내용", 법학논총 제39권 제1호(2023. 6), 47면 이하. 아일랜드와 남미의 페루 및 아르헨티나의 제도 개혁 동향에 대해서는 우선 박인환, "장애인권리협약과 의사결정지원 제도화를 위한 국제적 모색", 법학연구(인하대) 제22집 제2호(2019. 6) 미국 각주에 있어서 제정법에 의한 의사결정지원 합의법의 입법동향에 대해서는 이지은, "치매와 의사결정지원—미국의 의사결정지원법(Supported Decision-making Law)의 검토를 중심으로", 법학논총 제54호. (2022.9)

51) Committee on the Rights of Persons with Disabilities, Concluding observations on the initial report of the Republic of Korea(U.N. Doc. CRPD/C/KOR/CO/1, 3 Otober 2014), para. 21, 22.

52) Committee on the Rights of Persons with Disabilities, Concluding observations on the combined second and third reports of the Republic of Korea(CRPD/C/KOR/CO/2-3) para. 27, 28.

후견인을 상정할 때에도 의사결정지원의 관점에서 인공지능이 어떤 역할과 기능을 수행할 수 있는지라는 관점에서 검토가 필요하다.

　　그러한 의사결정지원조치들은 당사자의 정신능력의 손상과 장애의 정도, 사회 경제적 조건과 생활환경 등에 따라 단계적·순차적으로 이루어질 필요가 있다.

(1) 보편적 설계(universal design), 디지털 리터러시와 인공지능

　　의사결정지원은 다양한 공식·비공식의 지원을 포함한다. 그중에는 특정인을 위한 것이 아니라 모든 정신적 장애인 나아가 모든 사회적 약자(어린이, 노인, 장애인 등)의 의사결정에 편의를 제공하는 다양한 제도적, 행태적, 환경적 조치들이 포함될 수 있다.

　　예를 들면 고령자, 장애인, 어린이 등 인지능력이 부족한 사람들의 상품·서비스의 접근성을 제고하기 위한 조치들이 여기에 속한다. 특히 상품·서비스의 제공기관에 의하여 도입되고 있는 정보통신기술이 정신능력이 부족한 고령자나 장애인들의 접근성을 크게 제한하고 있는 점에 유의할 필요가 있다. 이는 고령자나 장애인의 사회 경제생활을 제약하는 장벽이 될 수 있다. 스마트폰이나 PC를 이용한 애플리케이션을 통해서만 가능한 각종 예약, 신청 서비스 등은 이러한 정보통신 프로그램이나 기기에 익숙하지 않은 고령자·장애인의 상품·서비스 접근성을 크게 제약할 우려가 있다. 새로 도입되는 정보통신기술 등이 서비스 제공자에게는 비용을 절감시키고 일반인에게는 시간 절약과 편의성을 제공하지만, 이에 익숙하지 않은 고령자·장애인에게는 자유로운 사회 경제활동을 가로막는 장벽이 될 수 있다. 새로운 정보통신기술의 성과가 고령자·장애인에게 장벽이 되지 않기 위해서는 어떤 제도나 관행, 환경을 기획 설계할 때부터 고령자·장애인의 특성에 맞는 배려나 편의의 제공을 고려하여야 한다. 예를 들면 경제생활에 필수적인 금융거래에 도입되는 CD, ATM 등의 설치에 있어서 시각장애인들도 이용 가능하도록 음성 안내를 제공하는 것과 마찬가지로 정신능력이 부족한 사람도 쉽게 이해하고 조작할 수 있도록 어려운 용어나 외국어·외래어의 사용을 피하고 조작 판넬을 직관적 그림이나 기호로 표시함으로써 고령자나 장애인의 이해와 접근성을 높여야 한다. 의료기관, 식당 등 업종을 가리지 않고 도입되고 있는 주문형 패널 등에도 모두 적용되어야 할 원칙이라고 할 수 있다.

특히 정보통신기술의 발전이 궁극적으로 인공지능으로 발전될 가능성이 있다는 점에서 정보통신기술이나 인공기능 기술의 보급이 사회적 약자들에게 새로운 장벽이 되지 않도록 인공지능의 설계와 특히 인터페이스의 측면에서 고령자·장애인 등 정신능력이 부족한 사람들의 접근성을 보장하는 보편적 설계의 개념을 적용하는 것을 고려하여야 한다.

다음으로 이와 병행하여 고령자·장애인의 정보통신기술이나 인공지능에 대한 이해도를 높이는 노력도 병행할 필요가 있다. 고령자·장애인을 대상으로 정보통신기술이나 인공지능 기술에 대한 안내와 교육을 강화함으로써 이른바 디지털 리터러시(digital literacy)를 향상시켜야 한다. 고령자나 장애인 등 특히 디지털 기술에 익숙하지 않은 계층의 정보통신기술이나 인공지능 기술에 대한 이해와 활용 역량을 강화하는 것이다. 사용자 측면에서의 정보통신기술이나 인공지능 기술에 대한 디지털 리터러시를 제고하는 한편, 제도, 관행, 환경에 보편적 설계를 적용함으로써 고령자·장애인이 과학기술의 발전에서 뒤처지거나 소외되지 않도록 하는 적극적 조치는 고도화되어 가는 과학기술 사회에서 지속가능한 사회발전에 필수적인 사회적 포용(inclusion)을 실현해 가는 유력한 방법이라고 할 것이다.

(2) 정보제공에 의한 의사결정의 조력과 인공지능

위와 같은 보편적 설계나 디지털 리터러시의 향상만으로는 고령자나 장애인이 스스로 중요한 법적 결정을 할 수 없는 경우, 개별화된 의사결정지원조치가 필요하다. 전통적 성년후견제도하에서는 이러한 정신능력이 부족한 고령자·장애인을 보호하기 위하여 후견인을 선임하여 본인을 위하여 거의 모든 법률행위를 대리할 수 있는 포괄적 법정대리권을 부여하였다. 그리고 후견인은 객관적 관점에서 피후견인의 복리, 달리 표현하면 최선의 이익(best interest)이 무엇인가 라는 관점에서 대리권을 행사하는 것을 허용하였다.[53] 그러나 유엔장애인권리위원회는 협약 제12조에 의거하여 후견인에 의한 법정대리권 행사를 대체의사결정이라고 비판하고, 그러한 경우에

---

53) 우리 민법 제947조 제2문 "이 경우 성년후견인은 피성년후견인의 복리에 반하지 아니하면 피성년

도 스스로 법적 능력을 행사할 수 있도록 지원하는 조치를 취하라고 요청하고 있다. 따라서 고령자나 장애인이 중요한 법적 결정을 앞에 두고 스스로 합리적인 결정을 할 수 없는 경우에 취하여야 할 조치는, 본인의 의사와 무관하게 제3자를 후견인으로 선임하여 본인의 희망이나 선호와 관계없이 본인의 결정을 대체하게 할 것이 아니라 본인의 법적 능력을 인정한 전제 위에서 필요한 의사결정지원 조치를 선행하여야 한다.

의사결정지원을 위하여 우선 고려할 수 있는 것은 본인이 스스로 결정할 수 있도록 필요한 정보와 결정을 내리기 위한 대안을 본인이 이해하기 쉬운 형태와 방법으로 제공하는 것이다. 알기 쉬운 내용과 형태로 제공된 설명과 대안을 통하여 고령자·장애인은 보다 쉽게 자기의 의사, 희망과 선호를 합리적으로 실현할 수 있는 선택이나 결정을 할 수 있다. 그리고 이러한 정보제공 방식의 의사결정지원은 법률행위와 같은 중요한 법적 결정의 효과 귀속에 원칙적으로 영향을 미치지 않는다. 법률행위를 결정하기 위한 기초로서 정보의 수집과 분석은 법률행위의 전 단계, 법률행위의 동기 영역에 속하는 사태이기 때문이다. 이러한 정보제공은 반드시 후견인의 선임과 같은 법제도적 틀 안에서만 제공될 수 있는 것은 아니다. 일반인도 자기의 생활관계에 중대한 결정을 하는 경우에는 친지나 가족, 전문가에게 조언을 구하거나 설명을 듣고 비로소 자신의 상황과 조건, 니즈에 적합한 결정을 할 수 있게 되는 경우가 많다. 이와 관련하여 성년후견제도에 적용되는 보편적 원칙 가운데에 하나가 보충성의 원칙이다. 후견인과 같은 법정대리인의 선임 없이 필요한 의사결정지원을 받을 수 있는 경우에는 성년후견의 적용을 요하지 않는다는 것이다.[54]

특히 인공지능은 이용자의 지시나 니즈에 적합한 정보를 수집 분석하여 그 대안을 제시하는 것을 수행하는 데에 최적화된 성과를 보여 주고 있다. 이 점에 있어서 인공지능의 활용은 법정후견의 대안으로서 고령자·장애인의 의사결정 지원을 위한 강력한 수단이 될 수 있을 것으로 기대된다.

후견인의 의사를 존중하여야 한다."는 규정이 이러한 관점을 뒷받침한다.

54) 이를 명문화한 것으로 독일민법 제1814조 제3항. 특히 본인이 사전에 선임해 둔 임의대리인(임의후견인)이 있는 경우가 그러하다.

(3) 공동결정(co-decision making)과 인공지능

정보의 제공만으로 본인이 스스로 선택·결정할 수 없는 경우, 더 적극적인 의사결정지원 방식을 고려해 볼 필요가 있다. 정보의 제공만으로는 고령자·장애인이 자신의 의사나 희망, 선호에 맞는 결정의 내용을 형성하거나 이해할 수 없는 경우가 그러하다. 이러한 경우에 대응하는 의사결정지원 방식으로 공동결정 방식의 의사결정지원을 고려해 볼 수 있다. 대표적으로 2015년 아일랜드가 유엔장애인권리협약의 비준을 위하여 도입한 조력의사결정법[The Assisted Decision-Making (Capacity) Act]은 의사결정지원의 주요 방식으로 조력의사결정(Assisted Decision-Making), 공동의사결정(Co-Decision-Making), 지속적 대리권(Enduring Powers of Attorney)을 규정하고 있다. 그 가운데 공동의사결정에서, 본인은 공동의사결정에 관한 약정으로 공동의사결정자를 선임할 수 있고, 선임된 공동의사결정자는 약정에서 정한 신상 및 재산문제에 관하여 본인과 공동으로 결정을 할 수 있다. 공동의사결정자는 반드시 본인과 신뢰에 기초한 관계를 가지고 있는 가족이나 친구이어야 한다. 공동의사결정에 관한 약정이 유효하기 위해서는 본인이 약정을 체결할 능력이 있고, 공동의사결정자가 조력을 받으면 결정할 수 있는 능력이 있다는 것을 확인하는 의료인의 진술이 있어야 한다. 공동의사결정자의 기능은 앞서 설명된 조력의 기능을 수행함은 물론 본인과 공동으로 결정을 내릴 수 있다. 그 결정이 법률행위인 경우 본인과 공동의사결정자가 모두 동의하여야 효력이 있다. 공동의사결정자의 동의를 얻어야 본인의 법률행위가 효력을 발생한다는 점에서는 본인의 행위능력을 제한하는 측면이 있다. 따라서 공동의사결정자의 동의를 얻지 않은 본인의 법률행위의 효력에 대해서는 별도의 검토가 필요하다.

공동의사결정 방식에 인공지능을 도입하는 경우, 본인은 특정 인공지능서비스를 자신을 위한 공동의사결정자로서 지정하여 공동의사결정에 관한 서비스 제공계약을 체결하는 것을 상정할 수 있다. 이때 고령자·장애인 등이 인공지능이 제공하는 공동의사결정서비스를 이용하기 위해서는 그러한 서비스의 내용을 이해하고 약정을 체결할 수 있는 정신능력이 있어야 한다. 그러나 이러한 능력은 그 서비스를 통하여 지원을 받는 복잡하고 까다로운 법률행위를 수행하기 위하여 필요한 수준의 정신능력을 요할 필요는 없다. 이는 임의후견의 수권행위 수여에 있어서와 마찬가지이다. 나아가 이러한 공동의사결정 서비스를 통하여 필요한 결정을 이해하고 결정을 내릴 수 있는 정도의 정신능력도 필요함은 물론이다.

외국의 입법례에서는 본인을 잘 이해하고 신뢰관계가 있는 가족이나 친지를 공동의사결정자로 상정하고 있으나 인공지능의 발전은 가족이나 친지와 마찬가지로 본인의 의사, 희망, 선호를 파악할 수 있는 동등한 기술적 능력이 있을 것으로 전제할 수 있다. 인공지능은 본인이 제시하는 의사나 희망, 선호에 맞는 정보나 선택의 대안들을 본인에게 제공한다. 그러나 본인은 제시된 대안의 의미나 결과를 곧바로는 이해하지 못하거나 결정을 할 수 없는 경우를 상정한다. 그러한 정보제공만으로 본인이 효과의사를 형성할 수 있다면 정보제공형 의사결정지원으로 충분할 것이기 때문이다. 인공지능은 제시된 대안에 대한 본인의 이해를 촉진하기 위하여 추가적인 설명이나 정보를 제공하거나 본인의 의견을 청취하여 본인의 의사나 희망, 선호를 반영하여 수정되거나 새로운 대안을 제시하여 본인의 이해와 승낙을 구한다. 이와 같은 의사소통과 상호작용을 통하여 본인의 의사나 희망 선호에 적합한 효과의사를 형성하여 본인이 이를 이해하고 승낙 또는 결정할 수 있을 때 본인이 공동의사결정 방식의 지원에 의하여 유효한 법적 결정을 할 수 있게 된다.

이때 유의할 것은 이러한 상호작용 과정에서 취약한 고령자·장애인의 의사를 지배하는 형태로 부당한 영향력을 행사해서는 안 된다는 것이다. 단순한 정보제공형 지원과는 달리 의사소통과 상호작용을 통하여 의사를 형성해 가는 과정에서는 더욱 부당한 영향력이 행사되기 쉽다. 인공지능과의 정보교환, 의사소통의 상호작용을 통하여 법적 결정(효과의사)에 이른 경우, 공동의사결정자는 그 법적결정에 동의함으로써 본인의 법적 결정을 확정적으로 유효한 것으로 할 수 있다. 현행법 체계에서는 정신능력의 결여나 부족으로 행위의 의미와 효과를 인식할 수 없었던 경우에는 의사무능력을 이유로 무효 또는 취소의 효과가 부여될 수 있다. 이와 같이 정신능력의 결여 또는 부족에 대한 규범적 평가로서 의사능력이 없는 경우, 그 법률행위의 효과를 무효로 할 것인지 취소로 할 것인지는 법정책의 문제이다. 어찌되었든 의사능력의 결여는 법률행위의 효력을 상실시킬 수 있다. 그러나 충분한 의사결정지원으로서 본인이 그 효과의사의 의미나 결과에 대하여 이해하고 결정을 내릴 수 있게 되었다면 그 효력을

518 제4편 AI 확산과 제도

상실시킬 이유는 없다. 그러한 의미에서 고령자 또는 장애인이 정신능력의 부족에도 불구하고 공동의사결정 방식에 의한 상호작용을 통하여 지원을 받음으로써 의사결정 상의 흠결이 제거되었다면 그 법률행위는 더 이상 무효이거나 취소할 수 있는 것이어 서는 안 될 것이다. 공동의사결정자의 동의는 공동의사결정 방식에 의한 지원을 통하여 본인의 법적 결정이 더 이상 무효나 취소할 수 있는 것이 아닌, 확정적으로 유효한 것이라는 것을 대외적으로 표시하는 기능을 할 수 있다. 이는 상대방의 거래의 안전을 보호함으로써 정보제공형 지원만으로는 스스로 결정을 내릴 수 없지만, 의사소통과 상호작용의 적극적 지원조치에 의하여 법적 결정을 할 수 있는 고령자·장애인의 사회·경제활동을 촉진하는 역할을 할 수 있다.

(4) 대행결정과 인공지능

공동의사결정 지원 방식에 의한 의사소통과 상호작용에 의한 지원을 포함하여 의사결정을 위해 지원 조력하는 사람이 당해 구체적 사정하에서 실행 가능한 모든 지원 소지를 다한 후에도 고령자·장애인이 필요한 결정의 의미를 이해하고 유효한 결정을 내릴 수 없는 경우, 부득이 더 강화된 의사결정지원 방식으로 법적 결정의 대행을 고려하여야 한다. 이러한 대행 결정은 현행 성년후견법상 법정대리권에 그 근거를 두게 된다. 그러나 유엔장애인권리위원회는 본인의 의사에 의하여 선임되지 않은 대리인이 객관적으로 파악된 복리 또는 최선의 이익이라는 관점에서 법정대리권을 행사하는 것은 대체의사결정으로서 협약 제12조와 합치하지 않는다는 점을 분명히 한 바 있다. 따라서 여기서의 관건은 지원자나 조력자에 의한 대행결정이 본인의 권리를 존중하고 추정적 의사나 희망, 선호에 대한 최선의 해석에 의거하여 결정을 대행하였는가에 달려 있다.

본인이 스스로 자신의 희망이나 선호를 통상의 언어적 수단으로 표현할 수 있는 경우에는 대리권자 내지 대행결정권자가 그에 적합한 결정의 내용을 형성하여 이를 실행할 수 있다. 본인의 의사를 추정하거나 그의 희망이나 선호를 알 수 없는 경우에는 대리권자나 대행결정권자는 본인의 추정적 의사나 선호, 희망을 파악하는 데에 최선의 해석 조치를 취하여야 한다. 여기서는 고령자·장애인의 비언어적 표현방식을 이해할 수 있는 가까운 근친이나 오랫동안 돌봐 왔던 서비스제공자의 판단이 중요한 역할을 할 수 있다. 오랫동안 본인을 돌봐 오면서 알고 있는 모든 경험과 정보가 본인의 의사나 선호, 희망에 대한 최선의 해석을 위하여 동원될 수 있기 때문이다. 이에 대하여 인공지능은 인적 신뢰관계 대신에 개인의 능력, 건강, 경험, 태도 등에 대한 모든 개인정보를 분석하여 본인의 의사, 희망, 선호를 보다 정확히 파악할 수 있는 기술적 능력을 갖출 경우에 비로소 대리 대행 결정권자로서의 역할을 기대할 수 있을 것이다.

인공지능을 이러한 단계의 대리나 대행결정권자로 도입하는 경우, 인공지능의 법적 지위를 어떻게 설정할 것인가라는 문제가 있다. 대리행위나 대행결정은 본질적으로 행위자의 행위로 평가되므로 행위주체성과 그 효과 귀속을 어떻게 구성할 것인가라는 문제이다. 이에 대해서는 후술하기로 한다.

다음으로 인공지능이 본인의 추정적 의사, 희망, 선호를 해석할 수 있어야 한다. 이를 위해서는 인공지능서비스를 이용하는 사람의 개인정보에 접근, 수집, 분석, 축적할 수 있어야 한다. 여기에는 개인정보보호법상 민감정보(동법 제23조 이하)를 포함하여 개인정보의 수집과 처리(동법 제15조 이하)에 관한 본인 동의권이 보장되어야 함은 물론이다. 그 밖에 개인정보 주체의 권리(동법 제4조) 보장에도 유의하여야 한다. 개인정보의 이용에 대한 동의권의 행사 역시 의사결정지원의 대상이 되므로 적법 절차에 따른 적절한 의사결정지원이 필요하다.

개인정보의 수집과 이용에 대한 동의를 전제로 대리·대행서비스를 제공하는 인공지능은 이용자에 관하여 개별적으로 축적된 개인정보에 접근할 수 있거나 이러한 개인정보를 개별적으로 수집, 축적하고, 이를 분석하는 작업을 어느 개인보다도 효과적으로 수행하여, 이용자의 의사를 추정하거나 희망, 욕구, 선호를 파악할 수 있는 기술적 잠재력을 가지고 있다고 믿어진다.

다만 이러한 개인정보를 수집·분석함에 있어서 프로그램의 설계자도 알아차리기 어려운 차별적 편향이 나타날 수 있다는 점에 유의할 필요가 있다. 특히 그 이용자가 정신능력이 부족한 고령자·장애인의 경우, 학습된 데이터가 고령자나 정신적 장애인에 대한 편견이 통제되지 않은 채 축적되어 뜻하지 않은 편향과 차별적 대안이 제시될 수도 있다. 따라서 이러한 고령자·장애인을 위한 정보제공과 대안의 제시를 위한 서비스를 기획할 때에는 이용자의 개인정보에 대한 자기결정권과 이에 대한 접근권과 투명성을 최대한 보장하는 조치들이 제도적으로 보장될 필요가 있다.

다음으로 법적 결정의 대리나 대행에 있어서 언제나 본인의 의사에 따라야 하는가라는 문제가 있다. 이에 대하여 최근 개정 독일민법 제1815조는 상세한 기준을 제시하고 있다.

그에 따르면 본인의 신상 또는 그의 재산이 이로 말미암아 상당한 위험에 처하게 되거나 본인이 질병 또는 장애 때문에 위험을 인식할 수 없거나 그 인식에 따라 행위할 수 없는 경우 또는 성년후견인에게 그에 따를 것을 기대할 수 없는 경우에는 그에 따르지 않을 수 있다는 점을 명시하고 있다.

나아가 본인의 의사에 반하는 강제조치를 할 수 있는가도 문제이다. 가령, 본인이 원치 않지만 본인의 상태나 사회경제적 조건, 생활환경상 부득이 하게 요양시설에 입소해야 하는 경우 또는 정신의료기관에 입원 치료가 필요한 경우 등이 전형적인 사태이다. 일반적으로 확립된 법원칙에 의하면 본인의 자유로운 의사(freier Wille)에 반하는 강제조치는 허용되지 않는다. 자유로운 의사란, 본인이 합리적인 판단능력이 있고 외부의 부당한 간섭이나 영향을 받지 않고 결정을 내리는 의사를 말한다.

따라서 문제가 되는 것은 본인의 자연적 의사(natüralicher Wille)에 반하는 강제조치가 가능한가라고 하는 것이다. 자연적 의사는 판단능력의 부족이나 외부의 간섭이나 영향을 받은 의사라고 할 수 있다. 가령 치매나 정신질환 등으로 망상이나 병식이 없어 적절한 요양시설 입소나 정신의료기관 입원이나 투약을 거부하는 경우가 대표적이다. 가령 병식이 없어서 입원 치료의 필요성을 인식하거나 그에 따른 행동을 할 수 없는 경우, 대리 또는 대행결정권자는 본인의 재산이나 건강 등 신상에 미치는 중대한 손해나 불이익을 회피하기 위하여 본인의 자연적 의사에 반하는 조치가 예외적으로 허용될 수 있다고 보아야 한다. 다만 이러한 강제조치는 본인의 기본권을 제한하는 만큼 사법기관이나 이에 준하는 독립적 기관에 의한 심사와 그 심사절차에 참여할 기회 그리고 절차 참여에 필요한 조력을 받을 권리가 아울러 보장되어야 한다.

인공지능에 의한 대리 또는 대행결정서비스에서 이러한 강제조치도 허용될 수 있을 것인가는 통상의 인공지능 서비스의 도입보다는 먼 미래의 사태일 것으로 예상된다. 이것은 장차 인공지능의 윤리 문제로서 함께 다룰 필요가 있다는 점을 지적하는 것에 그치도록 한다.

4. 인공지능의 법적 지위와 그 법률행위의 귀속

특히 인공지능이 단순한 조력을 넘어서 고령자나 장애인의 법률행위를 위한 의사형성에 적극적으로 개입하거나 그 법률행위를 대리하거나 중요한 법적 결정을 대행하는 경우 그러한 인공지능의 법적 지위를 어떻게 규율할 것인가가 인공지능의 활용과 보급을 위한 법제 기반 정비에 있어서 중요한 과제이다.

이는 돌봄 노동에 인공지능을 도입하는 경우에 제기되는 법적 문제와는 성질이 다르다. 돌봄 노동에서의 인공지능 활용의 경우에는 그와 관련되어 발생한 손해배상의 책임 귀속이 주로 문제되는 데 반하여 인공지능에 의한 대리 또는 대행 결정에 있어서는 대리·대행 결정 행위의 효과 귀속을 위한 인공지능의 권리주체성이 주로 문제가 된다. 돌봄서비스는 사실행위로서 역무를 제공하는 데 반하여 후견사무는 법적 사무의 처리를 목적으로 하고, 이는 법률행위의 주체와 그 효과 귀속의 문제를 소환하기 때문이다. 딥러닝의 도입 등으로 인공지능이 고도화될수록 자율성이 높아지게 된다. 그로 인하여 인공지능이 이용자의 개입 및 통제 가능성에서 벗어나게 되면 인공지능의 법률행위를 이용자의 행위라고 인정하여 그 효과를 귀속시키기 곤란해진다. 법률행위의 효과 귀속은 원리적으로 자기 결정(행위)에 대한 자기책임에 근거한다. 이용자가 인공지능에 의한 의사표시의 발신 여부 및 내용 결정에 개입할 수 없어 인공지능에 의히여 수행되는 법률행위의 과정과 내용을 더 이상 지배·조종할 수 없다면 인공지능의 행위를 이용자의 것이라고 할 수 없게 되므로 효과를 본인에게 귀속시킬 근거도 사라지게 된다. 인공지능에 의한 의사표시의 효과를 그 이용자에게 귀속시킬 수 없다면 인공지능 그 자체를 법률 효과의 귀속점으로 인정하지 않을 수 없고, 이는 인공지능의 권리주체성, 즉 법인격을 인정해야 하는 딜레마에 빠지게 된다. 이러한 문제는 인공지능을 일반인이 자기의 법률행위를 보다 효율적으로 수행하기 위하여 활용하는 경우나 정신능력의 결여나 부족으로 인공지능을 후견인으로 사용하는 경우나 공통적으로 제기된다. 따라서 딥러닝의 학습방법이 본격적으로 도입되면서 이용자로부터 독립적인, 높은 자율성의 인공지능에 의한 법률행위의 행위주체와 효과 귀속의 문제가 인공지능 시대에 대비한 민사법의 중요한 과제로서 검토되고 있다.[55]

정신능력이 취약한 고령자·장애인의 보호와 지원을 위한 후견인으로 인공지능을 사용하기 위한 법제도 기반 구축을 위해서도 이 문제를 해명할 필요가 있다.

자율성을 가진 인공지능이 본격적으로 출현하기 이전부터 컴퓨터 등에 의하여 자동화된 의사표시를 전자적 의사표시로 규정하고 그러한 의사표시 특유의 요건과 본질론을 검토하는 견해가 제시되었다.[56] 다만 그러한 의사표시에 대하여 전통적 의사표시이론에 포섭될 수 있으므로 본질적으로 컴퓨터 등을 활용한 이용자의 법률행위라는 본질에 영향을 미치지는 않는다는 견해가 유력하였다.[57]

이 문제에 대해서는 인공지능을 활용한 법률행위라고 하더라도 인공지능의 의사표시 과정에 이용자가 어느 정도 개입을 하는가에 따라 사태는 달라질 수 있다.

첫째로, 인공지능이 이용자의 의사결정에 필요한 정보를 제공하거나 선택의 대안을 제시하고 이를 기초로 이용자 본인이 최종적으로 의사표시의 여부 내지 그 내용을 결정하는 경우, 인공지능은 이용자의 법률행위에 조력을 제공하는 것일 뿐 그 법

---

55) 그에 대해서는 많은 선행연구가 있다. 임의로 대표적인 것 몇 가지를 소개한다. 계승균, "법규범에서 인공지능의 주체성 여부", 법조 제724호, 법조협회, 2017, 158면 이하, 김민배, "AI 로봇의 법적 지위에 대한 쟁점과 과제―Bryson 등의 법인격 이론을 중심으로", 토지공법연구 제87집(2019. 8), 791면 이하, 고세일, "인공지능과 불법행위책임법리", 법학연구(충남대) 제29권 제2호(2018), 85면 이하, 김진우, "인공지능에 대한 전자인 제도 도입의 필요성과 실현방안에 관한 고찰", 저스티스 제171호(2019), 5면 이하, 이상용, "인공지능과 법인격", 민사법학 제89호(2019), 3면 이하, 정진명, "인공지능에 대한 민사책임의 법리", 재산법연구 제34권 제4호(2018), 137면, 이충훈, "인공지능(Artificial Intelligence)을 이용한 의사표시의 주체". 법학연구(연세대) 제30권 제1호(2020), 265면 이하. 법인격에 관한 일반론으로서, 송호영, "법인격의 형성과 발전―새로운 법인격 개념의 정립은 필요한가?", 재산법연구 제38권 제2호(2021. 8), 23면 이하도 참조.

56) 오병철, "현대 사회의 변화와 민법전의 대응", 민사법학 제93호(2020.12), 444면.

57) 지원림, "자동화된 의사표시", 저스티스 제31권 제3호(1998), 43면 이하.

률행위의 행위자는 이용자 자신이고 그 효과도 행위자인 이용자 본인에게 귀속된다는 것은 자명하다.[58]

둘째로, 인공지능으로부터 정보를 제공받는 것을 넘어서 의사표시의 시점과 상대방의 결정, 내용의 형성, 표시 과정에 개입시켜 활용하는 경우, 이용자가 의사표시의 발신, 상대방 및 효과의사의 확정에 관하여 최종적으로 확인하는 기회가 있었다면 이용자는 여전히 인공지능에 의한 의사표시를 지배·조종하고 있다고 인정할 수 있고, 이용자 본인을 법률행위의 주체로 인정하고 그에게 법률행위의 효과를 귀속시키는 데에 지장이 없다.[59] 인공지능이 공동의사결정 방식으로 의사결정을 지원하는 경우에도 인공지능과의 상호작용을 통하여 본인이 법률행위를 인식하거나 의사를 형성할 수 있다고 볼 것이므로 여기에 해당한다.

반면에 인공지능이 피후견인을 대신하여 스스로 자율적인 판단과 결정으로 의사표시를 하고 피후견인이 이에 직접 개입하지 않는 경우에는 인공지능의 결정(법률행위)의 효과를 본인에게 귀속시킬 수 있는지 의문이 발생한다. 이때 이용자가 인공지능의 법률행위에 직접 개입하지 않는 경우, 이를 자동시스템(automatic system)과 자율시스템(autonomic system)으로 나누어서 살펴보는 것[60]이 사태를 이해하는 데에 도움이 될 수 있다.[61]

셋째로 자동시스템에서 이용자는 프로그래밍에 따라 표시가 이루어질 것이라는 사실을 알 뿐 언제, 누구에게 그리고 어떤 내용으로 표시가 이루어질 것인지를 알지

---

58) 오병철(주 43), 183면은 인공지능의 정보제공은 그것이 아무리 세부적으로 구체적일지라도 법적 측면에서는 법률행위의 배후에 자리하는 단순한 '동기' 형성에 불과하다고 본다. 이는 인공지능에 의해 그릇된 정보제공에 대한 동기의 착오 가능성을 시사한다.

59) 오병철(주 43), 184면.

60) 김진우, "자율시스템에 의한 의사표시의 귀속", 법학논총(전남대), 제38권 제4호(2018), 100면.

61) 미리 설정된 명령만을 자동적으로 실행하는 자동시스템과 달리 자율시스템은 자율성을 가지고 이용자를 위하여 의사표시를 하는 지능을 가진 지능형 에이전트라고 불리며, 자능형 에이전트는 주변 환경과의 상호작용을 통해 끊임없이 새로운 지식을 바탕으로 유연하게 반응할 수 있다. 그래서 운용자는 지능형 에이전트가 활용할 수 있는 기초정보를 알고 있다 하더라도 그 시스템의 구체적 의사결정을 예측할 수 없다는 점에서 특정적이다. 김진우(주 60), 97-98면.

못하고 또 직접적 영향도 미치지 않는다.[62] 그러나 이용자가 프로그래밍을 통해 표시의 내용형성을 위한 기준이나 조건을 미리 설정함으로써 자동시스템의 표시를 예측 및 통제할 수 있으므로 이용자는 여전히 자동시스템에 의하여 수행된 법률행위를 지배하고 있다고 할 수 있다. 이용자는 어떤 알고리즘으로 결정이 도출되는지 알 수 있고 그 과정에 개입하여 이를 수정함으로써 산출 결과(의사표시)를 통제할 수 있기 때문이다. 이용자가 자신의 법률관계 형성을 위하여 자동시스템을 최초 구동할 때 구체적인 법률행위의 내용을 알지 못하더라도 그 시스템이 체결한 거래에 구속되려는 이용자의 포괄적 의사도 인정할 수 있다.[63] 따라서 자동시스템에 의한 구체적인 법률행위에 직접 개입하지 않았더라도 이용자에게 그 법률행위의 효과를 귀속시킬 수 있다.

넷째로, 이에 반하여 자율시스템은 행위에 필요한 기준을 스스로 정하고 확장할 수 있어 이용자나 개발자의 시각에서 볼 때 일정한 독자성을 가지는 인공지능을 전제로 한다. 딥러닝(deep learning) 형태의 기계학습(machine learning)에 의하여 작동하는 인공지능이 여기에 해당한다.[64] 현재의 딥 러닝 방식의 인공지능 알고리즘은 인공신경망을 기반으로 하는 자기주도적 학습방식을 택함으로써 사람이 파악할 수 없는 복잡한 패턴과 연산을 기반으로 결정을 내린다. 현재로서는 이를 설계한 개발자조차 인공지능이 어떻게 일정 결과를 도출하는지 정확히 이해하지 못하는 것으로 알려져 있다.[65]

이 때문에 이러한 자율시스템에 의한 의사표시의 귀속과 관련해서는 다양한 견해가 주장되고 있다. 국내에 대표적인 세 가지 견해를 살펴본다.

첫째, 인공지능의 자율성에도 불구하고 이용자 행위성을 인정하고 행위의 효과를 직접 이용자에게 귀속시키는 견해, 둘째, 인공지능의 자율성을 인정하여 여기에

(62) 설명에 따르면 HP 프린터에 내장된 '카트리지 잉크의 잔량이 부족한 경우' 프로그래밍에 따라 사람의 구체적인 지시 없이도 카트리지를 자동으로 재주문하는 시스템이 대표적이다.

(63) 김진우(주 60), 101면.

(64) 김진우(주 60), 104면.

(65) 딥 러닝은 사전에 예측하지 못하고 알지 못했던 방식과 절차로 문제를 해결하도록 학습됨으로써 이른바 '블랙박스 현상'의 문제를 발생시키고, 인공지능은 자율적인 의사결정을 하는 모습으로 나타난다. 오병철(주 43), 184면.

새로운 법인격을 부여하자는 견해, 셋째, 인공지능에 대리법리를 유추적용하자는 견해가 그것이다.

첫째, 이용자의 행위자성을 인정하여 직접 이용자에게 법률효과의 귀속을 인정하는 견해는 그 근거를 다음과 같이 설명한다.[66]

인공지능이 수행하는 알고리즘의 프로세스를 사람이 쉽게 이해할 수 없어서 자율성이 있는 것처럼 보이지만, 이는 '설계된 자율성'(built-in autonomy)에 지배되는 종속적인 의사 구체화에 불과하다.[67] 인공지능 이용자는 법률효과를 향한 '기초적 의욕'과 이를 위해 인공지능을 활용하려는 의사를 결정한다. 이 기초적 의욕은 인공지능에 대한 '작업명령'으로 입력되며 이는 외부적 표현 방식을 가진다. 따라서 인공지능에 의한 의사표시도 사람이 법률효과를 향해 주도적으로 형성한 기초적 의욕을 인공지능이 세부적으로 구체화시켜 이를 외부로 표출하는 전자적 의사표시로서, 본질적으로는 사람의 의사에 기초하여 법률효과를 발생시키고자 하는 전통적인 '의사표시'에 해당된다.[68] 인공지능이 예측이나 통제가 어려운 고도의 자율성을 갖고 있다고 하더라도 이는 이용자의 이용 내지 설정에 기초한 추정적 의사에 부합하는 특정한 의사를 형성하여 표시하는 것에 불과하므로 이를 특별 취급할 필요가 없다는 것이다. 인공지능을 이용자의 도구로 취급함으로써 책임 귀속 문제를 보다 간명하게 해결할 수 있다는 견해[69]도 같은 맥락으로 이해된다. 이에 대하여 자율시스템에 의한 표시를 곧바로 이용자의 의사표시로 보는 것은 의사표시의 주관적 요소를 지나치게 넓게 의제(Fiktion)하는 것이 될 수 있다는 비판이 있다.[70]

이에 대척점에 서 있는 견해가 자율성이 높은 인공지능은 어느 단계에선가는 법인격을 부여하여야 한다는 견해이다. 2017년 유럽의회가 유럽위원회에 인공지능을 '전자인'(electronic person)으로서 독립적인 법적 주체로 인정하는 것에 대하여 검

---

66) 오병철(주 43), 184면 이하.
67) 오병철(주 43), 184면.
68) 오병철(주 43), 188면.
69) 이상용(주 55), 39면.
70) 김진우(주 60), 104면 이하.

토할 것을 포함하는, "로봇기술 분야에 적용될 민사상의 법원칙에 관한 집행위원회 권고 결의안[European Parliament resolution of 16 February 2017 with Recommendations to the Commission on Civil Law Rules on Robotics(2015/2103 (INL)]"을 채택한 것이 이러한 논의를 본격화하였다.[71] 이 제안이 인공지능에 대하여 특정한 법적 지위를 부여할 것을 제안하거나 결론을 내린 것은 아니지만,[72] 독자적인 의사결정을 하거나 다른 방법으로 제3자와 독자적으로 상호작용하는 로봇에 대하여 전자인격을 부여하는 방안에 대하여 검토할 것을 권고하였는데, 이러한 EU 의회의 제안은 많은 비판과 반대에 부딪히면서 논쟁을 촉발시켰다.[73]

인공지능의 법인격 부여를 지지하는 견해를 살펴보면 다음과 같다. 인간과 인격 개념을 분리하고, 지능정보사회는 탈인간중심적 사회를 지향하고 있으므로 현대 지능정보사회는 내재적으로 인격성이 확장될 가능성을 갖고 있다고 보아 전자인의 가능성을 인정하는 견해,[74] 보다 구체적으로 법인이 단체 또는 출연재산을 소유하는 연결점으로 법인격이 인정되듯이 지능형 로봇도 책임재산을 소유하게 될 정책적 필요성이 인정된다면, 그 책임재산을 소유할 수 있는 권리주체성을 인정할 수 있다는 견해,[75] 법인과 로봇은 사회적 기능면에서 유사하기 때문에 법인이 법의 힘에 의하여

---

71) 인공지능 및 로봇에 관한 유럽에서의 활동에 관하여는 이도국, "인공지능(AI)의 민사법적 지위와 책임에 관한 소고", 「법학논총」 제34집 제4호, 한양대학교 법학연구소, 2017, 329면 이하, 이경규, "인(人) 이외의 존재에 대한 법인격 인정과 인공지능의 법적 지위에 관한 소고", 법학연구(인하대), 제21권 제1호(2018), 335면, 신현탁, "인공지능(AI)의 법인격―전자인격(Electric Person) 개념에 대한 소고", 인권과 정의 2018년 12월호, 52면.

72) 자율형 로봇이 많아질수록 이를 단순한 도구로 볼 가능성이 적어지므로 로봇의 자위 또는 부작위에 대한 다양한 관계자들의 책임을 명확히 하기 위하여 그 해결책 가운데에 전자적 인격에 대하여 검토할 것을 제안하고 있을 뿐이다. 김민배(주 55), 797면.

73) 반대측의 주장은 자율적이고, 예측 불가능하며, 자기 학습을 하는 로봇에 대해 전자적 인격이라는 법적 지위를 부여하는 것은 기술적 관점, 규범적 및 법적 그리고 윤리적 관점 모두에서 폐기되어야 한다고 주장하였다. 김민배(주 55), 794면.

74) 양천수, "현대 지능정보사회와 인격성의 확장", 동북아법연구 제12권 제1호(2018년 5월), 6면 이하.

75) 이중기, "인공지능을 가진 로봇의 법적 취급: 자율주행자동차 사고의 법적 인식과 책임을 중심으로". 홍익법학 제17권 제3호(2016), 20면, 정진명, "인공지능에 대한 민사책임의 법리", 재산법연구 제34권 제4호(2018. 2), 164면, 이경규(주 71), 347면.

법인격이 부여되듯 인공지능 로봇에 대하여 법인격을 부여할 수 있다는 견해,[76] 인공지능 로봇에 법인격을 인정하면, 계약법상 인공지능을 이용한 의사결정에 따른 법률효과의 귀속이 분명해지고, 불법행위책임의 공백을 해소하거나 책임의 분배가 쉬워진다는 견해,[77] 보다 구체적으로 인공지능의 법인격 부여의 조건으로 기술적 요건으로서의 자율성, 제한된 권리능력의 부여, 등록부에 의한 공시(식별과 귀속), 책임재산의 도입 등을 제시하는 견해가 제시되어 있다.[78]

그 밖에 인공지능 그 자체에 법인격이 없더라도 인공 에이전트(agent)로서 대리인의 지위를 인정할 수 있다는 견해도 소개되고 있다. 인공지능은 법인격 주체가 아니고 법적 행위를 할 능력도 없다는 비판이 있지만, 과거 로마법상 노예는 법인격 주체가 아니면서도 노예주들을 위한 행위를 할 수 있었으며, 미성년자 등 자신을 위한 행위능력이 제한된 자도 대리인이 될 수 있고[79] 가령 전자서명을 통해 운용자를 대리한다는 점을 상대방에게 표시함으로써 현명주의를 충족할 수 있다[80]는 점을 근거로 제시하고 있다. 인공지능의 대리인 지위설을 비판하는 견해 가운데에는 인공에이전트에 대리인의 지위를 인정하려는 목적이 대리의 법리, 그중에서도 인공에이전트의 의사표시가 이용자의 의사에서 벗어날 경우, 이용자와 인공에이전트 사이의 적절한 위험배분을 위한 표현대리의 법리의 적용을 위해서라면, 대리규정을 유추적용하는 것으로도 충분하다는 견해도 있다.[81] 이에 대하여 대리규정의 유추적용도 지능형 에이전트의 권리능력을 인정하지 않는 한 불가능하다고 하면서 독일의 백지표시 법리를

---

76) 이창민, "로봇의 권리", LAW & TECHNOLOGY 제12권 제3호(2016. 5), 45면.
77) 김진우, "인공지능에 대한 전자인 제도 도입의 필요성과 실현방안에 관한 고찰", 『저스티스』 통권 제171호(한국법학원, 2019) 24면 이하, 박도현, "인공지능과 자율성의 역학관계", 홍익법학 제20권 제3호(2019), 523면. 이성진, "인공지능과 법인격 인정", 민사법의 이론과 실무 제23권 제3호(2020. 8), 84면.
78) 김진우(주 60), 35면 이하.
79) 이상용, "인공지능과 계약법", 비교사법 제23권 제4호(2016), 1653면 이하.
80) 김진우(주 60), 112면 이하.
81) 이상용(주 79), 1663, 1676면 이하.

원용하여 대리규정의 유추적용을 주장하는 견해도 있다.[82) 백지표시 법리란, 백지제공자(Blankettgeber)가 그의 서명이나 날인이 담겼지만 불완전하거나 공백으로 된 서면을 백지수령자(Blankettnehmer)에게 교부하며, 백지수령자에게 백지를 보충하여 자신의 의사표시를 하도록 수권을 하는 경우, 백지제공자는 공백 보충의 틀을 정하지만 표시의 최종적 내용에 관하여 영향을 미치지 않거나 표시의 상대방이 누구인지 알지 못하더라도 백지제공자의 표시로 그 효과에 책임을 진다는 것이다. 백지표시의 특징은 백지수령자가 단지 사실행위(기입/입력)를 하고 그와 결부하여 의사를 전달하는 보조자 내지 도구로서 기능하는 데 있다. 계약 상대방은 백지제공자의 표시로 인식하므로 대리가 아니고 백지수령자의 백지 보충행위는 사실행위로서 의사 전달의 보조자 내지 도구로 기능하는 것이므로 권리능력이나 행위능력을 요하지 않는다. 이를 자율시스템에 의한 의사표시에 적용하면, 인공지능 이용자는 백지제공자와 마찬가지로 백지수령자 격인 인공지능의 법률행위의 효과에 대하여 책임을 져야 하며, 인공지능의 법률행위에는 대리에 관한 규정이 유추적용된다. 따라서 표현대리의 법리가 적용되어 자율시스템 이용자는 권리외관 법리에 따라 책임을 지고, 그 경우 인공지능은 책임재산이 없어 책임을 지지 않게 된다는 것이다.[83) 백지표시 법리는 자율시스템이 책임재산의 결여로 책임을 질 수 없는 점, 대리법리 유추적용의 문제점 때문에 백지표시법리를 원용한 것인데 다시 대리법리를 유추적용하는 것은 명백한 순환론이라는 점, 자율시스템을 여전히 인간의 도구로 보는 점, 자율시스템의 의사표시에 대하여 무과실의 위험책임을 지는 것과 마찬가지라는 점이 문제점으로 지적된다.

지금 당장 이 문제에 결론을 내리기는 어렵고 그럴 필요도 없다. 그러한 고도화된 자율성을 가진 인공지능이 아직은 구현되지 않고 있기 때문이다. 다만, 인공지능이 인간의 의사결정을 대체하거나 대행하는 어느 단계에 있어서는 반드시 해결하고 넘어가야 할 법이론적 과제임에는 틀림없다. 그러한 단계에 이르러서는 자율적 의사결정에 따른 효과와 책임을 감당할 수 있는 책임재산의 조성을 전제로 하여 사단과 재

---

82) 김진우(주 60), 117면 이하, 120면.
83) 김진우(주 60), 119면.

단 이외에 제3의 법인 적격성을 인공지능에 부여하는 것에 어떤 법이론적 장애가 있다고는 생각되지 않는다.

IV. 맺음말

우리 사회의 미래상에서 인공지능은 그 중심적 지위를 차지할 것이 분명하다. 내일 우리가 현관문을 열고 나가는 순간 이미 인공지능은 현관 앞에서 우리를 기다리고 있을지도 모른다. 이러한 인류가 축적하고 발전시킨 과학기술의 성과는 고령자, 장애인을 막론하고 누구에게나 그 수혜가 공평하게 돌아가는 것이지 않으면 안 된다. 인공지능 기술이 지속가능한 사회발전 전략의 중요한 축인 포용과 연대의 관점에서도 기여할 수 있는 부분이 크다고 생각되기 때문이다. 무엇보다도 인공지능은 그 기술적 특성으로 인하여 그 기술의 발전이 고도화할수록 인간의 지성에 접근하게 되고 어떤 면에서 정신능력이 취약한 고령자, 장애인의 돌봄과 의사결정지원에 가장 적합하고 효과적인 도구 내지 수단이 될 수 있을 것을 기대할 수 있다. 그러한 인공지능을 돌봄과 의사결정지원에 활용하기 위해서는 발생 가능한 분쟁과 이해관계의 충돌에 대비하여 충분한 법제도적 준비와 검토가 선행되어야 함은 말할 나위가 없다. 본고에서는 인공지능 시대에 돌봄과 의사결정지원에 있어서 지금 단계에서 생각해 볼 수 있는 문제들에 대하여 검토해 보았다. 차후 보다 심화된 논의의 필요성을 제기하는 것에 그 의의를 두고 다양한 의견과 견해가 제기되기를 기대해 본다.

제19장 인공지능과 기술적 무역장벽 규범[*]

정찬모
(인하대학교 법학전문대학원 교수)

I. 서 론

1. 인공지능 무역규범

사회 각처에서 인공지능이 화두이다. 높은 수준의 인공지능을 개발하고 활용하는 능력이 국가, 기업, 개인의 경쟁력을 좌우할 것으로 예측된다. 사실, 인공지능은 이미 우리 주변에 가깝게 다가와 있다. 인공지능 기능을 장착한 청소기, 스피커, 냉장고가 출시되고, 온라인 검색과 광고가 고객 개개인에게 최적화된 서비스를 제공할 수 있는 것도 인공지능의 힘이다.

또한 인공지능이 장착된 제품과 서비스는 이미 국제무역의 대상이 되고 있다. 중국산 인공지능 로봇청소기가 한국의 거실을 청소하고 있으며, 한국산 인공지능 가전이 유럽의 주방을 채우고 있고, 미국산 챗GPT에 한국의 대중이 푹 빠져 있다.

한편, 무역장벽의 지배적 유형이 관세에서 비관세장벽으로 변화하고, 비관세장

---

* 이 장은 「법학연구」(인하대학교 법학연구소) 27집 2호, 2024.6.에 같은 제목으로 게재된 글을 수정한 것이다.

벽 중에서도 기술적 무역장벽(Technical Barriers to Trade: TBT)의 비중이 증대하면서 근년 연구자들의 관심이 증가하고 있다.[1] 필자도 그 연장선상에서 인공지능과 관련하여 예상되는 기술적 무역장벽의 유형과 이에 적용가능한 국제무역규범, 그리고 그 적용 상의 문제점에 대해 천착한다. 하지만 인공지능은 디지털 기술의 총아라고 할 수 있 는바 디지털 제품 및 서비스, 데이터 유통과 관련되는 국가의 규제 조치가 직간접적 으로 인공지능 무역에 영향을 주며, 이와 같은 디지털 통상 이슈에 대해서는 이미 적 지 않은 선행연구가 존재한다.[2] 이에 본 장은 인공지능에 관련된 TBT 규범에 범위를 한정하여 검토하고자 한다.

2. TBT

인공지능이 중요한 만큼 이의 개발, 확산과 아울러 우려되는 부작용을 방지하 여야 한다는 진흥과 규제, 양면의 논의가 활발하다. 그런데 인공지능의 부작용에 대 한 규제적 대응은 기술규정(technical regulation)과 표준(standard)의 채택, 적합성 평가 (conformity assessment)의 시행과 인증의 형태를 띠는 경우가 많다. 특히 표준은 AI의 부 작용에 대한 소극적 대응의 수단일 뿐만 아니라 시장을 활성화하는 수단으로 인식되 고 있다.[3] 각국은 이에 기술적 규제 조치가 국제통상에 부당한 걸림돌이 되지 않도록

1) 대표적으로 안덕근·김민정, 『국제통상체제와 무역기술장벽』, 박영사, 2017; 안덕근·김민정, 『WTO 무역기술장벽 대응체계와 표준정책』, 서울대학교 출판문화원, 2019; 국가기술표준원·한국 표준협회, WTO 무역기술장벽(TBT) 통보 동향과 시사점: 2017-2019년을 중심으로, 2020; 신현주, "Mega-FTA 아래 무역기술장벽(TBT) 현황과 우리나라 대응 방안에 대한 고찰", 「관세학회지」 제22 권 제4호, 2021; 김민정·이주혜·김홍경, "디지털 분야 무역기술장벽 현황과 쟁점 연구", 「국제통상 연구」 제28권 제3호, 2023; 장용준·신상호, 수출대상국의 무역기술장벽(TBT)이 한국 수출에 미치 는 영향 분석: 수출의 내·외연적 한계와 산업 특성에 따른 비교, 한국은행 경제연구원, 2024.
2) 대표적으로 권현호·이주형·김민정·곽동철, 디지털통상협정의 한국형 표준모델 설정 연구, 대외 경제정책연구원(KIEP), 2023; 김호철, "산업의 디지털 전환, 글로벌 지정학과 통상협상 新의제 검토", 「통상법률」 통권 제158호 (2023. 제1호); 정찬모, "디지털 통상법의 형성과정과 특징: 한국 관련 FTA 를 중심으로", 「법학연구」(인하대학교 법학연구소) 제25집 제2호, 2022.
3) Ana Alania, Ahmad Firdaus, Agustina Callegari, Amaya Hana, Sierra Shell, and Yuri Ohkura, "Looking

그 규율을 위한 협정을 채택해 왔으며 이를 일반적으로「기술적 무역장벽 협정」또는
「TBT 협정」이라고 한다. 다만 이 명칭은 후술하는 WTO설립협정 부속서 1가의 TBT
협정과 혼동을 일으킬 여지가 있으므로 WTO TBT협정뿐만 아니라 동 협정 부속서 1
나 서비스무역에 관한 일반협정(General Agreement on Trade in Services: GATS), 자유무역
협정(Free Trade Agreement: FTA), 디지털 협정 등에 포함된 기술적 무역장벽 관련 규정을
총칭할 경우에는 "TBT" 또는 "TBT 규범"이라는 용어를 사용하고자 하나 편의상 각주
에서는 WTO TBT협정을 TBT로 약칭하기도 하였으니 미리 독자의 양해를 구한다.

　　인공지능은 상품의 형태로 제공되기도 하고 서비스의 형태로 제공되기도 한다.
따라서 상품무역에 관한 협정뿐만 아니라 서비스무역에 관한 협정도 적용 여지가 있
다. 어떤 거래가 상품무역협정의 적용대상인지 서비스무역협정의 대상인지는 개방
의 폭과 정도에 있어서 실질적인 차이를 가져온다. 기술적 무역장벽도 만약 상품거
래에 영향을 준다고 인정되면 WTO TBT협정의 적용대상이 되어 상세한 규범적 통제
를 받게 된다. 반면에 서비스 거래로 분류되는 경우에는 GATS 제6조(특히, 제4항과 제
5항)[4]의 적용대상이 된다. 동조는 투명성, 필요성, 국제표준 존중 등을 선언하고 있으

Ahead: The Role of Standards in the Future of Artificial Intelligence (AI) Governance", University College
London, August 2022; Alessio Tartaro, Adam Leon Smith, and Patricia Shaw, "Assessing the Impact
of Regulations and Standards on Innovation in the Field of AI", DOI:10.48550/arXiv.2302.04110,
February 2023.

4) 제6조 국내 규제
　　1. 구체적 약속이 행하여진 분야에 있어 각 회원국은 서비스무역에 영향을 미치는 일반적으로 적용
　　　되는 모든 조치가 합리적이고 객관적이며 공평한 방식으로 시행되도록 보장한다.
　　2.~3. (생략)
　　4. 자격요건과 절차, 기술표준 및 면허요건과 관련된 조치가 서비스무역에 대한 불필요한 장벽이
　　　되지 아니하도록 보장하기 위하여 서비스무역이사회는 자신이 설치할 수 있는 적절한 기관을 통
　　　하여 모든 필요한 규율을 정립한다. 이러한 규율은 이러한 요건이 특히 다음을 보장하는 것을 목
　　　적으로 한다.
　　　가. 서비스를 공급할 자격 및 능력과 같은 객관적이고 투명한 기준에 기초할 것
　　　나. 서비스의 질을 보장하기 위하여 필요한 정도 이상의 부담을 지우는 것이 아닐 것
　　　다. 허가절차의 경우 그 자체가 서비스공급을 제한하는 조치가 아닐 것
　　5. 가. 회원국이 구체적 약속을 한 분야에서는 제4항에 따라 정립되는 각 분야별 규율이 발효할 때
　　　　까지 회원국은 그러한 구체적 약속을 아래와 같은 방식으로 무효화하거나 침해하는 면허 및

나 아직 개괄적인 수준이다. GATS 제6조 제4항에 따라 서비스 국내규제에 관한 규범을 구체화하는 참조문서(Reference Paper on Services Domestic Regulation)의 형태로 복수국간 협정이 채택되었으나,[5] 기술표준과 관련해서는 동 참조문서 제2절 제21항이 "자국의 권한 있는 당국이 개방적이고 투명한 과정을 통하여 개발된 기술표준을 채택하도록 권장하고, 기술표준을 개발하도록 지정된 관련 국제기구를 포함한 모든 기관이 개방적이고 투명한 과정을 사용하도록 권장"할 뿐이다.[6] 따라서 이하에서는 훨씬 구체적인, 상품무역에 적용되는 WTO TBT협정을 중심으로 먼저 논의를 시작한다. WTO TBT협정은 그 후 자유무역협정에도 투영되어 왔다.

　　TBT협정이 직접 "인공지능"을 언급하고 있지는 않아도 해석과 적용으로 인공지능의 개발과 수출입에 가장 큰 영향을 줄 수 있다. 또한 직접적으로 인공지능을 언급하는 협정의 조문이 TBT의 관점을 넘어선 내용을 포함할 수도 있다. 이에 이 장은 먼저 WTO TBT협정을 중심으로 관련 규정이 인공지능에 대해 갖는 함의를 검토한 이후에 구체적으로 "인공지능"을 언급하는 최근의 디지털 통상협정의 관련 규정을 TBT적 관점에서 고찰한다.

　　　　자격요건과 기술표준을 적용하지 아니한다.
　　　　(1) 제4항 가호, 나호 또는 다호에 규정된 기준과 합치하지 않는 방식 그리고
　　　　(2) 이 분야에서 구체적 약속이 이루어졌을 당시 그 회원국에 대하여 합리적으로 기대할 수 없었던 방식
　　　나. 회원국이 제5항 가호의 의무와 합치하는지의 여부를 결정하는 데 있어서 그 회원국이 적용하고 있는 관련 국제기구(Re.3)의 국제표준이 고려된다.
　　6. (생략)

5)　WTO, DECLARATION ON THE CONCLUSION OF NEGOTIATIONS ON SERVICES DOMESTIC REGULATION, Joint Initiative on Services Domestic Regulation, WT/L/1129, 2 December 2021.

6)　"Each Member shall encourage its competent authorities, when adopting technical standards, to adopt technical standards developed through open and transparent processes, and shall encourage any body, including relevant international organizations(원주 생략), designated to develop technical standards to use open and transparent processes"

II. WTO TBT협정과 인공지능

1. TBT협정의 기본원칙

TBT협정은 기술규정과 표준의 제정 및 적합판정 절차의 운용에 있어서 비차별이고, 무역에의 불필요한 장애를 제거하며, 투명성과 객관성을 확보할 것을 요구한다.

먼저, 기술규정은 규범화되어 강제성을 가진 문서를 말하고, 표준은 비강제적인 것으로서 주로 업계에서 채택하여 따르기로 한 것을 말한다. 적합판정절차란 해당 상품이나 회사가 기술규정 또는 표준의 일정 품질 또는 안전성 요건을 충족하고 있다는 것을 평가받는 절차를 가리킨다.[7] 적합판정절차가 무역에 불필요한 장애를 초래하지 않는다고 함은, 특히 부적합이 야기할 위험을 고려하여, 수입회원국에게 상품이 적용 가능한 기술규정 또는 표준에 일치하고 있다는 확신을 주는 데 필요한 이상으로 적합판정절차가 엄격하게 적용되지 않는 것을 의미한다.[8] 국제표준을 따른 기술규정은 국제무역에 불필요한 장애를 초래하지 않는다고 추정된다.[9]

다른 회원국의 무역에 중대한 영향을 미칠 수 있는 기술규정을 준비, 채택 또는 적용하는 회원국은 다른 회원국의 요청이 있을 경우 해당 기술규정의 정당성을 설명하여야 한다.

TBT협정 부속서3의 모범관행규약(Code of Good Practice)은 표준과 관련하여 내국민대우, 무역에 불필요한 장애 초래 금지의무, 국제표준을 기초로 한 표준개발의무, 단일 대표단 구성을 통한 표준회의 참여, 표준작업의 중복회피, 외형적 특성보다는 성능을 기준으로 한 요건에 기초하여 표준을 설정할 의무 등을 규정하고 있다.

2000년 TBT위원회는 국제표준 개발 과정에서 준수되어야 할 6원칙으로 "투명성, 공개성, 공평무사와 총의, 관련성·효과성, 일관성, 개도국의 이익"을 제시하였다.[10]

---

7) TBT 제5조 내지 제8조.

8) TBT 제5.1.2조.

9) TBT 제2.5조.

10) Decision by the Committee on Principles for the Development of International Standards, Guides

2. 인공지능과 기술규정

WTO회원은 무역에 영향을 미칠 수 있는 모든 기술규정을 WTO사무국에 통보해야 한다.[11] 통보된 기술규정에 대해서 문의 또는 이의가 제기되는 경우 TBT위원회에서는 이를 특정 무역 현안(specific trade concerns: STCs)으로 논의한다. 이하에서는 인공지능과 관련하여 어떠한 통보와 특정 무역 현안이 있었는지 고찰한다.

WTO의 ePing 플랫폼에서 "artificial intelligence"라는 검색어로 통보 사례를 찾으면 유럽연합의 인공지능법안 통보가 유일하게 검색된다.[12] 특정 무역 현안 사례로는 위 EU 인공지능법안과 10여 년 전에 중국의 스마트 모바일 단말에 관한 규제조치가 문제 현안으로 논의된 것, 둘이 검색된다.[13] 이하에서는 이 둘과 "데이터", "스마트폰" 등의 검색어 결과를 검토한다.

(1) 중국─스마트 모바일 단말 조치안

2012.6. TBT위원회에서[14] 미국은 중국 산업정보기술부가 2012. 4. 10. 발표한 모바일 스마트 단말 행정조치(안)에 주의를 촉구하였다. 미국은 동 조치가 정보통신 하드웨어, 운영체제, 응용서비스, 앱 스토어, 기타 관련 서비스에 여러 가지 새로운 의무와 기술 조건, 실험 요건을 부과함을 지적하고, 이는 세계적으로 유례가 없는 수준이라고 주장했다.

일본은 과잉규제에 대한 미국의 우려에 동의하며 특히 응용서비스에 대한 단말

---

and Recommendations in Relation to Articles 2, 5 and Annex 3 of the Agreement Annex 4 of WTO Document G/TBT/9, 13 November 2000.

11) TBT 제2.9조, 제3.1조.

12) G/TBT/N/EU/850, 11 November 2021.

13) China─Draft Mobile Smart Terminal Administrative Measure, Ministry of Industry and Information Technology (MIIT), 10 April 2012 (ID 358); EU─Proposal for a regulation of the European Parliament and the Council laying down harmonised rules on artificial intelligence (AI Act) and amending certain legislative acts (ID 736).

14) G/TBT/M/57.

제조사의 통제에 한계가 있음을 지적했다. EU는 과도한 실험 요건은 업계의 자율기준이 적합성 평가를 통해서 의무사항으로 변질될 수 있음과 30일의 공개 의견수렴 기간이 외국 사업자에게는 너무 단기간임을 지적하였다.

중국은 이용자 정보보호 및 보안에 조치의 취지가 있음을 설명하고 제기된 우려를 정책 결정 과정에서 검토할 것을 약속했다.

이어서 2013. 3. TBT위원회에서[15] 일본은 적용범위와 중요 개념의 명확화, 주요 기능 변화와 선탑재 프로그램 추가 시에 요구되는 신고 요건 완화, 중국 실험기관에 의한 응용소프트웨어 심사가 원시 코드의 공개와 기업비밀 유출의 우려가 있음을 제기하였다.

미국은 양자 대화에서 보인 중국의 협력적 태도에 감사를 표하면서도 종전에 표명한 우려의 끈을 놓지 않고 재차 숙고를 요청하였다. EU 또한 한편으로는 중국의 기술조치 개발 과정의 투명성 향상에 경의를 표하면서도 다른 한편 중국통신표준협회의 표준개발이 TBT 표준 모범관행규약을 준수했는지 여부를 포함한 과잉규제로 인한 혁신 저해에 대한 우려를 재차 전달하였다.

중국은 크게 성장한 중국 모바일시장에서의 개인정보 보호와 보안을 위해서는 네트워크 접근에 대한 관리가 불가피하다는 견해를 재차 강조하고 기업의 민감정보 공개를 요구하지도 네트워크 접근 승인이 지체되지도 않을 것이라고 공표했다.

(2) EU-인공지능법안

2022. 3. TBT위원회에서[16] 중국은 EU의 인공지능법(안)에 다음과 같은 우려를 표명하였다. 첫째, 현재 인공지능시스템의 범위가 넓어서 많은 소프드웨어 응용프로그램이 이에 속하게 될 우려가 있으므로 범위 축소가 필요하다. 둘째, 금지된 인공지능의 범위가 모호한 용어로 정의되어 있어서[17] 개발자가 불측의 위험에 노출될 수 있

---

15) G/TBT/M/59.
16) G/TBT/M/86.
17) "subliminal techniques", "beyond a person's consciousness", "materially distorting a person's behaviour" 가 예시됨.

으로 보다 명확하게 정의하거나 네거티브 목록을 제시할 것이 요청된다. 셋째, 데이터셋이 "무오류·완전"(free of errors and complete)해야 한다는 요건은 상시적인 업데이트를 본질로 하는 기계학습의 현실에 부합하지 않으므로 삭제하거나 명확화가 요구된다. 넷째, 소스코드 제출 요구는 이를 기업비밀로 다루는 일반적 국제관행에 반하고 위험의 발견과 교정이라는 목적의 달성 여부도 의문이다. 체계적 검증(systematic verification)과 실제 실험(actual testing)이 보다 직접적이며 효과적인 수단이 될 것이다. 다섯째, 사업자가 감독기관에 제출한 데이터 정보를 감독기관이 안전하게 관리하도록 비밀유지 의무와 보안 강화를 요구할 필요가 있다. 여섯째, 전 세계 매출액을 기준으로 한 과징금이 과도하며 EU 매출액 기준으로 수정할 필요가 있다. 일곱째, 48개월의 유예기간 인정이 적절하다.

이어 2022. 7. TBT 위원회에서[18] 중국은 종전과 동일한 문제를 제기하고, 이에 대해 EU 집행위원회(이하 '집행위')는 다음과 같이 답변하였다.

첫째, 인공지능의 정의와 관련하여 집행위는 가능하면 기술 중립적이고 미래 발전에 대응할 수 있는 정의를 제시하고자 하였다. 초안의 정의는 국제적으로 인정되는 OECD 정의에 생성형 인공지능을 반영하여 "content"란 용어를 추가하고 부록에 기술과 접근 목록을 제시하는 등의 수정을 가한 것이다. 모든 소프트웨어시스템을 포함하는 것이 아니라 복잡성, 모호성, 자율성 측면에서 구체적 위험을 제기하는 시스템을 포함하고자 하는 것이며 이는 법안 제3조(1)항의 기능적 정의, 특히 "인간이 설정한 목적을 위하여 상호작용하는 환경에 영향을 주는 콘텐츠, 예측, 권고, 결정과 같은 결과물을 생성해 내는 (시스템)"[19]이라는 표현이 구체화하고 있다. 둘째, 정의의 모호함이 남아 있다면 추후 집행위원회가 고시를 통해 구체화하는 것이 고려될 수 있다. 셋째, 금지행위를 규정하는 형식은 다른 법령에서 이미 사용한 바 있다. 넷째, 데이터셋의 무오류, 완전 요건은 목적과 상황에 맞추어 신축적으로 적용될 것이며 구체화하라

---

18) G/TBT/M/87.

19) "can, for a given set of human-defined objectives, generate outputs such as content, predictions, recommendations, or decisions influencing the environments they interact with"

는 제안을 고려할 것이다. 다섯째, 소스코드의 지식재산권은 보호되며, 공공안전 보호와의 균형을 위해 엄격한 요건하에 접근권을 부여한다. 즉, 시장감독기구가 이유를 제시하여 요청하고, 적합성 심사를 위한 접근의 필요성이 인정되어야 한다. 여섯째, 감독기관이 데이터 정보를 안전하게 관리하고 비밀을 유지할 의무는 본 법과 관련 법령에 따라 보장된다. 일곱째, 전 세계 매출액 기준은 GDPR 등 다른 EU법에서도 채택하고 있으며 EU법의 한도 내에서 회원국이 구체적 과징금을 부과한다. 여덟째, 유예기간은 현 상태로도 충분하다고 생각되나 제안을 고려할 것이다.[20]

인공지능 분야에 대한 EU의 선제적 규범 형성은 인공지능법의 제정에 그치지 않으며 인공지능법은 EU 표준기관[21]으로 하여금 AI에 관한 유럽표준을 제정하도록 권한과 의무를 부여하고 있다. 이들 기관이 유럽표준을 제정하는 과정에서 유럽의 유관 산업에 유리한 표준을 채택할지 모른다는 우려는 중국만이 가지고 있는 것이 아니며 표출되지 않았을 뿐 잠재적 경쟁국들이 우려하는 사항이다.[22]

(3) 데이터 관련 규제

인공지능의 본질은 데이터 활용이라는 점에 착안하여, TBT ePing에서 검색어를 "data"로 바꾸어 보았다. 그 결과 특정 무역 현안으로 검색되는 것 중에서 주목되는 것은 중국의 일련의 사이버 조치이다. 중국은 2015년 제정한 국가보안법에 '사이버 공간에 대한 주권' 개념을 도입했고, 이어 사이버보안법(Cybersecurity Law, 네트워크 보안법, 网络安全法)을 2017년 제정하였다. 그 여파로 2017년 미국 애플은 사이버 보안법에 따라 중국 통신 규제 시스템인 만리방화벽을 우회하는 사설가상망(VPN) 앱을 아이폰에서 제거해야 했다.[23] 근년 반도체 공급망을 둘러싼 미국과 중국 간의 갈등이 깊어지

---

20) 2022. 11. TBT 위원회에서 중국은 다시 과징금의 완화와 유예기간의 연장 등을 요청했으며, EU는 이전 답변으로 갈음하였다, G/TBT/M/88.

21) CEN (European Committee for Standardization), CENELEC (European Committee for Electrotechnical Standardization), ETSI (European Telecommunications Standards Institute).

22) Nigel Cory, "Europe Goes Protectionist on Global Technical Standards: The Example of 'Common Specifications'", *Innovation Files* (Information Technology & Innovation Foundation: ITIF), February 24, 2023.

23) Luana Pascu, "Apple succumbs to Chinese law, removes VPN services from app store", https://www.

면서 미국이 중국에 최첨단 반도체 칩과 기술의 공급을 제한하였고[24] 중국은 이에 맞서 2023년 5월 중국의 주요 정보 인프라 공급망에 중대한 보안 위험을 초래한다며 미국 반도체회사 마이크론을 제재하였다.[25] 네트워크 제품의 보안 우려는 미국이 화웨이 등 중국 기업을 규제할 때 내민 대표적인 명분이었다는 점에서 '눈에는 눈, 이에는 이' 전략이 구사되고 있음을 알 수 있다.

사실 인공지능과 관련한 중국의 진흥과 규제 법제는 중앙정부뿐만 아니라 지방정부의 조치가 더해지면서 날로 다양하고 복잡해지고 있다.[26] 지면 제약상 몇몇만 언급하자면, 2021년 9월 데이터 보안법(数据安全法, Data Security Law), 2021년 11월 개인정보보호법(个人信息保护法)이 시행되면서 중국 내 데이터를 해외기관에 제공하는 것이 엄격히 규율된다.[27] 2022년 2월 15일에는 개정 사이버 보안 심사 조치(Cybersecurity Review Measures)가 발효하였으며, 자율주행자동차의 안전, 보안, 책임과 관련한 규정들도 속속 입안되고 있다.[28]

(4) 분야별 인공지능 규제

EU의 인공지능법은 수평적, 일반적 규제를 지향하고 있다. 법률의 일반성이나 대륙법적 전통에서 보면 자연스러운 접근이라고 할 수 있다. 그러나 구체적인 적용단

---

bitdefender.com/blog/, August 01, 2017.

24) "Biden Administration Set to Further Tighten Chipmaking Exports to China", ⟨https://www.bloomberg.com/news/articles/2023-03-10/⟩.

25) "China bans major chip maker Micron from key infrastructure projects", BBC, 22 May 2023. ⟨https://www.bbc.com/news/business-65667746⟩.

26) Ashyana-Jasmine Kachra, "Making Sense of China's AI Regulations", Holistic AI, August 22, 2023.

27) 관련 연구로는 송은지, 오남호, "사이버보안 분야의 보호무역주의 및 기술장벽 현황", 「주간기술동향」 제1933호, 정보통신기획평가원, 2020; 이상우, "중국 데이터법의 역외적용", 「법학논총」(숭실대 법학연구소) 제54집, 2022; 임종천, "중국의 개인정보 국외 이전 제한과 우리의 대응", 「CSF 전문가오피니언」(대외경제정책연구원), 2023. 8.

28) 예컨대, Circular on Promoting the Development of Intelligent Connected Vehicles and Maintaining the Security of Surveying, Mapping and Geographic Information, The Ministry of Natural Resources, Issued on 30 August 2022.

계의 인공지능이 갖는 위험성은 분야별로 큰 차이를 보일 것이다. 따라서 법률보다 낮은 수준의 기술규정이나 표준은 분야별로 입안하는 것이 유용한 결과물을 도출할 수 있을 것이다.

대표적인 분야가 스마트폰, 의료인공지능, 자율주행자동차라고 할 것이다. 사실 '시리(Siri)'에서부터 시작하여 최근의 다양한 생성형 인공지능에 이르기까지 많은 인공지능 프로그램은 스마트폰에서의 운용을 상정하고 있다. 필자가 WTO TBT 사무국에 통보된 사례를 ePing으로 "smart phone"과 "autonomous vehicle"이라는 용어에 대해 검색해 본 결과 각각 6, 7개의 사례가 도출되었다.[29] 특별 무역 현안으로 문제된 경우는 둘 다 검색되는 사례가 없었다.

한국은 2008년 제정한 「지능형 로봇 개발 및 보급 촉진법」, 2019년 제정한 「자율주행자동차 상용화 촉진 및 지원에 관한 법률」, 2024년 제정한 「자율운항선박 개발 및 상용화 촉진에 관한 법률」에서 보듯이 아직 진흥법적 측면이 강하고 규제를 언급하는 경우에도 현행 규제 애로를 해소해 주려는 목적을 가지고 있다. 인공지능의 위협에 대한 규제법적 차원에서는 EU 같은 주요 법역에서의 선제적 대응을 주시하고 있는 단계라고 할 것이다.

3. 인공지능과 표준

(1) 현 황

자율주행자동차, 생성형 인공지능(챗GPT, 바드 등)과 같은 고도화된 인공지능의 경우에서 나타나듯이 인공지능서비스의 발전에서 정부보다 민간이 앞서가고 있다. 민간은 표준을 제정하여 시장을 확대하고 소비자 편익을 증대하는 데 자발적으로 나서고 있다. 표준은 제품의 안전성과 품질에 대한 신뢰를 제고하고 상호연동성을 확보할 수 있다. 정부입장에서도 표준은 당사자들의 참여를 통한 자발적 규범 형성을 촉

---

29) 의료인공지능에 대해서는 적절한 영문 표현을 생각해 내지 못하여 수행할 수 없었다. 다만 "medical device"라는 표현에는 팔백여 개의 통보가 도출되었다.

진함으로써 정부규제의 기반이자 수단이 될 수 있다.

⟨ISO/IEC JTC 1/SC 42 사무국에 의해 발간된 AI 표준⟩[30]

코드번호	설명(국문)	설명(영문)
ISO/IEC TS 4213:2022	AI 기계학습 분류성과 측정	AI — Assessment of machine learning classification performance
ISO/IEC 5338:2023	인공지능 생명주기	AI system life cycle processes
ISO/IEC 5339:2024	인공지능 적용 가이드	Guidance for AI applications
ISO/IEC 5392:2024	지식공학의 아키텍처	Reference architecture of knowledge engineering
ISO/IEC TR 5469:2024	기능적 안전과 인공지능	Functional safety and AI systems
ISO/IEC 8183:2023	AI 데이터 수명주기 개요	AI — Data life cycle framework
ISO/IEC 20546:2019	빅데이터 개관과 용어	Big data — Overview and vocabulary
ISO/IEC TR 20547-1:2020	빅데이터 아키텍처 1부: 개요와 적용절차	Big data reference architecture — Part 1: Framework and application process
ISO/IEC TR 20547-2:2018	빅데이터 아키텍처 2부: 사용례와 파생요건	Big data reference architecture — Part 2: Use cases and derived requirements
ISO/IEC 20547-3:2020	빅데이터 아키텍처 3부: 참조 아키텍처	Big data reference architecture — Part 3: Reference architecture
ISO/IEC TR 20547-5:2018	빅데이터 아키텍처 5부: 표준 로드맵	Big data reference architecture — Part 5: Standards roadmap
ISO/IEC 22989:2022	AI 개념과 용어	AI concepts and terminology
ISO/IEC 23053:2022	기계학습을 이용하는 AI 시스템 개요	Framework for AI Systems Using Machine Learning (ML)
ISO/IEC 23894:2023	AI 위험관리 가이드	AI — Guidance on risk management
ISO/IEC TR 24027:2021	AI 시스템과 AI보조결정의 편향	Bias in AI systems and AI aided decision making
ISO/IEC TR 24028:2020	AI 신뢰성 개관	Overview of trustworthiness in AI
ISO/IEC TR 24029-1:2021	신경망 견고성 측정 1부: 개관	Assessment of the robustness of neural networks — Part 1: Overview

---

30) ⟨https://www.iso.org/committee/6794475/x/catalogue/p/1/u/0/w/0/d/0⟩

ISO/IEC 24029-2:2023	신경망 견고성 측정 2부: 공식적 방법의 이용	Assessment of the robustness of neural networks — Part 2: Methodology for the use of formal methods
ISO/IEC TR 24030:2021	AI 이용사례	AI — Use cases
ISO/IEC TR 24368:2022	AI 윤리적, 사회적 관심사 개관	AI — Overview of ethical and societal concerns
ISO/IEC TR 24372:2021	AI에 대한 컴퓨터적 접근 개관	Overview of computational approaches for AI systems
ISO/IEC 24668:2022	빅데이터 분석을 위한 절차관리 개요	AI — Process management framework for big data analytics
ISO/IEC TS 25058:2024	인공지능의 질적 평가	Guidance for quality evaluation of AI systems
ISO/IEC 25059:2023	AI 질적 모델	Systems and software Quality Requirements and Evaluation (SQuaRE) — Quality model for AI systems
ISO/IEC 38507:2022	AI 사용의 조직 거버넌스적 힘의	Governance implications of the use of AI by organizations
ISO/IEC 42001:2023	인공지능 관리 시스템	AI — Management system

국제표준기관 중에서 ISO/IEC가 인공지능과 관련한 표준작업에 특히 적극적이다. 위 표는 2024. 4. 현재 발간된 26개의 인공지능 표준 목록이다.[31] 예를 들면 「ISO/IEC 23053:2022」는 인공지능시스템을 위한 공통 용어를 정의하고 기능과 요소 관련 개념을 수립하는 데에 목적이 있다. 인공지능시스템이 윤리적이고, 투명하며, 참여자의 권리와 이익을 안전하게 지키는 것을 기본원칙으로 추구하고 있다.

「ISO/IEC 42001:2023」은 인공지능 관리 시스템의 수립, 유지, 개선을 위한 절차, 고려 요소와 행동을 정하고 있다. 먼저 인공지능을 운용하는 기관은 인공지능 관리 시스템으로 달성하고자 하는 목표, 인적·물적 적용범위, 연계된 이슈들을 파악해야 한다. 고위경영자는 인공지능 관리에 적절한 예산을 배정하고 정책을 수립하여야 한다. 인공지능의 위험을 인지하고 통제하며 인공지능 사용의 영향을 평가할 수 있는

---

31) 또한 32개의 AI 표준이 개발 과정에 있다. 〈https://www.iso.org/committee/6794475/x/catalogue/〉

평가 절차가 마련되어야 한다. 인공지능 관리 시스템에 대한 주기적인 평가 및 감사가 이루어지고, 문제점이 발견되는 경우 대증적 처방이 아니라 근본적 해결을 도모해야 한다. 동 표준은 이를 위한 구체적인 체크리스트와 가이드라인을 제공한다.

한편, 자율주행자동차와 관련한 통신 표준 간 경쟁이 주목받고 있다. 즉, WiFi와 같은 '근거리 전용 무선통신'(Dedicated Short-Range Communications: DSRC)에 기반한 표준과 이동통신을 이용한 '차량사물통신'(Cellular Vehicle-to-Everything: C-V2X)에 기반한 표준 간의 경쟁이다.[32] 두 표준은 서로 장단점이 있으므로 향후 보완적으로 발전할 수 있을 것으로 예상된다. 국제표준화기구 또한 산업계의 요구에 맞추어 자율주행자동차 관련 표준개발을 위해 활발하게 활동하고 있다. 예컨대, ISO가 개발하고 있는 자율주행자동차 분야의 표준으로는 ISO 34503,[33] ISO 22737[34]가 있다.[35]

민간 주도의 AI 표준 제정에 대하여 기술적 불확실성과[36] 규범적 고려의 불충분이란 차원에서 우려를 제기하는 견해도 있지만,[37] 위에서 제시한 바와 같이 기술 경제 부문에서는 이미 상당한 AI 표준이 산출되고 있으며, 법 규범적 규제가 도입되는 경우에도 이들 표준에 의지한 규범의 수립이나 집행이 자연스러울 정도이다. 따라서 각국은 인공지능이 사회윤리적, 정치·안보적으로도 중요한 의미를 가짐을 인식하고 국내외 정책을 수립함에 있어서도 표준 제정에의 참여와 공동 협력을 매개로 하여 그 내용을 구체화하고 있다. 미국이 2019년 대통령 행정명령으로 국가표준기술기구

---

32) 김동휴, "디지털 융합 시대와 표준의 전략적 중요성: 커넥티드 카 표준 경쟁 사례", 산업통상자원부, 「사례로 손쉽게 이해하는 디지털 통상의 기초」, 2021, 제10장.

33) Road Vehicles — Test scenarios for automated driving systems — Specification for operational design domain

34) Intelligent transport systems — low-speed automated driving (LSAD) systems for predefined routes — performance requirements, system requirements and performance test procedures

35) 자세한 내용은 Jan Becker, An overview of taxonomy, legislation, regulations, and standards for automated mobility, apex.ai, Dec 5, 2022.

36) Hadrien Pouget, "The EU's AI Act Is Barreling Toward AI Standards That Do Not Exist", Lawfare, The Lawfare Institute, January 12, 2023.

37) José-Miguel Bello y Villarino, "Global Standard-Setting for Artificial Intelligence: Para-regulating International Law for AI?", The Australian Year Book of International Law 41(1), 2023.

(National Institute of Standards and Technology: NIST)에게 AI의 신뢰성과 견고성 확보를 위한 표준개발 과정에서 연방정부의 역할에 대한 전략을 준비토록 한 것이나[38] 미국과 EU 간의 무역기술위원회(Trade and Technology Council: TTC)라는 고위급 회담에서 AI 표준협력이 중요한 의제로 다루어지고 있는 것은[39] 이러한 배경에서 이해될 수 있다.

(2) 인공지능 표준과 TBT

인공지능의 부작용에 대한 대응에 있어서도 민간의 자율규제가 우선해야 한다는 주장이 우세하다. 그런데 이와 같은 민간의 자율규제와 민간표준이 무역을 저해하는 효과가 있는 경우 WTO, FTA 같은 정부 간 협정의 메커니즘으로 이를 해결할 수 있을 것인지 의문이 있을 수 있다.

TBT협정 제4조는 국가표준과 민간표준을 가리지 않고 표준의 준비, 채택 및 적용에 있어 모범관행규약을 준수할 것을 회원국이 보장하여야 한다고 규정한다. 정부가 부작위를 수단으로 민간에 의한 무역저해 행위가 만연함을 방치하는 것을 허용하지 않는 것이다. TBT협정 제8조는 비정부기관의 표준관련 활동이 무역제한성을 갖지 않도록 가능한 합리적 조치를 취할 것을 회원국에 요구한다.

EU 인공지능법안은 고위험 인공지능에 대해서는 적합성평가절차 또는 인증을 거쳐서 검증된 제품과 서비스만 시장에 출시되도록 하고 있다. 각국에 이와 같은 적합성 평가, 인증 제도가 도입된다면 국제표준에의 합치성이 갖는 효과가 더욱 커진다.

TBT협정 부속서 3의 표준모범관행과 2000년 TBT 위원회에 의해서 채택된 국제표준개발 6원칙은[40] AI 관련 표준을 채택함에 있어서도 유용한 지침이 될 것이다.

한편 한·싱DPA, DEPA[41] 등 디지털 통상협정은 곳곳에서 표준을 언급하면서 그

---

38) Executive Office of the President, "Maintaining American Leadership in Artificial Intelligence", Federal Register, 14 Feb. 2019.

39) White House, "U.S.-EU Joint Statement of the Trade and Technology Council", May 31, 2023.

40) 각주 10) 과 해당 본문 참조.

41) 각각, 한국-싱가포르 Digital Partnership Agreement, Digital Economic Partnership Agreement의 약자.

중요성을 강조하였다. 예컨대 한·싱DPA는 20여 차례 표준을 언급하고 있는데 제
14.31조 제2항은 디지털 경제를 위한 표준의 개발 및 채택과 관련하여 아래의 원칙을
제시하고 있다.

> 가. 표준개발에 관한 정보 및 절차는 수립된 메커니즘을 통하여 표준화기
> 관의 구성원에게 쉽게 접근 가능하며, 통지되고 전달된다.
> 나. 표준개발 절차는 실행 가능한 한도에서 공개적이고 비차별적인 참여
> 를 허용해야 할 것이다.
> 다. 표준개발 절차는 채택된 표준이 공정하고 일관성이 있음을 보장해야
> 할 것이고, 그 적용 및 보급을 장려해야 할 것이다. 그리고
> 라. 표준화기관은 표준을 효과적이고 목표와 상황에 적합하도록 유지하기
> 위하여 지속적으로 노력하고 협력해야 할 것이다.

DEPA는 전문에서 표준, 특히 개방형 표준이 디지털 시스템 간의 상호운용성을
촉진하고 부가가치 제품과 서비스를 향상시키는 역할을 인정하였으며, 제2.2조(종이
없는 무역) 제8항, 제2.5조(전자 송장) 제2항, 제2.7조(전자 지급) 제1항 및 제2항, 제7.1조
(디지털 신원) 제1항 등에서 표준을 강조하였다.

인공지능이 디지털 통상협정이 규율하는 디지털 신원확인, 전자적 지급, 디지털
무역 등을 활용하여 서비스를 제공하는 경우가 적지 않을 것이므로 이들 요소와 관련
한 표준개발에 관한 디지털 통상협정의 강조는 인공지능의 개발, 배포와 운용에도 영
향을 준다.

(3) 한국의 인공지능 표준

한국도 국가기술표준원을 중심으로 산학연이 협력하여 AI 관련 국제표준안을 제
안하는 등 국제표준 제정 작업에 적극적으로 참여하고 있다.[42]

---

42) 산업통상자원부 보도자료, "인공지능(AI) 표준화 전략 마련 착수", 2023. 5. 22. ISO/IEC JTC1 SC42

2023. 6. AI 윤리 점검서식 국가표준(KSX8001)을 제정하여[43] AI 개발 및 서비스 과정에서 고려해야 하는 윤리적 검토 요소, 윤리 항목 점검표 등의 서식과 작성 예시를 제공하고 있다. 동 서식은 AI 인생 주기를 데이터 수집 및 학습 데이터 획득 시, 요구사항 및 데이터 처리 과정 시, 인공지능 설계 및 개발 과정 시, 서비스 제공 과정 시, 서비스 제공 후로 분류하고 과정별 검토 요소를 확인토록 하고 있다.[44]

(4) 소 결

각국이 인공지능 관련 표준의 제정에 나서고 있는데, 만약 다른 국가의 표준 제정이 가져오는 상대적 불이익에서 벗어나려는 방어적 조치로 저마다 국가표준을 제정한다면 죄수의 역설과 같이 전체 공동체 차원에서는 바람직하지 않은 결과를 가져올수 있다. 따라서, 인공지능이 범세계적으로 제공되는 상품과 서비스의 핵심적 속성이되고 있는 현실에서 각국이 개별적으로 인공지능 관련 표준을 설정하기보다는 국제적인 표준이 조기에 채택될 수 있도록 모든 국가가 협력하여야 한다.[45] 이러한 인공지능 표준은 정부지시에 의해 하향적으로 제정되는 것이 아니라 민간의 자발성에 기

가 2024. 4. 22.부터 서울에서 개최된다. 국가기술표준원 보도자료, "인공지능 표준화 글로벌 경쟁력 강화에 힘 모아", 2023. 12. 14.

43) 산업통상자원부 보도자료, "인공지능(AI) 윤리 국가표준(KS) 첫 제정", 2023. 6. 14.

44) 한편, 윤리항목 점검표로는 다음과 같은 매트릭스를 제시하고 있다.

	서비스제공자	사용자	개발자
투명성			
공정성			
무해성			
책임성			
사생활 보장성			
편익성			
자율성			
신뢰성			
지속성			
연대성			

45) Jane Drake-Brockman et al., "The Case for International Digital Standards for Interoperability of Trade in Digital Services," *T20 Policy Brief*, July 2023.

초하여 다수 이해관계자가 논의에 참여하는 구조를 갖춘 절차를 통해서 채택되어야 하며 그 절차는 비차별과 투명성을 핵심으로 한 TBT 협정의 기본원칙과 표준모범관행을 준수할 것이 요청된다.[46]

4. 인공지능 적합성 평가

(1) 의 의

인증 및 적합성 평가는 기업에게는 벌금이나 과징금보다 더 사활이 걸린 문제가 될 수 있다. 평가를 통과하지 못하면 판매가 금지된다거나 매출에 큰 영향을 줄 수 있기 때문에 규제의 실효성이 크다.

EU 인공지능법은 고위험 인공지능의 제공사가 고위험 인공지능의 시판이나 서비스 제공에 앞서 법령의 요건을 충족하는지 사전 적합성 평가를 시행하고 적합한 경우 CE 마크를 부착해야 하며 등록 의무를 이행해야 한다고 규정한다.[47]

(2) 평가의 주체

향후 다른 나라도 이와 같은 고위험 인공지능에 대한 적합성 평가제도를 도입할 것으로 예상된다. 정부는 적합성 평가를 수행할 수 있는 능력을 갖춘 인증기관을 지정하고 자국이 인정한 인증기관의 적합성 평가를 외국에서도 인정받도록 상호인정에 관한 협상을 하여야 한다.

다시 EU 인공지능법안의 예를 들자면 통일된 표준이 있는 경우에는 개발자에 의한 자체평가도 허용된다. 통일된 표준이 없거나 원격 생체인식시스템, 감정인식시스템과 같이 위험성이 큰 인공지능의 경우에는 제3자에 의한 적합성 평가를 받도록 하였다. 위험의 수준에 비례하는 규제를 적용한다는 원칙이 여기에도 적용되는 것이다.

---

46) WTO Committee on Technical Barriers to Trade, Thematic Session on Regulatory Cooperation between Members on Intangible Digital Products (20 June 2023), Moderator's Report, G/TBT/GEN/356, 20 July 2023.

47) EU 인공지능법안 제16조 내지 제25조.

(3) 상호인정

WTO TBT 협정은 다른 회원국의 적합판정절차가 자기 나라의 절차와 다르다 하더라도 회원국이 그러한 절차가 자기 나라의 절차와 동등한 적용가능한 기술규정과 표준과의 적합을 보증한다고 납득하는 경우, 회원국은 가능한 경우에는 언제나 다른 회원국의 적합판정절차의 결과를 수용하는 것을 보장하도록 규정한다.[48] 상대국 기관이 적절하고 지속적인 기술 능력을 갖추었는지를 판단할 때에는 국제표준기관에 의하여 발표된 관련 지침 또는 권고사항의 준수 여부를 고려한다.[49] 당국은 인공지능과 관련해서 적합판정절차의 결과를 상호 인정하기 위한 협정체결을 위하여 노력하여야 할 것이다.[50]

5. 일반·안보 예외와 TBT

인공지능은 인류의 생존과 관련된 기술로 평가되기도 하니[51] 개인, 기업, 국가의 경쟁력과 사활에 중요한 영향을 미칠 수 있음은 두말할 필요가 없다. 그렇다면 인공지능에 대한 국가 정책은 무역제한 효과가 수반되는 경우에도 넓은 범위에서 일반예외나 안보예외에 의하여 정당화될 여지가 있다.[52]

TBT는 GATT 제XX조에 해당하는 일반예외 규정을 조항으로 두는 대신에 전문과 몇몇 개별조항에 그 취지가 반영되어 있다. 우선 전문은 "동일 조건이 존재하는 국가 간에 자의적이거나 부당한 차별의 수단 또는 국제무역에 대한 위장된 제한을 구성하는 방법으로 적용되지 않으며, 달리 이 협정의 규정에 일치한다는 요건하에, 수출품의 품질보증, 인간, 동물 또는 식물의 생명 또는 건강보호, 환경보호, 또는 기만적인

---

48) 협정 제6.1조.

49) 협정 제6.1.1조.

50) 협정 제6.3조.

51) "AI could pose 'extinction-level' threat to humans and the US must intervene, State Dept.-commissioned report warns", CNN, March 12, 2024.

52) 김호철, "인공지능 거버넌스와 통상규범의 과제", 「국제경제법연구」 제21권 제3호, 2023, 124-127면.

관행의 방지를 위하여 회원국이 적절하다고 판단하는 수준에서 필요한 조치를 취하는 것을 방해할 수 없다는 것을 인정하"고 있다.

제2.2조는 정당한 무역규제 목적으로 "특히 국가안보상 요건, 기만적 관행의 방지, 인간의 건강 또는 안전, 동물 또는 식물의 생명 또는 건강, 또는 환경의 보호"를 인정하고 있다. 위와 같은 조치의 목적은 의무 규정의 요건해석에서 고려하여야 한다.[53] 또한 제2.10조는 안전, 건강, 환경보호 또는 국가안보의 긴급한 문제가 발생하거나 발생할 우려가 있는 경우, 통보 요건 중 일정 단계를 생략할 수 있다고 규정한다. 유사한 취지의 예외는 적합판정절차에 관한 제5.4조(국제표준기관이 발표한 지침이나 권고에서 벗어날 수 있는 예외), 제5.7조(단계 생략)에도 반영되어 있다.

또한 안보예외의 경우에는 TBT협정 전문이 "어떠한 국가도 본질적인 안보이익의 보호를 위하여 필요한 조치를 취하는 데 방해받지 않아야 한다는 것을 인정하"고, 제10.8.3조는 공개 시 자신의 본질적인 안보이익에 반하는 것으로 회원국이 간주하는 정보의 제공을 요구하지 않음을 재차 강조하고 있다.

미국의 대(對)중국 반도체 수출통제 강화에 대하여 중국이 WTO에 제소하였다.[54] GATT 제I조, 제X조, 제XI조, TRIMs 제2조, TRIPS 제28조, GATS 제VI조 위반을 주장하였다. 미국은 아직 답변서를 제출하지는 않았으나 안보예외를 주장하고 있다.[55] 현대전이 전자전으로 진입한 지 오래고 인공지능 무기가 현실화하는 시점에서 이들의 핵심 요소인 반도체 제품, 기술, 정보에 대한 통제는 위기 양상으로 치닫고 있는 미·중 국제관계에서 핵심적 안보 이익이 달린 문제이기에 패널의 심리 가능 범위에서 벗어나고, 행여 심리를 하는 경우에도 정당화될 수 있다고 방어할 것으로 보인다.

나아가 미국은 기술표준 전략도 안보적 차원에서 접근하면서 인공지능을 포함

---

53) TBT 제2.1조(내국민대우) 적용의 경우 '동종성' 판단이 아닌 '불리한 대우' 여부의 판단에서 조치의 목적을 고려한다는 것이 상소기구의 입장이다.

54) United States — Measures on Certain Semiconductor and other Products, and Related Services and Technologies (DS 615), Consultations requested on 12 December 2022.

55) Request for Consultations by China, WT/DS615/1/Rev.1/Add.1, G/L/1471/Rev.1/Add.1, S/L/438/Rev.1/Add.1, G/TRIMS/D/46/Rev.1/Add.1, IP/D/44/Rev.1/Add.1, 19 September 2023.

하 핵심기술 분야에서의 국제표준 개발에 있어 미국의 리더십을 유지하고, 우방 간에 상호운용 가능한 표준으로 공급망의 안정성이 유지되는 것을 중요한 목표로 삼고 있다.[56]

급기야 2023. 8.「우려 국가에 대한 국가안보 기술·제품 관련 투자에 관한 행정명령 제14105호」[57]를 발표하였다. 중국과 같은 적대국 기업에 인공지능, 반도체·마이크로전자, 양자정보기술 등을 공급하여 그들의 사이버 역량을 크게 강화할 수 있는 사업에 대한 투자를 금지하고 있다. 미국기업의 적대국 투자를 막을 뿐만 아니라 미국의 동맹국 및 협력국을 공급망 안보 조치에 참여시키고 있다.

그러나 '안보'와의 관련성이 있는 경우에는 통상규범 적용으로부터 모두 예외 취급을 하는 강대국의 접근은 WTO 판례에서 배척되었을 뿐만 아니라,[58] 입법론적으로도 비판적 검토가 필요해 보인다. 특히, 향후 법문에서 용어의 사용에 유의할 필요가 있다. 즉, '안보'(security)와 '안전'(safety), '안정'(stability)을 구분하여 국가적 안위에 중대한 위험이 되는 경우에만 수출입 제한을 예외적으로 허용하고 사회적 안전, 경제적 안정과 관련된 경우에는 원칙에서의 일탈이 아니라 상호협력을 통해 원칙을 확보하고자 하는 노력을 제고할 필요가 있다. 기술 커뮤니티에서 '정보보안'이라 함은 정치·군사적 의미에서의 안보라기보다는 안전, 안정에 가까운 의미이며, 혹은 세 영역에 모두 적용될 수 있는 '정보의 견고성 유지를 위한 기술과 관행'이라고 할 것이다. 이런 의미에서 국제표준기관에서는 보안과 관련된 표준을 정하기 시작하였다.

예컨대 ISO/IEC 27001은 '정보보안 관리 시스템'(information security management system)의 수립, 운용, 개선을 통한 정보보안 위협에의 대응을 위한 가이드라인을 제시

---

56) White House, United States Government National Standards Strategy for Critical and Emerging Technology, May 2023.

57) Executive Order 14105, "Addressing United States Investments in Certain National Security Technologies and Products in Countries of Concern", Federal Register Vol. 88, No. 154, August 9, 2023.

58) Panel Report, Russia — Traffic in Transit, WT/DS512/7, Panel report adopted 26 April 2019; Panel Report, US — Steel and Aluminium Products (Turkey), WT/DS564/22, Panel report circulated on 9 December 2022 (under appeal); Panel Report, US — Origin Marking (Hong Kong, China), WT/DS597/10, Panel report circulated on 21 December 2022 (under appeal).

하고 있다. IEC 62443은 제조, 에너지, 교통 등 기간 분야에서의 '산업 자동화 및 통제 시스템'(industrial automation and control system)의 사이버 보안을 위한 조치의 수립 및 실시를 위한 표준을 제시하고 있다. 이들 표준에서 사용하는 "보안"(security)이라는 용어는 국가안보와는 극히 미미한 관련성을 가질 뿐이다.

국가안보를 지키려는 각국의 주권적 권한을 인정하더라도 안보 논리가 기술적 보안과 안전, 안정의 영역에까지 확대되지 않도록 유의할 필요가 있다. 특히 이들 영역에서 인공지능과 관련되어 수립된 국제표준을 각국이 준수한다면 일반·안보예외를 빌미로 서로 연동되지 않는 조치를 취하는 것보다 무역에의 기술적 장벽을 낮추고 궁극적으로 국가안보에도 긍정적인 영향을 줄 수 있을 것이다.

III. FTA와 디지털 통상협정상 인공지능 규율

1. FTA상 기술선택의 유연성 보장

각국이 체결한 FTA의 정보통신 장은 사업자의 기술선택 유연성(flexibility in the choice of technology)을 보장하기 위한 규정을 두고 있다.[59] 예컨대, 한미FTA는 다음과 같이 규정한다.

제14.21조 기술 및 표준에 관한 조치
1. 양 당사국은 기술 및 표준에 관한 조치가 정당한 공공정책 목적에 기여할 수 있다는 것과 공중 통신 및 부가 서비스의 공급자에게 자신의 서비스를 공급하기 위하여 이용하는 기술을 선택할 수 있도록 하는 유연성을 부여하는 규제방식이 정보 및 통신 기술의 혁신과 발전에 기여할 수

---

59) 곽동철·박정준, "FTA 체제하 정보통신 기술표준화의 주요 쟁점과 정책적 시사점: 기술선택의 유연성 조항을 중심으로", 「국제통상연구」 제23권 제1호, 2018.

있다는 것을 인정한다.

2. 당사국은 공중 통신 서비스 또는 부가 서비스의 공급자가 자신의 서비스를 공급하기 위하여 이용할 수 있는 기술 또는 표준을 제한하는 조치를 적용할 수 있다. 다만, 그러한 조치는 정당한 공공정책 목적을 달성하기 위하여 고안되어야 하며 무역에 대한 불필요한 장애를 일으키는 방식으로 입안·채택 또는 적용되어서는 아니 된다.

불필요한 무역장벽이 되지 않을 것을 한계로 한 국가의 기술정책 시행권을 전제로 하여, 사업자에게 적합한 기술을 선택할 수 있는 유연성을 부여하는 방식이 바람직하다는 선언적 규정이다. 인공지능서비스는 정보통신서비스 중 부가통신서비스로 분류될 수도 있다. 따라서 이와 같은 규정을 둔 FTA의 체약국이 인공지능과 관련한 기술규정이나 표준 정책을 실시하는 경우에는 사업자의 기술선택에 있어 유연성이 가능한 한 보장될 수 있도록 유의할 필요가 있다.

2. 디지털 통상협정상 인공지능 특화 규정과 TBT

최근 디지털 통상협정에 구체적으로 인공지능을 언급하는 규정이 도입된 바 이를 TBT의 관점에서 고찰한다.

한국-싱가포르 디지털동반자협정(2021)
제14.28조 인공지능

1. 양 당사국은 AI 기술의 사용 및 채택이 자연인과 기업에 중대한 사회적·경제적 이익을 제공하면서 디지털 경제에서 점점 더 중요해진다는 점을 인정한다.

2. 양 당사국은 또한 AI의 이익을 실현하는 데 도움이 될 신뢰할 수 있고 안전하며 책임감 있는 AI 기술의 사용을 위한 윤리적 거버넌스 체계의 개발이 중요함을 인정한다. 디지털 경제의 초국경적 특성을 고려하여, 양 당사

국은 더 나아가 그러한 체계가 가능한 한 국제적으로 부합하도록 보장하는 것이 유익함을 인정한다.

3. 이러한 목적으로, 양 당사국은 다음을 위하여 노력한다.

　가. 관련 지역, 다자 및 국제 포럼을 통하여, 신뢰할 수 있고 안전하며 책임감 있는 AI 기술의 사용을 지원하는 체계("AI 거버넌스 체계")의 개발 및 채택에 대하여 협력하고 이를 장려한다.

　나. 그러한 AI 거버넌스 체계를 개발할 때 국제적으로 인정되는 원칙 또는 지침을 고려한다. 그리고

　다. AI 기술의 사용 및 채택과 관련된 규제, 정책 및 이니셔티브에 대한 대화의 장려 및 경험의 공유를 통하여 협력한다.

디지털 경제 동반자협정(2020)
제8.2조 인공지능

1. 당사자들은 디지털 경제에서 AI 기술의 사용 및 채택이 점점 더 광범위해지고 있음을 인정한다.

2. 당사자들은 신뢰할 수 있고 안전하며 책임감 있는 AI 기술의 사용을 위한 윤리 및 거버넌스 체계를 개발하는 것이 경제적·사회적으로 중요함을 인정한다. 디지털 경제의 초국경적 특성을 고려하여, 당사자들은 더 나아가 당사자들 각자의 관할권을 넘어서 AI 기술의 채택 및 사용을 가능한 한 촉진하기 위하여, 상호 이해를 발전시키고 궁극적으로는 그러한 체계가 국제적으로 부합하도록 보장하는 것이 유익함을 인정한다.

3. 이러한 목적으로 당사자들은 신뢰할 수 있고 안전하며 책임감 있는 AI 기술의 사용을 지원하는 윤리 및 거버넌스 체계(AI 거버넌스 체계)의 채택을 증진하도록 노력한다.

4. AI 거버넌스 체계를 채택할 때, 당사자들은 설명가능성, 투명성, 공정성 및 인간중심적 가치를 포함하여 국제적으로 인정된 원칙 또는 지침을 고려하도록 노력한다.[60]

영국-싱가포르 디지털 경제협정(2022)

제8.61-R조
인공지능과 신흥기술

2. 당사국은 적절한 경우 국제적인 관련 원칙과 지침을 고려하여 인공지능과 신흥기술의 윤리적이고, 신뢰성 있고, 안전하며, 책임 있는 개발과 사용을 위하며, 이들 기술의 혜택을 실현하는 데 도움이 되는 거버넌스와 정책 프레임을 개발하기 위해 노력한다. 이를 위해 당사국은 그 프레임의 개발에는 다음의 중요성을 인정한다:

(a) 관련 국제기구의 원칙과 지침 고려;

(b) 산업계가 주도하는 표준과 위험관리 모범 관행에 기초를 둔 위험기반 규제접근법 활용; 그리고

(c) 기술적 상호연동성과 기술적 중립성 원칙의 존중[61]

먼저 이들 규정과 TBT협정과의 공통점으로 주목되는 것은 국제적 조화에 부여하는 가치이다. 디지털 통상협정이 인공지능 거버넌스에 있어서 국제원칙과의 조화를 강조하고는 있으나 권고적 표현으로 법적 강제력을 부여하기는 약해 보인다. 필수적 고려 사항으로 하는 등 규범력 강화를 위한 일보 전진이 필요해 보인다.

다음에 설명가능성, 투명성, 공정성과 관련해서는 TBT에 있어서 설명가능성,[62] 투명성,[63] 공정성[64]은 국가가 채택하는 기술규정과 표준에 적용되는 원칙이었음에

---

60) "4. In adopting AI Governance Frameworks, the Parties shall endeavour to take into consideration internationally recognised principles or guidelines, including explainability, transparency, fairness and human-centred values."

61) UK-Singapore Digital Economy Agreement (2022)

2. (c) having regard to the principles of technological interoperability and technological neutrality.

62) TBT 제2.5조. 다른 회원국의 무역에 중대한 영향을 미칠 수 있는 기술규정을 준비, 채택 또는 적용하는 회원국은 다른 회원국의 요청이 있을 경우 제2항부터 제4항까지의 규정에 따라 해당 기술규정의 정당성을 설명한다.

63) TBT 제2.9조. 관련 국제표준이 존재하지 아니하거나 제안된 기술규정의 기술적인 내용이 관련 국

비하여 위 규정에서는 인공지능에 기대되는 원칙으로 일견 적용대상이 다르다. 그러
나 국가가 규제의 수단으로 인공지능에 의존하는 비중이 증가할 것을 고려한다면 전
혀 맥락이 닿지 않는 것도 아니다.

　반면에 디지털 통상협정의 규정과 TBT 그리고 인용된 디지털 통상협정의 규정
이 모두 동일한 것도 아니다. 한국이 체결한 두 디지털 통상협정 그리고 영국-싱가
포르 간 협정 제2항 전단에서는 "국제적으로 인정된 원칙"이라는 표현을 사용하였는
데, 영국-싱가포르 간 협정 (a)의 "관련 국제기구의 원칙"이라는 표현을 사용하여 미
묘한 차이가 있다. "국제적으로 인정된 원칙"이 예시에서 보이는 바와 같은 OECD,[65]
UNESCO[66] 등에서 발표한 윤리 거버넌스와 관련한 고차원의 원칙 또는 지침을 지칭
하는 것으로 보이지만, 후자인 "관련 국제기구"에는 WTO가 포함되고 그 "원칙"으로
TBT가 포함되며, 나아가 ISO/IEC 같은 표준기구와 여기서 생성되는 구체적인 실무
지침까지 포함되는 것으로 해석될 수 있는 것이다.

제표준의 기술적인 내용과 일치하지 아니하고, 동 기술규정이 다른 회원국의 무역에 중대한 영향
을 미칠 수가 있을 때에는 언제나 회원국은,
　2.9.1 자기나라가 특정한 기술규정을 도입하려고 한다는 사실을 다른 회원국의 이해당사자가 인지
　　할 수 있도록 하는 방법으로 적절한 초기 단계에 간행물에 공표하며,
　2.9.2 사무국을 통하여 다른 회원국에게 제안된 기술규정의 목적과 합리적 이유에 관한 간단한 설
　　명과 함께 기술규정이 적용될 상품을 통보한다. 그러한 통보는 수정이 가능하고 의견이 고려
　　될 수 있는 적절한 초기단계에 시행되며,
　2.9.3 요청이 있을 경우, 제안된 기술규정의 상세한 내용 또는 사본을 다른 회원국에게 제공하고,
　　가능한 경우에는 언제나 관련 국제표준과 실질적으로 일탈하는 부분을 밝혀야 하며,
　2.9.4 차별없이 다른 회원국이 서면으로 의견을 제시할 수 있는 합리적인 시간을 허용하고, 요청
　　이 있는 경우 이러한 의견에 대해 논의하며, 또한 이러한 서면의견과 이러한 논의결과를 고
　　려한다.
64) TBT 제2.1조 회원국은 기술규정과 관련하여 어떤 회원국의 영토로부터 수입되는 상품이 자기나라
　　원산의 동종 상품 및 그 밖의 국가를 원산지로 하는 동종 상품보다 불리한 취급을 받지 아니하도록
　　보장한다.
　　제2.2조 회원국은 국제무역에 불필요한 장애를 초래할 목적으로 또는 그러한 효과를 갖도록 기술
　　규정을 준비, 채택 또는 적용하지 아니할 것을 보장한다.
65) https://oecd.ai/en/ai-principles
66) https://www.unesco.org/en/artificial-intelligence/recommendation-ethics

한편, 영국-싱가포르 간 협정에는 종래 TBT와는 다른 표현인 "산업계가 주도하는 표준"이라는 변화가 포착된다. 종래 WTO TBT가 인정하는 국제표준기관은 모든 WTO 회원국에 열려 있을 것이 요구되었다.[67] IEEE와 같이 산업계가 주도하는 표준기관에는 개인 자격으로 참가할 뿐 국가의 대표로 참가하지 않는다. 사실상 모든 WTO 회원국에 열려 있다고도, 닫혀 있다고도 볼 수 있다.

또한 인용한 영국-싱가포르 간 협정 (c)에서 "기술적 중립성 원칙의 존중"을 언급하고 있는데 판례나 협상 문건에서만 언급되어 그 법적 성격이 불명확했던[68] 기술적 중립성 원칙이 조약 차원에서 언급한 것은 처음이 아닌가 한다. 인공지능과 같은 신흥기술에 의해서 양허의 실질적 내용이 변화하지 않아야 한다는 체약당사국의 공통적 이해를 반영한 것으로 이해되며 이 원칙이 향후 다른 양자 및 다자조약으로 확산될지 여부가 주목된다.

마지막으로, 위험기반 규제접근법 활용의 중요성을 인정한 것은 이미 WTO TBT 협정에도 위험기반 접근법의 근거를 찾을 수 있지만[69] 최근 유럽연합 인공지능법을 비롯한 각국의 인공지능 규제 정책이 보이는 공감대를 반영한 것으로 생각된다.

IV. 결 론

챗GPT의 선풍적 인기에서 시작하여 일련의 거대 AI가 등장하면서 각국은 AI에 대한 규제에도 관심을 갖고 움직이고 있다. 그 접근은 법률의 제정에서 자율규제에 이르기까지 다양하게 나타난다. 이 중 기술규정과 표준의 제정 및 시행은 TBT협정의 적용 대상이다. TBT협정이 제시하는 기술적 규제 도입 시 통지의무와 특정 현안에 대

---

67) TBT 부속서 1 (용어 및 정의)는 "국제기관 또는 체제"를 "회원 지위가 적어도 모든 회원국의 관련 기관에게 개방되어 있는 기관 또는 체제"로 설명한다.

68) 권현호, "GATS에서 기술중립성 개념의 적용과 한계", 「IT와 법연구」 (경북대학교 IT와 법연구소), 통권 제19호, 2019.

69) TBT 제2.2조, 제5.1.2조.

한 TBT 위원회를 통한 협의 등 규제 협력 메커니즘은 각국의 규제가 무역에 미칠 수 있는 영향을 최소화하면서 상호 조화롭게 진화할 수 있는 수단이 될 수 있다.

그런데, TBT위원회에서 중국과 서방 국가 간 논의를 보면 협력과 갈등의 경계에서 위태로운 줄타기를 하는 것과 같다. 상대가 제기하는 우려를 적극적으로 고려하여 수용하는 사례를 손꼽기 어렵다. 오히려 가시 돋친 설전을 벌이고 있는 것으로 회의록이 읽히는 것이 필자의 오해인지 모르겠다. 국제 정치 관계가 우호적이거나 최소한 TBT 위원회에 참가하는 대표자들 상호 간에 신뢰가 있다면 크게 문제 될 것이 없을 것이다. 그러나 현재 국제 정치 관계는 우호적이지 않으며 TBT 위원회 참가자 간의 신뢰가 돈독하다고 할 수 있을지도 모르겠다. 회원국 대표들은 불필요한 감정적 대립이 형성되지 않도록 외교적 프로토콜에 충실할 것이 요구되며, 사무국은 특정 무역 현안의 사후 처리에 대한 보다 상세한 추적 보고가 요구된다.

인공지능과 관련한 민감한 통상 갈등을 해결하기에는 기존의 안보예외 규정은 너무 투박해 보인다. 단기적으로는 민간 중심으로 채택되는 기술표준에 기반하여 각국이 상호 조화로운 기술규정을 채택하면서 갈등의 소지를 줄여나가는 방향으로 협력할 것이 요청된다. 장기적으로는 안보, 안전, 안정, 보안의 개념이 분화하는 방향으로 조약의 규정이 진화할 필요가 있다.

현재 인공지능에 관한 다양한 표준 채택 등 민간의 자율규제 활동이 진행되고 있음에 반해, 공적 차원에서의 규제는 아직 초기단계에 있고 TBT 위원회에서 논의되었을 뿐 공식적인 국제 분쟁으로 비화한 경우는 없다. 그러나 인공지능의 분야별 적용이 확산되는 경우 이에 대한 공적 규제와 표준 채택 과정에서 갈등이 발생하고, 자연히 TBT적 고찰의 필요성이 증대될 것이다.

제20장 인공지능과 신(新)안보규범

이상우

(인하대학교 AI·데이터 법학과 초빙교수)

I. 들어가며

제9장에서 살펴본 바와 같이, 냉전 시대의 안보는 군사력에 기반한 절대안보 개념을 중심으로 하였다. 1991년 소련 붕괴 이후, 세계질서가 하나로 통합되면서 국가 간 상호 의존도가 증대함에 따라, 군사적 사항뿐만 아니라 사이버 공간, 데이터, 경제, 기술 등을 포괄하는 안보관으로 변화하였으며, 인공지능(Artificial Intelligence, AI)으로 대표되는 첨단 과학기술의 발전은 이러한 변화를 가속화하였다.

이 장에서는 AI 기술이 부상(浮上)함에 따라, 새롭게 제기되고 있는 안보 이슈를 소개하고 이를 규율하기 위한 규범에 대해 논하고자 한다. '인공지능과 신(新)안보규범'이라는 제목의 이 장이 이 책 가장 마지막에 위치한 이유는 크게 두 가지를 들 수 있다. 첫째, 앞서 논의한 쟁점을 모두 포섭하기 때문이다. AI의 본질적인 특성과 그 활용 방법으로 인하여, 우리 삶의 모든 분야에 지대한 영향을 미치게 된 것은 제1장 내지 제19장에서 살펴본 바와 같다. 이러한 변화로 인하여 과거 안보 이슈와는 거리가 있던 영역도 포괄적 안보의 범주 안에 들게 되었고, 이는 앞서 논의의 연장선상에 있다. 둘째, AI를 둘러싼 안보규범 논의는 이 책 내용에만 국한하지 않기 때문이다. AI 기술의 발전으로 인하여 촉발된 안보 이슈는 (예상한 또는 전혀 예상하지 못한 바와 같이)

앞으로도 다양한 모습으로 나타날 것이다. 이 장은 현재까지의 논의를 안보 관점에서 재조명함으로써 우리 사회가 함께 고민해 보아야 할 것이 무엇인지를 이해하고, 앞으로 우리 앞에 새롭게 다가올 안보 이슈에 대해 지혜롭게 대응하는 방안이 무엇일지를 생각해 보고자 한다.

　전통적인 군사 안보 분야도 AI 기술을 적극적으로 도입하여, AI 드론 등 자율살상무기(Lethal Autonomous Weapon System: LAWS)가 실제 전장에서 사용되고 있다. 이에 국제사회는 인공지능의 책임 있는 군사적 이용에 관한 규범 체계 구축 논의를 진행하고 있으며[예를 들어, REsponsible Artificial Intelligence in the Military domain(REAIM) Summit], 이는 제9장에서 상세히 논의하였다. 군사 안보 분야도 응당 신안보규범 범주 내에 속할 것이나, 논의의 중복을 피하기 위해 이 장은 군사 안보를 제외하고, 사이버·데이터·경제·기술 안보를 중심으로 살펴보겠다.

II. 사이버 안보

1. 개 설

　'사이버 안보(cyber security)'란 사이버 공간에서 다양한 형태의 사이버 위협(cyber threat)으로부터 사이버공간을 안정적으로 유지·방어하고, 국가와 국민을 보호하기 위한 모든 수단의 집합이다.[1] 사이버 안보는 사이버 공간을 의미하는 '사이버(cyber)'와 안보를 의미하는 '시큐리티(security)'가 합쳐진 개념이지만, '사이버', '안보', '국가'라는 세 용어가 조합되는 환경과 현실에 따라 다르게 표현되며,[2] '사이버 보안(cyber security)', '정보 보안(information security)', '정보 보호(information protection)' 등의 용어와 혼

---

1) 채재병, 사이버안보의 국제정치적 추세와 한국의 전략구상, 국가안보전략연구원, 2021, 22.
2) 국회도서관, 사이버안보 한눈에 보기, FACT BOOK 2023-8호 통권 제108호, 2023, 22.

용하여 쓰이고 있다.[3]

〈그림-1〉 사이버 , 안보, 국가의 개념 조합

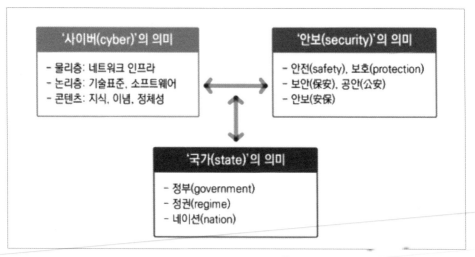

출처: 김상배, "사이버 안보의 미중관계· 안보회 이론의 시각", 한국정치학회보 제49집 제1호, (2015. 3.), 76.

　　기술의 발전으로 인하여 국가 안보의 영역은 영토, 영해, 영공으로 확장되었다. 근자에 우주 안보의 중요성이 부각되는 것도 우주항공기술이 발달한 것에 기인한다. 주지하다시피 1969년 인터넷의 전신인 아르파넷(ARPAnet)이 개발된 이후 컴퓨터에 대한 접근이 확대되었고, 1990년 월드 와이드 웹(World Wide Web: WWW)이 발명됨에 따라 사이버 공간은 전 세계 약 50억 명이 참여하는 복합 환경으로 발전하였다.[4] 인터넷 사용이 증가하면서 국가, 사회 (또는 개인)에 대한 사이버 위협도 증가하였으며, 사이버 공간은 점차 국가 안보의 중요 영역이 되었다.

---

3)　채재병 외, 주변국의 사이버 환경과 한반도 평화체제 구축, 통일연구원, 2019, 35.

4)　Damien Van Puyvelde & Aaron F. Brantly, 사이버안보: 사이버공간에서의 정치, 거버넌스, 분쟁, 명인문화사, 2023, 9.

〈그림-2〉 사이버 위협의 주요 유형

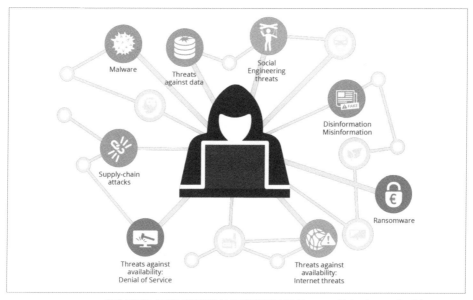

출처: ENISA, ENISA THREAT LANDSCAPE 2022, European Union Agency for Cybersecurity (ENISA), 2022, 10, Figure 1.

이러한 점에서 보면, 사이버 안보 이슈가 AI로부터 창발된 것은 아니다. 정보통신기술(Information and Communications Technology: ICT)의 발전과 인터넷의 탄생으로 인하여 그 중요성이 점차 강조되고 있다고 보는 것이 합리적이다. 그렇다면 AI는 사이버 안보에 어떠한 영향을 미치게 되었는가? AI, 특히 ChatGPT로 대표되는 생성형 AI(Generative AI)[5] 기술의 발전으로 인하여 국가 안보와 국익에 반하는 사이버 공격 행위의 진입 장벽이 낮아졌다. 컴퓨터 공학 분야의 전문적인 지식(예를 들어, 컴퓨터 프로그래밍)이 없어도 생성형 AI를 활용하여 손쉽게 사이버 공격 행위를 감행할 수 있게 되었다. 또한 딥페이크 기술을 통해 정교한 허위정보(disinformation)(소위 가짜뉴스[6])를

---

5) 생성형 AI에 관한 상세는 제1장 참조.
6) 2018년 3월 유럽위원회(European Commission)가 공개한 「허위정보에 대한 다차원적 접근」이라는 보고서는 가짜뉴스 대신 '허위정보(disinformation)' 라는 용어를 사용하도록 권고하였다. 동 보고서는 가짜뉴스 대신에 사용하도록 권고한 '허위정보'를 "허위, 부정확 또는 오도하는 정보로서 공공에 해를 끼칠 목적 내지 이윤을 목적으로 설계, 제작, 유포되는 것"이라고 정의하였다. 박아란, "'가짜뉴

신속하게 제작·유포하여 사회 혼란을 야기할 수 있게 되었다.

2. 주요 이슈

(1) 생성형 AI를 통한 해킹·피싱(phishing)[7]

2022년 11월 ChapGPT가 공개된 후, 사이버 공격 행위자가 AI 챗봇(chatbot)에게 직접적으로 해킹 방법을 질문하거나, 간접적으로 시스템의 보안 취약점을 문의하는 방식으로 생성형 AI를 해킹의 도구로 활용할 수 있다는 우려가 제기되었다. 실제로 2022년 12월 ChapGPT를 사용하여 생성한 멀웨어(malware)[8]가 다크웹(dark web)[9]에 공개되기도 하였다.[10] 이와 같은 문제점이 지적된 후 OpenAI는 지속적으로 '사용 정책'

스'와 온라인 허위정보(disinformation) 규제에 대한 비판적 검토", 언론정보연구 제56권 제2호, (2019. 5.), 116; 이에 '가짜뉴스'라는 용어 대신에 '허위정보'라는 용어를 사용하는 것이 더 타당하겠지만 정부 정책문건에서도 가짜뉴스라는 용어가 사용되고 있는바 이 글에서는 '가짜뉴스'와 '허위정보'라는 용어를 혼용하였음을 밝힌다. "중국 사이버안보 패러다임 변화와 시사점 —인공지능 시대의 바람직한 거버넌스 구축을 위한 제언", 명지법학 제22권 제2호, (2024. 1.), 129, 각주 13 재인용.

7) 생성형 AI 모델 그 자체를 해킹하는 것도 화두(話頭)이다. 백도어(backdoor), 트로이목마(trojan horse) 등 악성코드(malware)를 통해 공격자가 원하는 형태로 출력 결과를 조작하는 위협 가능성이 나타나고 있다. 다만, 이 글에서는 가장 큰 위협으로 거론되는 방법은 생성형 AI를 통한 해킹·피싱을 다루었음을 밝힌다. 임종인, "AI and Cyber Security: 생성형 AI에서 Security 이슈와 과제", 제8회 AI윤리법제포럼 세미나 발표자료, (2023. 11.), 5.

8) 시스템의 기밀성, 무결성 또는 가용성에 부정적인 영향을 미치는 무단 프로세스를 수행하도록 의도된 모든 소프트웨어를 칭한다. 국회도서관, 사이버안보 한눈에 보기, FACT BOOK 2023-8호 통권 제108호, 2023, 27, [표 2] 참조.

9) '다크 웹'은 인터넷을 사용하지만, 접속을 위해서는 특정 프로그램(예를 들어, TOR)을 사용해야 하는 웹을 가리킨다. 일반적인 방법으로 접속자나 서버를 확인할 수 없기 때문에 사이버상에서 범죄에 활용된다. 네이버 지식백과, "다크 웹", 〈https://terms.naver.com/entry.naver?docId=3581037&cid=59088&categoryId=59096〉(최종방문일: 2024. 11. 28.).

10) ChatGPT를 활용해 생성한 파이선 스크립트는 그 자체로 악성으로 분류될 만한 것은 아니었으나, 사이버 공격자가 악의적인 목적을 달성하기 위해 활용 가능하다는 주장이 제기되었다. 보안뉴스 (2023. 1. 10.), "챗GPT 활용한 악성 공격 실험 사례, 이미 여럿 존재한다", 〈https://www.boannews.com/media/view.asp?idx=113379〉(최종방문일: 2024. 11. 28.).

을 강화하여,[11] 현재(2024. 11. 28. 기준) ChatGPT 4o mini에 해킹에 관한 질문을 할 경우, "이 콘텐츠는 당사의 사용 정책을 위반할 수 있다"는 경고와 함께 법적 처벌을 받을 수 있다는 답변이 표시된다.

〈그림-3〉 해킹 문의에 대한 ChatGPT의 답변 내용

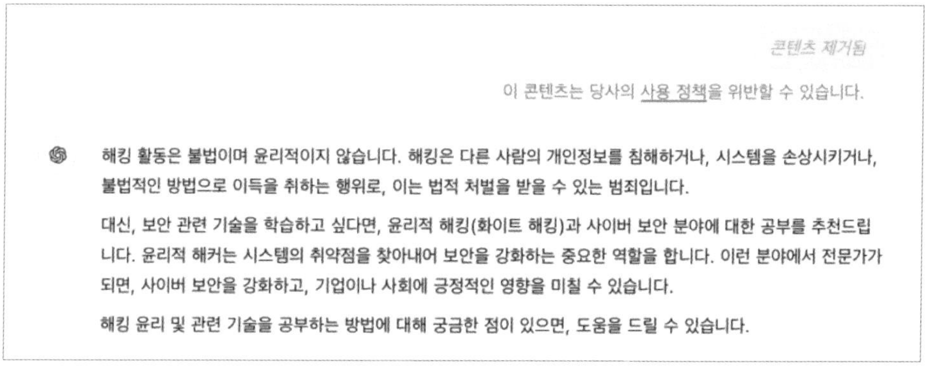

ChatGPT와 같이 운영 주체가 명확한 경우, 사용 정책을 강화하는 방법으로 사이버 공격 행위의 보조 수단으로 활용되는 것을 어느 정도 방지할 수 있다. 다만 불법적 행위 여부를 판단함에 있어서 그 경계가 모호한 영역이 있기 때문에 질문과 답변에 대한 필터링을 강화할 경우, 검열 문제가 야기될 수 있기 때문에 사용자의 윤리의식에 기댈 수밖에 없다는 한계가 존재한다. 그렇기 때문에 사용자가 처음부터 악의를 가지고 활용하는 WormGPT, FraudGPT가 큰 위협이 되고 있다.[12] 불법적인 AI 챗봇을 활용하여 해당 모델을 통해 상대방을 기망 또는 협박하여, 금융거래 정보 등을 요구하거나 금전을 이체하도록 하는 멀웨어(예를 들어, 사기 및 피싱 범죄를 위해 제작된 이메

---

11) 가장 최근의 '사용 정책'은 2024년 1월 10일 업데이트되었다. 〈https://openai.com/ko-KR/policies/usage-policies/〉(최종방문일: 2024. 11. 28.).

12) WormGPT는 피싱 등을 수행하기 위한 목적으로 개발된 AI 모델이며, FraudGPT는 악성코드 작성, 피싱 페이지 생성 등의 악성 행위를 수행하기 위한 목적으로 개발된 AI 모델이다. SK쉴더스(2024. 3. 19.), "생성형 AI를 활용한 해커 등장, 챗 GPT를 악용한 랜섬웨어", 〈https://www.skshieldus.com/blog-security/security-trend-idx-13〉(최종방문일: 2024. 11. 27.).

일 등)를 고급 기술이 없어도 손쉽게 만들 수 있게 된 것이다. 개발사가 윤리적 활용을 제한한 일반 AI 챗봇과 달리 이들은 이러한 제한이 없어 사이버 범죄에 악용될 수 있다.[13]

(2) 딥페이크 합성물

딥페이크란 AI 기술인 딥러닝(deep-learning)과 거짓(fake)의 합성어로, 기존 '영상의 컴퓨터 그래픽(computer graphic: CG) 합성'을 AI 기술로 진화시킨 것을 말한다.[14] 딥페이크 합성물이 사이버 안보와 관련하여 이슈가 된 이유는, 과거와는 달리 생성형 AI를 통해 쉽고 빠르게 정교한 영상을 제작하여 특정한 의도를 가지고 대량으로 유포할 수 있다는 점에서 차이가 있기 때문이다. 앞서 살펴본 바와 같이 딥페이크 합성물은 사기 및 피싱 범죄에 악용되기도 하는데, 유명인을 사칭한 사기 범죄에 딥페이크 합성이 사용된 사례가 대표적이다.[15] 초기 딥페이크에 관한 이슈가 유명인의 얼굴을 스와핑(face swapping)하는 음란물(fake porno)에 관한 것일 만큼 딥페이크 합성물과 관련하여 음란물이 가장 큰 사회적 이슈이다. 최근에는 유명인뿐만 아니라 지인능욕 등 딥페이크 폐해가 확대됨에 따라 「성폭력범죄의 처벌 등에 관한 특례법」(이하 "성폭력처벌법"이라 함)을 개정하여 처벌규정을 강화하였다. 2024년 10월 16일부터 시행 중인 성폭력처벌법은 딥페이크 음란물 제작자 등에 대한 처벌을 대폭 강화하였으며(제14조의2 제1항 내지 제3항), 딥페이크 음란물 제작자뿐만 아니라 소지·구입·저장·시청자도 처벌하는 규정도 신설하였다(제14조의2 제4항).

또한 여론 형성 과정에서 객관적인 사실보다는 가짜일지라도 개인감정에 어필

---

13) 동아일보(2024. 1. 24.), "벌레GPT 등 악성 AI, 올 사이버 보안 최대 위협", 〈https://www.donga.com/news/Economy/article/all/20240123/123196628/1〉(최종방문일: 2024. 11. 27.).

14) 이상우, "중국의 딥페이크 규제와 데이터 안보", 홍익법학 제24권 제1호, (2023. 2.), 137.

15) 이에 딥페이크 합성물은 저작권, 초상권, 퍼블리시티권((right of publicity) 침해에 해당할 수 있는 등 다양한 법적 쟁점을 안고 있다. 법률신문(2024. 10. 24.), "'딥페이크' 무엇이 문제인가? — 딥페이크 관련 처벌과 법적 쟁점 정리", 〈https://www.lawtimes.co.kr/LawFirm-NewsLetter/202317〉(최종방문일: 2024. 11. 27.).

하는 것이 더 효과적인 '탈진실(post-truth)' 사회가 도래함에 따라,[16] 딥페이크 합성물
이 공직선거와 관련하여 많은 이슈를 낳았다. 2018년 4월 오바마(Barack Obama) 전 미
국 대통령이 트럼프(Donald Trump) 당시 미국 대통령을 비난하는 가짜 영상이 공개된
바 있으며,[17] 2024년 1월 바이든(Joe Biden) 현 미국 대통령이 민주당원을 대상으로 '투
표하지 말라'고 촉구하는 딥페이크 합성물 음성 파일이 유포되어 논란이 되었다.[18] 민
주주의의 꽃이라 불리는 선거의 선거운동 기간 정치인이 하지 않은 허위 발언을 담은
딥페이크 합성물을 유포하여 선거 결과를 왜곡하려는 시도는 민주주의의 근간을 흔
드는 중차대한 문제이다. 이에 우리나라는 2023년 12월 개정된 「공직선거법」에 딥페
이크 영상 등을 이용한 선거운동을 금지하는 규정을 신설하였고(제82조의8), 이를 위
반한 경우 부정선거운동죄로서 최대 7년의 징역형에 처하게 하였다(제255조 제5항).

　　이 밖에도 2022년 러시아-우크라이나 전쟁 중 항복을 선언하는 젤렌스키
(Volodymyr Zelensky) 우크라이나 대통령의 딥페이크 합성물을 제작·유포하여 사회 혼
란과 불신을 유발하기 위한 시도가 있었으며,[19] 2023년 미국 국방부가 폭발하는 조작
된 이미지가 공개된 후 뉴욕 증시가 급락하기도 했었다.[20] 이처럼 딥페이크 기술이
고도화 됨에 따라 국가 안보 전반을 위협하는 사례가 늘어나고 있다.

---

16) 고선규·이재훈, "딥 페이크와 선거 시큐리티: 국가와 글로벌 플랫폼 기업 간 갈등을 중심으로", 분
　　쟁해결연구 제18권 제1호, (2020. 5.), 109.
17) SBS(2018. 7. 5.), "목소리도 행동도 똑같아⋯진짜 같은 가짜 '딥페이크'", 〈https://news.sbs.co.kr/
　　news/endPage.do?news_id=N1004834758&plink=SEARCH&cooper=SBSNEWSSEARCH〉 (최종방문일:
　　2024. 11. 28.).
18) MIRAKLE AI(2024. 1. 27.), ""바이든, 투표하지 말라" 논란 음성AI 스타트업, 창업 2년만에 유니콘",
　　〈https://www.mk.co.kr/news/it/10930587〉 (최종방문일: 2024. 11. 28.).
19) 서울신문(2022. 4. 6.), "[속보] "젤렌스키 항복" 딥페이크 영상 송출⋯NYT "우크라 불신 조장"",
　　〈https://www.seoul.co.kr/news/2022/04/06/20220406500102〉 (최종방문일: 2024. 11. 28.).
20) 이데일리(2023. 5. 23.), "AI가 만든 美국방부 폭발 가짜사진 트위터서 유포⋯증시도 '출렁'", 〈https://
　　www.edaily.co.kr/News/Read?newsId=02817526635611872〉 (최종방문일: 2024. 11. 28.).

3. 쟁 점

딥페이크 기술과 합성물 그 자체가 불법은 아니다. 교육·엔터테인먼트 분야에서 건전한 목적으로 사용될 수 있으며, 또한 일부는 헌법상 기본권인 표현의 자유의 영역에 해당한다. 이는 생성형 AI도 마찬가지이다. 해킹·피싱에 악용될 위험도 있지만, 기술의 유용성을 고려하면 결국 사람이 그 용도를 잘 구분하여 활용해야 할 것이다. 샘 알트만(Sam Altman) OpenAI 최고경영자(CEO)는 AI 개발을 "내 생애에서 가장 흥미로운 지적 프로젝트"로 묘사하면서도, 그 위험성을 "유아에게 전기톱을 주는 것과 같다"고 비유하였다.[21]

개정된 성폭력처벌법은 AI 기술이 활용된 딥페이크 합성물과 기존의 허위 영상물을 구분하지는 않았는데, 딥페이크 합성물이 점차 진짜와 구별하기가 어려워지고 있다는 점을 고려한 것이다. 이에 앞으로는 EU의 AI Act와 같이 딥페이크 기술을 포함한 AI 기술 자체를 포괄적으로 규제해야 한다는 의견도 제기되고 있다. 다만, 과도한 규제는 관련 기술과 산업을 사장(死藏)시키는 부작용을 낳을 수 있기 때문에 신중을 기하여야 한다. AI 기술력이 국가 경쟁력으로 평가받고 있는 지금, 섣부른 AI 규제 입법은 자충수가 될 수 있다. 이 같은 점을 고려하면 현 시점에서 특정 기술(예를 들어, AI)을 규제하는 입법보다는 사이버 안보를 위협하는 모든 행위를 규율하는 것에 초점을 맞추는 것이 중요하다.

우리나라는 제17대 국회에서부터 여러 차례 사이버 안보 기본법 제정시도가 있었다. 하지만 지난 제21대 국회에서도 사이버 위협에 관한 정보 공유가 민간에 대한 감시 권한을 확대하는 수단으로 이용될 수 있고, 국가정보기관이 민간의 정보를 조사하는 경우 기본권 침해 이슈가 있다는 등의 우려로 국회를 통과하지 못하였다.[22] AI 기술의 발달로 인하여 사이버 위협은 더욱 고도화되었으며, 잠재적인 사이버 위협의

---

21) KBS(2024. 11. 23.), "AI로 만든 뉴스 영상, 혁신인가 위험인가?", 〈https://n.news.naver.com/article/056/0011843853?cds=news_media_pc&type=editn〉(최종방문일: 2024. 11. 28.).

22) 신성식·서봉성, "주요 국가의 사이버안보 법제 비교검토", 한국테러학회보 제13권 제4호 (2020. 12.), 37.

주체는 국내외 모든 개인, 단체, 국가를 포함한다. 조속히 사이버 안보 기본법을 마련하여 체계적, 지속적, 효율적인 사이버 안보 대응의 법적 기반을 마련하고, 사이버 위협 대응체계를 강화해야 할 것이다.[23]

III. 데이터 안보

1. 개 설

AI 기술력이 국가 경쟁력이 된 지금, AI의 학습 원료인 데이터의 중요성이 높아지고 있다. 머신러닝(Machine Learning), 딥러닝(Deep Learning) 과정에서 활용되는 데이터는 정성·정량적 측면에서 모두 중요하다. 이에 데이터의 훼손·악용·조작 문제와 글로벌 빅테크 기업의 데이터 독과점 구조에 따른 미·중 진영 간 갈등이 증대되고 있다.[24] 특히 '우려 국가'로의 데이터 유출 및 개인정보의 국외 이전 등이 국가 안보의 위협을 초래할 수 있는 것으로 인식되고 있으며,[25] 이와 관련하여 데이터 안보를 수호하는 문제가 쟁점으로 부상하고 있다.[26]

데이터 안보는 '데이터 주권(data sovereignty)' 이슈와 긴밀하게 연계되어 있다. 우선 '주권(sovereignty)'은 영토를 기반으로 하는 국민 국가(nation state)를 단위로 하여, 절대성·항구성을 특질로 하는 권력이다. 하지만, 기본적으로 데이터는 탈영토성(un-territoriality)을 기반으로 하는바, 물리적 국경과 무관하게 이동할 수 있으며, 특히 정보주체의 의지와 무관하게 글로벌 빅테크 기업 등에 의해 데이터의 통제·관리가 가능

---

23) 이상우, "데이터 보안의 함의(含意)와 입법방향에 관한 소고", 가천법학 제15권 제3호, (2022. 9.), 109.

24) 유준구, "국제안보 차원의 데이터 주권 논의의 이중성과 시사점", 국가전략 제27권 제2호, (2021. 5.), 117.

25) 이효영, 데이터 안보와 국제통상: 현안과 시사점, 국립외교원 외교안보연구소, 2024, 1.

26) 김상배, "데이터 안보와 디지털 패권경쟁", 국가전략 제26권 제2호, (2020. 5.), 7.

하다.[27]

이에 각국은 데이터의 역외 이전을 제한하는 등 데이터를 마치 유체물처럼 규율하려는 시도를 하고 있다.[28] 특정 국가에서 수집한 자료는 해당국 안에서만 저장하고, 처리해야 한다는 '데이터 현지화(data localisation)' 조치가 데이터 안보 강화의 대표적인 정책 수단으로 활용되고 있는 이유이기도 하다. 2017년 35개국에서 67건의 데이터 이전 제한 조치가 도입되었던 것이, 2020년에는 62개국 144건으로, 국가별 데이터 현지화 조치는 지속적으로 증가하고 있다.

〈그림-4〉 데이터 현지화 조치 도입 동향(1992-2021)

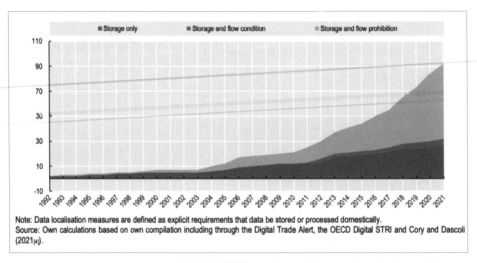

출처: OECD(2022), A Preliminary Mapping of Data Localisation Measures,
OECD Trade Policy Paper no.262, p. 8, Figure 2.

또한 자국민의 데이터가 역외에서 처리될 경우 해당 데이터에 대한 통제권을 상실하게 된다는 우려에 대응하기 위해,[29] 미국은 '합법적 해외 데이터 사용을 위한 법

---

27) 김현경, "'데이터 주권'과 '개인정보 국외이전' 규범 합리화 방안 연구, 성균관법학 제31권 제4호, (2019. 12.), 589.

28) 김현경, 위의 논문, 589.

29) 이효영, 앞의 자료(주 25), 17.

률(Clarifying Lawful Overseas Use of Data Act)(이하 "CLOUD Act"라 함)을 제정하여, 데이터의 (물리적) 위치와 관계없이 역외에 저장된 데이터에 대하여 해당 기업에게 영장에 따른 자료제출 의무를 부과하였다. 다만 이러한 입법과 조치는 타국의 주권을 침해할 우려가 있고, 타국의 법률과의 충돌 가능성이 존재한다.[30] 대표적으로 중국 자본 기반의 소셜 네트워크 서비스(social network system: SNS)인 틱톡(TikTok)에 대한 미국의 제재가 여기에 해당한다.

2. 주요 이슈

(1) 미국의 틱톡 규제[31]

틱톡은 짧은 길이의 영상 콘텐츠를 제작·공유할 수 있는 숏폼(short-form) 플랫폼으로, 2012년 중국 북경에 설립된 IT 기업 바이트댄스(ByteDance)가 개발 및 소유하고 있다. 2016년 9월 중국에서 '더우인(抖音)'이라는 명칭으로 서비스를 시작한 이래 전 세계 150여 개국으로 시장을 확대하였고, 미국의 경우 전체 인구의 절반에 달하는 1.7억 명이 사용하고 있다. 2024년 4월 기준 글로벌 월간 활성 사용자(Monthly Active Users: MAU)가 15.8억 명에 이를 정도로 중국을 넘어 글로벌 숏폼 플랫폼으로의 위상을 굳건히 하고 있다.[32]

2010년대 후반 들어 미국 정보기관을 중심으로 데이터 안보 위협론이 강력하게 부상하였으며, 2020년 7월 크리스토퍼 웨이(Christopher Wray) 연방수사국(Federal Bureau of Investigation: FBI) 국장은 미국이 인식하고 있는 중국 정보활동의 위협을 발표하기도 하였다.[33] 이러한 데이터 안보 위협론의 연장선에서 틱톡의 전면 사용 금지 등 강력

---

30) 이상우, "중국 데이터법의 역외적용", 법학논총 제54집, (2022. 9.), 169.
31) 미국 정부의 틱톡 규제 조치에 대한 상세는 최용호·박지연, "틱톡(TikTok) 규제 동향 분석: 데이터 안보와 경제의 연계 가능성", 경제안보 Review 2023 Vol.16, 2023, 2 이하 참조.
32) 한경(2024. 8. 21.), "15억명 틱톡…韓선 X에도 밀려 '홀대'", 〈https://www.hankyung.com/article/2024082039741〉(최종방문일: 2024. 11. 29.).
33) 허드슨 연구소 연설을 통해 밝힌 중국발 데이터 안보 위협은 지적 자산 탈취, 연구성과 탈취, 부당한 영향력, 개방성 악용 등이다.

한 규제가 필요하다는 주장이 제기되었다. 미국 트럼프 1기 행정부는 2020년 대선 직전 행정명령을 통해 틱톡 제재(미국 내 거래 금지 및 자산 강제매각 등)를 추진하였으나, 법원이 제동을 걸면서 무산되었고, 2021년 바이든 행정부는 행정명령(Executive Order Protecting American's Sensitive Data from Foreign Adversaries)을 통해 트럼프 행정부의 기존정책을 보류하면서도, 적대국이 생산한 소프트웨어의 위험 요소를 평가하는 기준을 수립하고 대응책을 검토하도록 지시하였다.[34] 2022년 중간선거 이후, 공화당 대(對)중국 강경파의 영향력 확대 등으로 행정부와 의회에서 틱톡 규제 논의가 재점화되었으며, 연방정부 차원에서 정부 기기에서의 틱톡 사용을 금지하였고(2023년도 정부 예산안(Consolidated Appropriations Act)에 포함된 형태로 입법화), 주 정부 및 주요 대학들도 틱톡 규제에 동참하였다.[35]

2024년 4월 틱톡의 미국 내 사업권을 강제 매각하도록 하는 법안이 미국 연방 의회를 통과하였으며, 바이든 대통령의 서명을 거쳐 발효되었다. 이에 틱톡 모회사(母會社)인 바이트댄스에 270일(대통령이 90일 연장 가능) 안에 틱톡의 미국 사업권을 매각해야 하며, 기간 내 매각하지 않을 경우 미국 내 서비스가 금지된다.[36] 270일이 2025년 1월 20일 트럼프 대통령 취임일 전일(前日) 종료되는바(2025년 1월 19일), 90일을 연장할 경우, 트럼프 2기 행정부에게 3개월 정도의 추가 결정 시간이 주어지게 된다. 다만 틱톡의 사업권 매각과 서비스 금지는 법에 규정된 조치이기 때문에 의회의 협조 없이는 뒤집기 어려우며, 여야(與野)의 초당적인 지지 속에서 처리됐기 때문에 의회가 이를 번복할 가능성은 높지는 않을 전망이다.

(2) 일본의 라인야후 지분 매각 압박

틱톡 규제의 경우, 미·중 패권경쟁의 연장선상에서 볼 수도 있다. 상대국을 압박

---

34) 최용호·박지연, 앞의 자료, 4.

35) 2023년 4월 14일, 몬태나주 의회는 미국의 주 가운데 처음으로 틱톡 사용을 전면 금지(민간부문 포함)하는 법을 통과시켰다.

36) BBC(2024. 4. 25.), "TikTok vows to fight 'unconstitutional' US ban", 〈https://www.bbc.com/news/articles/c87zp82247yo〉(최종방문일: 2024. 11. 30.).

하는 카드로 활용할 수 있기 때문이다. 하지만, 최근 데이터 안보 강화, 데이터 주권 수호에 관한 문제는 진영의 갈등을 넘어 국가 간에도 촉발되고 있다.

2023년 11월 라인야후의 개인정보 52만 건이 네이버 클라우드를 통해 유출되는 사고가 발생하였다. 일본 총무성은 라인야후와 네이버의 관계 때문에 개인정보 관리가 제대로 안 됐다고 판단하고 두 차례의 행정지도(2024년 3월 5일, 2024년 4월 16일)를 통해 라인야후에 '자본 관계 재검토'를 요청했다.[37] 라인야후는 소프트뱅크와 네이버가 각각 50%씩 합작투자한 A홀딩스의 자회사이며, A홀딩스는 라인야후의 지분을 64.5% 소유하고 있다. A홀딩스 설립 당시 합의에 따라 소프트뱅크는 경영권을, 네이버는 개발권을 갖기로 했다.

〈그림-5〉 라인야후 지분 구조

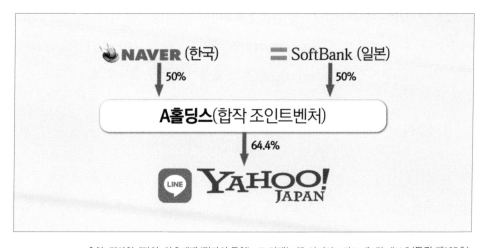

출처: 전삼현, "라인·야후재팬 '적과의 동침'…그 미래는 ?", 아시아브리프 제4권 제16호(통권 제165호), (2024. 6.), 2, 〈그림 2〉.

개인정보 유출 사고로 일본 정부로부터 행정지도를 받은 라인야후는 2024년 7월 1일 일본 총무성에 "네이버와 자본 관계 재검토 문제에 대해 단기적으로는 곤란한 상

---

37) 동아일보(2024. 7. 1.), "라인야후 "네이버 지분 매각 단기적으로는 곤란""〈https://www.donga.com/news/Inter/article/all/20240701/125716347/1〉(최종방문일: 2024. 11. 30.).

황이지만 계속 논의하겠다"는 내용이 담긴 행정지도 관련 보고서를 제출했다. 라인야후가 자본관계 재검토를 공동 대주주인 네이버와 소프트뱅크에 의뢰했지만, 한국 내 고조된 반일정서 등으로 당장 네이버 쪽 지분 매수가 힘들다는 의미로 받아들여진다. 일단 라인야후가 단기적 자본 관계 재검토가 곤란한 상황이라고 보고한 만큼 네이버가 A홀딩스 지분을 당장 팔아야 하는 압력에 직면하지는 않을 것으로 보인다. 다만 최수연 네이버 대표는 2024년 7월 2일 국회 과학기술정보방송통신위원회(이하 "과방위"라 함)에 출석해 장기적인 지분 매각 가능성에 관해서 "기업의 중장기적인 전략에 대해 확답할 수 없다"며 대답을 피했으며, 소프트뱅크 관계자가 아사히신문과의 인터뷰에서 "라인야후를 일본 플랫폼으로 만들기 위해 주식 매입을 중장기 목표로 잡은 방침은 변하지 않는다"고 밝힌 바 있다.[38] 그리고 무엇보다 라인야후에 두 차례나 자본관계 재검토를 요구한 일본 정부가 요구가 관철되지 않은 상황을 장기간 방치하지는 않을 것이라는 점에서 네이버를 상대로한 라인야후 지분 매각 압박 리스크는 지속되고 있다. 이번 사태 역시 자국(일본) 국민의 개인정보를 타국(한국) 기업에 맡길 수 없다는 데이터 안보 강화, 데이터 주권 수호의 관점이 투영된 결과로 볼 수 있다.

3. 쟁 점

데이터 안보상의 이유로 틱톡의 미국 내 사업권을 강제 매각하도록 하는 법이 제정되었지만, 미국 내 틱톡 사용자의 불만의 목소리도 커지고 있다. 미국 abcNEWS가 발표한 여론조사에 따르면, 강제 매각에 대해 미국 국민의 51%가 찬성, 46%가 반대의 입장을 보여 결과적으로는 찬성이 우세하였으나, 틱톡 강제 매각에 대한 지지 여론은 틱톡을 전혀 사용하지 않은 그룹(Don't use TokTok)에서 66%에 달한 반면, 자주 사용하는 그룹(Use TikTok, often)에서는 고작 24%에 그쳤다. 즉, 표면적으로는 미국 국

---

38) 조선비즈(2024. 7. 19.), "'라인야후' 지분 매각 리스크 잠잠해졌지만… 네이버, 해외확장 전략엔 '물음표'"⟨https://biz.chosun.com/it-science/ict/2024/07/19/FSAAKLVHFZCDXLFODZG72UEAHQ/⟩(최종방문일: 2024. 11. 30.).

민의 절반 이상이 강제 매각에 찬성하는 것으로 보이나, 찬성 여론 안에는 틱톡을 전혀 사용하지 않는 사람이 대부분이었으며, 틱톡을 자주 사용하는 그룹은 반대하였음을 알 수 있다.[39] 반대하는 그룹의 주된 근거는 이번 조치가 수정헌법 제1조(표현의 자유 보장)에 위배된다는 것이다. 근거가 명확하지 않은 상황에서 국가 안보 침해 우려를 이유로 헌법에 보장된 미국 국민의 표현의 자유를 침해하고 있다는 점에서 위헌(違憲)적 법률이라는 비판이 제기되고 있다.[40] 우리나라와 중국도 모두 헌법상 기본권으로 언론·출판의 자유가 보장된다.[41] 비록 이 사안은 미국 내의 이슈만을 다루고 있지만, 우리나라 또는 중국에서 제2, 제3의 틱톡에 대한 규제가 진행된다면 동일한 논란이 이어질 가능성이 크다.

〈표-1〉 틱톡의 미국 내 사업권 강제 매각에 대한 여론조사 결과

	Size of group	Force a sale?		U.S. ban if no sale	
		Should	Should not	Support	Oppose
All	100%	51%	46%	53%	44%
Use TikTok, often	12	24	75	14	84
Use TikTok, occasionally	10	47	51	32	67
Use TikTok, rarely	12	58	39	53	45
Don't use TikTok	66	56	41	63	33

출처: abcNEWS(2024. 5. 7.), "More people support than oppose a TikTok ban; frequent users, young adults push back: POLL", 〈https://abcnews.go.com/Politics/more-support-than-oppose-tiktok-ban-poll/story?id=109961608〉 (최종방문일: 2024. 11. 30.).

2023년 3월 23일 미국 하원 의회에서 진행된 틱톡 청문회에 참석한 쇼우 지 츄(Shou Zi Chew) 틱톡 최고경영자(CEO)를 상대로 중국 정부·공산당과의 관계를 추궁하

39) abcNEWS(2024. 5. 7.), "More people support than oppose a TikTok ban; frequent users, young adults push back: POLL", 〈https://abcnews.go.com/Politics/more-support-than-oppose-tiktok-ban-poll/story?id=109961608〉(최종방문일: 2024. 11. 30.).
40) 글로벌이코노믹(2024. 5. 8.), "[초점] 美, '틱톡 금지법' 발효됐어도 여전히 논란인 이유"〈https://m.g-enews.com/view.php?ud=2024050809413930669a1f309431_1〉(최종방문일: 2024. 11. 30.).
41) 대한민국 헌법 제21조 제1항 및 중국 헌법 제35조.

는 질의가 집중되었다. 싱가포르 국적인 츄 CEO에게 개인적으로 중국 국적을 취득 또는 취득하려 했거나, 중국공산당에 가입 또는 가입을 시도하려 했는지 등의 질문이 이어졌고, 틱톡과 중국 정부와의 관계성에 관한 질문이 이어졌다. 이에 자신이 중국이 아닌 싱가포르 화교 출신임을 강조하며 "틱톡은 중국 정부의 요청에 따라 콘텐츠들을 홍보하거나 제거하지 않고, 미국 사용자들의 개인 정보는 미국 영토 내에 있는, 미국 기업에 속한, 미국인 직원에게 관리되고 있다"며, 중국 정부와의 관계성을 적극 부인하였다.[42] 또한 틱톡의 모회사인 바이트댄스가 중국에 본사를 두고 있는바, 중국의 법체계(예를 들어, 네트워크안전법, 데이터안전법 등)상 중국 정부가 자국 소재 기업에게 데이터·개인정보 공유를 강제할 수 있다는 점에서 틱톡이 미국 데이터 안보의 위협으로 지적되었다. 다만 전 세계 주요국 모두 국가 안보를 이유로는 모든 상황에서 예외를 두고 있으며,[43] 최근 미국 CLOUD Act, EU의 일반 개인정보보호법(General Data Protection Regulation: GDPR) 등 데이터·개인정보 관련 입법에서 제정목적 달성 및 실효성 확보를 위해 역외적용[44] 조항을 적극적으로 도입하여 외국의 주권 침해 우려가 증가하고 있다는 점에서 본다면, 이는 틱톡이라는 기업, 중국이라는 국가만의 위협으로만 치부하기는 어렵다. 결국 상대국을 믿을 수 있는가, 믿을 수 없는가의 문제로 귀결된다. 공정한 사법 시스템과 투명성을 갖추었는지도 중요하지만, 일본 정부의 네이버를 상대로 한 라인야후 지분 매각 사태에서 목도한 바와 같이 안보에 관하여는 진영의 논리 보다는 자국의 이익이 최우선으로 고려될 수밖에 없다.

"우리에게는 영원한 동지도, 영원한 적도 없다. 우리의 이익만이 영원할 뿐이며, 그 이익을 지키는 것이 우리의 의무이다." 19세기 영국 수상 파머스톤 경(Lord Palmerston)의 명언은, 21세기 AI 기술의 발달로 인하여 야기된 신(新)안보 이슈를 관통

---

42) 조세일보(2023. 3. 25.), "美하원 '중국-틱톡 청문회'··· 틱톡CEO "난 싱가포르 출신""〈http://www.joseilbo.com/news/htmls/2023/03/20230325481854.html#〉(최종방문일: 2024. 11. 30.).

43) 우리나라도 법률유보에 의한 기본권 제한 사유로서 '국가안전보장'과 '질서유지'를 들고 있다(헌법 제37조 제2항).

44) 역외적용이란 역외(자국의 영역 외)에 소재하는 외국인 및 물건, 또는 역외에서 행해지는 행위에 대하여 자국의 법률을 적용하는 것을 의미한다.

하며 깊은 통찰을 제공하고 있다.

IV. 경제 안보

1. 개 설

최근 경제 안보란 용어가 널리 사용되고 있지만, 아직 통일된 개념이 정립되어 있지 않다.[45] 국제 정치의 관점에서 보면, 경제 안보는 국가 안보라는 궁극적인 목적을 위해 경제적 수단을 사용하는 것을 의미한다. 국가 안보에 있어 경제적 측면은 상대국의 권력을 약화(또는 강화)시킬 수 있는 효과적인 수단이 되기 때문에, 군사 안보에 집중되었던 전통적인 국가 안보의 영역이 점차 경제 영역 등으로 확대되고 있는 것이다.[46]

주지하다시피, 미·중 갈등이 심화되면서 경제 안보 이슈가 부각되고 있다. 그 배경을 살펴보자면, 제2차 세계대전 이후로 거슬러 올라간다. 미국은 전쟁 이전보다 더 큰 생산 능력을 가지게 된 유일한 나라가 되었고, 전후(戰後) 국제 경제 체제를 고안하는 데에 주도권을 행사할 수 있게 되었다. 1944년 열린 브레턴우즈 회의에서 미국과 유럽연합국은 당시 전쟁으로 피폐해진 유럽을 재건하기 위해, 외채를 갚기 위해 단기 대부가 필요한 나라들에게 자금을 융통해 주는 국제통화기금(International Monetary Fund: IMF)과 유럽의 중요 기간시설 재건 계획에 장기 대부를 제공하는 세계은행(World Bank)[47]을 설립하였다. 한편, 국제무역을 담당하는 기구로 국제무역기구(International

---

45) 정인교 외, 경제안보와 수출통제, 박영사, 2023, 21.

46) 이효영, "경제안보의 개념과 최근 동향 평가", IFANS 주요국제문제분석 2022-08, (2022. 4.), 3.

47) 1944년 브레턴우즈 협정(Bretton Woods Agreements)에 근거해 설립된 국제연합(United Nation, UN) 산하의 금융기관으로, 전후 각국의 전쟁 피해 복구 및 개발 자금을 지원하기 위해 1945년 12월 27일 설립된 국제부흥개발은행(International Bank for Reconstruction and Development, IBRD)이 그 출발이다. 시사상식사전, "세계은행", 〈https://terms.naver.com/entry.naver?docId=930411&cid=43667&categoryId=43667〉(최종방문일: 2024. 12. 1.).

Trade Organization: ITO)를 출범하기로 약속하였으나 설립에 실패한 후 1947년 관세 철폐와 무역 증대를 위한 「관세 및 무역에 관한 일반협정」(General Agreement on Tariffs and Trade: GATT)이 체결되었다. 미국은 1929년 경제 대공황이 발생한 후 자국 산업 보호를 위해, 2만여 개의 수입품에 평균 59%, 최고 400%의 관세를 부과하도록 하는 '스무트·홀리 관세법(Smoot-Hawley Tariff Act)'을 시행하였고, 다른 국가들이 보복관세 조치, 수입 제한 조치 등으로 맞서면서 전 세계 무역 거래가 약 65% 급감하였고, 결과적으로 대공황은 심화되었다.[48] 이에 GATT를 통해 회원국끼리는 최혜국대우를 베풀어 관세의 차별대우를 제거하고, 수출입 제한은 원칙적으로 폐지하며, 수출을 늘리기 위한 보조금의 지급을 금지하도록 하였다. 이로써 본격적인 다자주의 체제가 시작되었다. 범세계적 기구를 중심으로 모든 국가가 함께 참여하여 규범을 만들고 지키며, 국제 무역에서는 자유무역을 통해 전 세계적 경제 발전을 지향하게 된 것이다.

GATT는 1995년 세계무역기구(World Trade Organization: WTO)로 대체되었고, WTO도 무역 규제들을 철폐하거나 줄여 나가며 궁극적으로는 세계 단일 경제 블록을 달성하는 것을 목표로 삼았다. 이에 1978년 개혁개방 선언 이후 점진적·단계적인 개방정책과 대외경제정책을 지속적으로 추진하는 가운데 글로벌 경제에서 차지하는 비중이 급격히 상승한 중국이 2001년 WTO에 가입해 세계 경제의 일원이 되었다.[49] 당시 중국의 WTO 가입에 많은 우려와 비판의 목소리가 있었으나, 표면적으로는 미국을 비롯한 서방 경제에 커다란 성장 기회를 제공할 것이라는 기대가 있었고, 그 저변에는 자유무역 체제에 편입되면 자연스레 정치체제를 민주화시킬 것으로 낙관이 자리하고 있었다.[50] 결과적으로 2000년 중국 경제 규모는 미국의 12% 수준이었는데, 2020년엔 70% 수준에 도달할 만큼 비약적인 성장을 이루었다. 경제적 효율성에 따른 국제 분업이 이루어졌고, 세계의 공장의 역할을 하는 중국이 가장 큰 수혜를 입었다.

48) 시사상식사전, "스무트·홀리 관세법", 〈https://terms.naver.com/entry.naver?docId=5662028&cid=43667&categoryId=43667〉(최종방문일: 2024. 12. 1.).
49) 박정동·유진성, "중국의 WTO 가입을 계기로 본 한·중 간 주요 산업의 경합 및 보완관계", 정책연구시리즈 2001-06, (2001. 12.), 1.
50) 정인교 외, 앞의 책, 232.

〈그림-6〉 미·중 GDP 비교

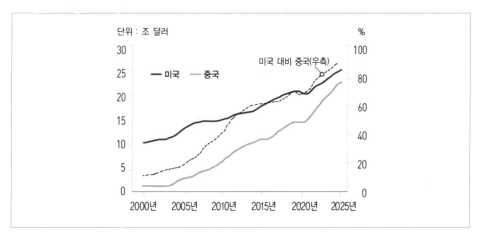

출처: 한경비즈니스(2021. 6. 30.), "미중 경제 패권 다툼 속 한국이 취해야 할 올바른 스탠스", <https://n.news.naver.com/mnews/article/050/0000057906>(최종방문일: 2024. 12. 1.).

특히, 2007년 세계금융위기와 2020년 코로나19 팬데믹을 통해 양국의 격차는 점차 감소하였고, 미·중 무역 불균형은 심화되었으며 미국 내 일자리는 줄어들었다. 미국 정부는 이 모든 과정이 '중국제조 2025(Made in China 2025)' 전략에 따라 중국 당국이 깊이 개입하여, 불법적인 보조금 지급과 기술 침탈을 자행한 결과라고 보았다.[51] 이에 트럼프 1기 행정부와 마찬가지로 바이든 행정부도 중국을 더 이상 현재의 다자주의 체제에 잔류하도록 허용할 수 없다는 입장을 여러 차례 밝혔으며, 특히 반도체, 전기차 등 전략기술 분야에 대해서는 미국 내 생산 기술을 구축하도록 하였다. 비차별주의를 기반으로 한 WTO 체제의 규범력이 상실되자, 보호무역주의와 일방주의가 확산되었고, 미국은 제3국이 미국산 기술을 사용하여 만든 제품을 특정국 산업 전체에게 판매하지 못하도록 전례 없이 강력한 조치를 취함으로써 경제 안보를 수호하고자 하였다.[52]

---

51) 정인교 외, 위의 책, 230.

52) 정인교 외, 위의 책, 230.

2. 주요 이슈

(1) 반도체과학법

2021년 바이든 대통령은 경제적 측면뿐 아니라 국가안보에도 직결되는 4대 핵심 품목(반도체, 배터리, 핵심광물, 의약품) 및 산업에 대한 공급망 검토를 관련 부처에 지시하는 행정명령을 발표하였고, 4대 핵심 품목에 대한 공급망 '100일 검토보고서(Building Resilient Supply Chains, Revitalizing American Manufacturing and Fostering Broad-Based Growth)'가 작성되었다. 동 보고서는 반도체 공급망에서 미국의 위치를 진단하고 공급망 재편 방향성을 제시하였는데, 기본 골자는 미국 내 제조 약화로 전 생태계가 위기에 처해 있기 때문에, 경제 안보에 위협이 된다고 평가하였고, 이에 미국 내 생태계 재건 및 동맹·우방과의 협력을 통해 공급망을 재편할 것을 제안하였다. 1년여의 조정과정을 거쳐 의회를 통과한 반도체과학법(CHIPS and Science Act)이 2022년 발효되었으며, 동법은 미국 내 반도체 생태계를 재건하기 위한 재정지원, 보조금 혜택 수령 시 특정 해외 투자의 제한 등을 규정하였다.

2023년 '가드레일 최종규정'을 발표함으로써 '반도체과학법'상 투자 인센티브 수혜기업에 대해 해외우려국가(중국, 북한, 러시아, 이란) 내에서의 설비 확장 제한(Expansion Clawback) 및 기술협력 제한(Technology Clawback)을 구체화하였다. 원칙적으로 수혜기관은 혜택 수령 시점으로부터 10년간 해외우려국가 내의 반도체 생산능력을 5% 초과하여 확장하는 거래를 제한하며, 인센티브 수령 시 정하는 기간 동안 수혜기업이 국가 안보 우려를 높일 수 있는 기술·품목에 대해 알면서 해외우려기관과의 공동연구 및 기술 라이선싱에 참여하는 것을 제한하였다.[53] 또한 동맹·우방과의 협력 강화를 위해, 2022년 미국은 일본과 '미·일 상무·산업 파트너쉽(Japan-U.S. Commercial and Industrial Partnership)' 1차 장관회의를 통해 '반도체 협력 기본원칙'에 합의하였으며, 지리적 인접성을 고려하여 멕시코와는 제2차 '미·멕 고위급경제대화(U.S.-Mexico

---

[53] 최용호, "미국 「반도체과학법(CHIPS and Science Act)」 가드레일 최종규정의 내용 및 함의", 경제안보 Review 2023년 통합본, (2023. 11.), 297.

High-Level Economic Dialogue)'를 통해 반도체 테스트·패키징 등 연계산업 협력을 모색하였다. 동아시아에 집중된 공급망을 다변화하기 위해 미·인 양국 정상은 인도 내 반도체 생태계 조성을 지원하는 '미-인도 핵심·신흥 기술 이니셔티브(U.S.-India initiative on Critical and Emerging Technology: iCET)' 출범을 발표하기도 하였다.[54] 반도체과학법 시행 등 일련의 조치를 통해, 미국 내 반도체 생태계 재건 및 동맹·우방과의 협력을 통한 반도체 공급망을 재편함으로써 중국을 공급망에서 제외하여 미국의 경제 안보를 지키고자 하였다.

(2) 인플레이션 감축법

2022년 제정된 인플레이션 감축법(Inflation Reduction Act: IRA)은 기본적으로 기후변화 대응 및 의료보험 확대 등의 내용을 담고 있는 법이다. 약값 개혁과 증세 등을 통해 세입(수입)을 7,370억 달러 이상 확대하여 계획된 지출의 재원 마련은 물론 시중에 돈을 거둬들여 인플레이션을 감축하겠다는 의도가 담겨 있다.

〈표-2〉 IRA 주요 항목별 투자 및 수입 현황

구분		금액(십억 달러)
지출 항목	에너지 안보 및 기후 변화 대응	369
	건강보험개혁법 연장	64
	서부 가뭄대응 역량 강화	4
	총 지출 합계	437
수입 항목	15% 최저 법인세	222
	처방약 가격책정 개혁	265
	국세청 과세집행 강화	124
	1% 자사주 매입 수수료 부과	74
	손실한도 확대	52
	총 수입 합계	737
총 재정적자 감축		300

출처: Senate Democrats, "Summary: The Inflation Reduction Act of 2022"; 황경인, "미국 인플레이션 감축법(IRA)의 국내 산업 영향과 시사점 -자동차와 이차전지산업을 중심으로", KIET 산업경제, (2022. 9.), 9, 〈표-1〉 재인용.

---

54) 최용호, "미국의 반도체 공급망 재편 전략", 경제안보 Review 2023년 통합본, (2023. 11.), 95 이하 참조.

구체적으로 보면, 에너지 안보 및 기후 변화 대응과 관련하여 북미지역에서 최종 조립된 전기차에만 세액공제 방식으로 최대 7,500달러 보조금을 지급하며, 배터리 부품과 관련하여 북미에서 제조·조립한 배터리 부품을 50% 이상(2029년까지 100%, 단계적 상승) 사용하고, 배터리 핵심광물은 미국 또는 미국 FTA 협정국에서 채굴·가공한 것을 40% 이상(2027년까지 80% 이상, 단계적 상승) 사용하는 조건을 만족해야만 하는 것으로 규정하였다.[55] 또한 2023년 12월 미국 에너지부와 재무부는 IRA 전기치 세액공제(IRC Section 30D)에서 해외우려기관(Foreign Entity of Concern: FEOC) 관련 잠정규정(proposed guidance)의 발표를 통해, FEOC에서 생산한 핵심광물·부품을 사용한 전기차를 세제 혜택 대상에서 제외하였는데, FEOC는 중국, 러시아, 북한, 이란 정부에 의해 '소유·통제·지시'되는 기관을 지칭한다.[56]

IRA 발효는 반도체과학법과 함께 미국 중심의 공급망을 구축하여 반도체, 배터리 등 첨단기술 분야에서 중국의 부상을 견제하겠다는 미국의 의도가 명확히 드러난 결과로 볼 수 있다.[57] 다만, 전기차 및 핵심 부품인 배터리에 대한 규제는 EU, 일본, 우리나라의 주력 산업인 자동차, 이차전지 산업에 큰 충격을 줄 수 있기 때문에, 우방국의 우려를 낳기도 했다. 이에 반도체, 배터리 등 핵심 산업에서의 대(對) 중국 의존도를 완화하기 위해서는 현재의 공급망 재편 전략만으로는 부족하고, 관세 등을 전략적으로 활용해야 한다는 주장이 미국 내에서 지속적으로 제기되고 있다.[58]

---

55) 연합뉴스(2023, 4, 1.), "[그래픽] 미국 인플레이션 감축법(IRA) 전기차 세액공제 세부지침 주요 내용(종합)", 〈https://www.yna.co.kr/view/GYH20230401000500044〉(최종방문일: 2024. 12. 1.).

56) 최용호, "美 IRA '해외우려기관(FEOC)' 잠정규정 검토", 경제안보 Review 2023년 통합본, (2023. 11.), 348.

57) 황경인, "미국 인플레이션 감축법(IRA)의 국내 산업 영향과 시사점―자동차와 이차전지산업을 중심으로", KIET 산업경제, (2022. 9.), 9.

58) 최용호, "미국의 전략적 이익 증진을 위한 핵심산업(반도체, 전기차) 보호 논의 동향", 경제안보 Review 2024 Vol.3, (2024. 2.), 3.

3. 쟁 점

미국은 경제 안보를 강화하기 위해 공급망 재편 전략을 추진하였고, 반도체과학법과 IRA를 시행하였다. 이같은 변화의 근본적인 원인은 제2차 세계대전 이후 경제적 효율성에 따른 국제 분업 체계가 와해(瓦解)되고, 현재는 누가 가장 믿을 만한 국가인가라는 '국가 간 믿음'이 가장 높게 평가되고 있기 때문이다. 하지만 믿음이라는 주관적 지표에 의존하게 되면서, 불확실성이 증대되고 전 세계적으로 후생 수준이 낮아지는 문제가 발생하였다.

공화당 소속 트럼프 대통령이 당선되고, 공화당이 상·하원 모두 과반을 차지하면서, 트럼프 2기 행정부·입법부의 정치적 판단에 따라 그동안 추진되고 있었던 경제 안보 정책과 입법(반도체과학법, IRA 등)도 변화될 가능성이 있다. 실제로 반도체과학법과 IRA를 통한 보조금 지급에 대해 부정적인 의견을 피력한 바 있으며, 특히 바이든 행정부의 청정에너지 전환 정책을 강하게 비판하고 IRA 철회·축소를 검토할 것임을 시사한 바 있다.[59] 또한 강력한 보호무역을 천명하고, 모든 수입품에 10~20%의 보편적 관세를 부과할 전망이며, 중국산 제품에는 최대 60%의 추가관세 적용을 예고했다.

경제 안보의 핵심 키워드인 반도체와 배터리(전기차)는 우리나라의 주력 산업이기 때문에 국익을 지키기 위해서, 우리나라의 경제 안보를 지키기 위해서라도 기민하게 대응할 필요가 있다. 다만 현실적으로 해당 산업의 원천 기술은 미국에 의존하고 있으며, 지정학적으로 중국은 놓칠 수 없는 시장인바, 미·중 패권경쟁의 흐름을 잘 읽어야 한다. WTO 가입 이후 중국이 비약적인 성장을 이룬 것도 사실이지만, 우리도 경제적 효율성에 따른 국제 분업 체제에서 많은 수혜를 입었고, 그 결과 2021년 유엔무역개발회의(United Nations Conference on Trade and Development: UNCTAD)부터 공식적으로 선진국의 지위를 인정받을 정도로 고도 경제 성장을 이루었다. 이러한 경제적 성

---

59) 신아일보(2024. 12. 1.), "[트럼프폭풍⑫〈끝〉-산업종합] 한화·HD현대 '순풍'…삼성·포스코 '불안'", 〈http://www.shinailbo.co.kr/news/articleView.html?idxno=1969469〉 (최종방문일: 2024. 12. 2.).

과의 기저엔 지난 30년간 추구해 온 '안보는 미국, 경제는 중국'이라는 '안미경중(安美經中)' 전략이 유효하였기 때문이다. 2024년 11월 18일 APEC에 참석한 윤석열 대통령은 현지 언론사와의 인터뷰에서 "한국에 있어 (미·중) 양국은 둘 중 하나를 선택해야 하는 문제는 아니다"라고 밝혔지만,[60] 이제는 선택을 강요받고 있다. 미·중이 주도하는 경제 안보 강화의 격랑 속에서 우리의 경제 안보를 수호하기 위해서는 선택의 기로에 놓였을 때, 무엇을 내주고 무엇을 취할 것인지를 명확히 준비하고 있어야 할 것이다. 미·중, 그리고 러시아, 일본, 북한에 둘러싸인 우리나라로서는 끊임없이 선택을 강요받을 것이며, 이에 대비하여 각국의 경제 안보 정책과 입법을 지속적으로 연구하고 모니터링하여 그들의 의도를 명확하게 파악하고 있어야 한다. 우리가 얻어내야 할 우선 순위를 정해 놓고 포기한 분량만큼은 꼭 얻어 내는 지혜와 결단력이 절실한 시점이다.

V. 기술 안보

1. 개 설

자국 경쟁력 확보를 위해 없어서는 안 될 기술을 직접 개발하거나, 일방적인 의존 없이 국가간 파트너십을 통해 확보할 수 있는 능력을 기술 주권(technology sovereignty)이라고 하며,[61] 이를 수호하는 것을 기술 안보(technology security)라 칭한다. 공급망 재편이 반도체, 배터리, 전기차를 중심으로 이루어진 바와 같이, 기술 주권 확보를 위한 핵심 기술 개발은 안보와 생존에 있어서 필수적 요소가 되었다.[62] 첨단 기술력을 확

---

60) 뉴시스(2024. 11. 18.), "윤 대통령 "미중, 선택의 문제 아냐"…한중관계 복원 흐름 탄력", 〈https://www.newsis.com/view/NISX20241118_0002963736〉 (최종방문일: 2024. 12. 1.).

61) 관계부처 합동, 대한민국 과학기술주권 청사진 —제1차 국가전략기술 육성 기본계획('24~'28), (2024. 8. 26.), 1.

62) 전지은 외, "기술주권 확보라는 시대적 임무에서 대한민국 국회의 역할과 시사점", STEPI Insight

보한 국가의 경우, 국제 관계에서의 리더십 유지가 가능한 반면, 기술 경쟁력을 상실한 경우, 기술 추격에 성공한 국가들의 부상을 제지할 수 없는 상황이 초래될 수 있으며, 국가 안보 차원에서 전 영역에 부정적 영향을 미칠 수 있기 때문이다.[63][64] 대(對)중국 디리스킹(de-risking) 전략이 추진되면서 '가치 공유국(like-minded country)' 간의 경제·기술·안보의 블록화 추세는 강화되고 있는바,[65] 과학기술은 경제 안보와 기술 안보 모두의 핵심 키워드로 자리잡았다.

4차 산업혁명 시대에는 AI 기술력이 핵(核)에 비견된다. 미·중 패권경쟁 과정에서 어느 한 국가의 AI 기술력이 도태되어 버린다면 현재의 힘의 균형은 급격히 한쪽으로 기울 것이며, 격차를 좁히지 못한 국가는 결국 파국에 이르게 될 것이 자명하다. 후발 주자의 입장에서 보면, 첨단 과학기술 경쟁력의 도태는 중장기적 관점에서 국가경쟁력 약화에 따른 국가 안보 위기인 것이다.[66] 반대로 선도 국가 역시 쉽게 그 지위를 넘겨줄 수도 없다. 기술 리더십을 상실하는 순간 그 즉시 안보 위기에 봉착하기 때문이다. 그렇기 때문에 선도 국가 입장에서는 AI 기술을 개발하고 보호하는 것이 시급한 과제이다. 실효성 있는 조치를 위해서는 AI 기술 그 자체를 대상으로 할 뿐만 아니라, AI 개발에 필요한 제반 기술 등도 함께 관리해야 할 필요가 있다. 이에 생각해 볼 수 있는 방법은 AI와 AI 개발에 필수 기술인 반도체, 양자(quantum) 기술 등 핵심·신흥기술(critical and emerging technologies: CET)의 무역 흐름을 통제하는 것이다.

321호, (2024. 2.), 6.

63) 이효영, 앞의 자료(주 25), 10.

64) 예를 들어, 양국에 기술력에 차이가 존재하여 일방이 사이버 공격 행위를 인지하지 못한다면, 2013년 스노든(Edward J. Snowden)의 내부고발 사건과 같이, 미국 국가안보국(National Security Agency: NSA)이 비밀정보수집 프로그램(Planning tool for Resource Integration, Synchronization and Management: PRISM)을 통해 민간인의 개인정보를 불법 수집·사찰한 사실이 공개되기 전까지 사이버 위협이 있었는지조차 알 수 없기 때문에 국가 안보 차원에서 전 영역에 부정적 영향을 미칠 수 있다.

65) 관계부처 합동, 대한민국 과학기술주권 청사진 ─제1차 국가전략기술 육성 기본계획('24~'28), (2024. 8. 26.), 1.

66) 이상우, "중국 생성형 인공지능 규제에 관한 고찰", 과학기술과 법 제14권 제1호, (2023. 6.), 132.

2. 주요 이슈

(1) 수출통제

트럼프 1기 행정부는 2018년 수출통제개혁법 제정 및 중국 IT 기업인 ZTE와 화웨이(HUAWEI)에 대한 기술 접근 차단 조치를 시행하였다. 바이든 행정부에 들어와서 미국 상무부 산하 산업보안국(Bureau of Industry and Security: BIS)은 2022년 10월 7일 국가 안보를 이유로 중국 고성능 컴퓨팅 능력을 제한하는 수출통제 조치를 시행하였으며,[67] 2023년 10월 17일 첨단 AI 칩 통제 강화를 위해, 적용대상을 중국 및 우려국 내 본사를 둔 기업까지 확대한 개정조치를 발표하였다. 특히 미국은 엔비디아(NVIDIA)가 AI 칩의 성능을 개조하여 중국에 판매하였다는 점을 감안하여, 이번 개정조치를 통해 중국이 기존 조치에 포함되지 않은 저사양 반도체를 구매한 뒤 고성능 칩으로 활용하는 가능성을 원천 차단하고자 하였다.[68]

올해도 이와 같은 수출통제 강화 기조는 지속되어, 2024년 7월 5일 미국 재무부는 해외투자안보 프로그램(Outbound Investment Security Program)을 신설하고, 이를 이행하기 위한 규칙안(notice of preliminary rule making: NPRM)을 마련하였는데, 중국 등 우려국과 관련한 특정 형태의 투자 활동이 특정 기술 분야에 해당되는 경우, 금지 혹은 신고 의무를 부과하여 AI, 반도체 분야 등에서 미국의 대(對) 중국 투자를 제한하고자 하였다. 또한 2024년 9월 5일 BIS는 유사 입장국 간 광범위한 기술적 합의에 기반하여 CET 통제를 이행하기 위한 규칙안(interim final rule: IFR)을 발표하였는데, 이번 수출통제 조치를 유사 입장국 간 공유된 가치와 안보 이익의 토대 위에 구축된 통합된 접근방식이라고 소개하면서, 지속적인 국제협력을 강조하였다. 또한 수출통제 조치만으로는 중국의 CET 역량을 제한할 수 없다고 보면서, 이를 보완하기 위한 대(對)중국 투

---

67) 이재원, "미국의 대중국 핵심신흥기술 통제 동향: 재무부 해외투자안보 프로그램과 상무부 수출통제를 중심으로", 경제안보 Review 2024 Vol.16, (2024. 9.), 13.

68) 안수린, "美상무부 반도체 수출통제 확대 및 강화 조치 발표", 경제안보 Review 2023년 통합본, (2023. 11.), 302.

자를 제한하는 해외투자안보 조치도 마련하였다.[69]

(2) 기술 유출

기술 안보의 대상이 되는 첨단 과학기술은 군사 영역의 전유물이 아니라, 민간 산업에서도 활용 가능하다. 이와 같은 첨단 기술의 이중용도(dual use)로 인하여, 기업의 영역인 산업 기술의 유출로 인한 기술 안보, 더 나아가 국가 안보를 위협하는 사례가 빈번하게 나타나고 있다.[70] 미국의 경우, 국가전략기술을 해외로 유출하다 적발되면 경제스파이법(Economic Espionage Act: EEA)에 따라 간첩죄 수준으로 가중처벌이 가능한데, 기술 유출 피해액에 따라 최고 36등급(최대 33년 9개월까지)의 범죄로 처벌 가능하다. 2022년 11월 중국 국가안전부 소속 요원 쉬 옌쥔(XU Yanjun)은 GE 항공기술 탈취 시도 혐의로 체포되었는데, 연방법원은 실제 피해가 발생하지 않았음에도 피해 회사에 끼치고자 의도한 피해액을 감안하여 20년형을 선고하였다.[71]

우리나라도 최근 5년간 산업기술 해외 유출 적발 건수는 총 96건(반도체 분야 38건 약 40%)으로 매년 증가하고 있다. 산업기술 유출 대응에 관한 주무부처인 산업부는 산업기술보호법(이하 "산기법"이라 함)에 따라 반도체를 포함한 13개 분야(75개)를 국가핵심기술[72]로 지정 및 관리 중이나, 중요 기술 유출 사례가 급증하면서 기술 유출에 대응하기 위한 범정부 차원의 법·제도 개선 필요성을 제기하였다. 이에 대통령실은 2023년 11월 10개 정부 부처와 정보·수사기관이 참여하는 '범정부 기술유출 합동 대응단'을 출범하여 산업기술 유출 범죄에 대한 강력 대응 의지를 표명하였다.

---

69) 이재원, 앞의 자료, 17.

70) 이효영, 앞의 자료(주 25), 10.

71) 안수린, "주요국 기술유출 대응 관련 법·제도 동향", 경제안보 Review 2024 Vol.3, (2024. 2.), 9-10.

72) 국가핵심기술이란 국내외 시장에서 차지하는 기술적·경제적 가치가 높거나 관련 산업의 성장잠재력이 높아 해외로 유출될 경우 국가의 안전보장 및 국민경제의 발전에 중대한 악영향을 줄 우려가 있는 산업기술로 산기법 제9조에 따라 지정된 산업기술을 의미한다.

〈표-3〉 최근 5년간 산업기술 유출 건수 및 피해규모

구분	2019	2020	2021	2022	2023	합계(건)	피해규모(추정치)
산업기술	14	17	22	20	23	96	약 26조 원 이상
국가핵심기술	5	9	10	4	5	33	

출처: 산업부, 국정원 등의 내용을 기반으로 작성한 안수린, "주요국 기술유출 대응 관련 법·제도 동향",
경제안보 Review 2024 Vol.3, (2024. 2.), 9, <표> 재인용.

3. 쟁 점

우선 수출통제와 관련하여, 현재 미국 내에서도 많은 논란이 일고 있다. 인위적인 수출통제 정책을 시행함으로써, 결과적으로 중국이 첨단 과학기술 분야 R&D에 집중적으로 투자하게끔 유도하여, 기술 발전을 촉진하는 역효과를 초래하였다는 문제의식이 확대되고 있다.[73] 화웨이는 미국이 전 방위적 제재 조치에 대응하기 위해 막대한 자금을 기술 자립화에 투입하였는데, 2023년에는 총매출의 23.4%인 약 32조 원을 R&D에 투입하였으며, R&D 인력은 11.4만여 명으로 전체 인력의 55%에 달한다. 또한 미국의 제재 와중에도 첨단 반도체가 탑재된 최신 스마트폰을 출시하였으며, 자체 모바일 운영체계(OS)를 공개한 바 있다.[74] 반도체 분야도 이미 공급망 내 미국 (또는 미국 동맹국) 기술을 제외하거나(design-out), 수출통제 기술 범주를 벗어난 새로운 기술 개발을 중국 정부 차원에서 지원하는 전략(design-around)으로 대응하고 있는바, 대(對)중국 수출통제 조치가 중국의 반도체 기술 발전 시기를 앞당겼으며, 중장기적으로 미국 반도체 생태계에 악영향을 줄 것으로 보고 있다.[75] 전기차 분야도 이미 중국 기

---

73) 김단비, "미국의 對중국 제재 정책의 효과성 관련 논의 동향: 화웨이 사례를 중심으로", 경제안보 Review 2024 Vol.12, (2024. 7.), 23.

74) 매일경제(2024. 10. 25.), "화웨이, 기술자립 올인", 〈https://www.mk.co.kr/news/world/11150641〉(최종방문일: 2024. 12. 2.).

75) 안수린, "CSIS '美 반도체 수출통제의 양면성' 요약 정리", 경제안보 Review 2024 Vol.21, (2024. 11.), 17.

업(예를 들어, BYD)이 글로벌 경쟁력을 보유하고 있는바, EU는 중국에서 생산된 전기차에 대한 관세율을 최고 46.3%로 대폭 올려서 EU 내 동종 기업을 보호하고자 하는 정책을 준비하고 있다.[76] 다만, 중국은 과학기술 분야에서 세계적 수준의 연구 결과를 내고 있으며, 중국의 AI, 양자 기술 분야에 대한 자금 지원 규모는 2000년 이후 16배 증가하였고, 매년 1000만 명 넘는 중국 대졸자 가운데 약 500만 명이 이공계 졸업생이며,[77] 2025년이면 이공계 박사 졸업생 수가 미국의 두 배에 육박하는 등[78] 이미 상당한 수준의 과학기술 경쟁력을 갖추고 있기 때문에,[79] 수출통제 정책 실효성에 대한 의구심을 지속적으로 제기될 것이며, 종국에는 기술 안보를 이유로 추진했던 수출통제 전략의 전면 수정도 고려해야 할 것으로 보인다.

다음으로 기술 유출과 관련하여, 미국의 경우 경제스파이법에 따라 간첩죄 수준으로 가중처벌이 가능하나, 우리나라의 경우 국가산업기밀(국가핵심기술,[80] 방위산업기술[81])을 해외로 유출한 경우, 현행법상 간첩죄는 '적국을 위하여' 간첩을 해야 하므로 처벌할 수 없었다.[82] 21대 국회에서는 이에 관한 '형법 일부개정법률안'(이하 "개정안"이라 함)이 논의되었고, 산업기밀을 유출한 경우에 간첩죄와 동일하게 처벌하도록 하거

---

76) BLOTER(2024. 8. 21.), "EU, 中생산 전기차에 최고 46.3% 관세 부과…테슬라는 19%", 〈https://www.bloter.net/news/articleView.html?idxno=621716〉(최종방문일: 2024. 12. 2.).

77) 조선일보(2024. 8. 12.), "14년 연속 세계 제조업 1위 중국에 맞서는 한국의 세 가지 지혜 [송의달 LIVE]", 〈https://www.chosun.com/international/international_general/2024/08/11/N4NQS5DGDBAPJLYBBFDQD7CF5E/?utm_source=naver&utm_medium=referral&utm_campaign=naver-news〉(최종방문일: 2024. 12. 2.).

78) 뉴스핌(2023. 2. 8.), "베이징대학 "미중 기술경쟁? 대부분 영역에서 중국이 열세"", 〈https://www.newspim.com/news/view/20230208000403〉(최종방문일: 2024. 12. 3.).

79) 김단비, 앞의 자료, 23.

80) 산업기술의 유출방지 및 보호에 관한 법률 제2조는 "국가핵심기술"을 "국내외 시장에서 차지하는 기술적·경제적 가치가 높거나 관련 산업의 성장잠재력이 높아 해외로 유출될 경우에 국가의 안전보장 및 국민경제의 발전에 중대한 악영향을 줄 우려가 있는 기술로서 제9조의 규정에 따라 지정된 것을 말한다"고 정의한다.

81) 방위산업기술 보호법 제2조 제1호는 ""방위산업기술"이란 방위산업과 관련한 국방과학기술 중 국가안보등을 위하여 보호되어야 하는 기술로서 방위사업청장이 제7조에 따라 지정하고 고시한 것을 말한다"고 정의한다.

82) 이상우, "과학기술과 국가안보", 법학논총 제41집 제1호, (2024. 3.), 373.

나(이상헌 의원안, 의안번호 제2119646호), 국가산업기밀을 외국에 유출할 경우 간첩죄를 적용함으로써 외국 국가에 의한 기술 유출을 차단하고, 우리나라 기술과 산업을 보호하여 국가 안전을 보장하고자 하였다(조수진 의원안, 의안번호 제2119959호).[83] 해당 법안은 임기 만료로 폐기되었으나, 22대 국회에서도 이와 같은 기조가 유지되어, 2024년 11월 13일 국회 법제사법위원회 법안심사제1소위원회는 간첩죄 적용 범위를 '적국'에서 '외국'으로 확대하는 형법 개정안을 의결하였다. 본회의 통과 후 이르면 내년부터 시행될 것으로 예상되며,[84] 동법 시행 후 외국 등에 과학·산업기술 정보를 팔아넘기는 산업스파이 행위도 형법상 간첩 혐의로 처벌할 수 있게 될 것으로 전망된다.[85] 기술 안보의 대상이 되는 첨단 기술이 이중용도가 있다는 점에서 이번 개정안 통과로 인하여 입법의 공백 부분을 보완했다는 점은 환영할 만한 일이다. 다만, 첨단 과학기술을 너무나 손쉽게 안보의 범주 내에 포함시키게 된다면, 건전한 글로벌 기술 개발 경쟁 및 국제공동연구 등 건설적인 협력에 장애 요인으로 작용할 수도 있는바, 주의를 기울여야 할 것이다.

VI. 나가며

1. 신(新)안보 이슈의 특징

AI의 기술이 발전됨에 따라 부상한 신(新)안보 이슈는 앞서 살펴본 바와 같이 다양한 특징을 지니고 있다. 첫째, 사이버 안보의 경우, 생성형 AI 기술은 비약적으로 발전하고 있으나, WormGPT 등과 같이 윤리적 규율이 불가한 영역이 존재하며, 탈진

---

83) 해당 법안에 관한 상세는 이상우, "과학기술과 국가안보", 법학논총 제41집 제1호, (2024. 3.), 371 이하 참조.

84) 동아일보(2024. 11. 15.), "中에 기술 팔아넘긴 산업스파이, 간첩죄 처벌 길 열린다", 〈https://www.donga.com/news/Society/article/all/20241115/130431554/2〉 (최종방문일: 2024. 12. 2.).

85) 이상우, "중국의 국제공동연구 규정에 관한 일고찰 ", 중국법연구 제56집, (2024. 11.), 274.

실(post-truth) 사회의 도래와 맞물려 딥페이크 합성물은 우리 사회를 쉽게 혼란에 빠뜨릴 수 있게 되었다. 둘째, 데이터 안보의 경우, 데이터가 기본적으로 탈영토성에 기반하기 때문에 글로벌 빅테크 기업 등에 의한 데이터의 통제·관리가 가능하며, 이에 각국은 자국 국민의 데이터·개인정보를 보호하기 위한 역외적용 규정을 도입하고 있다. 하지만 타국의 주권 침해와 법률 충돌 가능성이 있으며, 특정 SNS 사용금지 조치는 표현의 자유를 침해한다는 비판에서 자유롭지 못하다. 셋째, 경제 안보의 경우, 제2차 세계대전 이후의 다자주의 체재가 미·중 간의 불신과 패권경쟁으로 인해 붕괴된 것을 그 배경으로 한다. WTO 체제의 규범력 상실로 보호무역주의와 일방주의 확산되었고, 미국은 반도체과학법과 IRA 등을 시행하여 중국을 고립하는 정책을 추진하게 되었다. 다만, 이 모든 조치가 정치적 판단만으로 대폭 변경될 수 있다는 점에서 불확실성이 크다. 넷째, 기술 안보의 경우, 특정 국가를 대상으로 한 수출통제가 과연 효과적인가 하는 의문이 제기되고 있다. 또한 첨단 기술은 안보 분야와 민간 산업에서 이중용도로 활용될 수 있는바, 그 경계를 설정하는 것이 쉽지만은 않다.

2. 신(新)안보규범을 위한 제언

그렇다면 신(新)안보규범 수립을 위해 우리가 해야할 일은 무엇일까? 상기 이슈의 특징을 살펴보면, 표현의 자유 침해와 같이 공동체가 함께 논의해야 할 사항도 있으며, 입법적 노력 외에도 과학기술이 뒷받침되어야 하는 부분도 있다. 즉 단기간 내 모두 해결할 수 있는 성격의 사안이 아닌 것이다. 이에 그 이슈의 특징에 따라 단기 계획과 장기 계획 투 트랙(two-track) 접근 방법을 활용해 볼 수 있을 것이다.

우선 입법 공백을 메우는 것부터 시작해야 할 것이다. 특히 사이버 공격 행위의 경우 명확히 통제·관리해야 하는 영역인바, 답보 중인 사이버 안보 기본법을 입법 완료하여, 사이버 공간에서의 안보를 수호하는 기본법으로 활용해야 할 것이다. 그동안 논의 과정에서 사이버 안보를 이유로 국가정보기관이 민간인을 사찰할 수 있다는 문제 등이 제기되었는바, 우려를 불식할 수 있도록 입법 과정에서 국민적 공감대 형성을 위한 소통을 강화해야 한다. 또한 사이버 위협에 대한 대응 역량을 제고하기 위해 유기적이고 효율적인 국제협력 네트워크를 형성·참여해야 할 것이다.

　다음으로는 AI 기본법이 'AI'와 '신(新)안보'라는 두 가지 가치를 포용할 수 있도록 해야 할 것이다. 2024년 10월 24일 미국 백악관은 AI가 단순한 기술을 넘어 국가 안보의 핵심 축으로 자리 잡을 것으로 보고, 안전하고 신뢰할 수 있는 AI 개발을 선도하고, 국가 안보에 AI를 활용하며, AI 국제 거버넌스를 주도하는 것을 목표로, AI에 대한 국가 안보 전략 및 정책을 담은 'AI 국가안보 각서'[86]를 발표하였다.[87] 이처럼 AI와 안보는 불가분의 관계가 되고 있다. 이에 AI 기본법에 안보 규정을 도입함과 동시에 AI에 관한 외교·경제·기술·안보 정책을 수립하고 심의·의결하는 거버넌스(예를 들어, AI와 안보를 통합하는 국가 콘트롤 타워) 구축에 대한 법적 근거를 마련해야 한다. 다만 시기적으로 보았을 때, 2024년 11월 26일 「AI 기본법 제정안」이 국회 과방위를 통과 후 이르면 연내 본회의 통과가 예상되며, AI 기본법 시행 초기부터 안보가 강조될 경우 우리나라 AI 산업이 위축되는 부작용을 낳을 수도 있는바, 공론화 과정을 거쳐 후속 입법과 개정안에 반영하는 것이 바람직하다.

---

86) Memorandum on Advancing the United States' Leadership in Artificial Intelligence; Harnessing Artificial Intelligence to fulfill National Security Objectives; and Fostering the Safety, Security, and Trustworthiness of Artificial Intelligence.

87) ZDNET Korea(2024. 10. 25.), "美 백악관 "AI, 국가안보에 필수불가결"…전략자원화 공식화", 〈https://zdnet.co.kr/view/?no=20241025083809〉(최종방문일: 2024. 12. 2.).

저자소개

김원오 인하대학교 법학전문대학원 교수, AI · 데이터법 센터장

고인석 인하대학교 철학과 교수

구태언 법무법인 린 변호사

김 린 인하대학교 법학전문대학원 교수

김영순 인하대학교 법학전문대학원 교수

김재오 인하대학교 데이터사이언스학과 교수

김현진 인하대학교 법학전문대학원 교수

박인환 인하대학교 법학전문대학원 교수

백경희 인하대학교 법학전문대학원 교수

성희활 인하대학교 법학전문대학원 교수

손영화 인하대학교 법학전문대학원 교수

심석찬 인하대학교 법학연구소 선임연구원

유동현 인하대학교 통계학과 교수

이상우 인하대학교 AI · 데이터 법학과 초빙교수

이준범 인하대학교 법학전문대학원 교수

정영진 인하대학교 법학전문대학원 교수, AI · 데이터 법학과 주임교수

정윤경 인하대학교 AI · 데이터법센터 책임연구원

정찬모 인하대학교 법학전문대학원 교수

조성훈 김 · 장 법률사무소 변호사, 법학박사

최준혁 인하대학교 법학전문대학원 교수

인공지능법 2

초판 1쇄 발행　2025년 2월 15일

—

편　　자 | 인하대학교 법학연구소 AI · 데이터법 센터
발행인 | 이방원

—

발행처 | 세창출판사
　　　　신고번호 · 제1990-000013호 | 주소 · 서울 서대문구 경기대로 58 경기빌딩 602호
　　　　전화 · 02-723-8660 | 팩스 · 02-720-4579
　　　　http: / /www.sechangpub.co.kr | e-mail: edit@sechangpub.co.kr

—

ISBN 979-11-6684-397-6 93360